中文版《克尔凯郭尔文集》由哥本哈根大学克尔凯郭尔研究中心和中国社会科学院哲学研究所合作完成。

《爱的作为》的出版由奥古斯丁基金会资助。

The Chinese edition of Kierkegaard Anthology is a Cooperation between the Institute of Philosophy at the Chinese Academy of Social Sciences and the Søren Kierkegaard Research Center at Copenhagen University.

This Publication of Kjerlighedens Gjerninger has been funded by Augustinus Fonden.

克尔凯郭尔文集

7

SØREN KIERKEGAARDS SKRIFTER

Kjerlighedens Gjerninger

爱的作为

一些基督教的审思
以讲演的形式写出

[丹] 克尔凯郭尔 著
京不特 译

中国社会科学出版社

图书在版编目(CIP)数据

爱的作为 /(丹)克尔凯郭尔(Kierkegaard,S.)著;京不特译. —北京:中国社会科学出版社,2013.12(2022.4重印)

(克尔凯郭尔文集;7)

ISBN 978-7-5161-3828-1

Ⅰ.①爱… Ⅱ.①克…②京… Ⅲ.①基督教—研究 Ⅳ.①B978

中国版本图书馆 CIP 数据核字(2013)第 310063 号

出 版 人	赵剑英
责任编辑	冯春凤
责任校对	罗 彬
责任印制	张雪娇

出 版	中国社会科学出版社
社 址	北京鼓楼西大街甲 158 号
网 址	http://www.csspw.cn
发 行 部	010-84083685
门 市 部	010-84029450
经 销	新华书店及其他书店
印刷装订	北京君升印刷有限公司
版 次	2013 年 12 月第 1 版
印 次	2022 年 4 月第 3 次印刷
开 本	710×1000 1/16
印 张	28
插 页	2
字 数	500 千字
定 价	79.00 元

凡购买中国社会科学出版社图书,如有质量问题请与本社营销中心联系调换
电话:010-84083683

版权所有 侵权必究

《克尔凯郭尔文集》编委会

主　　　编：汝　信　Niels-Jørgen Cappelørn
编委会成员：叶秀山　李鹏程　卓新平
　　　　　　Anne Wedell-Wedellsborg
秘　　　书：王　齐

《克尔凯郭尔文集》中文版序

汝 信

《克尔凯郭尔文集》(10卷本)中文版即将与读者见面了。这部选集是由中国社会科学院哲学研究所和丹麦哥本哈根大学克尔凯郭尔研究中心共同合作编选和组织翻译的,由中国社会科学出版社负责出版。选集收入克尔凯郭尔的主要著作,并直接译自近年来出版的经过精心校勘的丹麦文《克尔凯郭尔全集》,内容准确可靠,尽可能保持原汁原味,这对于中国读者正确理解这位丹麦哲学家的思想将会有所裨益。

在西方哲学史上,克尔凯郭尔可以说是一个特殊的人物。他生前默默无闻,其著作也很少有人问津,但过了半个世纪,人们又"重新发现了"他,特别是在第一次世界大战以后,随着存在主义哲学的兴起和发展,他对西方国家思想界的影响越来越大。雅斯贝尔斯曾经这样说:"目前哲学状况是以下面这个事实为特征的,即克尔凯郭尔和尼采这两位哲学家在他们生前受到忽视,以后长时期内一直在哲学史上受人轻视,而现在他们的重要性则越来越不断地增长。黑格尔以后的其他一切哲学家正越来越失势而引退,而今天这两个人则不容争辩地作为他们时代的真正伟大思想家而站了出来。"(《理性与存在》)他甚至说,是克尔凯郭尔和尼采"使我们睁开了眼睛"。雅斯贝尔斯的这些话不仅是他个人的看法,而且反映了当时人们一般的意见。克尔凯郭尔和尼采确实代表了在黑格尔之后兴起的另一种以突出个人为特征的西方社会思潮,而与强调精神的普遍性的黑格尔主义相对立。如果说,在黑格尔那里,"存在"只不过是绝对精神自身发展过程中的一个抽象的环节,那么从个人的角度去深入地探索和反思"存在"("生存")的意义则是从克尔凯郭尔开始的。

克尔凯郭尔哲学是极其个性化的,他个人的生活经历、性格、情感、心理、理想和追求都深深地渗透在他的哲学思想里,因此我们在阅读他的著作时需要用一种与通常不同的诠释方式。黑格尔曾在《哲学史讲演录》

导言中说,"哲学史上的事实和活动有这样的特点,即:人格和个人的性格并不十分渗入它的内容和实质"。这种看法可以适用于像康德那样的哲学家,我们几乎可以完全不去了解他的个人生活经历而照样能够读懂他的著作,因为机械般的有秩序的书斋生活似乎没有给他的思想增添什么个性色彩,正如海涅所说,"康德的生活是难以叙述的。因为他既没有生活,又没有历史"(《论德国宗教和哲学的历史》)。但是,对于克尔凯郭尔来说,黑格尔的看法则是完全不适用的。克尔凯郭尔的全部思想都和他的个人生活和体验紧密相连,他的许多著作实际上都在不同程度上带有精神自传的性质,从中我们可以聆听到他在各种生活境况下的内心的独白和生命的呼唤。他自己曾坦率地承认,"我所写的一切,其论题都仅仅是而且完全是我自己"。因此,要理解他的哲学,首先需要弄清楚他究竟是个什么样的人,在他短暂的生命中究竟发生过一些什么样的事,对他的思想和性格的形成和发展又产生了什么样的影响。

关于克尔凯郭尔个人生活的传记材料,应该说是相当丰富的。西方学者在这方面已经写过不少著作,而且至今仍然是研究的热门题目。克尔凯郭尔本人仿佛早已预见到这一点,他在《日记》中说过,不仅他的著作,而且连同他的生活,都将成为许多研究者的主题。在他生前出版的大量著作中有不少是以个人生活经历和体验为背景的,此外他还留下了篇幅浩瀚的日记和札记,这些资料不仅是他生活的真实记录,而且是他心灵的展示。他虽然生活在拿破仑后欧洲发生剧变的时代,却一直藏身于自己的小天地里,很少参与社会活动,不过用他自己的话来说,"在别人看来也许是区区小事,对我来说却是具有重要意义的大事"。他孤独地生活,却不断地和周围的人们和环境发生尖锐的矛盾,在他的生活中激起一阵阵的波涛。对他的思想发展和著述活动影响最大的有四件事:作为儿子与父亲的紧张关系,从猜疑到最后和解;作为恋人与未婚妻关系的破裂;作为作家与报刊的论争以及作为反叛的基督徒与教会的冲突。

1813年克尔凯郭尔生于哥本哈根的一个富商之家,他从小娇生惯养,过着优裕的生活,却从来没有感到童年的欢乐,他是作为一个不幸的儿童而成长起来的。这一方面是由于他生来就有生理上的缺陷,使他自己不能像别人一样参加各种活动而深感痛苦,用他自己的话来说,痛苦的原因就在于"我的灵魂和我的肉体之间的不平衡"。但另一方面更重要的是由于他从父亲那里所受的家庭教育。他的父亲马可·克尔凯郭尔出身贫寒,没有受过多少教育，依靠个人奋斗和机遇，由一名羊倌而经商致富，成为首都颇有名气的暴发户。这位老人以旧式家长的方式治家甚严，他笃信宗教，对子女们从小进行严格的宗教教育，教他们要敬畏上帝，向他们灌输人生来有罪，而耶稣的慈悲就在于为人们承担罪恶，被钉上十字架来人为赎罪这一套基督教思想。这在未来哲学家幼小的心灵上打下了不可磨灭的深刻烙痕，既使他终身成为虔信的基督徒，又在他的内心深处播下了叛逆的种子。克尔凯郭尔后来批评他父亲的这种宗教教育方式是"疯狂的"、"残酷的"，他常说，他是没有真正的童年的，当他生下来的时候就已经是一个老人了。他回忆说，"从孩子的时候起，我就处于一种巨大的忧郁的威力之下……没有一个人能够知道我感到自己多么不幸"。"作为一个孩子，我是严格地按基督教精神受教育的：以人来说，这是疯狂地进行教育……一个孩子疯狂地扮演一个忧郁的老头。真可怕啊！"问题还不在于严格的宗教灌输，而在于他这个早熟的儿童以特有的敏感觉察到在他父亲表面的宗教虔诚底下掩盖着什么见不得人的秘密，一种有罪的负疚感在折磨着父亲，使之长期处于某种不可名状的忧郁之中。他说，他父亲是他见过的世上"最忧郁的人"，又把这全部巨大的忧郁作为遗产传给了他这个儿子。他曾在《日记》中写道，有一次父亲站在儿子面前，瞧着他，感到他处于很大的苦恼之中，就说："可怜的孩子，你是生活在无言的绝望中啊。"父亲的隐私究竟是什么，克尔凯郭尔始终没有明说，但有一次从他父亲醉酒后吐露的真言中多少知道了事情的真相，他对父亲的道德行为和宗教信仰之间的矛盾深感困惑和痛苦，这种对父亲的猜疑和不信任造成了他的沉重的精神负担，给他的一生蒙上了阴影。他自己这样说过，"我的出生是犯罪的产物，我是违反上帝的意志而出现于世的"。

克尔凯郭尔一家从1832年起接二连三地发生不幸事件，在两年多的时间内家庭主妇和三个儿女陆续去世，只剩下年迈的父亲和两个儿子。这对这位老人来说自然是莫大的精神打击，过去他一直认为自己是幸运儿，上帝保佑他发财致富并有一个舒适的幸福家庭，现在则认为无论财富、名望或自己的高龄，都是上帝借以惩罚他的有意安排，要他眼看着妻子儿女一个个地先他而死去，落得孤零零地一个人留在世上受折磨。他觉得自己是盛怒的上帝手心里的一个罪人，成天生活在恐惧中，并预感到他的还活着的两个儿子也将遭到不幸。家庭的变故和父亲的悲伤心情也同样使克尔凯郭尔受到了严重的精神创伤，他把这称为"大地震"。在他的《日记》

中记述说，那里发生了大地震，"于是我怀疑我父亲的高龄并非上帝的恩赐，倒像是上帝的诅咒"，"我感到死的寂静正在我周围逼近，我在父亲身上看到一个死在我们所有女子之后的不幸者，看到埋藏他的全部希望的坟墓上的十字架墓碑。整个家庭必定是犯了什么罪，而上帝的惩罚必定降临全家；上帝的强有力的手必然会把全家作为一次不成功的试验而扫除掉"。他相信父亲的预言，就是所有的子女都至多活三十三岁，他自己也不例外。实际上他虽然照样享受着愉快的生活，内心里的痛苦和折磨却使他甚至起过自杀的念头。在《日记》里有这样一段话："我刚从一个晚会回家，在那里我是晚会的生命和灵魂；我妙语连珠，脱口而出，每个人都哈哈大笑并称赞我，可是我却跑掉了……我真想开枪自杀。"克尔凯郭尔父子之间的紧张关系曾导致父子分居，但父亲作了很大努力去改善关系，向儿子作了坦诚的忏悔，儿子深受感动，与父亲重新和解，并更加坚信上帝确实存在。双方和解后不久，父亲就去世了。克尔凯郭尔在《日记》中写道："我的父亲在星期三（9日）凌晨2时去世。我多么希望他能再多活几年呀，我把他的死看做他为了爱我而做出的最后牺牲；因为他不是离我而死去，而是为我而死的，为的是如果可能的话使我能成为一个重要的人。"

他说，从父亲那里继承得来的所有东西中，对父亲的追忆是最可珍爱的，他一定要把它秘密保存在自己的心里。我们在他的许多著作中都能发现这种特殊的父子关系所留下的深深的印痕，这是解读他的哲学思想时必须密切注意的。

除了父亲以外，对克尔凯郭尔的一生发生重大影响的是一位姑娘雷吉娜·奥尔森，他们之间短暂而不幸的恋爱，在哲学家脆弱的心灵上造成了永远不能愈合的创伤。他初次邂逅雷吉娜是在1837年，当时他正处于自我负罪感的精神痛苦中，结识这位少女给了他重新获得幸福的希望。据他自己说，他一开始就感到"我和她有无限大的区别"，然而在结识她之后的半年内，"我在自己心里充满着的诗情比世界上所有小说中的诗情加在一起还多"。父亲死后，他下定决心向她求婚并得到同意，他感到自己无比幸福，后来他写道："生活中再没有比恋爱初期更美好的时光了，那时每一次会面、每看一眼都把某种新东西带回家去而感到快乐。"但这种幸福感很快就消逝了，他说，在订婚后的第二天，"我内心里就感到我犯了一个错误"，悔恨不已，"在那个时期内，我的痛苦是笔墨难以形容的"。

克尔凯郭尔究竟为什么刚订婚后就反悔,他自己并没有说得很清楚,看来这主要是由于心理上的原因。经过短暂的幸福,他又陷于不可克服的忧郁之中。雷吉娜对此也有所察觉,常对他说:"你从来没有快乐过,不管我是否同你在一起,你总是这个样子。"但她确实爱上了他,甚至几乎是"崇拜"他,这使他深为感动。他认为,如果他不是一个忏悔者,不是这样忧郁,那么同她结合就是梦寐以求的无比幸福的事了。可是这样就必须对她隐瞒许多事情,把婚姻建立在虚伪的基础上,这不可能使他心爱的人幸福。因此他竭力设法解除婚约,雷吉娜却不愿与他分手,再三恳求他不要离开她。他却克制内心的痛苦,不为所动,坚决退回了订婚戒指,并写信请求她"宽恕这样一个男人,他虽然也许能做某些事,却不可能使一个姑娘获得幸福"。后来他自己说,"这真是一个可怕的痛苦时期:不得不表现得如此残酷,同时又像我那样去爱"。据他在《日记》里的记述,在分手后他哭了整整一夜,但第二天却又装得若无其事和往常一样。他时刻想念雷吉娜,每天为她祈祷。后来雷吉娜另嫁别人,而克尔凯郭尔始终保持独身,对她一直不能忘怀。他说:"我爱她,我从来没有爱过别人,我也永远不会再爱别人","对我来说,只有两个人有如此重要的意义,那就是我已故的父亲和我们亲爱的小雷吉娜,在某种意义上,她对我来说也已经死了"。直到他们解除婚约五年后,他还在《日记》中写道:"没有一天我不是从早到晚思念着她。"三年后他又说:"是的,你是我的爱,我唯一的爱,当我不得不离开你时,我爱你超过一切。"其间他也曾试图与雷吉娜恢复关系,但未能成功,终于他意识到他已永远失去了她。他说:"我失去了什么?我失去了唯一的爱。"于是他才倾全力于著作活动,他在《日记》中明确指出自己写作的目的就是为雷吉娜:"我的存在将绝对地为她的生活加上重音符号,我作为一个作家的工作也可以被看作是为了尊敬和赞美她而竖立的纪念碑。我把她和我一起带进了历史。"他说,抛弃了雷吉娜,他不仅选择了"死亡",而且选择了文学生涯,"是她使我成为一个诗人",他的遗愿就是死后把他的著作献给雷吉娜以及他已故的父亲。他抱着这样的心情拼命写作,有的著作实际上是为了向雷吉娜倾诉衷肠,是给她的"暗码通信",如果不了解其背景,别人是难以充分理解的。

前面我们着重叙述了克尔凯郭尔和父亲的关系以及他的爱情悲剧,因为这对于理解这位哲学家其人及其著作是至关重要的,也正是因为他有了这样的生活经历和生存体验才使他成为黑格尔所说的"这一个",而具有与众不同的独特的个性。他说:"如果有人问我,我是怎样被教育成一个作家的,且不说我和上帝的关系,我就应该回答说,这要归功于我最感激的一位老人和我欠情最多的一位年轻姑娘……前者以他的高尚智慧来教育我,后者则以她那种缺乏理解的爱来教育我。"他还特别强调,他之所以能成为一个作家,正因为他失去了雷吉娜,如果他和她结了婚,他就永远不会成为他自己了。他注定不能享受家庭幸福,他是一个正如他自己所说的"最不幸的人"。

在克尔凯郭尔失恋以后,他的创作活动达到了高潮,在短短的几年内完成并出版了十几部著作。由于他继承了巨额遗产,可以自费出版自己的著作,使他的思想成果得以留传于世。但是,当时他的著作却没有多少读者,有的重要代表作仅销售数十册,社会影响也微不足道。克尔凯郭尔自己曾提到,《哲学片断》一书出版后,始终无人注意,没有一处发表评论或提到它。他为得不到人们的理解而深感痛苦,他说,"本来我写这些东西似乎应该使顽石哭泣,但它们却只是使我的同时代人发笑"。但他一向自视甚高,认为自己富有天才,曾这样写道,"我作为一个作家,当然使丹麦增光,这是确定无疑的","虽然在我的时代无人理解我,我终将属于历史"。

克尔凯郭尔原以为自己只能活到三十三岁,因此他把出版于1846年的《〈哲学片断〉一书的最后的非学术性附言》当作自己"最后的"著作而倾注了全部心血。他感谢上帝让他说出了自己需要说的话,觉得在哲学方面已经不需要再写什么别的了。他本打算就此搁笔,隐退到乡村里当一个牧师了此一生。结果却出乎他自己的预料多活了九年,而且又重新拿起了笔,原因是他同报刊发生冲突,进行了一场论战,即所谓"《海盗报》事件",这对他的晚年生活起了相当大的影响。

在当时的丹麦,《海盗报》是由青年诗人哥尔德施米特创办的一家周刊。就其政治倾向来说,《海盗报》站在自由主义立场上用嘲笑和讽刺的方法抨击专制保守和落后的社会现象,但刊物的格调不高,经常利用社会上的流言蜚语,揭发个人隐私,进行人身攻击。这份周刊在一般公众中很受欢迎,发行量相当大。哥尔德施米特在该刊上发表了一篇赞扬克尔凯郭尔的文章,却引起后者极度不满。克尔凯郭尔认为《海盗报》是专门迎合低级趣味的刊物,受到它的赞扬实无异于对他的莫大侮辱,于是他公开在报上发表文章尖锐地批评和揭露《海盗报》，由此引发了该报的全面反击。差不多在 1846 年整整一年内，《海盗报》连篇累牍地发表攻击克尔凯郭尔的文字，对他的为人竭尽揶揄讥讽之能事，甚至就他的生理缺陷、服饰、家产、生活习惯等大做文章，并配以漫画。那时漫画还是颇为新鲜的东西，上了漫画也就成为公众的笑料。这深深地伤害了克尔凯郭尔的自尊心，甚至他在街上也成为顽童们奚落嘲弄的对象。他原先以为在笔战中会得到一些人的支持，但无情的现实却使他极度失望。他不仅没有获得人们的同情，反而感到人们因他受嘲弄而幸灾乐祸。他在《日记》中说，"我是受嘲笑的牺牲者"。他觉得自己处于极端孤立的境地，面对广大的情有敌意的公众，他说，"如果哥本哈根曾有过关于某人的一致意见，那么我必须说对我是意见一致的，即认为我是一个寄生虫、一个懒汉、一个游手好闲之徒、一个零"。又说："对于全体居民来说，我实际上是作为一种半疯癫的人而存在的。"在这种情况下，他不愿与人来往，性情也更孤僻了，当他每天上街作例行的散步时，唯一"忠实的朋友"就是他随身携带的一把雨伞。

《海盗报》事件使克尔凯郭尔得出结论，认为一般人都没有独立的主见，在所谓舆论、报刊的影响下，人人就完全被湮没在"公众"之中了。在他看来，多数人总是错的，真理只是在少数人手里。因此，他因自己的孤独而感到骄傲。正如他自己所描写的那样，"我就像一株孤独的松树，自私地与世隔绝，向上成长，站在那里，甚至没有一个投影，只有孤单的野鸽在我的树枝上筑巢"。不过这一事件也使他改变了想隐退去当乡村牧师的想法。"一个人让自己被群鹅活活地踩死是一种缓慢的死亡方式"，他不愿意这样地去死，他觉得他的任务还没有完成，还得"留在岗位上"继续写作。不过从 1847 年起，他的著作的性质发生了很大变化，由前一时期主要探讨美学的、伦理的和哲学的问题完全转向了宗教的领域。

1847 年 5 月 5 日，克尔凯郭尔过了 34 岁生日，当天他写信给哥哥，对自己居然还活着表示惊讶，甚至怀疑自己的出生日期是否登记错了。过去他从未认真考虑过 33 岁以后应该做什么，现在他活了下来，怎么办？这是他面临的新问题。他感到上帝可能有意赋予他特殊使命，让他为了真理而蒙受痛苦，同时作为真理的见证人而向他的同时代人阐明什么是基督教信仰的真义。怀着这样的使命感，他写了一系列"宗教著作"。他在说明自己作为一个作家的观点时说，他"从来也没有放弃过基督教"。这确实是真的，不过他对基督教和怎样做一个基督徒有他自己独特的理解，不仅和官方教会的正统观点不同，有时甚至公开唱反调。随着他的"宗教著作"的陆续出版，他和教会的分歧及矛盾就越来越尖锐化，终于爆发为公开的冲突。他激烈地批评丹麦教会，要求教会当局公开承认自己违背了基督教的崇高理想并进行忏悔。他指责教会已不再能代表《新约》中的基督教，认为他们的讲道不符合真正的基督教精神。他觉得对这种情况再也不能保持沉默，必须予以无情的揭露，同时要向公众阐明怎样才能做一个真正的，而不是口头上的基督徒。这就导致他和教会的关系彻底破裂。

克尔凯郭尔生命的最后一年是在同教会的激烈对抗中度过的。过去他写的大部头宗教著作，很少有人认真阅读，因此一般公众并不十分了解他在思想上与教会的严重分歧。于是他改变方式，在短短几个月内接连在报刊上发表了21篇文章，还出版了一系列小册子，并一反以往喜欢用笔名的习惯做法，都署自己的真名发表。这些文章和小册子短小精悍，通俗易懂，没有多少高深的理论，但批判性和揭露性很强。他公然向教会的权威挑战，指名批判自己过去的老师、新任丹麦大主教马腾森，对教会进行的宗教活动以及教士们的生活、家庭和宗教职务都极尽讽刺挖苦之能事，甚至公开号召人们停止参加官方的公共礼拜，退出教会。但是，克尔凯郭尔并未达到预期的目的，他全力发动攻击，马腾森和教会当局却始终保持沉默，轻蔑地置之不理，他企图唤起人们反对教会也徒劳无功，除了得到少数年轻人同情外，遇到的只是公众的冷漠和敌意。他大失所望，再次陷于孤立的困境，在这个时期内他拒不见客，与外界断绝往来。他的唯一在世的哥哥彼得那时在教会中已身居要职，他们之间的最后一点兄弟情谊也就此终结了。

1855年10月2日，克尔凯郭尔在外出散步时发病被送往医院救治，他自己意识到末日将临，说"我是到这里来死的"。在医院里，他拒绝了哥哥彼得的探视，拒绝从神职人员那里领受圣餐。他同意童年时期的朋友波森来探望，波森问他还有什么话想说，他起初说"没有"，后来又说："请替我向每一个人致意，我爱他们所有的人。请告诉他们，我的一生是一个巨大的痛苦，这种痛苦是别人不知道和不能理解的。看起来我的一生像是骄傲自大和虚荣的，实际上却并非如此。我不比别人好。我过去这样说，而且总是这样说的。我在肉中扎了刺，因此我没有结婚，也不能担任公职。"在去世前，他还向人表示，他对自己所完成的工作感到幸福和满足，唯一感到悲哀的是他不能和任何人分享他的幸福。他就这样离开了人世，终年42岁。这个反叛的基督徒的葬礼还为教会制造了最后一次麻烦，他的外甥带领一批青年学生抗议教会违背死者的意愿，擅自决定由牧师主持葬礼。葬礼只得草草结束，他被安葬于家庭墓地，但却没有设立墓碑。过去他在《日记》里曾写道，在英国某地，有一块墓碑上只刻着"最不幸的人"这几个字，可以想象并没有人埋藏在那里，"因为这墓穴是注定为我而准备的"。结果却是他死后墓地上连这样的一块墓碑也没有。他的遗嘱指定把他所剩无几的遗产赠给他念念不忘的雷吉娜，也遭到她的拒绝。直到半个世纪以后，年迈的雷吉娜才说出了真心话："他把我作为牺牲献给了上帝。"

综观克尔凯郭尔短暂的一生，他的生活经历虽然没有戏剧性的情节，其内在的精神发展却充满矛盾、冲突、痛苦，有着无比丰富复杂的刻骨铭心的人生体验，迫使他深入地思考和探索在这个世界上生存的意义和个人的价值，这些都体现在他的哲学和宗教思想里。他虽然总是从他个人的视角和以他个人的独特方式去对待这些问题，而这些问题是现代社会里的人普遍关心和感兴趣的，因此具有现代的意义。这也就是我们今天仍然需要认真研究克尔凯郭尔的原因。

本选集的出版得到了丹麦克尔凯郭尔研究中心的资助，特此致谢。

天才释放出的尖利的闪电
——克尔凯郭尔简介

尼尔斯·扬·凯普伦

"天才犹如暴风雨：他们顶风而行；令人生畏；使空气清洁。"这是索伦·克尔凯郭尔在1849年的一则日记中所写下的句子。他自视为天才，而且将自己的天才运用到"做少数派"的事业之上。他总是顶风而行，与社会的统治力量及其教育体制相对抗，因为他认为"真理只在少数人的掌握之中"。为了与抽象的"公众"概念相对，他提出了具体的"单一者"（den Enkelte）的概念。

索伦·克尔凯郭尔是丹麦神学家、哲学家和作家，他出生于1813年5月5日，是家中7个孩子当中最小的一个。他在位于哥本哈根市新广场的家中度过的特殊的青少年时期受到了其父浓厚的虔敬主义和忧郁心理的影响。1830年他完成了中等教育，旋即被哥本哈根大学神学系录取。很快地，神学学习就让位给文学、戏剧、政治和哲学，让位给一种放荡的生活，而后者部分的是出于他对家中严苛而阴暗的基督教观念的反抗。但是，1838年5月他经历过一次宗教觉醒之后，加之他的父亲于同年8月辞世，克尔凯郭尔返归神学学习之中，并于1840年7月以最佳成绩完成了他的神学课程考试。

两个月之后，克尔凯郭尔与一位小他9岁的女孩雷吉娜·奥尔森订婚。但是，随后"从宗教的角度出发，他早在孩提时起就已经与上帝订婚"，因此他无法与雷吉娜完婚。经过了激烈的暴风雨式的13个月之后，1841年10月，他解除了婚约。这次不幸的爱情在克尔凯郭尔日后的生活道路中留下了深刻的痕迹，同时它也促使克尔凯郭尔以1843年《非此即彼》和《两则陶冶性讲演》两本书的出版而成为一名作家。

其实，早在1838年，克尔凯郭尔就出版了自己的第一本书《尚存者手记》。这是针对安徒生的小说《仅仅是个提琴手》的文学评论。丹麦作家安徒生（1805—1875）曾创作了少量的几部小说、一些游记作品、歌剧脚本、舞台剧本以及大量的诗歌，但他最终以童话作家的身份享誉世界。克尔凯郭尔认为，《仅仅是个提琴手》在艺术上是失败的，因为它缺乏了某种"生活观"（Livs-Anskuelse）。在其处女作发表几年之后，1841年，克尔凯郭尔以题为"论反讽概念"的论文获得了哲学博士学位（magistergrad）①，论文对"反讽"进行了概念化的分析，其中"反讽"既得到了描述，又得到了应用。

克尔凯郭尔就哲学、心理学、宗教学以及基督教所发表的作品大致由40本书以及数量可观的报刊文章组成，这些作品可以被划分为两大阶段：1843—1846年和1847—1851年。除《非此即彼》以及合计共18则陶冶性讲演之外，第一阶段写作出版的作品还有《重复》、《畏惧与颤栗》、《哲学片断》、《恐惧的概念》、《人生道路诸阶段》和《对〈哲学片断〉所做的最后的、非学术性的附言》；其中出版于1846年的《附言》一书成为区分两阶段的分水岭。所有的陶冶性讲演是克尔凯郭尔用真名发表的，其余作品则以笔名发表，如 Constantin Constantius，Johannes de silentio，Vigilius Haufniensis，Johannes Climacus。克尔凯郭尔写作的第二阶段即基督教时期发表有如下作品：《爱的作为》、《不同情境下的陶冶性讲演》、《基督教讲演》、《致死的疾病》、《基督教的训练》。这一阶段的作品除了后两部以 Johannes Climacus 的反对者 Anti-Climacus 发表之外，其余作品均以克尔凯郭尔的真名发表。

此外，克尔凯郭尔还写有大约充满60个笔记本和活页夹的日记。这些写于1833—1855年的日记带有一种与日俱增的意识，即它们终将被公之于众，而这些日记使我们得以窥见克尔凯郭尔所演练的"在幕后练习台词"的试验。与其发表的作品一样，克尔凯郭尔的日记在1846年前后也出现了一个变化。写于1846年之前的日记表现的是在其发表作品背后的一种文学暗流。这些日记无所拘束、坦白、充满试验性，折射出那个年轻且充满活力的作家的洞察力。那些简短的描述和纲要、观察笔记、释义段落，它们充斥着前后彼此的不一致，它们相互之间以及与作者的生活之间

---

① 在现代丹麦的学位制度当中，magister 对应于 Master's Degree（硕士学位），但是在历史上，magistergrad 却是哥本哈根大学哲学系的最高学位，自1824年以来它对应于其他系科的 doktorgrad（博士学位），1854年该学位被废除。（译者注）

存在着或合或离的关系。而写于1846年之后的日记——它们由36个同样的笔记本、共计5700个手写页组成,其内容则成为内向性的自我萦绕和一种自我申辩。其间,克尔凯郭尔一直在诠释着和讨论着他已发表的作品,反思这些作品及其作者在现时代的命运。

在克尔凯郭尔的写作当中,在很大范围内也在其日记当中,他描述了生存的诸种可能性,尤其是三种主要阶段,对此他称为"生存的诸境界"(Existents-Sphærer),即审美的、伦理的和宗教的境界。他的基本观点在于说,每个人首先必须或者说应该——因为并非每个人都能做到这一点——使自身从被给定的环境当中、从其父母和家庭当中、从其所出生和成长的社会环境当中分离出来。然后,他必须开始历经生存的各个阶段(Eksistensstadier),在此进程之中他将获得其永恒的有效性,成为一个独立的个体(individ)。这个个体将成为其自身行动的主体,进而将成长为一个独特的、负有伦理责任的人。直到最终,在负罪感的驱使之下,伦理的人将步入宗教境界。克尔凯郭尔年仅22岁的时候就已经对此主题发表了自己的看法,首先是涉及他自己,同时也关涉所有的人。他试图明白,生活对他而言意味着什么。在1835年的一则日记中他这样写道:

"一个孩子要花些时间才能学会把自己与周围的对象区分开,在很长一段时间内他都无法把自己与其身处的环境区别开来,因此,他会强调其被动的一面而说出,例如,'马打我'(mig slaaer Hesten)这样的句子来。同样,这种现象将在更高的精神境界当中重现。为此我相信,通过掌握另一个专业,通过把我的力量对准另外一个目标,我很可能会获得更多的心灵安宁。在一段时间内这样做可能会起作用,我可能会成功地将不安驱赶出去,但是毫无疑问,这不安仍将卷土重来,甚至更为强烈,如同在享受了一通冷水之后迎来的是高烧一样。我真正缺乏的是要让我自己明白,我应该做些什么,而非我应该知道些什么,尽管知识显然应该先于行动。重要的是寻找到我的目标,明确神意真正希望我所做的;关键在于找到一种真理,一种为我的真理,找到那种我将为之生、为之死的观念。"(日记AA:12)而当一个人找到了这样的真理的时候,这真理只为那个具体的人而存在,这人也就获得了内在的经验。"但是",克尔凯郭尔提醒说,"对于多少人而言,生活中诸种不同的印迹不是像那些图像,大海在沙滩上把它们画出就是为了旋即将它们冲刷得无影无踪"。

这个真理,这个我作为一个独特的人应该寻找并且使之成为为我的真理，它在这个意义上来说是主观的，即我是作为主体的我在选择它。再进一步说，它还在这个意义上来说是主观的，即我应该以它为根据改造我的主体性和我的人格，应该根据它去行动。根据克尔凯郭尔，真理永远是处于行动中的，因此他还强调我应该做什么。在上述背景之下，很多年之后，克尔凯郭尔在他的主要哲学著作《附言》当中提出了"主观性即真理"的命题。这个命题不应该被理解成在独断的或者相对的意义上说真理是主观的，似乎此真理能够与彼真理同样好。恰恰相反在克尔凯郭尔看来，生存中存在着一种绝对的真理，一种永恒有效的真理，正是这种真理才是作为主体的我、作为个体的我要去参与的；当我选择的时候，它就应该成为为我而存在的真理。不仅如此，当我选择那个永恒有效的真理的时候，我要占有这真理，根据它改造作为主体的我，把它作为我的所有行动的绝对准则。

假如这一切并未发生，假如我的生活纠缠在诸多独断的真理之中并且远离了我的规定性的话，那么只有一种可能性，就是沿着我曾经向前走过的同一条路倒着走回去。克尔凯郭尔曾运用了一个取自古老传说中的意象。传说中有一个人着了一支乐曲的魅惑，为了摆脱音乐的魔力，他必须将整支曲子倒着演奏一遍。"一个人必须沿着他所由来的同一条道路倒行，犹如当把乐曲准确地倒着演奏的时候魔力就被破除了的情形一样（倒退的）。"（日记 AA：51）

假如我并未返回出发点以便找到那条通往真理的正确道路，而是使我的生活纠缠在那些独断的真理之中的话，那么我将陷入沮丧之中。有这样一种情形：我有一种强烈的愿望，但我并不知道我所希望的到底是什么，也没有准备好调动我的力量去发现之，因为那将意味着我必须使自己从那种我曾经纠缠其中的生活当中挣脱出来，于是我便无法去希望。克尔凯郭尔把这样的一种情形称为"忧郁"（tungsind）。

"什么是忧郁？忧郁就是精神的歇斯底里。在一个人的生活中会出现一个瞬间，当此之时，直接性成熟了，精神要求一种更高的形式，其中精神将把自身视为精神。作为直接性的精神而存在的人是与整个世俗生活联系在一起的，但是现在，精神将使自身从那种疏离状态中走出来，精神将在自身当中明白自己；他的人格将会在其永恒有效性内对自身有所意识。假如这一切并未发生，运动就会终止，它将被阻止，而忧郁也由此介入。人们可以做很多事情以试图忘掉它，人们可以工作……但是，忧郁仍然在那里。

"在忧郁当中有着某种无可解说的东西。一个悲伤或者担忧的人是知道他为什么悲伤或者担忧的。但是倘若你询问一个忧郁的人，问他为什么会忧郁，是什么压在他的身上，他将会回答你说，我不知道，我无法解释。忧郁的无限性就在这里。这个问答是完全正确的，因为他一旦知道他因何而忧郁，忧郁就被驱除了；可是那个悲伤者的悲伤绝不会因为他知道自己因何悲伤而被驱除。但是，忧郁是罪（Synd）……它是那种没有深刻地、内在性地去希望的罪，因此它是众罪之母……可是一旦运动开始了，忧郁就会被彻底驱除，同时就同一个个体而言，他的生活仍然可能带给他悲伤和担忧。"

在《非此即彼》当中，克尔凯郭尔曾这样写道："很多医生认为忧郁存在于肉体之中，这一点真够奇怪的，因为医生们无法将忧郁驱除。只有精神才能驱除忧郁，因为忧郁存在于精神当中。当精神找寻到自身的时候，所有微不足道的悲伤都消失了，据很多人说产生忧郁的根源也消失了——这根源在于说，他无法在这个世界上立足，他来到这个世界太早或者太晚了，他无法在生活中找到自己的位置。那个永恒地拥有自身的人，他来到这个世界既不太早也不太晚；那个居于其永恒当中的人，他将会在生活当中发现自己的意义。"（SKS 3，pp. 183—184）

有了对忧郁的如是理解，克尔凯郭尔提出了另一个重要的概念：恐惧（angst），在其心理学著作《恐惧的概念》当中他对这个概念做出了阐发。在书中，假名作者 Vigilius Haufniensis 描述了恐惧的诸种现象并且发问道，恐惧或者毋宁说一个人会变得恐惧的事实会揭示出人是什么呢？对此他回答说：人是一个与成为他自己这一任务密不可分的自我。这位假名作者还描述了这项任务失败的原因，因为个体不仅仅在因善而且也在因恶的恐惧当中受到了束缚，最终，他陷入了妖魔式的内敛当中。

而恐惧又引发出了另一个新的概念：绝望（Fortvivlelse），对此克尔凯郭尔让其身为基督徒的假名作者 Anti-Climacus 在《致死的疾病》一书中做出了分析，该书与《恐惧的概念》相呼应。正是 Anti-Climacus 表达了克尔凯郭尔关于人的最终的观念：人是一个综合体，是一个在诸多不同种的尺度（Størrelse；对应于德文 Grösse）之间的关系，例如时间性与永恒性、必然性与可能性，但是它却是一种与自身发生关联的关系。在书的第一部分中，Anti-Climacus 通过对绝望的不同形式的描述展开了这一观念，在此绝望被理解为人不愿成为自我。在书的第二部分中，作者深入阐明了他对绝望的理解，他认为绝望是罪，以此，他与《恐惧的概念》一书中关于罪的理论相呼应。于是，绝望成了经强化的沮丧，或者是以上帝为背景而思想时的沮丧，也就是说，一个人不愿意成为如上帝所创造的那样的自我，不愿去意愿着或者执行上帝的意志。"心的纯洁性在于意愿一（件事）"，而这个"一"最终就是上帝。

那个意愿着上帝并且因此也意愿着成为如上帝所创造的自我一样的人；那个不再与上帝和其自身相疏离的人——处于这种疏离状态的人或者处于在罪过（Skyld）的封闭的禁锢当中，或者处于关于自我的梦想的非现实的理想图景当中；那个人将真正地走向自我，他将与自我和自我同一性共在，因此，他将在场于生活的实在的场中。克尔凯郭尔在其成文于1849年的三则审美性的、关于上帝的讲演《田野的百合与空中的飞鸟》中这样写道："什么是快乐，或者说快乐是什么？快乐也就是真正地与自我同在，而真正地与自我同在指的就是那个'今天'；在（være）今天，其实就是指在今天。它与说'你在今天'，与说'你与你自身就在今天同在'，说'不幸的明天不会降临到你的头上'同样正确。快乐指的就是同在的时间，它所着力强调的是同在的时间（den nærværende Tid）。因此上帝是幸福的，作为永恒的存在他这样说：今天；作为永恒的和无限的存在，他自身与今天同在。"（SV14，160）

克尔凯郭尔在第一阶段的写作中完成了对三种人性的"生存境界"的描述之后，在第二阶段中他指出了在与基督教的关系之下这三种境界的不足之处。一个人要成为一个真实的自我，首先要通过作为上帝所创造的产物而与上帝建立关联。一个人要成为真正的自我，他首先要认识基督并且使他的罪过得到宽恕。但是，在认识之前同样需要行动。因此，真理总是在行动中的真理，正如信仰总是在作为（Gjerninger）中的信仰一样。

在第二阶段的写作当中，对人性的和基督性的理解同时得到了强化。克尔凯郭尔进一步强调，那个决定性的范畴即在于单个的人，即"那个单一者"（hiin Enkelte）；但是与此同时，他也越来越强调一种以宗教为根基的对于人与人之间的平等关系的把握。这一点与他对于所处时代的不断成熟的批评是并行的。1846年，克尔凯郭尔发表了题名为"文学评论"的作品，对一位年长于他的同时代丹麦作家托马西娜·伦堡夫人（1773—1856）的小说《两个时代》做出了评论。其间，克尔凯郭尔赋有洞见地总结了那个日益进步的现代社会的特征，表达了他的政治和社会思想，指出当今时代呈现出一种平均化和缺乏激情的倾向。

克尔凯郭尔自视自己是一位以"诠释基督教"为己任的宗教作家。他将"清洁空气"，他将把所有的幻象和所有的虚伪都剥除净尽，并且返回"新约的基督教"。在此背景之下，他在自己生命的最后几年当中对丹麦的官方所宣称的基督教以及基督教权威机构展开了攻击。1854年年底，克尔凯郭尔以在名为"祖国"的报纸上所发表的一系列文章开始了他针对教会的战斗。继而，这场战斗又继续在更强烈、更激进的新闻性小册子《瞬间》（共计9册）当中进行。

1855年10月，克尔凯郭尔在街头摔倒了，他病入膏肓，精力耗尽。他被送往了弗里德里克医院（地址即今天的哥本哈根市工艺美术博物馆），11月11日，他在那里告别了人世。

克尔凯郭尔在19世纪末20世纪初之际被重新发现，并且在第一次世界大战之后获得了广泛的国际声誉。他成为辩证神学、存在哲学以及存在神学的巨大的灵感源泉。自20世纪60年代至80年代中期这段时间里，克尔凯郭尔（研究）一度处于低潮。自那以后，克尔凯郭尔获得了巨大的复兴，不仅在学者和研究者中间，而且还在一个更为广泛的公众当中；这种复兴不仅发生在丹麦国内，而且还发生在国际上，包括很多东欧社会主义国家。

这种重新焕发的对于克尔凯郭尔的兴趣反映了一种崭新的对生存进行全面理解的愿望，人们希望在当今众多相对的、划时代的，以及由文化决定的真理之外寻求到一种可能的永恒真理。这种探求不仅仅在知识—哲学的层面之上，而且还应落实到伦理—生存的层面之上。这种寻求还与寻找对个体的意义、伦理学的基础以及宗教与社会的关系这些根本性问题的新的解答联系在一起。

"有两种类型的天才。第一种类型以雷声见长，但却稀有闪电。而另一种类型的天才则具有一种反思的规定性，借此他们向前推进……雷鸣声回来了，闪电也非常强烈。以闪电的速度和准确性，他们将击中那些可见的每一个点，而且是致命的一击。"毫无疑问，克尔凯郭尔属于后一种类型的天才。

（王　齐译）

目 录

第一系列……………………………………………（28）

第二系列…………………………………………（223）

终结………………………………………………（403）

爱的作为

一些基督教的审思[1] 以讲演的形式[2] 写出

索伦·克尔凯郭尔 著

第一系列[3]

目 录

前言 …………………………………………………（1）
祈祷 …………………………………………………（1）
I 爱的隐秘生活以及它在各种果实之上的可辨性 …………（1）
II A 你应当爱 ………………………………………（17）
II B 你应当爱邻人 …………………………………（49）
II C "你"应当爱邻人 ………………………………（68）
III A 《罗马书》13：10. 爱是律法之圆满 …………（100）
III B 爱是良心的事情 ………………………………（147）
IV 我们的"去爱我们所见到的人们"的义务 ……………（168）
V 我们的"去驻留在相互所亏欠的爱之债务中"的义务 ………（190）

前　言

　　这些基督教的审思是在许多审思之后所得的果实，它们按理是将会缓慢但却又轻易让人领会的，而如果有人通过匆忙草率而寻求新奇的阅读方式来使得它们成为对他自己来说是很难懂的东西，那么，它们无疑也可以变得非常艰难。"那个单个的人"，他首先自己审思他自己是想要阅读还是不想要阅读；如果他选择了阅读，那么他就充满深情地审思[4]，在"艰难"与"轻易"被慎重地放上天平的时候，这两者间的关系是否正确，这样，"那基督教的"就不会因为把艰难性或者轻易性弄得过大而被以错误的比重介绍出来[5]。

　　因此，这是"基督教的审思"，并非关于"爱"，而是关于各种"爱的作为"。

　　这是各种"爱的作为"，这里并不是说，仿佛所有爱的作为就在这里全都被计算在内并且被描述了，哦，差得远了；这里甚至也没有这样的意思，仿佛那单个的被描述的作为就在这里一了百了地得到了完全的描述，上帝知道，绝非如此！如果一样东西在本质上是有着永不枯竭的财富，那么，这东西，甚至就其最小的作为而言，它也是在本质上无法描述的，之所以如此，恰恰是因为在本质上它是在一切之中完全在场的，并且在本质上是无法描述的。

S. K.

祈　祷[6]

如果你被忘记了，人们将怎样正确地谈论爱呢?!你，爱之上帝，天空中和大地上所有的爱来源于你[7]；你毫无保留地在爱中牺牲了一切[8]；你是爱，那充满爱心的人只是因为在你之中才是他所是[9]！如果你被忘记了，人们将怎样正确地谈论爱呢?!你，是你揭示了什么是爱[10]，你，我们的拯救者和解赎者，为了拯救所有人你牺牲了你自己[11]，你，爱之精神[12]，你，不凭你自己说的[13]，而是让人记得爱之献祭[14]，提醒信仰者像他被爱那样地去爱[15]、像爱他自己那样去爱他的邻人[16]，如果你被忘记了，人们将怎样正确地谈论爱呢?!哦，永恒的爱，你在一切地方在场[17]，在你被呼唤的地方从不曾没有见证[18]，在这里，在我们将对爱或者对各种"爱的作为"所作的谈论中，你也将不会让你不具见证。因为，无疑只有某一些行为被人类语言特别而狭隘地称为是爱之作为[19]；但是在天堂里则是如此，除了"爱的作为"之外，任何作为都不会受到赞赏：诚实地处于自我拒绝之中，一种爱之渴望，并且恰恰因此不具因施恩而想要得到回报的要求！

注释：

1　[**审思**] 克尔凯郭尔在日记（NB2：176／1847）之中为"陶冶讲演（en opbyggelig tale）"和"审思（en overvejelse）"间的差异作了定性："一种'审思'并不把各种概念定性预设为事先给定的和已被领会的；因此，它不可以像去唤醒和撩拨人并强化思维那样地去在同样程度上进行感动、缓痛、镇定、说服。审思的瞬间也是在行为之前，因此这之中的重点也就是去使得所有各个环节都真正动起来。审思应当是一只马蝇，因此它的着色完全不同于陶冶讲演的着色。陶冶讲演在休憩于心境之中，而审思则应当在一种好的意义上在心境之中有着不耐烦、是暴躁的（强有力的）。反讽在这里是必要的，而一种更重要的成分则是喜剧性。有时候人们甚至完全可以稍稍发笑，只要这时想法变得越来越清晰醒目。一个关于爱的陶冶讲演预设'人们在本质上知道什么是爱'，并且试图为爱去赢得这些人、打动这些人。但事实上事情并非如此。因此，在他们舒服的思路中上上下下，'这审思'首先要借助于真相的辩证法去

将他们从地窖口带上来,呼唤他们,转变他们。"(SKS 20,211)

2 [**以讲演的形式**]克尔凯郭尔本来在对封页的草稿中使用了小标题"基督教讲演"。在1847年1月的日记(NB:120/1847)中他做出了如下的区分:"基督教讲演在某种程度上让怀疑进入了,——布道的操作是绝对的,纯粹只通过权威,圣经的权威、基督使徒们的权威;基督教讲演可以是一个普通人。"(SKS 20,87)

3 [**系列**]《爱的作为》的两个系列,在原版出版的时候各自的页码是相互独立的,可能在写作的时候曾经想要将它们作为分开的单行本出版。因此,在克尔凯郭尔说到"本书"或者"此文本"时,所指的是这一系列。

4 [**"那个单个的人"……充满深情地去审思**]在日记(NB2:176a/1847)中,在克尔凯郭尔为"陶冶讲演"和"审思"所作的区分中,他强调了这里的这句话:"我们可以看见,差异在前言里被表述了出来:'那个单个的人……充满深情地去审思……是否'等等。一篇陶冶讲演的前言绝不可能看上去如此。"

"那个单个的人":这指示词"那个"通常是在事先已经谈及或者为人所知的一个人、一个事件或者一样东西。引号提示出这里所提及的是引自以前所写的一些前言中的固定陈述,"那个单个的人,我带着喜悦和感恩将之称作我的读者"。这一固定陈述在1843—1844年的六个陶冶讲演集的诸前言中、在1845年的"三个在想象出的场合中的讲演"的前言中,以及在1847年的"不同精神中的陶冶讲演"中的两个前言中都出现过。

5 [**不会……被以错误的比重介绍出来**]亦即,不是以它所不是的东西的面目而被介绍出来。

6 [**祈祷**]在这里有着某种特别的:三位一体的上帝(通过一种平等的呼喊,首先是对圣父,然后对圣子,最后是对圣灵)被作为爱的渊源而被呼唤。

7 [**你,爱之上帝,天空中和大地上所有的爱来源于你**]指向《约翰一书》(4:7—8):"亲爱的弟兄阿,我们应当彼此相爱。因为爱是从神来的。凡有爱心的,都是由神而生,并且认识神。没有爱心的,就不认识神。因为神就是爱。"也参看保罗在《以弗所书》(3:15)中所写,他下跪在天父耶稣基督面前:"天上地上的各家,都是从他得名。"

8 [**你毫无保留地在爱中牺牲了一切**]指向《罗马书》(8:32),保罗写关于上帝:"神既不爱惜自己的儿子为我们众人舍了,岂不也把万物和他一同白白的赐给我们么。"

9 [**你是爱,那充满爱心的人只是因为在你之中才是他所是**]指向《约翰一书》(4:16):"神爱我们的心,我们也知道也信。神就是爱。住在爱里面的,就住在神里面,神也住在他里面。"

10 [**你,是你揭示了什么是爱,你,我们的拯救者和解赎者**]参看《约翰一书》(4:9—10):"神差他独生子到世间来,使我们藉着他得生,神爱我们的心,在此就显明了。不是我们爱神,乃是神爱我们,差他的儿子,为我们的罪作了挽回祭,这就是爱了。"

11 [**为了拯救所有人你牺牲了你自己**]基督代替人类承担罪。比较《以弗所书》(5:1—2):"所以你们该效法神,好像蒙慈爱的儿女一样。也要凭爱心行事,正如基督爱我们,为我们舍了自己,当作馨香的供物,和祭物,献与神。"

12 [**爱之精神**]就是说,圣灵。精神(Aand)在神学领域里也翻译作"灵",因此"爱之精神"在这个意义上也被翻译作"爱之圣灵"。

13 [**不凭你自己说的**]指向《约翰福音》(16:13—15),之中耶稣对门徒们说:"只等真理的圣灵来了,他要引导你们明白一切的真理。因为他不是凭自己说的,乃是把他所听见的都说出来。并要把将来的事告诉你们。他要荣耀我。因为他要将受于我的,告诉你们。凡父所有的,都是我的,所以我说,他要将受于我的,告诉你们。"圣灵不凭自己说的,因为圣灵是基督的见证。

14 [**让人记得那爱之献祭**]参看《约翰福音》(14:26),之中耶稣对门徒们说:"但保惠师,就是父因我的名所要差来的圣灵,他要将一切的事,指教你们,并且要叫你们想起我对你们所说的一切话。"

15 [**提醒信仰者像他被爱那样地去爱**]指向《约翰福音》(15:9—12),之中耶稣谈及爱命令:"我爱你们,正如父爱我一样。你们要常在我的爱里。你们若遵守我的命令,就常在我的爱里。正如我遵守了我父的命令,常在他的爱里。这些事我已经对你们说了,是要叫我的喜乐,存在你们心里,并叫你们的喜乐可以满足。你们要彼此相爱,像我爱你们一样,这就是我的命令。"

16 [**像爱他自己那样去爱他的邻人**]指向双重爱之诫命,比如,可参看《马太福音》(22:39)中耶稣说"要爱人如己"(直接的翻译就是"要爱邻人如爱自己")。

17 [**你在一切地方在场**]指向建立在圣经基础上并且进入了大多数基督教教理的关于上帝的"全在"(无处不在)的观念。在圣经中可参看《诗篇》(139:7—12),《耶利米书》(23:23—24)和《使徒行传》(17:24—27)。也参看《福音基督教中的教学书,专用于丹麦学校(Lærebog i den Evangelisk—christelige Religion, indrettet til Brug i de danske Skoler)》,由1783—1808年的西兰岛主教巴勒(Nicolaj Edinger Balle,1744—1816)和牧师巴斯特霍尔姆(Christian B. Bastholm,1740—1819)编写,简称《巴勒的教学书》。第一章"论上帝及其性质"第三段"圣经中关于上帝及其性质的内容"§6:"上帝是全在的,并且在一切事物中以其力量起着作用,在任何地方他都不会离开他的受造物。"

18 [**从不曾没有见证**]指向《使徒行传》(14:17),在之中保罗向人众叫喊说,上帝"然而自己未尝不显出证据来,就如常施恩惠,从天降雨,赏赐丰年,叫你们饮食饱足,满心喜乐"。

19 [**爱之作为**]就是说,各种慈善行为。

I 爱的隐秘生活以及它在
各种果实之上的可辨性

路加福音6:44。凡树木看果子，就可以认出他来。人不是从荆棘上摘无花果，也不是从蒺藜里摘葡萄。[1]

如果真是那样，像那自欺欺人地为"不受欺骗"而骄傲的聪睿所说的，人不应当相信任何无法以自己的肉眼看见的东西，那么人首先就应当别去相信爱。如果一个人是如此去做，并且是出于"不要受骗"的畏惧心理而如此做，那么他是不是就不受骗呢？一个人可以通过许多方式受骗；人可以因为相信不真实的东西而被欺骗，但是人也可以通过"不相信真实的东西"而受骗；人可以因表象而受骗，人也可以因为那种狡狯的表象、因为那种"以为自己是很安全地抵御了欺骗"的奉承性的自欺而受骗。但哪一种欺骗才是最危险的呢？谁的康复更令人感到不确定，是那看不见东西的人，还是那看得见却仍然看不见东西的人[2]？哪一种情形是更艰难的，是去唤醒一个睡眠的人，还是去唤醒一个醒着做梦梦见自己是醒着的人？怎样的情景更可悲：是马上无条件地感动得流泪，那在爱情中不幸地受骗的人的情景；还是在某种意义上可以诱人发笑的，那自我欺骗者的情景，自我欺骗者的这种自以为"没有受欺骗"的痴愚的自欺欺人无疑是滑稽的，并且是让人觉得可笑的，如果在这里"可笑"不是一种通过指明"泪水不值得为他而流"而做出的对这恐怖的更为强烈的表述的话；哪一个更可悲？

"自己把爱从自己这里骗走"是最可怕的事情，是一种永恒的丧失，这种丧失是不存在什么补偿的，不管是在时间之中还是在永恒之中，都没有。因为，如果不是自欺的情形的话，不管它能够有什么不同，只要我们所谈的是"相对于爱的被欺骗"，那么，那受骗者还是在让自己与爱发生着关系，这欺骗只是：人们以为爱会在什么地方，但爱却不在那地方；但是自欺者则将自己关在外面并将自己排斥在爱之外。也有关于被生活欺骗或者在生活中被欺骗的说法；但是那自欺者把自己的"生活"[3]从自己这里骗走了，他的丧失是无法补救的。甚至那在一辈子的生命中被生活欺骗的人，永恒还是能够为他藏有丰富的补偿；但是自欺者则阻碍了自己去赢得永恒的东西。那恰恰是在爱中成为人类欺骗的一个牺牲品的人，哦，当他在永恒之中看见，在欺骗结束时，爱仍然存留在那里[4]，那么，他真正地又失去了什么呢？！但是，如果一个人——狡猾地——通过聪明地走进睿智之陷阱来欺骗他自己，噢，如果他一辈子都在他的自欺中以为自己很幸福，而当他在永恒之中看见，他欺骗了自己，那么，又有什么是他所不曾丧失的呢？！因为，在现世（Timeligheden）之中也许一个人能够成功地让自己不具备对爱的需要，也许他能够成功地让时间流逝而不察觉这自我欺骗，也许他能够成功地达成这可怕的事情，在一种幻觉中为自己处于这幻觉而感到骄傲；但是在永恒之中，他无法没有爱，并且他会不可避免地发现他浪费、错过了一切。生存是多么的严肃，它是多么的可怕，这恰恰是在于：它惩罚性地允许任性者自作主张，这样，他得以继续生活下去、为处在受骗的状态而骄傲，直到他后来有一次认识到这真相：他永远地欺骗了自己！确确实实，永恒不容被讥嘲[5]，相反，这永恒才是这样的惩罚者，它根本无须使用强力，而只是全能地用一点点嘲讽来对放肆者进行可怕的惩罚。那么，那把现世的东西和永恒联系在一起的是什么，爱，这恰恰因此而先于一切并且在一切过去之后仍然存留的爱，除了这爱之外又会是什么别的呢？然而恰恰因为爱在这样的意义上就是永恒之绑带，并且恰恰因为现世和永恒是不同种的，所以现世的尘俗睿智会觉得爱是一个负担，因此感官性的人会在现世中觉得，把这一永恒之绑带从身上扔掉是一种巨大的解脱。无疑，自欺者当然认为是能够安慰自己，甚至认为自己是得胜有余了[6]；在愚者的幻觉中，他看不出他自己的生命是多么的无慰无告。我们不会否认，他是"停止了悲伤"[7]；然而在"拯救"恰恰要开始沉痛地为自己悲伤的时候，他停止悲伤又有什么用！也许这自欺者甚至认为自己在别人成为了无慰无告之欺骗的牺牲品时能够去安慰别人；然而，在一个人自己就"那永恒的"而言是严重受伤[8]的时候却想要去医疗那至多是到死亡为止有病的人[9]，这是怎样荒唐的疯狂啊！甚至那自欺者，在一种古怪的自相矛盾之中，也许还会认为自己对于那不幸的受骗者有着设身处地的同情。但是，如果你留意于他那抚慰的话语和医疗的智慧，那么你就能在各种果实之中辨认爱：在讥嘲的刻毒之中、在理智性的尖利之

I 爱的隐秘生活以及它在各种果实之上的可辨性

中、在猜疑性的毒意中、在冥顽性的蚀骨冷漠中，也就是，在这些果实中你能够认出：在那之中没有爱。

人由果实辨认出树："荆棘上岂能摘葡萄呢？蒺藜里岂能摘无花果呢？"（马太7：16）[10]；如果你想在那里收集它们，那么你将不仅仅是在徒劳地收集，然而，荆棘会向你展示出你是在徒劳地收集。因为每一棵树都可以由它自身特有的果实而辨认出来[11]。我们知道会出现这样的情形，有两颗相互非常相像的果实，一颗是有益于健康并且味美的，另一颗则是苦涩而有毒的；有时候那有毒的果子也会是非常美味的，而那有益于健康的果子则尝起来有苦涩味。以同样的方式，爱也是在它自身特有的果实上被我们认出。如果我们弄错，那么，要么是因为我们不认识那些果实，要么是因为我们在单个的事例中不知道怎样去正确判别。就像一个人弄错了，他把那其实是自爱（Selvkjerlighed）的东西称作是爱：他高声断言，如果没有那被爱者，他就无法生活，但却不愿意听人说关于爱的任务和要求就是否决自己并且放弃这种情欲之爱（Elskoven）的自爱。或者就像一个人弄错了，以"爱"的名来称呼那事实上是"虚弱的放纵"的东西，以"爱"的名来称呼那实际上是败坏性的哀怨、或者有害的聚交、或者子虚乌有的品质、或者自恋症之关联、或者奉承之幻象、或者瞬间之表象、或者现世之关系的东西。我们知道，有一种花，我们将之称作是永恒之花[12]，但很奇怪，也有一种所谓的永恒花，它就像各种易败的花，只在一年中的某个特定时节开放[13]：如果把后者称作永恒之花，那么这会是怎样的一个错误啊！然而，在盛开的那一瞬间，它看来却是那么迷惑人。然而每一棵树都可以由它自身的果实而辨认出来，同样，爱也是以这样的方式在它自身的果实上被我们认出，还有那基督教所谈论的爱，我们在其特有的果实上将之认出，而这果实就是：在它之中，它有着永恒之真相。所有其他的爱，不管它是，按人类所知的说法，很早就凋谢和被改变，还是它可爱地在现世的时季中保养着自己：它仍然是会随着时间而流转消逝的，它只是开放而已。这恰恰是它的脆弱而忧伤的事实，不管它是只开放一个小时还是七十年[14]，它只是开放而已；而基督教的爱则是永恒的。所以，任何明白自己的人都不会突发奇想要去形容基督教的爱说"它在开放"；任何明白自己的诗人都不会突发奇想要去歌唱赞美它。因为诗人所应当歌唱赞美的东西必定是有着忧伤，那作为"他自己生命中的谜"的忧伤：它必定会开放，——唉，并且必定凋谢。然而基督教的爱常存，并

3

且恰恰是因此，它存在[15]；因为凋谢者开放，而开放者凋谢，但存在的东西是无法被歌唱赞美的，它必须被信仰，它必须被生活。

然而，在人们说"爱在果实上被我们认出"的时候，由此人们也附带说了，"爱"自身在某种意义上是隐藏着的，而恰恰因此我们才只能通过各种展示着其真正本质的果实去认出它。事情恰恰也就是如此。每一种生命，爱的生命也是如此，就其本身都是隐藏着的，但却在一种别的东西中被展示出来。植物的生命是隐藏的，果实是公开的展示；思想的生命是隐藏的，言辞的表达是展示性的东西。因此上面所宣读的神圣词句谈论着一种双重的东西，不过它们只是在暗地里谈论其中的一方面；在那陈述之中公开地包含了一种想法，但在暗中也包含了另一种想法。

那么，既然我们现在要谈论这个，就让我们把两种想法都拿出来置于我们的考察之下吧：

爱的隐性生命以及它在那些果实上的可辨认性

爱是从哪里来的，爱是从哪里获得了它的本原和它的渊源，那对于它是出没之所的地方、那它从中涌出的地方是在哪里？是啊，这个地方是隐蔽的或者是秘密的。在人的内心深处有一个地方；从这个地方涌现出爱的生命，因为"从心中涌出生命"[16]。但是，要看见这地方则是你所不能的；不管你怎样深入地挤进去，这本原躲进了遥远和隐秘；甚至在你挤进去到了最深处的时候，这本原仍然持恒地让你觉得它是在更深的一部分之中。正如泉水的源头，恰恰在你最靠近它的时候，它就更远地消失了。爱正是从这个地方流溢出来，沿着各种不同的路径；但是，沿着这些路径之中任何一条，你都无法挤迫进它隐秘的"形成"。正如上帝住在一道光中[17]，每一道照亮世界的光都从那光中流涌出来，而同时却没有人能够沿着这些光芒的路径而挤迫进去看上帝，因为在人转向那光的时候，光的路径就变化成了黑暗；爱就是这样地居住在秘密之中，或者隐秘地居住在内心深处。如同泉源之涌流以其潺潺吟唱着的劝说来引诱着，甚至几乎是在请求人沿着这一条路行走，而不要好奇地打算挤迫进去寻找它的渊源并将其秘密公开出来；如同太阳的光芒让人借助于它而看见世界的荣华，但在有人好奇而无礼地想要转回去发现光的本原时，它就警告性地以炫眼的盲目来惩罚这放肆者；如同信仰招着手愿意充当他生命道路中的伴行，但是却使

I 爱的隐秘生活以及它在各种果实之上的可辨性

得那转过身无礼地想要"去理解"的放肆者成为石头[18]：这样，那爱的愿望和祈祷就是，它的秘密的渊源和它隐藏在内心最深处的生命可以继续是一个秘密、没有什么人会好奇而无礼地想要打扰着挤迫进去看那他其实还是无法看见的东西（而在他的好奇中他倒是会失去来自这东西的喜悦和祝福）。在医生不得不以肢解的手段进入身体中的各个更高贵并因此恰恰是隐秘的部位时，人所感觉到的总是最剧烈的痛苦；同样，在一个人不去在爱的宣示中为爱而喜悦、却想要通过探究它而得到快乐（亦即去破坏它）的时候，那也是最剧烈的痛苦，并且这也是最有害的。

爱的隐秘的生命是在"那最内在的"之中，是不可探究的，并且与整个生存又有着一种不可探究的关联。如同宁静的湖泊深远地渊源于诸多隐秘的泉源[19]，任何眼睛都看不见的隐秘泉源，同样，一个人的爱也是如此更深远地渊源于上帝的爱。如果在根底里没有水源、如果上帝不是爱，那么就既不会有那小小的湖泊、也不会有一个人的爱存在。如同宁静的湖泊在幽暗中渊源于那深远的水源，一个人的爱也是这样神秘地渊源于上帝的爱。如同这宁静的湖泊固然是在请你观察它，但却通过"幽暗性"的反射镜像来禁止你去洞察他，同样，爱在上帝之爱中的神秘本原禁止你去看它的根本；在你以为是看见了那根本的时候，那其实却是一幅反射镜像在欺骗你，这掩盖了那更深的根本的东西，仿佛它就是那根本。如同聪明的捉迷藏者的掩盖，恰恰是为了隐藏起那捉迷藏者，它看上去就像一个底座，同样，那只是在掩盖更深者的东西，带着欺骗性，看上去就像是根本之深处。

这样，爱的生命是隐秘的；但是它那隐秘的生命就其本身是运动，并且它自身中有着永恒。如同宁静的湖泊，不管它在那里是多么的平和，其实它还是涌流着的水，因为在根本之中不是有着源泉么；同样爱也是如此，不管它在它的隐蔽中是多么宁静，却仍是涌流着的。但是，如果在什么时候源流停止了，那么，那宁静的湖泊也就干涸了；而爱则相反有着一道永恒的源流[20]。这一生命是清新而且永恒的；没有什么寒冷能够冻结它，它自身中太热而不会冻结，也没有什么炎热能够使它委靡，它在它的凉爽中太清新而不会委靡。但它是隐秘的；在福音书中有着关于这一生命在果实上的可辨认性的说法，但这绝不是在说人们应当烦扰和打搅这种隐秘性，也不是在说人们应当去投身于观察或者投身于"考究性的自我观照"，这种观察和自我观照只是"让圣灵担忧"[21]并且阻碍成长。

5

然而这一"爱的隐秘的生命"仍是在那些果实上可辨认的,是啊,"要能够在那些果实上被认出",这是爱之中的一种需要。哦,这是多么美丽呵,这被用来标示最卑微的东西的词,这同一个词被用来标示最大的财富,不是么!因为,"需要"、"有着需要"和"处在急需之中",在这样的词语被用来谈论一个人时,这个人会是多么地不愿意啊!然而在我们说一个诗人"作诗对于他是一种需要"、说一个演说者"演说对于他是一种需要"、说一个女孩"去爱对于她是一种需要"时,我们却是在说至高的东西。啊,甚至那曾在世上生活过的最有需求的人,但如果他曾有过爱,那么,与那唯一真正的贫困者、与那生活了一辈子却从不感觉到有"对什么东西的需要"的人相比,他的生命岂不曾是太富有了么!因为,很明显,一个女孩需要她所爱的人,这恰恰是她的最大财富;一个虔诚者需要上帝[22],这恰恰是他至高的真实财富。去问他们,去问那女孩,如果她完全可以省却那个她所爱的人,她是不是会觉得同样的幸福;去问那虔诚者,他是不是明白或者希望他完全可以省却上帝!这样,爱在各种果实上的可辨认性也是如此,在这关系是正确的关系时,它恰恰因此而需要努力显现出来,由此财富又一次得到标示。而如果这真的是如此,如果真的在爱本身中会有这样的自相矛盾——爱要求人保持使它隐秘、要求人去使得它无法辨认,那么这就必定也是最大的折磨。假如用一个比方,难道这岂不是类似于这样的情形:植物感觉到了自身中繁荣之生命和祝福,但它不敢让这生命和祝福被人辨认出来,仿佛这祝福是一种诅咒,它只让自己知道,唉,作为一种在"它的不可解释的凋谢"中的秘密!因此说,事情也不是如此。因为,尽管一种特定的"爱之表现",甚至一点主芽[23],都会由于爱而被挤迫回痛苦的隐蔽性中,那同一个爱之生命还是会为自己找到另一种表现并且变得能够让人在果实上辨认出来。哦,你们,一场不幸的情欲之爱的平静的烈士们;你们由于爱而必须把一种爱隐藏起来,你们在这状态中所承受的痛苦想来是成为了一种秘密;它永远也不会被辨认出来,你们的爱恰恰是如此伟大,它带来了这一牺牲;然而你们的爱还是可以在各种果实上被辨认出来!也许这些果实恰恰就成为那种昂贵的果实,那种在隐秘痛楚的静态火焰中得以成熟的果实。

在果实上认出树来;因为,固然从叶子上也可以认出这树,但果实则是本质性的标志。因此,如果你在那些叶子上认出一棵树是这特定的树,但你在结果实的时节却发现它没有果实,这时你会据此而认出这树其实并不是它通过那些叶子而打扮成的那树。这样，爱的可辨认性也是如此的情形。使徒约翰说（《约翰福音》3：18）："小子们哪，我们相爱，不要只在言语和舌头上。总要在行为和诚实上。"[24]而对此我们则无疑是更应当以这种在言辞和口头语中的爱而不是以树上的叶子来作比较；因为，言辞和表达和语言的构想可以是爱的标志，但那是不确定的。同样的言辞在一个人的嘴里可以是如此的丰富、如此的可信，而在另一个人的嘴里则如同那些树叶的不确定的低语；同样的言辞在一个人的嘴里可以如同那"带着祝福和营养的谷子"[25]，而在另一个人的嘴里则像叶子贫瘠的美丽。然而你却并不应当因此而保留起你的言辞，正如你不应当隐藏起那可以看得见的感动，如果它是真实的；因为这恰恰可以是，不具爱心地做不正当的事情，就好像在一个人不偿还自己对某人所欠的东西时的情形。你的朋友、你的爱人、你的孩子或者任何本是你的爱的对象的人，当这爱真的在你内心中感动着你的时候，他们也要求爱在言辞中的表达。这"受感动"不是你的财产，而是那另一个人的财产，这爱的表达是你欠他的，因为你也知道在这"受感动"的情感中你是属于他的，是他感动了你，并且使你意识到你属于他。在心灵充实的时候，你不应当忌妒而高傲地亏待这另一个人，在宁静中紧闭着嘴唇伤害他；你应当让嘴说出心灵的充裕[26]；你不应当羞于你的感情，更不应当为你的公正待人而感到羞耻。但是人不应当在言辞和口头语中爱，人也不应当在言辞和口头语中辨认爱。相反人应当在这样的果实上，或者在"有的只是叶子"这一事实上，辨认出爱尚未达到完全成长好的这一刻。西拉警示地说（《便西拉智训》6：4）："吃光你的叶子，于是你就将失去你的果实并且使得你自己像一棵枯树一样地站着"[27]；因为，恰恰言辞和口头语被作为爱的唯一果实，人们可以认出一个人在时机尚未成熟的时候已经拔光了叶子，所以他得不到果实，而在这里就不说那更可怕的情形了：有时候人们能够根据言辞和口头语而辨认出一个人其实是骗子。这样我们就能说，不成熟的爱和欺骗性的爱可以通过这样的特征而辨认出来：言辞和口头语是它的唯一果实。

　　人们在谈及某些植物的时候说，它们必须构成心芽[28]；关于一个人的爱，人们也可以这样说：如果这爱真的会结出果实，也就是说在其果实上是可辨认的。那么人首先就必须构建出心芽。因为，爱固然是出自心，但是让我们不要匆忙地下结论而忘记了这一永恒的事实：爱构建出心芽。无疑，每个人都会有一颗不确定的心的一时感动，但是，在这样一种意义上的"出自本性地拥有心",与那"在永恒的意义上构建心"相比则有着无限的区别。也许这才正是罕见的事情:"那永恒的"能够在如此大的程度上支配一个人,以至于他身上的爱就这么永远地坚固下来或者构建出心来,多么罕见啊!然而,要去结出爱自身特有的果实——可让人辨认出爱的果实,却要以这罕见的情形作为其本质性的条件。就是说,正如爱本身是人所无法看见的因而人必须去信仰它,同样它也不是人能够无条件而直接地在它的一般表达上认出来的。

在人类语言中不存在这样的词句能够让我们对之做出如此评价:在一个人使用这一词句时,就会无条件地显示出,在他身上有着爱;没有任何这样的词句;在人类语言中,甚至最神圣的词句也无法达成这个。相反,甚至会是这样,一个人的话能够让我们确信,他身上有着爱,而相反的话被另一个人说出来则能够让我们确信在这个人身上也一样有着爱;会是这样,同样的话,在一个人说这话的时候会让我们确信这人身上有爱居留着,而在另一个人说这同样的话的时候我们则确信这人身上没有爱。

没有什么作为能够让我们敢无条件地对之做出这样的评价:做出这一行为的人,他因此而无条件地证明了爱。甚至那最好的作为也无法达到这一点。我们要看这作为是怎样被达成的。我们知道,那在特定意义上被称作"爱之作为"[29]的作为是存在的。但是,当然,因为一个人慷慨施舍、因为一个人拜访寡妇[30]、为裸者穿衣[31],如果仅仅这个,他的爱却还是无法使人确信或者辨认出来;因为一个人能够以一种不爱的甚至是自爱的方式来达成各种"爱之作为",如果事情是这样的话,那么,这种"爱之作为"则仍然不是爱的作为。当然,你无疑常常看到这一可悲的情形,也许有时候你自己也不由自主地陷入这样的处境中,这肯定也是每一个正直的人会坦白承认的关于他自己的事情,恰恰因为他还不至于如此地缺少爱或者说因为还没有让心肠硬到去无视那本质的东西乃至只顾所做的是什么而忘记怎么去做。啊,路德本该这样说,在他的生命中他一次都不曾"完全不受任何心中旁骛影响"地祈祷过[32];正直的人无疑也会这样坦白承认,不管有多么频繁、不管在那许多次之中他是怎样带着意愿和喜悦地慈善布施,但在他这么做的时候,没有一次意志不是处在脆弱状态之中,也许是被一个随意的印象骚扰、也许是带着乖戾的偏爱、也许是为了赎买回自己、也许是在把脸转了过去之后(但不是在圣经所说的意义上)[33]、也许是左手并不知道[34](但是心思却不在场)、也许是想着自己的悲哀

I 爱的隐秘生活以及它在各种果实之上的可辨性

（而不是想着那贫困者的）、也许是想要通过施舍来寻求解除痛苦（但不是为了消减贫困所导致的痛苦）：这样，这"爱之作为"在那至高的意义上并没有成为一种爱的作为。

于是，我们要看言辞怎样被说出，并且最重要的是，它怎样意味的，也就是说，行为是怎样被做出的：这对于"去在果实上定性和辨认出爱"是至关紧要的。但与前面所谈的情形一样，在这里也不存在一个这样的"如此（Saaledes）"：如果人想要无条件地去说出，"如此"就是在无条件地证明爱的在场，或者在无条件地证明爱的不在场，那么，这样的一个"如此"是根本不存在的。

然而这一点却是不变的：爱应当在果实上被辨认出来。但是文本中的那些神圣词句却也不是为了鼓励我们去忙于相互论断[35]而被说出的；相反，它们是劝勉地对单个的人说的，是对你，我的听众，和对我说的，这词句是为了激励单个的人，使得他不是让自己的爱变得没有结果，而是去工作，使得这爱能够在那些果实上被辨认出来，不管它有没有在这时被别人认出来。因为，他要工作，当然不是为了让爱在那些果实上被认出来，而是为了让它能够在那些果实上被认出来；在这工作中他要保持警惕，使得自己不去把"爱被辨认出"当成对于他是比"那唯一重要的事情"还更重要的事情，而这唯一重要的事情就是：爱必须有果实并且因此而能够被辨认。人们能够给一个人怎样的睿智忠告，人们能够建议什么样的谨慎去使一个人不被别人欺骗，这是一回事；而福音书对单个的人所提出的要求则是另一回事，并且远远地更为重要，它要求这人总是想着树在果实上被辨认出，并且在福音书中被拿来与树作比较的正是他或者他的爱。在福音书中所写，没有像睿智的讲演所要说的那种"你，或者一个人，应当从果实上辨认出树"；福音书上是写着"树应当从果实上被辨认出来"，它是被这样解说的：你，读着福音书中的这些话语的人，你是这树。先知拿单在那个寓言之后接着说的是"你就是那个人"[36]，福音书无须加上这句话，因为这意义已经在陈述形式之中了，并且也在于这一事实：这是一句福音书中的话。因为福音书的神圣权威不对"这一个人"谈论"那另一个人"，不对你，我的听众，谈论我，或者对我谈论你；不，在福音书说话的时候，它是在对"单个的人"说话；它不是在谈论关于我们人，关于你和我，而是在对我们人说话，对你和我，并且它所谈的是关于"爱应当在那些果实上被辨认出来"。

9

因此，如果有人，狂想而多愁善感地，或者虚伪地，想要教训人说，爱是一种这样隐藏的感情，它太高贵而无法结出果实，或者说，爱是一种这样隐藏的感情，那些果实既不证明是也不证明不，甚至那些有毒的果实也无法证明什么；那么，这时我们就会想到福音书的话语，"树应当从果实上被辨认出来"。我们会，不是为了抨击、而是为了保卫我们自己不受这样的东西的攻击，我们会记着，那相对于福音书中每一句话而言总是有效的东西，在这里也有效，"所以凡听这话就去行的，他就好比一个把房子盖在磐石上的人"[37]。"当暴雨来"[38]并且摧毁这种善感的爱的高雅的脆弱[39]时，"在暴风袭来疾吹着"[40]虚伪之网的时候，这时，真正的爱则应当在那些果实上是可辨认的。因为，爱固然应当在果实上是可辨认的，但是因此却并不是说你理所当然地要做一个辨认者；而且，树应当在那些果实上是可辨认的，但是因此却并不是得出结论说那某一个树要有义务去评判别的树，相反它却继续是那棵单个的树——那棵应当去结出果实的树。但是一个人既不应当畏惧那能杀肉身者[41]，也不应当畏惧那虚伪者。唯有一者是人应当畏惧的，而这就是上帝；唯有一者是人应当害怕的，这就是这人自己。真的是这样，那在对上帝的畏惧与颤栗[42]中害怕着自己的人，没有什么虚伪者曾欺骗了这样的人。然而那忙于侦查虚伪者的人，不管他现在有没有侦查成功，他最好是要小心，他这样本身会不会也是一种虚伪；因为这样的发现无疑不可能会是爱的果实。相反，如果一个人的爱真正地结出其自身特有的果实，那么他将去揭露出那靠近他的每一个虚伪者，或者至少是让这虚伪者感到羞惭，只是他这样做并不是为了专门想要去这样做，也不是为了要觊觎这样做的结果；然而，有着爱心的人也许根本不应当对此有所知。对虚伪的最微不足道的防范是睿智，乃至这睿智几乎不是一种防范而相反是一种危险的邻里关系；对虚伪的最好防范是爱，乃至它不仅仅是一种防范，更是一道无底的深渊[43]，它永远和虚伪毫无瓜葛。这也是一颗使得爱被辨认出来的果实；它使得有爱心的人不落入虚伪者的陷阱。

现在我们说，爱在那些果实上是可辨认的，但尽管如此，让我们不要在相互间的爱之关系中不耐烦地、猜疑地、评判着地去要求持续不断地看果实。在这一讲演中所论述的主题首先是，人必须信仰爱，否则人根本不会感觉到它存在；现在这讲演又回到最初的主题并且反复说：去信仰爱！在人要去认识爱的时候，关于爱，我们能够谈论的东西首先和最终[44]就是

I 爱的隐秘生活以及它在各种果实之上的可辨性

这个。但是，一开始的时候爱被谈论，是对立于那种无礼的理智性，它想要拒绝爱的存在；而现在则反过来，在"爱在各种果实上的可辨认性"得到了论述之后，对爱的谈论则是对立于那种病态的、焦虑的、斤斤计较的狭隘心肠，它在卑琐和可悲的猜疑性中想要看见那些果实。不要忘记：如果你相对于另一个人，这个人的爱可能结出了更小一点的果子，而你有足够的爱心去将它看得比它本身更美好的话，那么在你这里，使得你所具的爱变得可辨认的那颗果实就将会是一种美好的、一种高贵的、一种神圣的果实。如果猜疑真的能够把某样东西看得比这东西本身更渺小的话，那么爱就也能够把某样东西看得比这东西本身更伟大。

不要忘记，甚至在你因为爱的果实而欣悦时，在你从它们之上辨认出了爱居住在这另一个人的身上时，不要忘记："去信仰爱"是有福的，这是更高的至福。这一点恰恰是对爱之深度的新表达：在一个人从果实上认识了爱之后，他还是又回到那最初的地方，作为向着至高之处的运动而回到它这里，回到"去信仰爱"。因为，爱的生命固然在那些果实上是可辨认的，是它们把这生命揭示出来，但这生命本身则比单个的果实要更重大，并且比所有果实的全部还要更重大，如果你在哪一个瞬间里能够清点出它们的数量的话。因此，那最终的、那最有福的、那无条件地使人信服的爱之标志就是爱本身：那被另一个人所具的爱认得并辨认出的爱本身[45]。相同的东西只被相同的东西认知[46]；只有那处在爱中的人才能够认识爱，正如他的爱也能够被认知。

注释：

1 [**路加福音6：44……不是从蒺藜里摘葡萄**] 耶稣谈论树和它的果实，摘引自《路加福音》6：43—44。

2 [**那看得见却仍然看不见东西的人**] 讲《马太福音》（13：13—15），在之中耶稣说："所以我用比喻对他们讲，是因他们看也看不见，听也听不见，也不明白。在他们身上，正应了以赛亚的预言说，你们听是要听见，却不明白。看是要看见，却不晓得。因为这百姓油蒙了心，耳朵发沉，眼睛闭着。恐怕眼睛看见，耳朵听见，心里明白，回转过来，我就医治他们。"

3 这里的这个"生活"是一个动词"at leve"，同时意味着"去生活"和"活着"：一个人的"活着/去生活"被骗走了。

4 [**爱仍然存留在那里**] 指向《歌林多前书》（13：13）中的爱之高歌。

5 [**永恒不容被讥嘲**] 指向《加拉太书》（6：7），在之中保罗说："神是轻慢不

11

6　[**得胜有余**]　戏指《罗马书》（8：37）。

7　[**"停止了悲伤"**]　这句话在这里也在后文之中出现，并且克尔凯郭尔也在之前的"不同精神中的陶冶讲演"中用到过。但是，我们无法确定这是一句引言还是一句提示语。

8　[**就"那永恒的"而言是严重受伤**]　这里暗指《马可福音》（8：35—36）之中耶稣说："因为凡救自己生命的（生命或作灵魂，下同），必丧掉生命。凡为我和福音丧掉生命的，必救了生命。人就是赚得全世界，赔上自己的生命，有什么益处呢。"

9　[**那至多是到死亡为止有病的人**]　就是说，只是在死亡到来之前有病，亦即，在尘俗生命的这一辈子里生病的人。

10　[**"荆棘上岂能摘葡萄呢？蒺藜里岂能摘无花果呢？"（马太7：16）**]　对于耶稣就各种假先知所作警告的随意引用。《马太福音》（7：16）："凭着他们的果子，就可以认出他们来。荆棘上岂能摘葡萄呢。蒺藜里岂能摘无花果呢。"也可参看《路加福音》（6：44）。

11　[**因为每一棵树都可以由它自身特有的果实而辨认出来**]　参看《路加福音》（6：44）。也参看《马太福音》（7：16—22），并且特别是《马太福音》（12：33）："你们或以为树好，果子也好。树坏，果子也坏。因为看果子，就可以知道树。"

12　[**有一种花，我们将之称作永恒之花**]　这一表述的渊源不明。

13　[**也有一种所谓的永恒花……特定时节开放**]　永恒花（菊科鼠曲草属）在丹麦很普遍。这类花在七八月间开花，并且有着干了很久之后仍保持原有颜色和形状的特点。

14　[**七十年**]　就是说，人的一生。传统的人生七十的说法可以回溯到《诗篇》（90：10）："我们一生的年日是七十岁。"

15　这个"存在"其实就是"我思故我在"之中的"在"。在通常的日常用语中，我们可以说"存在"代替"在"。但是如果作者是在强调黑格尔哲学意义上的说法，那么我用"在"（在黑格尔那里是 Sein），而不用"存在"这个词，因为按中国学术界的已有译法，在黑格尔那里，"存在"是 Existens。

16　[**"从心中涌出生命"**]　见《箴言》（4：23）："你要保守你心，胜过保守一切。因为一生的果效，是由心发出。"

17　[**上帝住在一道光中**]　见《提摩太前书》（6：16）："就是那独一不死，住在人不能靠近的光里，是人未曾看见，也是不能看见的，要将他显明出来。但愿尊贵和永远的权能，都归给他。阿们。"

18　[**使得那转过身无礼地想要"去理解"的放肆者成为石头**]　指向圣经中罗得的妻子在所多玛和蛾摩拉的毁灭中不听天使的禁令在逃亡的时候回头看而被化作一根

12

盐柱。《创世记》（19：26）。

19　[宁静的湖泊深远地渊源于诸多隐秘的泉源]　戏引丹麦谚语"静水有深底"。

20　[爱的生命……有着一道永恒的源流]　指向《约翰福音》（4：14），之中耶稣说："人若喝我所赐的水就永远不渴。我所赐的水，要在他里头成为泉源，直涌到永生。"

21　["让圣灵担忧"]　见《以弗所书》4：30："不要叫神的圣灵担忧。你们原是受了他的印记，等候得赎的日子来到。"

22　[一个虔诚者需要上帝]　克尔凯郭尔在陶冶讲演《四个陶冶讲演（1844）》中的"需要上帝是人的至高完美性"展开了这个主题。

23　[主芽]　植物的主芽，生长点，"芯子"。丹麦文 Hjerteskud，直译的话就是"心芽"，在丹麦语中也有 hjerteskudt（直译：心被击中的），意为"严重坠入爱河"。

24　[使徒约翰说（约翰福音 3：18）："小子们哪，我们相爱，不要只在言语和舌头上。总要在行为和诚实上。"]　所引的这个段落是关于相爱的诫命。

使徒约翰：在克尔凯郭尔的时代，人们普遍都认为《约翰福音》和约翰三书的作者是十二使徒之一约翰。

25　["带着祝福和营养的谷子"]　可能是指向亚当·欧伦施莱格尔的诗歌《朗蓝岛旅行》。在诗歌中有一个地方提及"祝福着的谷子"，另一个地方则提及"给人营养的谷子"。

这里是有营养的谷子和美好的叶子间的对立；"有用的"谷子和"美丽的"叶子或者花（或者茂盛的杂草）的对比也是一个很经典的比较主题。可对比克尔凯郭尔的《一个仍然活着的人的手稿》（1838）和《一篇文学评论》（1846）。

26　[让嘴说出心灵的充裕]　比较《马太福音》（12：33—35），耶稣对法利赛人和文士们说："你们或以为树好，果子也好。树坏，果子也坏。因为看果子，就可以知道树。毒蛇的种类，你们既是恶人，怎能说出好话来呢？因为心里所充满的，口里就说出来。善人从他心里所存的善，就发出善来。恶人从他心里所存的恶，就发出恶来。"

27　[西拉警示地说（《便西拉智训》6：4）："吃光你的叶子……像一棵枯树一样地站着"]　这句话引自《便西拉智训》，是对不假思考地说话和说假话的警告。《便西拉智训》是没有被收入希伯来旧约的"旧约伪经"之一。我手头没有该书的权威性中译本，所以这里是根据克尔凯郭尔的引文由丹麦语做出的翻译。

28　[人们在谈及某些植物的时候说，它们必须构成心芽]　这里是指植物构建出承担果实的部分。这里克尔凯郭尔所用的这个比喻（"构成心芽"）是建立在一类特殊的有着"芯子"的植物上的，比如说，甘蓝、莴苣、包菜等，它们的成长中有着"建芯"（用英语说就是 hearting – up）的过程。

29　[**爱之作为**]　就是说，各种慈善行为。

30　［拜访寡妇］指向《雅各书》（1：27）："在神我们的父面前，那清洁没有玷污的虔诚，就是看顾在患难中的孤儿寡妇，并且保守自己不沾染世俗。"

31　［为裸者穿衣］指向《马太福音》（26：36、38、43、44）。

32　［路德本该这样说……祈祷过］指向路德在"对圣约翰的第十四、十五和十六章的解说"（1538）中所说的话："但是，在我为我自己而想要与上帝谈话并且祈祷的时候，还没有开始，就马上会有百千阻碍。这时魔鬼会把一切可能的原因堆在路上，围堵阻挠我去投入并使得我无法在任何时候想这个问题。"

路德：马丁·路德（1483—1546）德国神学家，奥古斯丁僧侣，维滕贝格的教授，教会改革家。

文献参看：

Jf. *Luthers Sämtliche Schriften*, udg. af J. G. Walch, bd. 1 – 23, Halle 1739 – 53; bd. 8, 1742, s. 609: Aber wennichfürmichselbst mit Gott reden und beten soll, da sind so baldhunderttausend Hinderniße, eheichdazu komme. Da kann der Teufel allerley Ursache in Weg werfen, und auf allen Seiten sperren und hindern, daß ich hingehe und nimmer daran gedenke.

Jf. også *Geist aus Luther's Schriften oder Concordanz*, udg. af F. W. Lomler, G. F. Lucius, J. Rust, L. Sackreuterog E. Zimmermann, bd. 1 – 4, Darmstadt 1828 – 1831, ktl. 317 – 320; bd. 2, 1829, s. 67.

33　参看《马太福音》（6：16）："你们禁食的时候，不可像那假冒为善的人，脸上带着愁容。因为他们把脸弄得难看，故意叫人看出他们是禁食。我实在告诉你们，他们已经得了他们的赏赐。"

34　［左手并不知道］指向《马太福音》（6：3—4），在之中耶稣谈论施舍："你施舍的时候，不要叫左手知道右手所作的。要叫你施舍的事行在暗中，你父在暗中察看，必报答你。"

35　［相互论断］指向《马太福音》（7：1—2），在之中耶稣说："你们不要论断人，免得你们被论断。因为你们怎样论断人，也必怎样被论断。你们用什么量器量给人，也必用什么量器量给你们。"在这里的经文里被译作"论断"，有时候也译作"审判"。

36　［先知拿单在那个寓言之后接着说的是"你就是那个人"］在《撒母耳记下》中（12：1—7）说：耶和华差遣拿单去见大卫。拿单到了大卫那里，对他说，在一座城里有两个人，一个是富户，一个是穷人。富户有许多牛群羊群。穷人除了所买来养活的一只小母羊羔之外，别无所有。羊羔在他家里和他儿女一同长大，吃他所吃的，喝他所喝的，睡在他怀中，在他看来如同女儿一样。有一客人来到这富户家里。富户舍不得从自己的牛群羊群中取一只预备给客人吃，却取了那穷人的羊羔，预备给客人吃。大卫就甚恼怒那人,对拿单说,我指着永生的耶和华起誓,行这事的人该死。他必偿还羊羔四倍。因为他行这事,没有怜恤的心。拿单对大卫说,你就是那人。耶和华以色列的神如此说,我膏你作以色列的王,救你脱离扫罗的手。

拿单所指的是:大卫让人杀了乌利亚,并娶乌利亚的妻子拔示巴为妻。

37 [**"所以凡听这话就去行的,他就好比一个把房子盖在磐石上的人"**] 对《马太福音》的调整过的引用。引自耶稣关于建在磐石上的房子和建在沙上的房子的比喻,《马太福音》(7:24—27):"所以凡听见我这话就去行的,好比一个聪明人,把房子盖在磐石上。雨淋,水冲,风吹,撞着那房子,房子总不倒塌。因为根基立在磐石上。凡听见我这话不去行的,好比一个无知的人,把房子盖在沙土上。雨淋,水冲,风吹,撞着那房子,房子就倒塌了。并且倒塌得很大。"比较《路加福音》(6:47—49)。

38 [**"当暴雨来"**] 见前面关于"所以凡听这话就去行的,他就好比一个把房子盖在磐石上的人"的注脚。

39 "这种善感的爱的高雅的脆弱"。这里有两个名词"爱"和"脆弱",两个形容词"善感的"和"高雅的"。

40 [**"在暴风袭来疾吹着"**] 见前面关于"所以凡听这话就去行的,他就好比一个把房子盖在磐石上的人"的注脚。

41 [**一个人既不应当畏惧那能杀肉身者**] 指向《马太福音》(10:28)。之中耶稣对门徒说:"那杀身体不能杀灵魂的,不要怕他们。惟有能把身体和灵魂都灭在地狱里的,正要怕他。"

42 [**畏惧与颤栗**] 这是一个固定表述。参看《腓利比书》(2:12—13)。保罗在信中说:"这样看来,我亲爱的弟兄你们既是常顺服的,不但我在你们那里,就是我如今不在你们那里,更是顺服的,就当恐惧战兢,作成你们得救的工夫。因为你们立志行事,都是神在你们心里运行,为要成就他的美意。"("畏惧"在这里的经文里被译作"恐惧战兢"。) 也参看《歌林多前书》(2:3)、《歌林多后书》(7:15)、《以弗所书》(6:5)。

43 [**一道无底的深渊**] 也许是隐喻富人和乞丐拉撒路,见《路加福音》(16:19—31)。拉撒路死后,天使将他送到亚伯拉罕的怀里;富人死后在阴间受苦,见到遥远的亚伯拉罕和他怀中的拉撒路。富人祈求亚伯拉罕的慈悲,但是亚伯拉罕拒绝了,因为富人已经得到他所得到的东西,并且说:"不但这样,并且在你我之间,有深渊限定,以致人要从这边过到你们那边,是不能的,要从那边过到我们这边,也是不能的。"

44 [**首先和最终**] 亦即"最重要的"。

45 "那被另一个人所具的爱认得并辨认出的爱本身",就是说,这爱本身被另一个人所具的爱认得并辨认出来。

46　[相同的东西只被相同的东西认知] 在笔记13：28（1842—43）中，克尔凯郭尔强调，这一表述是怎样被用在怀疑论者塞克斯都·恩皮里柯（Sextus Empiricus）的否认"人通过思维来认识自己的能力"的论证中的。他的论证指向《歌林多前书》（13：12）："到那时就全知道，如同主知道我一样。"

II　A　你应当爱

马太福音22：39。其次也相仿，就是要爱邻人如己。[1]

每一个讲演，尤其是一个讲演的片段，通常都是预设了什么东西作为出发点；如果一个人想要对这讲演或者陈述进行审思，那么如果他首先找到这一预设前提，他因此就做得很出色，这样他就可以从这前提开始了。同样，现在我们上面所宣读的文本包含了一个前提条件，固然它在最后到来，但却是开始。就是说，在"你要爱邻人如己"这句话被说出来的时候，这时，这之中就包含了那被预设出的意思：每一个人都爱自己。于是，基督教绝不像那些高飞的思想家们那样没有预设地开始[2]，并且也不是带着一个讨人喜欢的预设开始的。我们是不是敢否认，基督教进行预设的方式就是这样的？但是，另一方面，会不会有人误解基督教，就仿佛它的意义是在于去学习世俗睿智一致同声，唉，但却又分别割裂开地教导的"每一个人都是自己的最贴近者"[3]；会不会有人误解这个，就仿佛基督教的意义是在于让人们认可自爱的权利？相反，基督教的意义其实是在于要把自爱从我们人类这里扭夺走。就是说，这自爱是在于"爱一个人自己"，但是，如果一个人要爱邻人"如己"，那么这一诫命就像一把撬锁的钳具扭开自爱之锁并且也就此将这自爱从人这里扭夺走。如果这关于爱邻人的诫命被以另一种方式表达出来，不使用这同时既容易把握却又有着永恒之张力的小小词句"如己"，那么这诫命就无法以这样的方式来控制自爱。这一"如己"对自己的目标没有任何犹疑，并且以这样一种方式带着永恒之坚定不移审判着地[4] 挤进那最内在的隐蔽所，而一个人就在这隐蔽所之中爱着自己；它不为自爱留下任何借口，哪怕是最小的借口，也不允许有任何逃避的可能性开放着，哪怕是最小的逃避可能。多么令人惊奇啊！人们无疑可以就"一个人应当爱其邻人"做出各种长篇的思维敏锐的讲演；而在这样的讲演被人们听到之后，自爱则还是能够翻出借口找到逃避，因为对这事情的思考尚未彻底竭尽，并不是所有的事例都被算计到，因为不断地有着一些被遗忘了的东西或者一些在表达和描述上缺乏足够的准确性和约束力的东西。但是这一"如己"，——是啊，没有什么摔跤手能够以这样一种方式来缠绕住自己的摔跤对手：这个诫命缠绕住在原地无法移动的自爱。确实是这样，在自爱与这句如此易懂以至于任何人都无须为之绞尽脑汁的话进行了搏斗之后，它必定会了解到，它是与更强者进行了搏斗。正如雅各在与上帝搏斗了之后脚就跛了[5]，那么，如果自爱与这句话进行了搏斗，它就会虚弱下来，这句话并不是想要教一个人不应当爱自己，相反，它恰恰是在教他正确的自爱。多么令人惊奇啊！又有什么搏斗会像自爱为捍卫自己而进行的斗争这么持久、可怕而复杂，而基督教则在唯一的一击之下决定了一切。这全部就像翻手一样地迅速，一切都已被决定，如同复活的永恒决定，"就在一霎时，眨眼之间"（《歌林多前书》15：52）；基督教预设了人爱自己，然后只是加上了这句关于邻人的话——"如己"。在这前后之间却有着一种永恒之变化。

但是，这真的就该是至高的吗，有没有可能爱一个人高于自己呢？这一诗人热情之说确实在全世界都听得见；是不是也许就是这样：是基督教没有能力飞扬得如此之高，所以它（想来也考虑到它只是面向日常生活中的单纯的人们）就可怜地停留在让人去"如己"般地爱邻人的要求上，正如它不是把那高飞的爱所歌唱的对象"一个爱人、一个朋友"而是把那看上去很不具诗意的"邻人"设定出来，因为，肯定不曾有过什么诗人歌唱过对邻人的爱，同样也没有谁歌唱过"去'如己'般地爱"；是不是也许就是这样呢？或者我们是不是，由于我们在与那被命令的爱[6]相比较中给了了那被歌唱的爱一种承认，应该对"基督教对生活的所具冷静与理智"进行一下贫乏的赞美，说它更清醒而更有节制地让自己停留在大地之上，也许与俗语"稍稍地爱我并且久久地爱我"[7]有着同样的意味？我们绝对不会有这样的想法。基督教当然是比任何诗人更明白地知道关于"爱是什么"和关于"去爱"；正因此它也知道那也许是不为诗人所留意的事实：他们所歌唱的那种爱，在暗中是自爱；并且这爱的陶醉性表达"爱另一个人高于爱自己"恰恰可以以此来得到解释。情欲之爱尚不是"那永恒的"，它是无限[8]的美丽晕眩，它的至高表达是神秘之蛮勇；正因此，它还尝试着一个更晕眩的表述"爱一个人高于爱上帝"。这一蛮勇尤其为诗人带来不可估量的愉快；对于他，这是一种悦耳的声音，它为他带来歌唱的灵感。唉，基督教则教导说，这是对上帝的亵渎。

友谊的情形也正是情欲之爱的情形，因为这友谊也是在于偏爱之中：爱这一个人高于所有别人，爱他而使得他与所有别人构成对比。因此，情欲之爱和友谊的对象也就都有着偏爱之名"爱人"、"朋友"，这对象被爱，与全世界构成对比。相反基督教的教义则是爱邻人、爱全人类，所有人，甚至敌人[9]，并且不做出例外，无论好恶。

只有一个人，一个带有永恒之真相的人能够高于爱己地爱，这个人是上帝。因此也不是说"你应当爱上帝如己"，而是说"你要尽心，尽性，尽意，爱主你的神"[10]。上帝是一个人应当无条件地服从地爱的并且一个人应当崇拜地爱上帝。如果有什么人敢以这种方式爱自己，或者敢以这种方式爱另一个人，或者敢允许另一个人以这种方式来爱他，那么这就是不敬神。如果爱人或者朋友请求你做什么事情，而你恰恰因为你诚实地爱着，所以你担忧地考虑了这事情觉得这事情会对他造成损害，那么，要是你通过"听从"而不是通过"拒绝满足他的愿望"来爱，那你就应当承担一种责任。但是上帝是你应当在无条件的顺从之中去爱的，尽管他对你所要求的东西可能让你看起来对你自己是损害，甚至对他的事业是有害的；因为上帝的智慧[11]相对于你的智慧而言是没有比较性的，上帝的治理[12]相对于你的睿智而言是没有责任之义务的；你所要去做的只是爱着地顺从。相反，对一个人，你则只应当（然而，不，这确实是至高的），这样，爱一个人你只应当如同爱你自己；如果你能够比他更好地洞察到什么是对他最好的，那么，"那有害的事情是他自己的愿望、是他自找的"的说法就不应当是让你寻找借口的根据。如果事情不是如此，那么，我们确实可以谈论关于"爱另一个人高于爱自己"；因为这就会是如此：尽管一个人洞察到"这对他是有害的"，却仍然顺从地去做这事，因为他要求这样做，或者崇拜地去做，因为他想要这样。但这恰恰是你无权去做的事情；如果你做这事，那么你就有责任，正如这另一个人也有责任，如果他想要以这样一种方式来滥用他与你的关系的话。

所以——"如己"。如果那有史以来最狡猾的欺骗者（或者我们当然也可以把他虚构得比他曾经达到过的还要狡猾），为了尽可能使得律法的词句变得多字多词并且变得冗长繁杂（因为这样一来这欺骗者就马上取胜了），年复一年地想要"试探地"[13]询问那"至尊的律法"[14]"我应当如何爱我的邻人"，这时这言简的诫命就不变地继续重复这短词"如己"。如果有欺骗者一辈子在这件事情上以各种各样繁复的说法来欺骗自己，那么，永恒就只需以这简短律法词"如己"来面对他。真的，任何人都不会有可能逃避开这诫命；如果说它的"如己"如此尽可能地逼近自爱，那么，"邻人"则在肆无忌惮之中又是一个对自爱构成最大可能的危险的定性。自爱本身很清楚地认识到，想要从这之中绕出来是不可能的。唯一的逃避也就是当年的法利赛人为了使自己合理化而尝试的：让"谁是一个人的邻人"这个问题变得可疑以便让这邻人从一个人的生命里消失掉[15]。

那么，谁是一个人的邻人呢？这个词很明显的是由"最近者"构成的[16]，于是，邻人就是那比所有别人更靠近你的人，但这不是在偏爱性的意义上说的，因为去爱一个在偏爱性的意义上所说的比所有别人更靠近你的人，是自爱，——"异教徒们不是也会做同样的事情？"[17]这时那邻人比所有别人更靠近你。但是，他是不是也比你自己对于你自己而言更靠近你？不，不是的，他恰恰是或者恰恰应当是与你一样近。"邻人"这个概念在根本上是你自己的自我的翻倍；"邻人"是那被思者们称作"他者"的东西[18]，自爱中的"那自私的"要在这"他者"之上受考验。就此而言，为了"思想"的缘故，"邻人"就根本没有存在的必要。倘若一个人生活在一个荒岛上，如果他根据这诫命来建构自己的思路，那么，他通过放弃自爱可以说是爱邻人。固然"邻人"就其本身是多样的，因为"邻人"意味着"所有人"，然而在另一种意义上说，为了让你能够实践律法，一个人就足够了。就是说，在自私的意义上，在"作为自我"这一行为上，有意识地作为两个，这是一种不可能；自爱必定是独自地作为自我。也没有必要有三个，因为，如果有了两个，就是说，如果有了另一个人，你在基督教的意义上爱之"如己"，或者说，你在他身上爱着"邻人"，那么，你就爱所有人。但是，"那自私的"所无条件地无法忍受的东西是：加倍，而诫命之词"如己"则恰恰是这加倍。那在情欲之爱中焕发着火焰的人绝不会因为或者依据于这一火焰而忍受这加倍，它会是：如果被爱者要求放弃情欲之爱那么就放弃情欲之爱。因此，爱者并非"如己"地爱那被爱者，因为他是要求者，但这一"如己"则包含了一个对他的要求，——唉，这爱者却还是认为爱另一个人甚至高于爱自己。

这样，"邻人"尽可能地逼近自爱；如果只有两个人，那另一个人就是邻人；如果有一百万个人，那么这之中的每一个都是邻人，而这邻人对于一个人来说比"朋友"和"被爱者"更近，因为后者作为偏爱之对象，渐渐地在一个人身上与自爱团结在了一起。邻人以这样一种方式存在着并且与一个人如此接近；对此一个人在通常也会有所知，如果一个人认为自己相对这邻人有着各种权利，认为自己可以在这邻人这里要求一些什么。如果有人在这种意义上问，谁是我的邻人，那么，基督对法利赛人的那个回答则只会以一种特有的方式包含这答案，因为在这回答之中，那问题才被转化为反向的问题，由此所表达的是：一个人要以怎样的方式问。就是说，在讲述了关于慈心的撒玛利亚人的寓言之后，基督对法利赛人说（《路加福音》10：36）："你想这三个人，那一个是落在强盗手中的人的邻人呢。"法利赛人"正确地"回答了："是怜悯他的那个人"[19]；这就是说，通过承认你的义务，你就很容易明白，谁是你的邻人。法利赛人的回答包含在了基督的问题之中，这问题通过其形式强迫法利赛人做出这样的回答。那个我对之有义务的人是我的邻人，并且在我履行我的义务时，我显示出，我是这邻人。就是说，基督没有谈论"认识邻人"，而是谈论"自己成为邻人"，谈论显示出是作为那邻人，如同那个撒玛利亚人通过自己的慈心将之显示出来；因为通过这慈心他并没有显示出，那被打劫的人是他的邻人，而是显示出他是被打劫者的邻人。利未人和祭司本来在更确切的意义上是被劫者的邻人，但他们不想要对此有所知；撒玛利亚人则相反，他因为人们的偏见而被置于误解之中[20]，他却正确地领会了：他是被抢劫者的邻人。选择一个被爱者，找到一个朋友，是的，这是一份麻烦的工作，但邻人是很容易认识的，很容易找到，只要一个人自己想要，——承认自己的义务。

这诚命如此说："你要爱你的邻人如己"，但是如果这诚命以正确的方式来被领会，它也说了反过来的情形：你应当以正确的方式来爱你自己。因此，如果有人不想从基督教学会以正确的方式爱自己，那么他就也不能够爱他的邻人；也许他能够如言辞上所说的"生生死死"[21]和另一个人或者诸多他人相守，但这绝不是爱邻人。以正确的方式爱自己和爱邻人完全相互对应，在根本上是同一样东西。在律法的"如己"将你扭扯出自爱（悲哀的是基督教不得不预设这自爱存在于每一个人）的时候，你于是就恰恰学会了爱你自己。因此律法说：你应当以你爱邻人的方式来爱你自己，如果你爱他如己。不管是谁，如果他有认识人众的知识的话，他无疑就会承认，正如他常常都想要能够感动他们去放弃自爱，以同样的方式，他也常常会有这样的愿望，希望有可能去教会他们爱他们自己。在忙碌者把他的时间和气力浪费在去致力于空虚无益而毫无意义的事务时，难道这不是因为他没有学会正确地爱他自己？在轻率者几乎是将自己当作一种乌有一样地丢掷进瞬间的丑剧时，难道这不是因为他没有头脑去正确地爱自己？在沉郁者想要抛弃掉生命，是的，要抛弃他自己的时候，难道这不是因为他不想去学会严格而严肃地爱自己？在一个人因为世界或者另一个人背信弃义地使得他被出卖而投入绝望的怀抱的时候，除了"不是以正确的方式爱自己"之外，他的罪过[22]又会是什么呢（因为我们在这里当然不谈及他的无辜的苦难）？在一个人自虐地通过折磨自己来以为自己是侍奉上帝[23]的时候，他的罪除了是这"不愿以正确的方式爱自己"之外，又会是什么呢？唉，当一个人肆无忌惮地自杀的时候，他的罪不就恰恰是这个：他不在"一个人应当爱他自己"的意义上正确地爱他自己？哦，世上有这么多关于背叛和无信的谈论，愿上帝帮助，只是很遗憾这些都太真实了，但我们绝不要因此而忘记：在这之中最危险的叛卖者就是每个人自己心中的那一个。这一叛卖，不管它是在于"他自私地爱自己"还是在于"他自私地不愿意以正确的方式爱自己"，这一叛卖无可否认的是一个秘密。因为它不会引起任何通常在叛卖和无信的情形中的叫喊，也不会引起任何叛卖和无信的情形通常会引起的叫喊。但恰恰因此，反复再三地提醒人们记住基督教的教导就更重要了：一个人应当爱其邻人如己，就是说他应当爱他自己。

这样，那关于对邻人的爱的诫命，以一个唯一的词说："如己"；关于这爱和关于对自己的爱。现在，这说法的引论就停止在它想要使之成为考虑对象的东西上。就是说，关于对邻人的爱和关于对自己的爱的诫命是同一回事，不仅仅是因为这"如己"，而且也更多的是因为"你应当"这说法。这是我们所要谈论的：

你*应当爱*。

因为这正是基督教的爱的标志，并且是它的特征，它包含了这明显的矛盾：这"去爱"是义务。

因此，你应当爱，这就是那"至尊的律法"的词句。并且确实是如此，我的听众，如果你能够想象出一个在这句话被说出之前的世界的形象，或者，如果你努力去明白你自己并且去留意那些尽管自称是基督徒但其实却生活在异教文化的各种观念之中的人们的生活和他们的心绪,那么,你相对于这基督教的诫命,正如相对于所有基督教的东西,就会带着信仰的惊叹谦卑地承认:这样的事情是人心未曾想到的[24]。因为现在,既然这诫命被提出了,它贯穿了基督教的一千八百年以及在此之前的犹太教[25],现在,既然每一个人都在这诫命之中得到了教导,并且,在精神的意义上领会的话,就像一个在富有的父母家里得到了教养的人,几乎被安排好了去忘却那日用的饮食是一种恩赐[26];现在,既然这基督教的东西常常被那些在基督教中得到了教养的人们轻视,被认为是及不上各种各样的新事物,正如健康的食物被那从不曾感到饥饿的人轻视,被认为是及不上各种甜食;现在,既然这基督教的东西被预设出来,被预设为是人所熟识的、是事先给定的,被提示——为了继续向前[27];现在,它确实是被每一个人就这样作为理所当然而说出来的,唉,然而,也许它被人关注,但这却又是多么罕见,也许一个基督徒严肃地带着感恩的思绪踯躅于"如果基督教没有进入这个世界的话他的状态会是怎样"的想象,但这却又是多么罕见!第一次说出"你应当爱",这需要怎样的勇气呵,或者更确切地说,要带着这一说辞来把自然人的观念和概念颠倒过来,这需要怎样的神圣权威呵!因为,在人的语言停止而勇气失效的地方,就在那边界上,启示就带着神圣的本原绽放出来,并且宣示出那在深奥思维或者人的比拟意义上不难理解但却不会在什么人的心中冒出来东西。事实上,在它被说出来了的时候,这并不是很难理解的,它要被人理解,因为它要被人实践;但是它恰恰不在任何人的心中冒出来。如果我们拿一个异教徒作例子,他既没有因为学会不假思考地念叨基督教的东西也没有因为那种自以为是一个基督徒的自欺而被损毁,"你应当爱"这诫命不仅仅会使得他感到吃惊,而且也会让他反感,它会对他构成一种冒犯。正因此,那句作为基督教的标志的话,"都变成新的了"[28],很适合于这一爱的诫命。这诫命不是什么在偶然的意义上的新东西,也不是在好奇的意义上的一种新事物,也不是现世之意义中的某种新东西。在异教文化之中,爱也曾存在,但这"应当爱"则是一个永恒之变化,——并且一切都变成新的了。在这之间有着怎样的差异啊:感情和驱动力和禀性和激情(简言之,直接性)所具的那种诸多力的交互作用,诗歌在微笑或者在泪水、在愿望或者在匮乏中的那种被歌唱的荣华,如果让它们与那种严肃(在精神与真相中[29]、在诚实与自我拒绝[30]中的永恒之严肃,命令之严肃)相比较,那么这两者之间会有着怎样的差异啊[31]！

但是人的不感恩，哦，为何它有着如此短暂的记忆啊！因为现在至高之物被提供给每一个人，于是人们就把它当作"什么都不是"来接受，在它那里什么都感觉不到，更不用说真正地使自己去明白它可贵的性质，恰恰就仿佛这至高之物失去了一些什么，因为所有人都具备或者能够具备这同一样东西。看，如果一个家庭拥有某种昂贵的宝贝，它与一个特定事件有着关联，那么，一代代下来父母对他们的孩子讲述而孩子又对自己的孩子讲述，这一切是怎么发生的。但是因为基督教现在这么多世纪下来已经成为了全人类的财产，难道因此所有关于"怎样的一种永恒之变化随着基督教而在世界之中发生"的说法就应当消失于沉默？难道不是每一代人都是一样地靠近，就是说，一样地有义务去使自己对此有明确的了解？难道因为这变化是 18 个世纪以前的事情，它因此就不再那么值得人们去留意吗？难道就因为在许多世纪之中一代代信仰上帝的人曾经生活过，"有一个上帝存在"这个事实在目前也就变得不再那么值得人们去留意，而如果我本来就信仰这个事实，难道它因此就变得不再那么值得我去留意吗？如果一个人生活在我们的时代，那么，难道就因为基督教在 18 个世纪之前进入这世界，所以对于他而言"他成为基督徒"就是 18 个世纪之前的事情吗？如果这不是那么久之前的事情，那么他确实就应当是能够记得在他成为基督徒之前他是怎样的，这样，也就应当能够知道在他身上发生了什么样的变化，——如果"他成为基督徒"这一变化发生在他的身上的话。所以说，我们并不需要对异教文化做出各种世界历史性的描述，就仿佛异教文化的灭亡是在 18 个世纪之前的事情；因为，我的听众，你和我就曾是异教徒，这可并不是很久以前的事情，是的，曾经就是异教徒，——如果我们已经成为了基督徒的话。

这恰恰是那最可悲的和最不敬神的一种类型的欺骗，因为不知珍惜而让自己被骗走那至高的东西，一个人自以为拥有的至高的东西，唉，看吧，他其实并不拥有它。因为，如果我从来就得不到"我拥有这东西"和"什么是我所拥有的这东西"的印象的话，那至高的拥有又能够是什么，对一切的拥有又能够是什么呢？因为那拥有各种尘俗的财物的人，根据圣经的话说，应当像那不拥有各种尘俗的财物的人[32]，那么是不是因此相对于那至高的东西而言，这说法也是正确的呢：拥有它并且仍然像那不拥有它的人？是不是这样，然而不，不要让我们在这个问题上有欺骗，就仿佛去拥有那至高的东西是可能的，让我们正确地考虑：这是一种不可能。尘俗的财物是无所谓的东西，因此圣经教导说，它们，在它们被拥有的时候，应当作为无所谓的东西被拥有；但是那至高的东西既不能也不应当被作为无所谓的东西来拥有。各种尘俗的财物在外在的意义上是一种现实，因此一个人能拥有它们，而尽管他同时像那不拥有它们的人；而精神的财物则只是在那内在的之中，只是在拥有（Besiddelsen）之中，因此一个人无法，如果他真的是拥有它们的话，像那不拥有它们的人；相反如果一个人是一个像"那不拥有它们的人"的人，那么他恰恰就不拥有它们。如果有人认为自己有信仰并且又对这一"拥有"无所谓，也不冷也不热[33]，那么，他就能够确定，他也没有信仰。如果有人认为自己是基督徒，并且又对"自己是基督徒"无所谓，那么他其实也就不是基督徒。或者，我们会怎样论断一个这样的人：他确定自己是坠入了爱河，并且又确定这爱情对他来说是无所谓的？

因此，在我们谈论"那基督教的"的时候，不管是现在还是在任何别的场合，让我们不要忘记它的本原，就是说，它不会在任何人的心头冒出来[34]；让我们不要忘记带着信仰的本原来谈论它，这信仰的本原一直（在它在一个人身上时）不是因为别人信仰了而信仰，而是因为这个人也被那在他之前攫住了无数人的东西攫住了所以才信仰，但并不因此就会少一点本原性。因为，一个匠人所使用的工具，它会随岁月而变钝，弹簧失去其弹力并且钝化；但是那拥有着永恒之弹力的东西，它贯穿所有时间完全不变地保持着这弹性。在一台试力机被用久了之后，最后一个虚弱的人也能在试力过程中通过，但是那每个人都应当在之上测量"他是否会有信仰"的永恒之测力仪[35]，在所有的各种时间里都完全保持不变。

在基督说（《马太福音》10：17）"你们要防备人"[36]的时候，在这句话之中是不是也包含了这样的意思：你们要防备，你们不要因为人，就是说，因为老是与其他人比较、因为习惯和外在而让自己被骗走那至高的东西？因为，一个欺骗者的诡诈并不是那么危险，人们也更容易有所留意；但是，在一种无所谓的共同体之中、在一种习惯之懒散之中，确实是这样，在一种甚至想要以一代人来取代一个单个的人、想要使得一代人成为接受者并因此而把那些单个的人自动地弄成分享者的习惯之懒散之中，拥有那至高的东西，这则是最可怕的事。无疑，那至高的东西不应当是一个猎物[37]；你不应当在自私的意义上将之归为己有，因为你所能够仅仅一个人独自拥有的东西绝不是那至高的东西；但是，尽管在最深刻的意义上你和所有人共同拥有那至高的东西（并且这恰恰是那至高的东西，你能够与所有人共有的东西），你仍然应当相信你自己拥有它：你在也许所有其他人也都保留它的时候保留着它，而且，哪怕在所有其他人都放弃它的时候也保留着它。也在这样的一个角度防备人，"要聪明得像蛇"[38]——就是说，为自己保存好信仰的秘密[39]，尽管你既希望又欲求又工作，这样，每一个人在这方面都像你这样做；"单纯得像鸽子"[40]，因为信仰就是这一单纯。你不应当把聪明用于去把信仰弄成什么别的东西，但是你恰恰应当把聪明用于去聪明地面对人，守护你心中信仰的秘密，警惕地防备人。如果一个口令被交付给每一个人并且由每一个人作为秘密保存起来，那么，难道因为每一个人都各自知道这个口令，它就因此而不再是秘密了吗？然而，口令的秘密在今天是一个，在明天是另一个，但是信仰的本质是作为一个秘密，为单个的人而在；如果它不是由每一个单个的人，哪怕是在他公开承认信仰的时候，作为一种秘密保存着，那么这单个的人就也不是在信仰。以这样一种方式，信仰是并且继续是并且应当是一种秘密，难道这或许就是信仰的某种欠缺？情欲之爱的情形是不是也是如此，或者，这会不会只是一些倏然即逝的感动，迅速地被公开并且也迅速地又消失，而那深刻的印象则总是保持着这秘密，这样我们甚至可以说，而且是有权这样说，如果一场恋爱[41]没有使得一个人变得神秘，那么它就不是真正的恋爱。神秘的恋爱可以是信仰的一个比喻；但是，隐蔽的人在信仰之中不可侵犯的真挚性则就是生活[42]。如果一个人聪明得像蛇一样地防备人，他能够单纯得像鸽子"保守住信仰的秘密"，那么他就也像圣经所说的（《马可福音》9∶50）有着"自身里头的盐"[43]；但是如果他不警惕地防备人，那么，这盐就失去了它的味力，以什么来让它咸呢[44]。即使真的有这样的事情发生了，就算一场恋爱演变为一个人的毁灭，信仰还是永恒的并且总是那为人带来至福的秘密！看，那个患血漏的女人，她没有挤上前去以便能摸到基督的衣裳；她没有对别人说她有什么意图和她所信的是什么；她完全轻声地自言自语"我只摸他的衣裳，就必痊愈"[45]。她为自己保守着这秘密，这是信仰的秘密，它同时在现世的意义上和在永恒的意义上都拯救了她。你能够为自己保守着这秘密，在你率直地公开承认你的信仰时也是如此；在你虚弱无力地躺在病床上肢体无法动弹的时候，在你甚至连舌头都无法动的时候，你还是能够在你这里拥有着这一秘密。

但是信仰的本原则又关联到"那基督教的"的本原。各种对异教文化、它的谬误、它的特征的详尽描述绝不是必需的,"那基督教的"的标志就被包蕴在"那基督教的"本身之中。让我们在这里进行一下试验:在一瞬间里忘记掉"那基督教的",设想一下你本来对爱所知的那些,回想一下你在诗人们那里所读到的东西、你自己能够想的出的东西,然后说,你是否曾在什么时候突然会想到过这个:你应当爱?诚实地坦白吧,或者,为了免得这要求会打扰你,那么就由我来诚实地承认吧,很多很多次,这样一个事实在我的生命里唤醒了我全部敬佩的惊奇:有时候我会有这样的感觉,仿佛爱由此而失去了一切,尽管它赢得了一切。诚实地坦白吧,承认吧,也许这就是大多数人的情形:在他们阅读诗人们对情欲之爱和友谊的炽烈描述的时候,这看起来对他们而言是某种比那贫乏的"你应当爱"要远远高得多的东西。

"你应当爱"。只有在"去爱"是一种义务的时候,只有在这时,爱才永远地得到了安全保障来防范任何变化;在至福的独立之中得到了永恒的解放;永恒幸福地得到了防范"绝望"的安全保障。

驱动力和秉性的爱,那直接的一般的爱,不管它会是多么喜悦,多么幸福,多么无法描述地充满信任,它恰恰会在它最美丽的一瞬间感觉到一种需求,想要尽可能地将自己更保险地捆绑起来。因此两个人就山盟海誓,他们相互向对方发誓忠诚或友谊;如果我们以最喜庆的方式来说,我们不这样说这两个人,不说"他们相爱",我们说"他们相互向对方发誓忠诚"或者"他们相互向对方发誓友谊"。然而,这种爱指着什么东西发誓呢?我们现在并不想打扰和分散注意力并且通过让人回想起某种极其不同的东西来作消遣。这一爱情的发言人,亦即,"诗人们",通过入会仪式而对这极其不同的东西有所了知。因为在与这爱情的关系中,是诗人接受这两个人的承诺,是诗人将这两个人结合在一起,是诗人领这两个人说出誓言并且让两人立誓,简言之,在这里作为祭司的是诗人。现在,这爱情是指着某种高于它自己的东西发誓的吗?不,它没有这么做。恰恰这一点正是那美丽的、那感人的、那神秘的、那诗意的误会:这两个人自己并没有发现这一点;而正因此,诗人就是他们唯一的,他们所爱的知心,因为他也没有发现这一点。在这一爱情发誓的时候,它其实是自己在把意义赋予那它所指着起誓的东西;是这爱情自己把光环投向那它所指着起誓的东西,这样,它结果就不仅仅是没有指着某种更高的东西发誓,反倒其实是指着某种比它自己更低微的东西发誓。于是，这一爱情在自己可爱的误解之中是无法描述的富有的；恰恰因为它对于它自身是一种无限的财富、一种没有边际的绝对可靠，于是，因为它想要海誓山盟，它就指着某种更低微的东西发誓，但自己却并不发觉这一点。于是就又有这样的结果：这海誓山盟，固然它应当是并且自己也诚恳地认为自己是至高的严肃，它却是最美丽的玩笑。但是，那神秘的朋友，诗人，他的完美信心是这爱情的至高领会，他也不明白这个。然而这却还是很容易理解的，如果一个人真的要发誓，那么他就必须指着某种更高的东西发誓，这样，只有天上的上帝是那唯一真正地在这样的情况下可让一个人独自指着起誓的对象[46]。但是诗人却无法理解这个，就是说，那单个的人，他是诗人，他固然能够理解这个，但是只要他是诗人他就无法理解，并且"诗人"无法理解这个；因为诗人能够理解一切谜中物，并且能够神奇地解释一切谜中物，但是他无法理解他自己，也无法理解他自己就是一个谜。如果他要被强迫去理解这个，那么他会，如果他没有变得恼怒和怨恨的话，他会忧伤地说：但愿不会有人来把这一理解强加给我，这一理解损毁我心目中最美的东西，打乱了我对我自己的生活的看法，而我根本不需要这一理解。就此而言，诗人在这一点上是对的，因为真正的理解是生命之问对他的存在所作的决定。这样一来我们有两个谜：第一个是两个人的爱，第二个是诗人对这爱的解说，或者说，诗人的解说也是一个谜。

　　这爱以这样的方式发誓，并且两个人就这样进入誓言：他们要"永远地"[47]相爱。如果这没有被加上，那么诗人就不结合这两个人，他不关心地转身离开这样的一种现世的爱，或者他对之讥嘲地转向它，而他则永远地属于那种永远的爱。于是，我们其实有着两个结合体：首先是那想要永远相爱的两个人，然后是诗人，他永远地属于这两个人。在这之中，诗人确实是对的：如果两个人不是将要永远地相爱，那么他们的爱情就不值得谈论，更不值得歌唱。然而，诗人并不感觉到这样一种误解：这两个人指着他们的爱情发誓说要永远相爱，而不是指着永恒相互为爱立誓。永恒是那更高的；如果一个人要立誓，那么他就必须指着那更高的立誓，但是如果他要指着永恒立誓，那么他就是指着"应当爱"这一义务立誓。唉，但是那个人，爱者们的所最喜爱的人，诗人，他自己就是那比他的思念所寻求的这两个真正相爱者更为罕见的人，他自己就是魅力的奇迹，现在，他也像被宠坏了的小孩一样，他无法忍受这个"应当"，一旦这个词被说出来，他要么变得不耐烦，要么就开始哭泣。

因此，这直接的爱，在美丽的幻觉的意义上[48]，它无疑是在自身之中有着那永恒的东西，但是，它并不是有意识地以那永恒的东西为基础，因此它能够**被改变**。尽管它还没有被改变，但它却是会被改变的，因为它就是"那幸福的"；而关于"那幸福的"的情形正如"幸福"的情形，那种（在我们想"那永恒的"的时候）无法让人不带着忧伤去想的东西，就像人们带着惊颤所说的："幸福在它已在了的时候在。"[49]这要说的是，只要它持存着或者存在着，变化就是可能的；要等到它成为了过去之后，我们才能够说它曾经持存着。"只要一个人还活着，就不能说他是幸福的"[50]；就是说，只要他活着，幸福就会有变化，只有在一个人死了之后，并且幸福没有在他活着的时候离开他，只有在这时，这才显现出来：他——已是幸福的了。那只是存在着的东西，那不曾经历任何变化的东西，不断地把变化保持在自身之外；这变化不断地有可能登场，即使是在最后一瞬间它也可能会到来，并且只有到生命已进入终结的时候，我们才能说：变化不曾到来，——或者，也许变化已来了。那不曾经历变化的事物无疑有着持存（Bestaaen），但是不具备持续（Bestandighed）；只要它有着持存，它存在着，但是只要它没有在变化之中赢得持续，那么它就无法与自身同处于一个时间，于是，要么对这一错误关系幸福地一无所知，要么就沉浸在忧伤之中。因为那永恒的东西是唯一能够是并且变得并且保持与每一个时间同处于一个时间；现世则相反不能在自身之中分割，"那现在的"无法与"那将来的"同处于一个时间，或者，"那将来的"无法与"那过去的"同处于一个时间，或者，"那过去的"无法与"那现在的"同处于一个时间。关于那因此通过经历变化而赢得"持续"的东西，关于这东西我们无法（在它持存过了的时候）只是说"它曾持存[51]"，相反我们可以说"它在它曾持存的同时持存过了"。恰恰这正是安全措施（Betryggelsen），并且是一个完全不同于幸福之情形的情形。在爱通过"去成为了义务"而经历了永恒之变化的时候，这时，它就赢得了持续，并且自然而然它就持存。就是说，"那在这一瞬间里持存的东西也在下一瞬间持存"并不是一种自然而然，但是"那持续的东西持存"则是一种自然而然。我们说，某物通过[52]其考验，并且，在它通过了其考验的时候，我们赞美它；但这一说法却只是关于那不完美的东西，因为那持续的东西之持续不应当也不能够在"通过一场考验"之中显示出来，——无论如何，它是那持续的东西，只要那流转的东西（det Forgængelige）能够借助于"通过一场考验"来为自己给出"持续"的外表。因此，关于标准纯银（Prøve‐Sølv）[53]没有人会想到要说，它应当通过多年的考验（Prøve），因为不管怎样，它是标准纯银（Prøve‐Sølv）。爱的情形也是这样。那只具有持存的爱情，不管它多么幸福、多么充满生命至福、多么有信心、多么诗意，它还是必须在多年里通过自己的考验；但是那通过"成为义务"而经历了永恒之变化的爱，它赢得了持续，它是标准纯银。也许它因此在生活之中就不怎么适宜、不怎么可用了吗？那么，标准纯银（Prøve‐Sølv）是不怎么可用的东西吗？当然，肯定不是的；但是语言，情不自禁地，思想，有意识地，以一种特别的方式来使得标准纯银（Prøve‐Sølv）获得荣耀，因为，关于这银子，所说的只是"人们使用它"，根本没有谈及考验，人们并不因为想要考验它而对它有所侮辱，无论如何，人们在事先就知道标准纯银（Prøve‐Sølv）通过这考验[54]。因此，如果人们使用一种不太可靠的合金，那么人们就被迫更细致深入并且在说话时少一点淳朴，人们就被迫几乎是模棱两可地说出这双关语："人们使用它，并且在使用的同时，人们也考验它"，因为这样的可能性还是持续地存在着：它可能会变化。

所以说，只有在"去爱"是一种义务的时候，只有在这时，爱才是永远地得到了安全。这一永恒之安全感（Betryggethed）驱逐掉所有恐惧并且使得爱完美[55]，完美地得到了安全。因为那种只具有持存的爱，不管它是多么地有信心，仍有着一种恐惧，一种对于变化之可能性的恐惧。它自己并不理解这个，正如诗人不理解，这是恐惧，因为恐惧是隐藏着的，并且被表达出来的东西只有那炽烈的追求，通过这表达出的东西我们却认得出这恐惧隐藏在根本之中。否则的话又怎么会如此：那直接的爱又怎么会如此倾向于，确实是这样，如此钟爱于考验爱？这恰恰是因为爱并没有（通过成为义务）在最深刻的意义上屈身于"考验"之下。由此就出现了那会被诗人称为"甜蜜的不安"的东西，它越来越蛮勇地想要去做出考验。爱者想要考验被爱者，朋友想要考验朋友；考验固然是在爱之中有着其根本，但是这一强劲炽烈的"想要去考验"的欲求，这一愿望的"必须被置于考验"的追求却说明了，这爱是不确定的[56]，尽管它自己并不意识到这一点。在这里又一次是如此，在直接的爱和在诗人的各种解说之中有着一种神秘的误解。爱者们和诗人认为，这一"想要考验爱"的欲望恰恰是"它是多么确定"的表达。但这真是如此吗？固然人们不会有想要去考验那无所谓的东西的愿望；但这并不就会带出这样的结论说，"想要考验那被爱者"是确定（Sikkerheden）的一个表达。两个人相爱，他们永远地相爱，他们如此明确以至于他们——对之进行考验。这一明确（Vished）是至高的东西吗？在这里，事情难道不是恰恰如同爱发誓并且指着那比爱更低的东西发誓时的情形？这样一来，爱者们对于他们的爱的持续的至高表达在这里就只是这样的一个表达：它只有持存，因为，那只有持存的东西，人们才去考验，人们对之进行考验。但是，在"去爱"是一个义务的时候，这时就根本不需要考验和"想要去考验"的侮辱性的蛮勇，这时爱高于任何一种考验，它已经"通过考验"有余了，在这意义上正如信仰"得胜有余"[57]。"进行考验"总是关联到可能性；受考验的东西则总是可能在考验中得以通过。因此，如果一个人想要考验他是不是有信仰，或者试着去得到信仰，那么这其实就是在说，他是要妨碍自己去得到信仰，他是想要把自己带进一种"寻求"的不安，在这不安之中信仰是永远都无法被赢得的，因为"你应当信仰"。如果一个信仰者想要请求上帝将他的信置于考验，那么这并不是在表达这个信仰者在非凡的高的程度上有着信仰（这样的看法是一个诗人的误解，正如说在"非凡的"程度上有着信仰也是一个误解，因为正常的程度恰恰就是那至高的程度），而是在表达他并非完全地有着信仰，因为"你应当信仰"。从来就没有什么更高的安全措施（Betryggelsen），除了在这个"应当"之中，根本就无法在任何别的东西之中获得永恒之安憩。不管它有着怎样的生命至福，这"进行考验"是一种不安宁的想法，这是这"不安宁"在想要欺骗你去以为这是一种更高的明确保证；因为这"进行考验"本身是很有发明力并且不会穷匮的，正如睿智不曾在什么时候能够算尽所有偶发事件，相反，正如那严肃的人所说的非常到位的一句话："信仰算出了所有偶然事件。"[58]在人们说应当的时候，这就永远地被决定了；在你想要理解"你应当爱"的时候，你的爱就永远地得到了安全。

并且，爱也是通过这个"应当"永远地得到了安全保障来防范任何变化。因为那只有持存的爱，它能够被改变，它能够在自身中被改变，能够从自身中被改变掉。

直接的爱在自身之中能够被改变，它能够被改变成自己的对立面，变成恨。恨是一种变成了自己的对立面的爱，一种进入了毁灭的爱。在毁灭

31

的深渊中，这爱仍持续地燃烧着，而火焰就是恨；直到爱被燃尽了，这时候恨的火焰也就灭了。如同关于舌头所说的"是同一根舌头，我们以之来祝福和诅咒"[59]，同样，人们也可以说，是同一种爱，它在爱和恨；但正因为是同一种爱，正因此它在永恒的意义上不是那真正地保持不变的是同样的爱，而那种直接的爱，在它被改变掉了的时候，它在根本[60]之中仍然是同样的爱。真正的爱通过"成为义务"而经历了永恒之变化，它永远不被改变，它是简朴的，它爱，并且永远不恨，永远不恨被爱者。看上去可能仿佛是那种直接的爱更强烈，因为它能够做双重的事情，因为它既能够爱又能够恨；看上去可能仿佛是，在它说"如果你不爱我，那么我就会恨你"时，它对自己的对象有着一种完全不同的力量；然而这却只是一种感性欺骗。因为难道"被改变"是一种比不变性更为强烈的力量吗？谁是更强大的，是那说"如果你不爱我，那么我就会恨你"的人，还是那说"如果你恨我，我却还是会继续爱着你"的人？爱被改变成恨，这无疑是吓人而可怕的事情，但是，它真正对于谁才是可怕的，难道不是那当事人自己，那个"其爱转化为恨"的人？

那直接的爱能够在自身之中被改变，它能够通过自燃而成为急心症（Iversyge）[61]，从最大的幸福变成最大的苦恼。直接的爱的高热[62]是如此危险，不管这高热的欲望有多么伟大，它是如此危险，乃至这一高热很容易就变成病症。直接的爱就像发酵中的东西，这东西之所以被这样称呼，就是因为它还没有经历变化，并且因此也没有把毒素从自身之中区分排除掉，而这毒素就是发酵的东西中的炽烈的成分。如果爱以这毒素来点燃自己而不是将之区分排除，那么急心症（Iversyge）就出现了，唉，这个词自己就已经说出来了：它是一种生病的急切，一种急切之病症。急心症患者并不恨爱的对象，绝不是，但是他以这种"求回报的爱"（Gjenkjerlighed）的火焰来折磨自己，这火焰本来是应当净化着地清洗他的爱的。急心症患者在被爱者那里截捕着（几乎是乞求着地）每一道爱的光芒，但他是通过急心症的取火凸透镜在自己的爱之上收集所有这些光芒的，他慢慢地烧起来。那种通过"成为义务"而经历了永恒之变化的爱则相反，它不认识急心症；它不仅仅在自己被爱的时候爱，而且它爱。急心症在自己被爱的时候爱；在焦虑地在"他是否被爱"的想象之中备受折磨的情况下，正如它对那另一个人的爱的表达有着急切的病态，它对这个人自己的爱也同样有着急切的病态；相对于另一个人的无所谓，它表现的是不是得体；在焦虑地在对自我的专注之中备受折磨的情况下，它既不敢完全地相信被爱者，也不敢完全地交出自己（因为唯恐给出太多），并且因此持续地燃烧着，就好像一个人在那并非燃烧着的东西（除了忐忑不安的触摸是个例外）上灼烧自己。可用来在这里作比较的是自燃。看上去可能仿佛是如此：就好像在直接的爱之中有着一种完全不同的火，既然它能够变成急心症；唉，但是这火恰恰是那可怕的东西。看上去可能仿佛是如此：就好像这急心症，在它以一百只眼睛守护着它的对象[63]的时候，完全以另一种方式抓住这对象，而那简朴的爱则就好像只有一只眼睛用于自己的爱。但是，难道分裂就比统一更强大吗，难道一颗破碎的心就比一颗完整无缺的更强大吗，难道一只总是处在忐忑不安之中的手掌就能比简朴所具的各种一致的力量更紧地把握住它的对象吗？现在，那种简朴的爱又怎样得以安全地防范急心症呢？会不会是通过这样的方式：它不以作对比的方式去爱？它不是以"直接地以厚此薄彼的方式爱"作为开始，它爱；因此它也绝不会在什么时候病态地以作对比的方式去爱，它爱。

直接的爱能够从自身中被改变掉，它能够随着年轮流转而被改变，这样的事情我们也无疑见得足够多了。然后，爱就失去了它的热情、它的喜悦、它的欲望、它的独创性、它的勃勃生机；就像那跃出悬崖的河水，它在久远之后消释在了死水的呆滞中，爱情也是这样地消释在一种习惯（Vane）的半温不热和无所谓中。唉，在所有的敌人中，也许习惯是最狡猾的，最重要的是它狡猾得足以从不让自己被人看见，因为如果一个人看见过习惯，那么他就被从习惯中拯救了出来；习惯不同于别的敌人，别的敌人，人们看得见并且能够与之斗争而捍卫自己，而与习惯的斗争则其实是与自己斗争以便能够去看见习惯。有一种肉食动物，以其狡猾而闻名，它悄悄地靠近去袭击那些睡眠者们；在它从睡眠者身上吸了血之后，它就对着睡眠者扇凉并使得他睡得更香[64]。习惯也是这样的，——或者更恶劣；因为那种动物在睡眠者们之中寻找其猎物，但是它没有手段去把醒着的人们哄入睡。然而习惯则有这手段；它悄悄地靠近一个人，哄着人入睡，而在这之后，它在一个睡眠者身上吸血，一边对他扇凉并使得他睡得更香。

以这样的方式，直接的爱能够从自身中被改变掉，变得不可辨认，因为恨和急心症可以通过它们作为爱的标志而被认出来。这样，有时候一个人自己能够感觉到（正如在一场梦消失并且被遗忘时的情形），习惯改变了他；他想要补救但是他不知道他该去什么地方买新油[65]来点燃爱情。于是他就变得沮丧，心烦，对自己感到厌倦，对自己的爱情感到厌倦，为它悲惨到如此地步而感到厌倦，为自己无法改变它而感到厌倦，唉，因为永恒之变化是他所没有及时地去留意的，现在他甚至失去了去忍受康复的能力。哦，有时候我们带着悲哀看一个曾经生活在辉煌之中而现在陷于贫困的人，然而，与这个变化相比，如果我们看见一种爱被改变成这种几乎是令人厌憎的东西，那无疑就是远远更悲哀的事情了！

相反，如果爱通过"成为义务"而经历了永恒之变化，那么它不认识习惯，那么习惯永远都无法摆布它。正如人们说关于永恒的生命，那里没有叹息并且没有眼泪[66]，那么我们可以加上：那里没有习惯；其实通过这样的说法我们确实不是在说什么不荣耀的事情。如果你想要从习惯之狡猾中拯救出你的灵魂或者你的爱，——是的，人们相信有许多方法来使自己保持清醒和安全，但是其实只有一种：永恒之"应当"。让100门加农炮的雷电一天三次提醒你抵抗习惯之权力吧；就像东方那个强大的皇帝，让一个奴隶每天提醒你[67]，甚至100个；让一个朋友在每次见到你的时候提醒你，让妻子早早晚晚都在爱中提醒你：但是你要注意，不能让这做法也变成一个习惯。因为，你会习惯于去听100门加农炮的雷电，这样你能够坐在桌前比听你习惯于听见的100门加农炮的雷电更清楚地听着最琐碎的小事情。你会习惯于100个奴隶每天提醒你，这样你不再听见，因为你通过习惯得到了这样的耳朵，通过它你听见却听不进去[68]。不，只有永恒之"你应当"，——以及倾听着的想要听见这"应当"的耳朵，才能够将你从习惯之中拯救出来。习惯是最悲哀的变化，另一方面人也会习惯于每一个变化；只有那永恒的东西，并且因此那通过"成为义务"而经历了永恒之变化的东西，是不变的东西，但是这不变的东西恰恰不会变成习惯。不管一种习惯多么顽固地居留在你身上，它永远都不会变成不变的东西，即使这个人变得不可救药；因为习惯是那按理应当被改变的东西，那不变的东西则相反，它是既不能够也不应当被改变的东西。但是那永恒的东西绝不会变老，并且绝不会成为习惯。

只有在"去爱"是义务的时候，只有在这时，爱才是在至福的独立之中永远地得到了解放。然而，难道那种直接的爱不是自由的吗，难道那爱者不是恰恰在爱中有着其自由吗？在另一方面，难道我们所谈论的意义就在于赞美自爱的悲惨的独立性吗？这自爱变得独立，因为它没有勇气去约束起自己，因此说，是因为它变得依赖于自己的怯懦。这种悲惨的独立性，它到处飘荡，因为它无家可归，并且就像"那个在这里那里流浪的人，一个在有黑夜的地方到处流窜的武装强盗"[69]；这种悲惨的独立性，它独立地不戴有任何锁链，——至少看上去没有锁链！是这样吗？哦，绝不是，相反我们在前面所谈论的东西中提醒过，对至高的财富的表达是"有着一个需要"[70]；如此也是自由的真实表达：它是一种在自由者心中的需要。如果在一个人心中，爱是一种需要，那么这个人肯定在自己的爱之中感觉到自由，而如果一个人觉得自己完全有着依赖性，那么他就会通过失去被爱者（恰恰这被爱者是独立的）而失去一切。然而有一个条件：他不可以把爱情混淆为对被爱者的占有。如果一个人要说"非爱即死"[71]并且以此来表示：没有爱的生活不值得去活[72]，那么我们完全会同意他的说法。但是如果他把这"非爱即死"中的"爱"理解为"拥有那被爱者"，因而认为"要么拥有被爱者要么死去"、"要么赢得这个朋友要么死去"，那么，我们就必须说，这样的一种在不真实意义上的爱是有着依赖性的。在与自己的对象的关系中，一旦爱在这关系中没有在同样的程度上去与自身发生关系，但却又有着完全的依赖性，那么，它是在不真实的意义上有着依赖性，那么，它的对于自己的存在的律法就是在它自身之外，并且因此在可败坏的、在尘俗的、在现世的意义上是有依赖性的。但是，如果这爱是通过"成为义务"而经历了永恒之变化并且是因为它应当爱而去爱的，那么它就是独立的，它的对于自己的存在的律法是在爱与"那永恒的"的关系本身之中。这种爱绝不会变得在不真实的意义上有依赖性，因为它唯一所依赖的东西是义务，而义务是唯一的解放着的东西。直接的爱使得一个人自由而又使之在下一瞬间有依赖性。这正如一个人的形成；通过去成为，通过去成为一个"自我"，他变得自由，而在下一瞬间，他又依赖于这一自我。相反，义务则使得一个人有依赖性而在同一瞬间又使得他永远地独立。"只有律法能够给出自由。"[73]唉，人们总是这样，常常认为：自由是存在的，并且，约束自由的是律法。然而这却是恰恰反过来；没有律法，自由根本就不存在，并且那给出自由的东西是律法。人们也认为：那做出差异的东西是律法，因为，在律法不存在的时候，就根本没有什么差异。然而这却是反过来的；如果说那做出差异的东西是律法，那么这正是律法：是它在使得所有人都在律法面前平等。

于是，这一"应当"在至福的独立中解放爱；这样的一种爱不随其对象的偶然性而立而倒，它随着永恒之律法而立而倒，——但这样，它就永远不倒；这样的一种爱不依赖于这个或者那个，它只依赖于——那唯一的解放者，因此它是永远地独立的。没有什么东西是可以与这独立相比较的。有时候，世界赞美一种骄傲的独立，这种骄傲的独立认为感觉不到有被爱的需要，但却又认为"需要其他人，不为被他们爱，而只为爱他们，为了终究有某个人可供自己去爱"。哦，这一独立是多么的不真实啊！它感觉不到任何被爱的需要（*Trang*），但却需要（*behøver*）有人可供自己去爱；因此，它需要一个他人，——为了能够满足它自己的自我感觉。这是不是就好像，在虚荣认为可以用不着世界但却需要世界，就是说，需要世界知道"虚荣不需要世界"。但是那通过"成为义务"而经历了永恒之变化的爱确实是感觉到一种对"被爱"的需要，并且因此，这一需要与这个"应当"是一种永远的和谐的一致；但在它仍然继续爱着的同时，它却能够不需要，如果应当是这样的话，——这是不是独立呢？这一独立通过永恒之"应当"而只依赖于爱本身，它不依赖于任何别的东西，并且因此，一旦爱的对象被显现出来是某种别的东西，它也不依赖于这爱的对象。然而这却并不意味了独立的爱随即就停止了、就变成了骄傲的自我满足；那样的情况是依赖性。不，爱常存着[74]，它是独立。"不被改变"是真正的独立；每一个变化，不管它是虚弱之晕眩还是骄傲之炫耀，是叹息着的还是自我满足的，都是依赖。如果一个人在另一个人说"我无法继续爱你了"的时候骄傲地回答说"这样我也能够不再爱你"，——这是独立吗？唉，这是依赖，因为，"他是不是继续爱"这个问题的答案是依赖于"那另一个人是不是将会爱"。但是，如果一个人回答说"这样我还是应当继续爱你"，那么这个人的爱是在至福的独立之中永远地得到了解放。他不是骄傲地说（依赖于自己的骄傲），不，他是谦卑地说，使自己谦卑于永恒之"应当"之下，正因此，他是独立的。

  只有在"去爱"是义务的时候，只有在这时，爱才永恒幸福地得到了防范"绝望"的安全保障。直接的爱会变得不幸，会进入绝望。这看上去又可以像是这一爱的力量的表达：他有着绝望之力量；但这却只是表面的假象；因为绝望之力量，不管它获得多大的赞美，它仍是虚弱（*Afmagt*），它的至高恰恰是它的毁灭。不过，直接的爱会在一定的时候绝望，这显示出，它是绝望的，它甚至在它是幸福的时候也是以绝望之力量爱着；爱另一个人"高于自己、高于上帝"。关于绝望我们可以这样说：只有绝望的人才会绝望。直接的爱对不幸绝望，这时，只是这样一个事实被公开了出来：它——本来就是绝望的[75]，它在自己幸福之中就也已是绝望的了。绝望是在于"带着无限的激情去与一个单个事物发生关系"之中；因为带着无限的激情，一个人只能够（如果他不是绝望了的话）去与那永恒的东西发生关系。直接的爱于是就是绝望的；但是，在它变得幸福（像人们所说的那样）的时候，"它是绝望的"这一事实被隐藏起来不会被它看见，到了它变得不幸的时候，这事实就被公开了：它本来就是绝望的[76]。相反，那通过"成为义务"而经历了永恒之变化的爱，绝不会绝望，恰恰因为它不是绝望的。就是说，绝望不是像幸福和不幸那样能够发生在人身上的一个事件。绝望是他本质的最内在之中的一个错误关系，——任何命运或者事件都无法如此长远如此深刻地进入这最内在之中去把握住这错误关系，命运或者事件只能够公开出这事实：那错误关系本来就在那里[77]。因此只有一种针对绝望的安全保障：通过义务的"应当"去经历永恒之变化；每一个没有经历了这一变化的人，都是绝望的；幸福和如意能够隐藏起一切，不幸和逆运则相反，不是像他所以为的那样能够"使得他绝望"，而是能够公开出这一事实：他本来就是绝望的[78]。如果人们所说不是如此，那是因为人们以一种轻浮的方式混淆了那些至高的概念。也就是说，那使得一个人绝望的，不是不幸，而是"他缺乏那永恒的东西"；绝望是"缺乏那永恒的"；绝望是不曾通过义务的"应当"去经历永恒之变化。因此绝望不是"失去被爱者"的丧失，这丧失是不幸、痛楚、苦难；但绝望则是对"那永恒的"的缺乏。

那么，那诫命之爱是怎样确保自己安全地防范绝望的呢？很简单，通过诫命，通过这"你应当爱"。就是说，这诫命首先意味了：你不可以以这样一种方式来爱："失去被爱者"的丧失将公开出"你是绝望的"，亦即，你绝对不可以绝望地爱。是不是"去爱"就因此而被禁止？绝不是！这也无疑是一种古怪的说法：那说"你应当爱"的诫命居然要通过自己的命令来禁止"去爱"。因此，这诫命只是禁止以那种没有命令去做的方式去爱；在本质上，这诫命不是禁止的，而是命令的，命令"你应当爱"。因此，爱之诫命并不是借助于虚弱和微温不热的安慰依据，诸如"人不可把一些东西太当一回事"等，来保障安全防范绝望。真是这样吗，这样一种可怜的"已经停止了悲伤"[79]的聪明，它会是一种比爱者的绝望更小的绝望吗，在事实上难道它不是一种更为恶性类型的绝望吗！不，爱的诫命是通过命令"去爱"来禁止绝望。除了永恒之外又有谁会有这种勇气，除了永恒之外又有谁有权说这个"应当"，这永恒恰恰是在爱想要为自己的不幸而绝望的这一瞬间命令"去爱"！除了在永恒之中，这命令的归属又会在什么地方呢？因为，"拥有被爱者"在现世之中被弄成是不可能的，这时，永恒说"你应当爱"，就是说，这时永恒就恰恰通过把爱弄成是永恒的而将之从绝望之中拯救出来。让我们说，那将两人分开的是死亡[80]，——在这时，如果那未亡者会下沉到绝望之中的话，这时会有什么东西来补救呢？现世的帮助是一种更悲伤类型的绝望；但这时，永恒就来帮助。在它说"你应当爱"的时候，它就以此说出"你的爱有着永恒有效性"；但是，它不是安慰着地说出这话，因为安慰不会有什么用，它命令着地说出这话，正因为危险正在逼近。在永恒说"你应当爱"的时候，于是要去确定"这是可行的"就成为它的事情。哦，相对于永恒之安慰，所有其他的安慰又算是什么，相对于永恒之精神救助，所有其他的精神救助又算是什么！假如它更温柔地说道："安慰你自己"，那么这时悲伤的人就肯定会准备好了反驳的话；但是（当然这不是因为永恒骄傲地不愿意忍受任何反驳），出自对于悲伤者的关怀，它命令"你应当爱"。多么不可思议的安慰之词啊，多么不可思议的慈悲啊；因为从人的角度说这确实是最奇怪的事情了，几乎像是一种嘲讽：对那正绝望的人说，他应当去做那曾是他的唯一愿望的事情，而这事情之不可能则将他带进绝望。难道还需要什么别的东西来证明爱之诫命是出自神圣的本原！你有没有曾经这样尝试过？或者，去试一下，在那失去被爱者的丧失压倒了这样的一个悲伤者的瞬间去走向他，然后看，你会想出该说什么；你承认吧，你想要安慰；你唯一想不到的，就是去说"你应当爱"。在另一方面，去试一下看，是不是在这话被说出的第一瞬间就会刺痛那悲伤者，因为这看起来是最不适合于在这场合里说的话。哦，但是，你曾有过严肃的经验，在那沉重的瞬间里，你在各种人性的安慰依据[81]之中找到的是空虚和厌恶，而不是任何安慰；你在毛骨悚然之中发现，甚至永恒之训导都无法阻止你下沉；——就是这样的一个你，学会了去爱这个"应当"，它从绝望之中将人拯救出来！也许你常常在一些较小的关联之中认识到，真正的陶冶在说辞上是严厉的，这里你在最深刻的意义上学到了：只有这个"应当"在永恒幸福地将人从绝望之中拯救出来。永恒幸福地，——是的，因为只有那从绝望之中被永恒地拯救出来了的人，只有他才是从绝望之中被拯救出来了的人。那通过"成为义务"而经历了永恒之变化的爱，不是免于不幸，而是被从绝望之中拯救出来了，在幸福和不幸之中，它都是同样地被从绝望之中拯救出来了的。

看，激情之火燃烧起来，尘俗的聪明冷却下来，但不管是这热还是这冷还是这热和这冷的混合，都不是永恒之纯净空气。在这热之中有着某种激荡的东西，在这冷之中有着某种尖锐的东西，在混合之中有着某种不确定的东西，或者一种无意识的狡诈，就仿佛是在春天的危险时节。然而这"你应当爱"则把所有不健康的东西都拿掉了，并且为永恒保存下了那健康的。无论何处，都是如此：这永恒之"应当"是那拯救着的、那净化着的、那使人高贵的东西。去坐在一个深度悲伤的人身边；如果你有这种能力能够给予激情那绝望的表达（甚至连悲伤者自己都没有能力给出这样的表达），这能够在一瞬间里缓解痛苦；但这却仍是那不真实的。如果你有睿智和经验，在那悲伤者看不见任何未来的时候，去给出暂时的蓝图，这能够给出一瞬间冷却的延缓；但这却仍是那不真实的。相反，这"你应当悲伤"，则既是那真的又是那美的。我没有权利去坚忍地面对生活的痛楚，因为我应当悲伤；但是我也没有权利去绝望，因为我应当悲伤；并且还有，我也没有权利停止悲伤，因为我应当悲伤。爱的情形也是如此。你没有权利去坚忍地面对这一感情，因为你应当爱；你也没有权利去绝望地爱，因为你应当爱；同样你也没有权利歪曲你内在的这种感情，因为你应当爱。你应当保存好爱，你应当保存好你自己，通过保存好你自己并且在保存好你自己之中保存好爱。在那纯粹人性的东西[82]将激流出来的地方，在那里，这诫命进行约束；在那纯粹人性的东西将气馁的地方，在那里，这诫命给人力量；在那纯粹人性的东西将变得疲倦和精明的地方，在那里，这诫命燃起热情并且给人智慧。这诫命在你的爱中销蚀并燃耗那不健康的东西，但是，当你的爱从人的角度说将要渐渐暗弱下来的时候，你应当通过这诫命重新点燃你的爱。在你认为自己很容易能够做出考虑的地方，在那里，你要以这诫命为顾问来做出考虑；在你绝望地想要自行考虑作决定的地方，在那里，你应当以这诫命为顾问来做出考虑；但是，在你不知道怎样做出考虑的地方，在那里，这诫命就会做出考虑来仍使一切变得很好。

注释：

1 ［**马太福音**22：39。**其次也相仿，就是要爱人如己。**］这一引句是双重爱的诫命的第二部分。耶稣在一个法利赛人试图问律法的最大诫命是什么的时候提出了这个。"爱人如己"，直接翻译出来的意思也就是"像爱你自己那样去爱你的邻人"。

2 ［**像那些高飞的思想家们那样没有预设地开始**］指各种试图创造一个哲学体系的努力。这些努力借助于一种工具性的怀疑彻底思考了每一个没有给出理由的前提，以便去从"无（乌有）"或者"纯粹的在"开始。强调这一从无开始的要求的最重要的哲学家就是德国哲学家黑格尔，在丹麦则诸如海贝尔（J. L. Heiberg）和阿德勒尔（A. P. Adler）。克尔凯郭尔在自己的笔名著作之中常常带着批判地谈及他们，比如，可参看《哲学碎片》(1844)、《概念恐惧》(1844) 和《终结中的非科学后记》(1846)。

3 在这里，作者的这声"唉"的叹息是出现在这句子"就仿佛它的意义是在于去学习世俗睿智一致同声但却又分别割裂开地教导的'每一个人都是自己的最贴近者'"中间，所以语气转折"一致同声但却又分别割裂开地"就被打断了。这里说明一下。

4 "审判着地"，亦即"论断着地"。

5 ［**雅各在与上帝搏斗了之后脚就跛了**］指关于雅各在夜里与上帝摔跤并得到祝福的故事。上帝无法胜雅各就在他大腿窝处摸一把，他就变瘸了。见《创世记》(32：25—32)。

雅各，以撒的儿子。雅各、以撒和以撒之父亚伯拉罕为旧约之中的三祖。

6 亦即，命令所要求的爱。

7 ［**俗语"稍稍地爱我并且久久地爱我"**］这一俗语有不同版本："爱我少但爱我久"以及"稍稍爱我久久爱我"。

参看 nr. 513 i N. F. S. Grundtvig *Danske Ordsprog og Mundheld*, s. 19。

8 无限（Uendeligheden），有时候也被译作"无限性"。当然译者在这里加注的目的是避免读者将"无限"的所有格读成形容词"无限的"而把"**无限**的美丽晕眩"看成"**无限的**美丽晕眩"。

9 ［**甚至敌人**］见后面注脚，可参看《马太福音》(5：43—45)。

10 ［**你要尽心，尽性，尽意，爱主你的神**］这一引句是出自《马太福音》(22：37) 双重爱的诫命的第一部分。耶稣在一个通律法的法利赛人试图考验他而问律法的最大诫命是什么的时候以此作答。可比较《申命记》(6：5)。

11 ［**上帝的智慧**］参看《巴勒的教学书》（*Balles Lærebog*）第一章"论上帝及其性质"第三段"圣经中关于上帝及其性质的内容"，§5："上帝是全知的，并且总是在他的各种决定中有着最佳的意图，同时总是选择最佳的手段去实现这些决定。"在对之的注释中说："我们能够确定地信，全知的上帝不会不具益用地安排任何东西，并且，所有按着他的意志与我们相遇的事物都是为了有利于我们。"也参看《罗马书》（11∶33）。

12 ［上帝的治理］参看《巴勒的教学书》第二章"论上帝的作为"第二段"圣经中关于上帝的眷顾以及对受造物的维持"，§5："在生活中与我们相遇的事物，不管是悲哀的还是喜悦的，都是由上帝以最佳的意图赋予我们的，所以我们总是有着对他的统管和治理感到满意的原因。"

13 ［"试探地"］在新约中有许多法利赛人和文士们跑出来以问题来"试探"耶稣的例子。比如说《马太福音》（22∶35）："内中有一个人是律法师，要试探耶稣，就问他说……"

14 ［"至尊的律法"］标示邻人之爱的诫命的表述在《雅各书》（2∶8）："经上记着说，要爱人如己。你们若全守这至尊的律法才是好的。"

15 ［当年的法利赛人……让这邻人从一个人的生命里消失掉］指向《路加福音》（10∶29）。法利赛人在希腊罗马时代在犹太教中构成最重要的宗教政治方向之一的群体。他们向人显示出一种要求人们严格遵行摩西十诫的强烈愿望，着重于纯净诫条并强调对复活的信仰。他们常常是作为撒都该人的对立面，后者不信灵魂的不灭、肉身的复活、天使以及神灵的存在，并且藐视口传律法。

16 ［这个词很明显的是由"最近者"构成的］丹麦语的"邻（næste）"可以回溯到古丹麦语 næstæ，有着"最近的继承者"的意义。这个词是作为形容词"邻（næste）"在"最近的"（"近的"的最高级）的意义上的名词化。

17 ［"异教徒们不是也会做同样的事情？"］引自耶稣在登山宝训中谈及偏爱，《马太福音》（5∶46—47）："你们若单爱那爱你们的人。有什么赏赐呢。就是税吏不也是这样行么。你们若单请你弟兄的安，比人有什么长处呢。就是外邦人不也是这样行么。"

18 ［"邻人"是那被思者们称作是"他者"的东西］这里所指向的是黑格尔的逻辑学。在黑格尔的逻辑学中，概念的发展导向"存在（Dasein）"范畴，这"存在"则又进一步被定性为"某物"（Noget）。每一个某物都通过去与自己的否定，亦即"他者"（das Andere），发生关系而获得自己的定性，并且只在与"在他者之中得到了反思"的同样的程度上在其自身之中得到反思，正如他者相应地由某物决定；每一个某物都是他者的特定他者。每一个某物都是两个环节的统一，这两个环节也就是一个"自在之在"（An–sich–Sein）和一个"为他者之在"（Sein–für–Anderes）。参看黑格尔《逻辑学》中的"某物和一他物"这一段落，以及《小逻辑》中"本质作为实存的根据"。

丹麦语相关文献有：海贝尔（J. L. Heiberg）的《哲学之哲学或者思辨逻辑的基本特征（Grundtræk til PhilosophiensPhilosophie eller den speculative Logik）》、拉斯姆斯·尼尔森（Rasmus Nielsen）的《思辨哲学基本特征（Den speculative Logik i dens

Grundtræk)》和阿德勒（A. P. Adler）的《对黑格尔的客观的逻辑的普及讲座（*Populaire Foredrag over Hegels objective Logik*)》。

"他者（det Andet）"有时候也被翻译为"第二者（det Andet）"。在《非此即彼》上卷中的"轮作"中有这样的一段文字："这样，我们要警惕友谊。一个朋友是怎样被定义的？一个朋友不是哲学所说的那必然的第二者，而是那多余的第三者。"

19　[在讲述了关于慈心的撒玛利亚人……"是怜悯他的那个人"] 参看耶稣的慈心撒玛利亚人的比喻，《路加福音》（10：25—37）："有一个律法师，起来试探耶稣说，夫子，我该作什么才可以承受永生。耶稣对他说，律法上写的是什么。你念的是怎样呢。他回答说，你要尽心，尽性，尽力，尽意，爱主你的神。又要爱邻舍如同自己。耶稣说，你回答的是。你这样行，就必得永生。那人要显明自己有理，就对耶稣说，谁是我的邻舍呢。耶稣回答说，有一个人从耶路撒冷下耶利哥去，落在强盗手中，他们剥去他的衣裳，把他打个半死，就丢下他走了。偶然有一个祭司，从这条路下来。看见他就从那边过去了。又有一个利未人，来到这地方，看见他，也照样从那边过去了。惟有一个撒玛利亚人，行路来到那里。看见他就动了慈心，上前用油和酒倒在他的伤处，包裹好了，扶他骑上自己的牲口，带到店里去照应他。第二天拿出二钱银子来，交给店主说，你且照应他。此外所费用的，我回来必还你。你想这三个人，那一个是落在强盗手中的邻舍呢。他说，是怜悯他的。耶稣说，你去照样行吧。"

20　[撒玛利亚人则相反，他因为人们的偏见而被置于误解之中] 这提示了当时在犹太人和撒玛利亚人之间的普遍紧张关系。撒玛利亚人来自耶路撒冷北边的撒玛利亚。

21　["生生死死"] 典型地被用在誓言里的固定说法：原本的说法是，在人活着的时候和死去之后。

22　"罪过"，亦即"辜"。

23　[以为自己是侍奉上帝] 指向《约翰福音》（16：2）。

24　[这样的事情是人心未曾想到的] 指向《歌林多前书》（2：9—10）："如经上所记，神为爱他的人所预备的，是眼睛未曾看见，耳朵未曾听见，人心也未曾想到的。只有神藉着圣灵向我们显明了。因为圣灵渗透万事，就是神深奥的事也渗透了。"

25　[既然这诫命被提出……之前的犹太教] 新约中的双重爱之诫命是建立在旧约的律法上的。参看《申命记》（6：5）"你要尽心，尽性，尽力爱耶和华你的神"和《利未记》（19：18）"要爱人如己"。

26　[那日用的饮食是一种恩赐] 参看"我们在天上的父"的第四祷告词，《马太福音》（6：11）："我们日用的饮食，今日赐给我们。"

27　[继续向前] "继续向前"和"超过"是丹麦黑格尔主义对"比笛卡尔的怀疑走得更远"的固定用语；在笛卡尔之后，这些表述又被用于更广义的范围：要比另一个哲学家，比如说黑格尔，走得更远。

28　[**都变成新的了**]引自《歌林多后书》(5∶17),在之中保罗说:"若有人在基督里,他就是新造的人。旧事已过,都变成新的了。"

克尔凯郭尔在日记里写道:"在我说一切在基督身上都是新的,这所指的首先就是所有人学上的立场;因为关于上帝的真正知识(神圣的形而上学,三一性)是前所未闻的,因此在另一种意义上在基督身上是新的;在这里,相对于那纯粹的人的立场而言,我们首先是看启示概念的有效性。我们必须区分开这两个句子:一切都是新的,这是一个审美的观点;一切在基督身上都是新的,这是一个教理上的世界史的思辨性的观点。"

29　[**在精神与真相中**]也许是指《约翰福音》(4∶23—24),在之中,耶稣谈论用心灵和诚实崇拜上帝。

30　自我拒绝(Selvfornegtelsen):克己,无私,忘我,自我否定,牺牲自己的欲望或利益。

31　原文的句子结构很绕,我在这里稍作改写并加上括号。原文直译的话是如此:"感情的和驱动力的和禀性的和激情的,简言之,直接性的那种诸多力的交互作用,诗歌在微笑或者在泪水、在愿望或者在匮乏中的那种被歌唱的荣耀,在这之间有着怎样的差异呵,在上述这些与永恒的、命令的在精神与真相中、在诚实与自我拒绝中的严肃之间有着怎样的差异啊!"直译句中的"上述这些"是指"感情的和驱动力的和禀性的和激情的,简言之,直接性的那种诸多力的交互作用,诗歌在微笑或者在泪水、在愿望或者在匮乏中的那种被歌唱的荣耀"。

32　[**那拥有各种尘俗的财物的人……像那不拥有各种尘俗的财物的人**]指向《歌林多前书》(7∶29—31),保罗谈论结婚和未婚的状态时说:"弟兄们,我对你们说,时候减少了。从此以后,那有妻子的,要像没有妻子。哀哭的,要像不哀哭。快乐的,要像不快乐。置买的,要像无所得。用世物的,要像不用世物。因为这世界的样子将要过去了。"

33　[**也不冷也不热**]指向《启示录》(3∶15—16),在之中约翰写给老底嘉教会说:"我知道的行为,你也不冷也不热。我巴不得你或冷或热。你既如温水,也不冷也不热,所以我必从我口中把你吐出去。"

34　[**不会在任何人的心头冒出来**]见前面对"这样的事情是人心未曾想到的"的注脚。

35　[**测力仪**]一种游乐场的机器,借助于它,一个人可以测出自己的体力,尤其是指那种带有铁块的机器,用大锤敲打一个木塞,这铁块能够达到机器的顶上击中一口钟。在哥本哈根游乐场和鹿苑等地都有这样的机器。

36　[**基督说(《马太福音》10∶17)"你们要防备人"**]摘自耶稣对门徒所言,接下来是:"因为他们要把你们交给公会,也要在会堂鞭打你们。并且你们要为我的缘故,被送到诸侯君王面前,对他们和外邦人作见证。"《马太福音》(10∶17—18)。

在中文圣经之中"异教徒"被译作"外邦人"。

37 [**那至高的东西不应当是一个猎物**] 指向《腓利比书》（2：6），在之中保罗写关于耶稣·基督，他"不以自己与神同等为强夺的"。

38 [**"要聪明得像蛇"**] 引自《马太福音》（10：16），耶稣派遣门徒出行时说（中文版圣经为）："我差你们去，如同羊进入狼群。所以你们要灵巧像蛇，驯良像鸽子。"（"聪明"在中文版圣经中被译为"灵巧"。）

39 [**为自己保存好信仰的秘密**] 指向《提摩太前书》（3：9），在之中保罗写道，教众中执事者应当"要存清洁的良心，固守真道的奥秘"。

40 [**"单纯得像鸽子"**] 见前面注脚。引自《马太福音》（10：16）（"单纯"在中文版圣经中被译为"驯良"）。

41 "恋爱"译自丹麦语 Forelskelse，如果直译的话，就是"坠入爱河"。

42 [**隐蔽的人在信仰之中不可侵犯的真挚性则就是生活**] 指向《彼得前书》（3：4），之中说到女人的美应当是"只要以里面存着长久温柔安静的心为妆饰。这在神面前是极宝贵的"。（这双引号之中的是中文版圣经的引文，按照丹麦文版1819年版新约直接翻译就是："心的隐蔽的人在一种轻柔宁静的精神的不可侵犯的本性之中，这在神面前是极宝贵的。"）

43 [**圣经所说的（《马可福音》9：50）有着"自身里头的盐"**] 对《马可福音》（9：50）的随意引用，之中耶稣说："盐本是好的，若失了味，可用什么叫他再咸呢。你们里头应当有盐，彼此和睦。"

44 [**以什么来让它咸呢**] 指向《马太福音》（5：13）："你们是世上的盐。盐若失了味，怎能叫他再咸呢。以后无用，不过丢在外面，被人践踏了。"

45 [**那个患血漏的女人……就必痊愈**] 指向《马太福音》（9：20—22）之中耶稣治愈患血漏的女人："有一个女人，患了十二年的血漏来到耶稣背后，摸他的衣裳繸子。因为他心里说，我只摸他的衣裳，就必痊愈。耶稣转过来看见他，就说，女儿，放心，你的信救了你。从那时候，女人就痊愈了。"

46 [**只有天上的上帝是那唯一真正地在这样的情况下可让一个人独自指着起誓的对象**] 指向《希伯来书》（6：13—14）："当初神应许亚伯拉罕的时候，因为没有比自己更大可以指着起誓的，就指着自己起誓说，论福，我必赐大福给你。论子孙，我必叫你的子孙多起来。"以及（6：16）："人都是指着比自己大的起誓。并且以起誓为实据，了结各样的争论。"也参看《创世记》（22：16—17）。

47 [**"永远地"**] 也许是指向当时有名的剧作《永远！或者针对情欲之爱迷醉的解药！两幕喜剧》，欧瓦斯寇译。（皇家剧院的节目单51号，第十卷，哥本哈根1833年。）之中这一初恋之表达被展示出来（第一幕第六场）。该剧从1833年12月到1840年2月在皇家剧院演出了十九次。

48 [**在美丽的幻觉的意义上**] 就是说，从一种审美的想象出发看；审美地考虑。

49 ［人们带着惊颤所说的："幸福在它已在了的时候在"］丹麦谚语：幸福在它已在了的时候在，因为，只要你拥有了幸福，那么随后可能发生的变化就是：事情朝着一个相对比较糟糕的方向发展。

50 ［"只要一个人还活着，就不能说他是幸福的"］指向关于富有的吕底亚国王克罗伊斯的故事，出自希罗多德（Herodot）的史书（Historiarum）第一书第三十二章和第八十六章。克罗伊斯邀请了雅典的智慧的梭伦，向他展示所有自己的财富，并且想知道梭伦怎么看他的幸福。雅典的梭伦说："这是我所看见的，你是极其富有并且统治着许多人；但是你问我的问题则是我所无法对你说的，因为我还没有看见你幸福地终结你的生命。"后来，在公元前 546 年，克罗伊斯被波斯王居鲁士打败并俘虏。居鲁士让人把他烧死；在克罗伊斯不幸地站在柴堆上时，他想起梭伦对他说的话"只要一个人还活着，就不能算是幸福的"，他大喊三声"梭伦"。居鲁士听见这个，让一个翻译问他为什么叫喊这个，并且在他知道了原因之后，他让人把火灭了，克罗伊斯得以免死。

Jf. Die *Geschichten des* Herodotos, overs. af F. Lange, bd. 1 – 2, Berlin 1811, ktl. 1117; bd. 1, s. 18f. og s. 49f.

51 由于中文没有过去式的动词形式，所以在这里我以"曾"表示过去发生的事情。

52 丹麦语"通过（bestaae）"（考试及格）和"持存（bestaae）"是同一个词，但在中文中则无法使用同一个词，所以我在这里用"通过"。

53 ［标准纯银（Prøve – Sølv）］丹麦语从字面组合看直接翻译出来就是"考验银（Prøve – Sølv）"，表示达到含真银量高于一定程度的铝合金。这银子被检验合格后，被认为符合规定的标准，这样这银子可以盖上一个特定的印章。

54 "通过（bestaae）"考验，同时也就是"持存（bestaae）"。

55 ［驱逐掉所有恐惧并且使得爱完美］指向《约翰一书》（4：18）：之中谈论上帝的爱和人们相互间的爱："爱里没有惧怕。爱既完全，就把惧怕除去。因为惧怕里含着刑罚。惧怕的人在爱里未得完全。"

56 也就是说，这爱对自己是没有安全感的。

57 ［"得胜有余"］引自《罗马书》（8：37），在之中保罗就所有想要把我们与基督之爱分割开的苦难和艰苦说道："然而靠着我们的主，在这一切的事上，已经得胜有余了。"

58 ［正如那严肃的人所说的非常到位的一句话："信仰算出了所有偶然事件"］来源不明。

59 ［关于舌头所说的"是同一根舌头，我们以之来祝福和诅咒"］指向《雅各书》（3：9—10），在之中关于舌头这样说："我们用舌头颂赞那为主为父的，又用舌头咒诅那照着神形象被造的人。颂赞和咒诅从一个口里出来，我的弟兄们，这是不应

45

当的。"

60　关联到前面句子中的意义，这里的这个"根本"也同时可以理解为"毁灭的深渊"。

61　［急心症（Iversyge）］在丹麦语中这个词由"急切"和"病"构成，含有双重意思：一是，急切地想要某物以至于发病，夸张地专注于某物；一是，嫉妒，妒忌。在这里不译作"嫉妒"或"妒忌"而译作"急心症"，正是为了强调这多层含义。

62　［高热（Hede）］这里是指不平衡的无法控制的状态：剧烈的情欲爱情，强烈的渴望，熊熊燃烧的激情。

63　［以一百只眼睛守护着它的对象］指向阿耳戈斯，百眼巨人，在希腊神话中，宙斯的妻子赫拉把宙斯的情人伊俄变成母牛交给他看管。阿耳戈斯把母牛拴在一棵树上，以一百只眼睛看守着它。参看奥维德在《变形记》中所写的相关故事，第一歌，从第625句开始。

64　［有一种肉食动物……对着睡眠者扇凉并使得他睡得更香］也许是指生活在南美的吸血蝙蝠，但是我们无法找到克尔凯郭尔的描述的文献来源。

65　［买新油］指向耶稣关于十个童女的比喻，《马太福音》（25：1—13）："那时，天国好比十个童女，拿着灯，出去迎接新郎。其中有五个是愚拙的。五个是聪明的。愚拙的拿着灯，却不预备油。聪明的拿着灯，又预备油在器皿里。新郎迟延的时候，他们都打盹睡着了。半夜有人喊着说，新郎来了，你们出来迎接他。那些童女就都起来收拾灯。愚拙的对聪明的说，请分点油给我们。因为我们的灯要灭了。聪明的回答说，恐怕不够你我用的。不如你们自己到卖油的那里去买吧。他们去买的时候，新郎到了。那预备好了的，同他进去坐席。门就关了。其余的童女，随后也来了，说，主阿，主阿，给我们开门。他却回答说，我实在告诉你们，我不认识你们。所以你们要儆醒，因为那日子，那时辰，你们不知道。"

66　［人们说关于永恒的生命，那里没有叹息并且没有眼泪］指向《启示录》（21：4—5）："神要擦去他们一切的眼泪。不再有死亡，也不再有悲哀，哭号，疼痛，因为以前的事都过去了。坐宝座的说，看哪，我将一切都更新了。"

67　［东方那个强大的皇帝，让一个奴隶每天提醒你］指波斯王大流士一世（公元前521—前485年），他多次对希腊发动战争，公元前490年在雅典马拉松大败。在希罗多德（Herodot）的史书（Historiarum）第五书第105章中描述了大流士是怎样命令一个仆人，每次他上桌时对他大喊三声"主人，记住雅典人！"

Jf. *Die Geschichten des Herodots* bd. 2, s. 58.

68　［你通过习惯得到了这样的耳朵，通过它你听见却听不进去］指向《马太福音》（13：13—15），之中耶稣就撒种人的比喻对门徒们说："所以我用比喻对他们讲，是因他们看也看不见，听也听不见，也不明白。在他们身上，正应了以赛亚的预言说，你们听是要听见，却不明白。看是要看见，却不晓得。因为这百姓油蒙了心，耳朵发沉，眼睛闭着。恐怕眼睛看见，耳朵听见，心里明白，回转过来，我就医治他们。"

69　["那个在这里那里流浪的人，一个在有黑夜的地方到处流窜的武装强盗"]部分地摘自《便西拉智训》（36：25—26），原本是谈论对妻子的选择："如果财产没有圈在围墙之内，那么盗贼便会溜进来偷走。如果一个男人没有妻子，那他便是一个唉声叹气的流浪者，人们对一个无家可归的、居无定所的男人的信赖程度，不会超过一个到处流窜的盗贼。"

70　见前面关于"一个虔诚者需要上帝，这恰恰是他至高的真实财富"的段落。

71　"非爱即死"，在丹麦语的这个句子中，这"爱"和"死"都是动词。也可译为：要么去爱，要么去死。

[如果一个人要说"非爱即死"] 也许是指向法国剧作家斯可里布在当时的著名剧作《要么被爱要么死!》（在皇家剧院节目单第五卷第100号）。在之中爱得痴迷的费迪南滔滔不绝地向已婚的克罗蒂尔德倾诉爱的宣言，他要求她回报他的爱，并且威胁以"不然就自杀"。从1838年5月到1846年2月此剧在哥本哈根皇家剧院上演了26次。

72　"没有爱的生活不值得去活"，在丹麦语的这个句子中，这"爱"和"活"都是动词。也可译为：如果在生活中没有"你去爱"，那么这生活就不值得"你去活"。

73　["只有律法能够给出自由"] 引语来源不详。

74　[爱常存着] 指向爱的颂歌。《歌林多前书》（13：13）。

75　"本来就是绝望的"：在丹麦文中本来是"是绝望的"，但这"是"是在现在时句子关联中的过去时动词。因此我加上"本来就"来表示出各种时间上的关系。

76　"那错误关系本来就在那里"：在丹麦文中本来是"在那里"，但这"在那里"是在现在时句子关联中的过去时状态。因此我加上"本来就"来表示出各种时间上的关系。

77　"本来就是绝望的"：在丹麦文中本来是"是绝望的"，但这"是"是在现在时句子关联中的过去时动词。因此我加上"本来就"来表示出各种时间上的关系。

78　["停止了悲伤"] 这句话在这里也在前文之中出现过，并且克尔凯郭尔也在之前的"不同精神中的陶冶讲演"中用到过。但是，我们无法确定这是一句引言还是一句提示语。

79　[那将两人分开的是死亡] 参看《巴勒的教学书》，第六章："论在一种神圣的生活中的信仰之果实"，D段："论各种单个职业中的义务"，第一点："夫和妻"，§1："根据上帝的命令，一个男人应当将自己约束于有着一个妻子的婚姻之中（……）直到死亡分开他们。"第87页。

80 "人性的安慰依据"就是说,从人的角度出发的安慰依据。与之相对的是"神圣的安慰依据"。

81 "那纯粹人性的东西"就是说,纯粹从人的角度出发的。与之相对的是"那神圣的东西"。

II B 你应当爱邻人[1]

就是说，那发现并且知道"'邻人'存在着"的，是基督教的爱，还有，这也是同样基督教的爱所发现和知道的：每一个人都是邻人。如果"去爱"不是义务，那么"邻人"这个概念也就不会存在；相反，只有在一个人爱"邻人"的时候，只有在这时，那种在偏爱之中的自私的东西才被根除掉了，并且那永恒的东西的平等性就被保存下来了。

尽管是以不同的方式，在不同的心境之中，带着不同的激情和意图，常常会有人提出对基督教的反对，反对它取情欲之爱和友谊而代之。于是人们又想要为基督教辩护，并且为了这个目的而求助于它的教义：一个人应当出自全心地爱上帝并且爱邻人如己[2]。在争议以这样一种方式被展开的时候，那么人们是在争议还是达成一致就相当无所谓了，因为空气中的出剑[3]和空气中的一致都是同样地不说明问题。这还不如去好好弄清楚争执点，这样就能在辩护之中非常镇定地承认：基督教把情欲之爱和友谊从宝座之上推开，把驱动力和倾向性的爱推开，以便能够用精神之爱取而代之，对"邻人"的爱，一种爱，它严肃而且真正地在真挚性上比结合之中的情欲之爱更温柔，在真诚上比那在联合之中最著名的友谊更忠实。人们更应当看，想办法使这个问题更明白：对情欲之爱和友谊的赞美属于异教世界[4]，"诗人"其实是属于异教世界，因为他的任务是属于异教世界的；——这样，带着信念的确定精神[5]去把属于基督教的东西给予基督教[6]，对邻人的爱，在异教世界里根本就不会有人哪怕是隐约地感觉到这种爱。人们更应当去关心怎样好好地做出合理的分派，这样，如果可能的话，去使得那单个的人去选择，而不是去迷惑而混淆，并且因此而妨碍那单个的人去获得关于"哪一个东西是哪一个"的特定印象。最重要的是，人们宁可别去为基督教辩护也不要有意识或无意识想要把一切东西（也包括非基督教的东西）强加给基督教。

任何一个人，只要他带着认识并且严肃地考虑这个问题，他就很容易看出，论争点必须这样地被提出来：是情欲之爱和友谊应当被作为爱的至高，还是这种爱应当被请下宝座。情欲之爱和友谊与激情发生着关系，但所有的激情，不管是在它攻击的时候还是在它防卫的时候，只以一种方式斗争：非此即彼，——"要么是我存在并且我作为那至高的，要么我根本不存在，要么一切要么乌有。"如果那种对基督教的辩护宣称，基督教确实是教化一种更高的爱，但也赞美情欲之爱和友谊，那么这时，那欺骗着的和迷惑着的东西（正如这是基督教所反对的，这同样也是异教世界和"诗人"所反对的）就出现了。这样的说法暴露出了双重的东西：这说话的人既没有诗人的精神，也没有基督教的精神。在牵涉精神之关系时，人们不能够（如果人们想要避免说傻话的话）像一个商贩这样说话，——他有着最好的一等货，但也有他所完全敢推荐的几乎就是一样好的中等货。不，毫无疑问，基督教教导说，对上帝和邻人的爱是真正的爱，于是同样也毫无疑问，如果一个人"将各样的计谋，各样拦阻人认识神的那些自高之事，一概攻破了，又将人所有的心意夺回，使他都顺服"[7]，那么，同样地，他就也攻破情欲之爱和友谊。许多对基督教的辩护常常比任何对基督教的攻击更糟糕，它们想要将之打造成一个欺骗着的困惑的说法，这岂不是奇怪了，如果基督教就是这样一个欺骗着的困惑的说法，这岂不是奇怪了，在整部新约全书里根本就没有一句关于那种意义上的情欲之爱的话，也就是说，"诗人"所歌唱或者异教世界所崇拜的那种情欲之爱；这岂不是奇怪了，在整部新约全书里根本就没有一句关于那种意义上的友谊的话，也就是说，"诗人"所歌唱或者异教世界所推重的那种友谊？或者让那自觉是诗人的"诗人"通读一下新约之中关于情欲之爱的教导，他会被推进绝望，因为他不会发现哪怕只一句能够让他兴奋的话；而如果任何所谓的诗人到底还是找到了一句他所使用的话，那么，这就是一种谎言式的运用，一种违犯，因为他不是尊敬基督教而是偷窃了一句宝贵的言辞并且在运用之中歪曲了它。让那"诗人"在新约之中搜寻以求找到能够让他愉悦的关于友谊的言辞，他寻找到绝望也只有徒劳。但是，让一个爱邻人的基督徒去寻找，那么他真的不会徒劳的，他会发现[8]一句话比一句话更强有力更具备权威，有助于他去点燃这爱并且有助于在这爱之中保存他。

"诗人"会是徒劳地寻找。但是诗人不是基督徒？我们当然不曾这么说，也不会这么说，但我们只是说：只要他是诗人，他就不是基督徒。但是有必要做出一个区别，因为虔诚敬神的诗人也是存在的。但这些虔诚敬神的诗人并不歌唱情欲之爱和友谊；他们的歌是对上帝的赞美，是关于信仰和希望和爱[9]。这些诗人也不在那"诗人"歌咏情欲之爱的意义上歌咏爱，因为对邻人之爱是不会被歌咏的，它要被完成。尽管没有什么别的东西阻止"诗人"去歌咏对邻人的爱，但这样的一个事实已经足够了，——在圣经之中的每一个词旁都有着一个打扰着他的标记，带着无形的文字：你去照样行吧[10]，——这听上去是不是像一个诗人之要求，要求他去歌咏呢？因此，虔诚敬神的诗人是一个特别的事例，但是，对于尘俗的诗人则是如此：只要他是诗人，他就不是基督徒。然而，我们平时在一般的意义上说"诗人"的时候，我们所考虑的则是那尘俗的诗人。"诗人"生活在基督教之中，这并不改变这一事实。他是不是基督徒，这不是我们所要去决定的，但是，只要他是"诗人"，他就不是基督徒。无疑这看起来可以是如此，既然基督教世界已经持存了如此长久，那么它无疑就必然已经渗透了所有事物以及我们所有人。但这是一个幻觉。并且，因为基督教已经持存了如此长久，由此则无疑并不意味了，生活得如此长久或者如此长久地作为基督徒的就是我们。恰恰"诗人"在基督教世界之中的存在以及那为他给出的位置（因为对他进行粗暴和妒忌的攻击无疑不是什么针对他的存在的基督教的反驳或者怀疑），就是一个很严肃的提醒，它在告诉我们，有多少东西是在事先被接受在基督教之中的，而我们又是多么地容易被诱惑去自欺欺人地以为我们远远地存在于我们自己之前。唉，因为一方面对基督教的东西的宣示有时很少为人所闻，一方面则是所有人都去倾听那"诗人"，钦敬他、向他学习、被他迷住；唉，一方面人们很快就忘记牧师所说过的话，一方面人们却又那么准确而那么长久地记住诗人所说的东西，尤其是他借助于演员所说的那些东西。这里所说的当然不可能是这样的一种意思：人们应当，也许以暴力，设法让诗人消失；因为，这样一来，人们就又会赢得一种新的幻觉。在基督教世界里有那么多人满足于"诗人"所具的那种对存在的理解，有那么多人渴盼着"诗人"，在这样的情况下，即使不存在任何诗人，又有什么用呢？而对基督徒，我们也没有这样的要求，要求他在盲目而不确定的急切之中甚至使自己无法忍受去阅读一个诗人的东西，——同样我们也没有这样去要求基督徒，要求他不可以和别人在一起吃平常的食物[11]，或者要求他避开其他人去居住在分别性的围栏之中。不，但是这基督徒必须在对一切东西的理解上不同于非基督徒，必须有着知道怎样去做出区分的自我理解。一个人会无法做到，在每一个瞬间里都去单纯生活在基督教的观念之中，同样也无法做到只吃圣餐桌上的食物而不吃别的。因此，就让"诗人"存在吧，让那单个的诗人获得他应得的钦敬吧，如果他确实是应得这钦敬，但是也让基督教世界中的那单个的人去通过这个考验来检测自己的基督教的信念吧：他怎样使自己去与"诗人"发生关系，他对诗人是怎么看的，他怎样读他，他怎样钦敬他。看，尽管这样的话题在现在这些日子里几乎不再被人谈论，唉，对于许多人来说这一考虑看起来既不是立足于基督教的也不是足够严肃的，恰恰因为它谈论这样的一些话题，请注意，这些话题使人们花上如此多的功夫，以至于一个星期里六天都被用掉，乃至第七天也要花上比各种与上帝有关的事情所要花的更多个小时。然而我们确信，既是因为我们从孩提时代起就在基督教之中得到了很好的教学和修习，也是因为我们在更成熟的年龄里也把我们白天的时间和我们的最佳力量用于这一仪式，尽管我们总是重复说，我们的说法是"没有权威性"的[12]，——我们确信我们是知道这个的：一个人应当怎样说话，尤其是在这些年月里，一个人应当说些什么。无疑我们都是在基督教之中得到了浸洗和教学，因此这不是一个关于要普及基督教的话题；在另一方面我们也绝不可能会想到要去论断某个自称是基督徒的人，说他不是基督徒，因此这里的话题绝不是关于"作为非基督徒的反面去承认基督"。相反，那单个的人谨慎而自觉地留意关注自身并且尽可能地去帮助别人（以这样一种方式，正如一个人能够帮助另一个人，因为上帝是真正的帮助者）在越来越深刻的意义上成为基督徒，这则是确实有用而有必要的。"基督教世界"[13]这个词作为一整个民族的名称是一个标题，这标题很容易说出过多东西，并且因此很容易就使得那单个的人去相信过多关于他自己的东西。这是一种习俗，至少是在一些别的地方，在公路上有着各种标记标明这条路通向何方。也许在一个人走上旅途的同一瞬间，他已经看见了一个这样的标记说，这条路通向那个遥远的地方，它就是这旅行的定性；难道他因此就到达了那个地方了吗？"基督教世界"这一路标的情形也是如此。它给出方向，但是不是一个人因此就到达了目标呢，或者（哪怕只是说），是不是一个人总是因此就走上了旅途呢？或者，如果一个人一星期里有一个小时沿着这条路走一下，而在六天里则生活在各种完全不同的观念中，并且他同时也不做任何努力去自觉弄明白这事情前后关联怎么能够达成一致，那么，是不是这就是"沿着这条路前进"呢？难道这就真的这么严肃吗：对事情和各种关系的真实关联保持沉默，以便去最严肃地谈论那最严肃的东西，而这最严肃的东西则肯定是要被带进这样一种困惑之中，这困惑与这一严肃的东西的关系则是我们出于纯粹的严肃而不做出说明的？那么，是谁有着最艰巨的任务：是那仿佛是在远离日常生活的一种海市蜃楼的遥远之中讲授着这严肃的东西的老师，还是那要对这严肃的东西进行运用的门徒？难道只有"对严肃的东西保持沉默"是一种欺骗，难道这样的做法就不是一种同样危险的欺骗吗：说出它——但在各种不同的境况下说，并且展示出它——但是在一种完全不同于现实之日常生活的光线之中展示？然而，如果事情就是这样，整个尘俗生活、它的华丽、它的娱乐消遣、它的魅力能够以如此多种方式吸引和捕获一个人，那么，哪一个是那严肃的：是出于纯粹的严肃而在教堂里对尘俗的东西保持沉默，还是在那里严肃地谈论这尘俗的东西以便，如果可能的话，去帮助人们设防抵抗"尘俗的东西"的危险。难道以一种庄严而且真正地严肃的方式来谈论尘俗的东西就真的应当是不可能的吗？如果这是不可能的，那么是不是由此就会导致出这样的结论：人们应当在那敬神的布道之中对此保持沉默？唉，不是的，由此只会有这样的结论出现：在最庄严的意义上，在那敬神的布道之中，它应当被禁止。

因此，在"诗人"上，我们要考验一下基督教的信念。这样，诗人是怎样教化关于情欲之爱和友谊的呢？在这里，问题不是关于这个或者那个特定的诗人，而只是关于"诗人"，就是说，只是关于他，只要他作为诗人对他自己和他的任务是忠诚的。如果一个所谓的诗人以这样一种方式丧失了对情欲之爱和友谊的诗意有效性的信心、丧失了对之的诗意解读的信心，并且以某种别的东西来取代，那么，他就不是诗人，也许他拿来作为取代的这别的东西也不是基督教的东西，但这一切就是一团糟。情欲之爱以一种驱动力为基础，这驱动力转化成倾向性，它的最高的、它的无条件的、它的诗意地无条件的唯一表达是在于：在全世界只有一个唯一的被爱者，这情欲之爱的唯一一次是情欲之爱，是一切，第二次则是乌有，——本来人们在俗语里这么说：一次是无次[14]，在这里则相反，一次是无条件的一切，第二次是一切之毁灭。这是诗歌，并且重音是无条件地落在激情性的制高点上：存在或者不存在[15]。"去爱"第二次并非也是"去爱"，而是（对于诗歌而言）一种厌恶感。如果一个所谓的诗人要骗我们去相信，情欲之爱能够在同一个人身上重复，如果一个所谓的诗人忙于在一种机智的痴愚上花工夫，大概是想要在精明的"为什么"之中淘尽激情的神秘，那么，他就不是诗人。他用来取代那诗意的东西的，也不是那基督教的东西。基督教的爱教人爱所有人，无条件地爱所有人。正如情欲之爱在"只有一个唯一的被爱者"的方向上所作的那么无条件而强有力的强化，基督教的爱在相反的方向上所作的强化也一样的无条件和强有力。如果我们相对于基督教的爱对（哪怕只是唯一的）一个人做出例外，不想去爱这个人，那么，这样的一种爱就并非"也是基督教的爱"，相反，它无条件地不是基督教的爱。而且，这差不多也是所谓的基督教世界中的困惑的情形：诗人们放开了情欲之爱的激情，他们让步，他们松弛开激情之张力，他们妥协（通过增价）并且认为，一个人在情欲之爱的意义上能够爱诸多次，这样因而也就有诸多被爱者；基督教的爱让步，松弛开永恒之张力，妥协并且认为，如果我们去爱上一大部分人，那么这就是基督教的爱。这样一来，不管是那诗人的东西还是那基督教的东西就都被搅困惑了，并且那登场作取代的东西则既不是那诗人的也不是那基督教的。激情总是有着这一无条件的特征：它排斥那第三者[16]，就是说，第三者是困惑。不带激情地去爱是一种不可能，而情欲之爱和基督教的爱之间的差异因此也就是激情的唯一可能的永恒差异。情欲之爱和基督教的爱之间的另一种差异是无法想象的。因此，如果一个人想要认为他同时能够一下子借助于"诗人"和借助于基督教之解说而理解自己的生活，想要认为他能够将这两种解说放在一起理解，并且他的生活以这样一种方式会有意义，那么，他就是处在谬误之中。"诗人"和基督教给出恰恰两种相对立的解说；"诗人"崇拜倾向性[17]，并且因此在他持续地只想着情欲之爱时，他说"去命令爱是最大的痴愚和最没有道理的说法"，他这样说是完全对的；基督教持续地只想着基督教的爱，在它把倾向性推下宝座以这个"应当"取而代之的时候，它无疑也是完全对的。

"诗人"和基督教解说正相反的东西，或者更确切地表达说，"诗人"其实什么都没有解说，因为他是在谜中解说情欲之爱和友谊，他把情欲之爱和友谊解说成谜，而基督教则是永恒地解说爱。由此我们又看见，同时根据两种解说来生活是一种不可能，因为，在这两种解说之间的最大可能对立面无疑是这：一个不是解说而另一个是解说。因此诗人所理解的情欲之爱和友谊也就不包含任何伦理任务。情欲之爱和友谊是幸福；坠入爱河、找到那唯一的被爱者,是一种幸福,从诗意上理解(并且很肯定,诗人很清楚自己该怎样去领会幸福),是至高的幸福;找到那唯一的朋友,是一种幸福,是几乎同样重大的幸福。这任务在至高的意义上可以是:恰如其分地为自己的幸福而感恩。相反,应当去找到那被爱者或者找到这一个朋友,这则绝不会成为任务;这不可能,这一点则又是诗人所非常清楚地理解的。因此,这任务是依赖于"那幸福是否会把这任务给予一个人";但这又恰恰表达了,从伦理上理解,这之中并不存在什么任务。相反,如果一个人应当爱"邻人",那么,这任务就存在,伦理性的任务,它则又是所有各种任务的渊源。恰恰因为那基督教的东西是真正伦理的东西,它就知道应当怎样去减短各种考虑并且割除掉各种繁复详尽的入门介绍、去除所有临时的等待并且免掉一切对时间的浪费。那基督教的是马上着手于任务,因为这也是任务的一部分。我们知道,人们在这个世界上就"什么东西应当被称作是至高的东西"有着极大的争执。但是现在,不管它被称作什么,不管这不同的地方是在哪里,在关联到"去把握它"的问题上居然有这么多冗长繁复,这是令人无法置信的。相反,基督教教导一个人马上进入去找到那至高的东西的最短的路:关上你的门并且祷告上帝[18],因为上帝无疑就是那至高的东西。如果一个人要到大千世界之中去找那被爱者或者朋友,那样,他也许可以走很远——并且徒劳地走,可以漫步全世界——并且徒劳。但是基督教则绝不会导致这种让一个人徒劳地走路的结果来,哪怕是徒劳地走一步;因为,你为了祷告上帝而关起的那扇门,在你打开这扇门并且走出去的时候,于是你所遇见的第一个人就是那你应当去爱的"邻人"。奇妙啊!也许一个年轻女孩好奇而迷信地寻求要去搞明白自己将来的命运、要去看一眼自己未来的丈夫;欺骗性的精明让她去相信,在她做了这个和那个之后,然后她就会以这样的方式认出他,他是她在这天和那天所看见的第一个人[19]。难道要去看见"邻人"也会是那么艰难吗,如果一个人不是自己去阻止自己去看见这"邻人"的话,因为基督教已经使得"搞错人"成为了永远的不可能;在整个世界根本就不会有什么人会像"邻人"那么确定而那么容易地可让人认出的了。你不可能把他与任何其他人混淆,因为"邻人"就是所有人。如果你将一个其他人与邻人混淆,那么这错误就不在于后者,因为一个其他人也就是邻人,这错误是在于你自身之中:你不愿意明白谁是邻人。如果你在黑暗中救了一个人的命,假设这是你的朋友,——但这是你的邻人，这则绝不是弄错；唉，反过来，如果你只愿救你的朋友的话，这才是一个错误。如果你的朋友抱怨你在他看来是因为一个错误去为邻人做了那他认为你只会为他做的事情[20]，唉，那你可以放心，弄错的人是你的朋友。

"诗人"和基督教间的争执点可以以这样一种方式来完全准确地得以定性：情欲之爱和友谊是偏爱并且是偏爱之激情；基督教的爱是自我拒绝（Selvfornegtelsen）[21]的爱，这"应当"为此作了担保。去减弱这些激情就是混淆。但是，偏爱在"排除"之中的充满激情而最没有边界的地方是"只爱一个唯一者"；自我拒绝在"自我奉献"中的最没有边界的地方是"不排除任何一个"。

在别的时候，在人们认真地去把对基督教的东西的理解实践到生活之中的时候，人们曾认为基督教对情欲之爱持有某种反对态度，因为它是以一种驱动力为基础的，人们认为，既然基督教作为精神在肉体与精神之间设定出了一个分隔[22]，因而它恨作为感官性的情欲之爱。但这是一个误解，一种精神性之夸大。另外，我们也很容易看到，基督教绝不是想要不理性地通过教一个人夸张而激使那感官性的东西来与这个人自己作对；保罗不是说，与其欲火攻心，倒不如嫁娶为妙[23]。不，恰恰因为基督教确实是精神，所以它把感官性的东西理解为某种别的东西，不同于人们平时直接所称的感官方面的东西，正如它不曾想要禁止人们吃喝，它也并不反感这样一种驱动力，——人并没有自己赋予自己这驱动力。基督教把"那感官性的"、"那肉体的"理解为"那自私的"；任何精神与肉体之间的冲突也是不可想象的，除非是在肉体的这一边有着一种反叛的精神，精神是与这反叛的精神斗争；以同样的方式，任何精神与一块石头之间或者精神与一棵树的冲突无疑是不可想象的。因此，"那自爱的"就是"那感官性的"。正是因此，基督教对情欲之爱和友谊有着疑虑，因为激情之中的偏爱或者充满激情的偏爱其实是另一种形式的自爱。看，这一点也是异教文化做梦都不曾想到过的。因为异教文化从来就不曾有过任何关于"对一个人'应当'去爱的邻人的自我拒绝之爱"的隐约感觉，因此它就做出这样的划分：自爱是可恶的，因为它是自爱；但是情欲之爱和友谊是充满激情的偏爱，所以它是爱。[24]但是基督教公开宣示了什么是爱，它这样划分：自爱和充满激情的偏爱在本质上成为一体；但是对邻人的爱，这是爱。爱被爱者，基督教说，是爱，[25]并且加上"异教徒们不是也会做同样的事情?"²⁶爱朋友是爱²⁷，基督教说，"异教徒们不是也会做同样的事情?"因此，如果有人想要认为异教和基督教的区别是：被爱者和朋友在基督教里以一种完全不同于在异教文化里的方式忠诚而温柔地被爱，那么，这就是一个误解。异教文化岂不是也展示出对于情欲之爱和友谊的例子吗？这些例子如此完美，以至于"诗人"一边学习着地一边回首看它们。但是在异教世界里没有人爱"邻人"，没有人会去想，这邻人存在。这样，那作为自爱的对立面被异教称作爱的，就是偏爱。但是，如果充满激情的偏爱在本质上是另一种形式的自爱，那么人们在这里就又看见了那些令人尊敬的教堂神父们所说的名言"异教文化的美德是灿烂的罪恶"²⁸中的真理了。

现在要展示的是，充满激情的偏爱是自爱的另一种形式，以及自我拒绝的爱则相反爱一个人所应当爱的"邻人"。就像那自爱自私地拥抱着这唯一的"自我"——它正因为这样做而是自爱，情欲之爱充满激情的偏爱也同样自私地拥抱着这唯一的被爱者，而友谊充满激情的偏爱也同样自私地拥抱着这唯一的朋友。被爱者和朋友因此，相当不寻常而意义深刻地，被称作第二自我，另一个我，——因为邻人是那第二个"你"，或者完全准确地说，平等性的第三者²⁹。第二自我，另一个我。但是，自爱在哪里呢？它在我之中，在自我之中。难道这自爱就不会也存在于"去爱那另一个我、那第二自我"之中？确实，一个人无须成为什么大知人家³⁰就可以借助于这一线索去在与情欲之爱和友谊相关的问题上做出令他人担忧而令自己羞辱的发现。自爱之中的那种火是自燃，"我"依据于其自身来点燃自己；但是在情欲之爱和友谊中，从诗意上理解，也有着自燃。固然人们说，只有在罕见并且是病态的情况下，急心症才会显现出来；但是由此并不得出这样的结论：在根本上它并非总是存在于情欲之爱和友谊中。试试看，把一个人所应当爱的"邻人"作为中间定性置于爱者和被爱者之间，把一个人所应当爱的"邻人"作为中间定性置于朋友和朋友之间，你即刻就会看见急心症。但"邻人"却恰恰是自我拒绝的中间定性，步入"那自爱的"我和我之间，但也进入情欲之爱的和友谊的我和那另一个我之间。在一个不忠诚的人想要抛弃那被爱者或者想要听任朋友落于危难而不顾的时候，这是自爱；这一点，异教文化也看出来了，"诗人"看得出来。但是，这样的一种奉献，爱者带着这样一种奉献将自己奉献给这唯一者，当然，紧紧地抓住他，这是自爱；这一点则只有基督教看得出来。然而奉献和没有边界的奉献怎么也会是自爱？当然，如果这奉献是对那另一个我、对第二自我的奉献。

让一个诗人描述，如果他要将情欲之爱称作情欲之爱的话，它应当以怎样的方式在一个人身上存在；他会提及许多我们在这里不想详细谈论的东西，但是随后他会接着说："然后，必须有崇仰，爱者必须崇仰被爱者。"相反，那邻人则绝不会被作为一种崇仰的对象而被提出，基督教从不曾教导说一个人应当去崇仰邻人，——一个人是应当去爱邻人。因此，在情欲之爱的关系中应当有崇仰，并且，诗人说，这崇仰越强劲越剧烈越好。现在，崇仰另一个人固然不是自爱；但是被那唯一的被崇仰者爱，这关系是不是以一种自私的方式又返回到了那爱着的我——自己的另一个我？友谊的情形也是如此。崇仰另一个人固然不是自爱，但是去作为这唯一的被崇仰者的唯一的朋友，这关系是不是以一种令人忧虑的方式又返回到那作为我们的出发点的我？去为自己的崇仰拥有一个唯一的对象，而与此同时这唯一的被崇仰者又使得这崇拜者成为自己的情欲之爱或者友谊的唯一对象，难道这岂不很明白的就是自爱的危险吗？

相反去爱邻人则是自我拒绝之爱，并且自我拒绝则恰恰就驱逐所有偏爱正如它驱逐自爱，否则的话，这自我拒绝就也会做出区别并且对偏爱怀有偏爱。即使充满激情的偏爱不具备任何其他自私的东西，它却还是有着这个：在它之中有意识或者无意识地有着自作主张的任性；说无意识，因为它是处在自然定性的权力控制之下，说有意识，因为它没有边界地向这一权力奉献自己并且同意这权力。在对自己的"唯一的对象"的充满激情的奉献中，不管那自作主张的任性有多么隐蔽、多么无意识，那随意的东西仍然在那里。那"唯一的对象"并不是通过对至尊的律法[31]"你应当爱"的遵从而被找到的，而是通过选择，是的，通过无条件地选择一个唯一的单个的人，——因为基督教的爱也有一个唯一的对象，邻人，但是只要有着可能，这邻人也绝不只是一个唯一的人，无限绝对地不，因为邻人是所有人。在一个被爱者或者朋友（要是诗人听见这个会觉得很愉快）在全世界只能够爱这个唯一的人，那么在这一巨大的事件之中就有着一种巨大的任性，爱者在这冲动而没有边界的奉献之中其实是在与自爱之中的自己发生关系。自我拒绝要通过永恒的"你应当"来肃清这自爱的东西、任性的东西。为考验自爱而判断着地挤进来的自我拒绝恰恰也是双刃的[32]，以这样一种方式，它平等地向两边切割；它很清楚地知道，有一种自爱，人们可以将之称作不忠实的自爱，但它也完全同样清楚地知道，有一种自爱，可以被称作奉献的自爱。因此自我拒绝的任务就其本身是双重的，使自己去与那介于这两种差异性之间的差异发生关系。相对于那想要退缩的不忠实的自爱，这任务就是：奉献你自己；相对于那奉献的自爱，这任务则是：放弃这奉献。爱者这样说，——这说法为诗人带来不可描述的愉悦："我无法爱任何别人，我无法不爱、无法放弃这爱，这会成为我的死亡，我死于爱"，这说法绝对不会让自我拒绝有愉悦，并且它绝对忍受不了一种这样的奉献以爱的名义获得荣誉，因为这奉献是自爱。这样一来，自我否定首先给出判断，然后提出这任务：爱"邻人"，他是你所应当爱的。

在任何地方，只要有那基督教的东西[33]在，自我拒绝就也会在那里，它是基督教的本质形式。要使自己去与那基督教的东西发生关系，一个人首先就必须变得清醒[34]；但是自我拒绝恰恰是这样一种变化，一个人通过这变化在永恒的意义上变得清醒。相反，在任何地方，只要没有那基督教的东西在，自我感觉之陶醉就是那至高的，而这陶醉的至高就是那被崇仰的东西。但情欲之爱和友谊则恰恰就是自我感觉的至高，是我陶醉于另一个我之中。这两个我越是牢固地联合在一起去成为一个我，这个合成一体的自我就越是自私地将自己与其他人们隔绝开。这两者在情欲之爱和友谊的至高之中真正地成为了一个自我，一个我。这是可以得到解释的，只因为在偏爱之中已经包含有了自然定性（驱动力——倾向）和自爱，它们能够在一个新的自私的自我之中自私地统一这两者。相反，精神之爱则从我的自我这里拿走了所有自然定性和所有自爱，因此，对邻人之爱无法使得我与邻人在一个统一的自我之中成为一体。对邻人的爱是介于两种各自被作为精神定性的存在物之间的爱；对邻人的爱是精神之爱，但是两个精神永远都不会在自私的意义上合一为一个自我。在情欲之爱和友谊中，这两者依据于差异性或者依据于以差异性为基础的相同性（就好像在两个朋友由于习惯、性格、职业、教育等方面的相同性而相互爱对方，就是说，他们都有着某种相同的"与其他人不同的地方"，或者，他们作为"不同于其他人的人"而是相同的，正是由于这种相同性，他们相互爱对方），因此这两个人能够在自私的意义上合一为一个自我；他们两个对于各自都还不是"自我"的精神定性，他们两个都还没有学会以基督教的方式爱自己。在情欲之爱中，"我"是在感官性—灵魂性—精神性的意义上被定性的，被爱者是一种感官性—灵魂性—精神性的定性；在友谊中，"我"是在灵魂性—精神性的意义上被定性的，朋友是一种灵魂性—精神性的定性；只有在对邻人的爱中，那自我作为爱者是纯粹在精神性的意义上被定性为精神，并且，邻人是纯粹的精神性的定性。因此，在这个讲演的一开始所说的东西，就是说，一个人只需要一个被认识为"邻人"的人，如果他在后者身上做到了"去爱邻人"，他就能够从自爱中康复，——这说法对于情欲之爱和友谊则是绝对无效的；因为，一个人在被爱者和朋友身上所做的并不是"爱邻人"，而是在爱另一个我，或者再次爱那第一个我，更强烈地爱。尽管自爱是应受谴责的东西，但却常常仿佛一个人并没有力量去与自爱独处，这样一来，要等到那另一个我被找到之后，自爱才真正显现出自己，并且，这两个我在这种团结之中找到力量去拥有对自爱的自我感觉。如果有人认为，一个人通过坠入爱河或者通过找到一个朋友而学会了基督教的爱，那么他就是陷在了巨大的谬误之中。不，如果一个人坠入了爱河并且以这样一种方式——诗人会描述他说"他真的是坠入了爱河"，甚至是这样，如果我们对他说出爱的诫命的话，这爱的诫命就可以稍稍被改变却仍然意味着同样的东西。对他，爱的诫命可以说：爱你的邻人，就像你爱你所爱的人。然而，难道他不是爱那被爱者"如同爱自己"吗，正如那说及邻人的诫命所命令的？他确实是这样做的，但是，那个他"像爱自己一样"地爱着的被爱者却不是邻人，这被爱者是另一个我。不管我们谈论第一个我还是另一个我，由此我们并没有向"邻人"更靠近一步；因为邻人是那第一个"你"。那在最严格意义上的自爱者在根本上也爱另一个我，因为这另一个我就是他自己。然而这无疑就是自爱。但是不管这另一个我是被爱者还是朋友，爱这另一个我都在同样的意义上是自爱。正如自爱在最严格的意义上被标识为自我神化，同样，情欲之爱和友谊（就像诗人所理解的，并且这种爱与他的理解同存同灭）就是偶像崇拜。因为在最终，对上帝的爱是那决定性的，对邻人的爱是渊源于这对上帝的爱，但是异教文化对此没有一丁点隐约的感觉。人们将上帝置于事外，人们把情欲之爱和友谊弄成爱，并且鄙视自爱。但基督教的爱之诫命命令爱上帝高于一切，然后，爱邻人。在情欲之爱和友谊之中，偏爱是中间定性，在对邻人的爱中上帝是中间定性，爱上帝高于一切，然后你也爱邻人，并且在邻人身上爱每一个人；只有通过爱上帝高于一切，一个人才能够在另一个人身上爱邻人。这另一个人，他是

II　B　你应当爱邻人

邻人，是在这样一种意义上的另一个人：这另一个人是每一个他人。于是，以这样一种方式来理解，这讲演在一开始所说的，"如果一个人在一个唯一的别人身上爱'邻人'，那么他爱所有人"，因此就是对的。

因此对邻人的爱是"去爱"中的永恒平等性，但是永恒的平等性则是偏爱的对立面。这无须任何繁复冗长的论述。平等性恰恰就是，不去做出分别，而永恒的平等性则是无条件地不作任何哪怕是最微小的分别，没有边界地不作任何哪怕是最微小的分别；偏爱则相反，是做出分别，充满激情的偏爱则没有边界地做出分别。

但是，在基督教通过自己的"你应当去爱"来把情欲之爱和友谊推下宝座的同时，难道它就没有设定出任何远远更高的东西来代替吗？某种远远更高的东西，——但让我们带着谨慎，带着正信之谨慎来谈论。人们以许多方式来混淆基督教，但在这许多方式之中也有这样的：人们通过将之称作是那至高的、那最深刻的东西来给出这样的外观：那纯粹的人性的东西相对于基督教的东西就像有高度的东西或者更高的东西相对于至高的东西和一切之中的至高。唉，但这却是一种骗人的说法，它不健康而不恰当地让基督教多事地想要去迎合那人性的求知欲或者好奇心。是不是有着某种东西，人就其本身而言追求这东西……某种东西，自然的人追求这东西，与对那至高的东西的追求相比，这追求之中有着更大的渴望。即使是一个新闻小贩[35]大吹法螺地到处叫卖说，他的最新消息是那至高的东西，那么，他就能很愉快地看见追随者们涌现在这样的一个世界里，这个世界从太初时起就有过一种不可描述的偏爱和深刻的需要——想要被欺骗[36]。不，那基督教的确实是至高的东西和一切之中的至高，但是注意，是以这样一种方式：它对于自然的人来说是一种引起愤慨的冒犯[37]。如果一个人在把"那基督教的"定性为至高的东西的时候忽略掉冒犯[38]这一中间定性，那么，他就是在对之犯罪，他这就是放肆，比端庄的主妇想要把自己打扮得像一个舞女的做法更令人厌恶，甚至在更高的程度上比严厉的审判者约翰想要把自己打扮得像一个纨绔少年[39]的做法还要可恶。那基督教的东西就其本身太沉重，它在它的各种运动之中太严肃，以至于无法在这样一种关于"那更高的东西、至高的东西和一切中的至高"的飘飘然的说法的轻盈之中踩着舞步上蹿下跳。走向"那基督教的"的路要通过愤慨[40]。这里并不是在说进入"那基督教的"的入口就应当是对之感到愤慨，这愤慨其实就是另一种妨碍一个人自己去把握"那基督教的"的方式；但是这愤慨守卫在进入"那基督教的"的入口处。凡不因之觉得受冒犯感到愤慨的人们有福了[41]。

现在，这也是"去爱邻人"这一诫命的情形。承认这一点吧，或者，如果这样的说法会让你感到心烦，那么好吧，就让我来承认吧：这诫命曾多次将我顶撞回来，我仍然与那自以为能够履行这诫命的幻觉相距遥远，这诫命对血肉[42]而言是引起愤慨的冒犯，对于智慧而言是痴愚[43]。你，我的听众，你也许是一个有学养的人吧，好吧，那么我也有学养；但是如果你以为借助于"学养"能够靠近这至高的东西的话，那么你就在极高的程度上出错了。这里恰恰埋藏着错误；因为学养是我们大家都想要的，并且各种学养不断地在嘴里念叨着那至高的东西，真是如此，这学养一直在不断地叫喊着"至高的东西"，任何一只只学了一个唯一的字词的鸟也不会如此不间断地一直叫喊着这唯一的字词，乌鸦也不会如此不间断地叫喊自己的名字[44]。但是"那基督教的"则绝不是学养的"至高的东西"，"那基督教的"恰恰是通过愤慨之拒斥来进行教化的。你在这里马上就能够很容易地看见这个；因为，难道你的学养教会了你，或者，难道你以为某个人对想要赢得这一学养的急切热情教会了他去爱邻人？唉，唉，是不是还不如让我们这样说更合适：学养和这被用来觊觎学养的急切热情发展出了一种新型的差异，亦即，有学养的人们和没有学养的人们之间的差异？只要让我们留意看一下，在有学养的人们之间就情欲之爱和友谊所谈论的是一些什么，朋友必须在学养上有着怎样的相同性，那女孩必须有多大的学养并且恰恰要有怎样一种特定的学养；去阅读诗人们的作品，这些诗人面对学养强有力的统治几乎不知道怎样保存他们的赤子之心，几乎就连自己都不敢相信情欲之爱的那种"能够去砸断一切差异性的锁链"的力量，——你是不是会觉得这讲演、这诗意创作，或者一种与这讲演和这诗意创作一致的生活，能够使得一个人更趋近于"去爱邻人"吗？看，在这里愤慨的各种标记又被忽略掉了。因为，你设想一下那最有学养的人，那被我们所有人钦敬地以"他是如此有学养"来谈及的人，然后，你设想一下那对他说"你应当爱邻人"的基督教。当然，一种社交圈子中特定的客气，一种对所有人的礼貌，一种对于卑微者们的友善的屈尊俯就，一种面对权势者们的率直态度，一种被漂亮地控制住的精神之自由：是的，这是学养，难道你以为这也是"去爱邻人"？

"邻人"是平等的。邻人不是那个你对之怀有激情之偏爱的被爱者，也不是那个你对之怀有激情之偏爱的朋友。邻人也不是，如果你自己有学养的话，与你学养相同的有学养者，——因为你与邻人同有着人在上帝面前的相同性。邻人也不是一个比你更出色的人，就是说，如果他比你更出色，他就不是邻人，因为，因他更出色而去爱他，这很容易就会是偏爱，并且在这样的意义上也就是自爱。邻人也不是一个比你更卑微的人，就是说，如果他比你更卑微，他就不是邻人，因为，因他比你更卑微而去爱他，这很容易就会是偏爱之屈尊俯就，并且在这样的意义上也就是自爱。不，去爱邻人是平等性。在你与出色者的关系中，你在他身上应当爱你的邻人，这是振奋的；在你与更卑微者的关系中，你在他身上不是要去爱更卑微者，而是应当爱你的邻人，这是谦卑的；如果你因为你应当去这样做而去这样做，那么，这就是有着拯救性意义的。"邻人"是每一个人；因为基于差异性他就不是你的邻人，基于在与其他人的差异性之中的这种"与你相同"，他也不是你的邻人。基于在上帝面前的"与你相同"，他是你的邻人，但这一相同性无条件地是每一个人所都具备的，并且是每一个人所无条件地具备的。

注释：

1　[**你应当爱邻人**] 前面有关于"爱人如己"的注脚。耶稣在一个法利赛人试图问律法的最大诫命是什么的时候提出了这个。"爱人如己"，直接翻译出来的意思也就是"你应当像爱你自己那样去爱你的邻人"。

2　[**它的教义：一个人应当出自全心地爱上帝并且爱邻人如己**] 就是说，关于双重爱的诫命。

3　[**空气中的出剑**] 固定表达：攻击错失目标，因为一个人既不能看见也不能击中其目标；打击空气。在《歌林多前书》（9：26）之中有着这样的表达："所以我奔跑，不像无定向的。我斗拳，不像打空气的。"

4　[**对情欲之爱和友谊的赞美属于异教世界**] 一般地指向希腊文学，特别是柏拉图在《会饮篇》之中对厄若斯（Eros）的赞美和亚里士多德在《尼各马可伦理学》中对友谊的强调。柏拉图另外也在《吕西斯篇》的对话中谈到了友谊。后来西塞罗也曾写过一部关于这方面的著作。

5　[**信念的确定精神**] 也许是指向《诗篇》（51：12）："求你为我造清洁的心，使我里面重新有正直的灵。"按路德的德文译本中的文字（"Schaffe in mir, Gott, ein reinesHerz, und gieb mir einenneuengewissen Geist"）可以译为"请给我清洁的心，并且给我一个新的确定的精神"。在一般中文翻译的唯心主义哲学理论中被译作"精神"的，在圣经的关联上都被神学方面的翻译译作"灵"。

6 ［把属于基督教的东西给予基督教］指向《马太福音》（22：21）中耶稣说"该撒的物当归给该撒，神的物当归给神"。

7 ［"将各样的计谋……都顺服"］出自保罗在《歌林多后书》（10：5）中写给使徒教众的话。见《歌林多后书》（10：3—6）："因为我们虽然在血气中行事，却不凭着血气争战。我们争战的兵器，本不是属血气的，乃是在神面前有能力可以攻破坚固的营垒，将各样的计谋，各样拦阻人认识神的那些自高之事，一概攻破了，又将人所有的心意夺回，使他都顺服基督。并且我已经预备好了，等你们十分顺服的时候，要责罚那一切不顺服的人。"

8 ［他真的不会徒劳的，他会发现］在《马太福音》（7：7—8）之中，耶稣说："你们祈求，就给你们。寻梢，就寻见。叩门，就给你们开门。因为凡祈求的，就得着。寻梢的，就寻见。叩门的，就给他开门。"

9 ［信仰和希望和爱］见《歌林多前书》（13：13）。

10 ［你去照样行吧］指向《路加福音》（10：37）。

11 ［要求基督徒，要求他不可以和别人在一起吃平常的食物］尤其参看《歌林多前书》（10：23—33），在之中保罗写道："凡事都可行。但不都有益处。凡事都可行。但不都造就人无论何人，不要求自己的益处，乃要求别人的益处。凡市上所卖的，你们只管吃，不要为良心的缘故问什么话。因为地和其中所充满的，都属乎主。倘有一个不信的请你们赴席，你们若愿意去，凡摆在你们面前的，只管吃，不要为良心的缘故问什么话。若有人对你说，这是献过祭的物，就要为那告诉你们的人，并为良心的缘故，不吃。我说的良心，不是你的，乃是他的。我这自由，为什么被别人的良心论断呢。我若谢恩而吃，为什么因我谢恩的物被人毁谤呢。所以你们或吃或喝，无论作什么，都要荣耀神而行。不拘是犹太人，是希利尼人，是神的教会，你们都不要使他跌倒。就好像我凡事都叫众人喜欢，不求自己的益处，只求众人的益处，叫他们得救。"

12 ［我们的说法是"没有权威性"的］这里所指向的是前面所提及过的：讲演不可以被与布道混淆在一起，因为在讲演之中没有预设牧师的权威为前提。克尔凯郭尔在1843年《两个陶冶讲演》的前言之中已经做出了这样一种保留，他提及他"没有布道的权威"。这说法在1845年的"三个在想象出的场合中的讲演"的前言中以及在1847年的"不同精神中的陶冶讲演"中的前言中都出现过。

13 ［"基督教世界"］就是说"整个由基督徒们构成的社会，或者基督徒们所居住的所有国家"。

14 ［人们在俗语里这么说：一次是无次］丹麦俗语。

可参看：nr. 451 i N. F. S. Grundtvig, *Danske Ordsprog og Mundheld*, s. 17.

15 ［存在或是不存在］或者按黑格尔的术语翻译，"在或是不在"。指向哈姆雷特的独白。在莎士比亚的悲剧第三幕第一场，中文中一般被译作"生存还是毁灭"。

当时丹麦文版是：*William Shakespeare's Tragiske Værker*, overs. af P. Foersom og P. F. Wulff, bd. 1 – 9 [bd. 8 – 9 har titlen Dramatiske Værker], Kbh. 1807 – 1825, ktl. 1889 – 1896；bd. 1，s. 97：《At være, eller ei, det er Spørgsmaalet》.

当时的德文版是施莱格尔和蒂克的译本：*Shakspeare's Dramatische Werke*, overs. til ty. af A. W. Schlegel og L. Tieck, bd. 1 – 12, Berlin 1839 – 41, ktl. 1883 – 1888；bd. 6，1841，s. 63：《Seyn oder Nichtseyn, das ist hier die Frage?》.

16　[它排斥那第三者]指向古典逻辑中的排中律，就是说在相互矛盾的对立双方（A 和非 A）之间不存在第三种可能性。

17　就是说，人天生的本性倾向。

18　[关上你的门并且祷告上帝]指向《马太福音》（6：6），之中耶稣说："你祷告的时候，要进你的内屋，关上门，祷告你在暗中的父，你父在暗中察看，必然报答你。"

19　[也许一个年轻女孩好奇而迷信……所看见的第一个人]指向各种各样形式的"仪式"，按照民间迷信，这些仪式能够让人去看见未来，常常是能够让人知道谁是一个人将来要与之结婚的人。这仪式可以是比如说通过在说出一串词的同时摘下一朵花的叶子，或者通过在一个特定时间、特定地点、按特定的序列、收集一些特别的物件、穿上特定的衣服做出一系列行为、说出一句诗句等来进行。

文献：J. M. Thiele *Danske Folkesagn* 1. —4. samling, bd. 1 – 2, Kbh. 1819 – 1923, ktl. 1591 – 1592；3. samling, bd. 2，1820，s. 95 – 98；jf. ogsä tilføjelserne i sammes Danmarks Folkesagn, 3. del（med titlen：*Den danske Almues overtroiske Meninger*），Kbh. 1860，s. 147 – 150.

20　"你的朋友抱怨你在他看来是因为一个错误去为邻人做了那他认为你只会为他做的事情"，这句话之中有插入成分容易让人看不清楚，如果我加上括号就会更明了一些："你的朋友抱怨你（在他看来是）因为一个错误而去为邻人做了那（他认为）你只会为他做的事情。"

21　自我拒绝（Selvfornegtelsen）：克己，无私，忘我，自我否定，牺牲自己的欲望或利益。

22　[基督教作为精神在肉体与精神之间设定出了一个分隔]在肉体和精神之间有着一种冲突，这想法在新约之中很普遍，尤其是在《加拉太书》（5：13—26）中关于肉体之情欲和精神之果实（圣灵的果子）的说法中。比如说，我们可以看第16—17 句："我说，你们当顺着圣灵而行，就不放纵肉体的情欲了。因为情欲和圣灵相争，圣灵和情欲相争。这两个是彼此相敌，使你们不能作所愿意作的。"

23　[保罗不是说，与其欲火攻心，倒不如嫁娶为妙]指向《歌林多前书》（7：9），在之中保罗写到关于没有嫁娶的人和寡妇，最好是保持原状，但是"倘若自己禁止不住，就可以嫁娶。与其欲火攻心，倒不如嫁娶为妙"。

保罗：大数的犹太人保罗（卒约63年）。他是第一个基督教传教士，也是新约中的十三封信的作者。在传教旅行之中以制作帐篷为生。他自己认为自己是使徒，并且，在传统中他也被作为使徒提及。

24 ［**因为异教文化从来就不曾……所以它是爱。**］按照柏拉图、亚里士多德和西塞罗的观点，一种真正的友谊或者一种真正的爱是善良平等的人们之间的关联。亚里士多德在《尼各马可伦理学》中区分了粗俗的和善良的自爱，一方面前者遭到抛弃，一方面后者是善良的品格和真实的友谊的条件。

25 "爱被爱者，基督教说，是爱"，这里最前和最后的这两个"爱"是动词。我可以这样改写一下："'去爱那被爱者'，基督教说，是'去爱'。"

26 ［**"异教徒们不是也会做同样的事情？"**］见前面对相同句子的注脚。见《马太福音》（5：46—47）。

27 "爱朋友是爱"，这里的这两个"爱"是动词。我可以这样改写一下："'去爱朋友'是'去爱'。"

28 ［**那些令人尊敬的教堂神父们所说的名言"异教文化的美德是灿烂的罪恶"**］再现中世纪神父们的说辞，本来是拉丁语的"Virtutespaganorumsplendidavitia"，这一固定的说法可以回溯到奥古斯丁的《上帝之城（*De civitate dei*）》（19：25），之中说道：只有那以上帝为出发点的人拥有美德，如果美德是因为它们自身的缘故而不是因为其他理由而被追求，那么它们就只能被看作罪恶。如果从这话的意义上看，它的大致意思可以回溯到拉克唐修（Lactantius，或译作"拉克坦奇乌斯"）的《神性制度（*Institutionesdivinae*）》（6：9和5：10）。克尔凯郭尔经常用到这说法，比如说，在《哲学碎片》中。

29 ［**平等性的第三者**］对应于后面的"比较之第三者"。

30 "知人家"，也就是那种深谙事故，善于洞察人的性格、判定人的类型的"识人专家"。

31 ［**"至尊的律法"**］见前面对相同文字的注脚。见《雅各书》（2：8）。

32 ［**判断着地挤进来的……是双刃的**］指向《希伯来书》（4：12）："神的道是活泼的，是有功效的，比一切两刃的剑更快，甚至魂与灵，骨节与骨髓，都能刺入剖开，连心中的思念和主意，都能辨明。"

33 "那基督教的东西"，如果严谨地翻译，就应当是"那基督教的"。

34 ［**变得清醒**］在新约中有很多处要求收信人清醒或者变得清醒。但是在中文版新约之中一般都将之译为"谨慎自守"、"儆醒"或者"谨守"等。见《帖撒罗尼迦前书》（5：6，8）和《彼得前书》（1：13；4：7；5：8）。

35 ［**新闻小贩**］指那种知道一大堆新闻并且很喜欢向人讲述这些新闻的人，或者指那种喜欢为新观念、新想法、新生事物和改革等做吹鼓手的人。

36　[这个世界从太初时起就有过一种不可描述的偏爱和深刻的需要——想要被欺骗] 指向那句一针见血的拉丁语"mundusvultdecipi（世界想要被欺骗）"，这句话后面一般紧跟着另一句"decipiatur ergo（那就让它受欺骗吧）"。

37　"引起愤慨的冒犯"。在这里原文中用到了丹麦语 Forargelse 这个词。这个词里同时蕴含了"愤慨"和"冒犯"的意思（而"愤慨"就是"受冒犯"），因为在丹麦语和英语中这个名词"冒犯"的"受"和"施"都被用在一个词中。而在中文之中，这双重的意义则是无法以一个词来囊括的，因此有时候我将之译作"冒犯"而有时候译作"愤慨"。在这里，我把两个方面的用词都用上的。

38　"冒犯"（Forargelse）即："引起愤慨的冒犯。"见前面的注脚。

39　[严厉的审判者约翰想要把自己打扮得像一个纨绔少年] 指向《马太福音》（3：4），之中谈及施洗的约翰，在犹太的旷野里传道："这约翰身穿骆驼毛的衣服，腰束皮带，吃的是蝗虫野蜜。"也可参看《马太福音》（11：7—8）耶稣向人众谈论施洗的约翰："他们走的时候，耶稣就对众人讲论约翰说，你们从前出到旷野，是要看什么呢，要看风吹动的芦苇么。你们出去，到底是要看什么，要看穿细软衣服的人么，那穿细软衣服的人，是在王宫里。"

40　"愤慨"（Forargelse）即："因受到冒犯而感到愤慨。"见前面关于"冒犯"的注脚。

41　[凡不因之觉得受冒犯感到愤慨的人们有福了] 指向《路加福音》（7：23），之中耶稣通过谈及自己所施的奇迹来回答施洗的约翰的门徒所问关于他是否那"将要来的人"，并且接着说："凡不因我跌倒的，就有福了。"（这里的"不因我跌倒的"，按直接的意思翻译就是"不因我而觉得受冒犯感到愤慨的"。）

42　[血肉] "血肉"在新约之中是标示"人"的固定表达，比如说可参看《马太福音》（16：17）"属血肉的"；《加拉太书》（1：16）"属血气的"；《以弗所书》（6：12）"属血气的"。

43　[对于智慧而言是痴愚] 可参看《歌林多前书》（1：22—24）。

44　[乌鸦也不会如此不间断地叫喊自己的名字] 丹麦成语："乌鸦总是叫喊着自己的名字。"通常用来指一个人不知天高地厚的自以为是。丹麦语乌鸦的发音是"克劳（krag）"，而乌鸦的叫声用丹麦语来标音是"克拉，克拉（kra, kra）"。

II　C　"你"应当爱邻人[1]

那么，你就去做吧[2]，拿掉差异性和它的相同性，这样你就能够爱"邻人"。拿掉差异性的差异，这样你就能够爱邻人。但是你并不因此就应当停止爱那被爱者，哦，绝不。如果你为了爱邻人而要开始放弃去爱那些你对之有着偏爱的人们的话，那么"邻人"这个词也就成了人所能够发明的最大欺骗。除此之外，这根本就会是一种自相矛盾，因为，既然邻人是所有人，那么无疑就不能有任何人被排除在外，难道我们现在还要说一下：尤其是那被爱者？不，因为这是偏爱的语言。因此，要被拿掉的只是偏爱，并且，这偏爱当然不应当相对于邻人又再一次被安排进来而使得你带着一种扭曲过的偏爱要去爱那作为被爱者的对立面的邻人。不，正如人们对独身者说"小心保重你自己别让你被引入自爱的陷阱"，同样这话也应当对那两个相爱者说："小心，你们别恰恰因为情欲之爱而被引入自爱的陷阱。"因为，偏爱越是果断而排外地环拥着一个"唯一的人"，他就距离"去爱邻人"越远。你，做丈夫的人，不要把你的妻子引入"因为你而忘记去爱邻人"的诱惑之中；你，做妻子的，不要把你的丈夫引入这诱惑之中。相爱者们无疑认为在情欲之爱中有着至高的东西，哦，但事情并非如此，因为他们在情欲之爱中尚未通过"那永恒的"来使得"那永恒的"得到保证。固然"诗人"想要对相爱者们许诺不朽，如果他们是真正的爱者的话；但谁又是"诗人"呢，他的担保又有什么用，他甚至都不能够为自己作担保！相反，那"至尊的律法"[3]，爱的诫命许诺生命，永恒的生命，并且这一诫命恰恰说"你应当爱你的邻人"。正如这一诫命想要教导每一个人，他应当怎样爱自己，它也想要以同样的方式教导情欲之爱和友谊那正确的爱：在爱你自己中保存对邻人的爱，在情欲之爱和友谊之中保存对邻人的爱。也许这会使你震惊，现在你肯定知道，在基督教的东西上总是有着冒犯[4]的标记。但不管怎样，请相信它；不要以为那不灭掉冒烟的灯芯的老师[5]，他会想要灭掉一个人身上的高贵火焰；

要相信，他恰恰想要教导每一个人去爱，因为他是爱[6]；要相信，如果所有诗人都在一支赞美情欲之爱和友谊的歌中联合起来，那么他们所能说的与"你应当爱，你应当爱邻人如己！"这诫命相比，也只能算是乌有。不要因为这诫命几乎让你感到愤慨[7]而停止相信，因为这说法听上去不像诗人的说法那样舒心悦耳，诗人借助于自己的歌声来逢迎得宠于你的幸福，而这说法则让你感到震惊和害怕，就仿佛它要将你从偏爱所中意的落脚处惊吓出来，——不要因此而停止相信它，要考虑到恰恰因为这诫命是如此并且这说法是如此，正因此这对象才能够是信仰的对象！不要将自己放纵在这样一种幻觉之中，以为你能够讨价还价，以为你因为爱一些人、家族和朋友就是在爱邻人，——因为这是在放弃诗人的同时却没有把握那基督教的东西，并且为了阻止这一讨价还价，这说法设法将你置于"诗人"的鄙视一切讨价还价的骄傲和那至尊的律法的使得一切讨价还价成为辜[8]的神圣威严之间。不，忠诚而温柔地去爱那被爱者，但是，让对邻人的爱在你们的结合与上帝的契约之中作为那神圣化的元素吧；真诚而投入地爱你的朋友，但是，让对邻人的爱在友谊与上帝的密切关系之中作为你们相互学习的东西吧！看，死亡废除掉所有差异性[9]，但是差异性总是让自己去与差异发生关系，而通向生命和通向"那永恒的"的道路则从死亡中和从差异性的消除中通过；因此只有对邻人的爱真正是导向生命的。正如基督教快乐的消息是包含在关于人类与上帝亲缘关系的教导之中，这样，它的任务就是人与上帝的相同性[10]。但上帝是爱[11]，因此我们能够在"去爱"上与上帝相像，正如我们也只能，按一个使徒的话说，作为"上帝的在爱中的员工"[12]。只要你爱那被爱者，你就不像上帝，因为对于上帝，偏爱是不存在的，这无疑是你多次在你的屈辱中也多次在你的振作中所想到过的。只要你爱你的朋友，你就不像上帝，因为对于上帝，差异是不存在的。但是，在你爱"邻人"的时候，你就像上帝。

那么，就去照样做吧，摒弃差异性，这样你就能够去爱邻人。唉，也许根本就没有必要对你说这个，也许你在世界上没找到过被爱者，在你的道路上没找到过朋友，那么你是在孤独行走；或者，也许上帝从你的一边拿取并给予你被爱者[13]，但死亡拿走，并且从你的一边拿走了她，它又拿走并且拿走你的朋友，而不再还给你任何被爱者和朋友，于是你现在孤独行走，于是你没有被爱者来掩护你虚弱的一边，也没有朋友在你右边；或者，也许生活在分别的孤独之中将你们分开，尽管你们都保持没有变化；

69

唉，也许是变化将你们分开，于是你悲伤地孤独行走，因为你找到了，但又发现，你所找到的东西已经变掉了[14]！多么无慰！是的，只需去问一下"诗人"，这有多么无慰：孤独地生活，曾孤独地生活过，不曾被爱并且没有任何被爱者；只需去问一下诗人，在死亡走到相爱者之间分开他们的时候，或者，在生活把一个朋友与另一个朋友分开的时候，或者，在变化将他们像敌人一样地相互拆分各自一方的时候，这时，除了说这是无慰之外，他是否知道还能有什么别的说法；因为，无疑诗人是喜欢孤独的，他爱它，为了在孤独之中发现情欲之爱和友谊所遗失和希求的幸福，正如一个惊奇地想要观察星辰的人寻找着一个黑暗的地方。然而，如果一个人不是因为自己的错而找不到被爱者，并且，如果他寻找过但不是因为自己的错而徒劳地找不到朋友，并且，如果丧失、分离、变化都不是因为自己的错，在这样的情况下，除了说这是无慰之外，"诗人"是否知道还能有什么别的说法？然而，既然诗人，喜悦之宣示者，在患难之日[15]除了只知无慰的哀号之外再也不知道别的东西，那么，他自己当然也是处于变化之中。这诗人无慰地与无慰的悲伤者一同悲伤，或许你不想称为变化，或许你想称为诗人的忠诚，好吧，现在让我们不去为此争执吧。但是，如果你想要拿这种人类的忠诚去与天的和永恒[16]的忠诚相比较的话，那么无疑你自己就会承认：它是一种变化。因为，天不仅仅比任何诗人更善于同喜悦者一同喜悦，天不仅仅与悲伤者一同悲伤[17]，不仅是这些，天有新的喜悦，它为悲伤者准备好了更为至福的喜悦。这样，基督教总是有着安慰，并且它的安慰在这方面不同于所有人性的安慰：人性的安慰自觉地只是作为一种对于喜悦之丧失的补偿，而基督教的安慰是喜悦。从人的角度说，安慰是一个后来的发明：首先出现的是苦难和痛楚和喜悦之丧失，接着，在之后，唉，在很久之后，人类才找到安慰的踪迹。单个的人的生命的情形也是一样的：首先出现的是苦难和痛楚和喜悦之丧失，接着，在之后，唉，有时候是在很久之后，安慰才出现。但是，基督教的安慰的情形则不同，我们绝不能说它是之后出现的，因为，既然它是永恒[18]的安慰，那么它就要比任何现世的喜悦都古老；一旦这一安慰来临，它是带着永恒之领先而来的，并且以某种方式吞噬下痛楚，因为痛楚和喜悦之丧失是瞬间的东西——尽管这一瞬间可以是好几年，这瞬间的东西被淹溺在"那永恒的"之中。基督教的安慰也不是什么对于喜悦之丧失的补偿，因为它是喜悦；与基督教[19]的安慰相比，所有其他的喜悦则在最终的根本上都只是无慰。唉，大地上的人的生活以前不曾而现在也不是如此完美，以至于我们能够向他宣示永恒[20]的喜悦，他在从前和在现在都自行将之丢弃了；正因此永恒的喜悦只能够被作为安慰来向他宣示。正如人的眼睛无法承受去看太阳的光，除非是通过一道暗化的镜片[21]，同样，人也无法承受永恒的喜悦，除非是通过这道暗化的东西——它被宣示为安慰。

因此，不管你在情欲之爱和友谊之中的命运是什么，不管你的匮乏是什么，不管你的希望是什么，不管你向诗人所透露的生命之无慰是什么，那至高的东西仍然停留在那里：爱你的邻人！如前面的文字中所展示的，你很容易就能够发现他；如前面的文字中所展示的，你无条件地总是能够发现他；你永远都无法失去他。因为那被爱者能够如此待你——你失去他[22]，并且你能够失去一个朋友；但不管邻人对你做了什么，你绝不会失去他。固然你也能够继续不断地爱被爱者和朋友，不管他们怎样待你，但是你无法真正地继续称他们为被爱者和朋友，如果他们，很抱歉，在事实上已经变了。"邻人"则相反是任何变化都无法从你这里将之夺走的，因为，这不是"邻人"在紧紧抓住你，而是你的爱在紧紧抓住"邻人"；如果你对邻人的爱保持不变，那么邻人也就不变地继续存在。死亡无法将"邻人"从你这里夺走，因为如果它拿走一个，那么生命就马上又给你一个。死亡能够从你这里夺走一个朋友，因为你在"爱一个朋友"的行为中其实是和一个朋友团结在一起；但是在"爱邻人"的行为中你是和上帝团结在一起的，因此死亡无法从你这里夺走邻人。因此，如果在情欲之爱和友谊之中失去一切，如果你从不曾拥有过一丁点这种幸福，在"爱邻人"的行为中你还是保存下了那最好的东西。

就是说，对邻人的爱有着永恒的各种完美。这是不是爱所具的一种完美呢：它的对象是那优越的东西、那出色的东西、那唯一的东西？我相信这是对象所具的一种完美，并且这一对象之完美就像是针对爱之完美的一种微妙的疑虑。如果你的爱只能够爱那非凡的、那罕见的，那么这是不是你的爱的优越性质呢？我认为就非凡的东西和罕见的东西而言，"它是非凡的东西和罕见的东西"是一个优点，但不是就爱而言。你难道不是有同样的看法？你难道从不曾想过上帝的爱；如果"爱那非凡的"是这爱的优越，那么上帝，如果我敢这样说的话，就处于尴尬的处境，因为对于上帝"那非凡的"就根本不存在。因此，"只能够爱那非凡的"，这一优越更像是一种指控，不是针对"那非凡的"，也不是针对爱，而是针对这

71

种"只能够爱那非凡的"的爱。或者，就一个人所习惯的健康状态而言，如果他只有在世界上唯一的一个地方，在所有他所喜欢的细节的环拥之下，才会感到舒适，这是不是一种优越呢？如果你看见一个以这样的方式来安排自己的生活的人，那么，你所赞美的会是什么呢？无疑是这安排所具的舒适性。但是难道你不曾留意，事实上是这样：你为这一荣华所给出的颂词中的每一句话，其实听上去都像是对那个只能够生活在这一荣华环境中的可怜的人的一个讥嘲？因此，对象的完美不是爱的完美。恰恰因为"邻人"不具备被爱者、朋友、受崇仰者、有学养者、罕见者、非凡者在极高程度上所具备的各种完美之中的任何一些，正因此，对邻人的爱具备对被爱者、朋友、有学养者、受崇仰者、罕见者、非凡者的爱所不具备的所有完美。如果世界愿意，就尽管让它去为关于"怎样的爱的对象是最完美的"的问题而争执吧，但是，对邻人的爱是最完美的爱，对此是绝对不会有什么争议的。因此，所有其他爱也有着不完美，之中有着两个问题以及相关于此的某种似是而非的双重性：首先是关于对象的问题，其次是关于爱，或者关于对象和爱都有着问题。牵涉对邻人的爱，则只有一个问题，关于爱的问题，并且只有一个永恒[23]的回答：这是爱；因为这对邻人的爱并不作为一种类型的爱与其他各种类型的爱发生关系。情欲之爱是通过对象来得以定性的，友谊是通过对象来得以定性的，只有对邻人的爱是通过爱来得以定性的。就是说，既然"邻人"是每一个人，无条件的每一个人，那么，对象方面的所有差异性就被去掉了，并且这爱因此就恰恰在这一点上可以被认出来：它的对象不具备任何差异性的进一步定性，这就是说，这爱只通过爱而被认出来。难道这不是最高的完美吗！因为，只要爱能够被认出来并且必须通过某种其他东西来被认出，那么，这一"其他东西"在这关系本身之中就像是一种对于爱的疑虑，认为爱不够全面并且就此而言也不是在一种永恒的意义上无限的；这一"其他东西"是一种"爱自身并没有意识到的病态倾向"。因此，在这种疑虑之中隐藏着一种恐惧，这恐惧使得情欲之爱和友谊依赖于自己的对象，这恐惧能够点燃急心症[24]，这恐惧能够把人带进绝望。但是对邻人的爱则没有关系上的疑虑并且因此也不会成为爱者心中的多疑心。然而这爱却不是骄傲地独立于自己的对象的，它的平等性不是以"爱骄傲地通过对其对象的无所谓回转到其自身之中"的方式出现的，不，这平等性是以这样的方式出现的：爱谦卑地转向外部，包容着所有人，而又个别地爱着每一个人，但却不会特殊地对待任何人。

让我们想一下前面的讲演之中所论述的东西[25]：在一个人身上的爱，对于这个人来说，是一种需要，是财富的表达。因此，这需要越深刻，财富就越巨大；如果这需要是无限的，那么财富就也是无限的。现在，如果在一个人身上，爱的需要是去爱一个唯一的人，那么，尽管我们承认这一需要是财富，我们还是必须再加上一句：他确实是需要这个人。相反，在一个人身上，爱的需要是去爱所有人，那么它就是一种需要，并且它是如此强大，就仿佛它几乎必定是能够自己为自己制造出对象。在前一种情形，重点是在于对象的特别，在后一种情形，重点则是在于需要之本质性，并且，只有在后一种意义上需要才是财富的表达；只有在后一种情形中，需要和对象才是在无限的意义上平等地相互发生关系，因为第一个人是最好的[26]，每一个人都是邻人，或者，一方面在特别的意义上没有对象，而另一方面在无限的意义上每一个人都是对象。在一个人觉得有需要去与一个特定的人说话的时候，那么，其实他是需要这个人；但是如果他身上的这种想要说话的需要如此之大，以至于他必须要说，哪怕我们将他置于荒漠，哪怕我们将他置于孤身监狱[27]，如果这需要是如此之大，以至于每一个人对于他都是他想要对之说话的人，这时候，这需要就是财富。如果一个人，在他身上有着对邻人的爱，那么爱在他身上就是需要，最深刻的需要；他不是因为要有人可让他去爱而需要人们，但是，他需要去爱人们。然而在这一财富之中则没有任何骄傲的或者自负的东西，因为上帝是中间定性，并且永恒之"应当"捆绑并且驾驭着这强劲的需要，这样它就不会走上歧路而成为骄傲。但在对象上则没有任何界限，因为"邻人"是所有人，无条件的是每一个人。

如果一个人真正地爱着"邻人"，他因此就也爱他的敌人[28]。这一"朋友或者敌人"的差异是爱的对象之中的差异，但是对邻人的爱则有着那不具差异的对象，邻人是人与人之间的完全不可辨的差异性，或者是上帝面前的永恒相同性，——敌人也具备这相同性。人们以为，对于一个人来说，爱自己的敌人是不可能的，唉，因为敌人无疑不会有可能忍受相互看见对方的。好吧，那么闭上眼睛，于是敌人就完全像邻人；闭上眼睛，并且记住那诫命，你应当爱，于是你爱，于是你爱你的敌人，不，于是你爱你的邻人，因为，你不看：他是你的敌人。就是说，如果你闭上眼睛，于是你就不看世俗生活的各种差异性，而怨仇也是世俗生活的差异性之

73

爱的作为

一。如果你闭上眼睛，那么这时，你的意念就不会在你要去听从那诫命的话语的同时被转移或者打扰。如果你的意念不因看着你的爱的对象和对象的差异性而被转移或者打扰，那么这时，你就会侧耳倾听诫命的言辞，就仿佛它只是在对你一个人说："你"应当爱邻人。看，在你闭上眼睛并且侧耳倾听那诫命的时候，于是你就走上了去爱邻人的完美之路。

事实上也确实是如此（在前面论述的段落里，我们已经展示了：邻人是纯粹的精神定性），只有在一个人闭上眼睛或者无视各种差异性的时候，他才看见"邻人"。感官性的眼睛总是看见各种差异性，并且看着这些差异性。因此尘俗的精明朝朝暮暮地叫喊着："你要当心，看清楚你所爱的人。"唉，如果一个人真的应当爱邻人，那么事情就是这样：最重要的是你不要那么当心地去看；要知道，这一精于测试对象的明智性恰恰会使得你永远都无法看见"邻人"，因为他正是每一个人，第一个人是最好的人，完全是盲目抽签。"诗人"鄙视明智性的视物清晰的盲目[29]——这明智性教导人们应当看清楚自己所爱的人，诗人则教导说，爱情使人盲目[30]；在诗人看来，爱者应当以一种神秘的、不可解释的方式来找到自己的对象或者坠入爱河，并且，因爱而盲目，对被爱者身上的每一个错误、每一个不完美都盲目，对除了这个被爱者之外的所有其他东西盲目，但是，却当然不盲目于"这是整个世界里的唯一者"。如果事情是如此，那么，情欲之爱无疑使得一个人盲目，但是它也还使得他目光非常敏锐地不将任何别人与这唯一者混淆，因此，相对于这个被爱者，它通过教导他去在这唯一者与所有其他人之间做出巨大的区别而使得他盲目。但是对"邻人"的爱使得一个人在最深刻和最高贵和最至福的意义上盲目，这样他盲目地爱每一个人，如同恋人爱那被爱者。

对"邻人"的爱有着永恒的各种完美，——也许是因此，它有时看起来是那么不适合于世俗生活的关系、不适合于世俗的东西的现世差异，也许是因此，它是那么容易被人误解并且遭到仇恨，也许是因此，爱邻人无论如何都是非常不受感恩的事情。

甚至那本来是并不倾向于赞美上帝和基督教的人，如果他带着颤栗考虑到这可怕的事实：在异教世界里世俗生活的差异性或者种姓划分怎样不人性地把人与人分隔开，这种不敬神是怎样不人性地教一个人去拒绝与另一个人有亲缘关系、教他放肆而疯狂地这样说及另一个人，说他不存在，"没有被生出来过"[31]；如果他带着颤栗考虑到这可怕的事实，那么他还是会赞美上帝和基督教。这时，他甚至会赞美基督教通过深刻而永远无法遗忘地打下人与人之间的亲缘关系的烙印来将人类从邪恶的东西中拯救出来，因为这亲缘关系是通过每一个单个的人与在基督身上的上帝的平等的亲缘关系以及他相对于这上帝的关系而得到了保障；因为那基督教的教义被平等地引向每一个单个的人并教导他：上帝创造了他并且基督拯救了他；因为这基督教的教义把每个人召唤到一边并对他说："关上你的门并且祷告上帝[32]，这样你就有了一个人所能够拥有的至高的东西，爱你的拯救者，这样你就在生和死之中都有着一切，然后让差异性在那里，它们既不会有正面也不会有反面的影响。"如果一个人从山巅上看着脚下云朵，他会不会也被这一景观打扰呢，他会不会被那在下面的低地区域暴烈地发作的雷雨天打扰呢？基督教把每一个人都设置得那么高，无条件地这样设置每一个人，因为在基督面前，正如在上帝的旨意前，没有数字，没有人众；无数人在他眼前是被数过的[33]，全都是纯粹的单个的人[34]；基督教把每一个人都设置得那么高，为了不让他因为在世俗生活的差异性中自负傲慢或者沮丧叹息而使得灵魂受到伤害。因为，基督教并没有去掉差异性，正如基督自己并不想也没有想要请求上帝把使徒们从世界里带走[35]，——而这其实是同一回事。因此，在基督教世界里，正如在异教世界，从来就不曾有过任何人不是穿着或者披着世俗生活的差异性的外衣生活的；正如基督徒不是并且也不能够没有身体地生活，他也不能在生活中没有世俗生活的差异性，这差异性是每个人各自特殊地因出生、因生活地位、因境况、因学养等等而从属的，——我们之中没有人是纯净的人[36]。基督教实在太严肃，因而不会去奢谈"纯粹的人"，它只是想要使人类变得干净。基督教不是什么童话，尽管它所应许的至福比任何童话所拥有的东西更神圣；它也不是什么才华横溢的杜撰，这种杜撰会让人难以理解并且还要求有一个条件：闲置的头和空虚的脑。

因此，基督教一了百了地驱逐了那种异教文化的噩梦；但是它却没有去掉世俗生活的差异性。只要现世性继续存在，这差异性就必定继续存在，并且必定继续引诱每一个进入世界的人；因为，他并不因为"是基督徒"而能够免于差异性，但是，通过在差异性的诱惑之中得胜，他成为基督徒。因此，在所谓的基督教世界中，世俗生活的差异仍然不断地诱惑着，唉，也许它不仅仅是在诱惑，乃至是这一个自负傲慢而那另一个对抗性地妒忌。这两方面无疑都是反叛，是对"那基督教的"的反叛。确实，我们绝不会去支持某些人所认定的这种放肆的谬误：只有那些强大的和那些出众的人们才是有辜的人；因为，如果那些卑微的和那些虚弱的人们只是在对抗性地神往着那在世俗生活中让他们无法得到的优越，而不是谦卑地神往着那基督教的东西中的至福的平等性，那么，他们的这种做法就也是对自己的灵魂的伤害。基督教既不是盲目的也不是片面的；它带着永恒之安宁平等地看着世俗生活的所有各种差异性，但它却不会离间地偏袒某一个，它看着，而且无疑是带着悲哀，看着尘俗的忙碌和世俗性的假先知们以基督教的名义想要变幻出这一假象，就仿佛只有那些强大的人们才会被世俗生活的差异性迷住，就仿佛卑微者有权去做一切（唯独不去借助于"严肃而真实地成为基督徒"）来达到相同性。难道沿着这条路我们就会更靠近基督教的相同性和平等性吗？

  这样，基督教并不想去掉差异性，不管是优越性的还是卑微性的；但在另一方面，基督教不会对任何现世的差异性有所偏袒，即使是那在世界的眼里是最合理的和最可取的。一个人以世俗的方式紧紧抓住现世的差异性，他就是这样地被这现世的差异性迷住；基督教则根本不会花工夫去考虑这现世的差异性在世界的眼中到底是一种极其可憎而令人厌恶的还是一种无辜而可爱的差异性，因为基督教不去分辨世俗的差异，不去看那使人伤害自己的灵魂的东西，但它看着这事实：这人伤害自己的灵魂；是一样微不足道的东西使得他伤害自己的灵魂吗？也许；但是，"伤害自己的灵魂"，这则无疑不是什么微不足道的事情。介于卓越性和卑微性的极端之间有着大量的在世俗差异性上的更精确性；但是基督教并不对这些更精确并且无疑因此也就不太明显的差异性中的任何一个做出例外。差异性就像一张巨大的网，现世性就被保持在这网中，这网中的各种网口则又有着各不相同，这一个人看起来比那另一个人在生活中陷得更深而被束缚得更紧；但是所有这差异性，差异与差异之间的差异性，比较着的差异性，这差异性是基督教根本不会花工夫去考虑的，一点都不，就是说，再一次如此，一种这样的考虑和关注是世俗性。基督教和世俗性绝不会相互理解，尽管在一瞬间里，一个不很严谨的人可能会因为幻觉而以为两者之间有着相互理解。去在世界里达成人与人之间的相同性，尽可能平等地在人与人之间使现世性的境况平均化，这无疑是某种在极高程度上使世俗性为之花工夫的事情。但是甚至那种，如果人们可以这样说的话，意图善良的世俗追求，在这方面也绝不会与基督教达成共同的理解。这意图善良的世俗性虔诚地，如果人们想要这样说，保持着自己的信念：必定有着一种现世的境况、一场尘俗的差异性（人们借助于各种计算和概观，或者以任何别的方式来找到它）是平等性。如果这一境况成为所有人的唯一境况，那么，相同性就达成了。但是一方面人们无法做到，一方面通过具备共同的现世的差异性而达成的所有人的相同性也仍绝不是基督教的平等性；如果现世的相同性是可能的话，它也不是基督教的平等性。而完美地达成世俗的相同性，是一种不可能。意图善良的世俗性自己其实承认了这一点；在它成功地使得那现世的境况对于越来越多的人而言是相同的时候，它感到高兴，但是它自己认识到，它的追求是一种一相情愿，它为自己所设定的是一项巨大的任务，它有着距离遥远的前景，——如果它真正明白自己，它就会认识到，这任务永远也无法在现世之中被达成，哪怕这一点努力穿越诸多世纪地继续下去，它仍然永远都无法达到目标。相反，基督教借助于永恒之捷径马上就到达目标：它让所有差异性持存，但是教导着永恒之平等性。它教导说，每一个人都应当将自己提升到尘俗的差异性之上。请注意了，它所说的东西有多么平等；它没有说卑微者应当提升起自己而强大者也许应当走下宝座，唉，不是的，这样的说法不是平等的；那通过强大者下降和卑微者上升来达成的相同性不是基督教的平等性，而是一种世俗的相同性。不，即使这是一个站在至高处的人，即使这是国王，他也应当将自己提升得高过高贵之差异，乞丐应当将自己提升得高过卑微之差异。基督教让世俗生活的所有各种差异性持存，但是在爱的诫命之中，在"去爱邻人"之中恰恰包含了这一在于"将自己提升得高过世俗生活的差异性"之中的平等性。

因为这就是如此，因为卑微者与卓越者和强大者一样地完全，因为每一个人以不同的方式都会因"不去以基督教的方式将自己提升得高过世俗生活的差异性"而丧失自己的灵魂，唉，因为这在两者身上都会发生并且会以不同的方式发生；因此"想要爱邻人"常常会面临双重甚至多重的危险。每一个绝望地紧紧地抓住了世俗生活的某一种差异性以至于他把自己的生命置于这差异性之中——而不是置于上帝之中，他也要求每一个属于同一种差异性的人与他团结——不是在那善之中（因为那善的不构建任何联盟，它既不会使两个也不会使一百个也不会使所有人结合成联盟），而是在不敬神的联盟之中，来对抗那普遍人性的东西；绝望者将这"想要与其他人、与所有人有共同关系"称作叛卖。在另一方面，这

77

些其他人则又在现世性的其他各种差异性中被区分，并且，如果有某个不属于他们的差异性的人想要与他们团结的话，他们也许会误解。因为，相关于世俗生活的各种差异性，这也是够奇怪的，通过误解会同时有冲突和一致：这一个人会想让一种差异性被去掉，但他想以另一种来取而代之。正如这个词在字面上的意义，差异性可以意味着那非常不同的东西，那最不同的东西；但是任何一个人，如果他是以这样一种方式与差异性斗争，——如果他是想让一种特定的差异性被去掉而以另一种来取而代之，那么他无疑就是在为差异性而斗争。如果一个人想要爱邻人，如果他因此不关心是否要让这个或者那个差异性被去掉、不去在世俗的意义上关心是否要让所有差异都被去掉，而是以一种敬神的态度关心着要以基督教的平等性所具的那种圣洁化的想法来渗透自己的差异性，那么，他就很容易变得像一个不适宜于这里的世俗生活的人，甚至在这所谓的基督教世界里也是如此，他很容易遭受来自各个方面的攻击，他很容易成为一只在残暴的狼群中迷路的羊[37]。不管他朝什么地方看，他所遇到的自然就是那些差异性（因为，如前面所说，没有什么人是纯净的人，但是基督徒将自己提升得高过各种差异性），并且那些在世俗的意义上紧紧抓住了一种现世的差异性的人们，不管这是哪一种差异性，这些人就如同残暴的狼群。

让我们举一些世俗生活的差异性的例子来搞清楚这个问题，让我们审慎地向前摸索吧。你只管让自己用足够的耐心来读，正如我让自己用足够的勤奋和时间来写，因为，既然这是我唯一的工作，并且我的唯一任务就是作为作者，于是我既有能力又有义务去运用一个准确的，一个拘泥于细节的——如果你愿意这样说，但无疑也是有益的谨慎；其他人无法做到这谨慎，因为他们除了在作为作者之外必定也以各种别的方式来使用他们的也许更长的一天，也许更丰富的禀赋，他们的也许更大的劳动力。

看，那些时代过去了，那些只有强大而卓越的人是人而其他人是仆役和奴隶的时代过去了。这是因为基督教；但是由此绝不会得出这样的结论：于是卓越和强大对于一个人就不再会成为陷阱，这样他就不会去迷恋这一差异性、损害自己的灵魂并且遗忘"去爱邻人"是什么。会的，这样的事情还会发生；而如果这样的事情发生的话，那么它当然必定是会以一种隐蔽而神秘的方式发生，但是在根本上却仍是同一回事。不管一个人是公开地，在享受着自负和骄傲的滋味的同时，向其他人表明，对他来说他们并不存在，并且，为了给自己的傲慢提供营养，想要让他们在他要求他们表达出奴隶般的屈从的同时感觉到这一点；还是悄然而隐蔽地，恰恰通过避免与他们的任何接触（或许也是出于畏惧，因为公开的做法会激怒人们，而对他自己构成危险）而表达出，对他来说他们并不存在；这在根本上是同一回事。不人性的东西和非基督教的东西不在于做事情的方式上，而是在于想要去为自己拒绝掉与所有人的亲缘关系、无条件地拒绝掉每一个人的亲缘关系。唉，唉，保存自己的纯净不受世界污染[38]，是基督教的任务和教导，愿上帝助佑我们全都这么做；但是，以世俗的方式抓住不放，哪怕这是所有差异性中最辉煌的，这也一样恰恰是沾染。因为，让我们沾染世俗的不是粗活脏活，如果我们是在心灵的纯净之中做这粗活儿的话，让我们沾染世俗的不是低劣的条件，如果你带着敬神的心把你的荣誉置于平静的生活；但丝绸和貂皮会让我们沾染世俗，如果它使得一个人让自己的灵魂受到伤害的话。如果一个卑微者以这样一种方式因其悲惨而退缩，以至于他没有勇气去想要通过"那基督教的"而得到陶冶，那么这是沾染世俗；而如果卓越者以这样一种方式将自己包裹在自己的卓越之中，以至于他退缩着不想去通过"那基督教的"而得到陶冶，那么这也是沾染世俗；如果一个人，他的差异性是"作为和大多数人一样的人"，他从来就不在基督教的提升之中脱离这一差异性，那么这就也是沾染世俗。

  于是这种卓越的腐败教导卓越者，他只是为那些卓越者们而存在的，他只应当生活在他们圈子的团结性之中，他不可以为其他人而存在，正如这些其他人不可以为他而存在。但是谨慎，如我们常说的，他必须尽可能轻便敏捷地去做而不至于让人们受刺激，亦即，这里的秘密和技艺恰恰是在于让自己保守着这秘密；避免接触不可以是这关系的一种表达，以一种会吸引人们注意力的醒目方式也是不可以的，不，这躲避者为了保护好自己因此就必须小心，不能让任何人有所留意，就更不用说让任何人感觉到受冒犯了。因此，在他往返于人群的时候，他就应当像是闭着眼睛一样地走路（唉，但不是在基督教的意义上）；骄傲，但却应当是悄悄地就仿佛从一个卓越的圈子逃向另一个；为了不被人看见，他不能看着这些其他人，而与此同时，在这一隐蔽的背后，眼睛的注意力却伺机以待，因为万一有可能他会碰上一个同类或者一个更为卓越的人；他的目光要不确定地游移，摸索着地游移向所有这些人，这样就不会有人捕获他的目光而让他想到亲缘关系；他绝对不能在更卑微者们之中被人看见，至少绝对不能让人看见自己与这些人是一起的，而如果这无法避免，那么就必须让人看见卓越的屈尊俯就的态度，但这态度必须以最淡化的形式表达，以免导致冒犯和刺激；他完全可以使用一种夸张的礼貌来对待更卑微者们，但是他绝不能以平等者的身份与他们交往，因为由此当然要表达出他是人[39]，但他是卓越的。如果他能够轻便、敏捷、雅致、闪避地去这样做，但却又总是保持自己的秘密（亦即：其他人不为他存在，并且他不为他们存在），那么，卓越的腐败就会担保他具备那得体的举止。是的，世界变了，并且腐败也变了；因为，如果人们想要去相信因为世界变了所以它就变好了，那么，这判断无疑是匆忙轻率的。如果我们设想一下，在那诸多骄傲而对抗（trodsig）的形象之中有一个这样的，他以这种不敬神的游戏为乐，公开地让"这些人"感觉到自己的卑贱，现在，如果他得知，要保存这一秘密需要有这么多必要的谨慎，那么他会感到多么惊奇啊！唉，但是世界变了；渐渐地随着世界的改变，腐败之形态也变得更狡猾、更难以指明，但是它们是绝对不会变得好一点的。

　　这就是卓越的腐败的情形。但是，如果现在有一个卓越者，他的生活根据其出生条件就是特别地属于这同一种尘俗的差异性，一个这样的卓越者，他不想去随波逐流于这一针对普遍人性的东西的分裂阴谋，就是说，一种反对"邻人"的阴谋，如果他无法硬起心肠去这样做，如果他在认识到后果的同时仍然依靠对上帝的信心去获得力量承受这些，尽管他自己没有力量去使自己的心肠坚忍起来，那么，经验无疑会教他知道，他所冒着的风险是什么。因为，首先，卓越的腐败现在会指控他是一个叛徒和自爱者，因为他想爱"邻人"；因为这"与腐败团结"是爱和忠诚和诚实和奉献！如果卑微者们则又从自己的差异性的视角出发来误解和错看他，类似这样的事情其实常常发生，而他又不属于他们的会团，如果他们因为他想要爱邻人而对他报以讥嘲和羞辱，那么，这样的话他无疑就是处在双重的危险之中。就是说，如果他想要将自己放在卑微者们之首的位置，让自己能够在造反中废除掉卓越性之差异性，那样的话，他们也许就会崇仰和热爱他。但是，他却不愿这样做，他只想表达那在他心中作为一种基督教的需要的东西：去爱邻人。正是因此，他的命运就变得很不利，正是在这之中有着双重危险。

　　于是那卓越的腐败无疑就会扬扬得意地嘲笑他，以审判的态度讥讽说："这完全是他所应得的"；它无疑会使用他的名字作为一种儆鉴来阻

Ⅱ C "你"应当爱邻人

止初出茅庐的卓越的年轻人走上歧途——偏离腐败所应有的得体举止。在卓越者们中有许多更好的，腐败的调子在他们身上产生了效力，他们不会胆敢去为他作辩护，不会胆敢不去与"讥嘲者们的委员会"一同去嘲笑他，而如果有人胆敢为他辩护的话，那么，对于他们，"大家一同去嘲笑他和他的辩护者"无疑就应当是至高的事情了。这样一来，我们可以想象一下，一个卓越者能够在卓越的圈子本身中带着热情和雄辩来捍卫对邻人的爱，但是，如果真的要落实到现实的话，他就无法在对那种也许已经被他成功地捍卫了的观点的顺从之下克服自己的意念。然而，在差异性的隔墙[40]之中，在它的背后，捍卫一种对立的观点、一种想要在基督教的意义上（不是在造反的意义上）去掉差异性的观点，这做法其实就是：继续停留在差异性中。与博学者们作伴，或者身处一个保证和强调他的原有差异性的环境之中，这博学者也许会愿意去热情地宣传这一关于所有人的平等的教义，但是这其实就是继续停留在差异性中。与富人们作伴，或者身处一个恰恰是使得财富优点显而易见的环境之中，这富人也许会愿意去为人与人之间的平等给出所有认同，但是这其实就是继续停留在差异性中。那个更好的人也许会能够在卓越的社交圈中成功地把所有反对的论点逼入绝境，但他也许就会卓越而怯懦地躲避开，不去接触现实对差异性的反对。

"与上帝同行"，我们使用这句话来作为祝愿[41]；——如果卓越者们之中的那个更好的人不是骄傲地回避，而是与上帝同行于人众之中，那么，他也许就会试图把他所看见的东西藏起来不让他自己看见，并且因此也不让上帝看见，但是上帝看得见他在隐藏。就是说，如果一个人与上帝同行，确确实实他不会有什么危险；但是他也不得不去看，并且以一种完全特别的方式去看。如果你和上帝在一起，那么，你就只需看见一个唯一的悲惨者，并且你不会有可能躲避开基督教想让你理解的东西，亦即，人性的相同性。唉，但是那个更好的人也许并不完全敢冒这个险去坚持走完这一与上帝同行的旅程，也许他会退出，却在同一个夜晚又在卓越的圈子里捍卫基督教的观点。是的，为了认识生活和自己而去与上帝同行（并且一个人也只有在与上帝作伴的时候才发现"邻人"，因为上帝是中介定性），这是很严肃的行程。然后，名誉、权力和荣华就失去了它们世俗的光泽；因为，与上帝作伴，你就不能够以世俗的方式通过它们来获得快乐。如果你团结（因为团结不是来自"那善的"）一些其他人、一个特定的阶层、一种生活中的特定境况，哪怕这只是与你妻子的团结，那么，那世俗的东西就会来诱惑；尽管这在你眼里并非意义重大，它比较地在对人身的考虑上[42]诱惑你，它也许是为了她的缘故而诱惑你。但是，如果你与上帝同行，只与上帝团结并且在所有你所理解的东西中都把上帝一同理解在内，那么，这样你就会发现……让我这么说吧，有害于你自己，这时你就会发现邻人；这时上帝就强迫你去爱他，让我这么说吧，有害于你自己，因为爱邻人是一项不受感恩的工作。

让想法与想法作斗争是一回事，在一场论辩之中出击和战胜是一回事，而在一个人要在生活的现实之中出击的时候，去战胜他自己的意念，这则是另一回事；因为，不管一个想法在论争中怎样近距离地攻向另一个想法的要害，不管在辩论之中的这一个争执者怎样近距离地逼向另一个，所有这一类争执都是保持着距离并且如同在空气之中[43]。相反，这是"一个人内心中有着什么样的天性倾向"的衡量尺度：从"他所理解的东西"到"他所做的东西"有多远，介于他的理解和他的行动间的距离有多大。在根本上我们全都理解那至高的东西；一个孩子，最质朴的人，最智慧的人，他们全都理解那至高的东西并且全都理解这同样的东西；因为它是……如果我敢这样说的话，它是被分配给我们每一个人的功课。但是那定出差异的是，我们是在远距离之外理解它——于是我们不照着做，还是贴近着理解——于是我们照着做，并且"无法做出有所不同的行为"，无法不去这么做，正如路德，在他这样说的时候，他就完全贴近着地理解他所要做的事情："我无法做出有所不同的行为，上帝助我，阿门。"[44]在与所有生命和世界的困惑有一个宁静的小时[45]之远的距离之外[46]，每一个人都理解那至高的东西是什么；在他从那里离开的时候，他已经理解了它；在对于他而言生活看起来似乎是天气晴朗的时候，他还理解它；但是，在困惑开始的时候，这理解就逃遁了，或者说，我们就能看出这理解是建立在一种距离之上的。坐在一间在之中一切都如此宁静以至于你能够听见沙粒落地的声音的房间里，并且理解那至高的东西，这是谁都能够做得到的；但是，打个比方吧，坐在一把铜匠正在捶打的铜壶里，并且理解那至高的东西，是的，这样一来你就真的贴近着地具备这理解，否则的话就显示出这理解是有着距离的，因为你对于这理解而言是不在场的。

在与生命的困惑有一个宁静的小时之远的距离之外，一个孩子，最质朴的人，最智慧的人，都能够几乎同样轻易地理解这每一个人所应当做的事情，——每一个人都应当做的事情；但是，如果在生命的困惑之中，问题只是围绕着他所应当做的事情，这时，也许就会显示出，这一理解有着距离的，——它有着人类与他之间的距离[47]。

在一种从言辞辩论到行动的距离上，在一种从慷慨的决定到行动的距离上，在一种从庄严的承诺、从懊悔到行动的距离上，每一个人都理解这至高的东西。在那借助于老习惯而达到的不变状态之安全中理解"**应当做出一种变化**"，这是每一个人都能够做到的，因为这一理解是建立在距离之上的，难道不变性不是一种对于变化的巨大距离吗？唉，在这世界里不断地有着忙碌的问题问：这个人能够做到什么，那个人能够做到什么和这个人不能够做到什么；永恒谈论着至高的东西，它很平静地假定，每一个人都能做到这至高的东西，并且它只是在问，他是不是去做了。在"卓越的屈尊俯就"的距离之下，卓越者理解人与人之间的相同性；在"神秘的优越感"的距离之下，博学的人和有学养的人理解人与人之间的相同性；在对一个小小的优势的承认之中，如果这样一个人的差异性就是去作为一个像大多数人一样的人，那么他理解人与人之间的相同性；——在有着距离的时候，"邻人"是所有人都认识的，只有上帝知道，有多少人在现实中认识"邻人"，就是说，贴近着地[48]认识"邻人"。然而，在远距离之下，"邻人"是一种臆想；这邻人，他通过贴近过来而成为邻人，第一个人就是最好的人，这邻人无条件的是每一个人。在远距离之下，"邻人"是一个影子，它在臆想的道路上与每一个人的想法擦肩而过，——唉，但是那在同一瞬间里与他擦肩而过的正是邻人，这也许是他所没有发现的。在远距离之下，每一个人都认识"邻人"，然而在远距离之下要看见他却是一种不可能；如果你不是如此贴近地看他，以至于你在上帝面前无条件地在每一个人身上看见他，那么你就根本看不见他。

现在，让我们想象一下卑微之差异性。曾几何时，那些被人们称为更卑微者的人们不具备关于他们自己的观念或者只具备作为奴隶的观念，不仅仅是将自己看成卑微的人，而且是在根本上就不曾把自己看成人，现在，这样的时代过去了；随着那场恐怖之后而到来的各种狂野暴动和恐怖，也许也成为了过去[49]；然而，难道腐败就因此而不会隐蔽地停留在一个人的内心之中吗？如果是那样的话，腐败的卑微性就会去让卑微者以为，他应当将那强大而卓越的人、将每一个因为一种优越而获得好处的人视作自己的敌人。但是要谨慎，如我们常说的，因为这些敌人仍然有着如此强大的权力，以至于如果我们要与之决裂的话，就很容易会招致危险。因此，这腐败不想教卑微者造反，也不完全拒绝每一个敬意的表达，也不让秘密被公开；但是它想教导的是：要去做这事情却又不要去做这事情，去做并且这样做，不能让那强大的人由此而得到任何快乐并且在同时他又不能说他在这方面被拒绝。因此，甚至在欢呼之中都应当是有着一种诡诈的、暗自心怀忿怒的对抗，一种私下隐藏着的不情愿在对嘴上所承认的东西说不，在向强大者敬礼的欢呼声中，简直就是强咽下妒忌而一声不吭[50]。任何权力都不应当被用上，这会变得危险；任何决裂都不可以出现，这会变得危险；但是，一种私下隐藏的忿怒的秘密，一种隐约地感觉到的苦恼的沮丧要去使得权力、荣耀和显赫对于那强大者、荣耀者和显赫者而言成为苦闷，但却又让他无法知道该去埋怨什么；因为艺术和秘密恰恰就在这之中。

如果有一个卑微的人，在他心中并没有出现这一妒忌之秘密，并且他也不想听任外来的腐败获得对他的这种控制，一个卑微的人，没有任何怯懦的屈从、没有任何对人的畏惧，谦虚地，但最重要的是带着喜悦去给予，让每一种世俗的优越得到其应得的东西，尽管他在很多时候也许因为或者会因为"接受"而感到幸福和快乐，但他会在"给予"中感觉到更多的幸福和快乐，那么，这样的一个人，他也一样无疑会发现这双重的危险。他的同阶层人也许会把他当作叛徒来排斥，把他当作奴隶思维者来鄙视，唉，特权者们也许会误解他并且把他当作一个向上爬的人来讥嘲。在前面的关系中的那种对于卓越者来说应当被看成"过于卑微"的东西，亦即，去爱邻人，在这里对于卑微者来说也许应当被看成"过于狂妄自大"：去爱邻人。

想要去爱"邻人"就是这么危险。因为在世界上有着太多的差异性，在现世（Timeligheden）之中到处都是差异性，这现世恰恰就正是那有差异的、那丰富多样的。也许一个人也恰恰是依据于自己的差异性而能够成功地去与所有各种差异性达成一种温和而顺应的协议，这协议在一些地方稍稍有所让步，而另一些地方则又稍稍有所要求；但是永恒之平等性，想要去爱"邻人"，看起来既太多又太少，并且因此看起来这一对"邻人"的爱并不是真正地适合于世俗生活的关系。

你设想一下，一个人摆设筵席并且邀请瘸腿的、瞎眼的、残废的和乞丐们来赴宴[51]。现在，对于这个世界，我只认为它会觉得这很美丽，尽管很古怪，除此之外，我绝对不会有什么别的想法。但是，你设想一下，这个设宴的人有一个朋友，他对这个朋友说"昨天我摆设了一场大筵席"，那么，事情是不是这样：于是这朋友首先会觉得奇怪，他怎么会不在受邀者之列？然后，在他知道了那些受邀请者是什么人之后，那么，关于这个朋友，我只认为他会觉得这很美丽，尽管很古怪，除此之外我绝对不会有什么别的想法。然而他还是会觉得意外，他也许会说"这是怎样的一种语言用法，把这样一个集会称作是一场筵席，一场没有朋友们参与的筵席，一场筵席，在之中问题不是关于美酒的出色、关于对客人的选择、关于在桌前服务的侍者的人数"，也就是说，这朋友会认为，我们能够将一场这样的饭局称作一种慈善的作为，而不是一场请客的筵席。因为，不管他们所吃的东西会是多么美味，即使它不只是像济贫局的食物那样"充实而美味"而是真正精选出的名贵佳肴，是的，即使他们获得了十种美酒，这群人本身，这整体的安排，一种特定的匮乏，我也不知道是什么，阻碍着我们去将这样的东西称作一场筵席，它与那种作区分的语言用法有冲突。现在假设，那个摆设筵席的人回答说："但是我则相信，语言用法是站在我的这一边，我们不是在《路加福音》（14：12、13）里读到基督的这些话吗：'你摆设午饭，或晚饭，不要请你的朋友，弟兄，亲属，和富足的邻舍。恐怕他们也请你，你就得了报答。你摆设筵席，倒要请那贫穷的，残废的，瘸腿的，瞎眼的'[52]，因为在这里不仅仅是'筵席'这个词被如此使用，甚至在一开始的地方还用上了一个喜庆色彩不太浓的表达'午饭或晚饭'，并且在这话涉及了'去邀请贫穷者和残废者'的时候，这时，'筵席'这个词才被用上。难道你不觉得，这就仿佛是，基督想要暗示，这'邀请贫穷者和残废者'不仅仅是我们应当做的事情，而且也是比'与朋友、亲属和富足的邻舍一同吃午饭或晚饭'远远更具喜庆色彩的事情，我们不可以把后者称作筵席，因为邀请那些穷人，这才是摆设筵席。但是无疑我也看出，我们的语言用法是各有不同的，因为根据一般的语言用法，被邀请去一场筵席的名单在大致上肯定是朋友、弟兄、亲属和富足的邻舍，这些能够做出回报的人。但是，基督教的平等性[53]及其语言用法就是如此地精密准确，它不仅仅要求你应当为穷人们提供饮食，而且它还要求你应当将之称作筵席。不过，如果你在日常生活之现实中想要严守这一语言用法并且认为'以什么样的名义为穷人们提供饮食'这个问题在基督教的意义上不是无所谓的，那么人们无疑会嘲笑你。但是，让他们去笑吧，他们也曾嘲笑过多俾亚；因为这'想要去爱邻人'总是面临着那种我们在多俾亚的例子中所看见的双重危险。君主在死刑中禁止人们去埋葬死者；但是多俾亚对神的敬畏大过对君主的，他爱那些死者更高于生命，他埋葬了这些死者。这是第一个危险。而在多俾亚胆敢做出这一英雄行为时，于是'他的邻居讥笑他'（《多俾亚传》2：8）[54]。这是第二个危险。"……这个摆设筵席者的情形就是如此，我的听众，难道你不认为他是对的吗？然而，难道就没有什么别的，是反对他的行为的？因为，为什么要如此固执地只邀请残废者和贫穷者，而在另一方面则仿佛是有意地，是的，就仿佛是带着逆反心地不去邀请朋友和亲属，其实他本来是可以平等地邀请他们所有人的，为什么不？不可否认；如果他是以这样一种方式固执地坚持，那么，我们就不会赞美他或者他的语言用法。但是，按照福音书中所说的话来看则无疑是这样的意思：这些其他人不想来。因此，一旦他的朋友听到了他所邀请的是些什么人，这朋友对"没有被邀请"感到的意外就消失了。如果这人按照他朋友的语言用法摆设了一场筵席而不邀请这朋友，那么朋友会生气；但现在朋友并不生气，因为就算他被邀请了他也不会来。

哦，我的听众，你会不会觉得，这里所展开的只是一场对于"筵席"这个词的用法的字面争议？或者，你有没有看出，这一争议是关于去爱"邻人"的？因为，如果一个人为穷人提供饮食，但却不是以这样一种方式来战胜自己的意念而去将这"提供饮食"称作一场筵席，那么他就只是在这贫困者和这卑微者身上看见贫困者和卑微者；但如果一个人摆设出"筵席"，那么，他就在这贫困者和这卑微者身上看见"邻人"，——不管这在世界的眼中看起来会是多么的可笑。唉，因为，我们常听见世界对这个人或者那个人所做的抱怨，抱怨他不严肃；这并不是什么稀奇事；但这里的问题是，世界所理解的严肃是什么，它是不是大致地把严肃理解为各种世俗的忧虑所具的忙碌；并且，这里的问题是，尽管这世界有着自己的严肃性，它是不是仍不断地因为这种对严肃和空虚[55]的混淆而如此搞笑，以至于我们可以如此地提出这问题：如果它是通过"一个人因此变得严肃"而得以看见那至高意义上的严肃的东西，这世界会不会完全情不自禁地爆笑出来。世界就是如此的严肃！如果不是现世所具的多样的和多样地合成的差异性使得我们就像难以看见"人"[56]一样地难以看出一个人是否爱"邻人"，那么世界还是一直会有足够的笑料，——这是说，如果有着足够数量的人爱邻人的话。"去爱邻人"就是：停留在自己命中所被分派的差异性之中[57]，在本质上想要无条件平等地为每一个人存在着。明显地只根据自己的世俗差异性之优越而为其他人存在，是骄傲和自负；但是那种"为了在与自己的同类人的团结之中隐蔽地享受自己的差异性之优越而根本不愿为他人而存在"的精明想法，是一种怯懦的骄傲。在两种情况下都有着其分裂；但是，如果一个人爱"邻人"，他就很平静。他通过满足于自己命中所被分派的差异性而获得宁静，不管这差异性是卓越还是卑微的差异性，另外，他让每一种世俗生活的差异性维持不变并且继续起到它在此生之中所应有的作用；因为你不可贪恋那属于邻人的东西，不可贪恋他的妻子，不可贪恋他的驴[58]，并且因此也不贪恋那在生活之中被赋予他的东西。如果命运拒绝给予你这些东西[59]，那么你应当因为他获得允许得到这个而感到高兴。以这样的方式，那爱邻人的人就得到了宁静，他既不怯懦地避开更强大者——但他爱邻人，也不高傲地避开更卑微者——但他爱邻人，而在本质上想要平等地为每一个人存在，不管他在事实上是抑或不是许多人所认识的人。不可否认，这是意义重大的展翅，但这不是一次翱翔于世界的骄傲飞行，这是自我否定在大地上谦卑而艰难的飞行。偷偷地潜身穿过人生，这要远远容易和舒服得多，如果一个人是卓越者，就通过生活在更卓越的退隐之中，而如果是一个卑微者，就通过生活在不被人留意的宁静之中，甚至一个人，不管这有多么古怪，可以通过这种偷偷潜身的生活方式中达成更多，因为这样一来他所面临的阻力就会小得多。但是，哪怕对于血肉[60]而言避开阻力是那么愉悦，难道这做法在死亡的一刻也会是慰藉吗？在死亡的这一刻，唯一的慰藉却无疑是：一个人没有避开，而是承受了这阻力。一个人要达到什么或者不达到什么，不是一个人自己的力量能够决定的，他不是那个要主宰世界的人；他唯一能做的就是去听从。因此，每一个人首先（不是去问哪一个姿态对于他是最舒服的、哪一种团结对于他是最优越的）就必须将自己置于能够让上帝之统治用到他的地方，如果这样会取得上帝之统治的欢心的话。这一立场恰恰就是：去爱邻人，或者在本质上想要平等地为每一个人而存在。任何一种其他的立场都是分裂，不管这姿态是多么地优越而舒适并且在表面看起来多么有意义；上帝之统治无法用上那站在了这其他立场上的人，因为这人恰恰是处于对上帝之统治的造反立场上。但是，如果一个人进入了那个被忽视的、那个被鄙夷的并且遭到蔑视的正确立场，同时又没有紧紧

87

抱住自己的世俗的差异性，没有与一个唯一的人团结在一起，在本质上想要平等地为每一个人而存在，那么他就应当——，尽管他在表面上看起来没有达成任何事情，尽管他遭受了卑微者们的讥讽或者卓越者们的嘲笑或者同时来自这两方面的冷嘲热讽，——他应当在死亡的一刻敢于带着慰藉对自己的灵魂说："我做了我分内的事情；我是不是达成了什么事情，这我不知道；我是不是有益于什么人，这我不知道；但我曾为他们而存在，这却是我所知道的，我因为他们嘲笑我而知道这个。并且，这对于我是一种安慰，就是说，我不用带着这样的一个秘密进入坟墓：我为了拥有生命中的诸多美好而不受打扰而舒适的日子而拒绝了与其他人们的亲缘关系，为了生活在卓越的归隐之中而拒绝了那些卑微者，为了生活在隐蔽的无踪之中而拒绝了那些卓越者。"那么，如果一个人借助于团结并且通过"不去为所有人而存在"达成那么多事情，就让他好好看一下：死亡在提醒他记住责任的时候并不为他改变他的生活。因为，如果一个人为了引起人们——卑微的人们或者卓越的人们——注意而做了自己分内的事情，如果一个人在学着、做着、努力着地为所有人而存在，那么这个人就没有责任，如果人们通过迫害他而显示出"他们已经注意到了"的话；他没有责任，是的，他甚至是起到了有益的作用，因为"要去受益"的条件一向首先是"去注意"。但是，如果一个人在团结之隔墙内达成了如此多并赢得如此多的好处，并且他只是怯懦地在这团结之隔墙里面存在着；如果他怯懦地不敢去引起人们——卑微的人们或者卓越的人们——注意，因为他隐约地感觉到，在一个人有着某种真实的东西要对人说的时候，人们的注意是一种模棱两可的好处；如果一个人怯懦地只在身份[61]的安全之中进行着自己声名远扬的活动，那么这个人就承担着这责任：他不爱邻人。假如一个这样的人想要说：好吧，但根据这样的尺度来安顿自己的生活，又有什么用呢？那么，我就会回答说：你认为这个借口在永恒之中能够起到什么作用呢？因为，固然这借口是如此精明，但永恒之诫命总是无限地更高于任何一个这样的借口。我感到奇怪，那些被上帝的统治用作工具来为真理服务的人们（并且让我们不要忘记，每一个人都应当是这样的人，至少每一个人都应当以这样的方式来安排自己的生活，这样他能够是这样的人），在那些人中，会不会有人，哪怕只是一个，把自己的生活安排得有所不同，安排得不是"平等地为每一个人而存在"的。每一个这样的人都从不曾与那些卑微者团结，都不曾与那些卓越者团结，而是平等地为那卓越者而存在，并且平等地为那最卑微者存在。确实，只有通过去爱"邻人"，一个人才能够达成至高的事情；因为这至高的事情就是：作为在上帝统治手中的工具。但是，如前面所说，任何一个人，如果他站在另一种立场上、如果他组织联盟和团结或者参与联盟和团结，那么他就是自己为自己的行驶方向负责[62]，并且，他所达成的所有成就，即使这成就改变了一个世界，也只是一种幻觉。他也不会在永恒之中为这成就而感到很大的欣喜，因为上帝的统治固然有可能利用这成就，唉，但是它并不将他用作工具；他是一个刚愎自用的人，一个自以为聪明的人，而通过接受他艰难的工作并且通过让他取走他的报酬[63]，上帝的统治也利用一个这样的人所做的努力。

不管这"去爱邻人"在这个世界里看起来可以是多么可笑、多么使人灰心、多么不适当，它却是一个人所能够达成的至高的事情。然而这至高的事情也从不曾完全地适宜于世俗生活中的关系，它既是太少又是太多。

看一下世界，它在其所有驳杂斑斓的多样性之中向你展现着；这就仿佛是你在看一场戏，只是这之中的多样性要远远地大得多。在这些数不清的个体之中的每一个单个体，通过其差异性而是某种特定的东西、而表现为某种特定的东西，但是在本质上，他却是某种别的东西；然而这却是你在这里的生活中所看不见的，在这里你只看见这单个的人所展现的东西，以及他是怎样展现的。这就像在戏剧之中。但是，在帷幕向舞台落下的时候，演国王的人和演乞丐的人，以及诸如此类其他各个角色，在这时他们全都相同，都是一样的：演员。在帷幕在死亡中向现实的舞台落下的时候（因为，如果我们谈论"在死亡的瞬间帷幕向永恒之剧场拉开"[64]，那么这是一种起着混淆作用的语言用法；就是说，永恒不是什么剧场，它是真相），那么，他们就全是同一样东西，他们是人，并且全都是他们在本质上所是的东西，而因为你所看见的是差异性，所以这就是你所无法看见的：他们是人。艺术之剧场就像是一个中了魔法的世界，但是想象一下，某一个夜晚所有参演者们全都在一次普通的心不在焉中陷入迷糊，这样他们认为他们真的就是他们所表现出的东西；人们可以将"艺术之魔法"的对立面称作"一种邪恶精神之魔法"、一种变形法术[65]，所指的不正是这个吗？同样地，如果在现实之魔术中（因为，通过被以魔术送进各自的差异性，我们当然全都是着了魔）基本想法对我们来说变得混乱，以至于我们认为，我们所表现的东西就是我们在本质上所是的东西，如果是那样的话，事情也是如此。唉，难道事情不恰恰就是如此吗？我们看来是忘记了：世俗生活的差异性只像演员的服装，或者只像一件旅行外套，每个人各自都应当为自己准备并且看护好去把各种要用来绑定这外套的带子松散地绑起，最重要的是不打上死结，这样，这外套在变化的瞬间就能够很轻易地被甩脱。然而我们全都有着足够的艺术理解力，这样，如果舞台上的演员在变化的瞬间，在他要甩脱伪装的时候，不得不跑出场去解开带子，那么我们的艺术理解力就会让我们对此感到心烦。唉，但在现实的生活中，人们把差异性的外套用带子系得如此之紧，以至于"这一差异性是外套"这一事实被完全地忘记了，因为，尽管平等性的内在荣华按理是一直应当向外透射的，但它却从不曾或者如此极少地有机会透射出来。因为演员的艺术是欺骗性的，这门艺术是欺骗，能够欺骗是伟大的事情，让自己被欺骗是同样伟大的事情，因此，人们恰恰必须如此：不能够并且不愿意透过外衣来看这演员；因此，如果演员与他所表现的东西成为一体，那么这就是艺术的制高点，因为这是欺骗的制高点。但是，生活之现实，尽管它不像永恒那样是真相，但仍应当是出自真相，并且这每一个人在本质上所是的"另一个"因此就应当不断地透过伪装映照出来。唉，但是，在现实之生活中，单个的人在现世之成长中完全地与差异性长到了一起，并且这是永恒之成长的对立面，永恒之成长是从差异性之中成长出离出来，单个的人畸形成长，每一个这样的人在永恒的意义上都是畸形的残废。唉，在现实之中，单个的人以这样一种方式与他的差异性长到了一起，以至于死亡最终不得不强行将这差异性从他那里扯掉。

但是，如果一个人真的要爱邻人，那么他在每一瞬间都必须记住，差异性是一种伪装。因为，正如前面所说的，基督教不曾想要冲出来废除差异性，不管是卓越性的还是卑微性的，它也不曾想要在世俗的意义上与各种差异性达成一种世俗的妥协；但是，它想要的是，差异性应当松散地挂在单个的人身上，就像君王为展示"他是谁"而甩脱的袍子一样地松散，就像那曾让一个超自然的生灵藏身之中的褴褛套装一样地松散。就是说，在差异性是以这样一种方式松散地挂着的时候，那个本质的在每个单个的人之中的"另一个"，那对所有人而言是共同的东西，那永恒地保持平等的东西，那种平等分派，它就在这时不断地向人闪烁。如果这是如此，如果每个单个的人都如此生活，那么，现世性就达到了其制高点。它无法像永恒性那样；但是，这一充满期待的庄严性，它不停止生命的步伐，每天通过"那永恒的"和通过永恒之平等性来更新自己，每天将灵魂从差异性之中拯救出来，但自己却居留在这差异性之中；——这将会是永恒性的反光。这时，你固然会在生活之现实之中看见君主，喜悦而恭敬把你的敬意带给他；但是你却会在君主身上看见那内在荣华，荣华之相同性，他的显赫只是在掩盖着这种内在的荣华。这时，你也许会在为乞丐而感到的悲哀之中比这乞丐更痛苦地看见这乞丐，但是你却会在他身上看见那内在荣华，荣华之相同性，他卑贱的外衣只是在掩盖着这种内在的荣华。是的，这时，不管你的目光转向什么地方，你都会看见"邻人"。因为，从世界的初始起，没有也从来不曾有过任何人是在那种类似于"国王是国王、博学者是博学者、亲戚是亲戚"的意义上的邻人，亦即，在特别性的意义上的，或者，其实也是同一回事：在差异性的意义上的邻人；不，每一个人都是"邻人"。在""是国王、乞丐、博学者、富人、穷人、男人、女人等等""之中，我们相互并不相像，在那之中我们当然恰恰是不同的；但是，在""是'邻人'""之中，我们相互全都无条件地相像。差异性是现世的令人迷糊的东西，把每个人标成是相互不同的，而"邻人"则是永恒之标识，——在每个人身上都有。去拿很多张纸，把那不同的东西分别写上每一张单张的纸，于是这一张纸上的东西不同于那另一张纸上的；但是，现在你再拿起每一张单张的纸，让自己不去被差异性的书写字迹打扰，将之对着阳光拿着，这时你就会在所有纸上都看见一个共同的印记[66]。以同样的方式，邻人就是那共同的印记，但是只有借助于永恒之光，在它映透差异性的时候，你才看见这印记。

  我的听众，每当你在宁静的精神升腾之中听由永恒之想法来做出决定并且让自己投身于冥想时，你都总是感觉到事情就是如此；你肯定会觉得这很美好，关于这一点是没有什么可怀疑的；只是别让这一理解保持着距离。哦，但你会不会觉得这是如此美好，以至于你在你这方面决定去与上帝达成这一协议：你与他团结在一起，以便坚守这一理解，就是说，以便在你的生活中表达出，你与他一同坚持这一理解，将之视作唯一的，不管在你的生活之中因为这一理解的缘故会发生什么，是的，即使它会让你付出生命，你仍与上帝一同坚守它，将之视作你战胜所有羞辱和所有冤枉委屈的胜利？要记住，如果一个人为了真正地想要一样东西而去选择了真正地想要"那善的"[67]，那么他就有着这一至福的安慰：一个人只一次受苦，但他永远地胜利。

看，诗人知道怎样去滔滔不绝地谈论关于情欲之爱的献身，谈论关于"坠入爱河和沉湎于爱"在一个人身上施展出怎样一种使人变得高贵的力量，谈论关于怎样的一种神圣变化[68]渗透他的整个存在，谈论关于在恋爱者与那从不曾感觉到过情欲之爱的变化的人之间有着怎样一种诗人所认为的天地之差。哦，真正的献身则是放弃所有对生活的要求、所有对权力和荣誉和优越的要求，所有要求（然而，情欲之爱的和友谊的幸福则恰恰是出自那些最大的要求），就是说，放弃所有要求以便去理解：上帝和永恒在一个人自己这里有着怎样的巨大要求。如果一个人想要采用这一理解，那么他就是正在去爱邻人。一个人的生活是从"在他前面远远地有着很长很长的时间和一整个世界"这一幻觉开始的，是从"他有着如此多的时间可用于他所具的如此多的要求"这一愚鲁的幻觉开始的；诗人是这愚鲁而美丽的幻觉的善辩而热情的知己。但是，如果一个人在无限的要求之中发现"那永恒的"在生活中离他如此之近，以至于在他与他在这个此刻、在这一秒、在这一神圣的瞬间应当去做的东西之间没有任何一个要求、没有任何一个逃避、没有任何一个借口、没有任何一个瞬间的距离：于是他就着手去成为一个基督徒。孩童之标志是说：我想要，我——我[69]；青春的标志是说：我——和我——和我[70]；成熟的标志和"那永恒的"的献身是想要去理解，如果没有那个"你"的出现，这个"我"没有任何意味，永恒对那个"你"不断地说道："你"应当，你应当，你应当。"那青春的"想要作为在整个世界中的唯一的我，成熟则是就将他自身置于这个"你"中来理解这个"你"，哪怕是没有对任何别人说出这个"你"来。你应当，你应当爱邻人。哦，我的听众，这不是我在对你说话，而是对我，永恒在说：你应当。

注释：

1　["你"应当爱邻人］见前一节标题"你应当爱邻人"的注脚。

2　[你就去做吧］指向《路加福音》（10：37）。

3　["至尊的律法"］见前面对之的注脚。见《雅各书》（2：8）。

4　"冒犯"（Forargelse）即："引起愤慨的冒犯。"见前面的注脚。

5　[不要以为那不灭掉冒烟的灯芯的老师］指向《马太福音》（12：15—20），在之中耶稣禁止人众泄露出他是谁，因为先知以赛亚的话（《以赛亚书》42：1—4）

要应验："压伤的芦苇，他不折断。经残的灯火，他不吹灭。"（第20句）

6　　"他恰恰想要教导每一个人去爱，因为他是爱"，直译的话应当是："是爱的他，恰恰想要教导每一个人去爱。"

7　　"愤慨"（Forargelse）即："因受到冒犯而感到愤慨。"见前面关于"冒犯"的注脚。

8　　辜（Skylden）：（英文相近的词为guilt），Skyld为"罪的责任"而在，字义中有着"亏欠"、"归罪于、归功于"的成分，——因行为犯错而得"辜"。因为在中文没有相应的"原罪"文化背景，而同时我又不想让译文有曲解，斟酌了很久，最后决定使用"辜"。中文"辜"，本原有因罪而受刑的意义，并且有"却欠"的延伸意义。

9　　[**死亡废除掉所有差异性**]这说法在民间关于死亡的观念中有着特别的表达：死亡邀请来自社会各种阶层的人们跳舞，并且将他们带往墓穴。

10　　[**关于人类与上帝亲缘关系的教导……人与上帝的相同性**]指向教理神学渊源于创世故事的关于人与上帝在形象上的相似。见《创世记》（1：26—27）："神说，我们要照着我们的形象，按着我们的样式造人，使他们管理海里的鱼，空中的鸟，地上的牲畜，和全地，并地上所爬的一切昆虫。神就照着自己的形象造人，乃是照着他的形象造男造女。"

关于"亲缘关系"，则指向《使徒行传》（17：29），之中保罗在亚略巴古说："我们既是神所生的，就不当以为神的神性像人用手艺、心思，所雕刻的金，银，石。"

11　　[**上帝是爱**]参看《约翰一书》（4：7—8）和（4：16）。

12　　[**按一个使徒的话说，作为"上帝的在爱中的员工"**]在新约中有多处提到"与神同工"或"作神执事"。在《歌林多前书》（3：9），《歌林多后书》（6：1），《帖撒罗尼迦前书》（3：2）中保罗都用到这说法。

一个使徒：保罗将自己看成使徒。见《罗马书》（1：1—2）："耶稣基督的仆人保罗，奉召为使徒，特派传神的福音。这福音是神从前藉众先知，在圣经上所应许的。"

13　　[**也许上帝从你的一边拿取并给予你那被爱者**]指向上帝造夏娃的故事。《创世记》（2：21—22）："耶和华神使他沉睡，他就睡了。于是取下他的一条肋骨，又把肉合起来。耶和华神就用那人身上所取的肋骨，造成一个女人，领她到那人跟前。"

14　　"你找到了，但又发现，你所找到的东西已经变掉了"。在丹麦语中"找到"和"发现"是同一个词。

15　　[**患难之日**]这个表达，或者也有另译为"急难的日子"，在旧约的赞美诗之中经常出现，可参看《诗篇》（50：15；59：17；77：3；86：7）。

16　　这里的"天的"和"永恒的"都是名词所有格，而不是形容词。就是说，

"天"的忠诚和"永恒"的忠诚。

17　[天……不仅仅与悲伤者一同悲伤]指向《罗马书》（12：15），在之中保罗写到关于根据上帝的意志的生活："与喜乐的人要同乐。与哀哭的人要同哭。"

18　这里的"永恒的"都是名词所有格，而不是形容词。就是说，"永恒"的安慰。

19　尽管在前面的"基督教的安慰"中的"基督教的"都是形容词，但这里的这个"基督教的安慰"中的"基督教的"是所有格。

20　这里的"永恒的"都是名词所有格，而不是形容词。就是说，"永恒"的喜悦。

21　[暗化的镜片]一块有颜色的或者染黑的镜片，也被称作"太阳镜片"，被用来作天文观测，一般都是置于望远镜的镜片和目镜之间。

22　在原文中是被动语态"他被失去"。就是说他背弃，与你或生离或死别。

23　这里的"永恒的"都是名词所有格，而不是形容词。

24　[急心症（Iversyge）]在丹麦语中这个词由"急切"和"病"构成，含有双重意思：一是，急切地想要某物以至于发病，夸张地专注于某物；一是，嫉妒，妒忌。

25　[前面的讲演之中所论述的东西]见前面的"然而这一'爱的隐秘的生命'仍是在那些果实上可辨认的，是啊，'要能够在那些果实上被认出'，这是爱之中的一种需要。……也许这些果实恰恰就成为那种昂贵的果实，那种在隐秘痛楚的静态火焰中得以成熟的果实"。和"只有在'去爱'是义务的时候，只有在这时，爱才是在至福的独立之中永远地得到了解放。……然而这却是反过来；如果说那做出差异的东西是律法，那么这正是律法：是它在使得所有人都在律法面前平等"。

26　就是说，第一个碰上的人就是"邻人"的最佳人选。

27　[孤身监狱]就是说，单人间的隔离监狱。在克尔凯郭尔的时代，人们在丹麦按照美国的模式引进了这一刑罚形式。

28　[爱着"邻人"，他因此就也爱他的敌人]指向《马太福音》（5：43—45）中耶稣谈论对敌人的爱。

29　就是说，这种明智性盲目地在爱的问题上精明算计。

30　[爱情使人盲目]参看俗语"爱情是盲目的"，丹麦俗语。
文献：nr. 1427 i N. F. S. Grundtvig, *Danske Ordsprog og Mundheld*, s. 54.
nr. 4659 i E. Mau, *Dansk Ordsprogs – Skat*; bd. 1, s. 519.

31　[种姓划分怎样不人性地把人与人分隔开……"没有被生出来过"]指向印度的种姓制度（1950年被正式取消），它分成四种主要的种姓：婆罗门（僧侣）、刹帝利（武士）、吠舍（平民和农民）和首陀罗（仆人）。根据印度教的轮回教义，前三种出生过两次，而首陀罗则只出生过一次。在这四种之下有"贱民"，被视作不可触的不洁净者，这"贱民"被视作"没有被生出来过"。

32 [**关上你的门并且祷告上帝**] 指向《马太福音》（6∶6），之中耶稣说："你祷告的时候，要进你的内屋，关上门，祷告你在暗中的父，你父在暗中察看，必然报答你。"

33 [**无数人在他眼前是被数过的**] 指向《马太福音》（10∶29—31），之中耶稣说："两个麻雀，不是卖一分银子么。若是你们的父不许，一个也不能掉在地上。就是你们的头发，也都被数过了。所以不要惧怕。你们比许多麻雀还贵重。"

34 [**在上帝的旨意前……全都是纯粹的单个的人**] 参看《巴勒的教学书》第二章"论上帝的作为"第二段"圣经中关于上帝的眷顾以及对受造物的维持"，§ 2a："上帝保障所有他的受造物，从最小的那些到最大的那些，为它们在它们的寄居之中安排好所有所需，并且守护着它们。"（第22页）

35 [**基督自己并不想也没有想要请求上帝把使徒们从世界里带走**] 指向《约翰福音》（17∶15）："我不求你叫他们离开世界，只求你保守他们脱离那恶者。"

36 [**纯净的人**] 丹麦语形容词 ren，这里译作"纯净的"，可译作"干净的"，也可译作"纯粹的"。在基督教的关联上考虑，可取"干净的"的意思，因为它可以指向《约翰福音》（15∶1—3）："我是真葡萄树，我父是栽培的人。凡属我不结果子的枝子，他就剪去。凡结果子的，现在你们因我讲给你们的道，已经干净了。"在德国唯心主义哲学的关联上考虑，可取"纯粹的"的意思，因为这"纯粹的"是概念抽象之后的状态，指向黑格尔的"纯粹的在"的概念：在我们把所有现象的特殊特征和性质抽象掉之后，剩下的就是纯粹的在。

37 [**一只在残暴的狼群中迷路的羊**] 一方面指向《马太福音》（7∶15）："你们要防备假先知。他们到你们这里来，外面披着羊皮，里面却是残暴的狼。"一方面也指向《马太福音》（18∶12—14）中耶稣派遣门徒时所说的话，他让他们去寻访"迷路的羊"。以及《马太福音》（10∶16）："我差你们去，如同羊进入狼群。所以你们要灵巧像蛇，驯良像鸽子。"

38 [**保存自己的纯净不受世界污染**] 见前面"拜访寡妇"的注脚。指向《雅各书》（1∶27）所说的"保守自己不沾染世俗"。

39 "他是人"，就是说"他是有人情味的"。

40 [**隔墙**] 这表述（及其关联）指向《以弗所书》（2∶14—15），在之中保罗谈论基督要把外族和犹太人统一起来："因他使我们和睦，（原文作因他是我们的和睦）将两下合而为一，拆毁了中间隔断的墙。而且以自己的身体，废掉冤仇，就是那记在律法上的规条。为要将两下，藉着自己造成一个新人，如此便成就了和睦。"

41 [**"与上帝同行"，我们使用这句话来作为祝愿**] 在克尔凯郭尔的时代，这是一句告别时的祝愿。意为：愿你身处上帝的眷顾之中，在上帝的保护之下。

42 [**对人身的考虑上**] 就是说，考虑到这个人是什么人，对不同的人做出区分。

95

这一表达有着圣经的烙印。参看《罗马书》（2：11）"因为神不偏待人"。这在旧约[《申命记》（10：17）；《历代志下》（19：7）；《约伯记》（34：19）和新约《使徒行传》（10：34）；《加拉太书》（2：6）《以弗所书》6：9）；《彼得前书》（1：17）]之中都多次出现。

43 [**在空气之中**] 见前面对"空气中的出剑"的注脚。参看《歌林多前书》（9：26）："所以我奔跑，不像无定向的。我斗拳，不像打空气的。"

44 [**路德……说……："我无法做出有所不同的行为，上帝助我，阿门。"**] 指向1521年路德在沃尔姆斯被要求以明确的话宣告他要收回自己的受教会谴责的教义时所说的话。他以这样的话来拒绝这要求："Hier steheich; ichkannnichtanders, Gotthelfe mir! Amen!"（我站在这里；我无法做出有所不同的行为，上帝助我，阿门。）

Jf. C. F. G. Stang, *Martin Luther. Sein Leben und Wirken*, Stuttgart 1838, ktl. 790, s. 123.

路德：马丁·路德（Martin Luther, 1483—1546）德国神学家，奥古斯丁修道士，维滕贝格的教授，宗教改革家。

45 [**一个宁静的小时**] 明斯特尔（J. P. Mynster）主教常常使用的关于在（作祷告用的）私屋和在教堂之中默祷的说法。

丹麦语文献：Se fx *Betragtninger over de Christelige Troeslærdomme*, 2. opl., bd. 1 – 2, Kbh. 1837 [1833], ktl. 254 – 255; bd. 1, s. 240; bd. 2, s. 298, s. 299, s. 301 og s. 306. Se endvidere *Prædikener paa alle Søn – og Hellig – Dage i Aaret*, 3. oplag, bd. 1 – 2, Kbh. 1837 [1823], ktl. 229 – 230 og 2191; bd. 1, s. 8 og s. 38; og *Prædikener holdte i Kirkeaaret 1846 – 1847*, Kbh. 1847, ktl. 231, s. 63.

46 "在与生命的困惑有一个宁静的小时之远的距离之外"，这里是一种以时间代替长度来测距的修辞手法。一般的说法是，比如说："在与节日的欢庆有一个公里多之远的距离之外"是正常的描述，但是"在与和平安宁有六十多个苦难动荡的年度之远的距离之外"，就是使用了这种修辞手法。

47 可以理解为：这一理解有着"人类的一般看法"与"他自己的看法"之间的距离。

根据德文版 Liebe Tun（1966 by Eugen Diederichs Verlag, Düsseldorf/Köln）的注释，克尔凯郭尔认为，在这样的情况下，一个人是在以人类的名义理解，而不是以自己的名义理解。

48 贴近着地，就是说，没有距离的。

49 [**随着那场恐怖之后而到来的各种狂野暴动和恐怖，也许也成为了过去**]"那场恐怖"可能是指1789年的法国大革命，它导致了后来的恐怖时期（la Terreur´, 1792—1794），雅各宾派当权，通过大规模处决而把自由的敌对者驱入惊恐。"之后而到来的各种狂野暴动和恐怖"则可能是指拿破仑战争和欧洲各地的造反和革命，可能也包括法国1830年的六月革命以及它在欧洲各国的影响。在六月革命和二月革命之间，要求自由平等的不再仅仅是资产阶级，而且也包括了劳动阶级；另外，在当时还出现了范围很广的文学读物，在之中，解放的要求越来越多地覆盖"最卑微的"阶级，工人们，并且要求工人阶级进入阶级斗争。

50　原文直译应当是："因此，甚至在欢呼之中都应当是有着一种诡诈的对抗，在私下里，这对抗可能心怀恼怒，一种私下隐藏着的对嘴上所承认的东西说不的不情愿，一种在向强大者敬礼的欢呼声中的简直就是被强咽下去的妒忌所具的缄默。"

51　见后面文字中关于《路加福音》中耶稣谈论饭桌上的座位时的一段话。

52　[**我们不是在《路加福音》……要请那贫穷的，残废的，瘸腿的，瞎眼的'**] 引自《路加福音》中耶稣谈论饭桌上的座位时的一段话。

53　[**平等性**] 对所有人的一视同仁。

54　[**他们也曾嘲笑过多俾亚……"他的邻居讥笑他"（《多俾亚传》/2：8）**] 指向《多俾亚传》（1：16—2：8），之中托彼特叙述："在厄乃默撒年间，我对同族的兄弟常大方施舍。我把我的食物分送给饥饿的人，把我的衣服施舍给裸体的人；我若看见同族的尸体，被抛在尼尼微城墙外，我便一一埋葬。当散乃黑黎布因说了诅咒的亵语，在上天大主惩罚他之日，由犹太逃回之后，无论杀了谁我都予以埋葬，因为他在盛怒之下，杀了许多以色列子民，我便把他们的尸体收藏起来，予以埋葬。因此散乃黑黎布寻找尸首，一个也没有找到。有一个尼尼微人前去报告君王说是我埋葬了，我便隐藏起来。当我听说君王知道了我的下落，正在追捕我来处死时，我很害怕，就逃跑了。但是我所有的一切财产，除了我的妻子亚纳和我的儿子多俾亚外，都毫不留情地没收了去，归入王库。然而还没有过四十天，他的两个儿子把他杀死，逃到阿辣辣特山里去了。他另一个儿子厄撒哈冬继位为王，并且任命我的兄弟阿纳耳的儿子阿希加总理他全国的财务，有权掌管一切事务。那时阿希加为我求情，我才得以回到尼尼微，因为阿希加曾在亚述王散乃黑黎布执政时作过酒正，又掌过指玺，当过家宰和财政等职，而厄撒哈冬又重用他；他是我的侄子，又是我的血亲。厄撒哈冬为王时，我回了家，我的妻子亚纳和我的儿子多俾亚也归还了给我。在我们的五旬节日即七七节日，他们为我预备了盛筵，我便坐下准备进膳。在给我预备桌子，摆上丰盛的食品时，我对我的儿子说：'孩子你去，在掳到尼尼微的同族兄弟中，寻找一个全心怀念上主的穷人，领他来与我们一同进膳。孩子，我等你回来。'多俾亚便出去在同族兄弟中寻找一个穷人，他回来时说：'父亲！'我对他说'孩子！我在这里。'他接着说'父亲我看见了我们同族的一个人被杀，扔在市场上，他是刚才在那里被绞死的。'我立刻跳起来，离开了筵席，连什么都没有尝，就去把他从大街上抬回来，放在一间小屋里，等到太阳西落以后再去埋葬。我回来沐浴之后，悲伤着吃了些食物；于是记起了亚毛斯先知对贝特耳发的预言说：你们的庆节将变为悲哀，你们的一切歌曲将变为伤叹。我便哭起来。太阳西落以后，我去掘了坟把他埋葬了。我的邻居讥讽说：'他还不怕！他以前为了这事曾被通缉处死，以致必须逃命。看他又埋葬死人。'"

55　空虚（Forfængelighed），也有"虚荣"的意思。

56　[难以看见"人"]也许是指向希腊哲学家锡诺普的第欧根尼（公元前412—前323年），关于他有这样的说法："他有一次在大白天里一路掌灯走着，并且说：我寻找人"，出自第欧根尼·拉尔修的哲学史第六书第二章第41节。克尔凯郭尔在后面又使用过一个类似的句子。

57　[停留在自己命中所被分派的差异性之中]指向马丁·路德的关于在身份和召唤之中的生活的教义。这在《巴勒的教学书》第二章"论上帝的作为"第二段中有所表述，§5："每一个人都应当把他所处的身份看作一种来自上帝的召唤，去达成最多和最佳的益用，这益用根据情况只有通过他才能够被达成。"这里指向《歌林多前书》（7：20）："各人蒙召的时候是什么身份，仍要守住这身份。"

58　[你不可贪恋那属于邻人的东西，不可贪恋他的妻子，不可贪恋他的驴]指向摩西十诫中的最后两诫。《出埃及记》（20：17）"不可贪恋人的房屋，也不可贪恋人的妻子，仆婢，牛驴，并他一切所有的"。也可参看《申命记》（5：21）。

59　如果直译的话，应当是"如果这些东西被拒绝给予你"。

60　[血肉]"血肉"在新约之中是标示"人"的固定表达，比如说可参看《马太福音》（16：17）"属血肉的"；《加拉太书》（1：16）"属血气的"；《以弗所书》（6：12）"属血气的"。

61　[身份]见前面"对人身的考虑上"注脚。就是说，考虑到这个人是什么人，对不同的人做出区分。这一表达有着圣经的烙印。参看《罗马书》（2：11）"因为神不偏待人"。这在旧约［《申命记》（10：17）；《历代志下》（19：7）；《约伯记》（34：19）］和新约《使徒行传》（10：34）；《加拉太书》（2：6）《以弗所书》（6：9）；《彼得前书》（1：17）］之中都多次出现。

62　"自己为自己的行驶方向负责"，直译的话就是"凭自己的账单驾驶"。丹麦语中动词"驾驶"在名词化之后就是"管理"、"统治"（也就是前文中所出现的"上帝的统治"这个概念）的意思。

63　[让他取走他的报酬]指向《马太福音》（6：2、5、16）："所以你施舍的时候，不可在你前面吹号，像那假冒为善的人，在会堂里和街道上所行的，故意要得人的荣耀。我实在告诉你们，他们已经得了他们的赏赐。……你们祷告的时候，不可像那假冒为善的人，爱站在会堂里，和十字路口上祷告，故意叫人看见。我实在告诉你们，他们已经得了他们的赏赐。……你们禁食的时候，不可像那假冒为善的人，脸上带着愁容。因为他们把脸弄得难看，故意叫人看出他们是禁食。我实在告诉你们，他们已经得了他们的赏赐。"

64　[我们谈论"在死亡的瞬间帷幕向永恒之剧场拉开"]这一说法的来源不详。

65　[变形法术]魔法，尤其是指那种将形象改变的魔法术。

66 [共同的印记] 就是说，纸上的水印。

67 [为了真正地想要一样东西而去选择了真正地想要"那善的"] 这是克尔凯郭尔《不同精神中的陶冶讲演》（1847）中的祷告讲演"一个场合之讲演"中的主题。该讲演的出发点是《雅各书》（4∶8）："你们亲近神，神就必亲近你们。有罪的人哪，要洁净你们的手。心怀二意的人哪，要清洁你们的心。"

68 神圣变化（Forklarelse）：就是说"变容"，比如说，耶稣的变容，在山上出现的从耶稣身上突然发出的光芒。也指一种理想化或者崇高化的过程。

69 这里的"我想要，我——我"中所用到的三个"我"在丹麦语中都是宾格"我"。

70 这里所用到的三个"我"在丹麦语中都是主格"我"。

Ⅲ　A　《罗马书》13：10.爱是律法之圆满[1]

"许诺是令人尊敬的，但守诺是艰难的"[2]，俗语这么说；但是凭什么这么说？那令人尊敬的无疑是守诺，这是很明白的事情，这样，这俗语可以是对的：守诺是令人尊敬并且也是艰难的事情。那么，这样一来，许诺到底算是什么呢？根据上面所做出的解说，这俗语就"什么是许诺"没有说出任何东西；也许这许诺就根本什么也不是；也许它比"什么都不是"还更糟；也许俗语甚至警告人不要许诺，就仿佛它在说：不要把时间浪费在许诺上，守诺是令人尊敬的行为，这行为是够艰难的。确实，许诺无疑绝不是令人尊敬的品格，哪怕这诺言绝不蕴含任何不端的意图。把"令人尊敬"的名头赋予"许诺"，这又何尝不是一种可疑的做法呢？在一个欺诈地许下了如此多诺言的世界里是可疑的，在只有着过于强烈的倾向去许诺并且去通过许诺来令人尊敬地欺骗自己的一代人中是可疑的。相关于这俗语本身，这做法是不是可疑呢，既然另一句同样也看穿了世界和人类的俗语从经验之中得知："借出去的钱，如果借的人履行诺言还回来，这钱就是捡来的钱？"[3] 因此，我们还是宁可走向另一个极端说"许诺是一种不应受人尊敬的行为"，并同时设定真正的忠诚所具的本质特征就是：它不给出诺言，它不浪费时间许诺、不通过许诺来讨好、不要求双重支付——首先为诺言然后为诺言之兑现的双重支付。然而，我们最好还是努力去单纯而果断地把注意力集中到守诺上，尽管与此同时，作为一种引介，一种来自权威者的警醒忠告则警示着我们不要去许诺。

在圣经之中（《马太福音》21：28—32）有着一个比喻[4]，在宣教讲演之中很少被引用，但却是非常有教益性并且发人深省。让我们详细叙述一下吧。有"一个有着两个儿子的人"[5]，在这里，他就像那个迷失的儿子的父亲[6]，他也有两个儿子；这两个父亲之间的相同性更大，因为这里所谈到这个父亲，他的一个儿子也是个迷失的儿子，现在我们在这故事中会听到关于这儿子。父亲"来对大儿子说，我儿，你今天到葡萄园里去作工。他回答说，我不去。以后自己懊悔就去了。又来对小儿子也是这样说，他回答说，父阿，我去。他却不去。你们想这两个儿子，是那一个遵行父命呢？"[7] 我们也能够以另一种方式问，这两个之中的哪一个是迷失的儿子呢？难道不是那个说是的，那个听话的，他不仅说"是"，而且还说"父阿，我去"好像是为了显示自己在父亲的意愿之下无条件听命的顺从？难道不是他，说"是"的那个，他，在默无声息之中迷失的那个，这样在默无声息中迷失，乃至关于他的说法不是那么容易就像那关于另一个迷失的儿子的说法一样地变得人所周知，——后者与娼妓一同耗尽自己的财物，并且在最后去看守猪，但是也在最后被重新失而复得？难道不是他，说"是"的那个，他，以一种特别的方式像那迷失的儿子的兄弟的那个，因为，正如后者的公正在福音书里被弄得很可疑，尽管他还是将自己称作公正的人或者好儿子[8]，同样，这个兄弟，（我们在语言之中有着一个专门的表述，为求简短的缘故，我们可以将之用在他身上）这个应声虫兄弟[9]，也许把自己看成了是一个好儿子，——难道他不是也在说"是"，他不是在说"父阿，我去"[10]，许诺当然是令人尊敬的，俗语这样说！兄弟中的另一个说"不"。一个这样的"不"，它却意味了，一个人恰恰去做他对之说不的事情，这"不"有时候可以是立足于一种并非无法解释的怪癖之上。在一个这样的伴装的"不"之中有时候隐藏着一种诚实，这种诚实在大地上是被流放者和异乡人，不管这是因为这说话者对一而再再而三听见"是"感到厌恶，这"是"意味了一个人不做自己所说的事情，他对之感到如此厌恶，以至于他习惯了在别人说是的时候说不，以便在之后去做应声虫兄弟所不做的事情；还是因为这说话者对自己有着一种担忧的不信任并因此而避免做出任何许诺，这样他就不会许诺过多；还是因为这说话者在对于"做善的事情"的真诚热情之中希望去防止诺言所具的虚伪表象。然而，在福音书中，这个"不"没有以这样的一种不当真的方式被说出来，那真的是儿子的不顺从；但是他懊悔了，并且还是去按父亲的意愿做了。

但是，现在，这个比喻想要指出的东西是什么呢，难道不是在说，急着说"是"多么危险，尽管这在那瞬间里是一个认真的"是"？应声虫兄弟并非因为他说"是"而被描述为一个是欺骗者的人，而是因为他不守自己的诺言而被描述为一个成为欺骗者的人，并且更确切地说是被描述为一个恰恰通过自己的急于许诺而成为欺骗者的人，这就是说，诺言恰恰就成为圈套；如果他不曾许出任何诺言的话，也许他倒是更有可能去做这事。也就是说，如果一个人说是或者许出什么诺言，那么他就很容易欺骗自己并且也很轻易就去欺骗别人，就仿佛他已经做了他许诺要做的事情，或者就仿佛他通过许诺多少还是做了一点他许诺要做的事情，或者就仿佛诺言本身就是某种值得称道的东西。如果一个人结果倒是不去做自己所许诺的事情，那么，如果他这时要回到真相之中并且哪怕只是去达到那"多少还是去做一点他许诺要做的事情"的开始的话，路途就会是非常漫长的。唉，一个人所许诺要做的事情也许已经有足够大的规模了，但是现在，借助于这没有得以履行的诺言，他与那开始就有了一种幻觉的距离。现在就不再像是在那一瞬间之中，在一个人走错了路，不去开始工作而是借助于诺言在这工作之外晃来晃去。他要沿着这全部的弯路走回去，他才能重新到达那初始。相反，这条从"说了不"出发的路，这条通过懊悔来事后补救，它要短得多，也更容易被找到。诺言的"是"是催人入睡的，而那说出来并且因此而让一个人自己听见的"不"则是唤醒人的，并且一般说来，"悔"就在不远的地方了。说"父啊，我去"的人，他在同一刻里是为自己感到得意的；说"不"的人，他几乎变得害怕自己。这一差异在第一瞬间里有着很重大的意义，在第二瞬间有着非常决定性的意义；然而第一瞬间是"那瞬间的"的判断，第二瞬间是"永恒"的判断。正是因此，世界是如此倾向于各种诺言，因为"那世俗的"是"那瞬间的"，诺言在一瞬间里看起来非常漂亮；正因此永恒对诺言有着怀疑，正如它对"那瞬间的"有着怀疑。设想如果两兄弟都不去履行父亲的意愿，那么，在这样的情况下，说不的这个则总是更趋近于去履行父亲的意愿，因为他通过留意于"自己不去履行父亲的意愿"而更趋近。一个"不"不隐藏任何东西，但一个"是"就很容易变成一种幻觉，一种在所有艰难中最难以克服的幻觉。哦，"通向沉沦的道路是以诸多善的意图铺成的"[11]，这句话太对了，并且，确实是这样，对于一个人，最危险的事情就是借助于善的意图走回头路，而借助于诺言也一样。发现"这在事实上是回头路"，是一件很艰难的事情。如果一个人转身背对着你走开，这就很容易看出他在离开，但是，如果一个人想出这样的主意来，把脸转归来对着他所离开的人，想出这样的主意来，在他以表情和目光和招呼声来问候你的同时倒退着走路，保证了又保证说他马上就过来，或者也许还会不断地说着"我就在这里"，尽管他离你越来越远，但请注意，他是在倒着走；那么，他的远离就不那么容易引起你的注意。如果一个有着丰富的善的意图并且迅速地做出许诺的人，向后倒走着越来越远离那善的，那么，他的情形就也是如此。就是说，借助于意图和诺言，他有着通往"那善的"的方向，他是面向"那善的"，但是尽管他有朝着"那善的"的方向，他却倒退着地离"那善的"越来越远。因为每一个更新了的意图和诺言，他看起来似乎是在向前迈步，然而，他不只是原地不动，他其实是在向后退步。空虚掉了的意图、不被兑现的诺言，留下沮丧、消沉，也许它们在一种更激烈的意图之中马上又重新燃烧起来，但这更激烈的意图则又只留下倦怠。就像酒鬼不断地需要越来越强烈的刺激以求陶醉，这样，那沉溺在诺言和意图中的人也是以同样的方式不断地需要越来越多的刺激以求往后退。我们不是在赞美那说不的儿子，我们是在努力从福音书中学习认识到，说"父阿，我去"是多么危险。相对于"去行动"，诺言就像是替换儿[12]，因此我们要小心留神。正是在孩子出生的这瞬间，就在母亲的喜悦最大的时候，因为她的痛苦过去了，就在她因为喜悦而恰恰不怎么留意的时候，按迷信中的说法，那些敌对的力量就来了，留下一个替换儿来取代那孩子。在起初那伟大但却也因此而充满危险的瞬间，在你就要去开始的时候，这时敌对的力量就来了，并且加上一个诺言之替换儿，阻碍着你去做出真正的开始，唉，有多少人就是以这样的方式被欺骗了，是的，就好像着了魔。

看，因此，相对于每一项任务而言，这一点对于一个在其所有各种关系之中的人来说很重要：马上让注意力不作分割地完全集中在那本质性的和那决定性的东西上。爱的情形也是如此，在任何瞬间它都无法看上去不同于它本身所是，甚至也不会有任何表象驻定下来变成一个陷阱，这样，爱不去为自己预留出充裕的时间在讨人欢心的幻觉之中自得其乐，而是马上就开始进入自己的任务并且不得不去明白：这之前的每一个瞬间都是被浪费掉了的瞬间，并且这不仅仅只是浪费时间而已，它的每一个其他表达都是耽搁和倒退。这一点恰恰就是在我们文本的用词中得到了表述：

爱是律法之圆满

并且，我们现在要让这个词成为我们所考虑的对象。

因此，如果有人问，"什么是爱"，那么，保罗就回答说"爱是律法之圆满"，并且，在回答的同一瞬间，所有进一步的问题也就都被阻挡了回去。因为，律法，唉，这已经是一件复杂的事情了，但是去实施履行律法，——是啊，你自己可以看出，如果要达到这一点，那么，我们就没有任何瞬间可浪费的了。无疑，在世上这个问题被好奇地提出过了许许多多次，"什么是爱"，然后曾有许许多多次出现过一个闲散的人一边回答着问题一边去亲近那好奇者，而这两样东西，好奇和闲散，它们相互很喜欢对方，它们几乎无法相互厌倦于对方、无法厌倦于问和答。但是保罗不去与提问者亲近，更不会去让自己卷入各种复杂的关系，相反他通过自己的回答来捕捉，他将提问者捕捉进律法之下的遵从，他通过回答来立即给出方向并且给出按这答案去行动的速度。这不仅仅是保罗的这一回答的情形，这是所有保罗的回答和所有耶稣的回答的情形；这种回答的方式，离开问题的方向而转向远方以便马上就为提问者把任务（亦即他所要做的事情）带到尽可能靠近生活的地方，这种方式恰恰是基督教的本质性的特征。那个古代的单纯智慧者，他为认识服务而论断了异教文化，他懂得问的艺术，通过问题而将每一个作答者捕捉进无知之中[13]；而"那基督教的"则不是使自己去与认识发生关系，而是使自己去与行动发生关系，它有着这样的特性：做出回答，并且通过回答来把每个人捕捉进任务中。因此，对于法利赛人和善辩者和咬文嚼字者和沉思默想者来说，"向耶稣提问"是如此危险；因为，固然提问者总是会获得回答，但是他通过回答也在某种意义上说得知了实在太多的东西，他得到了一个捕捉性的回答，它不是巧妙地让自己在冗长复杂之中进入问题，而是以一种神圣的权威抓住提问者，并且使得他进入"按此去做"的义务，尽管提问者也许只是想要停留在对于他自己和对于"去做那真的东西"的好奇心或者求知欲或者概念定性的延展出的距离之中。有多少人不曾是这样：他们询问"真理是什么"[14]，而实际上是希望有更多的时间，不希望真理马上就如此靠近他们以至于即刻就要决定出什么是他们在这一瞬间之中要去做的义务。在法利赛人为了"要显明自己有理"而问"谁是我的邻舍呢"的时候[15]，他肯定会是在想着，这必定会成为一次非常冗长复杂的调查，这也许会持续很长时间并且在之后也许会终结于这样的一个认可：要完全准确地为"邻人"的概念定性是一种不可能，——他恰恰是为此而问，为了寻找逃避、为了浪费时间、为了要显明自己有理。但是，上帝在这些智慧者们的愚拙之中将他们抓住，基督把提问者抓进那蕴含任务的回答中[16]。

III　A　《罗马书》13∶10. 爱是律法之圆满

基督每一个回答的情形都是如此。他不是通过冗长复杂的讲演来警示人们去对无用的问题保持警惕，这些问题只是在引发出纷争和遁词，唉，冗长复杂的讲演则反过来也不见得比它想要反对的东西好到哪里去；他不使用冗长复杂的讲演，正如他进行教导的情形，他在做出回答的时候也带有神圣的权威，因为这权威的东西恰恰正是"设定出任务"。虚伪的提问者得到了他应得的而不是他想要得到的回答，他没有得到一个能够滋润他的好奇心的回答，也没有得到一个他能够到处传播的回答，因为这回答有着特别的性质，在它被继续向别人讲述的时候，它马上捕捉住那作为讲述的对象的人，特别是，将他捕捉进任务之中。尽管有人大胆地想要试图把某种基督的回答作为一种传闻来讲述，但这没用，这是无法做到的，这回答通过使得那作为讲述的对象的人进入对这任务的义务而将他捕捉住。一个巧妙的回答，如果它是针对人的机智性（Sindrighed）而做出的，那么它对"谁说出这回答"和"这回答是对谁说的"其实是无所谓的。基督的每一个回答则有着正相反的性质，然而这之中却有着一种双重的意义：说出这回答的是基督，这一点是无限重要的，而由于这是对那单个的人讲述的，因此，那作为讲述的对象的，恰恰是他，整个永恒所强调的重点是在于，这是他，尽管它以这样的一种方式是对所有单个的人讲述的。机智性是在自身之中内向的，并且就这一点而言就仿佛是盲目的，它对于"是否有人看着它"一无所知，并且不会通过看着一个人而靠近这个人；神圣的权威则相反，它就像纯粹的眼睛，它首先强迫那话语所指向的人去看明白他在与谁说话，并且在这时以深邃的目光盯上他并且以这目光说：说话的对象就是你。之所以人类如此愿意去与机智性和深刻性有关系，因为你可以与它玩摸瞎子的游戏，而权威则是他们所害怕的。

也许因此人们不怎么愿意去与保罗的回答发生关系，这回答，如上所述，是捕捉着的。也就是说，一旦人们以任何别的说法来回答关于"爱是什么"这个问题，那么就也会有时间、间歇，一个空闲的瞬间，那么就会有人对好奇和闲散和自私做出一种认可。但是，如果爱是律法的圆满，那么就根本不会有许诺的时间，——因为在这里"许诺"被作为最后可用的东西的表达，它会为爱给出一种错误的方向，偏离开"去做出行动"、偏离开"马上开始着手自己的任务"；诺言就停留在开始并且带有欺骗性，它像是开始而其实不是开始。因此，即使这一关于爱的诺言不是那么轻易，不像一瞬间的激动在下一个瞬间就是欺骗，不像一种即刻的

105

燃耀只留下倦怠，不像一种向前跃进导致后退，不像一种抢先的出击延迟着地重新停下，不像一种引子并不导向事情本身，即使这并非如此，诺言也仍然是一种踌躇，一种在爱边上梦幻着的或者放纵着的或者诧异着的或者轻率的或者自欺欺人的踌躇，就仿佛它首先得聚精会神，或者就仿佛它做出了考虑，或者就仿佛它诧异于自己或者诧异于它将能够做到的事情，诺言是一种在爱边上的踌躇，并且因此也就是玩笑，一种能够变得危险的微笑，因为，在严肃之中，爱是律法的圆满。但是基督教的爱施舍掉一切，它恰恰因此而无可施舍，既没有任何瞬间也没有任何诺言。然而这却不是什么忙碌，最绝对地不是世俗的忙碌，世俗和忙碌则是两个不可分的想法。什么是忙忙碌碌？我们通常认为，一个人专注做事的方式是决定这个人是否应当被称作"忙碌的"的东西。但是，事情并非如此。只有在一种更确切的定性之中，就是说，只有在对象被确定了之后，这方式才是决定性的。如果一个人专注地把时间用在"那永恒的"上，不断地，如果可能的话，在每一瞬间，那么他并不忙碌。因此，如果一个人真正是专注地把时间用在"那永恒的"上，他就绝不会忙碌。忙碌是分裂而分散地（这是一个人专注从事的对象所招致的）专注于所有繁复多样的事情，在这样的事情中一个人恰恰不可能是完整的，在所有这些事情之中完整或者在某一个单个的部分之中完整，这是只有神智错乱的人才能够成功地做到的事情。忙碌是分裂而分散地专注于那使得一个人分裂而分散的事情。但是基督教的爱是律法的圆满，它在它的每一个表达之中恰恰是完整而集聚地在场的；但它却是纯粹的行动；因此，正如它不是忙碌，它也不是不作用（Uvirksomhed）。它绝不事先接受任何东西，也不会给出一个诺言来取代行动；它绝不在"完成"的幻觉之中让自己感到满足；它绝不在自身之中放纵地踌躇；它绝不会无所事事地坐着为自己感到诧异。如果说诗人想要把"在不可解说之物"的窗格子背后的那种隐蔽的、秘密的、谜一般的感情引诱到窗前，那么，它不是那种感情；如果说一种灵魂中的心境因娇宠而不认识任何律法、不想知道任何律法，或者不想具备自己的律法而只倾听各种歌声，那么，它不是这心境；它是纯粹的行动，并且它的每一个作为都是神圣的，因为它是律法之圆满。

基督教的爱就是如此；尽管它在任何人身上不是也不曾是如此（然而每一个基督徒则通过"停留在爱中"来努力使得自己的爱变成如此的爱[17]），它在**他**身上则就是如此，**他**就是爱，它在我们的主耶稣·基督身上就是如此。因此同一个门徒这样说及他（《罗马书》10：4）："基督是律法的总结。"[18] 律法有它达不成的东西，正如它无法使一个人获得至福，而这所不能够达成的东西就是基督。因此，如果说律法带着自己的要求成为所有人的毁灭，因为他们不是它所要求的，并且通过它只是认识到罪[19]；然后，基督成为律法的毁灭，因为他是它所要求的。它的毁灭，它的总结；因为，在要求被达成了的时候，要求只在这"达成"之中存在，因此，它不是作为要求而存在着。正如渴在得以解渴之后就只存在于爽快之慰藉中，同样基督的到来不是为了消除掉律法，而是为了通过实现律法而使之完美，这样它从此就存在于完美化之中。

是的，他是爱，并且他的爱是律法的圆满。"没有人能够指证他有任何罪"[20]，律法也不能够，尽管这律法和良心在一起知道一切；"他口里也没有诡诈"[21]，他身上的一切都是真相；在他的爱之中，从律法的要求到律法的实现不存在一瞬间的距离，不存在一丝感情的距离，不存在一丝意图的距离；他不像兄弟之中的那一个那样说不，也不像另一个那样说是[22]，因为他的食物就是履行父的意愿[23]。这样他就合一于父[24]，合一于律法中每一个要求，这样，去使之完美化就成了他心中的一个愿望，他唯一的生命必需。他身上的爱是纯粹的行动；在他的生命之中的任何瞬间，绝不会有哪怕唯一的例外，他身上的爱都不会只是一种感情的不作用（Uvirksomhed），在听任时间过去的同时寻找着言辞，或者只是一种心境，对自身而言是一种满足，没有任何任务却踌躇于自身；不，他的爱是纯粹的行动；甚至是在他哭的时候，这也并不填充时间，因为，哪怕耶路撒冷不知道什么是关系到它的平安的事情，他知道[25]，尽管他们在拉撒路的坟墓上哀伤着不知道会发生些什么，他却知道他要做什么[26]。

他的爱在最微渺的东西之中完全地在场，正如它在最伟大的东西之中在场；它并不在个别伟大的瞬间中更强烈地凝聚，仿佛日常生活的时分就得免于律法的要求；它在每一个瞬间里都同样地均匀在场，在他在十字架上吐出最后一口气[27]的时候并不比他让自己被生出时更多；是同样的爱说"马利亚已经选择那上好的福分"[28]，是同样的爱以一道目光惩罚或者原谅了彼得[29]；在他迎接那些在以他的名行了奇迹之后喜悦地归返的门徒们[30]时是同样的爱，在他看见他们睡去[31]时是同样的爱。在他的爱之中没有对什么别人的要求，对别人的时间、力气、协助、服务、回报之爱的要求，因为基督对另一个人所要求的只有对这另一个人的好处，并且他只是为了这另一个人的缘故而要求这个；没有任何一个与他一同生活的人，是像基督爱他那样深地爱他自己。除了那在他心中与律法的无限要求的协议之外，在他的爱之中没有任何与任何人讨价还价的、妥协的、偏倚的协议；在基督的爱之中没有为他要求出任何豁免，一点都没有，一分一毫都没有。

他的爱不作分别，没有那种在母亲和其他人之间的最温和的差异，因为他指着自己的门徒说："这些是我的母亲"[32]，另外，他的爱也不做出门徒的区分；因为他的唯一的愿望是：每一个人都将成为他的门徒，他是为每个人自己的缘故而有这样的愿望；再另外，他的爱也不在门徒们之间做出区分，因为他的神圣的人性的爱恰恰是那种平等地对所有人的爱，想要拯救他们所有人，是那种平等地对所有想要让自己得到拯救的人的爱。

基督的生命是纯粹的爱，而他的这整个生命只是唯一的一个工作日，他在那一夜到来之前不休息，那一夜，他不能够再工作了；在这个时间之前，他不因日夜的转换而在工作上有交替，因为，如果他不工作，他就在祈祷之中守望[33]。

以这样一种方式，他是律法的圆满。他没有要求任何东西作为对此的酬报；因为他的唯一要求，他自出生到死亡这整个一生的唯一意图就是无辜地牺牲自己，——这一点，即使是律法，在它在最极端的程度上要求它应得的东西时，也不敢要求这个。以这样一种方式，他是律法的圆满；可以说，他只有一个知密者多多少少能够追随他，一个知密者足够地专心致志而不眠地专研他，它就是律法本身，一步步地，一小时一小时地，带着自己无限要求跟随着他；但他则是律法的圆满。

多么贫困，从不曾爱过，哦，但即使是那通过自己的爱而变得最富的人，他的全部财富与这一圆满相比也只算是贫穷！然而，事情却不是这样，让我们永远都别忘记，在基督和基督徒之间有着一种永恒的差异；哪怕律法是被取消了，它仍然有着其权力并且在上帝—人[34]和每一个其他人之间设立出一种永恒的深渊[35]，其他人无法理解，而只能够信仰，那神圣律法所必须承认的事实：他是律法之圆满。每一个基督徒都相信这事实，并且信仰着地吸收这一点，但是除了律法和那"是律法之圆满"的**他**，没有人知道这事实。因为，那在一个人最强的瞬间在他身上足够微弱地在场的东西，在每一瞬间远远更强烈但却平等地在场的东西，只有在一个人最强的瞬间他才能够理解这东西，而在这瞬间之后，他就无法理解这东西，因此他就必须信仰并且将自己保持在信仰之中，这样，他的生命就不会因为"在一瞬间理解而在许多其他瞬间不理解"而变得困惑。

基督是律法的圆满。我们要从他那里学习怎样去理解这一想法，因为，他是解说，只有在解说是它所解说的东西时，在解说者是那被解说的东西时，在解说是明朗化[36]的时候，只有在这时，事情才是对的。唉，我们无法以这样的方式来解说，如果我们无法做别的，那么我们能够相对于上帝从这之中学到谦卑。我们脆弱而不牢固的尘俗生活不得不区分开"解说（at forklare）"和"在（at være）"，我们的这一无奈是对于"我们如何使自己去与上帝发生关系"的一个本质的表达。让我们设想一个人，从人的角度上说，在心中真诚地爱着上帝，唉，上帝却已经爱他在先[37]，——这人就是落后这么多。每一个永恒之任务的情形就是如此。在一个人好不容易终于开始的时候，在事先会有怎样无限多的东西被浪费啊，尽管我们在一瞬间里会遗忘掉这终于开始了的追求之中的所有缺陷、所有不完美。让我们设想一个人，从人的角度上说，在心中真诚地先求上帝的国和上帝的义[38]，哦，要让多少时间流逝掉，他才真正能哪怕是学会去理解这个，这样，要让他先求上帝的国和上帝的义，这是多么无限地遥远的事情啊！在每一个点上都是如此，在每一个"人的开始"之前都有着一段被浪费了的时间。我们通常在尘俗的关系上谈论这可悲的情形：一个人为了要开始一项事业就必须欠债，相对于上帝每一个人都是以无限的债务开始的，尽管我们忘记了在开始之后每天都实际达到什么债额。只是在生活中，人们总是忘记这一点，这样的遗忘是很频繁的，为什么？只会是因为上帝也被忘记了。于是一个人就和另一个人作比较，如果一个人比其他人理解了更多，那么这个人就赞叹自己是个人物。难道他就不会自己明白，在上帝面前他什么都不是[39]。既然现在人们如此喜欢是个人物，那么，不管他们在多大的程度上谈论上帝的爱，他们还是不愿意让自己真正与他发生关系，这也没有什么奇怪的，因为，他的要求和他的尺度使得他们成为乌有。

使用你所被赋予的力量中的一成，如果你竭尽全力地使用它，然后你就背离上帝，拿你自己与别人作比较，你在很短的时间里就在人众之中出人头地。但是转过身来，转向上帝，用十成的力量，尽可能地逼出最极端的救急储存力量，然而你仍将是"什么都不是"，与"达成了什么"有着无限的距离，处于无限的债务之中！看，正因此我们可以说，在某种意义上，对一个人讲关于那至高的东西是没有用的，因为必定有着另一种颠覆在发生，完全不同于任何言谈能够招致的颠覆。也就是说，如果你想要感觉良好并且很轻易地达到"是个人物"的状态，那么就忘记上帝吧，让自己永远都不要真正地有所觉察、永远都别让自己去搞明白——是他从乌有之中将你创造出来[40]，让自己去把"不可让时间浪费在对'一个人无限并且无条件地欠着谁一切'的考虑上"这一前提预设为出发点，——一个人也不可能有权向另一个人问这方面的问题，因此，就让这问题被遗忘，去随着人群一同发出噪音，笑或者哭，从早忙碌到晚，作为朋友、作为官员、作为国王、作为抬尸人[41]而被人爱、被人尊敬、被人看重，最重要的首先是通过忘记那唯一严肃的事情——"让自己去与上帝发生关系"、"去成为乌有"——来做一个严肃的人。哦，但是，要记住，说还是没有用的，但是愿上帝助佑，你能够明白你所丧失的东西，但这一"被变成什么都不是"在上帝面前却以这样一种方式而言是得到了祝福的，你每一刻又重新试图归返到这一"被变成什么都不是"，比起血液试图重新归返到它被强行驱逐而离开的地方，你的努力更强劲、更热烈、更真挚。但这对世俗的睿智而言却是并且必定是最大的痴愚。因此永远都不要坚守上帝（人们常常是半心半意地带着虚假的言辞让自己看上去仿佛也是要坚守上帝的，而如果一个人要直截了当地说出这半心半意的秘密，那么无疑他就不得不这样说），"永远都不要坚守上帝，因为通过去坚守他，你就失去任何坚守世界的人从来都不会失去的东西，甚至失去那失去最多东西的人也不会失去的东西，——你无条件地失去一切"。这当然也对，因为世界无法拿取一切，正因为它无法给出一切。只有上帝能够做到这个，上帝拿取一切，一切，一切，为了给出一切，他不是一块一块稍稍或者很多或者非常多地拿，而是无限地拿走一切，如果你坚守他的话。"因此，逃避开他吧，靠近一个国王已经可能是够危险的了，如果你想要是个人物的话，向一个强劲地有着天赋的精神的趋近是充满危险的，但靠近上帝则是无限地更危险的。"

然而，如果上帝要被排除在外并被忘却，那么我就不知道，谈论这些词句会意味了什么，或者说，除了令人讨厌的无意义之外，关于这句话的说法又会有什么意义：爱是律法的圆满。让我们不要怕，不要通过对自己背信弃义来避免理解，就仿佛那自然的人（不管他怎样滔滔不绝地谈论对知识和认识的欲求）肯定会惧怕的事情——"得知太多东西"——也是我们所惧怕的；因为，现在谈论"爱是律法的圆满"就是一种不可能，除非在同时认识到自己的辜，并且使每一个人都变得有辜。

爱是律法的圆满，因为，尽管律法有着它的所有诸多定性，它仍是某种不确定的东西，但爱是圆满；律法的情形就像是一个艰难地说话的人，尽管做出了努力却无法说出一切，但爱是圆满。

说"律法是不确定的东西"，这看上去可能挺奇怪，因为它的力量恰恰就是在各种定性之中，它其实是拥有并且控制着所有这些定性的。然而事情就是如此，并且，在这之中又有着律法的虚弱。正如与强有力的现实比较，阴影是虚弱的，律法的情形也是如此，但是，正如在阴影之中总是有着某种不确定的东西，那不确定的东西在律法的投影之中也是如此，不管它被映得多么精确。因此，在圣经之中，律法也被称作"'那将来的'的影子"[42]，因为律法不是一个跟随着爱之现实的影子，律法恰恰是被吸收在爱之中的，但律法是"那将来的"的影子。在一个艺术家勾画一个草案、一项工作设计的时候，不管这草案有多么精确，在之中总会有着某种不确定的东西；要等到工作完成了，这时我们才能说：现在不再有一丁点不确定的东西，甚至连一线一点的不确定都没有了。因此，只有一个草案是完全确定的，那就是工作本身，但这肯定就意味了，没有任何草案是或者可以是完全并且无条件地确定的。这样，律法是草案，爱是圆满和"那完全确定的东西"；在爱之中，律法是"那完全确定的东西"。只有一种力量能够实施这一以律法为其草案的工作，这力量就是爱。然而，律法和爱，正如草案与工作，是出自同一个艺术家，出自同一渊源；它们相互并没有冲突，正如艺术作品完全相应于草案，它并不与草案有冲突，因为它比草案的所有各种定性还要更确定。

因此，保罗在另一个段落中说（《提摩太前书》1：5）："命令的总归就是爱。"[43]但这话是在怎样的一种意义上被说出的？是的，是在同一种意义上，正如一个人说出"爱是律法的圆满"这句话。在另一种意义上，这总和是所有单个的诫命之总和，你不应当偷盗，等等[44]。但是，尝试一下看，你是不是沿着这条路找到这总和，不管你持续不断地计数多久，并且，你会看见，这是一项徒劳的工作，因为律法的概念是："在各种定性之中是不竭的、无穷尽的、不可中止的"；每一个定性又从自身中生产出一种更精确的定性，而考虑到和关联到新的定性则又衍生出还要更为精确的，如此无限衍生下去。在这里，爱与律法之关系的情形正如理智与信仰

111

之关系。理智数了又数，计算又计算，但它永远也达不到信仰所具备的那种确定性；律法的情形也是如此，它定性了又定性，但就是永远达不到总和，这总和是爱。如果我们谈论总和，这表述本身似乎是在让人计数；但是在人倦于计数但却又更充满渴慕地想要找到总和的时候，他就明白，这个词必定有着一种更为深刻的意义。在律法似乎是把自己的所有各种定性都放出去追逐一个人并且因为到处都是定性而把他驱赶得筋疲力尽的时候，事情也是如此；然而每一个定性，哪怕是那最确定的，也还是具有那种不确定性，它还能够变得更确定（因为那一直不确定的东西处于各种定性以及它们大量的永不死去的不安之中）；这样，这人就被教会去明白：必定存在有某种别的东西，而这东西是律法之圆满。但是，在律法与爱之间并没有冲突，正如在总和与那构成总和的东西之间没有冲突，正如在各种想要找到总和的徒劳尝试与那幸福的发现，亦即，那"它被找到了"的幸福决定之间没有冲突。

  人在律法之下叹息[45]。不管他朝什么地方看去，他只看见要求，但从不看见边界，唉，正如一个人朝大海看出去，看见波浪之上有波浪，但从不看见边界；不管他转向什么地方，他只遇上严厉，在"那无限的"之中会不断地变得更严厉，但从不看见边界，一个让严厉转变成温和的地方。律法就好像是通过断粮而让人因饥饿而投降；借助于它，人们无法达到圆满，因为它的定性恰恰是"去拿走"、"去要求"、"去榨取至最极端"，并且，那不断地在所有各种定性的繁多之中停留着的不确定的东西是各种要求的无情索讨。通过每一个定性，律法都要求一些什么，但对各种定性而言却不存在任何边界限定。因此，律法正是与生命对立的东西，但生命则是圆满。律法像死亡。但是，生命和死亡其实又何尝不是都知道同一样东西呢；因为，正如生命准确地认识一切得到生命的东西，死亡也同样准确地认识一切得到生命的东西。因此，在某种意义上，相对于知识而言，律法和爱之间并没有冲突，但是爱是在给予，律法是在拿取，或者让我们在更准确的排序之中表达这关系的话，就是：律法要求，爱给予。并不存在一个，哪怕唯一的一个律法的定性，是爱想要去掉的；相反，是爱给予它们所有圆满和定性，在爱之中所有律法的定性要比在律法之中远远更确定得多。在这之中没有冲突，正如饥饿者与使之饱足的祝福[46]之间并没有冲突。

  爱是律法的圆满，因为爱不是对任务的逃避，不是躲闪，它不会在要求着豁免或者给予着豁免的同时、宠溺着或者被宠溺着地潜伏进"爱"和"律法的实现"[47]之间，就仿佛爱是一种懒散的感情，过于卓越而无法在行动之中表达出自身，一种挑剔苛求的无能，既不能也不愿令人满意。只有痴愚如此地谈论爱，就仿佛在律法与爱之间有着冲突（当然事情也确实是如此，但是在爱之中不存在任何介于"律法"与"作为律法之圆满的爱"之间的冲突）；就仿佛在律法与爱之间有着一种本质的差异（当然事情也确实是如此，但不是在爱之中，在爱中，"实现"与"要求"就仿佛是完全同一样东西）。只有痴愚将纷争置于律法与爱之间，并且，在它一忽儿与这一个谈、一忽儿与那另一个谈，或者也许在这一个这里说那另一个的坏话的时候，还以为自己在很有智慧地说话。

　　律法的圆满，然而这里所谈的是哪一种律法？我们的文本是使徒的言辞[48]，我们谈论基督教的爱，因此在这里所说的律法只能是上帝的律法。就是说，对此，世界（只要这世界是不同于那被我们称作"痴愚"的东西）和上帝，世俗的智慧和基督教都同意：有着一种"爱为了作为爱而要去履行的律法"，但是它们不一致的是"这律法是哪一种律法"，并且这一不一致是一种无限的差异。世俗的智慧认为，爱是人与人之间的一种关系；基督教教导说，爱是介于"人——上帝——人"之间的一种关系，这就是说，上帝是中间定性。不管一种介于两个人或者介于多个人之间的爱之关系曾是多么美丽，不管这对于他们自己而言怎样完全地是所有他们的欲望、所有他们在双向的牺牲和奉献中的至福，即使所有人都赞美了这一关系，但是，如果上帝和与上帝的关系被排除在外的话，那么，在基督教的意义上理解，它就不曾是爱，而只是一种双向的、有着魔力的对爱的欺骗。因为爱上帝，这是真正爱自己；帮助一个他人去爱上帝就是爱一个他人；被一个他人帮助去爱上帝就是被爱。世俗的智慧肯定不会认为，那爱者应当自己随意地去决定他想要怎样理解爱。爱当然是奉献和牺牲，因此世界认为，爱的对象（不管这是一个被爱者还是朋友还是亲爱的人们还是一个社团还是同时代的人们，所有这一切，我们在后面为求简短将称为"那被爱者"）应当决定，奉献和牺牲是否被显示出来，以及被显示出的奉献和牺牲是不是爱。因此，这就要看那要做判断的人是不是懂得去做出正确的判断。就是说，如果爱的对象，这判断者，在上帝面前，就自身而言没有具备一种关于"什么是爱自己——这就是爱上帝"的真实观念，那么，那被爱者就也不具备任何关于"什么是被另一个人爱——这就是被帮助去爱上帝"的观念；但是，如果是这样的话，那么那被爱者因此当然就会把"奉献和牺牲"的一种非真实类型看成真正的爱，而把爱看成是非爱。对爱的单纯人性的判断不是真实的判断，因为"爱上帝"是真正的自爱。相反，如果上帝在"判断爱"之中是中间定性，那么就又会导出一个最终的双重判定，尽管这双重判定在根本上是唯一决定性的判断，它却要在那人性的判断完成并决定了"这是不是爱"之后才开始。这判断是这个：神圣地理解的话，爱真的就是"显示出这样一种按爱的对象所要求的奉献"吗？其次，神圣地理解的话，爱在爱的对象那里难道就是"要求这样一种奉献"吗？每一个人都是上帝的从属物，因此，他不敢在爱中从属于任何人，如果他不在同一种爱中属于上帝的话，并且，他不敢在爱中拥有任何人，如果这另一个人和他不是在这种爱中属于上帝的话；一个人不敢以"仿佛那另一个人对于他就是一切"的方式去属于另一个人；一个人不敢允许另一个人以这样一种"仿佛他对于这另一个人就是一切"的方式来属于他。如果一种两个人或者多个人之间的爱是那么幸福、那么完美，以至于诗人要为之欢呼，甚至是有着这样的至福，以至于不是诗人的人也会出于对这样一种景观的惊奇和喜悦而变成诗人，那么，事情绝非就因此了结。因为，这时基督教就登场，并且问关于"上帝之关系"（Guds–Forholdet），首先，每个单个的人是否使自己去与上帝发生关系；然后，爱之关系是否使自己去与上帝发生关系。如果事情不是如此，那么，考虑到基督教是爱的保护者，或者恰恰因为它是爱的保护者，它于是就应当毫不犹豫，马上以上帝的名义拆开这关系，直到那相爱的人们想要明白这一点。如果只有一方想要明白这个，那么，基督教，考虑到它是爱的保护者，就应当毫不犹豫地将他引入一种冲撞的惊骇，没有任何诗人梦得见或者曾敢于去描述这种惊骇。因为正如一个诗人无法让自己被卷入"那基督教的"——去爱你的敌人[49]，同样，如果可能的话，他更不会让自己被卷入"那基督教的"——出于爱并且在爱之中恨那被爱者。然而，基督教毫不犹豫地以上帝的名义提出如此高的要求。基督教这样做，不仅仅为了就好像是要求去征收上帝的债券款（既然上帝就是那从属的人的主人和拥有者），而且也是出于对爱者们的爱而这样做；因为，爱上帝就是爱自己，像上帝那样地爱另一个人是欺骗自己，而允许另一个人像爱上帝那样地爱一个人就是欺骗这另一个人。基督教能够把它的要求提得如此之高，从人性角度说，达到了一种这样的疯狂，如果爱要

III　A　《罗马书》13：10. 爱是律法之圆满

成为律法的圆满的话。因此，它教导说，基督徒应当，如果有这样的要求的话，能够恨父亲和母亲和姐妹和那被爱者[50]，难道是在这样一种意义上说的吗：他真的应当恨他们？哦，基督教绝不是这种可憎的东西！但是，肯定是在这样一种意义上说，爱，这在神圣的意义上被理解为是忠诚和真诚的东西，在那些被爱者们、那些亲近者们、那些同时代的人们看来必定会是恨，因为他们不愿意理解什么是爱自己，"爱自己"是爱上帝，什么是被爱，"被爱"就是得到另一个人的帮助去爱上帝，不管这是不是通过"爱者让自己承受下被恨的状态"来达成的。看，对于牺牲和奉献的不同表述，世俗的智慧有着很长的一条列单，在所列的那些表述之中是不是也有着这说法呢：出于爱去恨那被爱者，出于爱去恨那被爱者并且在这样的程度上也恨自己，出于爱去恨那些同时代的人们并且在这样的程度上也恨自己的生活！看，关于不幸的爱，世俗的智慧知道许许多多在极高的程度上不同的情形，在这些情形之中，你是不是也能够找得到这样的痛苦煎熬呢：不得不在表面上好像恨那被爱者，不得不把恨作为自己的爱的最终和唯一的表达；或者这样的痛苦煎熬：作为自己的爱的酬报，必须去遭受那被爱者恨，因为在基督教的真相之中，在这个人和那个人对爱所作的理解间有着无限的差异。

不管在基督教时代之前的世界在不幸的爱之上看见什么，是看见了爱与诸多事件的可怕的冲突，是看见了它与那在关于"什么是爱"的同样的基本观念之中是爱的对立面的东西的冲突，还是看见了它与各种部分有所不同但却是在共同的基本观念之内的观念的冲突；这世界在基督教的时代之前从不曾看见过这个：在"去爱"之中可能有着一种冲突，是介于两种观念，介于它们之间有着一种永恒之差异：神圣的观念和单纯人的观念。但如果这样一种冲突存在着的话，那么，从神圣的意义上理解，"坚持真正的永恒之观念、依据于这观念去爱"就是爱，而那被爱的人或者被爱的人们，如果他们只有单纯人的观念，那么他们就必定会将之视作恨。让我们只是从相当人性的角度出发来谈论那至高的东西吧，不幸的是，在所谓的基督教世界里人们很容易自欺欺人地骗自己，人们相信那根本不曾给自己留下过任何印象的东西，或者至少，这东西不曾给人留下过足以引起注意的印象；让我们只是从相当人性的角度出发来谈论那至高的东西吧，只是我们绝不能忘记，我们在这里所谈论的这个人通过一种永恒的差异而与每一个人区分开：基督的生命其实才真的是唯一的不幸的爱。

爱的作为

从神圣的意义上理解，他是爱，他依据于那关于"什么是爱"的神圣观念去爱，他爱整个人类；他不敢出于爱放弃这一观念，因为这样做恰恰就是欺骗人类。看，因此他的整个生命是与那单纯人性的关于"什么是爱"的观念的可怕冲撞。那将他钉上十字架的，是不敬神的世界；但是甚至那些弟子们也不理解他[51]，并且不断地好像是要试图将他置于他们的关于"什么是爱"的观念之中，以至于他甚至必须对彼得说"撒但，退我后面去吧"[52]。哦，可怕的冲突之深不可测的痛苦：正直而最忠实的弟子，在他不仅仅是善意的，而是带着炽烈的爱，想要去给出最好的忠告，纯粹只是想要表达出他多么深地爱着老师，这弟子，因为他对于爱的观念是错误的，所以说出这样的话，以至于老师必须对他说：你不知道这个，但是对于我，你的话就像是撒但在说话！基督教就是这样进入世界的，随着基督教一同进入世界的有那关于"什么是爱"的神圣的解说。哦，我们常常抱怨误解，尤其是在它最惨痛地被混同于爱的时候，如果我们从爱的每一个表达之中留意到爱的不幸：我们确实是被爱的，但却没有被理解，无疑一切都被惨痛地达成，因为它是出自爱通过一种误解而被达成的。但是从来就没有人这样地被另一个人误解，像基督这样的被人误解，并且，也没有人像基督这样地是爱！人们给出这样的外表，仿佛只有不敬神才必定会与基督有冲撞。怎样的一种误解啊！不，如果一个人从人性的角度说是有史以来最善良最具爱心的人，那么他就必定会与基督有冲撞，必定会误解基督；因为这个最善良的人首先应当从基督这里学习到什么是从神圣的角度理解的爱。从人性的角度理解，基督的爱不是牺牲，恰恰相反；从人性的角度理解，基督并不是为了使得自己的子民幸福而使得自己不幸。不，从人性的角度说，他是尽可能地使得他自己和他自己的子民不幸。他本来完全可以有这种力量来建立以色列的国并且为自己和自己的子民做出所有各种有好处的事情，这是每一个同时代的人能够足够明显地看得出的[53]！因此说他是能够做得到，因此说他并不想这样做，因此说，他不想牺牲自己的观念、自己的幻觉，而宁可残酷地牺牲自己和自己的子民，也就是说，荒废掉自己的生命和被爱者们的生命，这错误的根源应当是在他身上、在他心中。他不在大地上建立国家[54]，他也不为了让门徒能够在之后继承他所赢得的东西而牺牲自己，哦，不，从人性的角度说，这是疯狂：他牺牲自己，为了使得被爱者们像自己一样的不幸！这真的是爱吗：在自己周围召集一些简朴卑微的人[55]，赢得他们的奉献和爱——从不曾有过任何人的奉献和爱曾是被如此赢得的，让这在一瞬间对于他们看起来就似乎是他们最骄傲的梦想之实现的前景在这时被打开了，以便在之后突然又重新考虑并且改变计划，以便在之后不被他们的祈祷打动、丝毫对他们不作考虑而从这一有着诱惑性的高度直接撞进所有各种危险的深渊，以便在之后毫不抵抗地让自己听任自己的敌人宰割，以便在讥笑嘲讽声之下在世界欢呼的同时像一个罪犯一样地被钉上十字架[56]，——难道这真的是爱吗?!难道这真的是爱吗：以这样的方式被从门徒们这里分开，将他们遗弃在一个为了他的缘故而要恨他们的世界中[57]，把他们像迷途羔羊那样地赶出去，赶进残暴的狼群[58]，而他则恰恰刚刺激起了它们对这些羊羔的嗜血兽性，——难道这真的是爱吗?!这个人到底想要什么，他到底从他所如此可怕地欺骗了的这些天真诚实的尽管受局限的人们这里想要什么？为什么他将自己与他们的关系称作爱[59]，为什么他继续将之称作爱，为什么他死不承认自己欺骗了他们，这样，他因此就带着这一断言而死去：那却仍是爱；唉，与此同时，心碎但有着感人的忠诚的门徒们却不敢对他的行为有任何看法，也许因为他将他们完全震慑住了，因为无疑每个其他人都很容易看出：不管他本来会是什么人，也许甚至"被看作是一个狂热分子"也只能算作一种借口，他相对于门徒们的所作所为就像一个骗子！然而他却仍是爱，并且他仍是出于爱而做了一切，并且想要为人类带来至福，但是通过什么？通过对上帝的关系，因为他是爱。是的，他是爱，并且他凭他自己和凭上帝而知道，他所带来的是和解救赎的牺牲[60]，他真的爱那些门徒，真的爱全人类，或者说，至少是每一个愿意让自己得到拯救的人！

那种对爱的单纯人性的解读中的根本非真相是：爱被撤出与上帝的关系，因此也就被撤出与律法的关系，这律法就是所谓"爱是律法的圆满"之中的律法。通过一种奇怪的误解，人们也许倾向于这样认为：对邻人的爱不应当被撤出与上帝的关系，更确切地说，这应当被撤的是情欲之爱和友谊，就仿佛基督教是某种"一半"的东西，就仿佛它不应当渗透进所有关系，就仿佛那关于"对邻人的爱"的教导并非恰恰在此被考虑进并且因此而去改造情欲之爱和友谊的东西；而与此同时，许多人通过一种奇怪的误解也许会认为需要上帝的帮助去爱邻人，这不太有价值的对象，但是在情欲之爱和友谊的关系上则自己能够很好地去处理，唉，就仿佛上帝的介入在这里是有着打扰作用并且带来不便。但是没有任何爱或者爱的表达是可以世俗而单纯人性地撤出与上帝的关系。爱是一种情感之激情，但是在这种感情之中，人总是首先（甚至在他让自己去与爱的对象发生关系之前）让自己去与上帝发生关系，并且由此学习那"爱是律法之圆满"的要求。爱是一种与一个他人或者诸多其他人的关系，但它绝不是并且也绝不会是一种婚姻的、一种友谊的、一种单纯人性的协议，一种（尽管它可能会是如此忠诚温馨）介于人与人之间的团结。每个人，在他在爱中使自己去与被爱者、朋友、同时代人们发生关系之前，都必须各自去与上帝和上帝之要求发生关系。一旦我们忽略掉上帝之关系，那么，相关者们对于他们就"去爱"所想要理解的东西的单纯人性的定性就成为他们想要相互向对方要求的东西，而他们依据于此所做出的相互论断就是最高的论断了。不仅仅是那完全从属于上帝的一个召唤的人不应当属于一个女人，以免因想要讨她喜欢而被拖延，而且那在爱之中属于一个女人的人也应当首先完全地从属于上帝，他不应当首先试图去取悦于妻子，而是首先应当追求让自己的爱能够取悦上帝。因此，不是该由妻子来教丈夫他应当怎样爱她，或者由丈夫来教妻子，或者由朋友来教朋友，或者由同时代人们来教同时代人，而是应当由上帝来教那单个的人他应当怎样爱，如果他的爱哪怕仅仅只是要去与那律法发生关系的话，这律法就是在使徒说"爱是律法的圆满"时所谈及的律法。这自然就使得那只有一种世俗的或者单纯人性的关于"什么是爱"的观念的人必定会去将那按基督教的理解恰恰是爱的东西视作自爱或者不爱。相反，由于上帝的关系决定了什么是人与人之间的爱，爱就无法停留在某种自我欺骗或者幻觉之中，而与此同时，对于自我拒绝和牺牲的要求则无疑又再次被无限化。那种并不是通往上帝的爱，那种并非以"引导爱者们去爱上帝"为唯一目标的爱，它就停在那对于"什么是爱"和"什么是爱的牺牲和奉献"的单纯人性的判断上，它停下，并且因此而避开了那最终的最可怕的冲突之恐怖的可能性：在爱的关系之中，在对于"什么是爱"的观念上有着无限之差异。单纯人性地理解，这一冲突永远都不会发生，因为，单纯人性地理解，关于"什么是爱"的根本观念就其本质而言必定是共性的。只有基督教地理解，这冲突是可能的，因为这是"那基督教的"和"那单纯人性的"之间的冲突。然而，基督教却知道怎样在这一麻烦之中穿驶而过，并且，从来不曾有任何教义能够像基督教一样地教人如此持久地在爱中继续。它不变不移地恰恰为了是那些被爱者们而教人坚持那关于"什么是爱"的真实观念并且在之后心甘情愿地接受对自己的爱的酬报，亦即，被那被爱者恨；因为，在介于这一方对爱的理解和那另一方对爱的理解之间，无疑是有着无限性之差异，一种有限性之语言差异。让事情按被爱者关于"什么是爱"的观念进行下去，这就是，在人性的意义上所说的"去爱"，如果你去爱，于是你就被人爱。但是与那被爱者关于"什么是爱"的单纯人性的观念正相反，去否定这愿望并且在这种意义上也否定那爱者在单纯人性的理解之下自己会产生的愿望以便能坚持上帝之观念；——这就是冲突。在对"什么是爱"的单纯人性的解读中绝不会发生这样的事情：一个人通过被另一个人在尽可能大的程度上深爱而构成对这另一个人的障碍。然而这在基督教的理解之下恰恰就是可能的，因为，以这样的方式被爱，这可能会构成对爱者的上帝之关系的阻碍。但是，在之后又该做些什么呢？就算那个以这样的方式被爱的人会对此做出警告，这也并不会起到很大的作用，因为这样一来，他就只会变得更值得爱，因此那爱者就在更大的程度上受欺骗。基督教知道怎样在不消除掉爱的情况下去消除掉这冲突，这只要求这样的一种牺牲（这在很多时候确实是我们所可能想象的最沉重的事情，并且一直是很沉重）：心甘情愿地接受自己的爱的酬报——"被恨"。不管在什么地方，只要一个人是以这样的方式被爱、以这样的方式被其他人敬仰，以至于他开始对于他们的上帝之关系构成威胁，那么在这里就会有冲突；而不管在什么地方，只要有着这冲突，那么在这里就也会被提出牺牲的要求，这牺牲是关于"什么是爱"的单纯人性的观念所无法想象的。因为"那基督教的"就是：真正的"爱自己"就是爱上帝；真正的"爱另一个人"就是带着每一种牺牲（也包括那种"自己被恨"的牺牲）去帮助另一个人去爱上帝或者在"爱上帝"之中帮助另一个人。

无疑，这理解起来是很容易的；在现实世界之中则相反，它有着自己的各种大麻烦，因为一种关于"什么是爱"的对立观点，一种世俗的、一种单纯人性的但同时又是既富于算计又充满诗意地达成的观点，要么把所有那关于上帝之关系的东西解说为其实是一种幻觉、一种痴愚，要么则是在谈论爱的时候对上帝之关系保持沉默。正如人们在当今时代以许多方式试图将人类从所有各种束缚之中解放出来，也包括各种有用的束缚，这样，人们试图把人与人之间的感情关系从那种将他与上帝捆绑在一起并且在一切之中、在生命的每一个表达之中捆绑他的束缚中解放出来；相关于爱，人们想要教会人类某种全新的东西，不过对此目前过时的圣经则早就已有描述性的表达，就是说，人们想要教会人类那种"在世界里没有上帝"[61]的自由。"人作为隶属物而被拥有"的可恶时代已经过去，于是人们认为应当继续向前，借助于这种可恶：废除掉人相对于上帝的隶属关系；本来每一个人，并非因为出生，而是因为被从乌有之中创造出来，而作为隶属物属上帝所有，并且是以这样的一种方式，不曾有过任何隶属者是以这样的方式隶属于一个世俗意义上的主，世俗意义上的主毕竟承认：各种思想和情感都是自由的[62]；而这人则在每一种思想里，即使是那最隐蔽的，在每一种运动中，即使是那最私密的，都属于上帝。然而，人们觉得这一"人作为隶属物而被拥有"是一种沉重的负担，并且因此多多少少公开地打算为了树立起人而废黜上帝，——这是不是体现在人的各种权利[63]之中呢？不，这并不需要，上帝已经做出了这事，——是在上帝的各种权利之中，如果上帝黜位的话，那么这个位置也就会是空的。看，作为对这样一种大胆冒犯的酬报，人也许就得沿着这样的一条路在越来越大的程度上进入这样一种状态，把整个存在转化为怀疑[64]，或者转化为一种涡[65]。到底什么是律法，什么是律法对一个人的要求呢？是的，这应当由人们来决定。哪些人们？这里怀疑就开始了。既然在本质上说这一个人并不比那另一个人站得更高，那么，我在这对那至高的东西的定性之中与谁团结，这就得完全由我来随意决定了，除非我自己，如果可能的话，更随意地，要能够自己想出一个新的定性，并且作为涡来为之赢得团结。同样，在今天把一样东西看作律法的要求，而明天又把另一样东西看作律法的要求，这完全是由我随意决定的。或者，这对于"什么是律法的要求"的定性是否也许就是一种所有人之间的协议、一种所有人共同的决定，然后单个的人不得不对之屈从？好极了，如果有可能去让这个所有人（所有活着的人——但死者们是不是也考虑呢？）的集会得以发生并且为之定出时间，并且如果有可能去达成那同样的不可能的事情而让所有人都对一件事情达到一致同意。或者，也许一大群人的同意，一定数量的投票，对这个决定来说是足够了？那么，要达到多大的一个数字才够必需的要求呢？再进一步说，如果对"什么是律法的要求"的单纯人性的定性就是律法的要求（不过却不是单个的人的定性，因为那样的话我们就进入了那纯粹随意的东西，就像前面所展示的），那么，这单个的人又怎样去开始行动呢，或者，这是不是就是在听任一种随机的发生，他随机地就这样开始，而不是每个人都得从初始点开始？为了要开始行动，单个的人首先就必须从"其他人们"哪里知道"什么是律法的要求";但是,这些"其他人们"中的每一个作为单个的人则又要从"其他人们"那里去得知。这样一来,整个人的生命就转化为一个巨大的借口,——也许这就是那伟大的无与伦比的共同事业,人类的伟绩?"其他人们"这个定性变得如同童话,而那对于"什么是律法的要求"的童话般地被追求的定性则是一种虚张声势。现在,如果"所有人之间的共同达成一致"这一非人性地艰巨的工作不是在一个晚上被完成,而是一代代地传下去,那么,那单个的人从什么地方开始,这个问题就因此会变成是完全偶然的,这就可以说是依赖于,他什么时候进入这游戏。一些人是从初始点开始的,但是在我们达到半路的时候死了,另一些人中途开始,但尚未看见终结就死了,其实没有人看见这终结,因为要等到一切都过去、世界史结束之后,这终结才出现,这时我们才完完全全得知"什么是律法的要求"。只可惜现在人的生命不是从"去开始"开始,而是它现在已经结束,于是人的生命就被人类所有人生活掉但却并没有达成对"什么是律法的要求"的完全了解。如果有七个人全都被指控犯下了无法由别人犯下的罪行,在这七个人之中,第七个人说,"不是我,是其他人",那么,我们就把"其他人"理解为那前六个人,并且以此类推;但是,如果现在所有这七个人各自都说了"那是其他人",那么怎样呢?那么是不是就有魔法变出一处海市蜃楼,让这事实上的七个人翻倍并简直就是要糊弄我们说,还会有更多人,尽管其实只有七个?在整个人类中每一个人各自都想到要说"其他人"的时候,事情也是如此,于是就被变幻出一个表象,就仿佛在作为人类的真实的存在的这一次之前,人类还有过一次存在,只是要在这里指出那错误的东西、那以深刻之表象令人眼花缭乱的东西是那么难,因为人类是无数的。然而这情形则完全如同那种我们不禁要称为"关于七个人和七个其他人的童话"的情形。看,如果那对于"什么是律法的要求"的单纯人性的定性就是律法的要求,那么事情就恰恰会是如此:人们借助于那童话般地令人晕眩的"其他人们"来拔高自己,而在脚底下人们则借助于稍稍的团结来相互支持。因为,固然人类的存在是有第二次的,但不是童话般的:第二次是它在上帝之中的存在,或者更确切地说,这是它的第一个存在,通过这存在,每一个单个的人都从上帝这里得知律法的要求;现实的存在则是第二次。但是,现在,前面所描述的那种混乱的状态又像是什么呢?难道不像是一种哗变吗?或者,如果在一个给定的时间里是整个

121

人类使自己在此中有辜，那么我们是不是就会对这种称呼有所犹豫呢，这时我们是不是，请注意，要加上说：这是一次对上帝的哗变？或者，道德习俗是不是以这样一种方式屈从于偶然性，在大数量的人群做出不正确的事情时，或者，在我们全都这样做的时候，不正确的事情就是正确的事情？这一解说则又只会是一种对于哗变思想或者它的无思想性的重复，因为在最终的意义上决定"什么是律法的要求"的还是人类，而不是上帝，这样，如果一个人忘记了这一点，那么他不仅仅是就自身而言有辜于一场对上帝的造反，而且也投入了自己的这一份力量去使得这哗变占优势。如果有这样一场哗变存在的话，又有谁将去刹止住它呢？也许我们应当重复哗变之谬误，只是以一种新的形式，每个人各自都说：我无法刹止它，"其他人们必须去做这事"？难道不是每一个人都有着对上帝的义务要去刹止哗变？自然不是通过叫喊和自负，不是通过统治性地想要强制其他人们去服从上帝，而是通过自己无条件地服从、无条件地坚持上帝之关系和上帝之要求，并且由此在自身的关联上表述出：上帝存在并且是唯一的统治者，而自己则相反是无条件的服从者。只有在我们所有人，每个人各自在一个地方接受我们的命令，如果我可以这样说的话，然后每个人各自无条件地遵从这同一个命令，只有在这时，存在之中才会有分量和意义和真理和现实。既然这是同一个命令，那么，在这样一种意义上一个人就可以从另一个人那里得知这命令，如果这是确定的话，或者至少是足够确定这另一个人是在转达那正确的东西。然而，这还是一种混乱，既然这是与上帝的秩序相冲突的，因为上帝所想要的是，既是为了保险的缘故，也是为了平等性的缘故，也是为了责任的缘故：每一个单个的人从他那里得知律法的要求。如果事情是如此，那么在存在之中就有着内容，因为上帝在之中有着把握；没有什么涡，因为每一个单个的人不是从"其他人"开始的，并且也因此没有各种逃避和借口，而是以上帝之关系开始，因此他站得坚定，并且只要他能够达到，他也由此而去刹止住那作为哗变之始的昏眩状态。

　　现在，爱之律法的情形也是如此，于是，在存在之中就有分量和真理和内容，如果我们所有人都各自从上帝那里得知我们用来调整自己所依据的要求是什么，如果我们所有人都各自警惕防范人性的困惑（不过很明显，如果所有人都这样做，那么就不会有什么困惑），是的，如果有这个必要，我们要让自己去防范被爱者、防范朋友、防范尤其是作为爱之对象的亲近者们,只要他们想以任何方式来教导我们另一种解说或者帮助我们走上歧途,但是感谢他们,如果他们想要帮助我们去达成那正确的。让我们不要忘记这一点,让我们不要去在各种关于"什么是爱"的不确定而模糊的观念上进行欺骗或者被欺骗,但是去关注上帝之解说,不管爱人、朋友和那些被爱者们是不是这样认为,然而不,如果他们不同意我们的话,则不是无所谓,而相反是真正诚挚地担忧着,但却又不受干扰而不变地继续爱着他们。

在世界和上帝所理解的爱之间真的是有着一种冲突。要达成一种表面的一致是很容易的(正如在表面显现为对同一个词的使用:爱),相反,要真正发现分歧则是困难的;但为了认识真相,这一困难是不可避免的。我们常常听见世界的这样一种说辞:世界中最聪明的做法是自爱。这一说法就已经不是在为一个人给出关于世界的最佳观念了,因为,如果在一个世界中自爱是最聪明的东西或者是带来最大好处的东西,那么这世界就几乎不会是一个好世界了。但是,尽管现在世界将自爱看成最聪明的东西,但这并非就能导出这样的结论说,它就不能相应地把爱看成更高贵的东西。事实上,世界是将爱看作更高贵的东西的,只是世界不知道什么是爱。再一次,在介于上帝和世界对爱的解读之间达成一种表面上的一致是很容易的,在对"爱是高贵的"这一公共表达的使用上就已经显现出来了。然而,误解隐藏着。把爱作为高贵的东西来赞美,基督教也这么做,但这又有什么用呢,如果世界是把爱理解成某种其他的东西,并且因此把高贵的东西理解为某种其他的东西。不,如果世界要显得明确的话,它就必须说,"不光自爱是最聪明的东西,而且,如果你要让世界爱你的话,如果你想让世界把你的爱和你赞美为高贵的话,那么你就必须,在基督教的意义上理解,是自爱的,因为那被世界称作是爱的东西是自爱"。就是说,世界所达成的差异是这个:如果一个人想要独自处于自爱状态(顺便说一下,这样的情况也是非常罕见的),那么,世界就将之称作自爱;但是,如果他想要在自爱之中与一些其他自爱者们团结在一起,尤其是与更多其他自爱者们团结,那么世界就将之称作爱。世界永远也无法更进一步去对"什么是爱"做出定性,因为它既没有上帝也没有"邻人"来作为中间定性。世界在爱的名义之下所尊所爱的是自爱之中的团结。团结也要求那要被它称作"有爱心"的人的牺牲和奉献;它要求他应当牺牲一部分自己的自爱以便在联合起来的自爱之中团结,它要求他应当牺牲上帝之关系以便世俗地去与团结结成一团,这种团结排斥着上帝,或者至多只是为了一种外观的缘故而将上帝接受下来。上帝则相反把爱理解为牺牲着的爱,在神圣的意义上牺牲着的爱,它为了为上帝给出位置而牺牲一切,尽管这沉重的牺牲由于没有人理解它而变得更沉重;但这在另一种意义上属于真正的牺牲,因为那得到人类理解的牺牲无论如何都在人类的赞美声中有着自己的酬报,在这种意义上就不是真正的牺牲;真正的牺牲是无条件地没有酬报的。因此,在领会使徒的言辞"爱是律法的圆满"时,我们不敢同意那种肤浅的说法:在一个人真正有着爱的时候,他就也会为人们所爱。他倒是更可能被指控为自爱,恰恰因为他不想在那种人们自爱地爱他们自己的意义上去爱人们。这是这样的一些关系:世界把最高程度上的自爱也称作自爱;世界把团结之自爱称作爱;一种高贵的、牺牲着的、慷慨的人性的爱,尽管它还不是基督教的爱,被世界嘲笑为痴愚;而基督教的爱则遭到世界的恨和厌憎和迫害。再一次,让我们不要借助于这样的说法通过一种可疑的协议来掩盖各种参差的不一致:在世界里就是这样,但基督徒则不一样。因为,这确实也完全对,但如果每个受洗的人都是基督徒而受洗的基督教世界[66]是纯粹基督徒的,那么,"世界"就在一个基督教的国度里根本不存在,在这样的情况下,我们可以借助于教堂执事和警察助理的名单[67]来证明这一点。不,在上帝和世界所理解的爱之间真的有着一种冲突。哦,但是如果为了家园和祖国而斗争是令人振奋的话,那么为上帝而斗争也一样如此,这就是这样的一个人所做的事情,他在上帝面前,与上帝面对面地坚持上帝之关系及其对"什么是爱"的定性。确实,上帝并不需要什么人,正如他并不需要全人类,也不需要一切,这一切在任何瞬间对于他都是他用来创造出这一切的乌有[68];然而,那为了表达"上帝存在并且是其解说应当无条件地被听从的主"而斗争出漂亮仗的人[69],是在为上帝而斗争。

  上帝之关系被做了标记,通过这标记对人类的爱被认作真实的。一旦这爱的关系不将我引向上帝,一旦我在这爱的关系之中不将那另一个人引向上帝,那么,这爱,哪怕它是禀赋倾向性的最高幸福和快感,哪怕它对于爱者们来说是世俗生活中的至高之善,它仍不是真正的爱。世界永远也不可能把这个吸收进自己的头脑:以这样一种方式,上帝不仅仅成为每一个爱之关系中的第三者,而且在事实上成为唯一的被爱对象,这样,妻子所爱的人不是丈夫,而是上帝,并且妻子是通过丈夫而得助去爱上帝,并且反之亦然，并且以此类推。对爱的单纯人性的解读永远都无法走得比那双向的相互关系走得更远：爱者是被爱者并且被爱者是爱者。基督教教导说，这样一种爱尚未找到自己的真正对象：上帝。爱之关系需要那三重的东西：爱者、被爱者、爱，而爱是上帝。因此爱另一个就是帮助他去爱上帝，而被爱就是被帮助。

世界关于爱的说法是令人困惑的。比如说，人们对一个进入世界的年轻人说"去爱，然后你就被爱"，这也确实是对的，尤其是，如果他所要开始的旅行是进入永恒，进入完美之土。但这年轻人要进入的是世界，因此，对他说这些而不提醒他让自己坚守上帝以便去学习"什么是爱"，不提醒他这世界如果不曾从上帝那里学习到"什么是爱"的话（唉，如果它从上帝那里学到了这个的话，那么这年轻人所进入的就会是完美之土了）有着一种完全不同的观念，这就是类似于欺骗了。如果基督不曾是爱，如果爱在他身上不是律法之圆满，难道他还会被钉在十字架上吗？如果他调低对自己的要求而去同意那些使得爱成为了所有不是"神圣地领会的律法之圆满"的其他东西的人们，如果他不是出于爱做世界的导师和拯救者而是把自己的关于"什么是去爱"的观念改造得与世界对此的观念相同，那么，他岂不是就会被所有人爱、受所有人赞美，或者甚至（哦，可怕的疯狂！）被追随者当神来崇拜？如果使徒没有坚持住这一点，"爱是律法之圆满并且是某种不同于'对人的协议的实现'和'对人的团结的参与'的东西"，如果他们没有坚持在这种意义上爱人类，却又不想要使自己去适应世界关于"什么是爱"的观念，难道他们还会受到迫害吗？因为，世界所爱的并将之称作爱的东西是什么，不会是别的，只会是半心半意和在尘世之中的完全世俗的团结，而这种团结在永恒的理解之下恰恰就是半心半意。让我们想一下，如果一个人真正坚守上帝之要求并且在对之的忠诚之中爱着人类并且因此哪怕是受着迫害并且得不到承认也继续爱着他们，那么是否曾有过任何人比这样的一个人在更高的程度上被公然指责为"自爱"呢？如果有一个人，他被一个这样的人爱得更高，有一个人，在对他的爱之中一个这样的人的爱是对人类的爱，那么世界觉得愤怒，这岂不也是很自然的事情？在一个人的努力以赢得世俗的好处为目标的时候，那么，如果他抱怨找不到任何朋友的话，他的抱怨就真的对世界是不公正的，因为以这代价他无疑是能够被爱、赢得朋友、拥有或多或少的可与之亲密地团结在一起的人。但是，如果一个人的努力是在无条件

爱的作为

地带着一切牺牲、穷困潦倒、遭人蔑视、遭犹太教会堂革除[70]的情况下，在"爱人类"之中与上帝团结，那么在那样的情况下你就完全可以在报纸上公布：你寻找一个朋友；如果你只是加上各种条件并且强调"这不是为了想要得到什么好处"，你会难以找到任何人。我们对基督选择这么卑微的人们做使徒[71]感到奇怪，但是如果我们不看那在选择之中确实起着决定作用的东西，也就是，"作为人的使徒越卑微，在他身上被赋予的神圣权威所给出的印迹就越强烈"，那么，这样的一种事情岂不几乎更令人惊叹：基督得到了这些使徒，因此他确实成功地构建出了一个十一人协会，其定性就是坚守在对"让自己被鞭打、被迫害、被讥嘲、被钉上十字架、被砍头"的志愿慷慨之中[72]，并且其定性不是相互奉承恭维，而相反是相互帮助对方达成在上帝面前谦卑？难道这听起来不像是一种对于世界对爱所理解的东西的可怕讥嘲吗，然而除此之外，难道这也不是能够起到一种有益的警醒作用吗，如果一个人在这些有着如此之多的协会被建立起来的时代里[73]公告出他打算要建立一个这样的爱之协会的话？因为，如果有人想要给出所有牺牲，那么就会有一定数量的人偷懒地想要来从他的各种牺牲之中得到好处，这是世界所理解的，在世界里有着太多这一类完全是为了利益而绝不是为了哪怕是共同分担的工作的参与。当然，真正地参与在大地上也是有的，但是不管你在什么地方发现这种参与，你就也会发现它遭受着世界的恨和迫害。设想一下，一个人（你根本无须去想象他像那些被人类唾弃并成为人类荣耀的圣贤们[74]那样地拥有完美性[75]），想象一下一个人，他是并且继续是如此不幸，以至于大地上的财物和尘世的好处在他的眼中失去了吸引力，如此不幸，以至于他"因唉哼而困乏"（《诗篇》6：7）[76]，就像我们在圣经之中读到关于不幸的撒辣（《多俾亚传》3：12），"如此忧伤，想要悬梁自尽"[77]；想象一下，恰恰是在他艰难之中最黑暗的时刻，他突然觉得豁然开朗：尽管他有着他所有痛苦不幸，这些痛苦不幸肯定无法得到缓和，哪怕他获得了全世界的财物，因为对这些财物的拥有恶愿人进入快乐的享受，而这种恶愿对于他则会是一种关于他的悲惨的痛苦回忆，同样这些痛苦不幸在根本上也不会因为尘世的逆运苦难而增大，尽管更确切地说，这尘世的逆运苦难，倒像是乌云压顶的昏暗天气对于悲伤的人，与他的心境构成一种共鸣；想象一下他突然觉得豁然开朗，看见那至高的东西仍然为他而存留：想要爱人类，想要为"那善的"服务，想要只为真理的缘故而为真理服务，只有真理能够振奋他

III　A　《罗马书》13∶10. 爱是律法之圆满

忧虑的心并赋予他为一种永恒而具有的生命愿望；——想象一下在世界中有一个这样的人，你会看见，他的境况不佳，他得不到世界的爱，他不会被人理解、不会为世界所爱。相对于各种人或多或少地从属于这世界的关系看，有的人会为他觉得遗憾，有的人会笑他，有的人会觉得最好不要和他有什么关系因为他们感觉到受刺，有的人会妒忌他却又不妒忌他，有的人会觉得受他吸引但却又心生反感，有的人会与他作对但却又准备好了一切要在他死后尊崇他，一些年轻人会像女性一样地觉得被他迷住但只稍稍年长后便不再完全理解他；但是世界只想直接而明了地证明他的自爱，因为他既不为自己也不为别人招致尘世间的好处，是的，没有为任何人招致这好处。世界并不好过这个；它所承认和爱的至高的东西是，如果说是至高的话：爱"那善的"和人类，但却是以这样的方式，你同时也要照顾好你自己和一些其他人的尘世间的好处。超出了这一点的事情则是这世界以其最好的愿望（当然这只是一种说法）都无法理解的；一步迈出这一点之外，你就失去了世界的友谊和爱。世界及其爱就是如此。任何以浮秤来测一种液体的比重[78]的观察者，在他担保他知道这液体所具有的比重时，都无法像我要为对世界的爱的这种解读所做的担保这么肯定：这世界的爱，它并非像它有时候被人急切地展示出时那样完全是恶的，也不是洁白无瑕的，而是这样在一定的程度上善而且恶。但是，在基督教的意义上理解，这"在一定的程度上"无疑就是属于"那恶的"。

　　然而，我们并不是为了做论断才说这个，让我们不要在上面浪费时间了。这考究只借助于思维并且也借助一点知人的阅历来识破各种幻觉，或者在生活的日常关系中（这正是各种幻觉所归属的地方）理解那使徒的话语[79]。人要被欺骗真的是根本不需要任何时间，一个人马上就能够被骗并在之后继续长时间地受着骗；但是要变得对欺骗留心则需要时间。一下子为自己获取一种关于"什么是爱"的自以为是的幻觉，然后在这种自以为是之中心满意足，这无疑是更轻而易举的事；迅速地找一些人在自爱之中团结在一起，到最后得到他们的爱和尊敬，这是远远更为容易的事情；——在根本上就没有什么事情是比走上迷途更容易和更合群的了。但是，如果这"让生命变得容易而合群"对于你是最后和最高的目标的话，那么你就永远也不要让自己去与基督教有什么关系，逃避开它，因为它所想要的是那相反的东西，它想要让生活对于你变得很艰难，并且它通过使你在上帝面前孤独而让生活艰难。任何严肃的人都不会因此而变得疲于追

127

踪幻觉，因为，只要他是一个思者，他最怕的就是"迷失在谬误之中"[80]，不管事情被安排得多么舒适，不管有多么好的良朋为伴；而作为基督徒他最怕的是"迷失而自己又不知道"，不管环境和朋伴是多么讨他喜欢、多么出色。

这样的一种苛求不是爱，这似乎是那么容易看得出，以至于人们会以为根本不会有人会想到要有这样一种观点。然而事情却并非总是如此，只要单纯人性的判断要作为决定性的判断，那么这里就恰恰有一个幻觉的例子。如果苛求者自己想到要将之称作爱，那么我们就会提出反对，那么这也就不是什么幻觉；只有在其他人想要成为这一苛求之对象、将之视作爱、将之当作爱来赞美并且赞美他为慈爱者的时候，这样的事情才会发生。无须作为什么很有目光的知人者，我们也不难指出这样的一种生活关系：一个人在生活中可能会被置于这样的处境，有这样的一些人，如果他以爱的名义向他们要求一切的话，他们恰恰就会觉得他好，恰恰就会赞美他的爱[81]。总是会有这样的人，他们除了把爱当成是溺爱之外，在根本上对爱一无所知。这样的人们想要的恰恰正是这个：他们所爱和所喜欢的人应当是要求苛刻的。有一些人，他们不人性地忘记了：每个人都应当以那种对所有人来说都同样神圣的相同性来强化自己，因此，不管是男人还是女人，不管是天资愚钝还是天资聪颖，不管是主人还是奴仆，不管是乞丐还是富人，人与人之间的关系从来都不应当也不可以是这样，一个崇拜而另一个是被崇拜者。这是很容易认识到的；也许人们以为，这种可恶的事情只会渊源于一种对优越感的滥用，也就是说，出自优越的人。唉，它也可以是出自那自己想要它的无能力者，就是说，他为了能够以这样一种方式来具备一种在优越者面前的重要性。去掉永恒之平等性以及它的神圣苏醒，这就是说，设想它已被遗忘，于是，那虚弱女人相对于优越男人、那天资愚钝但却虚荣的人相对于天资强大的人、那贫困但却只关心世俗处境的人相对于"全能的人"、那地位非常低下但却充满世俗意识的人相对于统治者，他们，除了"通过放弃自己而匍伏"和"放弃自己的独立"之外，他们不知道任何别的对这关系的表达。既然他们因为自己不想要知道任何更高的东西而不知道任何更高的东西，于是他们自己就想要这种可恶的事情，带着所有激情想要它。这愿望是想要去为那强大者而存在；作为权力，它无法在世俗的意义上得以实现，于是匍匐屈从就成了愿望的对象。也许人们没有看见这样的事情：一个女孩宁可不人性地将自己抛弃，去崇拜那被当作偶像的人，只对他有一种欲求，就是他要不人性地对她要求一切，并且在这样的境况之下高度赞美他的爱，她宁可这样也不愿去理解，对于上帝，所有人际间的这些偏爱都是玩笑，无聊，常常是将人导向败坏的东西！然而这女孩还是会将这种知识称作自爱，如果那被当作偶像的人试图将这知识传授给她。难道人们没有看见，那（因忘记上帝而）虚弱并且可鄙的人只有一个愿望，那就是必须在统治者面前将自身抛掷于尘土之中——以便为这统治者而存在，这人只有一个欲求，那就是统治者将会踩着他，这样他就能够欢喜地赞美统治者仁慈的爱和善心！难道人们没有看见，那些虚荣的人，他们完全忘记了上帝，只是希望着一种与显赫者的关系并且很愿意将最可鄙的东西称作他的爱的标志！如果他不想要这样，如果他恰恰想要通过帮助他们去进入上帝面前的那种神圣相同性来预防他们这种做法，那么他的做法就被称作自爱。哦，只有在"那永恒的"被从一个人那里拿走或者它就好像它不在场一样地留在他身上的时候（"那永恒的"，它同时既是能够冷却人与人的关系中的所有不健康的急切激情的东西，也是能够在现世性想要凝冻时让这些关系重新燃起的东西），只有在"那永恒的"被从一个人那里拿走的时候，只有在这时，人才会处于彻底没有保障的状态中，这样，他就会以爱的名去称呼那最可鄙的东西，甚至充满激情地欲求着，要去成为这一可鄙物的对象。一个人会不人性地想要以自己的力量使得自己变得不可或缺，但是一个人也会不人性地想要以自己的虚弱使得自己变得不可或缺，正因此，他就会爬着乞求着地将另一个人的苛求称作爱。

但是，永恒之要求不会让一个人免于去履行上帝的律法，哪怕整个世界要让他得免，哪怕整个世界要爱他的苛求而误解他的爱，因为，也许只有通过绝望，这永恒的要求才能够教会那些绝望者们去坚守上帝而不是乞求着地伤害他们自己的灵魂。永恒之要求不会让爱停留在某种自欺之中，也不会让爱在某种幻觉之中自我满足；所谓人们自己想要去成为苛求之对象、自己将"成为苛求之对象"称作爱和被爱[82]，这说法绝不应当是借口。那降爱于人的是上帝，那要决定"什么在每一种情况下都是爱"的是上帝。

但是，如果朋友、爱人、被爱的人们、同时代的人们感觉到，你想要从上帝这里学会什么是"去爱"，而不是从他们那里学这个，那么，他们也许会对你说："你省点力气吧，不要这么夸张，为什么你就把生活看得这么认真呢，减缓一点要求，那样我们就会在友谊和喜悦之中活得很美好、很丰富、很意味深远。"如果你在这假友爱的催促之下让步了，那么你会被爱、会因你的爱而受到赞美。但是如果你不愿这样，如果你在"去爱"之中既不愿意做上帝的叛卖者，也不愿意做你自己的叛卖者，也不愿意做别人的叛卖者，那么你就必须承受别人称你为"自爱的人"。因为你的信念，"真正爱自己就是爱上帝；爱一个他人就是帮助他去爱上帝"，你的这个信念也许将会是你的朋友所不喜欢的。他很明白地感觉到，你的生活，如果它真正使自己去与上帝之要求发生关系的话，尽管你什么也不说，你的生活包含了一种警示，一种对他的要求，这是他所想要去掉的东西。因此，酬报就是友谊和一个朋友的好名声。在世界中，很不幸，"那世俗的"在这样一种程度上占着优势：如果一个人谈论"假友谊"，那么这人马上想到的就是：相对于世俗利益上的一种欺骗或者相对于世俗财物上的一种奸诈。这当然肯定不是你朋友的意图或想法。他只想在上帝之关系上欺骗你，而你作为朋友则在帮助他欺骗他自己：这样，他在这欺骗之中就忠诚地与你生死与共地团结在一起。人们谈论世界的虚假并且由此马上想到，它在世俗财物的意义上欺骗一个人，辜负一个人的巨大期望，嘲弄一个人的各种大胆计划；但恰恰是它在这方面诚实地信守一切的时候，几乎比它所承诺下的更多，这时，它反而能够进行最危险的欺骗，而这一最危险的虚假则是人们很少会考虑到的：世界通过自己诚实的友谊（因为那虚假的友谊当然是在它要在"那现世的"上欺骗你的时候才会存在）而想要教一个人去忘记上帝。人们谈论"与恶者签约"，并且，如果有人问，那么所得的回报是什么呢，于是人们就会提及权力、荣耀、各种欲望的满足以及诸如此类。但是，一个人通过这样的契约还能够赢得"为人们所爱"的酬报，因他的爱而受赞美；这一点则是人们忘了谈论和考虑的。然而事情确实是这样，——因为反过来的情形则无疑曾是并且继续是如此：那些在对上帝的爱之中爱着人类的人们，在世界里被人恨[83]。正如世界以权力和威势为饵想要诱惑一个人去忘记上帝，然后，因为他在这诱惑之中挺了过来，所以又把这同一个人当作渣滓来对待[84]：以同样的方式，世界也以其友谊作为诱饵来诱惑，然后，因为他不想做它的朋友，所以又恨他。"那永恒的"，上帝对爱的要求，这是世界希望最好能够不要听见的东西，世界更不愿看见它在生活之中被表达出来。然而，难道世界会因此而说自己是自爱的吗？绝不。那么，世界又是怎么做的呢？于是世界就说那想要坚守上帝的人，说他是自爱的。出路是古老的那一条：在能够有利于所有其他人的时候，牺牲掉一个人[85]。

就是说，上帝和世界一致同意，爱是律法的圆满；差异只在于，世界把律法理解为某种它自己想出来的东西，如果一个人同意这个并且遵从地坚守它，那么他就是有爱心的。从神圣的角度理解，一个女孩子的爱败坏了多少人，恰恰是通过这个：在上帝之关系上被欺骗，他变得对她过于忠诚，而她则反过来绵绵不绝地为他的爱给出赞美之词！家族和朋友败坏了多少人，而这被败坏的人的败坏则仿佛并不存在，因为他这时恰恰是被爱的，并且因为自己的爱而备受赞美——家族和朋友们的赞美！一个时代败坏了多少人，作为回报，这时代则崇拜那被败坏者的有爱心的性情，因为它使得他忘记上帝之关系并且将他转变成某种东西，使得他能够让人们吵闹地高举起欢呼、能够让人宠溺地钦慕，但却又不让人感觉到什么与那更高的东西有关的想法！为了要提出另一个真正严肃的问题，而且还不能指向那至高的榜样，而只是满足于一个更卑微些的、（但很遗憾地说）在所谓的基督教世界里还是足够充分的榜样，于是让我们看：为什么那个古代的简朴智者，在他在轻率之法庭前被自爱和世俗性指控并被判处剥夺生命时，他为自己的生命做出辩护，为什么在他将自己称作一件神圣的馈赠的同一瞬间他要将自己与一只"牛虻"作比较[86]，为什么他如此深爱少年们[87]？首先，这难道不是因为他作为一个异教徒能够这样做：在某种更高的东西之中爱人类，就是说，因为他曾起到了警醒的作用并且不曾以任何方式让自己被现世性或者任何人，被情欲之爱中的、友谊中的、与他人或者一个同时代的协议中的任何倦怠或者炽烈的团结迷惑住，而是宁可作为那没有人爱的自爱者和调侃者！而最后，这难道不是因为他认识到，少年们对那神圣的东西尚有一种可接受性，这种可接受性随着年龄、在通常的生活进程之中、在情欲之爱和友谊之中、在对一种单纯人性的论断和时代的要求的屈从中很容易就丧失了！于是，因为他借助于"那永恒的"并通过"某种神圣的东西"[88]而没有让自己对人类的爱停留在自欺或者幻觉之中，就是说，因为他，通过让自己不远离那要求而使自己仿佛是一种对人类的要求。

因此，如果你想以某种方式，哪怕是在人性的脆弱之中，想要努力去履行那使徒的言辞"爱是律法的圆满"的话，那么你就要小心人类[89]！是不是在这样的意义上：你应当不去爱他们？哦，这多么不近情理，这样的

131

话，你的爱又怎么会成为律法之圆满？但是，你要小心，对于你，"你被人看成是爱他们"不应当比"你爱他们"更重要；你要小心，不要让"被爱"对于你比那在之中你们要相爱的东西更重要；你要小心，不要因为你无法忍受被人称作"是自爱的"而让他们把那至高的东西从你这里骗走。也不要为了证明你的爱而以人类对你的论断为口实，因为人类的论断只有在它与上帝之要求达成共鸣时才会具备有效性，而在其他情况下，它只是你犯错时的同谋！也学一下，并且绝不忘记那功课，这忧伤的道理，世俗生活的真理：所有人与人之间的爱既不能也不会是完全幸福的；永远也别让自己完全地感到安全。因为，从神圣的意义上理解，甚至人与人之间的最幸福的爱也仍有着一种危险，这是对爱的单纯人性解读所不考虑的一种危险，这危险就是，世俗的爱会变得过于剧烈以至于打扰上帝之关系，这危险就是，在从人性的角度说纯然只有平安而没有任何危险[90]的时候，上帝之关系可能会把这一最幸福的爱本身作为牺牲来要求。这一危险之可能性导致，哪怕是处在最幸福的爱之关系中，你也总是要有着警醒的忧思，尽管这不是"你会变得对爱人感到厌倦或者爱人对你厌倦"的忧思，而是担忧你们会忘记上帝，或者爱人，或者你，会忘记上帝。并且，回顾一下本篇审思的引言，这一危险之可能性所导致的后果就是，在基督教的意义上理解，许诺爱会是多么艰难，因为履行这诺言可以意味着会被爱人恨。只有上帝，如上面所论述的，他也是爱的唯一的真实的对象，只有爱上帝才总是幸福的，才总是至福；你不用在忧思之中警醒，但只是在崇拜之中警醒。

　　爱是律法的圆满。但是律法则是由无穷尽的各种定性构成的量，我们该怎样去结束对之的讨论呢？就让我们把复杂多样的东西集中到那决定性的关键上吧。就是说，律法的要求必须是一种双重的要求，一方面是一种对真挚性的要求，一方面是一种对持续性的要求。

　　那么，这里所要求的是什么真挚性呢？对爱的单纯人性的理解也要求真挚性，奉献，牺牲，但只是从人的角度出发来为它做出定性。真挚性的奉献是：以每一个牺牲来满足实现被爱者（对象）的关于"什么是爱"的观念，或者，自己承担起责任想要冒险去决定"什么是爱"。但是从神圣的角度出发来理解，爱自己就是爱上帝，真正的"爱另一个人"就是去帮助他爱上帝或者在"爱上帝"之中帮助他。因此，真挚性在这里被定性，并不是单纯通过爱的关系，而是通过上帝之关系被定性。因此，这里所要求的真挚性是自我拒绝的真挚性，进一步说，它不是相对于那被爱者（对象）对于爱的观念，而是相对于"去帮助那被爱者去爱上帝"而得以定性的。由此得出的结果是：爱之关系就其本身可以是那被要求的牺牲物。

爱的真挚性必须是牺牲性的，因此不要求任何酬报。对爱的单纯人性的解读也教导说，爱不要求酬报，——它只想要被爱，就仿佛这不是酬报，就仿佛这整个关系并非处于人与人之间关系的定性之内。但是，基督教的爱的真挚性则有着这个意愿把"去被那被爱者（对象）恨"作为自己的爱的酬报。这显示出，这一真挚性是一种纯粹的上帝之关系，它没有任何酬报，甚至没有"被爱"的回报；这样，它完全属于上帝，或者在它之中这人完全属于上帝。自我拒绝，自我控制，自我牺牲，它还只是一种处于现世性之中、处于人性的视野之内的变换，它不是真正基督教的那种，与基督教的严肃相比较，它只是像一个笑话而已，它就像是向着"基督教的果断"的试跑。一个人愿意牺牲这个或者那个，愿意牺牲一切，但是他还是希望被理解，并且因此而仍然驻留在与人类的意义关联之中，希望人类还是能够承认并且欣悦于他的牺牲；他愿意放弃一切，但他却并不因此就认为自己应当被语言和人类的理解离弃。牺牲的运动因此就成了一种表面的运动，它做出要离弃世界的样子，但却仍然停留在世界之中。我们绝不是想要贬低这个，哦，就算这单纯人性的牺牲也许也已经是够罕见的了。但是，在基督教的意义上理解，我们就必须说，它是停在了半路上。它攀登一个高地，因为从人性的意义上说，牺牲无疑是高的，它把一切从自己这里扔掉以便要登上这一崇高的地方，这地方的高度是钦敬所发现的，而牺牲所看见的则是"它被看见了"。但是，站在这崇高的位置上（因为牺牲确实是崇高），被指控、被鄙视、被恨、被讥嘲[91]，几乎比低贱者们中的最低贱者还糟糕，就是说，以超人的方式做出努力以便达到崇高的地方，以这样一种"所有人都觉得他是站在可鄙性的最低贱的位置上"的方式站在这崇高的地方，——这就是在基督教的意义上所理解的牺牲，这也是人性的意义上所理解的疯狂。只有一个人看出真正的关联，他不钦敬；因为在天上的上帝不钦敬任何人。恰恰相反，这真正的牺牲只有一个唯一的支撑点——上帝，而与此同时，它看上去则又像被上帝离弃的，因为它明白，在上帝面前它没有任何应得的东西（Fortjeneste）[92]，并且它也在人性的意义上明白，只要它只牺牲它所牺牲的东西的一半，它就会被人类理解、爱、钦敬，而在一定意义上这对于上帝意味着与那真正的牺牲相同的东西，因为，对于上帝，没有什么牺牲是有功劳（Fortjeneste）[93]的，任何牺牲都没有。这是在基督教的意义上所理解的牺牲，并且也是在人性的意义上所理解的疯狂。这是在基督教的意义上所理解的"去爱"；如果事情就是这样的话，如果"去爱"就是至高的幸福的话，那么，这自然就是最沉重的痛苦，——如果"使自己去与上帝发生关系"不是最高的至福的话！

　　第二个律法之要求是在岁月流转的时间之中对爱的持续性的要求。那对爱的单纯人性的解读也提出这一要求，然而，在基督教的意义上理解，这要求是另一种，既然它所要求的真挚性是另一种。对于时间中的持续性的要求是：爱的同样的真挚性要在岁月流转的时间之中被保存好，而只要这持续性存在，那么它在某种意义上就是对真挚性的一种新的表达。一旦你认为，你在你的爱之中做了足够多的事情，或者爱了足够地长久，并且现在必须对那另一个要求一些什么了，这样，你由此就发现，你的爱正在成为一种要求，就仿佛这样：不管你的爱在多大程度上牺牲和奉献，总会有一个极限，在这极限上它必须在根本上将自己显现为"是一种要求"，——但爱是律法的圆满。因为，我们所谈论的不是什么自我拒绝的伟大瞬间；无论如何，律法在岁月流转的时间之中要求同样的真挚性。在岁月流转的时间之中！然而，这岂不就是将一个人的灵魂和一种自相矛盾一同扭搅进这要求之中，同时在如此不同的方向上做出要求，在长度的方向上和在深度的方向上！看，箭矢迅速地在长度上飞穿空气，但是如果它在同时要钻下地面并且继续保持以箭矢的速度飞行的话；唉，怎样的要求啊！看，在心灵鼓舞的伟大瞬间，"那永恒的"游荡着，但是后来，在时间开始自己无休止地忙碌时，在它不断地继续行走时，——这时，不与时间一同离开这振奋鼓舞，而是随着时间的速度疾行，但却又缓慢地伴着"那永恒的"的游荡！濒死躺在生命的出口处（如果一个人在自我拒绝之中必须给出最沉重的牺牲，作为自己的爱的酬报而被爱的对象恨，那么，他就像那濒死躺在生命的出口处的人），但却有着一个未来，在自己面前有着很长的生命，尽管一切都过去了，就是说，在每一瞬间都是这样，濒死躺在生命的出口处却同时又要站起来向前走，——怎样的要求啊！躺下恰恰就是站起来走的反面，而濒死躺在生命的出口处则是对"躺下"的最决定性的表达，因此与"直立"有着可能达到的最大距离。你是否曾

III　A　《罗马书》13：10. 爱是律法之圆满

经看见过一个疲惫的流浪者，背着沉重的担子，每一步都是为不让自己沉陷倒下而搏斗着的一步；只有克服极大的艰难他才保持着直立，他为了让自己不瘫倒而搏斗。但是，瘫倒、躺下、濒死躺在生命的出口处，然后又精神蓬勃地以直立起的步伐迅速向前，——奇妙啊！要求就会是这个，并且这也是在岁月流转的时间之中对持续性的要求。

唉，在精神的世界有着某种欺骗性的东西，在外部世界里根本找不到任何与之对应的。例如，我们说，小孩子必须在能够学阅读之前学拼写。不管怎么说吧，这是一种不可逃避的必要性；在任何孩子身上都绝不会有这样的事情发生：这孩子因一种表象、一种幻觉的运作就自以为他在能够拼写之前很早就已经能够阅读了。但是在精神的关系上，多么地具有诱惑性！在这里，难道一切不是以决定、意图、承诺的伟大瞬间开始的，——人们那么流畅地阅读就像那最熟练的讲师在讲他发挥得最好的默读课程？然后那下一个瞬间才出现，然后人们要进入完全细微的事情，纯粹日常的事情，它根本不会给人留下什么重大印象，也不会通过惊天动地的关联来帮助一个人，——唉，相反，它就像拼写中的情形，把那些字词相互拆解开并且弄碎，如果一个人无法摸索到任何意义并且徒劳地等待着关联，那么，在很长的一段时间里就一直是这样拆开弄碎。在自我拒绝中与自己斗争，尤其是如果一个人想要得胜的话，这被看作最艰难的斗争；与时间斗争，如果一个人想要完全地得胜的话，这则被看成一种不可能。

那落在一个人肩上的最沉重的担子（因为他自己把罪的担子放在自己的肩头），在某种意义上就是时间，——我们不是也这样说：这漫长可以把人的一条命都等掉！而在另一方面，时间又有着怎样一种缓和的、一种镇痛的、一种诱惑人的力量啊！但是，这种缓和的、这种诱惑人的东西当然又是一种新的危险。如果一个人犯了什么错[94]，只要时间已经过去，尤其是，如果他在这时间之中觉得有所进步而进入了比较好的状态，那么他所承担的错误责任[95]对他来说有了多大的缓和呢？但真是如此吗？事情是不是也是这样：如果没有思想的人在一瞬间之后忘记了自己的错误责任[96]，那么这错误责任[97]是不是就被遗忘了呢？

那么，说一下吧，这样的事情是不是可能：谈论"爱是律法的圆满"这句话而不去违背自己的意愿做论断，如果说一个人的意愿只是论断自己！关于一个人距离"实现这一要求"有多么的无限远，难道还有比这更精确的表达吗：这距离是如此之大，以至于他其实根本就无法计算出这

135

距离、无法把账算清楚！因为，不仅仅是在日常之中被忽略掉了那么多，且不去谈论因此而造成的后果，而只说在一些时间流逝掉之后，人们根本没有能力去精确地描述出发生在自己身上的错误责任[98]，因为时间改变并且缓和着一个人对"那过去的"的判断，——然而，唉，任何时间都改变不了那要求，永恒之要求：爱是律法的圆满。

注释：

1 [《罗马书》13：10. 爱是律法之圆满] "爱是律法之圆满"，如果按照中文圣经上的翻译法，这句话就是"爱完全了律法"。这句话的关联是《罗马书》（13：8—10）："凡事都不可亏欠人，惟有彼此相爱，要常以为亏欠。因为爱人的就完全了律法。像那不可奸淫，不可杀人，不可偷盗，不可贪婪，或有别的诫命，都包在爱人如己这一句话之内了。爱是不加害于人的，所以爱就完全了律法。"

2 ["许诺是令人尊敬的，但守诺是艰难的"] 这句话的"形式"在丹麦的俗语集中有"法律是诚实的，遵循是艰难的"。可参看：

nr. 6091 i E. Mau, *Dansk Ordsprogs – Skat* bd. 1, s. 668; sml. nr. 2207 i C. Molbech *Danske Ordsprog, Tankesprog og Riimsprog*, Kbh. 1850, ktl. 1573, s. 143;《Loven er ærlig; Holden er besværlig》, som allerede findes i Peder Syvs ordsprogssamling fra 1682（I，273）.

3 ["借出去的钱，如果借的人履行诺言还回来，这钱就是捡来的钱"] 这说法在丹麦的俗语集中有。可参看：

nr. 7360 i E. Mau, *Dansk Ordsprogs – Skat* bd. 2, s. 120.

4 [在圣经之中（《马太福音》21：28—32）有着一个比喻] 指向耶稣的关于两个儿子去葡萄园干活的比喻，是对祭司长和民间长老说的。下面是克尔凯郭尔的引用（《马太福音》21：28—32）："又说，一个人有两个儿子，他来对大儿子说，我儿，你今天到葡萄园里去作工。他回答说，我不去。以后自己懊悔就去了。又来对小儿子也是这样说，他回答说，父阿，我去。他却不去。你们想这两个儿子，是那一个遵行父命呢。他们说，大儿子。耶稣说，我实在告诉你们，税吏和娼妓，倒比你们先进神的国。因为约翰遵着义路到你们这里来，你们却不信他。税吏和娼妓倒信他。你们看见了，后来还是不懊悔去信他。"

5 ["一个有着两个儿子的人"] 引自《马太福音》（21：28），句式有所改变。

6 [他就像那个迷失的儿子的父亲] 指向耶稣关于迷失的儿子的比喻，《路加福音》（15：11—32）："耶稣又说，一个人有两个儿子。小儿子对父亲说，父亲，请你把我应得的家业分给我。他父亲就把产业分给他们。过了不多几日，小儿子就把他一切所有的，都收拾起来，往远方去了。在那里任意放荡，浪费赀财。既耗尽了一切所有的，又遇着那地方大遭饥荒，就穷苦起来。于是去投靠那地方的一个人，那人打发

III　A　《罗马书》13：10. 爱是律法之圆满

他到田里去放猪。他恨不得拿猪所吃的豆荚充饥。也没有人给他。他醒悟过来，就说，我父亲有多少的雇工，口粮有余，我倒在这里饿死么。我要起来，到我父亲那里去，向他说，父亲，我得罪了天，又得罪了你。从今以后，我不配称为你的儿子，把我当作一个雇工吧。于是起来往他父亲那里去。相离还远，他父亲看见，就动了慈心，跑去抱着他的颈项，连连与他亲嘴。儿子说，父亲，我得罪了天，又得罪了你，从今以后，我不配称为你的儿子。父亲却吩咐仆人说，把那上好的袍子快拿出来给他穿。把戒指戴在他指头上。把鞋穿在他脚上。把那肥牛犊牵来宰了，我们可以吃喝快乐。因为我这个儿子，是死而复活，失而又得的。他们就快乐起来。那时，大儿子正在田里。他回来离家不远，听见作乐跳舞的声音。便叫过一个仆人来，问什么事。仆人说，你兄弟来了。你父亲，因为得他无灾无病的回来，把牛犊宰了。大儿子却生气，不肯进去。他父亲就出来劝他。他对父亲说，我服事你这多年，从来没有违背过你的命。你并没有给我一只山羊羔，叫我和朋友，一同快乐。但你这个儿子，和娼妓吞尽了你的产业，他一来了，你倒为他宰了肥牛犊。父亲对他说，儿阿，你常和我同在，我一切所有的，都是你的。只是你这个兄弟是死而复活，失而又得的，所以我们理当欢喜快乐。"

7　["来对大儿子说……是那一个遵行父命呢？"] 引自《马太福音》(21：28—31)。

8　[尽管他还是将自己称作是公正的人或者好儿子] 指向《路加福音》(15：29)，哥哥对父亲说，他从来没有违背过父亲的命。

9　[应声虫兄弟] 如果直译的话，应当是"是—兄弟"，就是说，老是唯唯诺诺地说"是"的跟着别人说的话而不表述自己主见的人。

10　["父阿，我去"] 引自《马太福音》(21：30)。

11　["通向沉沦的道路是以诸多善的意图铺成的"] 游戏与俗语"通向地狱的道路是以诸多善的意图铺成的"，就是说，不断地满足于善的意图而没有对这类意图的实践，就会通往腐朽。

文本可参看：nr. 3554 i E. Mau, *Dansk Ordsprogs – Skat* bd. 1, s. 402.

12　[替换儿] 民间传说中，在仙女精灵偷走小孩子之后，被仙女偷换后留下的丑孩子。这些替换儿常常是低能畸形但却有着对自己环境施魔法的能力。

13　[那个古代的单纯智慧者……通过问题而将每一个作答者捕捉进无知之中] 指向苏格拉底。关于苏格拉底的认识愿望和提问艺术，克尔凯郭尔在他的 magister 论文《论反讽的概念》(1841) 的第一部分之中有很详尽的论述。

14　["真理是什么"] 一般我都译作"真相"，但是这里考虑到是指向彼拉多对耶稣所做的询问，圣经中使用的译词是"真理"。《约翰福音》(18：33—38)："彼拉多又进了衙门，叫耶稣来，对他说，你是犹太人的王么。耶稣回答说，这话是你自己说的，还是别人论我对你说的呢。彼拉多说，我岂是犹太人呢。你本国的人和祭司

137

长，把你交给我。你作了什么事呢。耶稣回答说，我的国不属这世界。我的国若属这世界，我的臣仆必要争战，使我不至于被交给犹太人。只是我的国不属这世界。彼拉多就对他说，这样，你是王么。耶稣回答说，你说我是王。我为此而生，也为此来到世间，特为给真理作见证。凡属真理的人，就听我的话。彼拉多说，真理是什么呢。"

15　［在法利赛人为了"要显明自己有理"而问"谁是我的邻舍呢"的时候］指向路加福音（10：29）。通常我译作"邻人"，但这里跟着圣经的中文用词而译作"邻舍"。

16　［上帝在这些智慧者们的愚拙之中将他们抓住，基督把提问者抓进那蕴含有任务的回答中］我本来译作"痴愚"的，我在这里跟着圣经的中文用词而译作"愚拙"。这里是指向《歌林多前书》（3：19），在之中保罗写道："因这世界的智慧，在神看是愚拙。如经上记着说，主叫有智慧的中了自己的诡计。"

17　［每一个基督徒则通过"停留在爱中"来努力使得自己的爱变成如此的爱］见前面的关于"提醒信仰者像他被爱那样地去爱"的注脚，指向《约翰福音》（15：9—12）。

18　［同一个门徒这样说及他（《罗马书》10：4）："基督是律法的总结"］参看《罗马书》（10：4），之中保罗写到关于以色列和福音书："律法的总结就是基督，使凡信他的都得着义。"

"同一个门徒"亦即保罗。

19　［通过它只是认识到罪］指向《罗马书》（5：13），之中保罗写道："没有律法之先，罪已经在世上。但没有律法，罪也不算罪。"

20　［"没有人能够指证他有任何罪"］指向《约翰福音》（8：46）："你们中间谁能指证我有罪呢。"

21　［"他口里也没有诡诈"］引自《彼得前书》（53：9），之中这样说及耶稣："他并没有犯罪，口里也没有诡诈。"

22　［不像兄弟之中的那一个那样说不，也不像另一个那样说是］见前面的注脚。

23　［他的食物就是履行父亲的意愿］指向《约翰福音》（4：31—34）在之中耶稣对给他吃的东西的门徒们说："我有食物吃，是你们不知道的。"门徒就彼此对问说，莫非有人拿什么给他吃么。耶稣说："我的食物，就是遵行差我来者的旨意，作成他的工。"

24　［这样他就合一于父］参看《约翰福音》（10：30）："我与父原为一。"

25　［哪怕耶路撒冷不知道什么是关系到它的平安的事情，他知道］指向《路加福音》（19：41—44）中关于耶稣为耶路撒冷哭泣的故事："耶稣快到耶路撒冷看见城，就为他哀哭，说，巴不得你在这个日子，知道关系你平安的事。无奈这事现在是隐藏的，叫你的眼看不出来。因为日子将到，你的仇敌必筑起土垒，周围环绕你，四面困住你,并要扫灭你,和你里头的儿女,连一块石头也不留在石头上。因你不知道眷顾你的时候。"

26 [他们在拉撒路的坟墓上哀伤着不知道会发生些什么,他却知道他要做什么]指向耶稣唤醒拉撒路的故事,《约翰福音》(11:1—44),尤其是32—44:"马利亚到了耶稣那里,看见他,就俯伏在他脚前,说,主阿,你若早在这里,我兄弟必不死。耶稣看见他哭,并见与他同来的犹太人也哭,就心里悲叹,又甚忧愁。便说,你们把他安放在那里。他们回答说,请主来看。耶稣哭了。犹太人就说,你看他爱这人是何等恳切。其中有人说,他既然开了瞎子的眼睛,岂不能叫这人不死么。耶稣又心里悲叹,来到坟墓前。那坟墓是个洞,有一块石头挡着。耶稣说,你们把石头挪开。那死人的姐姐马大对他说,主阿,他现在必是发臭了,因为他死了已经四天了。耶稣说,我不是对你说过,你若信,就必看见神的荣耀么。他们就把石头挪开。耶稣举目望天说,父阿,我感谢你,因为你已经听我。我也知道你常听我,但我说这话,是为周围站着的众人,叫他们信是你差了我来。说了这话,就大声呼叫说,拉撒路出来。那死人就出来了,手脚裹着布,脸上包着手巾。耶稣对他们说,解开,叫他走。"

27 [在十字架上吐出最后一口气]指向《约翰福音》(19:30):"耶稣尝了那醋,就说,成了。便低下头,将灵魂交付神了。"

28 ["马利亚已经选择那上好的福分"]引自《路加福音》(10:41—42),耶稣去马大马利亚姐妹家,他对忙碌着的马大说:"耶稣回答说,马大,马大,你为许多的事,思虑烦扰。但是不可少的只有一件。马利亚已经选择那上好的福分,是不能夺去的。"

29 [以一道目光惩罚或者原谅了彼得]指向《路加福音》(22:61):"主转过身来,看彼得。彼得便想起主对他所说的话,今日鸡叫以先,你要三次不认我。"

30 [以他的名行了奇迹之后喜悦地归返的门徒们]指向《路加福音》(10:17):"那七十个人欢欢喜喜的回来说,主阿,因你的名,就是鬼也服了我们。"

31 [看见他们睡去]指向《马太福音》(26:36—46):"耶稣同门徒来到一个地方,名叫客西马尼,就对他们说,你们坐在这里,等我到那边去祷告。于是带着彼得,和西庇太的两个儿子同去,就忧愁起来,极其难过。便对他们说,我心里甚是忧伤,几乎要死。你们在这里等候,和我一同儆醒。他就稍往前走,俯伏在地祷告说,我父阿,倘若可行,求你叫这杯离开我。然而不要照我的意思,只要照你的意思。来到门徒那里,见他们睡了,就对彼得说,怎么样,你们不能同我儆醒片时么。总要儆醒祷告,免得入了迷惑。你们心灵固然愿意,肉体却软弱了。第二次又去祷告说,我父阿,这杯若不能离开我,必要我喝,就愿你的旨意成全。又来见他们睡着了,因为他们的眼睛困倦。耶稣又离开他们去了。第三次祷告,说的话还是与先前一样。于是来到门徒那里,对他们说,现在你们仍然睡觉安歇吧。时候到了,人子被卖在罪人手里了。起来,我们走吧。看哪,卖我的人近了。"

32 [他指着自己的门徒说:"这些是我的母亲"] 指向《马太福音》(12:47—50):"有人告诉他说,看哪,你母亲和你弟兄站在外边,要与你说话。他却回答那人说,谁是我的母亲。谁是我的弟兄。就伸手指着门徒,看哪,我的母亲,我的弟兄。凡遵行我天父旨意的人,就是我的弟兄姐妹和母亲了。"

33 [如果他不工作,他就在祈祷之中守望] 在新约之中多次提到耶稣退回去祈祷,见《马太福音》(14:23;26:36、42、44);《马可福音》(1:35);《路加福音》(5:16;6:12;9:18、28;11:1)。

34 [上帝—人] 亦即,基督。参看《巴勒的教学书》,第四章,§3:"上帝的儿子,耶稣·基督,通过圣女马利亚的生产而作为人进入世界。他将自己的神圣本质与人在母亲的身体中构成的本质以一种对我们而言无法理解的方式借助于圣灵的力量结合在一起,所以他是上帝同时也是人,并不断地以其两个本质起作用。"

35 [在上帝—人和每一个其他人之间设立出一种永恒的深渊] 参看《路加福音》(16:26)。

36 [明朗化] 这里所说的这种"明朗化(Forklarelse)"一方面是说事情得到了明朗的解说,一方面是转形,进入更高的形式,或者说"变容"(在这关联上,我们有耶稣的变容:指耶稣在山上出现时的事情,这时从耶稣身上突然发出光芒)。

在丹麦语中,解说、解释是"Forklaring",而明朗化则是"Forklarelse"。

37 [上帝却已经爱他在先] 指向《约翰前书》(4:19):"我们爱,因为神先爱我们。"

38 [在心中真诚地先求上帝的国和上帝的义] 指向《马太福音》(6:33):"你们要先求他的国,和他的义。这些东西都要加给你们了。"

39 如果按日常的说法翻译是"在上帝面前他什么都不是",直译的话就是"在上帝面前他是乌有"。

40 [是他从乌有之中将你创造出来] 自从2世纪开始,有着一种越来越普遍的关于创世记传说的基督教解读,说上帝在乌有之中创造出一切。

比如说可参看哈泽的《Hutterusredivivus 或路德教会神学教理》:

§ 65 i *Hutterusredivivus oder Dogmatik der Evangelisch - Lutherischen-Kirche. EindogmatischesRepertoriumfürStudierende*, udg. af K. A. Hase, 4. udg., Leipzig 1839 [1829], ktl. 581, s. 146f. (《Creatio ex nihilo》)。

另外,在《巴勒的教学书》第二章"论上帝的作为"第一节§1:"上帝一开始从乌有之中创造出了天和地,仅仅只凭自己全能的力量,为了所有他的有生命的受造物的益用和喜悦。"

41 [抬尸人] 在克尔凯郭尔的时代,尸体要装在专门的尸车之中从死者家送到教堂然后再到墓地。哥本哈根大学神学系指定一定数量的住在瑞根森学生宿舍的学生来抬棺材驶尸车。从1711年的瘟疫期间起,瑞根森学生宿舍对这个职业有一种垄断。

III　A　《罗马书》13：10. 爱是律法之圆满

在特别的情况下，死者的朋友或者同事也可以抬尸体，但他们必须支付瑞根森学生宿舍一笔钱作为其丧失"尸体钱"的补偿。

42　[因此，在圣经之中，律法也被称作"'那将来的'的影子"] 参看《希伯来书》（10：1），之中保罗写道："律法既是将来美事的影儿，不是本物的真像，总不能藉着每年常献一样的祭物，叫那近前来的人得以完全。"另见《歌罗西书》（2：17）："这些原是后事的影儿。那形体却是基督。"

43　[保罗在另一个段落中说（《提摩太前书》1：5）："命令的总归就是爱。"] 我直接引用圣经。如果直译的话，应当是"诫命的总和就是爱"。

44　[这总和是所有单个的诫命之总和，你不应当偷盗，等等] 就是说，摩西十诫。参看《出埃及记》20，以及马丁·路德的小本《教理问答》（每一个诫命都在之中第一个部分得到了说明）。在这里的关联上，指向《罗马书》（13：8—10）。

45　[人在律法之下叹息] 也许是指向《罗马书》（8：22—23），之中保罗写道："我们知道一切受造之物，一同叹息劳苦，直到如今。不但如此，就是我们这有圣灵初结果子的，也是自己心里叹息，等候得着儿子的名分，乃是我们的身体得赎。"

46　[饥饿者与使之饱足的祝福] 也许是指向《诗篇》（145：16）之中关于上帝所说的："你张手，使有生气的都随愿饱足。"

47　"爱"和"律法的实现"的双引号为译者所加，以避免被理解为"爱和律法"的实现。

48　[我们的文本是使徒的言辞] 就是使徒保罗的言辞。《罗马书》（13：10）。

49　["那基督教的"——去爱你的敌人] 指向耶稣在《马太福音》（5：43—45）中："你们听见有话说，当爱你的邻舍，恨你的仇敌。只是我告诉你们，要爱你们的仇敌。为那逼迫你们的祷告。这样，就可以作你们天父的儿子。因为他叫日头照好人，也照歹人，降雨给义人，也给不义的人。"

50　[因此……能够恨父亲和母亲和姐妹和那被爱者] 指向《路加福音》（14：26），在之中基督说及追随他的代价："人到我这里来，若不恨自己的父母，妻子，儿女，弟兄，姐妹，和自己的性命，就不能作我的门徒。"

51　[甚至那些弟子们也不理解他] 比如说可以参看《马太福音》（16：9），《马可福音》（9：32），《路加福音》（9：45；18：34），《约翰福音》（8：27、43；10：6；11：49；12：16；13：28；16：18）。

52　[他甚至必须对彼得说"撒但，退我后面去吧"] 指向《马太福音》（16：23）："耶稣转过来，对彼得说，撒但退我后边去吧。你是绊我脚的。因为你不体贴神的意思，只体贴人的意思。"

53　[他本来完全可以有这种力量来建立以色列的国……看得出] 比如说可参看《约翰福音》（6：14—15）："众人看见耶稣所行的神迹。就说，这真是那要到世间来的先知。耶稣既知道众人要来强逼他作王，就独自又退到山上去了。"也参看

《路加福音》（19：28—40）中，耶稣被奉作将来的王。

54　［他不在大地上建立国家］指向《约翰福音》（18：36）。

55　［在自己周围召集一些简朴卑微的人］暗示了耶稣的门徒们都是底层阶级的人。

56　［以便在讥笑嘲讽声之下在世界欢呼的同时像一个罪犯一样地被钉上十字架］指向耶稣受审判的故事。《马太福音》27，在之中耶稣被判死刑、被吐唾沫、被拳打并且被大祭司以杖击（26：66—68），被交给巡抚彼拉多。彼拉多让人众决定是否要释放耶稣，人众呼喊把他钉十字架（27：22—23），然后他遭鞭打并被交付钉十字架（27：26）。然后他遭到守兵们的嘲弄，他们为他披上朱袍戴上荆冠戏称他为王（27：27—31）。在耶稣被钉上十字架时，他被路过的人众讥嘲（27：39），他被祭司长们、文士和长老们（27：41—42）及两个与他一同被钉死的盗贼中的一个嘲笑。

57　［将他们遗弃在一个为了他的缘故而要恨他们的世界中］见《路加福音》（6：22—23）之中，耶稣对门徒们说："人为人子恨恶你们，拒绝你们，辱骂你们，弃掉你们的名，以为是恶，你们就有福了。当那日你们要欢喜跳跃。因为你们在天上的赏赐是大的。他们的祖宗待先知也是这样。"也参看《约翰福音》（17：14—15）。

58　［把他们像迷途羔羊那样地……赶进残暴的狼群］见《马太福音》（7：15）："你们要防备假先知。他们到你们这里来，外面披着羊皮，里面却是残暴的狼。"（18：12—14）之中耶稣派遣门徒时所说的话，他让他们去寻访"迷路的羊"。以及（10：16）："我差你们去，如同羊进入狼群。所以你们要灵巧像蛇，驯良像鸽子。"

59　［他将自己与他们的关系称作爱］比如说可参看《约翰福音》（13：1）："逾越节以前，耶稣知道自己离世归父的时候到了。他既爱世间属自己的人，就爱他们到底。"

60　［他所带来的是和解救赎的牺牲］比如说可参看《巴勒的教学书》第四章§7："耶稣在所有有罪的地方，并且为我们所有人，忍受了自己的苦难，这样他就为我们的所有违犯做出了和解救赎，通过承受我们所有人应得的惩罚，通过这样的方式上帝就有了可能来宽恕我们的罪而无须做出与自己的公正相悖的事情或者侵犯自己的律法并削弱自己的统治。"

61　［ "在世界里没有上帝" ］指向《以弗所书》（2：12）。

62　［各种思想和情感都是自由的］丹麦有俗语说"思想是免税的"。"得免"和"自由"在丹麦语中是同一个词。

63　［人的各种权利］也许是指向法国1789年的《人权宣言》中的政治追求。

64　［把整个存在转化为怀疑］这一说法在从笛卡尔到黑格尔的哲学史传统之中起着一种通行口令的作用。它使得每一条公理都成为怀疑的对象（"怀疑一切"）。

65　［一种涡］这一表述在克尔凯郭尔1848年写给寇尔德若朴—罗森温格（J. L. A. Kolderup - Rosenvinge）的一封信中得到解说，在政治动荡的问题上，信中这么

III A 《罗马书》13：10. 爱是律法之圆满

说："您肯定会同意我把整个欧洲发展看成是一种巨大的怀疑或者涡。一个涡寻求什么？它寻求一个能够让自己停靠的固定点（看，因此我在括号中寻找'那单个的人'）。必须有一个中止存在，对此我们看来全都是一致同意的。但是，如果一个想要停止的人无法找到一个固定点，如果一个人想要借助于那被打动的或者正打动的东西来停止，那么他只是在扩大这个涡。"（B&A bd. 1, nr. 186, s. 206.）

66 [基督教世界] 就是说"整个由基督徒们构成的社会，或者基督徒们所居住的所有国家"。

67 [教堂执事和警察助理的名单] 教堂执事的工作是完成出身受洗证明并且录写教区居民记录。按照1810年2月6日的公告，地主和房主有义务登记地址的居住人，管这事情的是警察助理。

68 [他用来创造出这一切的乌有] 见前面的"是他从乌有之中将你创造出来"的注脚。

69 [斗争出漂亮仗的人] 指向《提摩太后书》（4：7），之中保罗写道："那美好的仗我已经打过了。当跑的路我已经跑尽了。所信的道我已经守住了。"在《提摩太前书》（6：12）中保罗也写道："你要为真道打那美好的仗，持定永生。"

70 [遭犹太教会堂革除] 指向《约翰福音》（9：22），在之中说及犹太人们决定了："若有认耶稣是基督的，要把他赶出会堂。"还有在《约翰福音》（12：42）："虽然如此，官长中却有好些信他的。只因法利赛人的缘故，就不承认，恐怕被赶出会堂。"最后参看《约翰福音》（16：2）。

71 [基督选择这样卑微的人们做使徒] 根据福音书，十二门徒中大多数是渔夫，参看《马太福音》（4：18—22），而马太则是税吏，参看《马太福音》（9：9）。

72 [一个十一人协会……的志愿慷慨之中] 指向耶稣的门徒，除了犹大在耶稣被钉上十字架之前就已经作为叛卖者而可怜地死去（《马太福音》27：3—10，《使徒行传》1：15—20）。在耶稣死后，使徒们行走四方布福音，这时他们被迫害、被讥嘲、被囚禁、被鞭打。他们中大多数作为烈士死去，比如说，雅各被砍头（《使徒行传》12：2），而彼得和另外几个被根据传统钉上十字架。

73 [在这些有着如此之多的协会被建立起来的时代里] 克尔凯郭尔的时代的一个典型特征就是协会思想前所未有地得到蓬勃发展。不仅仅是在政治、哲学、教会方面，而且也在各种各样别的兴趣利益领域，到处都是协会、联合会、俱乐部等。

74 [那些被人类唾弃并成为人类荣耀的圣贤们] 在丹麦语中的固定用法"那些圣贤们"是指那些在基督教第一世纪之中因为认定自己的基督教信仰而被处决的烈士们。

75 原文直译应当是：你根本无须去想象他拥有那种标志出那些被人类唾弃并成为人类荣耀的圣贤们的完美性。

76 ["因唉哼而困乏"（《诗篇》6：7）] 在中文圣经之中是《诗篇》（6：6）：

"我因唉哼而困乏。我每夜流泪,把床榻漂起,把褥子湿透。"

77 [就像我们在圣经之中读到关于不幸的撒辣……"如此忧伤,想要悬梁自尽"] 指向《多俾亚传》3之中关于辣古耳的女儿撒辣在玛待厄克巴塔纳城里的故事。撒辣被一种可悲的命运笼罩着,曾嫁过七个男人,他们全都死在新婚之夜房之前。她父亲的一个使女辱骂她害死了自己的男人,于是她就绝望:"当日她心中十分忧伤,流泪痛苦,便走上她父亲的楼台想要悬梁自尽。"(在中文版是 3∶10)但是为了不让父亲因她自杀而蒙羞,她祈求上帝。上帝听到她的祈祷,让她嫁给托彼特的儿子多俾亚为妻。

78 [以浮秤来测一种液体的比重] 液体的比重是用浮秤来测的。浮秤是液体比重计,一种用来测量比重的仪器,常常是封口的量杯,一端有重量,将其下沉到一定深度,这个深度用来确定液体的比重。浮秤有时候被用来测烈酒。

79 [那使徒的话语] 也就是使徒保罗的话(《罗马书》13∶10)。

80 [只要他是一个思者,他最怕的就是"迷失在谬误之中"] 见后面关于"在一切事物中所最畏惧的是'处于谬误'"的注脚。

81 看来 Hong 的译本在这里少了一个"不"(我加在括号里的这个 NOT):"Without being a greatjudge of character, one would find it (NOT) difficult to point out situations in life in which a person can be in such a position that there are those who will especially look with favor on him, especially praise his love, if in the name of love he demands everything of them."

丹麦语原文为:"Uden at være nogen stor Menneskekjender er det ikke vanskeligt at paavise Livsforhold, hvor et Menneske kan være saaledes stillet, at der er dem, som netop ville synes godt om ham, netop rose hans Kjerlighed, hvis han under Navn af Kjerlighed vil fordre Alt af dem."

82 "爱和被爱"这里的"爱"是名词,可转说为"爱心","被爱"则是动词名词化之后的动名词。

83 [那些在对上帝的爱之中爱着人类的人们,在世界里被人恨] 指向《路加福音》(6∶22—23)。

84 [当作渣滓来对待] 见《歌林多前书》(4∶13)保罗所写:"直到如今,人还把我们看作世界上的污秽,万物中的渣滓。"

85 [出路是古老的那一条:在能够有利于所有其他人的时候,牺牲掉一个人] 也许是指向《约翰福音》(11∶47—53):"祭司长和法利赛人聚集公会,说,这人行好些神迹,我们怎么办呢。若这样由着他,人人都要信他。罗马人也要来夺我们的地土,和我们的百姓。内中有一个人,名叫该亚法,本年作大祭司,对他们说,你们不知道什么。独不想一个人替百姓死,免得通国灭亡,就是你们的益处。他这话不是出于自己,是因他本年作大祭司,所以预言耶稣将要替这一国死。也不但替这一国死,并要将神四散的子民，都聚集归一。从那日起，他们就商议要杀耶稣。"

86　[为什么那个古代的简朴智者……与一只"牛虻"作比较]　指向苏格拉底的审判案，再现于柏拉图的《苏格拉底的自辩书》（30d—31b），在之中苏格拉底对法官们说："由于这个原因，先生们，我实际上不是在为自己辩护，而是在为你们辩护，使你们避免由于谴责我而误用神的礼物。如果处死了我，你们再要找一个人来继承我是不容易的。用一个听起来可笑，但实际含义非常真实的比喻来说，神特意把我指派给这座城市，它就好像一匹良种马，由于身影巨大而动作迟缓，需要某些虻子的刺激来使它活跃起来。在我看来，神把我指派给这座城市，就是让我起一只虻子的作用，我整天飞来飞去，到处叮人，唤醒、劝导、指责你们中的每一个人。先生们，你们不容易找到另一个像我这样的人，如果你们接受我的建议，那么你们就不要处死我。然而，我怀疑你们已经昏昏入睡，你们对我就厌恶会使你们接受阿尼图斯的建议，一巴掌把我打死，然后继续昏睡，直到你们生命的终结，除非神出于对你们的眷顾指派另一个人来接替我的位置。如果你们怀疑神是否真的把我作为礼物派到这座城市里来，那么你们可以用这样的方式来使自己信服。你们可以想想我的所作所为符合人的天性吗？放弃自己的私事，多年来蒙受抛弃家人的耻辱，自己忙于用所有时间为你们做事，像一名父亲或长兄那样来奢望你们每个人，敦促你们对美德进行思考。如果我从中得到什么享受，或者如果我的良好建议是有报酬的，那么我的行为还会有其他一些解释，但是你们亲眼看到，尽管控告我的人厚颜无耻地说我犯有各种罪行，但有一件事他们不敢提出来控告我，这就是说我曾经勒索或收取报酬，因为他们没有任何证据。而我能为我的陈述的真实性提供证据，最令人信服的证据就是我的贫穷。"（我在这里引用《柏拉图全集·第1卷》第19—20页中的文字。王晓朝译，人民出版社2001年版。）

87　[为什么他如此深爱少年们]　苏格拉底对年轻男子们的爱在柏拉图的对话录中多次出现，克尔凯郭尔在《论反讽的概念》（1841）之中有所论述。

88　["某种神圣的东西"]　指向苏格拉底的"神灵"，在柏拉图的《苏格拉底的自辩书》（31c）中苏格拉底说："有人可能会感到奇怪，为什么我要到处提供这样的建议，忙于民众私事，而从来不在公共场合公开的就国家大事向你们提出建议。其原因就是你们以前曾经多次听我说过的，我服从神或超自然的灵性，亦即美勒托在他的讼词中讥笑过的那位神灵。"（我在这里引用《柏拉图全集·第1卷》第20页中的文字。王晓朝译，人民出版社2001年版。）克尔凯郭尔在《论反讽的概念》（1841）之中很多段落中对苏格拉底的神灵进行了讨论。

89　[要小心人类]　见《马太福音》（10：17）。

90　[平安而没有任何危险]　指向《帖撒罗尼迦前书》（5：3）："人正说平安稳妥的时候，灾祸忽然临到他们，如同灾难临到怀胎的妇人一样，他们绝不能逃脱。"

91　[被指控、被鄙视、被恨、被讥嘲]　这表述指向耶稣受难的故事，从被抓到

爱的作为

死于十字架（《马太福音》26：47 至 27：56），以及门徒们在后来不得不长期忍受的苦难。

 92 因成绩而应得的回报。
 93 因成绩而应得的回报。
 94 直译是："如果一个人有辜于什么事情。"
 95 "错误责任"直译是："辜"。
 96 "错误责任"直译是："辜"。
 97 "错误责任"直译是："辜"。
 98 "错误责任"直译是："辜"。

III B 爱是良心的事情

《提摩太前书》1：5。但命令的总归就是爱。这爱是从清洁的心，和无亏的良心，无伪的信心，生出来的。[1]

如果一个人要用一句话来给定和描述出基督教对世界所赢得的胜利[2]，或者更正确地说，被基督教用来"克服世界"有余的胜利[3]（既然基督教无疑从不曾想要世俗地取胜），基督教所瞄准的无限性之变化，借助于这无限性之变化一切保留其原状但又在无限性的意义上成为全新的一切（因为基督教从来就不曾是新异事物之友），那么除了这句话之外我就不知道还会有更短或者更具决定性的话了：它使得人与人之间的每一个人性的关系都成为一种良心之关系。基督教不曾想要颠覆各种政府来取而代之坐上权位，它在外在的意义上从不曾在这个它所不属的世界[4]之中争过位置（因为，在心的空间之中，如果它在那里找到位置，它还是不在世界里占任何位置），然而它还是无限地改变了一切它曾经和正在使之持存的东西。也就是说，正如血液冲击着每一条神经，基督教也带着良心之关系渗透着一切。变化不是在那外在的东西中，不是在那表面的东西中，然而，这变化却是无限的，就好像，如果一个人，在血管之中不是流着血，而是有着异教世界所梦想的那种神圣的流体[5]，那么，同样基督教也想要把永恒的生命，那神圣的东西，吹灌进人类。因此人们说了，基督徒们是祭司的民族[6]，因此，人们能够在考虑良心之关系时说，这是一个王者们的民族[7]。因为，就拿那最卑微的、最为人所忽略的仆人来看，想象一下那被我们称作非常淳朴贫困的可怜女工，她通过最卑贱的工作来维持自己的生计；在基督教的意义上理解，她有权，当然我们非常迫切地以基督教的名义请求她，让她这样做，她有权在她进行着自己的工作的同时，也与自己和上帝说话，这绝不延缓工作，她有权说："我为每天的报酬做这工作，但是我尽可能小心仔细地做我所做的工作，我这样做，则是因为良心的缘故。"唉，世俗地看，只有一个人，只唯一的一个，他除了良心的义务之外是不认识任何其他义务的，这就是君王[8]。然而，那个卑微的女工，在基督教的意义上理解，有权带着君王的尊严在上帝面前对自己说"我是因为良心的缘故这样做"。如果这女工因为没有人愿意听这说法而变得不高兴，那么，这就只是显示出，她不具备基督教的心，不然的话，我则觉得，上帝允许了我以这样的方式与他说话，这就可以是足够了，——在这方面贪婪地要求言论自由[9]是一种针对自己的极大痴愚；因为，有一些东西，尤其是真挚性的各种秘密，因为被公开发表出来而被丧失，并且，如果公开发表对于一个人成了最重要的事情的话，那么它们就完全被丧失了，是的，有些秘密在这样的情况下不仅仅是被丧失了，而简直就变得毫无意义。基督教的神圣意义是，在私密之中对每一个人说："不要忙碌着去改变世界的形态或者你的境况，就仿佛（让我们停留在这个事例里），如果你不做一个可怜的女工，而是有可能达到被称作'女士'的境地[10]的，哦，不，去吸收那基督教的东西吧，那么，它将向你展示世界之外的一个点，借助于这个点，你能够撼动天空和大地[11]，是的，你会做出更大的奇迹，你将如此平静地撼动天空和大地，如此轻，以至于没有人感觉到这个。"

这是基督教的奇迹，比把水化作美酒[12]更神奇的奇迹，这一奇迹默无声息地，没有任何王位交接，是的，甚至都没有让一只手动一动，就使得每一个人在神圣的意义上成为一个国王，那么轻松，那么灵巧，那么神奇，以至于在某种意义上根本没必要让世界知道这奇迹的发生。因为在外在的世界里，国王会并且也应当是唯一的依据于自己的良心来统治的人，但是，去服从，为了良心的缘故而去服从，则应当是每一个人都应当有权去做的事情，是的，没有人，没有人能够阻止。在那里面，深深地在内在之中，在那有着"那基督教的"在良心之关系中居留的地方，那里的一切都被改变了。

看，哪怕只是为了达到一点点小变化，世界也大惊小怪，为鸡毛蒜皮而搞得翻天覆地，就像大山生出一只小老鼠[13]；基督教默无声息地做出了无限性的运动，若无其事。这过程如此平静，任何世俗的东西都不可能有这样的平静，如此平静，唯有一个死者和真挚性会如此；除了真挚性，基督教又能够是什么别的东西呢！

以这样的方式，基督教把人与人之间的每一个关系都转化成一个良心之关系，爱之关系也是如此。这是我们现在要观察的事情：在基督教的意义上理解。

爱是良心的事情。

在前面所讲读到的那些使徒言辞之中很明显地有着一种双重意义，首先是"但命令的总归就是爱"。我们在前面的考究[14]之中论述了这个，尽管我们把这方面的考虑和另一句话联系起来：爱是律法的圆满。但是接下来我们的文字所包含的就是：如果爱要成为诫命的总和，那么它就必须出自一颗清洁的心并且出自一颗无亏的良心，并且出自一种无伪的信心。但不管怎样，我们选择把注意力集中在一个定性之上，"爱是良心的事情"，另两种定性则在本质上是被包容在这一定性之中，并且它们在本质上也是指向这一定性的。

现在，一种特定类型的爱在基督教的意义上被弄成了一种良心的事情，这是每个人都在足够高的程度上所熟知的。我们是在谈论婚姻。在牧师把两个人结合在这作为他们两人心灵之选择的共同生活之中（他倒是不问他们关于这选择）的时候，他首先是分别问他们：您有没有向上帝和您的良心征询意见[15]。因此，牧师把爱指引向良心，正因此他当然也以一种方式向一个陌生人一样地对他们说话，而不使用紧密熟悉者之间所用的"你"；他分别在两个人的心上留下这声音——这是一件良心的事情，他把一件心灵上的事情弄成一件良心上的事情。无疑，这一点已经被表达得再确定和再明了不过了，然而，在问题的形式中，或者说在"分别被提问"之中，还是包含着又一种对这同样的考虑的表达。"去问那单个的人"是良心之关系的更为普遍的表达，并且因此，首先去分别考虑所有这无数人，分别将他们作为单个的人来考虑，这也恰恰就是基督教对人类的本质性的考虑。

于是，牧师分别问这两个人，他有没有向上帝和他的良心征询意见。这是在基督教之中在情欲之爱上所发生的那种无限性之变化。正如基督教的所有各种变化，它是那么平静、那么隐蔽，——因为它只属于那隐蔽的人的真挚性、那宁静的精神的不可侵犯的本性[16]。在介于男人女人之间的关系之中，又有什么可憎的东西是世界不曾见过的：她，几乎就像动物一样，与男人相比是一种遭轻视的存在物，一种另一种类型的存在物[17]。为

149

了在世俗的意义上将女人置于与男人的同样权利之下，人们曾经进行了怎样的斗争啊[18]，然而，基督教只是做出了无限性的变化，并且因此而在默无声息之中做出这变化。外在地说，旧的东西以一种方式仍然留在那里；因为男人应当是女人的主人，她应当屈从他[19]；但是，在真挚性之中一切都变了，借助于这一向女人提出的小小问题而得以改变，她有没有向自己的良心征询意见：她想要这个男人，——是作为主人，因为否则的话，她就得不到他。然而这关于"良心的事情"的"良心的问题"使得她在真挚性中面对上帝与丈夫完全平等。基督就自己的国所谈的，说这国不属这个世界[20]，这也是所有基督教的事物的情形。它作为一种更高的事物之秩序[21]想要在一切地方在场，但却让人无法捉摸；就像是一种友好的精灵到处围绕着那些亲爱的人们，跟着他们的每一步，但却让人无法指出它，就是以这样一种方式，"那基督教的"想要在生活之中做一个陌生人，因为它属于另一个世界，它想要在世界之中做一个陌生人，因为它要归属于那内在的人。痴愚的人们痴愚地忙着以基督教的名义世俗地宣示，女人应当获得与男人平等权利的地位[22]；基督教从不曾要求或者想要过这样的事情。它为女人做了一切，如果她想要以基督教的方式让自己满足于"那基督教的"的话；如果她不想要这样，那么，对于她所丧失的东西，在她世俗地通过对抗所能够获得的那一点点外在事物中，她就只会赢得一种不大的补偿。

　　婚姻的情形便是如此。但是因为基督教通过婚姻使得情欲之爱成为一件良心的事情，看起来这还是无法推导出，基督教在总体上使得爱成为了一件良心的事情。然而，如果一个人有别的看法，那么他就在与"那基督教的"相关的问题上陷于谬误。基督教并没有把情欲之爱当作一种例外而使之成为良心的事情，而是因为它使得爱成为良心的事情，于是也就使得情欲之爱也成为良心的事情。而另外，如果任何类型的爱在"转变成一件良心的事情"有麻烦的话，那么这肯定就会是情欲之爱，它是以驱动力和天性倾向为基础的；因为驱动力和天性倾向看来恰恰就在足够大的程度上是其自我，因而能够去决定"情欲之爱是否在场"这个问题，并且这样一来就也能够对基督教提出反对，正如基督教对它的反对。比如说，在两个人相爱的时候，这相爱必定是他们自己最清楚地知道的事情了，本来没有什么东西能够阻碍两个人的结合，为什么又会有这些麻烦，就像基督教所做的那样，要这样来对他们说，不，他们首先要回答他们是否曾向上帝和他们的良心征询了意见这个问题。基督教绝不想要在"那外在的"之中带来变化，它既不想废除掉驱动力也不想废除掉天性倾向，它只想在"那内在的"之中做出无限性的变化。

无限性的变化（这是那内在之中隐蔽的人，有着向内对着上帝之关系的方向，并且在那之中是不同于那种有着向外的方向的内在事物），这变化是基督教在所有地方都要做出的，因此基督教也要使得所有爱都变成良心的事情。因此，如果有人认为"那基督教的"只是作为一种例外而使得一种单个类型的爱成为良心的事情，那么他对"那基督教的"的这种观察考虑就是不正确的。在总体上说，一个人也不可能把什么单个的事情弄成一件良心的事情；要么你就得像基督教一样把一切都弄成那样，要么就是根本全都不行。这是带着良心的内在真挚力量去扩散，如同借助于上帝的全在[23]的情形；一个人不可能将之限定在一个单个的地方并且说，上帝在这一单个的地方是全在的；因为这说法恰恰就是拒绝他的全在。同样，把良心之关系限定在某件单个的事情上也同样就是在总体上拒绝良心之关系。

如果我们想要想象一个在基督教关于爱的教义中的初始点（尽管要在一种循环运动之中固定出一个初始点是不可能的），那么，人们就不能说，基督教是从"使得情欲之爱成为良心的事情"开始的，就仿佛这种事情会首先吸引基督教教义的注意力，而这教义则有着自己要去考虑的事情并且这事情绝不是"让人们结婚"。不，基督教是从根本上开始的，因此它是从精神的关于"什么是爱"的教义开始的。为了确定什么是爱，它要么是从上帝开始，要么就是从"邻人"开始，这一关于爱的教义是就其本质而言的基督教的教义，因为一个人为了在爱中发现"邻人"就必须从上帝出发，并且在对"邻人"的爱之中必须找到上帝。从这一基本考虑出发，基督教现在就占据了所有爱的表达，并且严格地守望着自己。因此一个人完全可以说，是关于"人的上帝之关系"的教义，正如关于"对邻人的爱"的教义，使得情欲之爱成为一件良心的事情。这两者在同样的程度上都是在基督教的立场上反对驱动力和天性倾向的任性顽固[24]。因为在男人从属于任何关系之前，他首先属于上帝，因此我们必须首先问他，他是否向上帝和自己的良心征询了意见。正如女人的情形。因为男人首先（甚至相对于所爱的女人）是"邻人"，而她对于他也首先是"邻人"，因此，我们首先就必须问，他和她是否向良心征询了意见。在

151

基督教的意义上理解，在上帝面前有着所有人之间的相同性，在爱"邻人"的教义之中，在上帝面前有着所有人之间的相同性。人们也许会以为，在对邻人的爱是一种被废弃的情欲之爱时，我们就已经能够看见它的重要了，唉，对邻人的爱是那最终和至高的，因此我们应当在恋爱的最初和至高的瞬间前面为之给出位置。

这是"那基督教的"。它绝不是什么"我们首先要忙于去找到那被爱者"，相反，我们在"去爱那被爱者"之中首先应当爱邻人。对于驱动力和本性倾向而言，这无疑是一种奇怪的起着冷却作用的倒置；然而它是"那基督教的"，并且比起精神相对于"那感官的"或者"那感官的—灵魂的"，它也没有更大的冷却作用，而与此同时也顺便说一下，精神的性质则恰恰是燃烧着但却不发出火焰。妻子对于你首先应当是"邻人"，而她对于你是你的妻子，这则是出自你们相互间特别关系的一个进一步定性。但是，那永恒地作为根本的东西在对那特殊的东西的表达之中必定也是作为根本的。

如果这不是如此，我们又怎样为那关于"对邻人的爱"的教义找到位置呢；并且，一般说来，我们就完完全全地忘记了它。人们自己并没有很清楚地感觉到，人们是以异教的方式在谈论情欲之爱和友谊，在这个角度上说，是以异教的方式安排自己的生活，然后，就"爱邻人，亦即，爱某些别人"，人们又加上一点基督教的东西。但是，如果一个人不去注意，对于他，他妻子首先是邻人，然后才是妻子，那么，不管他爱多少人，他就永远都不会去爱邻人；就是说，他在妻子的身上有着一个例外。现在，他要么一辈子过于炽烈地爱着这个例外，要么首先是过于炽烈然后又过于冷淡。确实，妻子被爱不同于朋友，朋友被爱不同于邻人，但这不是本质的差异性，因为根本的相同性是在于"邻人"这个定性之中。"邻人"的情形如同"人"这个定性的情形。我们每个人都是人，然后又都是不同的各有特殊的人；但是这"是人"是根本定性。没有人可以在这样的一种程度上盯着差异性看，以至于他怯懦地或者自负地忘记了他自己是人；没有人因为自己的特殊差异性就是一个得免于"是人"的例外，一个人，他就是人，然后又是他特别地所是的这个人。这样，基督教也并不反对丈夫特别地爱妻子，但是他绝不可以以这样一种方式来特别爱她，以至于她是一个得免于"是邻人"（每个人都是邻人）的例外；因为这样一来他就是在混淆"那基督教的"：妻子对于他来说没有成为邻人，因此，所有其他人对于他来说也不是邻人。如果曾经有一个人生活在世上，他通过自己的差异性而是一个得免于"是人"的例外，那么，"人"这个概念就被混淆了：这例外不是人，而其他人们则也不是人。

　　人们谈论说，一个丈夫凭良心地爱着自己的妻子，或者自己的朋友，或者他亲近的人们；但是人们常常以这样的一种方式来讨论，以至于在之中包含有一个极大的误读。基督教教导说，你应当也凭良心地爱每一个人，因此也凭良心地爱妻子和朋友，这当然是一件良心的事情。相反，在人们这样地谈论"凭良心地爱妻子和朋友"的时候，于是，人们通常就认为，这是在被区分开了的意义上，或者同一个意思换一句话讲，是在团结的意义上所说的以这样一种方式优先地特别爱他们，以至于一个人与其他人就彻底毫无关系了。但是这种类型的"有良心"在基督教的意义上理解恰恰就是"无良心"。人们自然也看见，这样，那决定"一个人所显示出的爱是否凭良心"的人，就成了妻子和朋友。这之中就有着谬误，因为那是上帝，是上帝依据于自己并借助于"邻人"这个中间定性来检验"对妻子和朋友的爱是否凭良心"。也就是说，只有那样，你的爱才是一件良心的事情；但是这无疑也很明白，一个人确实只能够在一件良心的事情中凭良心，因为，否则的话，我们不就也能够谈论"凭良心销赃"了吗？在我们能够谈论"凭良心去爱"之前，爱首先必须被定性为良心的事情。但是，只有在要么上帝要么"邻人"是中间定性的时候，就是说，不是在就其本身而言的情欲之爱或者友谊之中时，爱才被定性为良心的事情。但是，如果爱在就其本身而言的情欲之爱或者友谊之中没有被定性为良心的事情，那么在这时恰恰就是：团结越牢固，那所谓的"有良心"就越可疑。

　　也就是说，"那基督教的"不是相对于那被人们在异教文化之中和别的地方称作"爱"的东西的一种进一步定性，而是一种根本变化；基督教不是为了教导"你应当怎样特别地去爱妻子、朋友"中的某种变化而进入世界的，而是为了教导"你应当怎样普遍人性地去爱所有人"。这一变化则又是那以基督教的方式改变情欲之爱和友谊的东西。

　　我们有时候也听人说：问一个人关于他的情欲之爱的事情是一个良心的问题。但是这一点总是没有被完全正确地理解。为什么这是一个良心的问题，依据就是：因为一个人在情欲之爱中首先是属于上帝的。因此，在牧师提问的时候也没有什么人会生气，因为他是以上帝的名义提问的。但是在大多数时候人们并不这么想，相反人们只想着，情欲之爱是一件如此内在的私事，两人之外的任何第三者都是不相关的，任何第三者——甚至上帝；这样的想法，在基督教的意义上理解，就是"无良心"。然而，如果一个人在一件事情中没有让自己去与上帝发生关系，那么，在这件事情上，良心的问题在总体上说就是无法想象的；因为"让自己去与上帝发生关系"这恰恰就是"有良心"。因此，如果上帝不存在的话，一个人也就不会有什么事情在良心上过不去，因为"单个的人"和上帝间的关系，上帝之关系，就是良心，因此，哪怕只是有一丁点最小的事情在良心上过不去，也会是那么地可怕，因为一个人因此马上就承受了上帝的无限重量。

爱是良心的事情，因此不是驱动力和天性倾向的事情，也不是感情的事情，也不是理智算计的事情。

世俗的或者单纯人性的视角，它认识大量各种类型的爱，并且对每个单个的人的差异性和那些单个的人们相互间的差异性知道得很清楚；它让自己深化在各种差异性的这种差异性之中，如果有这种可能相对于表面去深化自己的话，它就深化自己。基督教的情形则是相反。它真正只认得一种类型的爱，精神之爱，并且，它不太会去深入钻研关于"这一基本而共同的爱能够以怎样的方式来呈现出自己"的各种差异性。在基督教的意义上说，爱的各种不同类型间的差异在本质上是被废弃了。

那种单纯人性的视角，它要么把爱解读为是纯粹地直接的，就像驱动力，天性倾向（情欲之爱），就像天性倾向（友谊），就像感情和天性倾向连带着由某种由义务、自然关系、时效权利[25]等构成的起着差异化作用的混合物；要么把爱解读为是某种应当令人去追求和获取的东西，因为理智认识到，"被爱"和"被喜欢"，正如"拥有自己所爱的人和所喜欢的人"都是一种世俗的好处。基督教其实并不专注于所有这一切，既不专注于这类直接性，也不专注于这类舒适性。基督教让一切保持有效，让它们在外在之中具备其意义；但与此同时，它通过它的不考虑舒适性的爱的教义让无限性的变化发生在内在之中。在"'那基督教的'的永恒权力对在外在之中的承认是如此无所谓"这一事实中有着某种奇怪的并且也许是令许多人觉得惊讶、觉得无法理解的东西，在"这正是严肃——真挚性恰恰以这样一种方式为了严肃而在世俗性之中扮演陌生"这一事实中有着某种奇怪的东西。正因此，在基督教之中也有过一些时候，人们曾认为有必要去泄露出这秘密并且因此而在世俗性之中为"那基督教的"给出一种世俗的表达。于是，人们就想要废除婚姻并且（当然是隐蔽地）生活在修道院中。然而真挚性之隐蔽或者隐蔽的人的真挚性[26]，它"固守真道的奥秘"（《提摩太前书》3∶9）[27]，是一种远远更保险的隐蔽。因此，与真正的基督教的真挚性相比，修道院在森林之孤独中或者远在不可企及的山巅上的隐蔽，以及宁静的居住者在修道院中的隐藏处，都是一种小儿科的东西，就像是小孩要躲藏起来，为的是让人来找到他。修道院隐蔽的居住者向世界给出消息说，他隐蔽了起来，就是说，在基督教的意义上理解，他并没有严肃地隐蔽起来，而是在玩捉迷藏。通过对"那基督教的"的类似的误解，通过类似的小儿科，人们就认为，去泄露出秘密、去世俗地表达出"那基督教的"对友谊、对家庭关系、对爱国之心的无所谓是符合基督教的意思的；——然而这却不是真的，因为从世俗的角度看，基督教并不对什么东西无所谓，恰恰相反，它单纯地只是在精神上关怀着一切。然而，以这样的方式来表达自己的无所谓，一个人急切地想要让相关的人们知道这个，这无疑恰恰就不是无所谓。一种这样的无所谓，就好像一个人走向另一个人说"我根本不在意你"，而对此那另一个人就会回答说"那么你又为什么要费这劲来对我说这个呢"。这又是一种小儿科，这是以一种小儿科的方式借助于"那基督教的"来自恃卓越。但"那基督教的"太严肃而无法被用在这上面、被人用来自恃卓越。它根本不想在外在之中带来任何变化，它想要抓住这外在、清洗这外在、使得这外在变得神圣，并且以这样一种方式在"一切仍然还是旧的"的同时使得一切都变成是新的[28]。基督徒完全可以结婚，可以爱自己的妻子，尤其是以他应当用来爱她的那种方式来爱，可以有一个朋友并且爱自己的故土；但是在所有这一切之中则应当有着一种他与上帝间的在"那基督教的"之中的基本理解，而这就是基督教。因为上帝不像一个人那样；去找一种看得见的证明，以便能够看出他的事业是否得胜，这对于他并没有什么重大意义；他在暗中同样能够很好地看见[29]。然后，这事情绝不是，你应当去帮助上帝重新学，而是他将帮你去重新学，这样你就能够让自己戒除世俗的"想要去找一种看得见的证明"的习惯。如果基督感觉到任何"去找一种看得见的证明"的需要，那么他无疑就会出手召唤来十二营天使[30]。他恰恰不想要这样做，相反，他责怪了那些想要去找一种看得见的证明的使徒们，说他们不知道他们所谈论的精神是什么，因为他们是想要在外在之中有一个决定[31]。外在之中的决定恰恰是基督教所不要的（除非它想要设定出某种对世俗构成冒犯的标志，比如说圣餐礼的标志[32]），相反，它要通过对此的匮乏来试探单个的人心中的信仰，来试探这单个的人是否会保存并且满足于信仰的秘密。"那世俗的"总是迫切地想要外在之中的决定，否则的话它就怀疑地不相信这决定是存在的。但是这一达成疑心的机缘恰恰就是精神上的考验[33]，信仰就在这一考验之中受试探。在世俗的意义上理解，要决定并且要完全肯定"有着一个上帝存在"，那么，"挂起一张上帝的像"也会是一种远远更为确定的做法；——然后我们不就是能够看见：上帝存在？或者，一个（其实并不存在的）偶像存在？在世俗的意义上，如果基督以外在的方式，也许是通过一场辉煌的游行，来试图展示他是谁，而不是进入一个卑微的仆人的形象（他甚至都没有因此而引人注目，这样，他看上去完全就像一个其他人[34]并且在世俗的意义上完全弄糟了自己的任务），那么，事情就会是远远更为确定得多；但是现在事情是这样，这恰恰就是精神上的考验，信仰就在这一考验之中受试探。基督教对爱的解读的情形也是如此。世俗的误解迫切地想要在外在之中表达出"在基督教的意义上爱是精神的爱"，——唉，但这东西却是无法外在地在外在性之中得以表达的，因为这恰恰是内在性。但是，这一点对世俗性而言恰恰是冒犯，正如所有基督教的东西都是如此，因此就像反过来的情形，基督教把一个随意的外在标志弄成了外在中的唯一决定性标志，就像受浸洗过程中的水[35]。世界总是与基督教正相反；在基督教想要内在性的地方，世俗的基督教世界想要外在性，而在基督教想要外在性的地方，世俗的基督教世界想要内在性，这可以通过这样的事实来说明：在有着"那基督教的"的所有地方，因冒犯引起的愤慨[36]就陪伴在一旁。

然而，基督教只认识一种类型的爱：精神的爱，但这种爱能够作为爱的每一种其他表达的基础，并且在每一种其他表达之中在场。多么奇妙啊！因为，这一基督教的生命的想法与死亡的想法有着某种相同的东西。你想象一下一个人，他想要一下子收集起对他所见到的人与人之间所有生命的各种差异性的印象，并且在他列举了这一切印象之后，他会说："'我看见所有这些不同的人，但是我没有看见人'[37]"，同样，基督教的爱相对于各种不同类型的爱的情形也是这样，它在后者所有各种类型之中，就是说，它可以是在那之中，但基督教的爱本身则是你所无法指出的。你通过"一个女人是那被爱者"认出情欲之爱，通过朋友认出友谊，通过对象认出对故土的爱；但是，基督教的爱，你甚至无法通过"它爱敌人"来认出它，因为这也可以是怨恨的一种隐蔽的形式，比如说，如果有人是为了把炭火堆在他的头上[38]而这么做的话；你也无法通过"它恨被爱者"来认出它，因为对于你这其实是不可能让人看出的，如果你自己不是那相关者的话，并且，你是借助于上帝而知道这个的。从上帝的这一边，在某种意义上，对一个人，这是怎样的信任啊，并且又是怎样的严肃！我们人类，我们谨慎地想要具备用来认出爱的确定而可靠的标志。但是上帝和基督教没有任何标志，难道这不是一种对人类的巨大的，甚至是尽一切可能的信任？相对于一个人，在我们放弃了用来认出他的爱的标志[39]时，我们说，我们向他显示了无边的信任，我们无视在表面看上去的所有各种情形总是愿意相信他。但是你想，为什么上帝展示出一种如此的信任？会不会是因为他在暗中看着？怎样的严肃！

但是，你绝不会，并且也从不曾有过任何人看见了基督教的爱，正如从不曾有人看见过"人"。然而，"人"却是本质的定性；基督教的爱却是本质的爱，正如在基督教的意义上理解只有一种类型的爱。因为，再重复一下吧，在人类以前所学到的关于爱那些被爱者、朋友等的东西中，基督教没有去改变什么，既没有加上一些什么也没有去掉一些什么，但是，它改变了一切，改变了作为整体的爱。只有在随着这一根本变化而在情欲之爱和友谊之中出现一种内在性的变化时，只有在这时它才改变了这些东西。它是通过把所有爱弄成良心的事情来做成这个的；良心的事情相对于情欲之爱和友谊等能够意味了对各种激情的冷却，正如它意味着永恒生命的真挚性。

爱是良心的事情，并且因此而必须出自一颗清洁的心并且出自一种无伪的信心。

"一颗清洁的心。"本来，我们通常会谈论，为了爱或者为了"献身于爱"，我们要求一个自由的心。这颗心必须是不属于任何其他人或者其他事物，是的，甚至将它给出去的那只手也必须是自由的；因为，这不应当是由那手来强行拿起心来给出去，而相反应当是由心来把手给出去。这颗心，自由如这颗心，于是就应当在"把自己给出去"之中找到全部自由，——不是从你的手中放出的鸟，不是从弓弦上飞出的箭，不是在重新发现了自己的方向之后让自己挺起的树枝，没有任何东西，没有任何东西

157

是像自由的心在它自由地奉献自己的时候那样地自由。因为，鸟只因为你放开它而是自由的，箭只因为它离开了弓弦而飞出来，树枝只因为压力停止而重新挺起；但是自由的心并不是因对抗力的停止而变得自由，它本来就是自由的，它本来就拥有自己的自由，——然而它却是去找到自己的自由的。多么美丽的想法，生命至福的自由，它找到它自己所拥有的东西。

然而，我几乎是在像一个诗人那样地说话了，不过这也可以是允许的，如果我们不忘记首要问题，如果我们像诗人那样说话恰恰就是为了阐明这首要问题，因此，如果可能，我们就努力去逢迎地说那些通常会让人们听了觉得很舒服的东西，恰恰就是为了不让人去觉得：仿佛对于"谈论这东西"的感觉或者能力的缺乏使得我们不去谈论这个，或者不去单纯的就像谈论那至高的事物那样地谈论这个，而同时却忘记了首要问题——"那基督教的"。

一颗清洁的心在这种意义上不是自由的心，或者说，它是我们在这里所不考虑的自由的心；因为一颗清洁的心从头到尾首先是一颗被绑定的心。因此谈论这个就不像谈论在献身之勇中自由的生命至福的自我感觉或者自我感觉的绝顶生命至福的快感那样令人愉悦。一颗被绑定的心，是的，一颗在最深刻的意义上被绑定的心，不是什么抛出了所有船锚的船只，而是这样地被绑定，如同那应当是纯净的心所必定是的情形，也就是说，这颗心必须是被与上帝绑定在一起。没有任何通过最严厉的加冕守则来让自己被绑定的国王[40]、没有任何通过最沉重的义务责任来让自己被绑定的人、没有任何每天都让自己被绑定的雇工、没有任何每小时都被绑定的钟点教师，是以这样的方式被绑定的；因为每一个上面所说的被绑定者还是能够说自己是在怎样的程度上被绑定的，而如果一颗心应当是清洁的话，那么它就必须是被无界限地与上帝绑定在一起。没有什么权力能够如此地来绑定；因为国王会死去而摆脱加冕守则，雇主会死去而雇工的义务责任就停止，并且教课的时间会过去，但是上帝不死，捆绑的索带永远都不会断。

心是必须以这样的方式绑定的。如果你在情欲之爱的欲望或者友谊的追求之中燃烧，那么请记住，你就自由所谈的东西，这是基督教所从不曾否定的；但是，如果那被爱者的心并且如果你的心应当是清洁的话，那么这一无限的绑定性则首先必须存在。因此，首先是无限的绑定性，然后才能开始谈论自由。有一个在科学里被用得很多的外来语用词，但是在一般的情况下被用得更多，哦，我们如此经常地在大街小巷、在忙碌者们的圈子里、在商人的嘴里听见这个词，这个词就是"优先"；科学[41]对上帝之优先谈论了很多，并且商人们谈论各种优先[42]。那么，就让我们用这个外来词来这样地表达想法，以便让这想法最确定地为人留下正确的印象，让我们说：基督教教导，上帝有着第一优先。科学并非完全以这样的方式来谈论上帝的优先，它很想忘却商人们所知的各种优先：它是一种要求。上帝有着第一优先，并且一切，一个人所拥有的一切都作为担保物在这要求之下被抵押了。如果你记得这一点，那么你也就能够谈论自由之欲望，按你的意愿想谈多少尽管谈，哦，然而如果你真的记得这个，那么这欲望就不会对你构成诱惑。

自由的心不去考虑任何东西，它不顾一切地投入献身的快感之中；但是，那无限地与上帝绑定在一起的心有着无限的考虑，甚至连那在每一瞬间都要考虑到许许多多事情的人，尽管他被绑定在各种考虑上，也不像这心与上帝绑定那样，它是无限地与上帝绑定在一起的。不管它在哪里，自己孤独地独处或者充满了关于他人的想法或者在别人那里，不管这无限地绑定的心另外有多么忙，它在自身之中总是有着这一考虑。哦，如果你那么美丽地谈论，爱人对于你或者你对于爱人有多么重要，哦，那么请记住，如果一颗清洁的心应当在情欲之爱中被交出去的话，这一考虑首先必须是考虑到你的灵魂并且同样也考虑到你爱人的灵魂。这一考虑是最初的和最终的[43]，从这一考虑出发就没有分离，除非是在逆和罪[44]中。

自由的心没有历史；在它把自己给出去的时候，它得到自己的爱的历史，幸福的或者不幸的。但是，那无限地与上帝绑定在一起的心则在之前就有着历史并且因此明白，情欲之爱和友谊在这唯一的爱的历史之中、在这最初的和最终的历史之中只是一段间奏曲，一段插语。哦，你如此美丽地谈论情欲之爱和友谊，如果你明白，这不过只是那永恒的历史之中的一个非常短小的段落，那么，相对于这段落的简短，你又怎样来概括你自己呢？你以爱的开始来开始你的历史并且终结于一座坟墓。但那永恒的爱之历史在远远更早就已经开始了；从你的初始，在你从乌有进入存在时，它已经开始了，并且，正如你不会成为乌有，它同样也不会终结于一座坟墓。在死亡之床已为你铺好的时候，在你上床不再起床、人们只是等着你翻身到另一边以便能死去的时候，宁静在你的周围扩展开；然后，在那些比较亲近的人们逐个离去的时候，宁静增长，因为在死亡靠近你的同时只有更亲近的人们留下；然后，在那些更亲近的人们悄声离去的时候，宁静增长，因为只有最亲近的人们留下；然后，在那最后一个人对你最后一次鞠躬的时候，他转向另一边，因为你这时已经转向了死亡的一边；然而却仍然有一个停留在那一边，他是临终之床前的最终者，他是最初者，上帝，活着的上帝[45]，就是说，如果你的心本来是清洁的，这心只有通过爱他而变得清洁。

我们必须以这样的方式来谈论关于清洁的心和关于"作为良心的事情"的爱。如果情欲之爱和世俗的爱是生活的喜乐，以至于幸福的人真正地说"我现在才算真的是在生活了"，以至于生活的喜乐就只是听着爱者谈论自己的幸福、谈论生活，也就是说，谈论生活的喜乐，那么，那种凭良心的爱就必定是由一个死者来谈论了，一个死者，请注意，他不是觉得生活没意思，而是真正赢得了永恒的生命喜乐。但这谈论者是一个死者，唉，这让许多人觉得是如此可怕，以至于他们没有勇气去听他的喜悦讯息，而与此同时，如果有这样一个人，我们在非凡的意义上这样说他——"他活着"，那么大家都很愿意听他来谈论。然而，必定是有着一个死者存在，并且，在这样的一个瞬间，在同时代的人们快乐地向幸福的人欢呼一个"活着"的时候，这时永恒就说："死去"，如果心要变得清洁的话。因为，固然是有人通过爱一个人而变得幸福、无法描述的幸福或者不幸；但是，任何人的心，如果它不是通过爱上帝而变得清洁的话，它永远都不会变得清洁。

"一种无伪的信心。"难道还可能有比"去爱"和"虚假"这一组合更令人厌恶的组合吗？然而，这组合本身实在是一种不可能，因为"在虚假中去爱"就是"去恨"。这不仅仅是就虚假而言，而且，哪怕是对诚实的极少一点点缺乏都是不可能与"去爱"结合起来的。一旦有任何诚实缺乏，那么就也会有什么东西被隐藏起来了，而在这隐藏的东西之中隐藏着自私的自爱，并且，只要它在一个人身上，他就不是在爱。在诚实之中，爱者将自己呈现给被爱者；如果这诚实是真正的诚实，或者，如果在爱者们心中有着真正的忠诚去那由情欲之爱竖立在他们之间的诚实之镜中再现出自身，那么，没有什么镜子能够像诚实性那样准确地捕捉住那最微小的琐碎小事了。

但是现在，两个人是不是能够以这样的方式在诚实之中相互变得透明呢？一般来说基督教是将之理解为在上帝面前的诚实，那么这里它在另一种意义上谈论"无伪的信心",这是不是一种随意的武断呢?如果两个人要在无伪的信心之中相爱,是不是恰恰就有这样的必要,要让在上帝面前的诚实在每一个单个的人那里预先出现?难道只有在一个人有意识地欺骗别人和自己的时候,这才是作伪?难道在一个人不认识他自己的时候,这就不是作伪?当然,一个这样的人是不是能够出于无伪的信心而许诺爱,或者,他能不能遵行他所许诺的东西?是的,他当然能够,但是如果他不能够许诺,那么他能不能遵行他根本就无法许诺的东西呢?一个不认识自己的人无法出自无伪的信心来许诺爱。

私密性的想法在自身之中包含了一种翻倍,就是这个:如果有一个人,另一个人对这个人有着最真挚的关系,也就是,那种最适合于作为私密交流的对象或者作为在私密之中的交流的对象[46]的关系,只有对他,那另一个人能够真正地密诉心声,或者托付私密,或者在私密之中说出自己的话。但是,私密性以这样的一种方式与自己发生关系,以这样一种方式就在私密性之中有着一种不可言说的东西,作为那本质性的东西,于是这私密性就并非像人们所会以为的那样是一个人所说出的东西[47]。比如说,在人性的意义上说,妻子相对于自己的丈夫有着她最真挚的关系,然而毫无疑问,她能够在私密性之中向她的父母诉说一些什么,但这一私密性是关于私密性的私密性。因此妻子会觉得她绝非能够向他们密诉一切,也绝非能够以她向自己的丈夫密诉一切的方式来向他们密诉,对丈夫她有着自己最真挚的关系——但也是她最私密的关系,并且对丈夫她其实只能够在自己的最真挚关系(这关系是与他的关系)的方面密诉心声。外在事务和无关紧要的事情是我们无法(或者只能够滑稽和疯狂地)在私密性之中诉说的;但是,看,如果妻子想要对一个他人诉说自己最内在的事情,与自己的丈夫的关系,这时,她自己认识到,她能够在私密性之中完全地对之诉说这事情的人只有一个,而这个人与她有着对之的关系并且与之有着关系的那个人就是同一个人[48]。

那么现在看,一个人到底与谁有着自己最真挚的关系、一个人到底能够与谁有最真挚的关系,难道不是与上帝吗?但是所有人与人之间的私密性最终就因此而只是关于私密性的私密性。只有上帝是私密性,正如他是爱[49]。这样,在两个人在诚实之中相互许诺忠诚的时候,如果他们首先每个人各自对另一个人许诺并且已许诺了忠诚,那么,这真的就是相互许诺忠诚吗?然而在另一方面,这却是必要的,如果他们,在基督教的意义上，要出自无伪的信心去爱的话。在两个人相互向对方完全地密诉的时候，如果他们首先是各自向一个第三者密诉，那么，这真的就是相互向对方完全地密诉吗？然而这却是必要的，如果他们要相互向对方完全地密诉的话，尽管在每个单个的人对于上帝的私密性之中会出现那不可言说的东西，而这不可言说的东西则恰恰就是对于"对上帝的关系是那最真挚的关系、最私密的关系"的一个标志。

这是什么样的邀请姿态啊，关于两个相爱者相互间的私密性的说法是多么地逢迎人啊，然而在这一谈论之中，正如在这一私密性之中，还是有着作伪的东西。但是，如果要谈论出自一种无伪的信心的爱，那么就必须由一个死者来谈，这听起来首先仿佛就是在这两个要在最真挚最私密的共同生活之中被结合在一起的人之间设置出了一种分离。是的，它就像是一种分离，而那被设置在他们之间的东西则是永恒之私密性。有过许许多多次，两个人在相互与对方的私密性关系中变得很幸福，但从不曾有过任何人能够不借助上述的这种分离中的"与上帝的私密性"却做到"出自无伪的信心去爱"，而这分离中的"与上帝的私密性"则又是上帝在相爱者们的私密性之中所给出的同意。只有在爱是一件良心的事情时，爱才是出自清洁的心并且出自无伪的信心。

注释：

    1 [《提摩太前书》1：5。但命令的总归就是爱。这爱是……生出来的。]保罗在这里提醒提摩太，他请求他去命令某些人不要传播歪曲了的学说。

"命令的总归就是爱。"我直接引用中文圣经。如果直译的话，应当是"诫命的总和就是爱"。

    2 [基督教对世界所赢得的胜利]指向《约翰一书》（5：4）："因为凡从神生的，就胜过世界。使我们胜了世界的，就是我们的信心。"

    3 [被基督教用来"克服世界"有余的胜利]指向《罗马书》（8：37），之中保罗就基督说："然而靠着我们的主，在这一切的事上，已经得胜有余了。"

    4 [它所不属的世界]指向《约翰福音》（18：36），在之中耶稣说："我的国不属这世界。"

    5 [异教世界所梦想的那种神圣的流体]神圣的流体，灵液，暗示为诸神的血。见荷马《伊利亚特》第五书第340句诗。在故事中狄俄墨得斯的长矛刺中了女神阿弗洛狄忒（被称作库普里丝），这里是第339—342句诗："位于掌腕之间，放出涓涓滴淌的神血，／一种灵液，环流在幸福的神祇身上，他们的脉管里。／他们不吃面包，也不喝闪亮的醇酒，/故而没有血液——凡人称他们长生不老。"

6 [**基督徒是祭司的民族**]指向《彼得前书》（2：9）："惟有你们是被拣选的族类，是有君尊的祭司，是圣洁的国度，是属神的子民，要叫你们宣扬那召你们出黑暗入奇妙光明者的美德。"也见下一注脚。

7 [**王者们的民族**]指向《启示录》（1：6）：耶稣"又使我们成为国民，作他父神的祭司。但愿荣耀权能归给他，直到永永远远。阿们"。所谓国民即是王公之民。

8 [**世俗地看……这就是君王**]丹麦自从1660年就一直是由一个坐在王位上独裁的国王统治的国家，参看王法（1665年，到1709年才公布），§2："丹麦的绝对君主制的传承国王将由此存在并且对于所有子民都必须尊敬并且被看成是大地上的至高无上的首脑，高于所有人类的法律，除了上帝没有其他首脑或者审判者高于国王，不管是在教会的还是在世俗的事情上都是如此。"见克里斯蒂安四世的丹麦法律，第一卷，第一章，第一篇，这段文字在稍有变化之后多次重复。

9 [**在这方面贪婪地要求言论自由**]指向当时的政治斗争所努力的方向。人们要求以口头和书面形式表达自己的自由，常常是指政治反对派报纸的印刷自由。按照1799年9月27日的印刷自由条例，在丹麦并没有一般意义上的审查，但是这条例中有这一系列针对各种批评宪法、政府、国王、宗教等的作家的可处罚的定性。一个人如果有一次被审判为超越了条例所规定的界限，那么他在他的余生就必须让警察局长审查自己的文稿。印刷自由，连同言论自由在1851年1月3日才被立法确定。

10 [**女士**] Madamme，地位的名称。不具衔位的男人们的妻子（非村民阶级）的称号。根据1808年8月12日的衔位条例，公务员和有头衔的人们被分作九个头衔阶层，在每个阶层之中又被分出不同级别。

11 [**世界之外的一个点，借助于这个点，你能够撼动天空和大地**]指向希腊数学家、物理学家和发明家阿基米德（公元前287—前212年），是西西里的叙拉古人。据传他说了这样的话："给我一个支点，我就能撬动地球。"在普卢塔克的《平行的生活》之中，阿基米德强调"人借助于一个给定的力量能够撬动任何给定的担子"，为了强化他的论证力量，他声称，只要他能够踩在另一个地球上，他就能够撬动我们的地球。

12 [**把水化作美酒**]指向《约翰福音》（2：1—11）中在迦拿的婚礼上，耶稣把水变成了酒。

13 [**大山生出一只小老鼠**]指向贺拉斯《诗艺》第139句："Parturientmontes, nasceturridiculus mus"（山分娩，生出一只可笑的小老鼠）。（Q. Horatii *Flacci opera*, stereotyp udg., Leipzig 1828, ktl. 1248, s. 278.）

14 [**前面的考究**]就是说ⅢA。

15 [**在牧师把两个人结合……向上帝和您的良心征询意见**]指向婚礼仪式，之中牧师分别问新娘和新郎："于是我问你，某某，一、您是不是向天上的上帝、然后

163

您自己的心灵、然后您的家属和朋友征询意见，您想要娶这诚实的女孩/男孩（头衔和名字），作为您的妻子/丈夫？"（*Forordnet Alter – Bog for Danmark*, Kbh. 1830 [1688], ktl. 381, s. 256f.）

16 [**那隐蔽的人的真挚性、那宁静的精神的不可侵犯的本性**] 对此前面有过注脚：《彼得前书》（3：4），之中说到女人的美应当是"只要以里面存着长久温柔安静的心为妆饰。这在神面前是极宝贵的"。（这双引号之中的是中文版《圣经》的引文，按照丹麦文版 1819 年版新约直接翻译就是："心的隐蔽的人在一种轻柔宁静的精神的不可侵犯的本性之中，这在神面前是极宝贵的。"）

17 [**在介于男人女人之间的关系之中……一种另一种类型的存在物**] 这可能是针对柏拉图在《蒂迈欧篇》（41b—42c）之中所描述的女人，她与上帝所造的三种有限生命的存在物一同出现：如果男人无法压制住自己的世俗欲望，就被再生为一种较低级的存在物，女人，而如果她又没有成功地活好自己的一辈子，那么就会重生为动物。在亚里士多德那里（*De generationeanimalium*, 774a 15 – 16），女人被解读成某种不成功的东西。另外也可参看克尔凯郭尔的日记 JJ：208 和 208．a（1844），以及《人生道路中的诸阶段》。

18 [**为了在世俗的意义上将女人置于与男人的同样权利之下，人们曾经进行了怎样的斗争啊**] 自 1789 年的法国革命起，渐渐地开始有了对女人平等权利的要求，诸如法国的奥兰普·德古热（Olympe de Gouges）和英国的玛丽·沃斯通克拉夫特（Mary Wollstonecraft）。在法国革命期间，女作家乔治·桑为女性事业而斗争，同样，社会主义伯爵圣西门也再次把女性平等置于革命日程之中。克尔凯郭尔在自己的匿名文章"也是一次对女人的高天资的辩护"中提到了圣西门的想法。（*Kjøbenhavns flyvende Post*, udg. af J. L. Heiberg, *Interimsblad*, nr. 34, 17. dec 1834, sp. 4 – 6.）

妇女解放运动在 1830 年也是"青年德意志"（比如说海因里希·海涅、路德维希·波尔纳、卡尔·古茨科）的口号。在丹麦，妇女解放运动到 1848 年才真正成气候，玛蒂尔德·菲比格尔的笔名著作《克拉拉·拉斐尔。十二封信》可以算是这运动的第一份文本，由海贝尔出版（J. L. Heiberg, Kbh. 1851, ktl. 1531.）。

19 [**男人应当是女人的主人，她应当屈从他**] 比如说，按照婚礼仪式，牧师要宣读："……你们女人，对你们的丈夫屈从，将之当成主人；因为男人是女人的首脑……如此女人们也应当在所有事情上对自己的丈夫屈从。"（参看《以弗所书》5：22—24）然后对女人说："你的意愿应当遵从你丈夫，他应当是你的主人。"（参看《创世记》3：16）

Forordnet Alter – Bog for Danmark, s. 259f.

20 [**基督就自己的国所谈的，说这国不属这个世界**] 见前面的注脚。或见《约翰福音》（18：36）。

21 [**一种更高的事物之秩序**] 也许我们可以考虑到"一种新的诸事物之秩序"

这一表述，在当时的神学文献谈论基督之后的时代时常常用到这一表述。

22　［痴愚的人们痴愚地忙着以基督教的名义世俗地宣示，女人应当获得与男人平等权利的地位］所指尚不明确。

23　［上帝的全在］见前面的关于"在一切地方在场"的注释。

24　直译的话就是：这两者在同样的程度上都是针对驱动力和天性倾向的任性顽固的在基督教的立场上的反对。

25　这是法律上的说法：时效权利就是由于长期使用而获得的权利，或者说，约定俗成的权利。

26　［隐蔽的人的真挚性］见前面"隐蔽的人在信仰之中不可侵犯的真挚性则就是生活"的注释：指向《彼得前书》（3：4），之中说到女人的美应当是"只要以里面存着长久温柔安静的心为妆饰。这在神面前是极宝贵的"。（这双引号之中的是中文版圣经的引文，按照丹麦文版1819年版新约直接翻译就是："心的隐蔽的人在一种轻柔宁静的精神的不可侵犯的本性之中，这在神面前是极宝贵的。"）

27　［"固守真道的奥秘"（《提摩太前书》3：9）］见前面对"为自己保存好信仰的秘密"的注释：指向《提摩太前书》（3：9），在之中保罗写道，教众中执事者应当"要存清洁的良心，固守真道的奥秘"。

28　［在"一切仍然还是旧的"的同时使得一切都变成是新的］参看《歌林多后书》（5：17）。

29　［他在暗中同样能够很好地看见］指向《马太福音》（6：6），之中耶稣说："你祷告的时候，要进你的内屋，关上门，祷告你在暗中的父，你父在暗中察看，必然报答你。"

30　［十二军团天使］这表述指向《马太福音》（26：53），耶稣在被抓的时候对一个拔刀护卫他的门徒说："你想我不能求我父，现在为我差遣十二营天使来么。"在罗马，一军团有4500—6000人。

31　［他责怪了那些想要去找一种看得见的证明的使徒们……因为他们是想要在外在之中有一个决定］指向《路加福音》（9：51—56）："耶稣被接上升的日子将到，他就定意向耶路撒冷去，便打发使者在他前头走。他们到了撒玛利亚的一个村庄，要为他预备。那里的人不接待他，因他面向耶路撒冷去。他的门徒，雅各，约翰，看见了，就说，主阿，你要我们吩咐火从天上降下来，烧灭他们，像以利亚所作的吗？耶稣转身责备两个门徒说，你们的心如何，你们并不知道。人子来不是要灭人的性命，是要救人的性命。说着就往别的村庄去了。"在丹麦文版圣经中"你们的心如何"处译作"你们出于怎样的灵"，"灵"也译作"精神"。

32　［圣餐礼的标志］在《奥斯堡信条（*Confessio Augustana*）》第13条（论圣餐之用）中有："他们（改革者们）就圣餐之用教导说：圣餐仪式不仅仅只是为了作为能够让人们在其他人中认出基督徒的外在标志而被创立的，而是更多，他们应当是上

165

帝对我们的善意的标志和见证，是为了唤醒和强化那些使用它们的人们而建立出来的。因此，他们应当如此地被使用：通过圣餐，神的应许被向我们展示和告知，那通过这些应许而得以坚定的信仰就进入了其应在的位置。"

33 "考验"丹麦语是 Anfægtelse。

Anfægtelse 是一种内心剧烈冲突的感情。在此我译作"考验"，有时我译作"在宗教意义上的内心冲突"或者"内心冲突"，有时候我译作"信心的犹疑"，也有时候译作"对信心的冲击"。

按照丹麦大百科全书的解释：

Anfægtelse 是在一个人获得一种颠覆其人生观或者其对信仰的确定感的经验时袭向他的深刻的怀疑的感情；因此 anfægtelse 常常是属于宗教性的类型。这个概念也被用于个人情感，如果一个人对自己的生命意义或者说生活意义会感到有怀疑。在基督教的意义上，anfægtelse 的出现是随着一个来自上帝的令人无法理解的行为而出现的后果，人因此认为"上帝离弃了自己"或者上帝不见了、发怒了或死了。诱惑/试探是 anfægtelse 又一个表述，比如说，在"在天之父"的第六祈祷词中"不叫我们遇见试探"（《马太福音》6：13）。圣经中的关于"anfægtelse 只能够借助于信仰来克服"的例子是《创世记》（22：1—19）中的亚伯拉罕和《马太福音》（26：36—46；27：46）中的耶稣。对于比如说路德和克尔凯郭尔，anfægtelse 是中心的神学概念之一。

34 ［进入一个卑微的仆人的形象……完全就像一个其他人］指向《腓利比书》（2：6—7），之中保罗写耶稣·基督："他本有神的形像，不以自己与神同等为强夺的。凡倒虚己，取了奴仆的形像，成为人的样式。"

35 ［基督教把一个随意的外在标志弄成了外在中的唯一决定性标志，就像受浸洗过程中的水］在一些教会神学的书上有专门的解说，是关于水在浸洗过程中的意义。这水本身不是伟大的东西，而上帝的话语通过这水并且与这水在一起，以及信仰，使得水获得了意义。所谓受洗是受洗于圣灵。

36 "因冒犯引起的愤慨"。在这里原文中用到了丹麦语 Forargelse 这个词。这个词里同时蕴含了"愤慨"和"冒犯"的意思（而"愤慨"就是"受冒犯"）。参看前面相关注脚。

37 ［'我看见所有这些不同的人，但是我没有看见人'］也许是指向前面所引用过的犬儒主义者第欧根尼的说辞，也可以是指向关于第欧根尼的另一个传说："在柏拉图讨论各种理念并且使用桌性和杯性这些词的时候，第欧根尼说：我看见，哦，柏拉图，桌子和杯子，但根本看不见桌性和杯性；柏拉图答：这也合情合理；你有用来看桌子和杯子的眼睛，但是你却没有用来理解桌性和杯性的理智。"（第欧根尼·拉尔修的哲学史，第六卷，第二章，53。）

38 ［把炭火堆在他的头上］见《罗马书》（12：20）："所以，你的仇敌若饿了，就给他吃。若渴了，就给他喝。因为你这样行，就是把炭火堆在他的头上。"也可参看《箴言》（25：21—22）。

39　我们放弃了用来认出"他的爱"的标志。就是说放弃了标志，这标志是让人用来认出"他的爱"的。

40　[通过最严厉的加冕守则来让自己被绑定的国王] 指向选举君主制中的君王所具的在一定时期必须通过遵行一种加冕守则（也就是一种关于对遵守各种进一步给定的法规和尊重某些单个阶层的特权的书面承诺）来得以限定的权力。丹麦的第一个被加冕守则绑定的国王是克里斯多夫二世（1360）。但是，在欧伦堡家族在1448年登位之后的每一个国王才真正要履行这诺言，直到1660年，这一机制因独裁君主制的出现而消失。

41　[科学] 就是说"思辨性的体系的哲学"，黑格尔及其追随者将之标示为"科学"。

42　[商人们谈论各种优先] 也就是说，在法定的商业的意义上所谈的"优先"：要求经济赔偿的优先权（先于其他债权人），尤其是在财产抵押的关联上。

43　[最初的和最终的] 就是说，最根本的，最重要的。

44　逆（Brøde）和罪（Synd）。

45　[活着的上帝] 对照新约中所说的"神"，见《马太福音》（16：16）、《使徒行传》（14：15）和《罗马书》（9：26）。

46　"作为私密交流的对象"就是说，这"交流"是私密的，有着"私密的"的性质；而"在私密之中的交流的对象"则是说，这"交流"是在私密之中进行的，但并不意味这交流本身是私密的或有着"私密的"的性质。这差异在文本的总体上看意义不大，但是，克尔凯郭尔的文风有文字游戏性。为了避免读者以为这句子中这两个部分是同义的重复，因而在这里说明一下。

47　"一个人所说出的东西"，丹麦文 Udsigelsen，陈述，说辞。

48　为了方便读出句子中的各种关系，我在这里加一下引号："她能够在私密性之中完全地对之诉说这事情"的人只有一个，而这个人与"她有着对之的关系并且与之有着关系的那个人"就是同一个人。

49　[他是爱] 指向《约翰一书》（4：7—8；16）。

IV 我们的"去爱我们所见到的人们"的义务

《约翰一书》4：20。人若说，我爱神，却恨他的弟兄，就是说谎话的。不爱他所看见的弟兄，就不能爱没有看见的神。[1]

爱的需要在人的本质之中所扎的根子有多深呢！第一种说法，如果我们敢这样说的话，是围绕着人的问题而被提出的，并且是由"那唯一真正能够提出这说法的"，亦即，是由上帝提出的，并且是围绕着"第一个人"的问题，恰恰说出这个。我们在圣经中可以读道："神说，那人独居不好。[2]"然后女人就被从男人的胁中取出，并被给予他作他的伴[3]，因为，在爱（和共同生活）给予之前，它首先要从一个人这里取走一些什么。因此，在所有各种时代里，每一个对人的天性有着更深刻的思考的人都认识到人身上的这种对于伴侣的需要。这话被人多么频繁地说出、重复、再重复，一个人多么频繁地为那孤独的人叫痛或者描述孤独之痛楚和悲惨，一个人多么频繁地（在那被败坏的、那嘈杂的、那困惑人的共同生活中感到了疲倦）让思想漫行出去到一个孤独的地方——以便重新学会思念有伴侣的生活！因为，一个人就是这样不断地回到上帝的那种想法、那种关于人的最初想法中去的。在忙忙碌碌熙熙攘攘的人群（这人群作为伴侣既太多又太少[4]）中，这人变得倦于伴侣；但是痊愈法不是去发现"上帝的想法其实不对"，哦不，痊愈法正是完全从头开始去学那最初的东西、去在"思念伴侣"之中明白自己。这一需要如此深刻地扎根于人的本性之中，乃至自从第一个人被造出时起就不曾发生过任何变化、不曾有过任何新发现，只是那同样不变的最初考虑以各种最不同的方式得到了肯定，在表达上、在描述上、在思想的各种转折上，一代代都各有不同。

这一需要如此深刻地扎根于人的本性之中；它是如此本质地属于"作为人"这一事实，以至于甚至那个"与父原为一[5]"并且"与圣父和

IV 我们的"去爱我们所见到的人们"的义务

圣灵同处于爱的共同体"的祂，那个爱全人类的祂，我们的主耶稣基督，甚至他从人的角度感觉到有"去爱并且被一个单个的人爱"的需要。固然，他是上帝—人[6]并且因此而永远地不同于每一个人，但他仍还是一个真正的人，在一切人性的东西之中受过试探[7]；在另一方面，他经历了这种需要，这恰恰表达了，它在其本质上是属于人的。他是一个真正的人，并且能够参与在一切人性的东西之中；他不是一个在云中召唤着人却不明白并且也不想明白"那在人性的意义上降临于一个人的东西"的缥缈形象。哦，不，他会怜悯缺乏食物的人众[8]，并且，从纯粹人性的角度说，他是那自己曾在沙漠之中挨饿的他[9]。同样，他也能够在对"去爱"、对"被爱"的这一需要之中参与人类，纯粹人性地参与。我们在福音作者约翰那里读到这一描述（21：15以及后续文字）[10]。"耶稣对西门彼得说，约拿的儿子西门，你爱我比这些更深么。彼得说，主阿，是的。你知道我爱你。"这是多么地感人啊！基督说：你爱我"比这些更深么？"，这可是一种对爱的祈求，他就是这么说的，因为对于他，"作为那最深地被爱的人"是极其重要的。彼得自己认识到这一点，认识到这错误关系，完全如同基督要受约翰的洗礼时的那种错误关系[11]；因此彼得不仅说"是的"，而且还加上"主阿，你知道我爱你"。这回答恰恰就指明了这错误关系。就是说，在通常，尽管一个人因为在事先听见了这个"是的"而知道自己是被爱的，他还是很想听见并且因此而再希望听见，尽管他从那单纯的"是的"之外的别的东西中知道这事实，他仍然带着想要听见这个"是的"的欲求又再回到这上面；在另一种意义上则是，我们可以说基督知道彼得爱他。然而"耶稣第二次又对他说，约翰的儿子西门，你爱我么。彼得说，主阿，是的。你知道我爱你"。在错误关系因为这问题被第二次提出而只是变得更清晰的同时，又有什么是可以用来作为回答的呢？"基督第三次对他说，约翰的儿子西门，你爱我么。彼得因为耶稣第三次对他说，你爱我么，就忧愁，对耶稣说，主阿，你是无所不知的，你知道我爱你。"彼得不再回答"是的"，也不把他的回答引向基督根据经验必定对彼得的内心有所知的东西，"你知道我爱你"，他回答说："你是无所不知的，你知道我爱你。"于是，彼得不再说"是的"，他几乎因这错误关系而战栗，因为一个"是的"当然就像是对一个真正的问题的一个真正的回答，由此问者能够去知道什么事情或者能够比他在之前所知更确实地知道这事情。但是，如果一个人是"无所不知"的，他又怎么能够去知道什么事情或者通过另一个人的保证而更确实地知道什么事情呢[12]？然而，如果他不能够做到这个，那么他就也不能完全以人的方式去爱，因为这恰恰是爱的谜：比"那被爱者再度做出的保证"更高的确定性是不存在的；从人性的角度理解，"无条件地确定于自己被爱"不是"去爱"，因为这意味着"站在朋友和朋友间的关系之上"。可怕的矛盾：那是上帝，他以人的方式爱；因为以人的方式爱就是去爱一个单个的人并且希望作为那"被这个单个的人爱得最深"的人。看，正因此，彼得因为这个问题被第三次说出而感到沮丧。因为在人与人之间的爱的平等关系中，在"问题第三次被提出"中有着一种新的喜悦，一种"第三次回答"的新喜悦，或者，这个太过频繁地被重复的问题令人沮丧，因为看来这泄露出猜疑；但是，如果这"知道一切"的人，他第三次再问，也就是说，他觉得有必要第三次再问，那么，这肯定就是因为（既然他知道一切）他知道，这爱在那被问者那里并非足够得强劲或者真挚或者炽烈，这被问者，他恰恰也拒绝了三次[13]。彼得肯定会这样想：必定是因为这个原因，主[14]觉得有必要第三次提出问题，——因为，难道不是这样吗，这本应是因为主自己觉得有需要第三次听见这个"是的"，这一想法是超越了人的承受力的；即使这想法是得到了许可的，它简直也会自己禁止自己。哦，可是，这又是多么人性啊！他对那些判他死刑的大祭司、对将他的生命握在自己手掌中的彼拉多没有做出一句话的回答[15]，——他三次问他是否被爱，是的，他问，彼得是否爱他，——"比这些更深么"。

爱是如此深深地扎根于人的本性，它是如此本质地属于人，然而人类则如此频繁地进入逃避之路以求避开这一至福，因此他们想出欺骗手段来欺骗自己或者使得自己不幸。有时这逃避以忧伤之形象为外衣；一个人为人类并且为自己的不幸而叹息，叹息找不到自己能够爱的人；因为"为人类和为自己的不幸叹息"总是要比"捶胸[16]为自己叹息"更容易。有时候自我欺骗听起来有着指控的形式，一个人指控人类不值得爱，一个人"埋怨"[17]人类；因为"去作为指控者"总是比"去作为被指控者"更容易。有时候自我欺骗是骄傲的自我满足，它认为去寻找"值得他去寻找的东西"是徒劳；因为"通过挑剔一切来证明自己的优越"总是要比"通过严于律己来证明自己的优越"更容易。并且，他们全都同意：这是一种不幸；这种关系是错误的。那么，错误的东西是什么，除了他们的寻找和舍弃之外又会是什么呢。这样的人们感觉不到，他们的说法听起来就

IV 我们的"去爱我们所见到的人们"的义务

像是对他们自己的讥嘲，因为"不能够在人类中找到自己的爱的任何对象"就是"泄露出自己完全缺乏爱"。因为，"想要在自身之外找到爱"到底是不是爱呢；我曾以为，"自己带着爱"是爱。但如果一个人在他寻找自己的爱的对象时是自己带着爱（因为否则的话"他寻找自己的爱的对象"就是非真相），那么他就会很容易，并且他身上的爱越多就越容易，找到爱的对象，并且会觉得它是如此：它是可爱的；因为，爱一个人尽管他有着他的各种弱点和错误和不完美，这还不是那完美的，那完美的是这个：尽管他有着他的各种弱点和错误和不完美，并且尽管自己知道他有这些弱点和错误，仍然能够觉得他是可爱的。让我们相互理解。挑剔地只想吃最美味而最精选的菜，如果它是最出色地烹制的，或者甚至——如果有这样的可能——挑剔地在这菜肴之中挑出某些错误，这是一回事；不仅仅能够吃更为简单的菜肴，并且还能够觉得这更简单的菜肴是最出色地烹制的，这是另一回事，因为这里的任务不是在于发展自己的挑剔能力，而是在于改造自己和自己的口味。或者，如果有两个艺术家，一个说"我曾四处旅行到过很多地方，在世界各地见识了很多，但是我试图找到一个值得我画的人却只是徒劳，我没有找到任何脸在这样一种程度上是'美'的完美图像而能够让我决定去画出它，在每一张脸上我都看见了某种小小的错误，因此我是在徒劳地寻找"，——这说法是不是标志了这个艺术家是个伟大的艺术家？相反，另一个艺术家则说："现在，我其实并不想让人觉得我是艺术家，我也不曾旅行到国外，但是为了与一个由我最亲近的人们构成的圈子在一起，在这里我不曾觉得任何一张脸是如此微不足道或者如此充满错误而使得我无法从之中挤榨出一个更美的方面并且发现某种崇高化了的东西；因此我欣喜于我所从事的艺术，这令我心满意足的艺术，但我并不要求去作为一个艺术家"，——这说法是不是标志了他恰恰是这样的一个艺术家，他通过自己带着一个特定的某物，就当场找到了那到处旅行的艺术家在世界上的任何地方（也许因为他自己没有带着一个特定的某物）都不曾找到的东西。因此，这两个中的第二个是艺术家。如果那被确定是用来美化生活的东西只能是像一种对之的诅咒，以至于"艺术"不是为我们美化生活而只是挑剔地发现"我们中没有人是美的"，这岂不也是悲哀。更悲哀的，而且也是更令人困惑的情形则是：如果爱也将仅仅只是诅咒，因为它的要求仅仅只能够宣示出"我们中没有人是值得爱的"，而不是说，爱恰恰能够在这样的标志上被认出：它有着

171

足够的爱心而能够在我们所有人身上找到某种可爱的东西，亦即，有着足够的爱心而能够爱我们所有人。

这是一种可悲的颠倒，但却只是太平常了：一而再再而三地谈论"爱的对象应当是怎样的——如果它要值得人去爱的话"，而不是谈论"如果爱要能够是爱，它应当是怎样的"。它不仅仅是在日常生活中如此平常，哦，但是我们多么频繁地看见这样的事情：甚至那自称诗人的人将自己的才干置于那精密复杂的、温馨的、高雅的挑剔之中，相对于"去爱"，这挑剔不人性地知道怎样去舍弃又舍弃，在这一点上，将"把人类接纳进所有挑剔所具的各种可恶的秘密之中"视作自己的任务。然而有人愿意这样做，然而有人如此倾向于、如此好奇地要去学，也就是说，要去得到一种"在根本上只会是有助于去使得他们自己和其他人的生活更苦涩"的知识！因为，生活在多大的程度上岂不是如此：如果一个人没有得知这个的话，那么他就会觉得一切都很美，甚至还要更美。但是一旦一个人被接纳进了挑剔性的污染区域，那么再要重新赢得那失去的东西就会有多么艰难啊！他所失去的东西是上帝在根本上赋予每一个人的善良之天赋和爱之天赋。

但是，如果没有人能够或者愿意，那么一个使徒则总是会想要去知道在这方面怎样领导我们走上正确的道路，这正确的道路，它既带领我们去正确地对待别人，也引导我们去使得我们幸福。于是，我们选择了使徒约翰的一句话："人若说，我爱神，却恨他的弟兄，就是说谎话的。不爱他所看见的弟兄，怎能爱没有看见的神呢？"[18]我们就是要把这句话作为我们考虑的对象，因为我们，为我们的任务感到喜悦，选择了去谈论：

"去爱我们所见到的人们"的义务

但却不是以这样的方式理解，就仿佛是讨论"去爱我们所见到的所有人"，因为这是对邻人的爱，这个我们在前面已经展开过谈论[19]，相反要这样理解，这话题是关于这种义务：在现实之中找到那些我们特别地能够去爱的人们，并且在"爱他们"的行为中爱我们所见到的人们。就是说，如果说这是义务，那么，这任务就不是"去找到那可爱的对象"；相反这任务是：去觉得那目前已有的或者已选择的对象是可爱的，并且不管他有了什么样的变化都能够继续不断地觉得他是可爱的。

Ⅳ 我们的"去爱我们所见到的人们"的义务

然而考虑到那些被朗读的使徒话语，我们首先要为我们自己造就一小点困难；这是世俗的聪明（也许甚至是自欺欺人出于对其自身敏锐性的幻觉）能够想得出来要设置的一种困难，不管它现在是不是真的被设置出来。如果使徒说"不爱他所看见的弟兄，怎能爱没有看见的神呢？"，那么一个睿智者会反驳说，这是一种带有欺骗性的思想转折；因为他恰恰由此确定，他所见到的弟兄并不值得人去爱，但又怎么能由此（他不爱一个他觉得是不配被爱的人）推断出因此就会有什么东西阻碍他去爱他所没有看见的上帝？然而使徒则认为有着某种东西阻碍着一个这样的人去爱上帝，尽管他知道"自己的弟兄"固然不是特别地指向一个完全确定的单个的人，而是在总体的意义上谈论"去爱人类"。使徒认为，这是一个神圣的断言，它是在我们看见一个人不去爱可见的人们的时候针对这个人关于"去爱那不可见者"的说法而被提出的，同时，想要表述出一个人为了只爱那不可见者而不去爱任何可见的人，这看起来就恰恰可以是一种狂热的盲信。这是一个神圣的断言，它是针对相对于"去爱上帝"的人性狂热而被提出的，因为，以这样的方式去想要爱那不可见者，尽管不是虚伪的，但却是狂热的盲信。事情非常简单。人应当从"去爱那不可见者——上帝"开始，因为由此他要学会什么是"去爱"；但是"他于是就真的爱那不可见者"这一事实恰恰要通过"他爱他所见的弟兄"来认出；他越是爱那不可见者，他也就会越是爱他所见的人们。不是反过来的"他越是摒弃他所见的那些人们他就越是爱那不可见者"；因为，如果这样反过来的话，那么上帝就被弄成了一种不现实的某物，一种幻觉。因此能够做得出这样的事情的只会是这样的人：要么他是虚伪的人，要么他是没有信义的人，为了寻找逃避而这样做，否则他就是在歪曲上帝，就仿佛上帝忌妒自己并且忌妒"去被爱"的事实，而不是认为至福的上帝是慈悲的[20]并且因此简直就是一直在这样说着指向别人："如果你爱我，那么就去爱你所见到的那些人，这些事你作在他们的身上，就是作在我身上了[21]。"上帝太崇高，因而不可能直接地接受一个人的爱，更不用说他会为那种使得一个狂热盲信者自得其乐的东西而感到高兴。如果有人在谈论他能够用以帮助自己父母的礼物时说，它是"各耳板"，这是确定了给上帝的，那么这就不会让上帝感到欢愉[22]。如果你想要向人展示出，它是确定了给上帝的，那么你就把它送给那相应的人，但却想着上帝。如果你想要向人展示出，你的生命已确定了要去为上帝服务，那么就让它为人类服

173

务，但却不断地想着上帝。上帝并不是以这样的方式参与进生存，为自己要求自己的一份；他要求一切，但是就在你把它拿给他的时候，你马上就得到（如果我敢这样说的话）指示教你应当怎样继续安排好各种事情；因为上帝不为自己要求任何东西，尽管他向你要求一切。正确地理解，使徒的言辞就是以这样的方式恰恰导向我们所谈论的对象。

如果"去爱你所见的那些人"是一种义务，那么，你就首先必须放弃所有关于一个梦想世界的幻想而夸张的想象（在一个这样的梦想世界中，爱的对象必须被寻找和被发现，就是说，你必须变得清醒[23]，作为那向你指派的任务，必须通过"发现并驻留于现实之世界"来赢得现实和真相）。

考虑到"去爱"，在所有逃避的借口之中最危险的就是"只想去爱那不可见者或者那自己不曾见的人"。这个借口是如此高飞于云端，以至于它飞到了现实之上，它是如此使人陶醉，以至于它因此而很容易诱惑并且很容易自欺，以为自己是爱的最高和最完美的类型。固然，无耻地说"去爱"的坏话，这在一个人身上是很少会发生，相反人们用来将自己骗出"真正地要开始去爱"的那种欺骗倒是远远更为普遍的现象，正因为他们过于狂热盲信地谈论"去爱"和谈论爱。这有着比人们所想象得到的远远更深的根子，否则的话，这里要说的一种困惑就不会像它现在这样地有着如此牢固的根基；所谓困惑，就是说，"找不到任何对象"是一种幸，但人们将之称作不幸；而因为这困惑他们则又进一步阻碍自己去找到对象；因为，只有在他们认识到"这是他们的幸"的时候，他们才是确定地找到了对象。在通常的情况下，人们对爱有一种观念，认为它是"钦敬"的张开的眼睛，它寻找各种优越和完美。所以人们抱怨自己寻找得徒劳。我们不想决定，到底单个的人在这里是否有权利这么做，他所寻找的东西、各种可爱的优越和完美是不是能够被找到，他是否把寻求与挑剔混淆起来。不，我们不想以这样的方式来辩论，我们不想在这一关于爱的观念之中展开辩论，因为这整个观念就是一种谬误，因为爱其实倒是"容忍"和"宽厚"的闭着的眼睛，它不去看缺陷和不完美。

但是，这两种观念之间的差异是非常本质的，有着两个不同世界之间的差异，一种转折性的差异。只有后一种观念是真理，前一种是谬误。并且如我们所知，一种谬误绝不会自己中止，它只会在谬误之中越走越远，这样要找到路回返到真理就越来越难；因为谬误之路很容易被找到，但要

IV 我们的"去爱我们所见到的人们"的义务

找到回返的路则是如此艰难,——据传有一座欲乐之山,它按理应当是坐落在地球上的某个地方,在这关于欲乐之山的传说中有这样的说法,任何找到了进山之路的人都无法找到的回返的路[24]。这样,在一个人带着关于"什么是爱"的观念进入大千世界的时候,于是他就寻找,并且寻找,如他所认为的,是为了找到对象,但是,如他所认为的,是徒劳。然而他却不改变这观念,相反,丰富地获得了挑剔性的各种各样的知识,他越来越挑剔地寻找,但是,如他所认为的,是徒劳。然而他却仍然不会想到,这错误会是在他自己身上,或者是在那不正确的观念之中,相反,他在他的挑剔性之中越是变得练达,他关于他自己和关于自己的观念之完美的想法就越是膨胀,——这挑剔性不也在清楚地向他展示出人类有多么地不完美,并且,这一点当然也必定只有借助于完美才能够被发现!同时他自己感到很肯定,这不是他的过错,他不是因为出于任何恶意的或者仇恨的意图而发现人类的不完美的,——他确实只是在寻找爱。因为他绝不会想到要去放弃爱,正是他,如此活生生地感觉到他的观念是怎样变得越来越狂热,——这无疑也比任何时候的一个谬误更为狂热!他没有中止谬误,正好是反过来,现在他借助于这谬误的帮助晕眩地蹒跚出来,进入了新的境界:去爱那不可见的东西——一座人所无法看见的海市蜃楼。或者说,这难道不都是一回事:"看一座海市蜃楼"和"不看"?因为,拿走海市蜃楼,于是你看见乌有,这是人自己承认的;然而拿走"看",于是你看见海市蜃楼,这则是人所忘记的。但是,如上面所说,他不愿放弃爱,也不愿贬低地谈论它,他想要狂热地谈论它并且保存它,这对不可见的东西的爱。可悲的谬误!人们说及世俗的荣誉和权力,说及财富和幸福,说那是镜花水月,这事情也确实如此;但是,一个人身上最强大的权力,一种依据其定性而言恰恰不是镜花水月(因为它是生命和力量)的权力,如果它被变成了镜花水月,如果那在这些镜花水月之中陶醉了的人骄傲地认为他把握住了那至高的东西,——因为他也确实抓住了云[25]和幻觉,而这幻觉总是在现实之上飞翔,那么,看,这才是可怕的!平时人们虔诚地警告说不要浪费上帝的馈赠[26];但哪一件上帝的礼物又能够与爱相比呢,他把爱种植在一个人的心中,——唉,现在看,它被以这样一种方式浪费掉了!因为睿智者认为:人们因为去爱那些不完美的、那些虚弱的人而浪费自己的爱,这是痴愚的;我原本以为,这是在运用自己的爱,是使用它。但是,找不到任何对象,把爱浪费在"徒劳地寻找"上,通过"去爱那不可见的东西"而将之浪费在虚空之中，——这才真的是在浪费它。

因此保持清醒，归返到你自身，去明白错误是在你对于爱的这种观念之中：这爱应当是一种要求，并且，如果整个存在无法支付它（正如你无法证明你是有资格去提出这一要求的人），那么它就应当是最荣耀的。如果你改变了这一关于爱的观念，如果你认为它正是"一种要求"的反面、是一种上帝责成你去偿还的债务；那么，在这同一瞬间里，你就找到了现实。

这恰恰是义务，这样借助于闭上眼睛（因为在爱之中你对着虚弱、脆弱和不完美闭上眼睛）来找到现实，而不是睁开眼睛（是的，像一个梦游者那样睁开着或者凝视着）忽视现实。如果你在总体上想要开始去在"去爱"之中爱你所看见的人们，那么这就是义务，首要条件。这条件是：在现实之中找到扎实的立脚点。错误总是飘忽的，正因此，它有时看上去很轻松并且看上去很有灵性，因为它是如此虚空。真理迈出坚实的，因此有时候也是艰难的步子；它站在坚实的东西上，并且因此有时候看上去很简单。这也是一个很重要的变化：不是"去具备一种要求"而是"使得一个义务被履行"，不是"到一个世界中去旅行"而简直就是"将一个世界扛在肩上"，不是"急切地想要寻求钦敬之诱人的果实"而是"要去耐心地容忍各种缺陷"。哦，什么样的变化哦！然而正是通过这一变化，爱才进入存在，是这爱，它能够完成这义务：在"去爱"之中爱我们所看见的人们。

如果说"在'去爱'之中爱你所看见的人们"是义务，那么这里所牵涉的就是：一个人在"去爱单个的真正的人"中并不把一种关于"我们认为或者会希望这个人应当是怎样的"的自欺欺人的观念作为隐藏着的依据。就是说，如果一个人这么做[27]，那么，他就并不爱他所看见的这个人，而他所爱的则又是某种不可见的东西，是他自己的观念或者别的这类东西。

相对于"去爱"，有着这样一种举止，它可疑地在爱中添加了"模棱两可性"和"挑剔性"。当然，去摒弃再摒弃并且一直没有为自己的爱找到任何对象，这是一回事；在"去爱那被一个人自己称作是自己的爱之对象的东西"之中准确而诚实地履行这一义务"去爱一个人所看见的"，这则是另一回事。当然，"我们应当去爱的人可能会拥有各种可爱的完美性"，这一点总是值得人去向往再向往；我们不仅仅为了我们自己的缘故

IV 我们的"去爱我们所见到的人们"的义务

而去向往它，而且也是为了别人的缘故。无论如何，最重要的是，"我们所爱的人在处世为人的方面总是能够得到我们的完全同意和赞成"，这一点是值得人去希望和祈求的。但是，以上帝的名义，让我们不要忘记，"他是否如此"，这不是我们有资格决定，而"去要求他如此"则更不是我们有资格去做的事情了，——谈论任何我们应有的资格，相对于爱而言，是不恰当的，并且这是不恰当的谈论，而如果要说资格的话，那么我们有资格去做的这事情就是："同样忠诚而温柔地去爱。"

但是，有一种挑剔，这挑剔简直就好像是不断地与爱作对并且想要阻止这爱去爱它所见的东西，因为这挑剔（尽管在目光里不确定但在另一种意义上却是如此精确算计着）把那真实的形象挥发掉，或者将之当作一种冒犯并且在同时狡猾地要求看别的什么东西。世上有一些人，关于他们，我们可以说，他们没有赢得形象，他们的现实没有被固定下来，因为他们就"他们是什么"和"他们想要是什么"的问题在自己的内心深处矛盾着。但是，一个人也可以在他用以看人的方式上使另一个人的形象摇摆不定或者变得不真实，因为爱——那本应去爱"它所见的人"的爱——不能够真正地做出决定，而是一忽而想要把对象所具的错处去掉、一忽而又想要为对象加上一种完美性，就仿佛（如果我可以这样说的话）这买卖尚未完全结束。然而，如果一个人在"以这样的方式去爱"之中有着变得挑剔的倾向的话，那么他就不是在爱他所看见的人，他甚至很容易使得他自己对自己的爱变得反感并且使得这爱对被爱者成为麻烦。

被爱者、朋友，在一般的意义上当然也是一个人，并且就其本身而言是对于我们别人存在着的，但是对于你，他在本质上只应当是作为被爱者而存在，如果你要履行"爱你所见的人"这义务的话。如果在你的关系之中有着一种双重性，一方面他在一般的意义上对于你只是这单个的人，一方面在特殊的意义上是被爱者，那么，你就不是在爱你所看见的人。这反倒就像是，你在这样的一种意义上有着两只耳朵，本来你是用两只耳朵来听一样东西，但现在你却以一只耳朵听一样东西而以另一只耳朵听另一样东西。你以一只耳朵听他所说的东西，尽管这是聪明的并且正确的并且敏锐的并且很有才气的等，唉，只有以另一只耳朵你才听见这是被爱者的声音。你以一只眼睛观察他，试探着、研究着、审核着，唉，只有以另一只眼睛你才看见他是那被爱者。哦，以这样的方式来分割开，这不是"爱自己所见到的人"。难道这岂不就像是不断地有着第三者在场，甚至

177

在两者单独在场时，一个冷然试探和摒弃着的第三者，一个打扰着真挚性的第三者，一个第三者，它有时候甚至使得相关者对自己和自己的爱感到厌恶，因为它以这样一种方式是挑剔的，一个第三者，它会使得被爱者感到恐惧不安，如果他知道这第三者在场的话。那么这到底意味了什么呢：这第三者在场？这是不是意味着，如果……如果现在这个或者那个不符合你的愿望，你就无法爱？于是，这第三者是不是意味着断绝，分离，这样，分离的想法因此就也参与在这私密的关系中，唉，就像在异教文化中的情形，以一种疯狂的方式，破坏的天性也被包含进了神性统一之中[28]。这个第三者是不是意味了：爱的关系在某种意义上不是关系，你置身于这关系之上并且考验被爱者？如果是这样的话，你是不是考虑也有别的东西要受考验：你是不是真的有爱，或者更确切地说，你是不是考虑有着别的东西决定了你其实没有爱？无疑，生活有着足够多的考验，并且这些考验本应当去找到那些爱者，找到朋友和朋友联合起来经受考验。但是，如果考验要被拽进这关系的话，那么在这之中就有了一种叛卖。确实，这一神秘的审慎是最危险类型的无信义；一个这样的人并不违犯自己的忠实，但却持恒地在"他是不是与自己的忠实被绑定在一起的"这个问题上游移不定。如果你的朋友向你伸出手，而在你的"握手"中则有着某种不确定的东西，就仿佛是他在握你的手，但我们却无法确定，他到底是不是在这一瞬间之中以这样一种方式与你的观念相对应以至于你以同样的方式做出回报，——这岂不就是无信义？如果一个人就仿佛在每一个瞬间里都从头开始进入一种关系的话，这是不是"处于一种关系之中"呢？如果在每一个瞬间都试探着地看着一个人就仿佛这是你第一次看着他，这是不是"爱你所看见的人"呢？去看一个摒弃所有食物的挑剔者，这是令人厌恶的，但是，去看一个这样的人，则更令人厌恶：他吃着人们善意地提供给他的食物而在一种特定的意义上却又不吃，可以说他是在（尽管他已经吃饱）不断地继续仅仅品尝这食物，或者说在他吃饱了更糟糕的食物的同时却努力要去品尝嘴里更美味的菜肴。

不，如果一个人要完成这义务，"在'去爱'中去爱那些他所看见的人们"，那么，他就必须不仅仅是在现实的人众之中发现那些他所爱的人，而且他也必须在"去爱他们"之中清除所有模棱两可和挑剔，这样，他在严肃和真实之中去爱那作为他们自身所是的他们，在严肃和真实之中把握这任务：去觉得那目前已有的或者已选择的对象是可爱的。由此我们

IV 我们的"去爱我们所见到的人们"的义务

并不是想要在被爱者的各种偶然性之中去推荐一种孩子气的糊涂，更不会推荐一种在错误的地方出现的温柔的放纵；绝不，"那严肃的"恰恰在于，这关系本身想要用联合起来的力量与不完美的东西作斗争，战胜有缺陷的东西，去除异质的东西。这就是严肃，而"那挑剔的"则是要去使得关系本身变得模棱两可。这一个并不因为自己的弱点或者因自己的错误而在另一个面前变得陌生，但是这联合将更弱的东西视作陌生的东西，将之克服和将之去除，同样都是重要的。不是你因为被爱者的弱点而要让自己远离被爱者或者使你们的关系离得更远，正相反，你们两个将更紧密而真挚地相互抱成一团，以便去除掉弱点。一旦这关系被弄得模棱两可，你就不爱你所看见的人，于是这当然就像是你要求什么别的东西以便能够去爱；但是，在错误或者弱点使这关系变得更真挚的时候，这时并非就似乎要保留错误，而正是为了要去克服它，于是，你就爱你所看见的人。你看见错误，但是，你的关系变得更真挚，这正显示出：你爱这个"让你在他身上看见错误或者弱点或者不完美"的人。

正如世上有假惺惺的眼泪，一种虚伪的对世界的叹息和抱怨，同样也有着一种对被爱者的各种弱点和不完美的虚伪悲哀。想要那被爱者具备所有可能的各种完美性，这是很容易而很软弱的，而在有什么东西缺乏的时候，叹息并且悲伤并且通过其自以为是如此纯净而如此宝贵的悲哀而让自己觉得自己很重要，这则又是很容易而很软弱的。在总体上说，这也许是情欲放纵的普通形式：自私地想要用被爱者或者朋友装点自己，并且因此而想要对每一种琐碎的小事都感到绝望。但是，这会不会就是"去爱自己所看见的人们"呢？哦，不，一个人所看见的那些人（而我们自己的情形也是如此，如果别人看我们的话），他们不是完美的；然而常常却有这样的情形：一个人在自身之中发展出这一温柔的脆弱，它只是为"去爱各种完美性的圆满全体"而设计的，并且，尽管我们人类全是不完美的，那种为"去爱那些不完美的人，亦即，我们所见的那些人"而设计的健康、强大、有力的爱却是如此罕见。

如果"在'去爱'之中爱我们所看见的人们"是义务，那么这爱就不存在边界；如果义务要得以履行，那么爱就必须是没有界限的，不管对象在怎样的程度上被改变，这一点都是不变的。

让我们想一下，在这一审思的引言中，我们曾被提醒去观察基督与彼得间的关系。难道彼得，尤其是在他与基督的关系之中，像所有各种完美性的总和吗？而在另一方面，基督则无疑是知道彼得身上的错误的。让我们完全地在人性的意义上谈论这一关系。上帝知道，那是什么样的小东西，在一般的意义上太微不足道但却又被如此小心地收集并且被如此小心地藏起，它要么马上，要么（这也是同样地可悲的）在很长时间之后，给我们人类一个机缘去指控这个人或者那个人自私自利、无信义和背叛。上帝知道，这样的事情在通常是多么的不可能：这指控者哪怕只是稍稍做出一小点努力来设身处地为被告考虑一下，这样，这论断，这严厉而无情的论断就不必是一个急促轻率的论断，至少它有着这样的考虑：它确定地知道它所论断的东西是什么。上帝知道，人们多么频繁地看见这种可悲的情景：激情是怎样马上以一种令人惊异的敏锐去武装甚至那也许本来是智力有限的人的，如果这人大概是受了委屈的话，而反过来它又是怎样以愚蠢（相对于每一种对不公正[29]的缓解的、免责的、辩护的解读）去击中甚至那也许本来是见解深刻的人，如果这人大概是受了委屈的话，因为"盲目地敏锐"是这受委屈的激情所喜欢的。但是，这一点则是我们大家都同意的：如果在一种"两个朋友间的关系"中发生了基督与彼得间的事情的话，那么其中一个人就确实有了足够的理由去断交了——与一个这样的叛卖者一刀两断。如果你的生活被带进极端的决定时刻，你有一个朋友，他自觉自愿地向你发出神圣庄严的忠诚誓言，是的，他甚至说愿意为你冒生命危险，并且，在危险的瞬间他也不躲避（如果躲避的话倒几乎是更值得原谅的），不，他来了，他是在场的，但是他却连一根手指都不动，他宁静地站在那里看着，然而不，他并不是宁静地站着，他唯一的想法是自救，并且无论是怎样的情况都是如此，他甚至不逃跑（如果逃跑的话倒几乎是更值得原谅的）；他仍然站着，如同观众，这是他保证自己能够做到的，通过否认你，——然后呢？我们还不想让结论被推出来，让我们只是真正活生生地描述出这关系，并且完全从人性的角度来谈论这一点吧。于是，你站在那里，被你的敌人指控，这是字字确凿的真相：你站着，四面八方都被敌人围绕。那些有权势的，他们本来也许会理解你，他们却冷酷地对待你，他们恨你。因此你现在站在那里，被指控并且被论断[30]，同时一群盲目而愤怒的人叫喊着侮辱你，甚至疯狂地欢叫，一边想着，你的血归到他们，和他们的子孙身上[31]。这让那些有权势的人们喜欢，他们本来自己是那么深深地鄙视人群，但这让他们喜欢，因为这使他们的仇恨得到了满足：那在你身上找到了自己的目标和猎物的是兽性的狂

IV 我们的"去爱我们所见到的人们"的义务

野和最低级的卑鄙。你已经和你的命运和解，明白了你没有任何话可说，因为这讥嘲只是在寻找机缘，这样，那关于你的无辜的慷慨言辞会给予讥嘲新的机缘，就仿佛这是对抗（Trods），这样，对于你的无辜的这种最明了的见证会使人怨恨并且让讥嘲产生更大的怒火，这样，一种痛楚的叫喊声只会给予讥嘲新的机缘，就仿佛这是怯懦（Feighed）。这样一来，你就落到了被人类社会拒斥的地步，然而又不是被拒斥，你当然处于人类的围绕之中，但是在他们之中根本不会有任何人在你身上看到一个人，尽管他们在另一种意义上还是在你身上看到一个人，因为如果是一个动物的话，他们倒是不会如此不人性地对待一个动物。哦，怎样的恐怖啊，比你身陷于野兽群中时的情形更可怕；因为我怀疑，哪怕是那些最嗜血的猛兽在深夜发出的狂野嚎叫，是不是能够像一群暴怒的人众的非人性那么可怕；在毫无悔心的人群之中，一个人能够激使另一个人进入比兽性更过分的嗜血和狂野，而我怀疑，一只猛兽是不是能够以同样的方式在兽群之中激使另一头野兽进入一种比每只野兽自然所处的野性状态更暴烈的更大野性；在单个的人受人煽动并且也煽动着别人随那狂野的人众一同暴怒的时候，邪恶所具的烈火就在这单个的人眼中被点燃，而我怀疑，哪怕是从那最嗜血的猛兽眼中发出的狠毒或冒火的目光，是不是具备这邪恶之烈火！你以这样的方式站立着，被指控、被论断、被侮辱；你徒劳地试图去发现一个形象，哪怕是一个像人的形象，更不用说一张可让你的目光停留的善意的脸，——然后，你看见他，你的朋友，但他却拒斥你；而那足够大声地发了言的讥嘲现在听起来更大声，就仿佛回声将之放大了一百倍！如果这样的事情发生在你身上，并且，如果你不是想着报复，而是将你的目光从他身上移开并对自己说："我不想让自己的眼睛看见这叛卖者"，那么，你是不是已经会将此看作你所具的慷慨？

基督的做法是多么的不同啊！他没有把自己的目光从彼得身上移开就仿佛是不想去知道"彼得是存在的"，他不说"我不想看见这个叛卖者"，他并没有让自己只是关心他自己，不，他"看彼得"[32]，他马上以一道目光追上他，如果有这个可能的话，他肯定是不会不去对他说话。基督是怎样看着彼得的呢？这目光是拒斥性的吗，它像是一种用于遣散的目光吗？哦，不，那是一种目光，就像母亲在孩子因自己的不小心而陷于危险的时候看着孩子的目光，而现在，因为她无法去抓住这孩子，她就用自己的目光（这目光固然是责备着的但却是拯救性的）去追上他。那么，彼得是

181

处于危险之中吗？唉，又有谁不能认识到这一点：对于一个人来说，拒斥了自己的朋友，这是多么沉重的一件事！但那受委屈的朋友在愤怒的激情之中无法看见，这拒斥者处于危险之中。然而，那被称作救世主的他[33]，他总是很清楚地看出危险是在哪里，那处于危险之中的是彼得，彼得应当和必须被拯救。救世主没有搞错，他并不认为，如果彼得没有急着帮他，他的事业就失败了，相反他看到，如果他不急着去拯救彼得的话，那么，彼得就迷失了。我怀疑是不是有人或者曾经有过人，会无法领会这如此清晰而明白的道理，哪怕只是唯一一个这样的人；然而，在自己是被指控者、被论断者、被侮辱者、被拒斥者的时候，在这决定之瞬间看出这一点的，基督则是唯一的一个。很少有人在一种生与死的决定关头受到考验，这样，很少有人获得机缘在如此极端的程度上尝试友谊之奉献性，而一般只是这样的情形：在一个更重要的瞬间，在你依据于友谊理应去寻找勇气和果决的一刻，找到畏怯和睿智，找到含糊、暧昧和逃避，而不是公开、确定和坚定；只是"找到胡扯"，而不是"找到深思熟虑的综观"！唉，这是多么艰难的事：在瞬间和激情之匆促中马上能够明白危险是在哪一边，朋友们中的哪一个是更多地处于危险，是你还是他——这个以这样的方式听任你陷于危难的他；这是多么艰难的事：去爱你所看见的人，——在你看见这个人以这样的方式发生了变化的时候去爱他！

现在我们习惯于赞美基督对于彼得的关系，然而让我们谨慎地保持警觉，这一赞美不是一种幻觉，一种自欺：因为我们不能或者不愿让我们的思想去想象我们与那个事件同时代，于是，我们因此就赞美基督，而反过来，假如我们能够与一个类似的事件同时代的话，则就会有完全不同的行为和思想。关于同时代的人们对"基督之关系"的解读，没有任何材料被保留下来，但是，如果你遇上他们，这些同时代人，那么就去问他们，你将听见：在这一情形中，正如几乎在所有基督所做事情的情形中，是这样说的："这傻瓜；让我们设想现在他的事业是如此绝望地失败了，但却没有气力去在一道唯一的能够粉碎这个叛卖者的目光之中最后一次集中起自己的全部力量！这是怎样的一种哭哭啼啼的虚弱啊！这样的行为像男人吗！"这样，就有了论断，讥嘲获得新的表述。或者，如果有强大的人认为自己把握了这种关系，他会说："是啊，他为什么要在罪人和税吏们之中找伙伴[34]、在人众的最卑微的部分找自己的追随者[35]，他应当和我们联合在一起、和卓越者们的会堂[36]，但现在，到了我们看出我们在怎样的程

IV 我们的"去爱我们所见到的人们"的义务

度上能够信任这一类型的人的时候,这样我们可以说,他得到了他应得的报酬[37]。但是,正如他老是退让,直到最终他都这样做[38],他甚至对一个如此卑鄙的无信义行为都丝毫没有怀恨[39]。"或者,一个更为睿智的人,他甚至自称是心怀好意的,会说:"祭司长们想要让他被抓起来[40],他,像他这么狂热的一个人,现在看出一切都丧失了[41],这必定使得他的智力减弱并且挫伤他的勇气,这样他就完全崩溃在女人般无力的恍惚之中[42];由此我们就可以解释他为什么会去赦免一个这样的叛卖者,因为任何男人都不会这么做!"唉,这只会是太对了:任何男人都不会这么做。恰恰正因此,基督的生命也是唯一的一个这样的事例:我们看见,一个导师,在他的事业和他的生命都完全丧失并且一切都落空的瞬间,尤其可怕的是因门徒的拒斥,一个导师,通过自己的目光,在这瞬间、在这个弟子身上造就了自己最热切的追随者,并且因此造就了自己事业的一大部分,尽管这对于所有人来说都是藏而不露的。

　　基督对于彼得的爱以这样一种方式是没有边际的:他在"爱彼得"之中实现了"去爱自己所看见的人"。他不说"彼得必须首先改变自己并且成为另一个人,然后我才能够重新爱他",不,恰恰相反,他说:"彼得就是彼得,我爱他;我的爱,如果说有什么东西能够起这作用的话,正是要帮助他去成为另一个人。"因此,他没有为了要在彼得成为另一个人之后也许重新再一次开始友谊而断绝友谊;不,他不变地保存了友谊,并且正是通过这样做来帮助彼得成为另一个人。你难道以为,没有了这一基督的忠实友谊,我们就无法重新赢得彼得?如果"作为朋友"仅仅只是这样:"向朋友提出特定的要求,并且在朋友对这一要求不作回应的时候,让友谊成为过去,直到他对要求做出回应时,才也许会重新开始",那么,这"作为朋友"就是一件那么容易的事情。这是一种"友谊"的关系吗?如果一个人将自己称作犯错者的朋友,那么,又有谁会是比这个人更适合于去帮助这犯错者的呢,——尽管他所犯的这错是对这朋友的冒犯?但是那朋友退出并且说(是的,这就仿佛是一个第三者[43]在说话):如果他变成了另一个人,那么,他也许能够重新成为我的朋友。我们人类差不多就是把一种这样的行为视作慷慨的行为。但在事实上,就一个这样的朋友,我们绝不会说他是在"去爱"之中爱他所看见的人。

　　基督的爱是没有边界的,正如在人们都将去履行这"在'去爱'之中爱自己所看见的人"的时候,这爱必定会是没有边界的。这一点是非

183

常容易认识到的。就是说，不管一个人在多大的程度上怎样地被要求，他还是不会以这样的方式被改变而以至于变得让人无法看见。如果这一"不可能的事情"不会发生，那么，我们当然就看见他，而这里的义务则就是：去爱自己所看见的人。在通常，人们认为，在一个人在本质上变成了一个更坏的人的时候，他有了这样的变化，以至于人们得免于"去爱他"。在语言中，这是怎样一种困惑啊：得免于"去爱他"，就仿佛这是一件沉重的事情，一个人们想要丢弃掉的负担！但是基督教问：你是不是能够由于这个变化而不再看见他？对此的回答就必定是：固然我能够看见他，我恰恰看见：他不再值得人去爱。但是如果你看见这个，那么你其实就没有看见他（在另一种意义上你则无法否认你确实看见他），你只看见无价值性、不完美性，并且因此承认，由于你爱他，你在另一种意义上看不见他，而只是看见他的长处和各种完美，而这些是你所爱的。相反，按基督教的理解，"去爱"恰恰就是"去爱自己所看见的人"。强调的重点不是落在"去爱自己在一个人身上所看见的各种完美"上，而是落在"去爱自己所看见的人"上，不管现在你在这个人身上看见的是各种完美还是各种不完美，是的，不管这个人怎样可悲地改变了自己，因为他并没有停止"是这同一个人"。如果一个人爱自己在一个人身上所看见的各种完美，那么他就看不见这人，因此，就在那些完美性停止存在的时候，在变化出现的时候，他就停止"去爱"；什么样的变化啊，即使是最可悲的变化，也仍然不会是意味了这人停止存在。然而，唉，即使是最聪明最富有创造天才的对"爱"的单纯人性的解读[44]也只是某种浮云高飞的东西，某种飘忽的东西；基督教的爱则相反是从天上下来踩上了大地。这样，方向是相反的。基督教的爱不应当向天上高飞，因为它出自天并且带着天；它从上面走下来，并且做到了去爱那处于所有各种变化中的同一个人，因为它在所有这些变化之中看见这同一个人。单纯人性的爱则就好像是持恒地处于"为追寻被爱者的各种完美或者带着被爱者的各种完美而要飞离"的过程中。我们说关于一个诱惑者，他盗走了一个女孩子的心；但是关于所有单纯人性的爱，哪怕它是最美丽的，我们也不得不说，它多少有着某种盗贼般的东西，它是在盗走被爱者的各种完美，而基督教的爱则向被爱者准许其所有各种不完美和弱点，并且在他的所有各种变化中驻守着他，爱着它所看见的人。

如果这事情不是如此，那么，基督就永远都不会有可能去爱；因为，

IV 我们的"去爱我们所见到的人们"的义务

他会在什么地方找到那完美的人呢？奇怪啊！就是说，对于基督，是什么东西在阻碍他去找到那完美的人，难道他自己不就正是这样一个完美的人，有着这完美者的标志：他没有边界地爱他所看见的人。各种观念多么奇怪地穿插在了一起！相对于爱我们不断地讨论关于完美者和完美者，相对于爱基督教也不断地讨论关于完美者和完美者，唉，但是我们人类谈论关于去找到完美的人以便去爱他，而基督教则谈论去作为完美的人，做那"没有边际地爱自己所看见的人"的完美的人。我们人类都想要向上看，为了找完美之对象（方向则一直是朝着那看不见的东西），但是在基督身上，完美向下朝大地看并且爱着它所看见的人。我们应当在基督教之中学习，因为这确实是如此，人们说除了那从天上走下来的人之外，没有任何人升过天[45]，在一种比这所说的远远更为普遍的意义上确实是如此：如果你不是首先以基督教的方式从天上走下来，不管那关于"高飞上天"的说法多么热情洋溢，它只是一个自欺的幻觉。但是，这"以基督教的方式从天上走下来"则就是："没有边际地去爱你所看见的人，就如同你看见他的这个样子[46]。"因此，如果你想要在爱之中变得完美，那么就去努力去实现这一义务，在"去爱"之中爱自己所看见的人；爱他，就如同你看见他的这个样子，爱这个带着他的所有各种不完美和弱点的他；爱他，就如同你看见他的这个样子，爱这个在他完全改变了自己后的他，爱这个在他不再爱你、也许满不在乎地走开或者转身离开你而去爱另一个人时的他；爱他，就如同你看见他的这个样子，爱这个在他叛卖你和拒斥你时[47]的他。

注释：

1 [《约翰一书》4：20。……不爱他所看见的弟兄，就不能爱没有看见的神。] 引自《约翰一书》（4：20），接下来的一句是（4：21）："爱神的，也当爱弟兄，这是我们从神所受的命令。"

2 [神说，那人独居不好。] 对《创世记》（2：18）中的文字的随意应用："耶和华神说，那人独居不好，我要为他造一个配偶帮助他。"

3 [然后女人就被从男人的胁中取出，并被给予他作他的伴] 指向上帝造夏娃的故事。《创世记》（2：21—22）："耶和华神使他沉睡，他就睡了。于是取下他的一条肋骨，又把肉合起来。耶和华神就用那人身上所取的肋骨，造成一个女人，领她到那人跟前。"

4 [太多又太少] 丹麦有俗语"太多和太少败坏一切"。

185

5　[与父原为一]《约翰福音》(10∶30) 中耶稣说："我与父原为一。"

6　[上帝—人] 亦即，基督。参看《巴勒的教学书》。第四章，§3："上帝的儿子，耶稣·基督，通过圣女马利亚的生产而作为人进入世界。他将自己的神圣本质与人的在母亲的身体中构成的本质以一种对我们而言无法理解的方式借助于圣灵的力量结合在一起，所以他是上帝同时也是人，并不断地以其两者本质起作用。"

7　[在一切人性的东西之中受过试探] 指向《希伯来书》(4∶15)："因我们的大祭司，并非不能体恤我们的软弱。他也曾凡事受过试探，与我们一样。只是他没有犯罪。"

8　[他会怜悯缺乏食物的人众] 见《马可福音》(8∶1—10)，之中耶稣说："我怜悯这众人，因为他们同我在这里已经三天，也没有吃的了。"

9　[自己曾在沙漠之中挨饿的他] 见《路加福音》(4∶1—13) 描述耶稣在旷野中受试探。其中说道："那些日子没有吃什么。日子满了，他就饿了。"

10　[我们在福音作者约翰那里读到这一描述（21∶15 以及后续文字）] 见《约翰福音》(21∶15—17)："他们吃完了早饭，耶稣对西门彼得说，约翰的儿子西门，（约翰马太十六章十七节称约拿）你爱我比这些更深么。彼得说，主阿，是的。你知道我爱你。耶稣对他说，你喂养我的小羊。耶稣第二次又对他说，约翰的儿子西门，你爱我么。彼得说，主阿，是的。你知道我爱你。耶稣说，你牧养我的羊。第三次对他说，约翰的儿子西门，你爱我么。彼得因为耶稣第三次对他说，你爱我么，就忧愁，对耶稣说，主阿，你是无所不知的，你知道我爱你。耶稣说，你喂养我的羊。"

11　[基督要受约翰的洗礼时的那种错误关系] 参看《马太福音》(3∶13—17)。

12　所谓"无所不知"就是已经知道所有事情，那么他就不能够去知道什么尚未知道的事情或者不太确实地知道的事情，因为"无所不知"意味了"尚未知道的事情或者不太确实地知道的事情"是不存在的。

13　[这被问者，他恰恰也拒绝了三次] 指向彼得在耶稣被抓之后三次不承认自己是耶稣门徒的故事。参看《约翰福音》(18∶15—18；25—27) 和《马可福音》(14∶66—72)。

14　耶稣。

15　[他对那些判他死刑的大祭司、对将他的生命握在自己手掌中的彼拉多没有做出一句话的回答] 部分地指向《马太福音》(26∶62—63)："大祭司就站起来，对耶稣说，你什么都不回答么。这些人作见证告你的是什么呢。耶稣却不言语。"部分地指向《马太福音》(27∶13—14)："彼拉多就对他说，他们作见证，告你这么多的事，你没有听见么。耶稣仍不回答，连一句话也不说，以致巡抚甚觉希奇。"

16　[捶胸] 固定用语：表示出伤心；也是人们用来见证自己的诚实的姿态。也许可以参看《路加福音》(18∶9—14)："耶稣向那些仗着自己是义人，藐视别人的，设一个比喻，说，有两个人上殿里去祷告。一个是法利赛人，一个是税吏。法利赛人

IV 我们的"去爱我们所见到的人们"的义务

站着,自言自语的祷告说,神阿,我感谢你,我不像别人,勒索,不义,奸淫,也不像这个税吏。我一个礼拜禁食两次,凡我所得的,都捐上十分之一。那税吏远远的站着,连举目望天也不敢,只捶着胸说,神阿,开恩可怜我这个罪人。我告诉你们,这人回家去,比那人倒算为义了,因为凡自高的,必降为卑,自卑的,必升为高。"

17 ["**埋怨**"]指向《雅各书》(5:9):"弟兄们,你们不要彼此埋怨,免得受审判。看哪,审判的主站在门前了。"

18 《约翰一书》(4:20)。

19 [**在前面已经展开过谈论**]也就是说,在第二部分之中考虑(II.A、II.B、II.C)。

20 [**至福的上帝是慈悲的**]指向《路加福音》(6:35)之中耶稣谈论上帝的话:"他恩待那忘恩的和作恶的。"《提多书》(3:4):"到了神我们救主的恩慈,和他向人所施的慈爱显明的时候",以及《雅各书》(5:11):"明显主是满有怜悯,大有慈悲。"

21 [**这些事你作在他们的身上,就是作在我身上了**]指向《马太福音》(25:40),之中耶稣说:"这些事你们既作在我这弟兄中一个最小的身上,就是作在我身上了。"

22 [**如果有人在谈论他能够用以帮助自己父母的礼物……这就不会让上帝感到欢愉**]指向《马可福音》(7:11—12):"你们倒说,人若对父母说,我所当奉献给你的,已经作了各耳板(各耳板,就是供献的意思),以后你们就不容他再奉养父母。"

23 [**变得清醒**]在新约中有很多处要求收信人清醒或者变得清醒。但是在中文版新约之中一般都将之译为"谨慎自守"、"儆醒"或者"谨守"等。见《帖撒罗尼迦前书》(5:6、8)和《彼得前书》(1:13;4:7;5:8)。

24 [**据传有一座欲乐之山……无法找到的回返的路**]指向关于维纳斯山(在丹麦语中"维纳斯山"也是指女性的阴阜)的传说,在传说中美丽的维纳斯在维纳斯山上以色欲引诱年轻人进山,使他们失去灵魂;大多数都再也无法走出去,少数走出去的也变得古怪了。这传说特别是通过唐怀瑟歌集而在16世纪被保留下来,后来成为在罗曼蒂克文学中经常出现的题材。参看德国作家和出版者路德维希·阿奇姆·冯·阿尔尼姆(Ludwig Achim von Arnim,1781—1831)出版的德意志古老歌曲中的《唐怀瑟》。

Jf. digtet《Der Tannhäuser》i *Des Knaben Wunderhorn. Alte deutsche Lieder*, udg. af L. Achim von Arnim og Clemens Brentano, bd. 1, 2. udg., Heidelberg 1819 [1806] (sml. ktl. 1494 – 1496), s. 86 – 88, samt Ludwig Tiecks version af sagnet (se fx journaloptegnelserne BB:11 [1836], i SKS 17, 91, og DD:69 [1837], i SKS 17, 244, samt kommentarerne hertil).

25 [抓住了云] 在古典神话中说及，伊克西翁，拉庇泰（塞萨利的山上的一个民族）的国王，他被诸神邀请到他们的餐桌上，在那里他想要强奸赫拉。赫拉的丈夫造出一朵看上去像赫拉的云，伊克西翁于是就和这片云交合。

Jf. P. F. A. Nitsch, *Neues Mythologisches Wörterbuch*, 2. udg. ved F. G. Klopfer, bd. 1 – 2, Leipzig og Sorau 1821 [1793], ktl. 1944 – 1945; bd. 2, s. 122f.

26 [平时人们虔诚地警告说不要浪费上帝的馈赠] 比如说丹麦有成语说"不要浪费上帝的馈赠！"，常常是指不要浪费吃的和喝的。nr. 2527 i N. F. S. Grundtvigs, *Danske Ordsprog og Mundheld*, s. 96.

27 "一个人这么做"，就是说："一个人在'去爱单个的真正的人'中把一种关于'我们认为或者会希望这个人应当是怎样的'的自欺欺人的观念作为隐藏着的依据。"

28 [就像在异教文化中的情形，以一种疯狂的方式，破坏的天性也被包含进了神性统一之中] 这可以比如说是指向印度宗教（印度教），之中大梵天（造物神）、毗湿奴（生命维持者）和湿婆（生命的毁灭者）一起构建出一个三位一体的人。可参看克尔凯郭尔对谢林在柏林的讲课的引述。黑格尔把湿婆理解为在总体上标示"形成"或者"生成和消失"的第三环节："据说：变化在总体上是第三者；以这样的方式，湿婆的基本定性在一方面是巨大的生命力量，在另一方面是那败坏着的、毁灭着的东西，总体上的狂野自然生命力。"

Jf. *Vorlesungen über die Philosophie der Religion*, udg. afPh. Marheineke, bd. 1 – 2, Berlin 1832 (jf. ktl. 564 – 565); bd. 1, i *Hegel's Werke* bd. 11, s. 359f. (Jub. bd. 15, s. 375f.)

29 "不公正"，"不公"，或者说"错误"、"坏事"。

30 亦即，被审判。"被论断"是随圣经用语的翻译。

31 [你的血归到他们，和他们的子孙身上] 指向《马太福音》（27：25）："众人都回答说，他的血归到我们，和我们的子孙身上。"

32 [他"看彼得"] 指向《路加福音》（22：61）："主转过身来，看彼得。彼得便想起主对他所说的话，今日鸡叫以先，你要三次不认我。"

33 [那被称作是救世主的他] 通常对耶稣的"救世主"的称呼，被用在《约翰福音》（4：42）和《约翰一书》（4：14）之中。

34 [在罪人和税吏们之中找伙伴] 在前三部福音书中有着各种关于耶稣与税吏和被人们当作不公正和不纯净者们来鄙视的罪人们交往的故事。比如说在《马太福音》（11：19）之中，耶稣这样说他自己："人子来了，也吃，也喝，人又说他是贪食好酒的人，是税吏罪人的朋友。"

35 [在人众的最卑微的部分找自己的追随者] 比如说，使徒们。

36 [会堂] 就是说犹太教的会堂。

37 [他得到了他应得的报酬] 指向《路加福音》（23：41）中强盗所说的话：

IV 我们的"去爱我们所见到的人们"的义务

"我们是应该的。因为我们所受的，与我们所作的相称。但这个人没有作过一件不好的事。"

38 [**直到最终他都这样做**]指向《约翰福音》（13：1）："逾越节以前，耶稣知道自己离世归父的时候到了。他既爱世间属自己的人，就爱他们到底。"

39 [**一个如此卑鄙的无信义行为**]指向犹大的叛卖（《马太福音》26：14—16），也指向耶稣被抓时所有信徒们逃离而听任耶稣陷于危急（《马太福音》26：56），尤其是指向彼得不认耶稣（《马太福音》26：69—75）。

40 [**祭司长们想要让他被抓起来**]指向祭司长和长老商议以诡计杀死耶稣（《马太福音》26：1—5），他们派人出去抓耶稣（《马太福音》26：47—56）以及他们让他受审判以便让他被判死刑（《马太福音》26：57—68）。

41 [**看出一切都丧失了**]指向耶稣在客西马尼时预见了将要发生的一切，对门徒说："时候到了，人子被卖在罪人手里了。起来，我们走吧。看哪，卖我的人近了。"（《马太福音》26：45—46）

42 [**他就完全崩溃在女人般无力的恍惚之中**]指向《路加福音》（22：41—44），耶稣在客西马尼跪下祈祷："于是离开他们，约有扔一块石头那么远，跪下祷告，说，父阿，你若愿意，就把这杯撒去。然而不要成就我的意思，只要成就你的意思。有一位天使，从天上显现，加添他的力量。耶稣极其伤痛，祷告更加恳切。汗珠如大血点，滴在地上。"

43 [**第三者**]就仿佛是两个不相干的人之间的事情。

44 [**最聪明最富有创造天才的对"爱"的单纯人性的解读**]可能是指那种将厄若斯说成一种在"那人的"和"那神的"之间飘忽的神灵的解读。见后面关于苏格拉底的注脚。

45 [**除了那从天上走下来的人之外，没有任何人升过天**]见《约翰福音》（3：13）："除了从天降下仍旧在天的人子，没有人升过天。"

46 也就是说："没有边际地去爱你所看见的人，并且你爱的他就是你看见他时的他。"

47 [**在他叛卖你和拒斥你时**]正如犹大（《马太福音》26：14—16）和彼得。

V 我们的"去驻留在相互所亏欠的爱之债务中"的义务

《罗马书》13：8。凡事都不可亏欠人，惟有彼此相爱，要常以为亏欠。[1]

以各种不同的方式，人们尝试了要去标示和描述出：如果爱在一个人身上在场，那么爱是怎样被他感受的，爱之中的状态，或者，"去爱"是怎样的。人们把爱称作是一种感情、一种心境、一种生活、一种激情；然而正因为这是如此普通的一种定性，人们就尝试了要去更精确地描述它。人们曾将爱称作一种短缺，但是请注意是这样的一种短缺：爱者不断地想得到他事实上具备的东西；一种渴慕，但是请注意，是对爱者所拥有的东西的不断渴慕；因为，否则的话，人们所描写的就会是"不幸的爱"[2]。古代的那个淳朴智者说过，"爱是丰富和贫乏的儿子"[3]。那么又有谁比那从不曾爱过的人更贫乏！但是在另一方面，一个最穷的穷人，哪怕他弯腰捡拾残羹剩饭，谦卑地感谢别人所施舍的一分钱，他在事实上到底有没有任何这方面的想法呢：那对于爱者有着无限的价值的平凡事物可以是多么的微不足道，那爱者（在自己的贫乏之中！）最小心翼翼地捡拾起并且最万无一失地收藏（——当作最珍贵的宝贝！）的平凡事物可以是多么的微不足道！是不是这样：哪怕是最穷的人，也简单地能够看到它：它可以是如此之微不足道，以至于只有激情（在其贫乏之中的爱！）的敏锐目光看得见它，并且是极端地放大了的！但贫乏所捡拾的对象越是微不足道，如果它对此有着极端的感谢，就仿佛这对象巨大非凡，那么，这贫乏就越是强有力地证明自己是巨大的。甚至所有就这巨大的贫乏所作的各种担保都无法做出如此决定性的证明：如果你给一个穷人比一个斯基令[4]还少的钱，他却为此带着就仿佛你给了他财富和盈余的激情、带着他仿佛一下子变富的激情来感谢你。唉，因为这实在是太明显了：那穷人在本质上是同样的穷，因此，"他一下子变富"只是他的疯狂想象。爱之贫乏就是如此之穷！有一个贵族曾

V 我们的"去驻留在相互所亏欠的爱之债务中"的义务

这样说关于爱:"它拿走一切并且它给予一切。"[5] 比起那接受一个人的爱的人,又有谁接受到更多东西呢;比起那把自己的爱给予一个人的人,又有谁给出更多的东西呢?!但另一方面,就算是妒忌本身,在它妒忌地为一个人脱去他真正的或者想象的骄傲时,它又能不能如此地深入最里面的内衣呢?它根本就想不到那隐蔽处会是在什么地方,也根本不知道有一个这样的隐蔽处存在着,真正的富人将自己的各种真正的财宝藏在那里;它根本就不知道,其实是有着一个针对窃贼(因此对妒忌也是如此)是防盗的隐蔽处,正如有着窃贼(因此妒忌也是如此)无法偷盗的财宝[6]。但是爱能够深入,一直到最内在的地方,以这样的方式脱去一个人的衣服,使得他不拥有任何任何东西,这样,他就自己承认,他不拥有任何任何任何东西。多么奇妙啊!正如妒忌所认为的,它拿下一切,并且在它拿下了这一切之后,这人说:我其实没有失去什么。但爱则能够以这样的方式拿下一切:这人自己说:我根本不拥有任何东西。

然而也许对爱的最正确描述是将之描述为一种无限的债务:在一个人被爱抓住的时候,他感觉到这就像是处于一种无限的债务之中。人们在通常谈论被爱的人时说,这人因为被爱而负债。于是我们谈论说,孩子们欠父母的爱债,因为父母首先爱过他们,这样,孩子们的爱就只是一种对债务的部分偿还,或者说一种回报。这当然也是对的。然而这说法过多地令人想到一种现实的算计关系:有一项债务发生了,它必须被分期偿还;我们所见到的是爱,要用来分期偿还的是爱。现在我们不谈论这个,关于一个人通过接受而进入债务。爱着的人,他是在债务之中;在他感觉到自己被爱抓住的时候,他感觉到这就仿佛是他处在了无限的债务之中。奇妙啊!如上所述,把自己的爱给一个人,这是一个人所能给的最高的东西,——然而,恰恰因为他给出了自己的爱,恰恰通过给出这爱,他进入了一项无限的债务。因此我们能够说,这是爱的典型特征:爱者通过"去给予"而无限地进入无限的债务。但这是"那无限的"的关系,并且爱是无限的。一个人确实不会因为给钱而进入债务,相反恰恰是接受者进入债务。反过来,这爱者所给出的东西,它无限地是一个人所能给另一个人的至高的东西,这是他的爱,在他给出这东西的时候,他自己就进入了一种无限的债务。爱所携带着的是怎样一种美丽的,怎样一种神圣的矜持啊;它不仅仅只是不敢说服自己去意识到自己的作为是某种应得回报的事,而且甚至还羞于让自己意识到自己的作为是一种对于债务的偿还;它意识到自己的"给予"是一种无限的债务，而要偿还这债务则是不可能的，因为这"去给"一直就是"进入债务"。

我们可以这样描述爱。然而基督教却从来不在各种状态上、也不在对它们的描述上花很大工夫，它总是迅速进入任务或者设立出任务。这一点恰恰在那些被朗读的使徒言辞之中："凡事都不可亏欠人，惟有彼此相爱，要常以为亏欠"，这些言辞是下面这一考虑的根本：

我们的"去驻留在相互所亏欠的爱之债务中"的义务。

驻留在一种债务之中！但这难道会很麻烦吗，没有什么事情会比留在债务之中更容易的了！在另一方面，"驻留在债务之中"应当是任务，我们通常认为事情是反过来，任务是出离债务；债务可以是随便什么债务，可以是金钱债、荣誉债、诺言债，简言之，任何一种，通常任务一般总会是：最好尽早地出离债务。但在这里，债务则应当是，就是说一种荣耀是，驻留于债务之中。如果这是债务，那么这就必定是一种行动，也许是一种麻烦的、艰难的行动；但是，驻留在债务之中则无疑恰恰就是对"不去做任何一丁点事情"的表达，是对不活动、无所谓和怠惰的表达。而在这里，这同样的东西居然要作为对"无所谓"的最大对立面，要作为对"无限的爱"的表达！

看，所有这一切，所有这些古怪的困难（针对这奇怪的说法，它们简直就是在那里堆积了起来）在向我们提示说：这事情必定有着一种自身的关联，因此，哪怕只是为了要去留意这说法所谈论的是什么，我们也有必要对意识和想法进行一定的调整。

让我们从一个小小的思维实验开始吧。如果一个爱者为被爱者做出了某种从人性的意义上说如此非凡、如此慷慨、如此自我牺牲的事情，以至于我们作为人不得不说"这是一个人能够为另一个人所做的绝对至高的事情"，那么，这当然是又美又好的事情。但是，如果他加上一句："看，现在我还清了我的债"，这岂不是一种无情、冷酷和粗鲁的说话方式，这岂不是（如果我可以这样说的话）一种不得体的行为，在一种真正的爱的美好共处之中永远都不应当也不会听见这种说法！相反，如果爱者是带着慷慨和自我牺牲去做这事，并且还加上一句"然而我有一个请求，哦，让我继续处于债务之中"，这岂不是说得很亲切！或者，如果爱者在每一

V 我们的"去驻留在相互所亏欠的爱之债务中"的义务

次自我牺牲中都顺从被爱者的愿望并且在这时说"通过这个来偿还债务中的一小部分,对于我来说是一种快乐,我恰恰是愿意驻留在这种债务之中的",这岂不是说得很亲切!或者,如果他纯粹保持沉默,不说及这使得他做出自我牺牲,只是为了避免产生那种使人困惑的作用,——这在瞬间看上去就像是对债务的一种偿还;这岂不是考虑得很亲切!如果是这样,那么这就表达了,一种真正的账面算计关系是不可思议的,这对于爱来说是最可憎的东西。一种账面算计只会在有着一个有限关系的地方发生,因为有限的东西对于有限的东西的关系是可以被计算出来的。但是那有爱心的人不会计算。在左手从不知右手在做什么[7]的时候,那么要做出账面算计就是不可能的事情,在债务是无限的时候,这情形也是如此。计算无限的量是不可能的,因为"去计算"恰恰是"去有限化"。

因此,爱者为自己的缘故而想要驻留在债务之中;他不想让自己得免于任何自我牺牲,绝不。心甘情愿,无法描述的心甘情愿,正如爱所提示的,他想要做一切,并且只畏惧一件事:他会以这样一种方式做一切来使自己出离债务。这是(正确地理解的话)畏惧;愿望是驻留在债务之中,并且这也是义务、任务。如果在我们人类身上的爱不是那么完美,以至于这一愿望是我们的愿望,那么义务就会帮助我们驻留在债务之中。

在"去驻留在相互所亏欠的爱之债务中"是义务的时候,那么我们就得日日夜夜永恒地警觉着,爱永远都不能开始踌躇于自身,也不去拿自己去与其他人身上的爱作比较,也不拿自己去与自己所实施了的各种作为作比较。

在世上我们常常听到一种狂热炽烈的说法,关于爱、关于信仰和希望、关于心灵的善良,简言之,关于所有精神的各种定性,一种在各种最热烈表达之中以各种最热烈的色彩来描述并且令人痴迷的说法。然而一种这样的说法其实却是一面画壁,在进一步更为严肃的检测之下它只是一种欺骗,因为它不是在奉承听者就是在嘲弄听者。有时候我们也听到一些教堂里的特别布道,如果被看作是讲演和指导的话,它们的全部秘密就是这一骗人的热情。就是说,如果人们听了这样的讲演,并且,如果有一个人完全单纯而诚实地(因为,想要根据人对自己所说的话来行动,需要根据这来构建自己的生活,这恰是诚实)问"我应当干什么呢,我应当怎样使得爱以这样的方式在我心中燃烧起来呢?"——那么讲演者就真的要回答说:"这是一个古怪的问题;如果爱和信仰和希望和心灵之善良在一个人的身上，那么在这人身上就会以上面所描述的方式有着这些东西，但是如果它们并不存在于这人身上，那么对他讲是没有什么用的。"奇怪啊！我们会以为，去对并非如此的人们去讲，是特别重要的，这样他们就会变得如此。但是这里在海市蜃楼之中恰恰就有着这骗人的地方：去讲，就仿佛我们要去指导人们，然后不得不承认，我们只能够谈论关于（om）那些本来就是像讲演所表达的那么完美而无须指导的人们。但是我们又是在对（til）谁讲，谁是应当从这讲演之中获得好处的人呢，这讲演至多也就只有一些它所谈论的（om）单个的人们，如果我们要说是有着这样的单个的人们存在的话？

但是，这样的夸夸其谈也应当是基督教吗？如果是这样的话，那么，本原的基督教在谈论关于公正和纯洁的时候不断地指向各种无疑并非正直的罪人和税吏，这岂不就成了它的一个错误了！这样的话，基督教就不应当如此辛辣地谈论那些不用悔改的义人[8]，而是应当更正确地将自己打扮成一种对于义人们的赞美词！但是，如果我们要这样做的话，那么基督教不仅仅没有可对之讲的（til）人，而且也没有可谈论的（om）人；就是说，基督教就归于暗哑无声了。不，无论如何，基督教是最不可能将自己作为一种赞美词来推介的，并且从不曾花工夫去描述或者详评一个人本来是怎样的；它从不曾在人与人之间做出区分（如果作这样的区分的话，它就只能谈论那些本来就是如此幸福而以至于如此有爱心的人们了）。基督教是马上从"每一个人应当成为什么"这个问题开始的。因此基督教将自己称作是一种指路的教导，并且名副其实；因为，任何人去问基督自己应当做什么，他都不会是徒劳的，基督是道路[9]，他去问圣经也不会徒劳，圣经是指路的教导，——问者马上就会知道答案，如果他自己想要知道的话。

这是为了预防误解。相对于爱一个人应当做什么？其实确有着许多事情要去做，或者更确切地说，不管是为了获取爱还是为了保存爱，要去做一切；任何一个人，如果他不想搞明白这问题，那么他就已将自身置于基督教之外，他是一个崇尚幸福事物（也就是说，偶然事物）的异教徒，但因此也恰在黑暗之中摸索，——这样，即使有着许多鬼火在他周围闪烁，这黑暗又何尝会变亮一些。

于是，可做的事情是有的，那么，我们要做什么才能够去驻留在相互所亏欠的爱之债务中呢？在一个渔夫抓住了一条鱼的时候，他想要保持使

V　我们的"去驻留在相互所亏欠的爱之债务中"的义务

这鱼活着，他必须做些什么呢？他必须马上把它放入水中，否则的话，它就会在或长或短的一段时间里涸竭而死。为什么他必须将之放在水中？因为水是鱼的元素，并且一切要被活着保存的东西都必须被保存在其自身的元素中；但是爱的元素是无限、无穷尽、不可测。因此，如果你想要保存你的爱，那么你就必须小心，让它借助于债务的无限性，被捕捉进自由和生活，持恒地处在它的元素之中，否则的话，它就会憔悴而死，——无须经过或长或短的一段时间，因为，它马上就死去，这恰恰就是它的完美性的一个标志，它只能够生活在无限之中。

爱的元素是无限、无穷尽、不可测，无疑没有人会否认这一点，这也是很容易看出的。设想（我们当然能够这样设想）一个仆人或者一个你能够支付他的工作和不便的人恰恰为你做出与那有爱心的人所作的完全一样的事情，那么，这样一来，在他们的作为和劳役的总量之间就没有任何可让理智找到的哪怕一丁点差异；然而，然而在它们之间却有着一种无限的差异，一种不可测之差异。就是说，在一种情形之中不断地有着一种附加的东西，真是够奇怪的，比起那使得它在相比之下是作为附加物的东西本身，这附加物有着无限地更多的价值。这恰恰就是"不可测"的概念！在那有爱心的人为你所作的一切之中，不管是那最微不足道的小事还是那最巨大的牺牲，他同时一直也一同给予着你爱；这样一来，最微不足道的服务，相对于仆人而言你本不会觉得是能够算计出什么价值的，因此就变得不可测了。

或者，你想象一下，一个人突发奇想想要尝试看自己，在不爱另一个人而只是因为他想要做这事（就是说，因实验的缘故，而不是因义务的缘故）的情况下，是不是能够，像我们所说的那样，与那爱这同一个人的人一样，在自我牺牲上、在服务上、在奉献的表达上达到同样的无穷尽；你很容易看出，这是他所无法达到的，相反，在这两者之间有着一种不可测之差异。如果一个人真正爱着，他就不断地会有着一种抢先，一种无穷的抢先；因为每一次在另一个人想出、盘算好、设计出了一种奉献的新表达时，那有着爱心的人已经完成了这表达，因为有着爱心的人无须任何盘算，因此也无须浪费任何盘算的瞬间。

但是这"处于并且驻留于一种无限的债务之中"，这恰恰是爱之无限的一种表达，于是，它因为驻留于债务之中而驻留于自己的元素之中。在这里有着一种交互的关系，但却是无限地来自两方面的关系。在一种情形

195

之中，那在爱者之爱的每一个表达之中带着爱心地把握"不可测"的人是被爱者；在另一种情形之中，那感觉到这"不可测"的人是爱者，因为他承认这债务是无限的：这完全是同一样东西，它是无限的伟大并且无限的渺小。爱的对象在爱中承认，爱者通过那最渺小的东西而做出的事情，比起所有别人通过所有最伟大的自我牺牲做出的事情，是一种无限地更多；爱者自己承认，比起他感觉到的债务，他通过所有可能的自我牺牲所做出的事情是无限地渺小的。在这无限的东西中有着怎样一种奇妙的以等量还等量（Lige for Lige）啊！哦，学者们为对"那无限的"的计算感到骄傲，但这里是圣者们的石头[10]：最渺小的表达比所有自我牺牲都要无限地更大，并且，与债务中所分期偿还的最小部分相比，所有自我牺牲都是无限地更小的！

但是，什么东西能够将爱带出它的元素？一旦爱谈论它自己，它就出离了自己的元素。什么是"踌躇于自身"？"踌躇于自身"就是对于其自身成为对象。然而，在我们要向前运动的时候，一个对象（Gjenstand）总是一件危险的事情；一个对象（Gjenstand）就像是一个有限的固定点，就像是边界和停顿，对于无限是一件危险的事情。就是说，爱无法对于自身无限地成为对象，在这之中也没有什么危险。因为"对于自身无限地成为自身的对象"就是驻留在无限之中，并且因此就只是存在或者继续存在，因为爱是一种自身之中的翻倍，就像自然生命的单个性一样地不同于精神的翻倍。因此，在爱踌躇于自身的时候，这必定是在其单个表达之中：它对于自己成为对象，或者一种其他不同的爱成为这对象，这一个人身上的爱和那另一个人身上的爱。在对象以这样一种方式是一种有限的对象时，爱就在踌躇于自身；因为无限地踌躇于自身恰恰就是让自己运动。但是在爱有限地踌躇于自身的时候，一切就都迷失了。想象一下一支飞箭，如人们所说，箭矢之速，想象一下如果这箭突然心血来潮要踌躇于自身，也许是为了看一下自己达到了多远，或者自己是在距地面多高的地方飞翔，或者它的速度与另一支也以箭矢之速飞翔的箭的速度相比如何，那么，在同一秒之中，这箭就落向地面。

在爱有限地踌躇于自身或者对于自己成为对象（更准确地定性的话，这就是比较）的时候，爱的情形也是如此。爱不能够无限地让自身与自身作比较，因为它以这样一种方式无限地与自身相像，以至于这只是意味着它是它自己；在这无限的比较之中没有任何第三者，这是一种翻倍，就

V 我们的"去驻留在相互所亏欠的爱之债务中"的义务

是说,因此这不是比较。所有比较都需要第三者,以及相似性和差异性。如果没有自我谈论,就没有比较,如果没有比较,同样也没有自我谈论。

但是比较的第三者会是什么呢?单个的人身上的爱能让自己与他人身上的爱作比较。然后他发现,或者认为自己发现他身上的爱大于他人身上的,或者在一些单个的他人身上更大,但在其他人身上则更小。也许他在一开始甚至认为,那只不过是一种在擦肩而过时的不经意斜视的一瞥,既不要求花时间也不要求花工夫;唉,比较的斜视一瞥只是太轻易就发现各种关系与算计的全部世界。这是停顿,在这同一瞬间他正在出离债务,或者也许已经出离了债务,——就是说,出离了爱。或者,这比较之第三者可以是迄今所做的出自爱的各种作为。就在这同一瞬间,计算着和称量着,他正在出离债务,或者也许已经在巨大的满足之中,不仅仅只是出离债务,就是说,不仅仅只是出离了爱。

在比较之中一切都丢失了,爱被弄成了有限的,债务要被偿还——完全就像所有别的债务;不像荣誉债务一样地有着那种"你首先必须尽早地出离债务"的性质,爱的债务有着"它是无限的"的性质。比较所总是丢失的是什么呢?它丢失的是瞬间,那本应让一种"爱的生活的表达"充实的瞬间。但是失去"瞬间"就是变成"瞬间性的"[11]。一个瞬间丢失了,然后永恒之链就被打断,一个瞬间丢失了,然后永恒之关联被破坏了,一个瞬间丢失了,然后"那永恒的"就丢失了;但是"失去那永恒的"则恰恰是"变成瞬间性的"。一个瞬间在比较上被浪费掉了,于是一切都被丧失了。就是说,比较的瞬间是一个自私的瞬间,一个想要为自己的瞬间;这是断裂,是掉落,——正如"踌躇于自身"是箭矢的掉落。

在比较之中一切都丢失了,爱被弄成了有限的,债务要被偿还,无所谓是在怎样的位置上,哪怕这是爱以比较的方式相对于其他人的爱或者相对于自己的成就以为自己进入的至高位置。让我们相互明白对方。如果真的是如此,我们能够在一瞬间中设定了,对于王子来说与一个普通人交往是有失尊严而不恰当的,——如果他还是这样做了,并且为自己辩护说"我绝没有放弃我的尊严,我当然知道怎样确立自己作为这些人之中最卓越者的形象";但这时高贵的廷臣岂不会说:"殿下,这是一个误会;这之中不恰当的地方是在于与这样的一些人交往;殿下自己当然会觉得这听起来就像是一种讥嘲,如果有人这样说您,至尊的王公,您在这些普通人中是最卓越者。在这比较之中是没有什么东西可赢得的,尤其是通过去作

197

为这之中的最卓越者；因为这关系本身，这比较的可能性就是失足，只有保持在这之外才是皇家的尊严。"然而这当然只不过是一个笑话而已。但是，如果那"是并且应当是无限的东西"寻求让"那有限的"来作为交往和比较的糟糕伙伴[12]，那么，这就是不体面有损尊严的，那么，尊严的丧失就是应得的，尽管你在比较之中认为自己是至尊。因为，哪怕这确实是如此，"以比较的方式去比所有别人爱更多"也一样就是：不去爱。"去爱"就是驻留在无限的债务之中，这债务的无限性是完美性的连接[13]。

让我通过谈论另一个无限的关系来阐明这同样的事情。想象一下一个热情的人，他热情地只想一件事并且热情地想要为"那善的"牺牲一切，想象一下这样的事情现在发生在他身上（某种并非是偶然地发生而是只要这世界是这世界就会无条件地发生的事情）：就在与他越来越无私、越来越自我牺牲、越来越努力地工作的同样的程度上，这个世界越来越强烈地与他作对，想象一下，在这制高点上，——如果他哪怕有一个瞬间搞错并且去让自己的努力去与世界的回报作比较，或者搞错并且去让自己的努力去与迄今所达到的成就作比较，或者搞错并且去让自己的命运去与那些看来并没有因热情而燃烧的人们的名声作比较；唉，那么他就迷失了。但是那试探者[14]走向他说，"停止你的工作，减少你的努力，过好日子，在舒适之中享受生活，接受这被提供给你的悦人境况，去做最热情者们中的一个吧"——这试探者并不说热情的坏话；试探者无疑有足够的睿智不说坏话，这样，你要愚弄人们去放弃它，这也不是一件那么容易的事情。然而在这时他却并不想对试探者让步，他更新了他的努力。于是试探者再次走向他并且说："停止你的工作，减少你的努力，过好日子，在舒适之中享受生活，只要你接受这无条件地最悦人的境况，这也确实是只能被提供给你的，去做最热情的人，一种境况，让生活对你来说变得更轻松并且为你，你这热情的人，招致世界的景仰，而相反你却只是在使得你的生活更艰辛并且因此而赢得世界的反对。"唉，"以比较的方式去作为最热情的人"恰恰就是：没有热情。可悲啊，那在比较之传染中腐败了自己的灵魂的人，这样，他就只会把自己面前的东西理解为一种极大的骄傲和虚荣。热情者对试探者说，"带着你的比较退去吧"[15]。而这恰恰是正确的做法。看，因此我们向一个热情者喊道："闭上你的眼睛，塞上你的耳朵，听从无限之要求，这样就不会有任何比较会悄悄溜进来通过让你以比较的方式成为最热情的人而谋杀了你的热情！在无限之要求面前，甚至你最大

V 我们的"去驻留在相互所亏欠的爱之债务中"的义务

的努力都只不过是一种儿戏,你不应当因这努力而自以为是,因为你恰恰将会明白,你要怎样去面对无限地更多的要求。"如果有一个人,站在以风暴之速航行的船上,我们警告他不要朝波浪中看,因为那样的话他就会晕眩;无限与有限间的比较也是以这样的方式使得一个人晕眩。因此,要警惕世界想要强加给你的这比较,因为世界对热情的理解并不高于金融家对爱的理解,并且你总是会发现,懒惰和愚蠢总是会首先考虑到要去比较,考虑到要去在比较的乱糟糟的"现实"之中捕捉住一切。因此,不要往四周看,"在路上也不要问人的安"(《路加福音》10:4)[16],不要听人叫喊和呼唤,它们会从你身上骗走你的热情并且把热情的力量骗到比较之脚踏磨坊去工作。不要因为世界将你的热情称作疯狂、称作自爱而让你被打扰,——在永恒中每个人都会被迫明白,什么是热情和爱。不要接受那被提供给你的境况:以一半的工作来获取世界的全部景仰;驻留在无限之债务之中,为这境况快乐:世界的反对,因为你不愿讨价还价。不要去听,因为要不去信已经太迟了,不要去听人们对热情所作的谎言般的二手谈论,不要去听人说,免得你以另一种方式因为相信这个而受伤害,就仿佛每一个想要的人都与无限有着同样近的距离,因此在同样的程度上趋近于被激起热情。什么是热情,难道热情不就是想要去做和承受一切,难道不也就是在同时不断地想要驻留在无限之债务之中?因为每次箭要向前飞,弓弦都必须被拉紧,但是为了让热情每一次都得以更新或者在新生之中保留它的速度,我们就必须考虑到债务之无限。

爱的情形也是如此。如果你想要保存爱,那么你就必须在债务之无限之中保存它。因此,你要警惕比较。哦,哪怕守护着全世界的珍贵宝藏的人,在他看守着宝藏唯恐有人对此有所知的时候,也没有必要如此小心;因为你还要小心警惕地看住你自己,不要去通过比较来对爱有所知。对"比较"要警惕!比较是爱所能够进入的最不幸的关联了;比较是爱所能结交的最危险的相识[17];比较是所有诱惑之中最恶劣的。没有什么诱惑者是如此迅速就绪的,没有什么诱惑者是能够像比较那样地无所不在的,只要你眼角有一瞥表示,——然而,任何被诱惑的人都不会辩护说"比较诱惑了我"[18],因为,正是他自己去发现这比较的。众所周知,在一个人知道自己走在光滑的冰上时,他会走得多么恐惧、多么徒劳但却又多么可怕地竭尽全力;但同样也是众所周知的是:在一个人因为黑暗或者以别的方式一直不知道自己是走在光滑的冰上时,这个人就会很确定自信地在光滑的冰上走。因此，对"发现比较"要警惕。比较是不健康的幼芽，它剥夺树木的成长；受到诅咒之后，树会成为一道枯萎的阴影，但不健康的幼芽则在不健康的繁荣之中成长。比较就像是邻居的湿地；尽管你的房子没有建在那里，它还是会下沉。比较就像消耗性病症里隐藏的虫，它不会死去[19]，至少在它蚕食掉爱的生命之前，它不会死。比较是一种讨厌的皮疹，深入膏肓并且啃噬着骨髓。因此要在爱之中对"比较"保持警惕。

但是，如果比较是唯一能够让爱出离债务或者正要让爱出离债务的东西，并且我们避免开比较，那么，爱就健康而富有生命力地驻留在无限的债务之中。驻留在债务之中是对爱的无限性的一种无限狡猾但却又无限充分的表达。有时候人们谈论一种本性力量[20]，比如说它带着一种无限的速度奔涌出来，或者它带着一种无限的力和丰富爆破出来，在这时，看上去就仿佛一直有着这样的可能：它将会在什么时候停止或者被清空。但是那"无限地在自身之中也有着无限的债务在自己背后"的东西，它第二次被无限化，它在自身之中有着守护者，这守护者不断地留意着不让它停下，——债务再一次是那驱动着的东西。

在"去驻留在相互所亏欠的爱之债务中"是一个义务的时候，"驻留在债务之中"就不是一个狂热的表达，不是一种关于爱的观念，而是行为，于是爱就借助于义务按基督教的方式在行为之中，在行为的动力中，并且因此也在无限的债务之中驻留着。

"去爱"就是进入一种无限的债务。"驻留在债务之中"的愿望看来只是关于爱的一种解读、一种观念，一种最终的，它所具的最极致的表达，——就像庆典中的花环[21]。因为，即使是最珍贵的杯子，装满了珍贵的饮料，——还是缺少一点什么：这杯子要配上花环！即使是最美丽女人形象之中最可爱的灵魂，——还是缺少一点什么：使得这一切完美化的花环[22]！哪怕在我们只是从人性的角度谈论爱的时候，我们也必定是这样谈论的：这一愿望，"驻留在债务之中"，是庆典的至高，是庆典中的花环，某种在一定的意义上无法去掉也无法增加的东西（因为人们当然不会喝下配上花环的杯子，花环也不会和新娘一同成长），并且正因此它是美丽狂想的表达。单纯从人性的角度看美丽的狂想是至高的。

但是基督教并不狂热地谈论爱；它说，"驻留在债务之中"是义务，并且它不是最后一次作为晕眩的想法并且是在最迷醉的状态之中说出这个，——因为，"驻留在债务之中"这愿望是一种极端的表达，然而，如

V 我们的"去驻留在相互所亏欠的爱之债务中"的义务

果有可能的话，通过"作为义务"，看来它还是能够变得更为极端。甚至那极端的东西也还是有着，尽管与其意愿相悖，一种"部分偿还债务"的外表，但如果"驻留在债务之中"是义务，那么，不可能性就又一次升腾得更高了。这看起来可以像是处在一种迷醉之中："突然在一瞬间里变得完全清醒"，在这时是一种迷醉状态的放大；因为在一个人平静而清醒地说出来的时候，这狂热就变得更加狂热，在一个人像在讲一个日常事件那样完全简单地讲述一个历险故事时，这历险故事就更具历险性了。

但基督教并不以这样的方式说话；关于"驻留在债务之中"，它所说的东西与一种高贵人性的爱热情洋溢地所说的东西完全一样，但是它以一种完全不同的方式说。基督教对此根本就没有做出任何大惊小怪的动作，它没有像那对爱的单纯人性的解读那样地被这景象完全压倒，没有，它同样严肃地谈论这问题，就仿佛是在谈论某种与单纯人性的热情完全异质的东西。它说，这是义务，并且因此它就从爱中去掉了所有发炎的东西、所有瞬间性的东西和所有晕眩的东西。

基督教说，"驻留在债务之中"是义务，并且以此说明了，这是一种行动，而不是什么关于爱的表达，不是什么对爱的沉思性的解读。从基督教的角度看，没有人在爱之中履行了那至高的事情；并且，即使有人履行了这不可能的事情，那么，在同一瞬间，从基督教的角度看，就会有新的任务。但是，如果在同一瞬间有着新的任务，那么，你就完全没有可能去弄明白"你有没有做出了至高的事情"；因为，"你弄明白这问题"的这个瞬间被锁定在了任务的差事中，因此人受到这阻碍而无法了解前一个瞬间，他没有时间去了解，他在行动的冲力之中全神贯注，而反过来在狂热之中，即使是在狂热的至高状态中，也有着某种踌躇着的东西。

基督教知道什么是"去行动"，什么是"能够继续不断地以行动去专注于爱"。那对爱的单纯人性的解读景仰爱，并且因此很容易就会出现一种停滞，一些什么事情都不做的瞬间，一些闲置的瞬间，这就是狂热的瞬间。爱对于单纯人性解读的观念就像那有着非凡天资的孩子对于单纯的父母：这孩子如此迅速地完成了任务，乃至父母到最后不知道他们应当想出一些什么事情来使得这孩子不闲下来。爱对于单纯人性解读的观念就像那暴躁地喷着鼻的骏马，它很快就把那骑手弄累了，而非像人们原本所认为的：如果需要的话，骑手能够驾驭着使得骏马跑累。基督教能够做到这个。它的意图不是工作得让爱疲倦，哦，绝不是，相反，基督教，依据于自己的永恒本质，带着永恒之严肃，它知道，它能够驾驭爱，因此它说得如此简单，它是如此严肃，在这件事上——正如那钢铁意志的骑师，他知道他能够驾驭这马，他不赞叹马的暴烈，但却说，它应当暴烈，因为他并不把马身上的暴烈去掉；他只是通过驯服烈性来使得这马变得高贵。基督教也是以同样的方式来驯服爱的，并且教导它，在每一个瞬间都有任务，通过忍耐地守着爱，这爱将会谦卑地学会：这"想要驻留在债务之中"的事，不是什么说辞，不是什么狂热，而是严肃和真理。

　　危险的事情是，如前面所展示的，爱开始以比较的方式踌躇于自身。这是必须被阻止的，然而，就在它通过义务的帮助而被阻止的时候，也发生别的事情，爱开始让自己去与基督教的观念发生关系，或者以基督教的方式与上帝的观念发生关系；债务关系被转移进入与上帝间的关系之中。可以说，是上帝带着爱心承接下爱的要求；爱者通过"去爱一个人"而进入无限的债务，——而债权者则是上帝，作为被爱者的监护者的上帝。这时，比较就变得不可能，这时爱找到了自己的领导。不再有什么关于喜庆氛围和辉煌业绩的说法；爱不再，如果我可以这样说的话，在人性的儿戏舞台上做表演，这舞台让人疑惑，搞不清楚是玩笑还是严肃。爱在它所有的表达之中向外转向人类，在人类中它有着自己的对象和自己的各种任务，然而与此同时，它也知道，这里不是它要受评判的地方，相反是在内心深处，在爱使自己去与上帝发生关系的地方，那里有着审判。这就像小孩子外出与陌生人混在一起时的情形：这孩子按着他所受到的教养去做。然而，不管陌生人们是否对这孩子有好感，不管这孩子觉得自己行为是不是比别的孩子们更得体，得到了严肃的教养的孩子绝不会忘记，审判是在家里，父母会在家里对他做出评判。然而教养并不建立在"这孩子要待在家里和父母在一起"的考虑上，相反，它所考虑的正是：这孩子要外出到大千世界中去。基督教所理解的爱的情形就是如此。可以这样说，对一个人身上的爱做出教育的正是上帝；但是上帝这样做并非仿佛是要在这样一种景象之中娱乐解闷，相反，他这样做是为了在之后把爱发送进世界，不断地投身在任务之中。但是那得到了严肃教养的，那基督教的爱在任何瞬间都不会忘记，它将在哪里得到评判，就是说，是在晚上或者早上或者随便什么时候，简言之，每次在它有一个瞬间离开自己的任务回家的时候，它都被询问检查，就是为了它马上又要被发送出去。因为，哪怕是在最高的狂热那里，爱也仍能够在它重新走出去之前稍稍地踌躇于自身，

V 我们的"去驻留在相互所亏欠的爱之债务中"的义务

但在上帝那里是没有任何踌躇的。

看,这样领会的话,在"去驻留在相互所亏欠的爱之债务中"有着严肃和真理。哪怕是有着最真诚的意图的,并且,从人性的意义上说是最高贵的那种狂热,甚至是最热烈和最毫不利己的热情,它也不是严肃,哪怕它做成了令人惊讶的事情,哪怕它也希望驻留在债务之中。哪怕是最高贵的人性的热情也有着这样的缺陷,它就是:作为单纯人性的东西,它在最终的意义上对于其自身而言不是强有力的,因为它在自身之上没有更高的权力。只有上帝之关系是严肃;严肃的地方恰恰就是:那任务被强迫进入自身的制高点,因为在那里有着一种"以永恒之权力来进行强制"的力量;严肃的地方是:热情在自身之上有着一种更高的权力并且被强制压迫着。单个的人被义务绑定在对他人的爱之债务之中,但要去评判他的爱的,既不是这单个的人自己也不是其他人。如果事情就是这样的话,那么这单个的人就必须驻留在无限的债务之中。上帝有着真理的和不谬性的关于爱的无限观念,上帝是爱[23],因此单个的人必须驻留在债务之中,——千真万确,正如上帝对之进行评判,或者说,正如他驻留在上帝之中,因为只有在债务的无限之中,上帝才驻留在他身上。

他驻留在债务之中,并且他还认识到,"驻留在债务之中"是他的义务,做出这一承认是他的义务,这一承认在基督教的意义上说不是狂热所作的承认,而是一种谦卑而有爱心的灵魂所作的承认。谦卑是在于做出这承认;爱心是在于无限地愿意去做出这承认,因为这属于爱的一部分,因为在这承认之中有着至福的意义和关联;基督教的成分则是在于对此没有任何张扬的做法之中,因为这是义务。

"凡事都不可亏欠人,惟有彼此相爱,要常以为亏欠"[24];不,"凡人所当得的,就给他。当得粮的,给他纳粮。当得税的,给他上税。当惧怕的,惧怕他。当恭敬的,恭敬他"[25]。这样,不去欠别人任何东西,不欠你向他借的东西,不欠你许诺他的事物,不欠他合理地向你要求作为回报的东西。如果可能,并且任何人任何东西,不欠任何礼貌、任何服务、任何对喜悦或者悲哀的参与、任何评判上的温和宽厚、任何生活中的帮助、任何危险中的忠告、任何牺牲,甚至是最沉重的,不,在所有这些事情上

都不要对任何人有所欠；但是驻留在亏欠之中，你绝不曾想要以所有这一切来偿还并且在上帝面前你也绝不曾能够偿还的亏欠，这亏欠是"彼此相爱"！

哦，去做这个！这样就只还有一件事情："及时地记得，如果你去做这个或者努力要这样做的话，那么你在世界里的情形就会很糟。"[26] 作为特别的，在这一讲演的终结，作为一般的，则在这本小书的终结，提醒一下这一点是尤其重要的，这就避免这讲演不真实地起到感人的作用。正因此，世界会觉得这个结论是完全错误的，而这则有其本身的意义，亦即，这证明了：这结论是正确的。

有时候我们带着悲哀读到或者听到基督教的说法在根本上避而不谈这最后的危险。关于信仰、关于爱、关于谦卑的说法固然是正确并完全是基督教的；但是，一种这样的说法会把一个少年引上歧途，而不是在指导他，因为这说法避而不谈"那基督教的"后来在世界里遭遇了一些什么。这说法要求，一个人要带着自我拒绝去努力发展自己身上的基督教性情，——但是在之后，之后，是的，之后就不再说及更多，或者说，各种最令人担忧的进一步定性被关进了沉默，而与此同时，人们所谈论和担保的是："那善的"有其酬报[27]，它同时为上帝和人类所爱。

这一基督教的性情被当作至高的东西来赞美，当然这也是应当的，只是这样一来，年轻人难免就会以为：如果他完成了这个，或者哪怕只是老老实实努力去完成它，那么他在世界里的情形就会很好。看，避而不谈那最终的艰难（也就是，从人性的角度说，他在世界里的情形会很糟，如果他越是在自身之中发展"那基督教的"，那么恰恰就越糟），这种做法是一种欺骗，它要么使得年轻人对自己感到绝望（就仿佛错误是在他自己身上，因为他不是一个真正的基督徒），要么使得他沮丧地放弃自己的能力，就仿佛有什么非同寻常的事情发生在他身上，而其实发生在他身上的只是使徒约翰在说（《约翰一书》3∶13）"不要以此为希奇"[28]时所谈论到的事情，——他就像谈论完全寻常的事情一样地谈这事。于是，这样说的人就通过避而不谈真实的关联，通过让事情看起来仿佛是"在基督教的意义上只有一个地方有斗争"而欺骗了那年轻人；他没有说，真正的基督教斗争总是双重危险的斗争，因为在两个地方都有着斗争：首先是在人格的内在之中，他要与自己斗争，然后在他在这一斗争之中有进步时，他要在人格之外与世界斗争。唉，也许这样的一个言说者害怕去以这

V 我们的"去驻留在相互所亏欠的爱之债务中"的义务

样一种固然奇怪但却诚实的方式来推荐"那基督教的"和"那善的"：在世上没有酬报，是的，世界只是与之作对。也许这言说者会觉得这就像是在自己打自己善辩的嘴巴，他已经使用了各种最推崇的并且如此特别幸运地挑选出的用词和表达来赞美了"那善的"，并且因此尽可能使得听者去接近这善，甚至恨不得在今天就去照样行[29]，在这样的情况下，如果他马上要在后面加上这样的荐词，"'那善的'将获得仇恨、鄙视和迫害作为酬报"，那么，这也许就会让他觉得仿佛是自己在打自己嘴巴，是的，对于他极品的雄辩杰作给人的印象来说，这样的情形实在是太不幸了。[30]因为，如果事情是这样的话，那么，看来去警告人们警惕"那善的"才是更为自然的，或者更确切地说，通过以这样的方式来向人推荐，你就是在警告人们警惕"那善的"。这言说者确实是在一种很麻烦的处境之中。也许意图是挺好的，他很想去把人们吸引过来；于是，他就跳过这最后的麻烦，也就是那使他的推荐变得如此麻烦的东西，——而现在，在一场吸引人的讲演之中，一切就进入了流畅，既令人振奋又催人泪下。唉，然而这却是，如上所示，在进行欺骗。相反，如果言说者要使用那有着麻烦的荐词的话，那么"他就是在把听者吓跑掉"，也许这说辞几乎会把他自己吓一跳，他在高度受人爱戴、尊敬和珍视的情况下证明了善的基督教行为在这世界里有着酬报。就是说，他有着酬报，尽管永恒有十次在认为"他已经拿走了他的酬报"[31]，他有着酬报，这一点是无法被否认的，但这看起来是某种世俗的东西，而不是基督教预先向自己的信从者们所许诺并立即用来推荐自己的那种补偿。

我们真的是不愿意去使得一个年轻人自以为是并且过早地教会他去论断世界，上帝不允许任何出自我们的言辞会有助于一个人身上的这种不健康得以发展；我们恰恰认为应当竭尽全力地帮他使得他的生命向着内心深处，这样，他在一开始就马上有什么别的东西可以去考虑，因为毫无疑问，这是一种对世界的不健康的仇恨，这仇恨也许甚至在根本没有考虑到那巨大的责任之前就想要让自己遭到迫害。但在另一方面，我们也确实不愿意通过避而不谈这种麻烦来欺骗一个年轻人，并且恰恰是在我们努力推荐"那基督教的"的瞬间避而不谈这麻烦，因为这时，并且恰恰这时，就是"去谈论"的瞬间。我们听任自己去大胆地赞美推荐"那基督教的"，并且也加上附言：以最温和的方式说，它的酬报是世界的不感恩。我们把"不断地预先说出"看成是我们的义务，这样，我们就不会在一

205

些时候赞美"那基督教的"却又避而不谈它的一些本质性的麻烦，而在另一些时候，也许因一段单个文字的缘故，歪打正着地发现了一些对那在生活之中经受了艰难考验的人的安慰依据。不，恰恰是在"那基督教的"被最强烈地赞美推荐的时候，正是这时，那麻烦要同时被强调出来。就是说，如果有人想要有这样的打算："让我们不择手段地为'那基督教的'赢得人众，如果什么时候逆境降临在他们头上，我们当然会有忠告，那才是谈论这事情的时候"，那么，这就是非基督教的悲叹。然而，在这之中有着这样的欺骗：有没有这样的可能，一个基督徒能够得免于这些逆境，完全就如同一个幸运的人既不用在贫困中也不用在疾病中受到试探。这就是说，人们是在一种与"那基督教的"的偶然关系而不是本质关系之中看世界的；反对可能会出现，但也可能不会出现。然而这一看法却完全不是基督教的。如果一个异教徒在自己的死亡之时赞叹自己是幸福的[32]，他顺利通过一生但却与所有逆境擦肩而过，他完全有可能是对的；但是一个基督徒在死亡的瞬间必须对这一喜悦保持一定的疑虑，——因为从基督教的角度看，世界的反对处于一种与"那基督教的"的真挚性的本质的关系之中。另外，如果一个人选择了"那基督教的"，那么，他在这一瞬间恰恰就应当有着对"那基督教的"的麻烦的印象，这样他就能够明白，他所选择的东西是什么。除了基督教能够兑现的，这年轻人不应当获得任何许诺，但是基督教只能够兑现它从一开始所应许过的东西：世界的不感恩、反对、讥嘲，并且一个人越是严肃地做基督徒，这些东西被兑现的程度就越高。这是相关于"那基督教的"的最终麻烦，并且在人们赞美基督教的时候，它是尤其不可以被避开不谈的。

不，如果这最终的麻烦被避而不谈，那么我们在根本上就无法谈论"那基督教的"。如果世界不是像基督教本来所设想的那样，那么"那基督教的"在本质上就被取消了。那被基督教称作是自我拒绝的东西恰恰在本质上包含了一种双重危险，否则的话，这自我拒绝就不是基督教的自我拒绝。因此，如果有人能够证明世界或者基督教世界在本质上已经变得很好，就仿佛这是永恒，那么我就也将证明，基督教的自我拒绝被弄成了不可能，而基督教则被取消了，正如在永恒之中它将被取消，在永恒之中它将终止作为好斗的[33]。单纯人性的自我拒绝的想法是这样的：放弃你的自爱的愿望、欲求、计划，——这样你就作为公正的和智慧的人而为人瞩目和尊重和爱戴。我们很容易看出，这一自我拒绝达不到上帝或者上帝关

V 我们的"去驻留在相互所亏欠的爱之债务中"的义务

系,它继续世俗地停留在人与人的关系之中。基督教的自我拒绝的想法是这样的:放弃你的各种自爱的愿望和欲求,放弃你自利的计划和意图,这样,你真正毫不利己为"那善的"工作,——让自己去忍受"正因此而几乎像一个罪犯一样地被鄙视、讥笑和嘲弄",让自己去忍受,如果对你有这要求的话,"正因此而被当作一个罪犯处决",或者更确切地说,不是让自己忍受这些,因为你几乎不可能被迫去这样做,相反,自由地去选择这样做吧。就是说,基督教的自我拒绝在事先知道这一点——"它会遇上这事情",并且自由地去选择这样做。基督教有着关于"什么是放弃自己利己的意图"的永恒之观念,因此它不让这基督徒以半价被放出手。我们很容易看出基督教的自我拒绝达到了上帝,并且在上帝那里有着自己的唯一居所。但是,只有以这样的方式被离弃在双重危险之中,这才是基督教的自我拒绝;第二种危险或者说在另一个地方的危险则恰恰是:对于"与上帝的关系很得当"、对于"这是一种纯粹的上帝关系"的确定性。即使不存在任何别的双重危险,世界也把"想要被以这样的方式离弃"看成是愚蠢或者疯狂,因此也就是说,绝非尊崇和景仰。世界对自我拒绝只有聪明的理解,因此只尊崇聪明地驻留在世俗性之内的自我拒绝。因此世界不断地做好安排,保持让足够数量的仿制自我拒绝的假钞流通着,唉,有时候各种关系和各种想法的错综交缠变得如此复杂,以至于我们不得不使用专家的眼睛才能够马上认出这假钞。因为人们自然也会世俗地把上帝置于世俗性之中并因此获得一种有着上帝标记但却虚假的自我拒绝。确实,从世俗的角度出发,这有时看上去就仿佛是"为上帝的缘故而拒绝自我",但却不是处于那种在双重危险中信赖上帝的私密关系之中,而以这样的方式,世俗理解这个人并且为此而尊崇这个人。然而,要认出这伪冒还是很容易的,因为一旦缺少双重标记,那么自我拒绝就不是基督教的自我拒绝。在父母激励鼓动着地向小孩子张开双臂的同时,这小孩子拒绝自身,这是人性的自我拒绝。如果一个人拒绝自己而世界向他开放着,那么这是人性的自我拒绝。但是,如果一个人拒绝自身,因此世界向他关闭,现在,正因为世界向他关闭,他被世界拒斥回去而不得不寻求与上帝的私密关系,那么,这就是基督教的自我拒绝。双重的危险恰恰是在于,在他本来期待要找到支持的地方恰恰就遇到的反对,于是他就不得不两次转身,而不是像单纯人性的自我拒绝那样只转身一次。因此,所有在世界里找到了支持的自我拒绝,都不是基督教的自我拒绝。古代的神父们就是

207

在这样的意义上说：异教的美德是灿烂的罪恶[34]。

这是单纯人性的自我拒绝：没有对自己的畏惧，没有对自己的顾虑而敢于在危险之中冒险，——在这样一种危险之中荣誉召唤着胜利者，在之中，只要你敢冒险，同时代的人和观众们的景仰就会召唤你。我们很容易看出，这一自我拒绝没有达到上帝，而只在半途之中，在人性之中。这是基督教的自我拒绝：没有对自己的畏惧，没有对自己的顾虑而敢于在危险之中冒险，对这危险，同时代的人，沉溺而盲目并且作为同谋，绝对想象不到并且也不会去想象这会赢得什么荣誉，因此，在这危险之中冒险不仅仅是危险，而且是双重危险，因为观众们的讥嘲在等待着这勇敢者，不管他是胜利还是失败。在一种情形之中，关于危险的想象在事先就存在；同时代的人们一致同意，有着危险，冒险中的危险，因为通过胜利可赢得荣誉，因为这关于危险的想象已经使得他们愿意去景仰那哪怕只是敢冒险的人。在另一种情形之中，勇敢者可以说是必须去发现危险并且为获得将之称作"危险"的许可而斗争，同时代的人们不愿意将之视作危险，尽管他们承认一个人可能会在这一危险之中失去生命，但他们拒绝认为这是危险，因为对于他们的想象来说，这是一种可笑，而为一种可笑去投入自己的生命则因此就是双重地可笑的。于是，基督教发现了一种危险，它叫作永恒的沉沦。这一危险让世界看来是一种可笑。现在，让我们想一下，一个基督教的见证者[35]。他敢于为这一学说而去与那些将他的生命握在自己手上并且将他视作骚乱发动者的强权作斗争，——这也许就会使得他付出生命。但在同时，那些同时代的人们，他与这些人并没有直接的斗争，相反他们是观众，他们觉得为这样一种痴愚而冒死亡的危险是可笑的。看，在这里有着失去生命的可能，但却真的没有尊敬和景仰可让人赢得。然而以这样的方式被离弃，只有以这样的方式被离弃，才是基督教的自我拒绝。——假如现在世界或者基督教世界在本质上已经变善的话，那么这一自我拒绝就会变得不可能，因为那样的话，这在本质上善的世界就会尊敬和赞美那拒绝自身的人，并且总是有着关于"哪里有危险"和"哪一种是真正的危险"的正确观念。

看，正是因此，我们想要以这一稍稍带有奉承意味的荐词来终结这一讲演，正如我们所有以我们的天赋能力来赞美"那基督教的"的讲演的情形：如果这"想要真正地拒绝你自己"并非是你的严肃，那么，要警惕别让你自己去开始这样做。我们有着太严肃的一种关于"那基督教的"

V 我们的"去驻留在相互所亏欠的爱之债务中"的义务

的想象,因而不会想要去引诱任何人,我们几乎更愿意做出警告。如果一个人真正想要吸收摄取"那基督教的",那么他就会想要进入到内在之中去体验各种完全不同于"讲演之中的一小点恐怖戏剧表演"的其他恐怖;从外表上看,他必定是坚定的,而这坚定完全不同于借助于"一小点雄辩粉饰出来的非真相"所能达到的那种坚定。我们听任每个人自己去测试,我们的这一严肃的观念看起来是否冷漠、无慰、缺乏热情。如果一个人要谈论自己与世界的关系,那么这就会是另一回事,这时,"尽可能温和、尽可能宽宥地谈论"就是一种义务,并且,甚至在他这样做的时候,"驻留在爱之债务中"也是一种义务。但是在我们以教导性的方式说话的时候,虽然有的话题也许是不太适合于出现在一种要逢迎一个狂热年轻人志向远大的观念的言谈之中,我们也还是不敢避而不谈这话题。我们也不敢鼓励人们去微笑着地想要把自己抬高到世界的反对和痴愚之上;因为哪怕一个人做得到,就像人们在异教文化之中所做的,他也只能够异教文化里这样做,因为异教徒不具备"那基督教的"的关于"那真的"的真实、严肃、永恒地关怀着的观念;因为对于这种观念而言,"别人缺乏这观念"绝不是什么可笑的事情。不管世界的本质性的痴愚有多么可笑,在基督教的意义上,它绝不可笑;因为,如果有着一种至福可让人赢得或者丧失,那么,如果我赢得它,这不是一个玩笑,同样,如果有人因轻率而丧失它,这也不可笑。

相反倒是有一种可笑则是我们肯定是要让自己警惕的:奉承逢迎地谈论"那基督教的"。一个人,在他递给另一个人一把磨利的巨大双刃器具的同时,他到底会不会带着一个人递出一束鲜花时所具的表情、姿态、表达来递出这器具呢?这是不是疯狂呢?这个人在干什么呢?在确定了这危险的器具的优越之后,他固然会声嘶力竭毫无保留地推荐它,但却是以这样一种方式:他某种意义上会就之做出警告。"那基督教的"的情形也是如此。因此,如果有必要,我们也不应当踌躇,在至高处的责任之下,在基督教的,正是在基督教的布道之中宣讲反对基督教。因为我们完全知道,这些日子里的不幸出现在什么地方:人们借助于愚蠢虚假而又奉承逢迎的礼拜日讲演把基督教骗进了幻觉、而把我们人类骗进这自欺:就本身而言的我们都是基督徒。然而,如果一个人认为自己手里拿着一枝花,他一半是虚荣一半是没有思绪地作为自娱而观察着的一枝花,——而这时有人,请注意,很诚实地,对他叫喊说:"你这糊涂蛋,你看不见你在你手中握着的这是一把磨利的巨大双刃器具吗？"他会不会在一瞬间感到惊骇呢！然而，然而，那个诚实地说出这话的人是在骗他还是在欺骗真相？因为，再一次：如果有人想要提醒那个人他手中所握的那枝花不是简单或者普通的花，而是极其罕见的花，那么，这却只会让他在误解之中陷得更深。不，基督教在人性的意义上不是那极其罕见的花，也不是最罕见的，——这类说法是异教的和世俗的，在单纯人性的观念之内。基督教是，神圣地理解，是至高的善，并且因此也是，在人性的意义上理解，一种极其危险的善，因为它，单纯人性地理解，如此完全不是那罕见的鲜花，它是冒犯和痴愚[36]，不管是现在还是在一开始，并且只要世界持存下去，就一直是如此。

不管在哪里，只要有着"那基督教的"，就有着愤慨[37]的可能，但愤慨是最高的危险。任何人，如果他真正地要吸收摄取"那基督教的"或者"那基督教的"的某些东西，那么他就必定会以这样一种方式经过愤慨的可能：他看见了它，它在他的眼前——他选择了"那基督教的"。如果要谈论"那基督教的"，那么这谈论就必须不断地保持让愤慨的可能性开放着，然而这样它却永远都无法开始直接地推荐基督教，这样，各种谈论之间的差异就只是：这一个更强烈地推荐，那一个比较更轻微地推荐，第三个则使用着各种最强烈的推荐表达词。只有当危险在每一个点上都被不断地阐明——"那基督教的"在怎样的意义上对于那单纯人类的观念而言是痴愚和冒犯，只有在这时，基督教才能够被赞美推荐。但是，通过使这个变得明确和公开，我们就得到了警示。基督教就是如此严肃。那需要人类赞同的东西马上就使自己变得对人类来说是美味可口的，但是基督教对自己是如此确定，并且带着这样的严肃和严格，它知道是人类需要它，因此它恰恰并不直接地推荐自己，而是首先去惊吓住人类，——就像基督向使徒们推荐自己，是通过在事先向他们预言：他们为他的缘故会受人憎恨，是的，那杀他们的人会认为是在侍奉上帝[38]。在基督教进入世界的时候，它无须（尽管它还是这样做了）自己声张出"它是冒犯[39]"，感到愤慨的世界很容易就会发现这一点。但是这时，这时，既然世界变成了基督教的，这时基督教首先就得自己小心留意愤慨。因此，如果事情确实是这样，如此之多的"基督徒"在目前这些日子错过了基督教，那么这事情是怎么会发生的呢？除了是因为他们在愤慨的可能性上出错之外又会有什么别的原因呢？这可怕的事实，请留意了！基督教及其至福及其任务

V 我们的"去驻留在相互所亏欠的爱之债务中"的义务

不再能够满足"那些基督徒",这又有什么好奇怪的呢,——他们甚至连"对基督教感到愤慨"都无法做到!

在基督教进入世界的时候,它无须(尽管它还是这样做了)自己声张出它与人的理性有冲突,因为这个世界很容易发现这一点。但是现在,现在,既然基督教几百年下来一直生活在与人的理性的千丝万缕的关联之中,现在,在一个堕落的基督教——正如那些与尘世女人们结婚的堕落天使[40]——与人的理性结婚了的时候,现在,在基督教和理性进入了你和你的关系[41]的时候,现在基督教首先必须小心留神这冒犯。如果我们要以布道的方式把基督教(唉,这就像是那个关于"被施了一百年魔法的宫殿"的童话[42]中的情形)从幻觉的魔法和畸形的变化之中唤醒,那么我们首先必须通过布道使得愤慨之可能从根本上重新复活。只有愤慨之可能(针对护教学[43]的催眠药饮的解药)有能力唤醒那入睡者,有能力唤回被施魔法者,这样,基督教才重新是它自己。

如果这时圣经说"愤慨在人身上出现这人有祸了"[44],那么我们可以放心地说:如果有人首先想到要布道讲基督教但却不提愤慨的可能,那么,这样的人有祸了。如果有人逢迎讨好地、花言巧语地、推荐着地、说服着地向人类宣扬某种怯懦的东西,将之说成基督教,那么,这样的人有祸了!如果有人能够使奇迹变得可让人理解或者至少是为我们带来"这样的事情马上就能达成"的光明前景,那么,这样的人有祸了!如果有人泄露和打破信仰的奥秘[45],将之扭曲成公共智慧,因为他去掉了愤慨的可能,那么,这样的人有祸了!如果有人能够理解救赎和解的秘密而不感觉到任何与愤慨的可能相关的东西,那么,这样的人有祸了,再一次说他有祸了,如果他以为自己这样做是在侍奉上帝和基督教[46]!所有这些不信的管事,在他们为基督教声明放弃愤慨的可能并为之加上数百种痴愚时,他们坐下写伪证并且以此来为基督教和他们自己赢得朋友[47],这些人有祸了。在这"为基督教做辩护"的巨大工作上,哦,可悲地被浪费了的博学和敏锐,哦,可悲地被浪费了的时间!确实,只要基督教再次通过愤慨的可能而强有力地站起来,那么这一恐怖就会再次使得人类震惊;这样基督教根本无须辩护。另一方面,辩护越是博学,越是出色,基督教就越是严重地被歪曲、被废除、被弱化得像一个被阉的半男人。因为辩护恰恰想要善意地去掉愤慨的可能。但是基督教不应当被辩护;而在基督教可怕地就像从前曾发生过的那样向人类给出选择并且可怕地强迫他们去选择

211

"要么感到愤慨要么接受基督教"的时候，要做出考虑的是人类：他们是不是能够为自己做辩护或者对自己辩护自己所选择的东西。因此，从"那基督教的"中去掉愤慨的可能吧，或者从罪的宽恕中废弃掉带着恐惧的良心搏斗（按照路德的出色解说，这整个教义就是要导向这一点[48]）吧，并且尽可能早地关闭掉那些教堂或者将它们改造成全日开放的娱乐场所吧[49]，越早越好。

但是，在人们以这样的方式通过去掉愤慨的可能而使得整个世界基督教化的同时，不断地会有奇怪的事情发生：世界对真正的基督徒感到愤慨。这里愤慨就出现了，无论如何，它的可能与"那基督教的"是不可分的。只是混淆则比任何时候都更可悲；因为世界曾经对基督教愤慨，——在这之中是有着其意义的；但现在世界获得这样的自欺，以为自己是基督教的，以为自己吸收摄取着基督教而并不感觉到任何与愤慨的可能有关的东西，——然后却对真正的基督徒感到愤慨。确实，要出离一种这样的幻觉是艰难的。那些迅速的笔和忙碌的舌，有祸了；全部的忙碌，因为它既不知这个也不知那个，所以它如此无限容易地能够同时与这个和那个都达成和谐。

那基督教的世界仍然不断地对真正的基督徒感到愤慨。只是愤慨的激情通常在这里不是那么强烈，以至于要消灭他，不，这只停留在讥讽和嘲笑上。这很容易得到解释。从前在世界自己意识到自己不是基督教的时候，那时有着可为之斗争的东西，那时是生死搏斗。但是现在，在世界骄傲而镇静地确认了自己是基督教的时候，于是，这真正的基督徒的夸张当然就至多只配让人去嘲笑一下。这混淆比在基督教的最初时期的混淆更可悲。在世界与基督教作生死搏斗的时候，那是可悲的，但在那之中有着意义；但现在世界在对于"自己是基督教的"的意识中崇高的从容，它的，如果人们愿意这样说，一小点廉价的讥嘲，这才是几乎临近于疯狂的东西。基督教在它的最初阶段从来没有以这样一种方式成为讥嘲的对象。

这样，如果在这基督教的世界里有一个人想要追求大致地去履行"去驻留在相互所亏欠的爱之债务中"的义务，那么他就会被引到那最终的麻烦之中并且要去与世界的反对作斗争。唉，世界就是这样很少或者从不想到上帝；因此，任何生命，如果其最本质的和最固执的想法恰恰是关于上帝的想法，关于"（从神圣的角度理解）危险是在哪里"以及关于"什么是对一个人的要求"的想法，那么这生命必定就会被这个世界误

V 我们的"去驻留在相互所亏欠的爱之债务中"的义务

解。因此，关于真正的基督徒，基督教的世界在这方面会说："他放弃了他自己；甚至在他很明显地受到不公正对待的时候，他好像都几乎是一个在请求赦免的人。"世界会觉得在他这里基督教地（因为世界就是基督教的）缺乏必要的基督教的硬心肠，——这种必要的基督教的硬心肠通常会忙于强调自己的正当性、谈论自己的重要性、以恶报恶或者带着骄傲的意识行善。这世界根本感觉不到，一个这样的人对自己的生活有着完全另一种尺度，一方面一切通过这另一种尺度能够完全很简单地得到解释，另一方面借助于世界的尺度来解说则无疑变得完全毫无意义。然而，既然世界对于这一尺度（上帝之关系）的存在其实毫无所知并且不想有所知，那么，它除了把一个这样的人的行为说成是古怪之外就无法做出别的解释，——因为世界自以为自己作为基督世界是最清楚地知道什么是基督教，它自然永远也不会想到这"古怪"就是"基督教性"。一个人毫不利己，这是古怪的；他不反击别人的羞辱谩骂，这是古怪的；他赦免自己的敌人并且几乎是害怕自己没有为自己的敌人做出足够多的事情，这是古怪而没面子的；他总是到达错误的地方，而从不在可以让人看上去是勇敢、高贵、毫不利己的地方出现，这是古怪的；如果我们自己通过"去是这世界"而确定作为基督徒就是在此生和彼世都拥有真实的东西和极乐至福，那么，上面所描述的行为就是古怪的、做作的、半痴愚的，简言之，是可供人做笑料的。关于"上帝之关系是存在的"，除了至多有一个很遥远的大欢庆的观念之外，世界根本就没有别的观念，更不用说及这关系在日常之中要决定一个人的生活，——正因此，这世界才必定会做出这样的论断。对于一个这样的人的生活、对于其苦难和对于其至福而言的那种无形律法，对这个世界来说是根本不存在的；ergo（拉丁语：因此），就算是最温和地说，它也必定会将这样的一种生活解说为古怪，正如我们会把这样的一个人的行为解说为疯狂，如果他不断地在自己周围找着一只我们任何别人都无法看见的鸟，或者如果他按一种音乐的旋律跳舞而这种音乐是任何别人即使是带着最诚实的意愿都不可能听见的，或者如果他通过自己走路表达出他因为有某种看不见的东西挡着而走到路外面去了。这也确实是疯狂；因为一只鸟，如果它确实是在场的，就不可能是无形地在场的，同样一种真实的音乐不可能是听不见的，而一个人的路上的一种真正障碍，如果它能够迫使一个人走到路外去，则不可能会是无形的；但上帝只能够让人看不见听不见地在场[50]，因此，"世界看不见他"并不能证明什么东西。

　　让我通过一个简单的比喻来说明这个关系，我常常使用这个比喻，尽管是以不同的方式使用[51]，——它是如此富有成效、富于教益并且意义深远。在一个受到了严格教养的孩子与一些顽皮或者有点顽皮的孩子们在一起的时候，他不想在他们各种顽皮行为中参与他们，而他们自己（至少是他们中大部分）则并不把这些顽皮行为看成是顽皮行为；这样，那些顽皮的孩子们除了说这孩子必定是一个古怪的傻孩子之外不知道怎样做出别的解释；他们不会注意到，这关系可以以另一种方式得到解释：这得到了严格教养的孩子，不管他在哪里，他都在自己身上带着父母的尺度，什么是他敢做的，什么是他不敢做的。假如人们看得见父母是在场的，并且那些顽皮的孩子们因此能够看见这父母，他们就会更好地明白这孩子，尤其是，如果这孩子看上去对于"不得不遵从父母的禁止"也不是很高兴，因为这也是很明显的，这孩子更愿意与那些顽皮孩子那样，并且我们很容易认识到，是的，很容易看出，那阻止着这孩子的东西是什么。但是，在父母不在场时，那些顽皮的孩子就不理解这得到严格教养的孩子。于是他们就想：要么这孩子根本就不像我们其他孩子一样地喜欢玩，而这当然是傻而且古怪的；要么他也许是想玩的，却不敢，但为什么不敢呢，父母又不在场，这样，他还是傻而且古怪的。因此，他们以这样的方式来论断这受到了严格教养的孩子，我们绝不能将之直接称作是那些有点顽皮的孩子们的幸灾乐祸或者恶意，哦，不，以他们的方式看，甚至他们认为他们这样说还是有着相当的善意的。他们不理解这受到了严格教养的孩子，他们自己觉得他们的顽皮很好，因此他们想要让他参与他们成为一个果敢的男孩——如同那些别的孩子。这个比喻很容易就能被用上。世界根本无法让自己获得这一想法（它也确实没有）：一个基督徒不会有着与世界所具的欲望和激情相同的欲望和激情。但是如果他有着这同样的欲望和激情，那么世界就更不明白：为什么他出自对于一个无形者的畏惧，傻得足以想要去压抑那些按世界的概念看是无辜而许可的欲望，而且，按世界的概念，甚至"去追寻这些欲望就是一种义务"，为什么他要压抑那按世界的说法不仅是无辜而且是值得赞美的自爱，为什么他要抑制那在世界看来不仅仅是自然的而且也是作为一个男人和一个男人的荣誉的标志的愤怒，为什么他要这样以一种双重的方式来使得自己不幸：首先是通过"不去让欲望得到满足"，然后是通过"作为对此的酬报被世界嘲笑"。

V 我们的"去驻留在相互所亏欠的爱之债务中"的义务

我们很容易看出，自我拒绝在这里被很恰当地标示了出来：它有着双重标记。正因为这就是如此，因为这是完全正确的：如果一个人想要严肃地照它去做，他就会进入双重的危险，正因此我们才说，这是基督徒们的义务：去驻留在相互所亏欠的爱之债务中。

注释：

1 [《罗马书》13：8。凡事都不可亏欠人，惟有彼此相爱，要常以为亏欠。]引自《罗马书》（13：8）。保罗在之中谈论爱作为律法之圆满。

2 不幸的爱，就是说，一相情愿的爱（单相思）、失恋、"失去了爱人"的各种形式，等等。

3 [古代的那个淳朴智者说过，"爱是丰富和贫乏的儿子"]指向柏拉图《会饮篇》之中苏格拉底重述狄奥提玛关于厄若斯的双重本性的神话故事（柏拉图《会饮篇》203b—204c）。为了庆祝阿弗洛狄忒的出生，诸神设宴，珀尼阿（贫乏）到宴会上来乞讨。她看见喝醉了的波若斯（丰富、智慧和美）在花园里睡觉，她就上去与之交合，怀孕生出厄若斯。因此厄若斯不是一个依据于自身完美的神，而是一个要通过不断追求"那完美的"来克服其不完美的"精灵"。

4 [斯基令]硬币单位，尤其是在1813—1873年。在1813年国家银行破产后所发行的钱币是：一国家银行币有六马克，一马克又有十六斯基令（skilling）。在1873年的硬币改革后，克朗取代了国家银行币，而沃耳取代了斯基令（一国家银行币等于二克朗kroner，一斯基令等于二沃耳 øre），在1840年10块国家银行币相当于一个手工匠人一年工资的二十分之一。400国家银行币的年收入可以养活一家人。《爱的作为》在当时的价格是2国家银行币88斯基令。

5 [有一个贵族曾这样说关于爱："它拿走一切并且它给予一切。"]这一条来源无法考证。

6 [窃贼……无法偷盗的财宝]指向《马太福音》（6：19—21）耶稣在登山宝训中所说的："不要为自己积攒财宝在地上，地上有虫子咬，能锈坏，也有贼挖窟窿来偷。只要积攒财宝在天上，天上没有虫子咬，不能锈坏，也没有贼挖窟窿来偷。因为你的财宝在那里，你的心也在那里。"

7 [左手从不知右手在做什么]指向《马太福音》（6：3）。

8 [谈论那些不用悔改的义人]指向《路加福音》（15：7），在之中耶稣谈论关于迷失的羔羊时说："我告诉你们，一个罪人悔改，在天上也要这样为他欢喜，较比为九十九个不用悔改的义人，欢喜更大。"

9 [基督是道路]指向《约翰福音》（14：6），之中耶稣说："耶稣说，我就是道路，真理，生命。若不藉着我。没有人能到父那里去。"

215

10 ［圣者们的石头］指向丹麦俗语："谁找到智者们的石头。"在传说中也叫哲人之石，能用来把一般金属变成黄金，或者炼宝治病等。安徒生有一篇童话就叫《圣者的石头》。

文献：nr. 2564 i N. F. S. Grundtvigs, *Danske Ordsprog og Mundheld*，s. 98；sml. E. Mau, *Dansk Ordsprogs – Skat* bd. 2, s. 357.

11 ［失去"瞬间"就是变成"瞬间性的"］这句陈述和前后的段落蕴含了克尔凯郭尔对"瞬间"概念作为一种精神定性的特别含义。这定性标示了这样一个点，时间和永恒在这点上相互触摸，并且永恒在这个点上渗透进时间作为"时间之充实"（参看《加拉太书》4：4）。在这一理解中，"瞬间"不是"时间之原子"，亦即，就像是在"变成瞬间性的"之中那样的是直接的片刻性时间段，相反，"永恒之原子"，参看《概念"恐惧"》第三章进入第一节之前的文字。也参看《哲学片段》第一章 B b）。

12 ［让"那有限的"来作为交往和比较的糟糕伙伴］在"糟糕伙伴"的意义之中可能也有着一种对黑格尔的术语"die schlechteUnendlichkeit（坏的无限）"的调侃。关于"坏的无限"，比如说，可参看商务印书馆1966年版的《逻辑学》（杨一之译）："这种坏的无限性，本身就与那种长久的应当同一的东西，它诚然是有限物的否定，但是它不能够真正从有限物那里解放自己。"（第二章 实有，第141页）

13 ［完美性的连接］暗示《歌罗西书》（3：14）："在这一切之外，要存着爱心。爱心就是联络全德的。"

14 ［试探者］如果直接按字面翻译，是"引诱者"。因为新约中耶稣在旷野里受引诱时描述魔鬼的用词是"那试探人的"，所以译作"试探者"。见《马太福音》（4：3）。

15 ［热情者对试探者说，"带着你的比较退去吧"］指向《马太福音》，魔鬼在荒漠里试图引诱耶稣，但耶稣说："撒但退去吧。"

16 ［"在路上也不要问人的安"（《路加福音》10：4）］引自《路加福音》（10：4），在之中耶稣差遣七十二人说："不要带钱囊，不要带口袋，不要带鞋。在路上也不要问人的安。"

17 ［最危险的相识］可能是在暗示性地指向书名《危险关系》。《危险关系》（*Les Liaisons dangereuses*）一本著名的法文书信体小说，最初于1782年发表，作者是皮埃尔·肖代洛·德拉克洛（Pierre Choderlos de Laclos）。

18 ］"比较诱惑了我"］也许是指向《创世记》（3：13）："耶和华神对女人说，你作的是什么事呢。女人说，那蛇引诱我，我就吃了。"

19 ［消耗性病症里隐藏的虫，它不会死去］消耗性病症，比如说肺结核这一类病症。"隐藏的虫，它不会死去"，参看《马可福音》（9：48）：在地狱里，"在那里虫是不死的，火是不灭的"。

V 我们的"去驻留在相互所亏欠的爱之债务中"的义务

20 [**本性力量**] 在人的本性之中的特别的、强大的和原始的精神力量。

21 [**庆典中的花环**] 花环一方面是庆典的标志,一方面是普通的装饰。

22 [**使得这一切完美化的花环!**] 指新娘所戴的花环。

23 [**上帝是爱**] 参看《约翰一书》(4:7—8,16)。

24 [**凡事都不可亏欠人,惟有彼此相爱,要常以为亏欠。**] 引自《罗马书》(13:8)。保罗在之中谈论爱作为律法之圆满。

25 [**"凡人所当得的,就给他。当得粮的,给他纳粮。当得税的,给他上税。当惧怕的,惧怕他。当恭敬的,恭敬他。"**] 引自《罗马书》(13:7)。保罗在之中谈论与政府的关系。

26 [**"及时地记得,如果你去做这个或者努力要那样做,那么你在世界里的情形就会很糟。"**] 指向《约翰福音》(15:18—21):"世人若恨你们,你们知道(或作该知道)恨你们以先,已经恨我了。你们若属世界,世界必爱属自己的。只因你们不属世界。乃是我从世界拣选了你们,所以世界就恨你们。你们要记念我从前对你们所说的话,仆人不能大于主人。他们若逼迫了我,也要逼迫你们。若遵守了我的话,也要遵守你们的话。但他们因我的名,要向你们行这一切的事,因为他们不认识那差我来的。"

27 [**"那善的"有其酬报**] 这种表述可以在《加拉太书》(6:9)之中看到:"我们行善,不可丧志。若不灰心,到了时候,就要收成。"

28 [**使徒约翰在说(《约翰一书》3:13)"不要以此为希奇"**] 对《约翰一书》(3:13)的随意引用。原句是:"弟兄们,世人若恨你们,不要以为希奇。"

29 [**去照样行**] 指向《路加福音》(10:37):"耶稣说,你去照样行吧。"

30 译者对这一句进行了改写,如果直译,应当是:

也许这言说者会觉得这就像是在自己打自己雄辩的嘴巴,如果他,在已经以各种最赞赏的并且如此特别幸运地挑选出的用词和表达来赞美了"那善的"并且因此而使得听者尽可能趋近,乃至在今天就要去照样行的情况下,也许他会觉得这就像是自己在打自己嘴巴,是的,这对于他极品的雄辩杰作给人的印象来说实在是太不幸了,如果他随后要加上诸如这样的荐词:"那善的"将获得仇恨、鄙视和迫害作为酬报。

31 [**"他已经拿走了他的酬报"**] 指向《马太福音》(6:2):"我实在告诉你们,他们已经得了他们的赏赐。"

32 [**一个异教徒在自己的死亡之时赞叹自己是幸福的**] 见前面的对"只要一个人还活着,就不能说他是幸福的"的注脚。

33 [**正如在永恒之中它……将终止作为好斗的**] 暗示了拉丁语表达"ecclesia-militans"(好斗的教会),在过去的神学之中标示了与在基督再现之前教会所处的环境的斗争;只有在基督重来的时候,教会才会胜利,ecclesiatriumphans(战胜的教会)。

217

34 ［古代的神父们就是在这样的意义上说：异教的美德是灿烂的罪恶］见前面关于"异教文化的美德是灿烂的罪恶"的注脚。

35 ［一个基督教的见证者］一种真正的信仰者，圣徒。

36 ［冒犯和痴愚］如果按圣经的汉译，就是"绊脚石"和"愚拙"，见《歌林多前书》（1：22—24）。之中保罗写道："在犹太人为绊脚石，在外邦人为愚拙。"

37 Forargelsen：愤慨、在道德感情上感到被冒犯。

38 基督……预言：他们为他的缘故会受人憎恨……杀他们的人会认为是在侍奉上帝］指向耶稣在《约翰福音》（15：18—21）中谈论世界的恨："世人若恨你们，你们知道（或作该知道）恨你们以先，已经恨我了。你们若属世界，世界必爱属自己的。只因你们不属世界。乃是我从世界拣选了你们，所以世界就恨你们。你们要记念我从前对你们所说的话，仆人不能大于主人。他们若逼迫了我，也要逼迫你们。若遵守了我的话，也要遵守你们的话。但他们因我的名，要向你们行这一切的事，因为他们不认识那差我来的。"然后在（16：2）："人要把你们赶出会堂。并且时候将到，凡杀你们的，就以为是事奉神。"

39 Forargelsen：冒犯、在道德感情上引发出的愤慨。

40 ［那些与尘世女人们结婚的堕落天使］在一个草稿中（Pap. VIII 2 B 41，5），克尔凯郭尔加了一个括号："在《创世记》中。"参看《创世记》（6：1—2）："当人在世上多起来，又生女儿的时候，神的儿子们看见人的女子美貌，就随意挑选，娶来为妻。"

41 ［进入了你和你的关系］进入了相互称"你"，而不是称"您"的关系，进入了相互间亲密的关系。

42 ［那个关于"被施了一百年魔法的宫殿"的童话］也许是指向格林童话《睡美人》。

Jf.《Dornröschen》（nr. 50）i *Kinder – und Haus – Märchen*，udg. af J. L. K. og W. K. Grimm，bd. 1 – 3，2. udg.，Berlin 1819 – 1822 ［1812］，ktl. 1425 – 1427；bd. 1，s. 249 – 253.

43 ［护教学］在 19 世纪初，基督教的护教学（apologetik）得以更新，作为所谓的"辩论法"的对立面，它在方法论上安排相关的材料来为基督教的宗教的特别本质。

文献：jf. Fr. Schleiermachers fremstilling i *KurzeDarstellung des theologischen Studiums*（1. udg.，Berlin 1811，2. udg. Berlin 1830）og K. H. Sacks i *ChristlicheApologetik*（Hamborg 1829，ktl. 755）.

44 ［愤慨在人身上出现这人有祸了］指向《马太福音》（18：7）中耶稣对"跌倒"的警告："这世界有祸了，因为将人绊倒。绊倒人的事是免不了的，但那绊倒人的有祸了。"在圣经中，"愤慨/冒犯"被译作"绊倒"。

Ⅴ 我们的"去驻留在相互所亏欠的爱之债务中"的义务

45 [信仰的奥秘] 参看《提摩太前书》(3：9)。

46 [他有祸了，如果他以为自己这样做是在侍奉上帝和基督教] 指向《约翰福音》(16：2)。

47 [所有这些不信的管事……为基督教和他们自己赢得朋友] 指向《路加福音》(16：1—9)："耶稣又对门徒说，有一个财主的管家。别人向他主人告他浪费主人的财物。主人叫他来，对他说，我听见这事怎么样呢。把你所经管的交代明白。因你不能再作我的管家。那管家心里说，主人辞我，不用我再作管家，我将来作什么。锄地呢，无力。讨饭呢，怕羞。我知道怎么行，好叫人在我不作管家之后，接我到他们家里去。于是把欠主人债的，一个一个的叫了来，问头一个说，你欠我主人多少。他说，一百篓油，每篓约五十斤。管家说，拿你的账快坐下写五十。又问一个说，你欠多少。他说，一百石麦子。管家说，拿你的账写八十。主人就夸奖这不义的管家作事聪明。因为今世之子，在世事之上，较比光明之子，更加聪明。我又告诉你们，要籍着那不义的钱财，结交朋友。到了钱财无用的时候，他们可以接你们到永存的帐幕里去。"

48 [按照路德的出色解说，这整个教义就是要导向这一点] 可参看比如说路德在降临节第一个礼拜日对福音书的解说。
文献：Se endvidere artiklen 《Gewissen》 i *Geist ausLuther'sSchriften oder Concordanz*, udg. af F. W. Lomler, G. F. Lucius, J. Rust, L. Sackreuter og E. Zimmermann, bd. 1 – 4, Darmstadt 1828 – 31, ktl. 317 – 320；bd. 2, 1829, s. 327 – 346. Se journaloptegnelsen NB：79 (1846), i *SKS* 20, 69.

49 [关闭掉那些教堂或者将它们改造成全日开放的娱乐场所] 在日记（1846）中克尔凯郭尔写道："废弃掉带着恐惧的良心然后你也关闭掉那些教堂并且将它们改造成舞厅。"

50 [上帝只能够让人看不见听不见地在场] 比如说，可参看《巴勒的教学书》。第一章"论上帝及其性质"第三段"圣经中关于上帝及其性质的内容" § 1："上帝是一种精神，或者说一种无形的生灵，有着理智和自由意志，但没有身体，不是由任何部分构成。因此他无法被肉体的眼睛看见，也无法以任何图片标示。"但书中没有说及上帝的"不可被听见"。

51 [我常常使用这个比喻，尽管是以不同的方式使用] 参看前面的"基督教知道什么是'去行动'，什么是'能够继续不断地以行动去专注于爱'。那对爱的单纯人性的解读景仰爱，并且因此很容易就会出现一种停滞，一些什么事情都不做的瞬间，一些闲置的瞬间，这就是狂热的瞬间。爱对于单纯人性解读的观念就像那有着非凡天资的孩子对于单纯的父母：这孩子如此迅速地完成了任务，乃至父母到最后不知道他们应当想出一些什么事情来使得这孩子不闲下来"。和"就像小孩子外出与陌生人混在一起时的情形：这孩子按着他所受到的教养去做。然而，不管陌生人们是否对

219

这孩子有好感，不管这孩子觉得自己行为是不是比别的孩子们更得体，得到了严肃的教养的孩子绝不会忘记，审判是在家里，父母会在家里对他做出评判。然而教养并不建立在'这孩子要待在家里和父母在一起'的考虑上，相反，它所考虑的正是：这孩子要外出到大千世界中去。基督教所理解的爱的情形就是如此"。

也比较第二系列之中："一个小孩子能够欺骗自己的父母吗？不，这孩子欺骗他自己；这只是一种表象（就是说，一种欺骗），一种目光短浅的幻觉，对于这孩子以及对于不具备比这孩子所具的更高理解力的人来说，这看起来似乎是孩子欺骗父母，唉，在本质上，这其实是这可怜的孩子在欺骗自己啊。我们可以理性地假设，父母相对于这孩子在智慧和认识上有着一种这样的优越，因此在对这孩子真正的爱上也有着这样的优越，只有傻瓜才会很糟糕地将之理解为爱自己，'欺骗父母'就会是发生在一个孩子身上的最大不幸，如果这不是这孩子自己的错的话。然而这样一来，其实被欺骗的不是父母，而相反是这孩子，'孩子欺骗父母'只是一种表象（一种欺骗）；在幼稚和痴愚的理解中是这样，'孩子欺骗了父母'，但是因此这不是真的，因为这只在'幼稚和痴愚的理解中'是真的。在另一方面，如果我们看见一个父亲或者母亲，相对于这孩子他们没有那关于'优越'的真正的、严肃的、关怀着的观念，那种依据于'真正带着永恒的责任为孩子的最好处着想'的观念，这难道不是一个可怜而令人厌憎的景象吗；如果我们看见一个父亲或者母亲，他们因此而会陷进与孩子的不恰当的口角、因自己的缘故而被惹烦或者惹恼，这难道不是一个可怜而令人厌憎的景象吗，因为这父亲或者母亲孩子气地有着这样一种'是孩子欺骗了他们'的痴愚看法！这样一种父母与孩子间的关系是不恰当的，是的，几乎是疯狂的，如果'打孩子'就要意味着'与孩子打架'，这样地把所有尊严、庄重、权威上的优越都置于一边，这根本就是在单纯地证明：父亲或者母亲在身理的意义上是最强者。"

"如果一个人要帮助一个小孩子去完成一个非常巨大的任务，他会怎么办？是的，他并不把整个任务一次性地全部布置给这孩子，因为，如果一次性给孩子的话，那么这孩子就会绝望并放弃希望；他每次都给这孩子布置一小点，但一直总是这样多，不会让这孩子在任何瞬间停下来，就仿佛是结束了，也不会多得让孩子无法承受。这是教养过程中的善意欺骗；它其实是隐瞒了一些东西；如果这孩子被骗了，那么，这就是因为这教养者是一个人，他无法为下一瞬间给出保障。"

"在一个小孩子整天和陌生人在一起并且想着要回家但又害怕一个人走路并且因此而想要尽可能长久地逗留的时候，他就会对那也许想要早走的年长者说，'等我'；于是年长者就按小孩子所请求的去做。……唉，也许要等待的时间变得如此之长以至于那年长者对小孩子说'不，我现在不能够继续再等着你了'。"

"这样，在一个人类教育者一次有许多孩子要教养的时候，他是怎么做的呢？他自然不会有时间来进行这许多言谈和训诫和喋喋不休，如果有时间的话，因为许多言

V 我们的"去驻留在相互所亏欠的爱之债务中"的义务

谈这教育也会变得很糟糕；不，能干的教育者更愿意借助于眼睛来进行教育。他把那单个的孩子的目光拿走，就是说，他强迫这孩子在一切事情上看着他。……但是那受教育的孩子，很容易会让自己以为，那与伙伴们的关系，他们构成的小小世界，是现实，相反那教育者以自己的目光教他知道，所有这些都被用来教育孩子。"

爱 的 作 为

一些基督教的审思以讲演的形式写出

索伦·克尔凯郭尔　著

第二系列[1]

目　　录

前言 ………………………………………………………………（227）
I　爱陶冶 ………………………………………………………（229）
II　爱凡事相信——但却从不被欺骗 …………………………（247）
III　爱凡事盼望——但却从不至于羞耻 ………………………（268）
IV　爱不求自己的益处 …………………………………………（287）
V　爱遮掩许多的罪 ……………………………………………（304）
VI　爱常存 ………………………………………………………（324）
VII　慈悲，爱的一种作为，哪怕是在它什么都无法给出
　　 并且什么都做不了的时候 …………………………………（340）
VIII　和解性在爱之中的胜利，它赢得那被战胜的人 …………（356）
IX　爱的作为：怀念一个死者 …………………………………（370）
X　爱的作为：赞美崇尚爱 ……………………………………（384）

前　言[2]

　　这些基督教的审思是在许多审思之后所得的果实，它们按理是将会缓慢却又轻易地让人领会的，而如果有人通过匆忙草率而寻求新奇的阅读方式来使得它们成为对他自己来说是很难懂的东西，那么，它们无疑也可以变得非常艰难。"那个单个的人"，他首先自己审思他自己是想要阅读还是不想要阅读；如果他选择了阅读，那么他就充满深情地审思，在"艰难"与"轻易"被慎重地放上天平的时候，这两者间的关系是否正确，这样，"那基督教的"就不会因为把艰难性或者轻易性弄得过大而被以错误的比重介绍出来。

　　因此，这是"基督教的审思"，并非关于"爱"，而是关于各种"爱的作为"。

　　这是各种"爱的作为"，这里并不是说，仿佛所有爱的作为就在这里全都被计算在内并且被描述了，哦，差得远了；这里甚至也没有这样的意思，仿佛那单个的被描述的作为就在这里一了百了地得到了完全的描述，上帝知道，绝非如此！如果一样东西在本质上是有着永不枯竭的财富，那么，这东西，甚至就其最小的作为而言，它也是在本质上无法描述的，之所以如此，恰恰是因为在本质上它是在一切之中完全在场的，并且在本质上是无法描述的。

S. K.

注释：

1　[**系列**] 见对第一系列的注脚。

2　[**前言**] 这个前言与第一系列的前言是完全一样的。参看对第一系列前言的注脚。

I 爱陶冶

歌林多前书 8：1。唯有爱心能造就人。[1]

所有人类的说辞，哪怕是《圣经》关于"那精神的"的神圣说词就其本质而言也是比喻性的说辞，而这个是完全合理或者符合事理或者符合生存之理，既然一个人，哪怕他从出生的瞬间起就是精神，却要到后来才自己意识到自己是作为精神，这样，他在事先就感官—灵魂地把某一个段落先付诸了行动。但这一最初的段落在精神醒来的时候不应当被扔开，正如精神的苏醒以一种感官的或者感官—灵魂的方式展示出来，作为"那感官的"和"那感官—灵魂的"的对立面。这最初的部分恰恰就由精神接手拿过去，以这样一种方式被使用、以这样一种方式被置于根本：它成为了被用来做比喻的东西。因此，在某种意义上，"精神的人"和"感官—灵魂的人"说着同样的东西，却有着一种无限的差异，因为后者感觉不出比喻言词的秘密，而他还是使用这言词，但不是作为比喻。在这两者之间有着一个世界的差异，一方面，这一个做出了过渡或者让自己被带往彼岸，而另一方面那一个则仍停留在此岸，然而，在他们之间则还是有着那联系着他们的东西，他们两者都使用同样的言辞。如果一个人，他身上的精神是醒着的，那么他并不因此就离开这有形的世界，他仍然还是持恒的，尽管意识到精神，处在有形的世界里并且自己也在感官的意义上是有形的；他在语言中的情形也是如此，只是他的语言是比喻的语言，但比喻的言辞不是一些崭新的言辞，相反它们是已经给定了的言辞。正如精神是无形的，它的语言也是一种秘密，秘密的根本恰恰是在于：它与小孩子和纯朴的人一样使用同样的言辞，但比喻地使用，由此精神拒绝让自己去作为"那感官的"或"那感官—灵魂的"，但不是以"那感官的"或"那感官—灵魂的"去拒绝它。这差异绝不是一个"引人注目"的差异。正因此我们合理地将"夸耀引人注目的差异"作为伪精神性的标志，这种夸耀恰恰就是感官性；而相反，精神的本质则是被比喻之物宁静低语的秘密——是给有耳可听的人的[2]。

圣经常常使用的各种比喻表达之中的一个，或者说，圣经以比喻的方式使用得最频繁的言辞中的一个，就是：去陶冶[3]。而这已经是有着陶冶性了：去看圣经是如何毫无厌倦地使用这个词，它又是怎样不去故作聪明地追求多变和新用词而相反保持着精神的真实本质以同样的言辞来更新思想，光是看看这个就已经很有陶冶性了。这是的，正是如此具有陶冶性：去看圣经是怎样使用简单的言辞标示出了那至高的东西，并且是以最真挚的方式。这几乎就像那个以少量储备为人众供食的奇迹：只有少量的食物在手头，但是通过祝福马上变得足够并且还有相当丰盈的剩余[4]。这是的，这有着陶冶性，如果有人成功地通过谦卑地满足于《圣经》的言辞、通过感恩而真挚地去吸收那从神父们那里传下来的东西并且与这旧有的熟识建立一种新的相识关系[5]，而不是忙于去做出各种新的发现并且让这些新发现去抑制那旧有的东西。就像小孩子一样，无疑，我们常常玩着陌生游戏[6]：确实，从精神上理解，能够继续这一严肃地陶冶的玩笑，与这旧有的熟识玩陌生游戏，这恰恰正是严肃。

陶冶是一个比喻的表述，然而我们现在，在思想中带着这一精神之秘密，则要看：这个词在直接的说话之中标示着什么。陶冶/向上建起（At opbygge）[7]是由"构建"（at bygge）加上后缀副词"起"（op）构成的，这强调必须在于后者。每一个陶冶者都构建，但不是每一个构建者都陶冶。比如说，如果一个人为自己的房子构建出一排侧房，那么我们不会说他向上建起（opbygge）一排侧房，我们说他加建。于是，这个"起"（op）看来是在给出一个高度上的方向，向上的方向。然而事情却也不是如此。如果一个人在一幢有三十阿棱[8]的楼上再建上十阿棱高，那么我们还是不会说他建起更高的十阿棱，我们说他加建。在这里，这个词的意味就已经变得值得我们注意了；因为我们看得出，这里的事情也不在于高度。相反，如果一个人建起一幢楼，尽管低而且小，却是从地基上建起，这时我们就说他向上建起一幢房子。于是，"建起/陶冶"（at opbygge）就是从地基上建设出某种有高度的东西。这一"起"（op）固然是给出了"高度"的方向；但是只有在高度反过来也是深度的时候，我们说"建起/陶冶"（at opbygge）。因此，如果一个人在高度上并且从地基上建起，深度却并不真正地对应上深度，那么我们固然会说，他在"建起/陶冶"

（at opbygge），但他"建起/陶冶"（at opbygge）得很糟糕，相反我们对"构建得很糟糕"则有着某种别的理解。这样，相对于"建起/陶冶"（at opbygge），强调特别是在于：从根本上构建。我们肯定不会把在地基里构建称作"建起/陶冶"（at opbygge），我们不说建起（at opbygge）一口井；然而，如果要谈论"建起/陶冶"（at opbygge），那么，不管这楼房会有多么高多么低，这工作必须是从根本上做起。因此我们能够这样说及一个人：他开始去建起一幢房子，但他没有完成。相反，说及一个在高度上为楼房加建了很多却不是从根本上建起的人，我们绝不可能说：他"建起/陶冶"（at opbygge）。多么奇怪啊！"建起/陶冶"（at opbygge）这个词中的这"起"（op）给出高度，但反过来又把高度作为深度给出；因为"建起/陶冶"（at opbygge）是从根本上构建起。因此圣经也说及那糊涂人，他"没有根基地构建"；而关于那听着属于真正陶冶的言辞或者听从圣经的言辞的人、那听着这些言辞并且照着做的人，关于这个人则是这样说的：他像一个人盖房子，深深的挖地（《路加福音》6：48）。因此在大水冲过来风暴敲打这牢固地建起的房子时，这时我们就全都因为看见这一陶冶的景象而高兴：风暴无法动摇它[9]。值得称赞的是，一个人在他开始之前先考虑"他能把塔楼盖得多高"[10]，但是如果他要建起（opbygge），那么让他最终去认真地挖地吧；因为，哪怕这塔楼，如果有这个可能，升起高过云霄[11]，但是如果它是没有地基的话，那么它就其实并没有被建起。完全没有地基地建起（at opbygge）是不可能的，因为这就是在空气中构建。因此人们在语言上说得很对，说是构建空中楼阁；人们不说建起空中楼阁，这说法会是一种不谨慎而错误的语言用法。因为即使是在对无谓的东西的表达之中也必定是有着一种介于各单个词句间的一致性，而这种一致性并不存在于"在空中"和"建起"（at opbygge）之间，因为前者是去掉地基而后者则是指向这一"从地基起"；因此这两者的结合就会是一种不真实的夸张。

在直接的说法中"建起"（at opbygge）这一表达的情形就是如此；而现在我们要提醒的是，这是一个比喻的表述，并且过渡到这审思的对象：

爱陶冶（opbygger）

但是这"陶冶"（at opbygge），从精神上理解，对于爱是不是一个如

231

此有特征的谓词以至于它适合并且只适合于爱呢？本来对于一个谓词来说可以是这样的：有着诸多对象，它们都同样地（或者哪怕是在不同的程度上）全有着对同一个谓词的要求权。如果"陶冶"（at opbygge）的情形是如此，那么，这审思所做的事情，相对于爱如此特别地强调这个谓词的特征性，就会是不正确的；这就会是一次误解的尝试，试图把一种僭妄强加于爱，就仿佛爱要独占或者擅自挪用它与他者们分享的东西，而爱则恰恰很愿意去与他者们分享，因为它"不求自己的益处"（《歌林多前书》13∶5）。然而，这确实是如此：这"陶冶"（at opbygge）完全的是爱的特征性的属性；而在另一方面，这一性质陶冶性地有着这种特性：它能够投身于一切——正如爱的情形。因此，我们看见，爱在它的这一特征性质之中并不使自己隐蔽起来，也不在与他者的共处之中强调任何独立性和自为之在[12]，而是完全地奉献出自己；那特征性的元素恰恰就是：它纯然地有着"完全奉献出自己"的性质。没有任何东西，彻底不会有任何东西，是不能够被以这样一种方式做出或者说出，以至于它变得有陶冶性，而如果它是陶冶性的，那么不管它是什么，爱总是在场于之中。因此，恰恰就在爱自己承认"给出特定规则"的艰难的地方，诫言就是"做一切都当陶冶"[13]。这话也完全可以被说成是"在爱中做一切"，并且这表达了完全同样的东西。这一个人能够做出与那另一个人正相反的事情，但是，如果他们各自都是在爱之中做这相反的事情，那么这相反的事情就成为陶冶性的。在语言之中没有什么词句是自作自为地有着陶冶性，并且，只要爱是在场的，那么在语言中没有任何词句是无法被陶冶地说出或者无法变得具有陶冶性的。因此，事情绝对不是这样：这"陶冶"（at opbygge）要成为某些有天赋的人的优点，就像知识和写作才华和美貌以及其他诸如此类（唉，这正是缺乏爱心而引起纷争的谬误）。恰恰相反，每一个人通过自己的生活和生计、通过自己在日常事务之中的行为、通过自己与平常人的交往、通过自己的言辞和自己的表白应当并且能够陶冶，并且，如果爱确实地是在他的身上的话，他会想要去陶冶。

我们自己也留意到这一点，因为我们在最广的范围之中使用"陶冶性的"这个词；但我们也许并没有向我们自己阐明的地方则是：只有在所有爱在场的地方，我们才能够使用它。然而正确的语言用法是这个：小心地不去使用这个词，除非爱是在场的，并且通过这一限定再一次使它的范围变得无限，因为一切都可以是陶冶性的，在同样的意义上就像爱可以在一切地方在场。比如说，在我们看见一个单身的人借助于值得称赞的节俭精打细算地以很少的资源生活下去的时候，于是我们就称誉和赞美他，我们为之欣悦，我们因这一景象而在"那善的"之中得以强化，但我们在根本上不会说这是一种陶冶性的景象。相反，在我们看见一个要照料很多人的家庭主妇怎样借助于节俭和特定的精打细算怀着爱心知道如何去将祝福置于一小点资源之中以至于这资源变得对所有人都足够[14]，这时，我们说，这是一种陶冶性的景象。这陶冶性的地方在于，在我们看见我们所称誉的节俭和精打细算的同时，我们看见了一个家庭主妇带有爱心的照料。反过来我们说，如果我们看见一个人以一种方式在丰富之中受饿[15]却仍根本不为他人留下任何东西，那么，这就是一种很少有陶冶性、一种阴沉的景象。我们说，这是一种令人震惊的景象，我们厌恶他的奢侈，我们因为对穷奢极欲之可怕报复——"在丰富之受饿"的想象而颤栗；但是，在我们说，这几乎没有什么陶冶性的时候，"我们想要寻找爱的最少一丁点表达也是徒劳"这个事实已经使得我们做出了判断。

如果我们看见一个人数众多的家庭被包装进一套小小的公寓房间之中，但我们仍看见这家人住在一套舒适、友善、有着空间的公寓房间中，那么，我们说，这是一种陶冶性的景象，因为我们看见这种爱，它必定是在那些单个的人们身上并且是在每一个单个的人身上，既然假如只要有一个不具爱心的人就足以占据掉所有地方，我们这样说，因为我们看见：在有着心灵空间的地方就会真正地出现空间。相反，如果我们看见一个不安的精灵住在大宫殿里，宫殿有着许多大厅，但它无法在任何一个大厅里找到安宁，也还是无法腾出或者不占用最小的小间，那么，我们就知道，这之中就几乎没有陶冶的性质了。

当然，又有什么东西不是以这样的方式而具陶冶性呢？当然我们不会去想"看一个人睡觉"会是具有陶冶性的。然而，如果你看见孩子在母亲的乳旁睡着，你看见母亲的爱，看见她就好像是等待着并且终于用上到了这一瞬间，这时孩子睡着，她终于把这一瞬间用于真正地去乐在其中，因为她几乎不敢让这孩子感觉到她是在多么难以形容的程度上爱着他；于是，这就是一种陶冶性的景象。如果这母亲的爱不是有形的，如果你想在她的脸上和表情之中发现母爱对孩子的喜悦或者关怀的一丁点表露都只是徒劳，如果你只是看见懒散和无所谓——只要这孩子不来麻烦就很高兴，那么，这景象就也不是陶冶性的。仅仅只看这孩子独自睡觉，是一种友好的、一种慈善的、一种令人心静的景象,但它不是陶冶性的。如果你还是想要将之称作是陶冶性的,那么,这就是因为你仍还是看见爱的在场,那么,这就是因为你看见了上帝的爱萦绕着这孩子。看伟大的艺术家完成自己的杰作,这是辉煌而崇高的景象,但这不是陶冶性的。假定这一杰作是奇迹之作,现在,如果这艺术家出于对一个人的爱而将之打碎,那么这一景象也会是陶冶性的。

在任何地方,只要有着"那陶冶性的",就会有爱,在任何地方,只要有着爱,就会有"那陶冶性的"。因此保罗说,一个人没有爱,尽管他说着人类和天使的语言,却也依旧像鸣的锣、响的钹一般[16]。又有什么东西是比响的钹更不具陶冶性的呢!世俗的事情,不管它有多么荣耀多么声势浩大,它都是没有爱的,并且因此而不具备陶冶性;带着爱的或者在爱之中的最微不足道的言辞、最渺小的作为都具备陶冶性。因此,知识自高自大[17]。然而,知识和知识的讯息也可以是有陶冶性的;但如果它是陶冶性的,那么这就是因为有着爱。颂扬自身看来是不怎么具有陶冶性,但这也可以是有着陶冶性的;保罗有时候不也是这样颂扬自身吗[18],但他是在爱之中这样做,因此,正如他自己所说:是为了陶冶[19]。因此,那关于"能够是具有陶冶性的东西"的谈论,它就会是所有谈话之中最无穷尽的谈话,因为一切都可以是这谈论的内容;它会是最无穷尽的谈话,唉,正如它是能够向世界做出的最悲惨的指控:人们所看见和听见的陶冶性的东西是如此之少。就是说,"看见财富"是否罕有的事情,不会在事实上构成什么区别;我们无疑也更愿意看普通的福利。现在,"看见杰作"是否罕有的事情,在某种意义上不会在事实上构成什么区别,在这方面,对大多数人来说,这在事实上也没有什么区别。"那陶冶性的"的情形则不一样。在每一个瞬间都有无数的人众活着,每个人所做的一切,每个人所说的一切,都有可能是有陶冶性的:唉,然而,看见或者听见什么有陶冶性的东西,却是那么稀罕的事情!

爱陶冶。让我们考虑一下在引言里所论述的东西[20],借助于这些东西,我们马上就保证了,这说法不会因为选择一种无法完成的任务而进入迷途,因为一切都可以是具有陶冶性的。"陶冶"(at opbygge)就是从根本上建起什么东西。在关于一幢房子、一栋楼的普通说法中,每一个人都知道,地基和基础是怎么回事。但是现在,从精神的角度理解,精神的地基和基础(这地基和基础要承受这建筑),又会是什么呢?这恰恰是爱;

I 爱陶冶

爱是一切之渊源，从精神的角度理解，爱是精神生命的最深根基。在每一个心中有着爱的人身上，从精神的意义上理解，都有着这地基。从精神的意义上理解，这要建起的楼房则又还是爱；并且这进行陶冶（opbygger）的是爱。爱陶冶，而这就是说：它陶冶出爱。这任务就是这样地被限定了下来；这说法并不在"那单个的"和"那多样的"之中扩散开，并不困惑地去开始某件"完全武断地使它不得不在某个地方中断以求获得一个终结"的事情，不，它专注地把精神集中在那本质的东西上，集中在那在所有丰富多样的东西之中唯一相同的东西上，这话题自始至终是关于爱，恰恰因为"陶冶"（at opbygge）是爱的最特殊的定性。爱是根本，爱是建筑物，爱陶冶。"陶冶"（at opbygge）就是陶冶出（建起）爱，而那进行陶冶的，则是爱。有时候我们确实是在一种更为一般的意义上谈论"陶冶"（at opbygge），与那种只想摧毁的败坏相反，或者说，与那种只能够摧毁和裂解的困惑相反，我们谈论说那能干的人陶冶，那知道怎样去统治和领导的人，那知道怎样去从根本上教授自己的专业的人，那在自己的艺术之中是大师的人。每一个这样的人，都是在陶冶，而不是在摧毁。但是，所有这陶冶，在知识上的，在认识上的，在技能上的，在正直人格上的，等等，只要它不是在陶冶爱，那么它在最深刻的意义上就不是陶冶。这是因为，在精神上说，爱是根本，"陶冶"（at opbygge）就是从根本上建起。

于是，如果我们所谈论的就是爱的这一作为："陶冶"（at opbygge），那么，这必定是要么意味了有爱心的人把爱埋进另一个人的心中，要么意味了有爱心的人预设了这样的前提：爱在另一个人的心中，并且正是通过这一前提，他心中的爱从根本上陶冶起来，既然他带着爱心在根本上预设了爱。两个部分中的一个必定是"陶冶"（at opbygge）。但是现在我们看，难道一个人真的能够把爱埋进另一个人的心中吗？不，这是一种超人的关系，一种在人与人之间无法想象的关系，在这样的意义上，人的爱无法陶冶。那把爱埋进每个人心中的必定是上帝，造物主，那个"他自己就是爱"的人[21]。因此，如果有人自负地以为自己想要并且能够在另一个人身上创造出爱的话，那么，这恰恰就是不具爱心并且绝没有陶冶性；所有这方面的忙碌而自负的热忱一方面是没有在陶冶爱，另一方面自己也不具陶冶性。这样，"陶冶"（at opbygge）的第一种关系就是不可思议的，这样我们就必须去考虑第二种关系。这样我们就赢得了一个"什么是

'爱陶冶'"的解说，在这之上我们将要做出详述：有爱心的人预设了这样的前提：爱在另一个人的心中，并且正是通过这一前提，他心中的爱从根本上陶冶起来，既然他带着爱心在根本上预设了爱。

然而我们所谈论的话题却不可能是：这有爱心的人，如果他想要陶冶，他要做什么来改造那另一个人，或者来将爱强制到那人身上；这话题是：这有爱心的人怎样陶冶性地驾驭自己。看，去考虑"这有爱心的人通过驾驭自己来陶冶"，这就已经是带有陶冶性的了。只有那不具爱心的人才会自欺地以为"应当通过驾驭那另一个人"来陶冶；有爱心的人不断地预设出这前提——"爱是在场的"，并恰恰通过这前提来进行陶冶。一个工匠并不把他要用来造房子的石头和沙看作是什么重要的东西，一个教师预设学生是无知的，一个管教所的管教预设另一个人是被败坏了的；但是那有爱心的人，他陶冶，他只有一种做法，就是预设爱，而进一步要做的事情只能继续不断的是：不断地驾驭住自己，去预设爱。以这样的方式，他把"那善的"引诱出来，他爱出爱来[22]，他陶冶。因为爱能够并且只会以一种方式被对待，通过"被爱出来"；将它爱出来就是陶冶。但是，去将它爱出来，这恰恰预设了，它在根本中是在场的。做工匠、做教师、做管教之所以诱人，因为这看上去是在驾驭其他人或者东西；但是像爱所做的那样，去陶冶，无法诱人，因为这恰恰就是去做服务者；因为只有爱愿意去陶冶，因为它甘愿去服务。

工匠能够指着自己的工作说"这是我的作品"，教师能够指着自己的学生这样说：那是，那陶冶着的爱，它没有什么东西可指，因为它的工作恰恰只是由"去预设"构成。去考虑这个则又是如此地具有陶冶性。设想一下，那有爱心的人成功地在另一个人身上陶冶出爱，这时，就在建筑物矗立在那里的时候，那有爱心的人出离自身站在一边，局促不安地，他说："我一直就预设了这个。"唉，这有爱心的人根本就没有任何功绩（Fortjeneste）。建筑物并没有变得像是工匠之技艺的纪念碑，或者像学生那样成为对教师之教授的回忆；那有爱心的人就是什么都没有做，他只是预设了：爱在根本之中。这有爱心的人如此安静而庄重地工作着，而永恒的力量则在运动之中；谦卑的，爱恰恰在它工作得最多的时候使得自己不被注意，自然，它的工作就仿佛是它根本什么都没做。唉，对于忙碌和世俗来说，这是最大的痴愚：这"在某种意义根本什么都没做"会是那最艰难的工作。然而事情确实如此。因为，驾驭自己的意念比攻克一座城更

I 爱陶冶

艰难[23]，而像爱所做的"去陶冶"，则比建造出最惊人的杰作更艰难。如果相对于自身而言，驾驭自己的意念是艰难的，那么，相对于别人而言去完全地将自己弄成乌有而又做出一切并承受一切，这又会是多么艰难啊！如果说，在一般的情况下，没有预设前提条件地开始，是艰难的[24]，那么，确确实实，最艰难的事情是带着这"爱是在场的"的前提开始陶冶，并且终结于这同一个前提；这样一来就是一个人在事先的全部工作都几乎是被弄成了乌有，就是说，这是因为预设的前提条件首要的就是自我拒绝，或者说，这工匠是隐蔽的，就像乌有。因此我们只能够拿这一爱之陶冶与大自然在隐秘之中所做的工作来做比较。在人睡觉的同时，自然的各种力量不管在白天还是在黑夜都不睡觉[25]；没有人会去想，这是怎样持续下去的，而所有人都欣悦于原野的美好和田地的肥沃。爱就是这样做的；它预设了，爱是在场的，就像谷粒中的芽，并且它成功地将之引入成长的过程，于是爱隐藏起自己，就仿佛它在它早晚工作的同时是隐蔽的。然而，这就是在自然中的"那陶冶性的"：你看见所有这美好，而在你开始去想这神奇的事实——"你根本看不见那带来这一切的东西"的时候，这时，它就以一种陶冶的方式抓住你。如果你能够以感官的肉眼看见上帝[26]，如果他，我敢这样说，站在一旁说"是我带来了这一切"，那么，"那陶冶性的"就消失了。

爱通过预设"爱是在场的"来陶冶。以这样的方式，一个有爱心的人陶冶另一个有爱心的人，在这里，要在它明显地在场的地方预设它，这是很容易的。唉，但是在某些人身上爱从不曾完全地在场，在这样的情况下，自然就有可能去做某些除了"预设它"之外的其他事情，去发现它所具的某些错误和脆弱。而如果有人，不具爱心地，发现了这些错误和脆弱，那么，他也许就会，如人们所说，拿走它们，拿走这刺[27]，以便真正地陶冶爱。然而爱陶冶。爱多的人，对于他来说，被赦免的事情多[28]；而那有爱心的人所预设的爱越是完美，他所爱出的爱就越完美。在全世界的关系中，没有任何一种关系是如此地以等量对等量（Lige for Lige）的，在这关系中，那作为结果的东西恰恰就准确地对应于那被预设的东西。我们不作反驳，我们不诉诸于经验，因为，随便地设定一个日子说在这天我们将看见什么样的结果会出现，这恰恰是不具爱心的。这样的事情是爱所不想去知道的，爱永恒地确信预设前提条件之实现；如果不是这样的话，那么，爱就是处在了枯竭的过程中。

237

爱通过预设"爱在根本之中在场"来陶冶，因此，爱就也在"从人性角度说爱看来是不在场"的地方、在"从人性角度说首先是有必要去摧毁"的地方进行着陶冶，当然，不是为了欲望的缘故，而是为了拯救的缘故。"陶冶"（at opbygge）的对立面是"摧毁"（at nedrive）。这一对立在任何时候都不会比在我们谈论"爱陶冶"的时候更清楚地显现出来；因为，在任何其他谈论陶冶的关联上，这陶冶总是与摧毁有着相像的地方：这是在对另一个人做着一些什么。但是，在有爱心的人进行陶冶的时候，这恰恰是摧毁的反面，因为这有爱心的人是在对自己做着一些什么：他预设了"爱在另一个人的身上在场"，这恰恰是"对另一个人做着一些什么"的反面。"摧毁"只是太容易地满足感官性的人；在"对另一个人做着一些什么"的意义上的陶冶只能够满足那感官性的人；而通过战胜自己来陶冶，则只是在满足爱。然而这却是陶冶的唯一方式。但在善意的热忱中，为了摧毁和陶冶，人们忘记了：在最终没有任何人能够把爱的根本埋进另一个人的心中。

看，在这里恰恰显示出，爱所实践的建设技艺，也就是在使徒保罗（《歌林多前书》13）的信中备受赞美的段落中有所描述[29]的那种建设技艺，有多么艰难；因为在那之中所说的关于爱的东西，恰恰就是"这爱在陶冶（at opbygge）上是怎么做的"的进一步定性。"爱是恒久忍耐"[30]，它通过这样的方式陶冶；因为恒久忍耐恰恰就是"预设爱仍是在根本之中的"中的耐性。那论断的人，尽管这慢慢地发生[31]，那论断另一个人缺少爱的人，他拿掉了地基——他无法陶冶，但是爱通过恒久忍耐来陶冶。因此"爱是不嫉妒"[32]，也不"计算别人的恶"[33]，因为"嫉妒"和"计算恶"否认在另一个人身上的爱，并且通过这种否认就（如果可能的话）腐蚀掉了地基。相反，陶冶着的爱则承受着另一个人的误解，他的不知感恩，他的愤怒，这已经是够多的东西要承受了，爱怎么又能够再去"嫉妒"和"计算恶"！世上的事情就是这样地被分配的：那"嫉妒"和"计算恶"的人，他就不承受另一个人的担子[34]，而那有爱心的人，不嫉妒也不计算恶，他承受这些担子。每个人承受自己的担子，嫉妒的人和有爱心的人，他们在某种意义上都成为烈士，因为，就像一个虔诚的人说过：嫉妒的人也是一个烈士——但是魔鬼的烈士[35]。"爱不求自己的益处"[36]，因此它陶冶。因为那求自己的益处的人，他必定把所有其他事情推到一边，他必定去摧毁以求为他所想要陶冶的自己的益处找到位置。但是爱预设了"爱在根本之中在场",因此它陶冶。"爱不喜欢不义"[37],但是那想要摧毁的人,或者说,那想要通过"有必要摧毁"的意见来使自己变得重要的人,他必定可以说是喜欢不义——否则的话就没有什么可摧毁的东西了。相反爱因预设"爱在根本之中在场"而喜欢,因此它陶冶。"爱凡事包容"[38],因为,什么是凡事包容,凡事包容就是最终在一切之中还是找到那被预设在根本中的爱。如果我们说一个有着非常强劲的体质的人,他相对于吃喝能够包容一切,那么我们就是在说,他的健康甚至在那不健康的东西之中都能汲取营养(正如病者甚至因健康的食物而受害),我们是在说,他的健康从那看起来最没有营养的东西中获得营养。爱以这样的方式凡事包容,不断地预设着"爱在根本之中还是在场的"——并且通过凡事包容来陶冶爱。"爱凡事相信"[39],因为凡事相信恰恰就是:尽管看不见"爱是在场的",甚至尽管所看见的是相反的事实,仍然去预设"爱在根本之中还是在场的",甚至是在迷途者身上,甚至是在败坏者身上,甚至是在那最可恨的人身上,也是如此。不信任正是通过预设"爱不在场"来拿走地基,因此不信任无法陶冶。"爱凡事盼望"[40],但是,凡事希望,这正是:尽管看不见[41],甚至尽管所看见的是相反的事实,仍然去预设"爱在根本之中还是在场的",去预设"它必定是会显现出来的",在步入歧途者身上、在迷途者身上,甚至在迷失者身上。看,那迷失的儿子的父亲[42]也许是唯一的一个不知道自己有着一个迷失的儿子的人,因为父亲的爱凡事希望。他兄长马上就知道他毫无希望地迷失了。但是爱陶冶;父亲重新赢得了迷失的儿子,正因为凡事希望的他预设"爱在根本之中是在场的"。尽管儿子进入迷途,从父亲这一边没有任何断绝(断绝恰恰是陶冶的对立面),他凡事希望,因此他真正地通过自己的父性的原宥在进行陶冶,正因为儿子完全活生生地感受到父亲的爱相对于他进行了包容而不放弃他,所以才不曾有任何断绝。"爱凡事忍耐。"[43]因为凡事忍耐恰恰就是预设"爱在根本之中是在场的"。在我们说"母亲忍耐孩子的所有顽皮"时,难道我们就此是在说,她作为女人来看是在忍耐地承受邪恶吗?不,我们是在说某种别的东西:她作为母亲一直不断地记着,这是孩子,并且因此而不断地预设着:这孩子还是爱她的,并且这必定会显现出来。否则的话,我们则也谈论关于忍耐之心怎样凡事忍耐[44],而不是爱怎样凡事忍耐。忍耐之心凡事忍耐并且沉默,而如果母亲是以这样的方式在忍耐孩子的顽皮,那么我们其实就是以此在说,母亲和孩子相互倒是成了陌生人。但是爱凡事忍耐，忍耐地沉默——但在所有的沉默之中预设了"爱到底还是在另一个人身上在场的"。

爱就是这样陶冶着。"爱是不自夸[45]。爱不张狂[46]。爱不轻易发怒[47]。"它不在这样的意义上的自夸：它要在另一个人身上创造爱；它不是愤愤然而张狂地，没有耐性地，几乎是毫无希望地忙于那它首先要摧毁然后再要陶冶的东西。不，它不断地预设"爱在根本之中是在场的"。因此，看着爱陶冶，这无条件的是陶冶的景象，一种甚至让天使得以陶冶的景象，并且这因此无条件的是最具陶冶性的，如果一个人成功地以一种正确的方式谈论"爱怎样陶冶"的话。有着许许多多友好的景象，慈善的景象，迷人的景象，吸引人的景象，崇高的景象，引人入胜的景象，具有说服力的景象以及诸如此类；但是陶冶性的景象只有一个：看爱陶冶。因此，不管你在世上看见了什么样的可怕或者可憎之事，是的，因为这种事情会摧毁你的勇气和信心，会给予你对生活的反感和对生活下去的厌恶，所以你希望能够忘却这种事情，不管怎样，你要考虑到爱是怎样陶冶的，你被陶冶了去生活。有那么多不同的对象可谈论，但只有一种陶冶性的：爱如何陶冶。因此，不管有什么事情会发生在你身上，哪怕是如此苦涩以至于你会希望自己从来不曾出生并且越早越好地湮灭在死寂之中[48]，不管怎样，你要考虑到爱是怎样陶冶的，你会再次被陶冶了去说话。只有一个陶冶性的景象，并且，只有一种陶冶性的对象；然而一切都能够被说成和做成陶冶性的，因为在一切有着"那陶冶性的"的地方都有着爱，在一切有着爱的地方都有着"那陶冶性的"，并且，一旦爱在场，它就陶冶。

爱通过预设"爱是在场的"来陶冶。你自己不曾经历过这个吗，我的听众？如果曾有过什么人以这样的方式对你说话，或者以这样的方式对待你，让你由此而真正觉得受到了陶冶，那么，这是因为，你确实活生生地感觉到了他是怎样预设了"爱在你身上存在"的。或者，你想象一下那真正能够陶冶你的人会是什么样的人呢？难道不是这样吗，你会希望他有着洞见和知识和天赋和经验，然而你却不会认为这是决定性的方面；相反，决定性的方面在于他是一个可靠的有爱心的人，亦即，确实的一个有爱心的人。因此，你认为，对于陶冶，决定和本质的方面是在于在这样一种程度上有爱心或者有着爱，以至于一个人能够觉得这是可以信靠的。但是，爱又到底是什么呢？爱是预设爱；具有爱就是在别人那里预设爱，有爱心就是预设别人是有爱心的。让我们相互明白吧。一个人能够具备的各种品质，必定要么是他为自己而具的品质，尽管他针对别人来使用它们，要么就是为他人而具的品质。智慧是一种为自己而在的品质，权力、天赋和知识等同样也是为自己而在的品质。有智慧不会意味了预设别人有智慧，相反如果一个真正有智慧的人认定"绝非所有人都是智慧的"，那么，这倒可以是非常智慧而真实的。确实，因为"有智慧的"是一种自为的品质，在思想之中没有什么东西可以妨碍你去认定：可能会有一个这样的智慧者活着或者曾经活着，他认定所有别人都是没有智慧的。在这种想法（有智慧并且认定所有别人没有智慧）之中没有任何矛盾。在生活的现实之中，这样的一种表达会是傲慢，但是在这单纯的思想本身中则没有任何矛盾。相反，如果一个人想要认为，他是有爱心的，但也认为所有别人是没有爱心的，那么我们就要说：不，停下，这里在这想法本身之中有着一种矛盾；因为，"有爱心"恰恰就是认定，预设，其他人是有爱心的。爱不是一种自为的品质，而是一种"通过它或者在它之中你是为他人"的品质。在日常的谈话中，在我们要列举出一个人的各种品质时，我们确实会说：他有智慧、明智、有爱心——我们并不察觉在最后的这个品质和前面的品质之间有着怎样的差异。他的智慧，他的经验丰富，他的明智是他为自己而具有的，尽管他用它们来做出有利于别人的事情；然而，如果他确实是有爱心的，那么这就并不（像是他有着智慧那样地）是他有着爱，而"预设我们其他人有着爱"恰恰就是他的爱。你赞美他是有爱心的人，你认为这是他所具的一种品质，正如这也确实是他的品质，你因他而觉得受到陶冶，正因为他是有爱心的，你却并不察觉，这说明的是：他的爱意味了"他预设你身上有爱"，而正是通过这个你受到陶冶，正是通过这个你身上的爱被陶冶出来。如果事情确实是"一个人能够有爱心但这并不表明是在别人身上预设爱"，那么你也就不会在最深刻的意义上感觉到你得到了陶冶，不管这"他有爱心"是多么可信，你不会在最深刻的意义上觉得你受到了陶冶，正如你在最深刻的意义上不会觉得你受到了陶冶，不管"他有智慧、明智、经验丰富、博学"是多么可信的事实。如果有这个可能，他在事实上能够有爱心但这并不表明是在别人身上预设爱，那么你就也不能完全地信靠他，因为有爱心的人身上的可信靠性恰恰就是：就算是在你自己对自己存疑、不确定你自己身上到底有没有爱的时候，他有着足够的爱心来预设你身上的爱，或者更确切地说他是那预设这爱的有爱心者。

但是你就是这样要求的：一个人要真正地去陶冶，他就必须真正地有爱心。而现在则显示出，"有爱心"意味着：在他人身上预设爱。那么你就是在说着与这讲演所阐述的完全相同的东西。

这样，这审思就又回到了它的初始。陶冶就是预设爱，有爱心就是预设爱；只有爱陶冶。因为陶冶是从根本上建起什么东西，但是，在精神上，爱是一切的根本。没有人能够在另一个人的心中埋下爱的根本，然而，爱却是根本，并且你只能从根本上出发进行陶冶，因此你就只能够通过预设爱来进行陶冶。把爱拿走，那么就没有什么陶冶的人，也没有什么被陶冶的人。

注释：

1　[**歌林多前书8：1。唯有爱心能造就人**。] 引自《歌林多前书》（8：1）："论到祭偶像之物，我们晓得我们都有知识。但知识是叫人自高自大，唯有爱心能造就人。"中文圣经之中（丹麦文译为：opbygger）译作"造就"的，如果不是直接对圣经引用的话，在丹麦文关联中，我译作"陶冶"。

2　[**是给有耳可听的人的**] 指向耶稣讲完一个比喻时常用的说法，可见《马太福音》（11：15）："有耳可听的，就应当听。"也可参看《马太福音》（13：9）、《马太福音》（4：9）、《马可福音》（8：8）和《路加福音》（14：35）。

3　[**圣经常常使用……去陶冶**] 在圣经中出现的这个词，在中文版中以各种不同的汉译词出现，比如说，"建立德行"《罗马书》（14：19）、（15：2），"造就"《歌林多前书》（8：1）、（14：3）、（14：12）、（14：26）、《歌林多后书》（10：8）、（12：19）、（13：10）、《以弗所书》（4：29）、《犹大书》（1：20），"建造"《歌罗西书》（2：7）、《彼得前书》（2：5），"建立"《帖撒罗尼迦前书》（5：11）。

4　[**那个以少量储备为人众供食的奇迹……丰盈的剩余**] 指耶稣在沙漠中为五千人供食的故事。《马太福音》（14：13—21）："耶稣听见了，就上船从那里独自退到野地里去。众人听见，就从各城里步行跟随他。耶稣出来，见有许多的人，就怜悯他们，治好了他们的病人。天将晚的时候，门徒进前来说，这是野地，时候已经过了。请叫众人散开，他们好往村子里去，自己买吃的。耶稣说，不用他们去，你们给他们吃吧。门徒说，我们这里只有五个饼，两条鱼。耶稣说，拿过来给我。于是吩咐众人坐在草地上。就拿着这五个饼，两条鱼，望着天，祝福，擘开饼，递给门徒。门徒又递给众人。他们都吃，并且吃饱了。把剩下的零碎收拾起来，装满了十二个篮子。吃的人，除了妇女孩子，约有五千。"另外也可参看《马太福音》（8：1—10）。

5　[**通过感恩而真挚地去……与这旧有的熟识建立一种新的相识关系**] 指向《终结中的非科学后记》（1846）中"最初和最终的解说"中的终结语，在之中，克

I 爱陶冶

尔凯郭尔这样描述自己的工作："想要独自再一次尽可能以一种真挚的方式把那些个体的人性的存在关系的原始文本、那旧有的熟识的、从神父们那里传下来的东西通读一遍。"

6　[**玩着陌生人游戏**] 小孩子的游戏，参与者之中有一个要假扮一个人物，其他人要猜这个人是谁。

7　在丹麦语中，"陶冶"（opbygge）是"向上建起"（opbygge）的转义。

8　阿棱，丹麦语 alen。1 alen = 0.6277 米。三十阿棱就是十九米不到一点的高度。

9　[**因此圣经也说及那糊涂人……风暴无法动摇它**] 见《路加福音》（6：46—49）："你们为什么称呼我主阿，主阿，却不遵我的话行呢。凡到我这里来，听见我的话就去行的，我要告诉你们他像什么人。他像一个人盖房子，深深的挖地，把根基安在磐石上。到发大水的时候，水冲那房子，房子总不能摇动。因为根基立在磐石上。有古卷作因为盖造得好惟有听见不去行的，就像一个人在土地上盖房子，没有根基。水一冲，随即倒塌了，并且那房子坏得很大。"

10　[**"他能把塔楼盖得多高"**] 指向《路加福音》（14：28—30）："你们那一个要盖一座楼，不先坐下算计花费，能盖成不能呢。恐怕安了地基，不能成功，看见的人都笑话他，说，这个人开了工，却不能完工。"

11　[**这塔楼，如果有这个可能，升起高过云霄**] 暗示巴别塔。见《创世记》（11：1—9）。

12　[**自为之在**] 根据黑格尔的"自为之在"（fürsich—Sein）这是指一种为自己的在，对立于"为他者之在"。在后面克尔凯郭尔对之有自己的定义。

13　[**"做一切都当陶冶"**] 指向《歌林多前书》（14：26），在之中保罗说："弟兄们，这却怎么样呢。你们聚会的时候，各人或有诗歌，或有教训，或有启示，或有方言，或有翻出来的话。凡事都当造就人。"

14　[**将祝福置于一小点资源之中以至于这资源变得对所有人都足够**] 见前面的关于耶稣在荒漠中为五千人供食的注脚。

15　[**丰富之中受饿**] 就是说，尽管自己有着极大财富，却因为挑剔而仍然挨饿。

16　[**保罗说，一个人没有爱……也依旧像鸣的锣、响的钹一般**] 指向《歌林多前书》（13：1）中的爱歌。

17　[**知识自高自大**] 指向《歌林多前书》（8：1）。

18　[**保罗有时候不也是这样颂扬自身吗**] 指向《歌林多后书》（11：29—30），之中保罗写道："有谁软弱，我不软弱呢，有谁跌倒，我不焦急呢。我若必须自夸，就夸那关乎我软弱的事便了。"也比较《歌林多后书》（12：5）。

19　[**正如他自己所说：是为了陶冶**] 保罗在多处谈论陶冶，谈论"为陶冶"而

243

做一切；这里也许是指向《歌林多后书》（12：19），保罗写道："你们到如今，还想我们是向你们分诉。我们本是在基督里当神面前说话。亲爱的弟兄阿，一切的事，都是为造就你们。"这之中"造就"亦即"陶冶"。

20　[**在引言里所论述的东西**]　见"爱陶冶"这一讲演的前三页。

21　[**那个他自己就是爱的人**]　见《约翰福音》（4：7—8）和（4：16）。

22　"爱出爱来"，之中的第一个"爱"是动词，第二个是名词。也可以说"把爱爱出来"（而在这说法中，则第一个"爱"是名词，第二个是动词）。

23　[**驾驭自己的意念比攻克一座城更艰难**]　参看《箴言》（16：32）："治服己心的，强如取城。"

24　[**如果说，在一般的情况下，没有预设前提条件地开始，是艰难的**]　见前面的关于"像那些高飞的思想家们那样没有预设地开始"的注脚。

25　[**在人睡觉的同时，自然的各种力量不管在白天还是在黑夜都不睡觉**]　指向耶稣在《马可福音》（4：26—29）中的比喻："神的国，如同人把种撒在地上，黑夜睡觉，白日起来，这种就发芽渐长，那人却不晓得如何这样。地生五谷，是出于自然的。先发苗，后长穗，再后穗上结成饱满的子粒。谷既熟了，就用镰刀去割，因为收成的时候到了。"

26　[**以感官的肉眼看见上帝**]　见《巴勒的教学书》。第一章"论上帝及其性质"第三段"圣经中关于上帝及其性质的内容"§1："上帝是一种精神，或者说一种无形的生灵，有着理智和自由意志，但没有身体，不是由任何部分构成。因此他无法被肉体的眼睛看见，也无法以任何图片标示。"

27　[**拿走它们，拿走这刺**]　指向《马太福音》（7：4）："你自己眼中有梁木，怎能对你弟兄说，容我去掉你眼中的刺呢。"

28　[**爱多的人，对于他来说，被赦免的事情多**]　见《路加福音》（7：47）："所以我告诉你，他许多的罪都赦免了。因为他的爱多。但那赦免少的，他的爱就少。"

29　[**在使徒保罗（《歌林多前书》13）的信中备受赞美的那个段落中有所描述**]　克尔凯郭尔常常指向的爱的赞歌，《歌林多前书》13："我若能说万人的方言，并天使的话语却没有爱，我就成了鸣的锣，响的钹一般。我若有先知讲道之能，也明白各样的奥秘，各样的知识。而且有全备的信，叫我能够移山，却没有爱，我就算不得什么。我若将所有的周济穷人，又舍己身叫人焚烧，却没有爱，仍然与我无益。爱是恒久忍耐，又有恩慈。爱是不嫉妒。爱是不自夸。不张狂。不作害羞的事。不求自己的益处。不轻易发怒。不计算人的恶。不喜欢不义。只喜欢真理。凡事包容。凡事相信。凡事盼望。凡事忍耐。爱是永不止息。先知讲道之能，终必归于无有。说方言之能，终必停止，知识也终必归于无有。我们现在所知道的有限，先知所讲的也有限。等那完全的来到，这有限的必归于无有了。我作孩子的时候，话语像孩子，心思

I 爱陶冶

像孩子，意念像孩子。既成了人，就把孩子的事丢弃了。我们如今仿佛对着镜子观看，模糊不清。到那时，到那时，就要面对面了。我如今所知道的有限。到那时就全知道，如同主知道我一样。如今常存的有信，有望，有爱，这三样，其中最大的是爱。"

30　["爱是恒久忍耐"] 引自《歌林多前书》（13：4）。

31　[尽管这慢慢地发生] 也许是指向《雅各书》（1：19）："我亲爱的弟兄们，这是你们所知道的。但你们各人要快快的听，慢慢的说，慢慢的动怒。"

32　["爱是不嫉妒"] 引自《歌林多前书》（13：4）。

33　["计算别人的恶"] 引自《歌林多前书》（13：5）。

34　[他就不承受另一个人的担子] 指向《加拉太书》（6：2—5）："你们各人的重担要互相担当，如此就完全了基督的律法。人若无有，自己还以为有，就是自欺了。各人应当察验自己的行为，这样，他所夸的就专在自己，不在别人了。因为各人必担当自己的担子。"

35　[一个虔诚的人说过：嫉妒的人也是一个烈士——但是魔鬼的烈士] 指向乌利希·梅格尔勒（Ulrich Megerle，1642—1709），奥地利神父和作家，以修道士名 Abraham a Sancta Clara 知名。克尔凯郭尔所翻译的这句话出自 *Abraham a St. Clara´s Sämmtliche Werke* bd. 1–22, Passau 1835–54, ktl. 294–311; bd. 10, 1836, s. 392：《Der Neidigeistein Martyrer, aber des Teufels》。

36　["爱不求自己的益处"] 引自《歌林多前书》（13：5）。

37　["爱不喜欢不义"] 引自《歌林多前书》（13：6）。"不义"，正常翻译就是"不公正"。

38　["爱凡事包容"] 引自《歌林多前书》（13：7）。

39　["爱凡事相信"] 引自《歌林多前书》（13：7）。

40　["爱凡事盼望"] 引自《歌林多前书》（13：7）。"盼望"，正常翻译就是"希望"。

41　[尽管看不见] 指向《希伯来书》（11：1）："信就是所望之事的实底，是未见之事的确据。"

42　[那个迷失的儿子的父亲] 见前面关于"他就像那个迷失的儿子的父亲"的注脚。

43　["爱凡事忍耐"] 引自《歌林多前书》（13：7）。

44　[忍耐之心怎样凡事忍耐] 戏用成语"忍耐之心克服一切"。

出处可见：nr. 2639 i N. F. S. Grundtvigs Danske Ordsprog og Mundheld, s. 100.

45　["爱是不自夸"] 引自《歌林多前书》（13：4）。

46　["爱不张狂"] 引自《歌林多前书》（13：4）。

47　["爱不轻易发怒"] 引自《歌林多前书》（13：5）。"轻易发怒"，正常翻译就是"生怨恨"。

48 [**希望自己从来不曾出生并且越早越好地湮灭在死寂之中**] 戏用著名的古典希腊文学中的句子"最大的幸福是没有被生出来，其次是在人被生出来之后尽快地死去"（尼采在《悲剧的诞生》之中也用到过，睿智的森林之神西伦以这些言辞来简述其知识："对于人，最好的是'从来不曾出生'，其次好的是'马上死去'。"）。可参看比如说索福克勒斯的悲剧《俄底浦斯在克罗诺斯》中诗句第 1225—1228 句。

德文译本：J. J. Donner *SophoklesTragoedien*, Heidelberg 1839, ktl. 1202, findes sentensen i v. 1217—1220：《Niegeborenzusein, besiegt / Alle Wünsch; und, wofern du lebst, / Ist das Zweite, mit möglichster / Eilezufliehen, woher du kamest》.

II 爱凡事相信——但却从不被欺骗

歌林多前书13：7。爱凡事相信。[1]

"如今常存的有信，有望，有爱，这三样，其中最大的是爱"[2]，这爱因此也是一切的根本，先于一切存在，并且在所有其他都被取消之后仍然存留。因而爱是"这三样"之中"最大的"；但是那在完美性的意义上（又有什么用来做比较的东西是比信仰和希望更完美的呢）是最大者的东西，它必定也能够，如果我敢这样说的话，去让自己做成那些下属的工作并且使这工作变得更完美。在世俗的意义上说，有时候一个人无疑可以是最卓越者而无须在完美性的意义上是最大者，而这一点恰恰就是"那世俗的"的不完美性。事实上是这样：最大者能够做较小者们所能做的事；关于爱，事实上就是这样：它能够让自己去做信仰和希望的作为，并且使这作为变得还要更完美。

现在我们将记着这一点，这样，我们考虑：

爱凡事相信——但却从不被欺骗

我们将首先考虑，我们要怎样去理解"爱凡事相信"，然后，那有爱心者恰恰通过凡事相信能够确保自己不遭受任何欺骗；因为确实，并非每一个凡事相信的人就因此而是有爱心的人，而且，并非每一个凡事相信的人就因此确保自己不遭受任何欺骗——甚至信仰都不可能做到这个，如果它想要凡事相信的话。甚至可以这样说，即使看上去这"确保自己不遭受任何欺骗"对于爱来说是一件好事，它所具的一个优点，但这种考虑其实并不适合于作为在一个关于爱的作为的文本之中的审思对象——然而，但事情并非如此。这"确保自己不遭受任何欺骗"是一种作为，是一个任务，完全地同义于"凡事相信"，这样我们无条件地同样可以说

"爱凡事相信"正如说"爱绝不被欺骗",既然这两者是同一回事;这并非是像通常那样,"去行动"是一回事,而小心不让自己受骗的睿智是另一回事。而且这也不是在睿智的意义上说"爱绝不会受欺骗";因为这样地去爱以至于自己绝不被骗,这在睿智的意义和语言中是人所能做出的最愚蠢和最痴愚的事情,甚至这对于睿智是一种引发出愤慨的冒犯,并因此而真正可让人明辨的是在本质上属于基督教的。

爱凡事相信。——轻率、缺乏经验、天真相信人们所说的一切;虚荣、自欺、沾沾自喜相信人们所说的一切奉承话;妒忌、幸灾乐祸、腐败相信人们所说的一切坏事;猜疑根本不相信任何东西;经验会教导说,人最聪明是不去相信一切:但爱相信一切。

因此猜疑根本不相信任何东西,它做着与爱所做的事情恰恰相反的事情。在一般的情况下,猜疑确实并不为人们所看好,但这既不意味着人们完全一致无条件地厌恶所有的猜疑,也不意味着人们完全一致无条件地赞美凡事相信的爱。奇怪的是,人们也许更倾向于去达成一种协议,也就是,一种在"不太有爱心但却相信某些东西"的猜疑和"不太猜疑但却有某种怀疑"的爱之间有争议的协议。是的,如果一个人真正是想要演示猜疑的敏锐秘密,在一种超自然的数量级上为之装点上睿智、计谋、狡猾的外表,那么它确实也会引诱许多人;也许会有人聪明地让我们明白,这正是他所发现的东西,并且为自己的发现而骄傲。与此相反,凡事相信的爱,就像"那善的"常常遭遇的情形,会看上去非常贫乏,这样,许多人就根本不会有勇气承认自己会希望自己是如此单纯。

那么,猜疑的这种敏锐的秘密是什么呢?它是一种对知识的滥用,一种马上要在一息之间想要把它的"ergo"(拉丁语:所以)与那作为知识完全是正确的、但在人们颠倒过来要依据于那与颠倒一样的不可能的东西(因为人们并不依据于知识而去相信)而去相信的时候变成了某种完全另外的东西的东西联系在一起的滥用[3]。猜疑所说或者所演示的东西其实只是知识;秘密和虚假是在于,它现在马上就把这一知识转换进一种信念,装作什么也没有发生,让人觉得那仿佛是某种根本无须被人留意的事情,"既然每一个有着同样知识的人,必然会以同样的方式来得出结论",因此,就仿佛这是永恒地确定的并且完全被决定了的道理:如果知识是给定的,那么"一个人怎样得出结论"的方式就也是给定的。欺骗是,出自知识的猜疑(因为这里的表象和虚假是:它是依据于知识)依据于猜疑

II 爱凡事相信——但却从不被欺骗

者身上的不信,去推断、去认定、去相信它所推断、认定和相信的东西,而与此同时一个人出自同样的知识,依据于信仰,能够去推断、认定和相信恰恰相反的东西。猜疑说:"欺骗无条件地伸展得像'那真的'一样远,虚假无条件地伸展得像诚实一样远,在'那真的'或者在'那诚实的'、'那正直的'上面没有任何标志。相对于爱的情形也是如此;虚伪和狡猾和诱惑在'欺骗'上伸展得与爱一样远,它们能够如此迷惑人地与那真爱相似,以至于任何无条件的标志都是不存在的,因为随着每一种'那真的'的表达,或者在这里是,随着每一种真爱的表达都会产生出一种欺骗的可能,这欺骗的可能与每一种'那真的'的表达或者说每一种真爱的表达相对应。"事情也正是如此,事情也应当如此。正因为存在要考验"你"、考验"你的"爱,或者测试在你身上是否有爱,正因此它借助于理智来为你将"那真的"和欺骗置于各种相互对立的可能的平衡之中,这样,在"你"现在要做出论断的时候,亦即,在你现在要在"做出论断"中进行选择的时候,那居留在你内心之中的东西就会公开出来[4]。唉,许多人认为,审判[5]是某种存留在坟墓的另一边的东西,这也确实是如此;但是人们忘记了,审判其实就在近得多的地方,它每一瞬间都在发生,因为存在在你生活的每一个瞬间里审判着你,因为这"活着"就是"审判自己",就是被公开。正因此,存在必定是被如此安排的:你不会借助于一种知识的可靠来偷偷地逃避掉"在论断之中或者在'你如何论断'之中公开你自己"。在欺骗和"那真的"被置于各种相互对立的可能的平衡之中时,定论就是这个:现在在你心中是有着猜疑还是有着爱。看,有人说"即使那被显现为是最纯粹的感情,也可以是一种欺骗",那么是啊,这是可能的,这应当是可能的:"ergo(拉丁语:所以)我选择猜疑或者不相信任何东西",这就是,他公开了他的猜疑。让我们把这个结论反过来吧:"真相和虚假无条件地伸展得同样远,因此会有这样的可能:哪怕那显现为是最卑鄙的行为,也可能会是纯粹的爱",那么是啊,这是可能的,这应当是可能的:ergo(拉丁语:所以)我选择爱去相信一切,这就是,他公开了他的爱。一个困惑的人确实认为存在是一种相当混浊的元素:哦,大海不是那么透明!因此,如果有人能够证明,一个人基于欺骗的可能性而根本不应当去相信任何东西,那么,我可以证明,一个人应当相信一切——基于欺骗的可能性。如果有人认为,一个人不应当相信甚至那最好的人,因为还是有可能他是一个欺骗者,那么反过来的情形

249

也同样是真实的：你能够以"那最好的"去信托哪怕是最坏的人，因为还是有这样的可能，他的坏只是一种在表面显现出来的东西。

爱恰恰是猜疑的反面，但它被授予了同样的知识；在知识中，它们是（如果一个人想要这样说）相互没有差异的（知识恰恰就是那在无限的意义上毫无利害关系的东西）；只有在推断和决定之中，在信仰中（"相信一切"和"什么都不信"），它们是相互正相反的东西。就是说，如果爱凡事相信，那么这绝不是与那基于无知和未入门而去相信一切的轻率、缺乏经验、天真有着同样的意义。不，不比任何人缺少知识，它知道猜疑所知的一切，然而却不猜疑，它知道经验所知的东西，但也知道：那被人们称作是经验的东西，其实就是那猜疑与爱的混合。

"在一个人身上能够居有多少隐蔽的东西，或者，有多少东西能够隐蔽地居留着；在隐藏起自己和在欺骗或者躲避他人的方面，隐蔽的内在性（Inderlighed）⁶ 是多么有创造力啊，它最好是希望人们根本不觉得它存在着，羞怯地害怕被看见，就像畏惧死亡一样地害怕被完全公开！难道不是这样吗，一个人从来都不会完全理解另一个人；而如果他不完全地理解这另一个人，那么就不断会有这样的可能，那最无法置疑的东西也还是可能会有一种完全不同的解释，请注意，这是真正的解释，因为固然一种假定能够很好地解释大量的事件并且由此而确定其真实性，但一旦有它所无法解释的事件出现的话，它还是显现为不真实——这样的一个事件或者这一小小的进一步定性甚至在最后一瞬间也还是可能会出现的。也正是因此，所有各种宁静的和在精神的意义上没有激情的观察者们，当然他们肯定是特别明白怎样探研而透视着地去深入进那内在之处，这些人在作判断时恰恰是那么无限谨慎，或者最好是避免做出判断，因为，基于在观察之中获得的丰富信息，他们对隐蔽物的神秘世界有着一种完备的观念，也因为他们作为观察者学会了控制自己的各种激情。只有肤浅的、张狂的、富有激情的人，他们不认识其自我并且自然也因此不知道自己不认识其他人，才会仓促地作判断。有着认识的人，知者，则绝不会这样做。一个没有经验的年轻人，也许在之前从不曾骑过马，他一下子蹦上最先跑过来的一匹马。但是强劲而又老练的骑手，你应当看一下：他是怎样审慎地观察他初次要骑的那匹对他来说还陌生的马，他是多么不确定而小心地进入这过程，他怎样几乎不敢骑上它而是首先让它跑上一段以便弄明白它的脾性；而在另一方面，在多么长的时间里，在那没经验的人早已放弃了之后的很

II 爱凡事相信——但却从不被欺骗

长时间里，他仍然继续尝试着。因为那没有经验的人，他根本不识马，他认为'这一个就像那一个，ergo（拉丁语：所以）我就认识它们全部'；只有骑手有着深入的观念，关于这之中会有着多大的差异，关于一个人怎么会以最不同和最对立的方式弄错一匹马，关于所有的各种特征可以是多么地令人怀疑，因为每一匹马都有着其自身的各种不同。而现在则是人与人之间的差异！多么无限！如果事情不是如此，那么人就是降了格的；因为人相对于动物的优越不仅仅是人们所常提及的那普遍人性的东西[7]，而且也是人们常常会忘记的：在人类之中每一个单个的人都是'那本质地不同的或者特别的'。这一优点其实是人性的优点，是人类相对于各种动物种类的首要优点。是的，如果不是这样，一个人能够诚实地、正直地、有尊严地、敬畏神地在同样的情况下做出与另一个同样也是诚实、正直、有尊严、敬畏神的人所做的事情相反的事情，那么，上帝之关系就并不是在本质上、在其最深刻的意义上存在着。如果一个人能够以一种无条件的真理依据一种普遍给定的尺度去论断每一个人，那么上帝之关系在本质上就被取消了，那么一切就转向了外在，要在异教的国家或者社会生活之中得以完成[8]，那么，'去生活'就变得太容易了，但也极其空虚，那么，那种努力，还有那种恰恰是由上帝之关系在无限误解的艰难冲突之中在一个人身上发展出来的自我深化，就会是既无可能亦无必要的了。"

你能够告诉我是谁说过这话？不，这是一种不可能；这完全是模棱两可的；在知者的品质之中，最猜疑的人和最有爱心的人同样都能够说出这话来。没有什么人说过这话，这是非人所说，这是一种辅音，只有在人格的差异化的气音发送中才成为人的言语，这气音发送通过加上声音而把它说出来。这是知识，知识是非人格的，并且应当被非人格地转达。知识将一切置于可能之中，并且在这样的范围里是处于可能之中的存在之现实之外；首先是借助于 ergo（拉丁语：所以），借助于相信，单个的人才开始自己的生活。但大多数人如此马虎地生活，以至于他们根本感觉不到，他们以某种方式在他们生活的每一分钟里都是依据于 ergo（拉丁语：所以）、依据于一种相信而活着。在知识中是没有决定的；决定，人格之已定性和坚定性首先是在 ergo（拉丁语：所以）之中，在"相信"之中。知识是"模棱两可"[9]的无限艺术或者说是那种无限的模棱两可，它最擅长于把相互对立的不同可能置于平衡之中。能够这样做就是"知着的"，并且，只有那知道怎样在平衡之中转达相互对立的不同可能的人，只有他是在转达知识。转达知识中的决定或者决定中的知识是一种颠倒,它在当今的时代里确实已经变成了颠倒,是的,它是并且继续是颠倒,但是在当今的日子里它已经变成了那真正深刻的"深刻思想的真正深沉"。知识不是猜疑;因为知识是无限地毫无利害的,是在平衡中无限的无利害(Lige‑Gyldighed[10]);只是也不是爱,因为知识是无限地毫无利害的,是在平衡中无限的无利害(Lige‑Gyldighed);知识也不是亵渎,既然它是无限的无利害。猜疑的人和有爱心的人共同都有着知识,既不是猜疑的人因为这知识才是猜疑的人,也不是有爱心的人因为这知识才是有爱心的人。但是,如果一个人身上的知识把各种相互对立的不同可能安置在了平衡之中,并且他应当或者想要做出论断,那么这时,在他就此所相信的东西中显现出他是什么人,显现出他是猜疑的还是有爱心的。只有非常困惑的和只具备半程经验的人[11]认为自己可以依据于知识去论断另一个人。这是由于他们根本就不知道什么是知识,由于他们从来就既不曾花时间和功夫去发展那对于各种可能性的无限而平等的感觉能力,也不曾花时间和功夫借助于"无限的模棱两可"的艺术去解读各种可能性并将它们置于平衡,也不曾花时间和功夫去在透明性之中找到依据。在一类发酵的状态之中,他们对一种特定类型的可能性有着懒散的或者充满激情的偏爱;稍有一点就够了,于是他们就做出论断,并且将之称为"依据于知识作论断",并且,自我满足于"这样地——依据于知识去——相信"(纯粹的矛盾),他们认为这就保证了他们不会出错——错误只是为信[12]保留的(一种新的矛盾)。

听人们表达出对于在"作论断"之中出错的巨大畏惧,这是完全普通的事情;但是,如果你更认真地去听人们所说的东西,唉,他们所说的常常是一种对这"严肃的畏惧"的可悲的误解。看,古代的那个高贵单纯的智者[13],他成为他所成为的人——是的,这在这最好的世界[14]里不是什么大事,他既没有成为大财政家[15]和没有成为高位的国家官员[16];赤贫,被冤落,被讥嘲,被指控,被审判,他成为高贵单纯的智者,但也是罕有者,差不多可以说是唯一真正在自己所明白的东西和自己所不明白的东西之间做出区分的人[17],他成为这样的一个人,正因为他"在一切事物中所最畏惧的是'处于谬误'"[18]。在人们畏惧着在"作判断"中犯错的时候,他们所想着的,难道真的就是这一崇高、这一"崇高之平衡"吗?也许。但是当然也有着这样的可能,有时候这畏惧多少是单方面的。我们人类对

II 爱凡事相信——但却从不被欺骗

"犯错"有着一种自然的畏惧——因把一个人想得太好而犯错。但反过来我们也许并不畏惧"把一个人想得太坏"的谬误，或者至少不是像对前一种"犯错"的畏惧那样。但是这样我们就不是在一切之中最畏惧"处于一种谬误"，这样我们相反是因为有着一种对"某种类型的谬误"的单方面的畏惧而处于一种谬误。把狡猾的人想得太好或者曾经把这狡猾的人想得太好，曾经痴愚到了去相信他的程度，这样的事实冒犯到虚荣和骄傲——因为这是一种聪明和聪明之间的赌赛。一个人对自己恼怒，或者一个人多少还是会觉得（是的，我们这样说，在陶冶性的讲演之中使用一种更庄严、一种更异化的表达，这只会有一小点用处，或者更正确地说这是一种欺骗），"曾被愚弄"是"那么尴尬"。但是，让我们温和地说吧，难道"曾经相信'那恶的'"，或者"在有着'那善的'的地方猜疑地什么都不信"就不让我们觉得是同样地尴尬吗？难道到时候在永恒之中就不会变得比"尴尬"更不堪？就让我们只用上这在世上不断地被使用的词语吧：它在与永恒的关联中看上去真好看！但是，在这里，在这个世界中，"把一个好人往坏处想"则不是"尴尬"的，这是一种傲慢，人们可以用它来以一种轻易的方式摆脱"那善的"，但"把一个坏人往好处想"则是"尴尬的"；因而人们就为自己给出了保障——既然人们是如此畏惧"处于一种谬误"。相反，那有爱心的人则真正是畏惧"处于谬误"，因此他相信一切。

世界以许多方式引诱着，比如说也会通过给出这样一种表象，使得"有爱心地相信一切"看上去是那么狭隘、那么痴愚。但这是一种误解。人们在"爱"上画上一条删除线（唉，而不是强调的下划线！），然后把重心放在那痴愚的"相信一切"上；而不是把全部的重心放在"这相信一切的是爱"上。确实，并不是知识在亵渎一个人，哦，绝不是，知识就像那纯粹的透明，在最完美和最纯粹的时候，正如水的完美就是没有任何味道。公正之侍者[19]并不因为他比罪犯知道更多关于所有各种诡计手段而被亵渎。不，知识并不亵渎一个人，是猜疑在亵渎一个人的知识，正如爱纯化这知识。

相对于"论断另一个人"，知识至多是通往那相互对立的各种可能性的平衡——由此各种差异就在这时被决定的事情中显现出来。圣经警告人们不要作论断，并且加上，"免得你们也会被论断"[20]，于是这看起来就仿佛是一个人有时候能够论断而不被别人论断。但事情不是这样的。在你论断另一个人或者评判另一个人的同一分钟里,你就在论断你自己;因为这"论断另一个人"在最终就只是论断一个人自己,或者说是让自己被公开出来。也许你并不感觉到这个,你没有去留意,存在有多么严肃,它是怎样向你展示所有这许多人简直就是安排好让你去论断,这样,你甚至觉得你是有幸混同于那些得到了不应得的幸运垂青的人们,什么也不是的人们,因此在完全若无其事的状态之中有着去"论断别人"的舒适工作——这样,那有着足够礼貌和严格而不将你视作"什么也不是"的,是你的存在,这样,那论断你的,是你的存在。一个人会是多么急切地想要去论断——如果他知道"去论断"是什么的话,他又会变得多么缓慢!他会是多么贪婪地去捕捉住哪怕最小的一丁点以求得到机会去论断——这是一个捕捉住他自己的机会。通过知识,你只会走向平衡,尤其是在这技艺完美地得以实践的时候;但是结论回到论断者的本质并且使之公开——他是那有爱心的人,因为他得出结论:ergo(拉丁语:所以)我凡事相信。

相反猜疑则有着〔自然不是通过自己的知识,那是无限的无利害 (Lige-Gyldighed),而是通过其自身、通过自己的不信〕对"那恶的"的偏爱。"根本不信任何东西"恰恰是边界,从这边界开始就是相信恶;就是说,"那善的"是"相信"的对象,因此,如果一个人根本不相信任何东西,就开始相信恶。"根本不信任何东西"是"去作为恶"的开始,因为这显示出一个人在自己身上没有任何善,既然"相信"恰恰是人身上的"那善的",它不是随着许多知识而来,也不必因知识量小而缺乏。猜疑无法将知识保持在平衡之中,它亵渎自己的知识,并且因此而去趋近妒忌、幸灾乐祸、腐败,这些相信所有恶的东西。但是现在,如果一个人如此急切地要去论断,去倾诉自己的怨恨、自己对另一个人的有力的或者无力的气忿,却不真正认识到他所论断的东西是什么,那么,事情又会怎样呢;现在,如果他在永恒之中发现并且不得不承认,他所论断的这个人不仅仅是应当得以免责的,而且也是最高贵、最无私、最慷慨的人,那么,事情又会怎样呢?有人说过[21],有一天我们肯定会在永恒之中(唉,但愿我们自己不会被排除在外)带着惊奇发现某个我们如此确定地预期会在那里碰上的人并不在那里;但是难道一个人就不也会带着惊奇在那里看见某个曾被自己立刻排除在外的人,并且,看,他比这人自己要远远好得多,并非仿佛是他后来变得更好,而是恰恰相对于那使得这作论断的人决定去排除他的事情而言。但是那有爱心的人凡事相信。带着惊叹的至福喜悦将在某一天看见,他终究还是对的;如果他在"过多地往好处想"上是错了的话——这"相信善"本身就是一种至福。"有爱心地去相信善"确实不是什么错,而在之后一个人也不会因此而犯错。

于是,"猜疑地什么都不相信"(这与关于"那相互对立的各种可能性的平衡"的知识是完全不同的)与"有爱心地相信一切"不是知识,也不是知识之结论,而是一个选择,一个恰在知识将那相互对立的各种可能性置于平衡之中的时候出现的选择;这选择确实是有着"对别人的论断"的形态,在这选择之中,那作论断者就被公开出来。"轻率、缺乏经验、天真相信一切"是一种认识,这是一种痴愚的认识;有爱心地相信一切是一种依据于爱的选择。

虚荣、自欺、沾沾自喜相信人们所说的一切奉承话;妒忌、幸灾乐祸、腐败相信人们所说的一切坏事;猜疑根本不相信任何东西;经验会教导说,人最聪明是不去相信一切:但爱相信一切。不像猜疑那样使用自己的敏锐去在"什么都不信"之中保障自己,爱则使用自己的敏锐来发现同样的事情,欺骗和真相无条件地达到同样远,现在爱做出结论:依据于它自己所具的"相信",ergo(拉丁语:所以)我凡事相信。

爱凡事相信——但却从不被欺骗。奇妙啊!为不被欺骗而什么都不相信,这看来是可以做得到;因为你又怎么去欺骗一个什么都不信的人呢?但是,通过相信一切,并由此简直就是听由自己去成为一个所有欺骗和所有欺骗者的猎物,却由此保障自己无限地不受任何欺骗的侵犯,这是很奇怪的。然而,尽管一个人不被别人欺骗,难道他就不会被欺骗了吗,被最可怕地欺骗,确实地被自己欺骗,因为什么都不相信,而被骗掉了那至高的,骗掉了奉献的、爱的至福!不,保障自己永远不受欺骗的道路只有一条,那就是带有爱心地相信一切。

让我们这样说:一个人能够欺骗上帝吗?不,相对于上帝一个人只能够欺骗他自己;因为上帝关系以这样一种方式看是至高的善,如果一个人欺骗上帝,那么他就是最可怕地欺骗他自己。或者就让我们看一个人与人之间的关系吧。一个小孩子能够欺骗自己的父母吗?不,这孩子欺骗他自己;这只是一种表象(就是说,一种欺骗),一种目光短浅的幻觉,对于这孩子以及对于不具备比这孩子所具的更高理解力的人来说,这看起来似乎是孩子欺骗父母,唉,在本质上,这其实是这可怜的孩子在欺骗自己啊。我们可以理性地假设,父母相对于这孩子在智慧和认识上有着一种这样的优越，因此在对这孩子真正的爱上也有着这样的优越，而这孩子则傻傻地并不知道怎样去爱自己，"欺骗父母"就会是发生在一个孩子身上的最大不幸，如果这不是这孩子自己的错的话。然而这样一来，其实被欺骗的不是父母，而相反是这孩子，"孩子欺骗父母"只是一种表象（一种欺骗）；在幼稚和痴愚的理解中是这样，"孩子欺骗了父母"，但是因此这不是真的，因为这只在"幼稚和痴愚的理解中"是真的。在另一方面，如果我们看见一个父亲或者母亲，相对于这孩子他们没有那关于"优越"的真正的、严肃的、关怀着的观念，那种依据于"真正带着永恒的责任为孩子的最好处着想"的观念，这难道不是一个可怜而令人厌憎的景象吗；如果我们看见一个父亲或者母亲，他们因此会陷进与孩子的不恰当的口角、因自己的缘故而被惹烦或者惹恼，这难道不是一个可怜而令人厌憎的景象吗，因为这父亲或者母亲孩子气地有着这样一种"是孩子欺骗了他们"的痴愚看法！这样一种父母与孩子间的关系是不恰当的，是的，几乎是疯狂的，如果"打孩子"就要意味着"与孩子打架"，这样地把所有尊严、庄重、权威上的优越都置于一边，这根本就是在单纯地证明：父亲或者母亲在生理的意义上是最强者。

因此，真正的优越是永远都无法被欺骗的，如果这优越忠实于自己的话。但真正的爱相对于一切"不是爱的东西"，因此相对于每一种欺骗，都无条件地是那优越者：由此的结论就是，它永远都无法被欺骗，只要它通过相信一切保持着忠实于自己，或者只要它继续是真正的爱。

这一点确实很容易看出；因此麻烦是在于其他方面：有一个更为低级的观念层面，它对真正的爱、对自在自为的爱以及对这爱在其自身之中的至福都一无所知；麻烦是在于：极其大量的各种幻觉想要把人拖住而使之停留在这一更低级的观念层面之中，在之中欺骗和"受欺骗"意味了与"它们在对于爱的无限观念之中所具的意味"正相反的东西。在这对于爱的无限观念之中，"被欺骗"仅仅只是意味了不去爱、听任自己随波逐流地去放弃自在自为的爱并由此而失去这爱在其自身之中的至福。因为在无限的意义上只有一种欺骗是可能的，就是自我欺骗；一个人无须无限地畏惧那些能够杀死身体的[22]；在无限的意义上被杀不是危险，世界所谈论的那类欺骗也不是什么危险。这又一次不是很难理解的。难的是去完成任务，去获取对爱的真正观念，或者更正确地说，去成为真正有爱心的人；因为他通过相信一切来守护着自己不受幻觉侵犯，为将自己保存在真正的爱中而斗争。但是幻觉不断地逼迫进来，差不多就像那认为是太阳在运动着（尽管我们其实知道是地球在运动）的幻觉。

　　有着一种对爱的更低级的解读，因此，有一种更低级的爱，它对自在自为的爱没有任何观念。这一解读把"去爱"看成是一种要求（回报的爱是要求），把"被爱"（回报的爱）看成是世俗的财物，作为现世的，唉，作为最高的至福。是的，如果事情是如此，那么欺骗确实是能够作为主人登场，完全就像是在金钱世界里的情形。你给出你的钱来购买某种舒适；你给了钱，然而你却没有获得舒适，是的，这样你就被愚弄了。你做爱的买卖；你交出爱来做交换，但你并没有获得回报的爱，是的，这样你就被欺骗了。因此，欺骗就应当是在于，欺骗者赢得了被骗者的爱，这样被骗者也许就无法不让自己去爱他，因为这被骗者甚至在这样的程度上是有爱心的：他只能够爱一个唯一的人，而这个唯一的人就是那欺骗者。这一审思的意图并不是要去否认"那被爱者被骗"，也不是要否认"那欺骗者，是的，他是一个卑鄙的欺骗者"；它的意图是要否认这种爱是真正的爱。因为，如果一个人是如此非凡地有着爱心以至于他只能够爱一个人，他就不是真正有爱心的人，而是一个坠入爱河的人，而一个坠入爱河的人是一个自爱者，关于这个，我们在前面已经展示过。但是，这讲演从来就没有打算要否认，你能够欺骗一个自爱者。在这里，正如在所有地方，存在之中有着如此深刻的东西。我们有时候听到这样对"在爱中被欺骗了"的大声抱怨。抱怨者恰恰想要证明他是一个怎样罕见的有爱心者，并且因此那欺骗者则是并且曾是怎样非凡地卑鄙，并且，他通过"就他自身而言担保现在和过去都只能爱一个人"来展示这一点。他没有感觉到，这一抱怨变得越强劲，它就在越大程度上成为一种对自身的抱怨，这自我抱怨揭示出他自己曾是并且正是一个自爱者，因此这自爱者确确实实也只能爱一个人（因为真正的有爱心者爱所有人而不要求回报的爱），并且因此确确实实会被欺骗，而那真正有爱心者则不会。这就是说：任何一个人，如果他在本质上决定性地声称，他在爱中被以这样一种方式欺骗以至于他失去了他最好的东西，如果不说是所有的东西，那么，他由此就告发出他自己是一个自爱者；因为最好的东西就是自在自为的爱，并且，如果一个人想要作真正有爱心的人，那么他就总是能够保存住这自在自为的爱。因此，每一个只想具有那关于"什么是爱"的更低级的观念，欺骗的观念，他非常小心地留意不让自己被骗，他向金融家们学习，或者向做商品买卖的人们学习，怎样的谨慎手段是用来防范欺骗的。唉，尽管有着所有这些谨慎手段，是的，尽管他通过这些成功地防范了每一种欺骗，他和他的所有志同道合者们却还是在本质上被欺骗了，因为他们是在这本身就是欺骗的世界里拥有着他们的生活，在这个世界里，所有人在本质上都是被欺骗的，不管是一个人对另一个人发牢骚抱怨说自己受欺骗，还是另一个人夸耀自己没有受欺骗。这差异并不比在疯人院里的情形更大，如果说一个精神病患者要自欺地让自己以为自己不像另一个精神病患者一样的精神有问题，而其实他们在本质上全都是精神病患者。

更低级的观念以及那在这观念的使命和差使之下来拜访人类的幻觉，是诱惑；艰难是在于要主动地去防范它；因为要在一个宁静的小时[23]之中认识到"那真正有爱心的凡事相信的人是无法被欺骗的"，这是很容易的。"但是'被欺骗'还是那么尴尬的傻事。"如果你自己是那真正有爱心凡事相信的人，那么你就无疑很容易认识到，这是一种不可能，认识到你没有被欺骗。然而，在"自己知道自己没有被欺骗"之中有没有什么尴尬的呢？没有。"但是，别人必定会觉得是这样，这还是挺尴尬的。"看，这里就是幻觉。自己确确实实地知道自己没有被欺骗，却还是觉得尴尬，因为"这看上去就好像被欺骗"，人们是这样说的吧？我们将这称作是虚荣，或者我们怎样称呼它在这里都是同一回事：就是不完全是那真正有爱心的人。唉，如果虚荣能够控制住那真正有爱心的人，那么他就真的是被欺骗了，因为它把他从爱之中骗出来，降级到那低级的小心眼和争斗的世界，在那里人们愚弄别人并被别人愚弄，为能够愚弄别人而自以为得计，为被别人愚弄而觉得尴尬，并且因此而为"能够避免被人愚弄"而洋洋得意。

在我们看见那真正有爱心的人被狡猾的人、诡计多端的人和虚伪者欺骗的时候，我们心生反感，为什么有时候会这样？因为我们没有在这外在世界之中看见惩罚和报应，亦即，因为我们要求看见不完美性和外在性的那种满足感官的戏剧，在这戏剧中报应是在外在世界里，也就是，因为我们沉陷进了一个更低级的观念层面，也就是，因为我们迟钝而缺乏思考地遗忘了：那真正有爱心的人是人所无法欺骗的。我们有权悲叹那将一个盲人引入迷途的人；我们要求在这里在外部世界中看见惩罚，这也合情合理；因为你能够欺骗一个盲人，"是盲人"无法保证自己不受任何欺骗的侵犯；但那真正有爱心凡事相信的人，他是你所无法欺骗的。也就是说，

II 爱凡事相信——但却从不被欺骗

那有爱心的人在某种意义上可以是非常清楚地知道,如果有人欺骗他,但是通过不愿去相信这人欺骗,或者通过相信一切,他将自己保存在了爱之中,并且以这样一种方式不受欺骗——这样我们在这里就看见了一个例子:那种认为"知"高于"信"的忙碌是多么痴愚,是多么没有理解力;因为那保障了在某种意义上知道自己被欺骗的有爱心的人不受欺骗的做法就是相信一切[24]。

真正有爱心凡事相信的人是一个人所无法欺骗的,因为欺骗他就是欺骗自己。那么,什么是所谓至高的善和最大的至福呢?这确实无疑就是"去爱";而在这之后的其次确实就是"被爱"。然而,要欺骗那有爱心的人当然是不可能的,他正是通过相信一切而驻留在爱中。如果说有这样的可能在金钱的关系上欺骗一个人,以这样一种方式:那所谓的被骗者保留住自己的金钱,那么他是不是被欺骗了呢?在这里事情恰好就是这样。欺骗者因为自己的尝试而成为一个可鄙的人,而那有爱心的人在爱中保留住自己,驻留在爱中,因此拥有着至高的善和最大的至福,因此还是没有被欺骗!相反,欺骗者则欺骗了他自己。他不爱,并且由此他已经欺骗自己而失去了至高的善和最大的至福。这之后的其次是"被真正爱着的人爱"——否则的话,被爱对一个人来说可以变成是巨大的不幸。再一次,欺骗者则又是在欺骗着自己让自己失去这"被真正爱着的人爱"的境况,如果他阻止自己去从这境况之中得到真正的好处,如果他成功地(如果他的欺骗是有可能被发现的)糟蹋掉了另一个人的爱、使得那有爱心的人因为"停止真正地去爱"(而不是"通过相信一切来驻留在爱中确保自己不被欺骗")而变得不幸。

让这样的事情在我们眼前发生一次吧,这样,我们就能够很清楚地看出,相对于那真正有爱心的人,欺骗者是多么的可怜;——因为人们谈论了许多关于各种诱惑者和诱惑[25],关于各种欺骗和欺骗者,却如此罕见人们谈论或者描述那真正有爱心的人。因此我想象一个狡猾的人,一个诡计多端的人,一个虚伪者;我很愉快地以所有诱惑性的天赋来武装他这个被接纳进了所有欺骗之秘密的人。他现在想要什么呢?他想要欺骗那有爱心的人,他想要(因为尽管他有着他的腐败,他还是具备着如此多的理解力,以至于他认识到"被爱"是多么伟大的好东西)借助于自己的狡猾来被爱。但所有这些精心策划、这全然盈余的狡猾和诡计又是用来干什么的呢?他所想要欺骗的是那真正有爱心的人;但是真正有爱心的人爱所有人,这样这欺骗者完全可以远远更简单地达到"被爱"。是的,如果这所谈的是一场"坠入爱河"(一种自爱),那么在这欺骗之中至少还有点意义,因为那坠入爱河者只能够爱唯一的一个,现在事情就是,如果可能的话,借助于狡猾和诡诈的欺骗技艺来成为这唯一的一个。但是相对于那真正有爱心的人,这欺骗从一开始就是毫无意义的,从一开始这欺骗者就被带进了最可怜的光色之中。现在,让我们继续看。他自然是成功地被爱了,自然——是的欺骗者认为,并且必定自然地会认为,这归功于他的狡猾,他的诡诈手段和技艺;可怜的被欺骗者,他感觉不到他所面对的是真正的爱,这真正地爱他,因为它爱所有人。现在,这欺骗者的可怜是陷在怎样的无意义之中啊,不像是这欺骗失败了那样,哦,不,那样的话,这惩罚就实在太微不足道了,不,欺骗成功,并且欺骗者为自己的欺骗感到骄傲!但是在这之中确实是有着欺骗的,他所谈论的是哪一种欺骗?这欺骗自然是应当在这之中:就在那有爱心的人爱他的同时,除了享受这"被爱"的好处之外,并且还冷然、骄傲而讥嘲地享受"不回报以爱"的自我满足。自然,他完全不会留意(因为,一个欺骗者怎么会突然想到那真正的爱是存在的呢!),他所面对的是真正的爱,它爱着他却不要求任何回报之爱,是的,它埋下爱及其至福而不要求回报之爱。于是,欺骗者狡猾地使得那有爱心的人去爱他——但这恰恰那有爱心的人无限地想要做的事情;欺骗者也许会因不回报以爱而愚弄他,而有爱心的人恰恰把"要求回报之爱"看成是一种亵渎,一种尊严的丧失,而把"没有回报之爱作酬报的爱"看成是最高的至福。那么,谁是受欺骗者呢;我们所谈论的是怎样一种欺骗呢;欺骗者在混沌之中说话,他自己都不知道自己在说什么,就像那个被我们大家当作笑话的人,那个躺在沟里却还是认为自己骑在马上的人[26]。以这样的方式欺骗不就仿佛是,如果我们这样做的话:暗中送钱给一个人,却将之称作偷窃。真正有爱心的人变得更富有;因为每次他去更多地爱,每次他分发出爱而放弃回报之爱,他都变得更加富有。或者,如果"那欺骗者是一个怎样不值的爱之对象"这事实仍然继续处于隐蔽的话,这真正有爱心的人是不是就被欺骗了呢?"去爱"当然是至高的善,但只有那要求回报之爱的爱,也就是非真实的爱,才会因为继续不知道"这对象不值"而被欺骗。或者,如果真相大白,这欺骗者是并且曾是怎样不值的对象,这真正有爱心的人是不是就被欺骗了呢?"去爱"当然是至高的善和最大的至福。看,如果一个人,在金钱的事务

II 爱凡事相信——但却从不被欺骗

中,为了自己得到钱而去找一个他所相信的人,并且他觉得这个人手上是有钱的,那么,如果这人是不可靠并且没有钱的话,那么他就是受了愚弄。但是,如果一个人,他想要把自己的钱给掉并且根本没有想到或者要求重新得回这钱,那么他就确实没有(因为接受者没有钱)而被愚弄。但这狡猾的欺骗者,他在向诡诈的各种最精明而最逢迎的姿势运动[27],他感觉不到他的行为有多么笨拙。他认为自己是那优越者,他在自身之中得意地微笑(唉,就好像,如果你看见过的话,精神病人得意的微笑,那种让人哭笑不得的微笑);他根本就想不到,那有爱心的人是无限地优越的一方。欺骗者是盲目的,它根本没有感觉到自己惊人的无能:他的欺骗成功——他做了一件善事;他的欺骗成功——他使得那真正有爱心的人更富有;他成功地进行了他的欺骗,他成功了——然而他自己却恰恰是那受欺骗者。可怜的受骗者,甚至"他的欺骗不成功"这条获救之路都被从他这里隔绝开了!如果一个精神病人想要让一个理智正常的人信服自己疯狂的想法的正确性,并且在某种意义上现在这已经要达成了,这岂不是一切之中最令人瞠目结舌的事情,这岂不几乎就像是存在的无情,因为,如果这没有成功,那么这精神病人也许还是能够通过这失败而留意到自己是精神病;现在这对他却是隐蔽的,他的精神病肯定也就无法救药了。欺骗者的情形就是如此;但这不是无情的,这是对他的公正惩罚:他的欺骗成功——而他的沉沦就由此而成功。

然而,在欺骗者和有爱心者之间到底是在为什么争执呢?欺骗者想要骗走他的爱。这是无法做到的事情;真正有爱心的人恰恰通过"无条件地不去要求哪怕最少的一点回报之爱"而占据了一个无法占据的位置;"从他那里骗走他的爱"就像"从一个人那里骗走那些他站在那里当礼物一样地送人的钱"一样地无法做到。因此这所争执的东西其实是别的事情:到底有没有可能,欺骗者(这是他绝无意图也绝没有想到的事情)成为那有爱心者堕落的机缘,这样那有爱心者脱开爱而沉陷进幻觉的世界,进入与那欺骗者的孩子气的口角,因为那有爱心者放弃了那"爱着却不要求回报之爱"的爱。但是,那真正有爱心的人恰恰是通过"去相信一切",也就是说,通过"去爱那欺骗者"来捍卫自己。如果欺骗者能够理解这个,他必定就是丧失了理智。一个坠入爱河的人(自爱者)认为,在欺骗者在骗他去爱这欺骗者而自己却不回报以爱的时候,这时他是被欺骗了;而真正有爱心的人则认为,在他通过相信一切而成功地爱这欺骗者的时候，他自己恰恰是得救了。坠入爱河者将"继续爱欺骗者"看成是不幸，真正有爱心的人则将之视作是胜利，如果他只要成功地继续去爱这欺骗者。多么奇妙啊！欺骗者必定是以自己的方式越来越自欺欺人地以为自己如此非凡地成功于欺骗；最后他也许就会把那有爱心的人看成是一个目光狭窄的可怜虫。而那真正有爱心的人则恰恰正是，通过这同样的"继续爱欺骗者"，永恒而无限地保障了自己不被欺骗！我的听众，你知道还能有什么比"优越者另外看上去像是更虚弱者"更强有力的关于"优越"的表达吗？因为，那看上去像更强者的更强者，他为自己的优越给出一种尺度；而那尽管优越却看上去像更弱者的人，他拒绝了尺度和比较，这就是说，他是无限地优越的。你在你的生活中是不是从不曾看见过这一"无限优越"的关系？这关系也确实不是那么简单地就能够看见的，因为那无限的东西从来就无法直接地看见。如果我们看一个在理解力上比别人无限地优越的人，那么你就可以看见，他看上去就像是一个单纯可怜的家伙；只有那认为自己有着差不多比别人更多一点理解力却又不完全确定或者浅薄而痴愚得足以去夸耀一种比较关系的人，这样的人才会拼命努力去让自己看上去像理解力优越的人。

有爱心相信一切的人的情形就是如此。它是那么容易被与浅薄性混淆在一起，然而智慧之深刻恰恰就在这一单纯之中；它是那么容易被与虚弱混淆在一起，然而永恒之力就在这一无力之中；它是那么容易看起来像一个可怜的被遗弃的人，每个人都可以欺骗他，然而他却是那唯一永恒而无限地保障了不被欺骗的人。但这不是直接看得见的，从人性的角度说，混淆就是理所当然，尤其是在我们这睿智的时代——我们的时代已经变得过于睿智而无法相信智慧。混淆是理所当然，因为那有爱心凡事相信的人并非是直接公开的，他就像那些在隐蔽之中繁殖的植物[28]：他的生命是在上帝之中，他从上帝那里为自己的爱吸收营养，他通过上帝来强化自己。从人性的角度说，他被欺骗，他自己在某种意义上也看到这一点；但是他知道，欺骗和"那真实的"伸展得同样远，并且欺骗者因此仍有着可能不是一个欺骗者，因此他相信一切。这有爱心的人有着对此的勇气，有勇气去相信一切（真正是至高的勇气！），有勇气去忍受世界的鄙视和讥嘲（真正是最伟大的胜利者，比任何在世界里战胜的胜利者都更伟大，因为它胜过世界[29]），有勇气去忍耐：这世界觉得这是如此不可描述的痴愚，尽管它能够很清楚地明白他的前提，却不明白他的结论，正如猜疑的世界

II 爱凡事相信——但却从不被欺骗

无法理解至福,那种真正有爱心的人在自身中所具的至福。

然而设想一下,什么时候在永恒之中显现出,那有爱心的人确实是被欺骗了!怎样?难道确实有必要再重复一次吗?如果"去爱"是至高的善和最大的至福,如果那有爱心的人恰恰通过相信一切来驻留在爱的至福之中,那么他又怎么会,不管是在时间之中还是在永恒之中,被欺骗呢!不,不,相对于真正的爱,在时间和在永恒之中只有一种欺骗是可能的:自我欺骗,或者"放弃爱"。因此,那真正有爱心的人甚至不想要"能够理解这反驳"。唉,但很遗憾,我们其余的人只是能够太容易地理解这种反驳了;因为要让自己脱离更低级的观念层面和尘世激情与幻觉的契约的话,是那么的艰难。恰恰就在一个人最好地明白了"那真的"的同时,过去的东西又重新袭向他。"那无限的"、"那永恒的",以及因此说"那真的"对于自然的人是如此陌生,以至于这对于他就像是一只狗的情形:它在一瞬间里无疑能够学会站着走,却总是在思念着用四条腿走。我们几乎能够强制让一个人的想法不得不承认:既然欺骗无条件地伸展得像"那真的"一样远,那么,这一个人就无法真正去论断另一个人,而那论断者只是自己被公开出来——差不多就像是,如果一个人竭尽全力猛敲一台测力仪[30]而不知道这是测力仪,于是他就认为,他事实上是在敲打,而其实只是他的气力在被测试而已。如果一个人明白了这个,那么他还是会再找一种逃避,他可以好奇地去与永恒发生关系,盘算着永恒会揭示出:这在事实上是不是一个欺骗者。但是这又能够表明什么呢?这表明了,一个人既不是那在自身之中有着爱的至福的真正有爱心的人,也不具备那"真正的严肃"所具的关于永恒的观念。如果一个人屈服于这一突发奇想,那么它就马上把他拖进目光狭窄的低级区域,在那里,最终和至高的东西不是在其自身之中的爱的至福,而是固执性的口角。

而那真正有爱心的人相信一切,却从来不被欺骗。

注释:

1　[**歌林多前书13:7。爱凡事相信。**] 引自《歌林多前书》(13:7),见上一篇的注脚。

2　["**如今常存的有信,有望,有爱,这三样,其中最大的是爱。**"] 引自《歌林多前书》(13:13)。

3　[它是一种对知识的滥用,一种马上要在一息之间想要把它的"ergo"(拉丁语：所以）与那作为知识完全是正确的、但在人们颠倒过来要依据于那与颠倒一样地不可能的东西（因为人们并不依据于知识而去相信）而去相信的时候变成了某种完全另外的东西的东西联系在一起的滥用。]

这是克尔凯郭尔的一句极其繁复的从句交错的句子，但又不宜翻译成拆开的句子。如果把这长句拆开的话，那么它就可以被这样表述：

它是一种对知识的滥用，一种滥用，这滥用马上要在一息之间想要把它的"所以"与这样一种东西联系在一起——这东西作为知识完全是正确的，但是，在人们颠倒过来要依据于"那与颠倒一样地不可能的东西"（因为人们并不依据于知识而去相信）而去相信的时候，这东西就变成了某种完全另外的东西。

4　[那居留在你内心之中的东西就会公开出来] 可参看《歌林多后书》（5：10）："因为我们众人，必要在基督台前显露出来，叫各人按着本身所行的，或善或恶受报"；以及《罗马书》（2：16）："就在神借耶稣基督审判人隐秘事的日子，照着我的福音所言"。

5　在丹麦语中，或者说在西语中，"判断"、"论断"和"审判"是同一个词。

6　Inderlighed，在这里我译作内在性，但是在一些地方我也将之译作真挚性。

7　[人相对于动物的优越不仅仅是人们所常提及的那普遍人性的东西] 在这里可能是指向亚里士多德在《政治学》之中的著名定义 [第一卷第二章（1253a）]，他说，人出于天性就是一种"πολιτικόν ζῶον"（希腊语，politikónzēon，"一种政治性的、国家性的动物；一种社会性的动物"）。

jf. *Aristoteles graece*, udg. af I. Bekker, bd. 1–2, Berlin 1831, ktl. 1074–1075; bd. 2, s. 1253.

也可参看，《巴勒的教学书》第二章："关于上帝的作为"第一段，§ 4："在大地上的有形的上帝创造物之中，人是最优越的，在一个身体之中被赋予一个理性的灵魂，两者相符，并且是受上帝所赐，去统治所有其他动物。"而在一段对此的说明之中这样说："人类相对于动物有着这极大的优越性：他们能够根据理性的思考和选择去思想、言语和行动；但是我们更应当谨慎地警惕，让我们不要去滥用这优越而违背上帝的意志去伤害我们自己和别人。"

8　[在异教的国家或者社会生活之中得以完成] 就像在柏拉图和亚里士多德那里的情形，但是这里可能也是指向黑格尔。

9　[知识是"模棱两可"的无限艺术] 这里以及下面的文字是指向黑格尔的思辨辩证法，概念的发展体系性地通过对立而被向前驱动。模棱两可：双义性，也可理解为辩证性，亦即，不确定的、无所谓的。

10　克尔凯郭尔在这里特定把"无利害"（Ligegyldighed）写成 Lige-Gyldighed（可分开译为"同样的有效性"）。

11　[只具备半程经验的人] 就是指没有足够经验并且不怎么熟练的人。本来是用来标示"只航行了十八个月并且作过两次长途航行的水手",与之相对的是"具备全程经验的人"(航行了三十六个月以上并且作过多次长途航行的水手)。

12 就是说,信仰、信任和相信的"信"。

13 [**古代的那个高贵单纯的智者**]也就是苏格拉底。

14 [**最好的世界**]指向德国哲学家莱布尼茨(G. W. Leibniz)在《神正论》(1710)第一部分§8中的句子:如果世界不是可想象的最好世界的话,上帝不会创造出这世界来。1759年,伏尔泰在讽刺小说《憨第德》中把莱布尼茨的这话反讽地说出来:"在各种可能的世界中的最美好世界里,一切都是美好的。"

15 [**没有成为大财政家**]指苏格拉底上课不收钱。

16 [**高位官员**]指向《苏格拉底的申辩》(32a—b),在之中苏格拉底解释了他为什么不进入任何官方职务(除了他差一点失去生命的那一次之外)。

17 [**唯一真正在自己所明白的东西和自己所不明白的东西之间做出区分的人**]在《恐惧的概念》(1844)中,维吉利乌斯·豪夫尼恩希斯写有这样的题铭:

区分的时代过去了,体系战胜了它。如果有谁在我们这个时代爱区分,那么他就是一个怪人,一个"其灵魂萦绕在某种早已消失了的东西上"的怪人。尽管如此,苏格拉底,因为他的特别的区分,继续是他所曾是,这个简单的智者,这种特别的区分是苏格拉底自己所说出和完成的,这种特别的区分也是那古怪的哈曼在两千年之后才敬慕地重复的:"苏格拉底之所以伟大是因为'他区分开他所明白的东西和他所不明白的东西'。"

哈曼(Johann Georg Hamann, 1730—1788)是德国哲学家和作家,出生于并在哥尼斯堡(此地尤其是因康德而著名)。他的晦涩而充满隐喻的文字成为19世纪对启蒙时代片面的理想的清算的重要哲学来源。对哈曼的引用文字是出自哈曼《难忘的苏格拉底》中的第二前言。

Sokratische Denkwürdigkeiten(1759), jf. *Hamann's Schriften*, udg. af Fr. Roth og G. A. Wiener, bd. 1 – 7, Berlin og Leipzig 1821 – 1825, ogbd. 8, 1 – 2(registerbind), Berlin 1842 – 1843, ktl. 536 – 544; bd. 2, 1821, s. 12.

在第欧根尼·拉尔修的哲学史中(第二书,第五章,22)提及:欧利庇德把赫拉克利特的文稿交给他,问他觉得怎样。人们说,当时他回答说:我所明白的那些,是非常好的;我是说,我所没有明白的那些,也同样非常好。

18 [**他"在一切事物中所最畏惧的是'处于谬误'"**]指向柏拉图的对话录《克拉底鲁篇》(428d),在之中苏格拉底说:"最亲爱的克拉底鲁,很久以来我自己一直为我的智慧感到惊奇。我无法相信它。我想,我得从头开始并且去搞明白我所说的东西到底是什么。也就是说,自我欺骗是一切之中最糟的。这欺骗者到处跟随着,无法脱离一步;这岂不是一种可怕的想法?"

Se journaloptegnelsen JJ：131（1843），i *SKS* 18，182，hvor SK henviser til denne replik.

19　［公正之侍者］比如说，法官和警察。

20　［圣经警告人们不要作论断，并且加上，"免得你们也会被论断"］指向《马太福音》（7：1—5），之中耶稣说："你们不要论断人，免得你们被论断。因为你们怎样论断人，也必怎样被论断。你们用什么量器量给人，也必用什么量器量给你们。为什么看见你弟兄眼中有刺，却不想自己眼中有梁木呢。你自己眼中有梁木，怎能对你弟兄说，容我去掉你眼中的刺呢。你这假冒为善的人，先去掉自己眼中的梁木，然后才能看得清楚，去掉你弟兄眼中的刺。"另外也参看《罗马书》（2：1—3），之中保罗写道："你这论断人的，无论你是谁，也无可推诿，你在什么事上论断人，就在什么事上定自己的罪。因你这论断人的，自己所行却和别人一样。我们知道这样行的人，神必照真理审判他。你这人哪，你论断行这事的人，自己所行的却和别人一样，你以为能逃脱神的审判么。"

21　［有人说过］是什么人说的，渊源不详。

22　［一个人无须无限地畏惧那些能够杀死身体的］见《马太福音》（10：28）："那杀身体不能杀灵魂的，不要怕他们。唯有能把身体和灵魂都灭在地狱里的，正要怕他。"

23　［一个宁静的小时］明斯特尔（J. P. Mynster）主教常常使用的关于在（作祷告用的）私屋和在教堂之中默祷的说法。

丹麦语文献：Se fx *Betragtninger over de christeligeTroeslærdomme*，2. opl.，bd. 1－2，Kbh. 1837［1833］，ktl. 254－255；bd. 1，s. 240；bd. 2，s. 298，s. 299，s. 301 og s. 306. Se endvidere *Prædikener paa alle Søn－og Hellig－Dage i Aaret*，3. oplag，bd. 1－2，Kbh. 1837［1823］，ktl. 229－230 og 2191；bd. 1，s. 8 og s. 38；og *Prædikener holdte i Kirkeaaret 1846－1847*，Kbh. 1847，ktl. 231，s. 63.

24　当然这句"那保障了在某种意义上知道自己被欺骗的有爱心的人不受欺骗的做法就是相信一切"可以拆开理解："有爱心的人在某种意义上是知道自己被欺骗的，而这'相信一切'的做法则保障了他不受欺骗。"

25　［各种诱惑者和诱惑］在克尔凯郭尔《非此即彼》（1843）里就有《诱惑者的日记》。

26　典故来源不详。

27　他在向"诡诈的各种最精明而最逢迎的姿势"的方向运动。

28　就是说，隐花植物，包括有所有的无籽植物，如苔藓、水藻、真菌和蕨类植物。

29　［胜过世界］指向《约翰一书》（5：4）："因为凡从神生的，就胜过世界。使我们胜了世界的，就是我们的信心。"

30 ［**测力仪**］一种游乐场的机器，借助于它，一个人可以测出自己的体力，尤其是指那种带有铁块的机器，用大锤敲打一个木塞，这铁块能够达到机器的顶上击中一口钟。在哥本哈根游乐场和鹿苑等地都有这样的机器。

III 爱凡事盼望——但却从不至于羞耻

歌林多前书 13：7。爱凡事盼望。[1]

在许许多多比喻和许许多多表述之下，圣经试图以不同的方式来赋予我们这种尘世存在的欢庆和庄重，通过与"那永恒的"的关系来为之制造气氛和远景。这确实是有必要的。因为，在尘俗生活的世俗性失去了上帝把自己独自关在自我满足之中的时候，这一被关闭起来的气氛就在自身之中并且由自身制造着毒素。如果说时间在现世之中在某种意义上偷偷消失得如此缓慢但同时又如此狡猾地迅速，以至于我们从不曾全神贯注地留意到它的消失，或者，如果说在一切都被启动起来要把意念和力量转入瞬间的时候，这瞬间停滞不前，那么这时，远景就失落了，这一脱落出来的、被上帝遗弃的现世之瞬间，不管它现在是更短暂还是更长久，它成为了一种对"那永恒的"脱离。看，正因如此，在不同的时代里常常会感觉到需要一种清新爽心的风，一种强有力的吹刮使得空气纯净并且驱赶掉各种毒瘴，会感觉到需要一种大事件所具的拯救性运动，通过推动那些静止东西来拯救，会感觉到需要一种巨大的期待所具的唤醒生机的远景，这样，我们才不会在世俗中窒息或者在负担沉重的瞬间里死去。

然而基督教只知道一条路和一条出路，而它也一直是知道路和出路的；基督教是借助于"那永恒的"在每一瞬间创造出气氛和远景。在"忙碌"正因为"瞬间"散布开而增长的时候，在它不断地在瞬间（从永恒的角度理解，这瞬间根本没有动）之中推挤奔忙的时候，在忙碌者播种收割再播种再收割（因为忙碌要收割许多次）的时候，在忙碌者们把他们所收割的东西藏满了仓房并且坐吃他们的收益[2]的时候，唉，就在那事实上是真的想要"那善的"的人在同样多的时间里尚未看见自己的工作的一丁点果实的同时，就在他被讥嘲成一个不知道怎样收割的人、一个徒劳地工作而只是在空气中出剑的人[3]的同时，这时，基督教就通过自己的比喻说法而带来远景：这尘世的生活是播种的时间，而永恒则是收割的时间[4]。就在瞬间（恰恰因为它停滞不动）变得像一个涡（因为涡不向前运动）[5]，在人们争斗、人们战胜并且失败并且再战胜的时候，在人们时而在这一个点上、时而在另一个点上的时候——然而那事实上是真的想要"那善的"的人是唯一仅有的失败者，并且如同表象所显示的，失去着一切，这时，基督教就通过自己的比喻说法而带来远景：这一生活是艰劳的、是争斗的生活，而永恒则是胜利的生活[6]。"琐屑"令人讨厌的纠缠，它在可悲的消减中甚至曲解地再现着那最神圣的、那善的和那真的，曲解地玩着分发荣辱的游戏，就在那"瞬间"在它之中停滞着的时候，就在一切都因被拖入这可悲的困惑的骚动而成为虚无的时候，这时，基督教就创造出气氛和远景，并且，通过在比喻的说法中指向那要永恒地决定出"谁将赢得荣耀的花环"和"谁将成为耻辱"的永恒之场面[7]，基督教为生活创造出了欢庆和庄重。怎样庄严认真的欢庆啊！确实，如果那赋予荣辱无限意义的环境没有获得保障的话，那这又会是什么样的荣辱呢？一个人在这个世界里赢得荣耀，哪怕这是应得的，这世界又有多少庄重来赋予它意义呢？让门徒们得到应得的讥嘲侮辱吧，或者让他们得到应得的荣耀奖赏吧！如果隆重的行为要在楼梯上发生的话；如果分发荣辱的老师是一个很可怜的家伙的话；如果说在被请的人众之中没有或者是差不多就等于没有那些"以他们的在场来使庆典获得荣耀"的高贵者们，而相反倒是有着更大的一群甚至名声很成问题的游手好闲者[8]；——那么这荣辱又会是什么呢？但是永恒！你可知道任何欢庆的建筑是像永恒那样地高高拱起？你可知道任何楼堂甚至上帝的楼堂[9]，在之中是像在永恒之中那样地有着这一神圣的宁静？你可知道任何阶层，甚至那最特选的值得尊敬者们的阶层，是像永恒那样，以这样的方式得到保障：保证不会有任何其声誉可以受到质疑——哪怕是微乎其微的质疑的人在场；以这样的方式得到保障：保证除了那些因为他们而使得荣耀具备荣耀的人们之外不会有任何别人在场？你可知道任何欢庆的大厅，是像永恒那样，哪怕它的所有墙壁都是以镜面做成，这些镜面以这样一种方式无限而单一地再现着荣耀的要求，以这样一种方式无限地拒绝哪怕是最微乎其微、最不为人留意的可让耻辱隐藏的裂缝？——想一想，你要是作为有耻辱的人站在那里的话！

基督教就是以这样的方式借助于永恒在每一瞬间相对于荣辱创造出远景，如果你自己想通过"去希望"来协助的话。基督教并不将你推往一个更高的地方，就算是在一个更高的地方你也还是只能概观一个稍稍更广阔的范围：说到底这仍然还只是一种尘世的希望和世俗的远景。不，基督教的希望是永恒，因此在它对存在的描绘之中有着光和影子，有着美和真，并且最重要的是，有着透视的遥远性。基督教的希望是永恒，基督是道路[10]；他的降临（Fornedrelse）是道路，而且，在他升天的时候[11]，他也是道路。

但是那比信仰和希望更大的爱[12]也把希望的作为拿来作为自己的一种作为，或者把希望——"为他人希望"拿来作为自己的一种作为。甚至它通过这一永恒之希望而获得陶冶和营养，并且也在这一希望之中有爱心地对待着别人。现在我们要审思的就是这希望：

爱凡事盼望[13]——但却从不至于羞耻

因为确实并不是每一个凡事盼望的人就都因此而是有爱心的人，也不是每一个凡事盼望的人就都因此而得到保障而不至于羞耻；但是"有爱心地凡事盼望"则是"绝望地什么都不希望"的对立面——所谓"绝望地什么都不希望"就是说既不为自己也不为别人而希望。

凡事盼望，或者同样的做法：总是希望。就是说，乍看之下"凡事盼望"固然像是某种一次性被做成的事情，因为"凡事"把"许许多多事情"集中在了一起，并且在这样的意义上说是，集中在了那被人称作是"一个永恒的瞬间"的东西之中，就仿佛这"希望"是在安息之中、在静止之中。然而事情却并非如此。就是说，"去希望"是由"那永恒的"和"那现世的"的构成的，因此，"希望之任务"在永恒之形态中的表达就是"凡事盼望"，而在现世之形态中的表达就是"总是希望"。这一表达并不比那另一表达更真实，相反，如果这一表达要对立于那另一表达而不是在这同一的东西中合为一体——"在每一瞬间总是凡事盼望"，那么，这两个表达中就不会有任何一个是真实的。

"去希望"使自己与"那将来的"、与可能性发生关系，而不同于现实性，这可能性总是双重的，它是前进或者后退的可能，是升起或者落下的可能，是"那善的"或者"那恶的"的可能。"那永恒的""在着"；但是，在"那永恒的"触摸着"那现世的"[14]或者存在于"那现世的"之中时，它们不是在"那现在的"之中相遇，因为如果那样的话，那么，

III 爱凡事盼望——但却从不至于羞耻

"那现在的"本身就会是"那永恒的"。"那现在的"，瞬间，如此迅速地消逝，以至于它在根本上并不存在，它只是边缘，并且因此而是已过去了的，而同时"那过去的"则是那"曾是现在的"的东西。因此，在"那永恒的"存在于"那现世的"之中的时候，它就是存在于"那将来的"之中（因为"那现在的"是它所无法把握的，而"那过去的"则已经消逝）或者存在于可能之中。"那过去的"是"那现实的"，"那将来的"是"那可能的"；"那永恒的"永恒地是"那永恒的"，而在时间之中"那永恒的"则是"那可能的"、"那将来的"。因此，我们当然就把每天的日子称作"那将来的"，但我们也把那永恒的生命称作"那将来的"。就其本身而言的"那可能的"总是一种双重的东西，"那永恒的"在可能之中平等地与它的双重性发生关系。在另一方面，如果一个人，在"那可能的"的方面，他平等地与"那可能的"的双重性发生关系，那么我们就说：他期待。"去期待"在自身之中包含着与"那可能的"所具的同样双重性，并且"去期待"就是"使自己去与单纯就其自身而言的'那可能的'发生关系"。于是，这关系就按着那"期待着的人"的选择而被分开了。"期待着使自己与'那善的'的可能性发生关系"就是"去希望[15]"，正因此它不可能成为什么现世的期待，而是一种永恒的希望。"期待着使自己与'那恶的'的可能性发生关系"就是"去畏惧"。但不管是希望者还是畏惧者，都是期待着的。然而，一旦选择被做出，"那可能的"就被改变了，因为"那善的"的可能是"那永恒的"。只有在触摸的瞬间里，"那可能的"的双重性是均等的；借助于"去选择希望"这一决定，一个人因此而比表面上看来是无限地更多地做出决定，因为这是一个永恒的决定。只有在单纯的可能之中，就是说对于那单纯的或者没有利害关系的期待者，"那善的"和"那恶的"的可能是平等的；在差异化之中（而选择恰恰是进行着差异化的），"那善的"的可能更多于可能，因为它是"那永恒的"。因此，那希望着的人永远都无法被欺骗；因为"去希望"就是去期待"那善的"的可能，而"那善的"的可能是"那永恒的"。

这样，一个人就必须准确地为"什么是去希望"给出定性；因为在一般的语言用法里，人们常常把那根本就不是希望的东西称作希望，这东西其实是愿望、渴慕，时而对这样东西、时而对那样东西如饥似渴地期待，简言之，是一个期待者与各种各样许多东西的可能的关系。以这样一

271

种方式理解（在希望其实只是意味了期待的时候），少年和小孩子就那么容易去希望，因为少年和小孩子本身尚是一种可能。相反，如果我们看见，人们身上的"那可能的"和希望，或者对"可能"的感觉，随着年岁而减少，这也是有道理的。由此我们就能解释，为什么经验那么否定地谈论希望，就仿佛它只是青春（小孩子和少年的希望也确实是青春），就仿佛"去希望"就像"去跳舞"一样是某种年长者既没有这兴致也没有这轻便去做的事情。那么，是啊，"去希望"也是借助于"那永恒的"来使得自己轻松起来的，就是说，借助于"那善的"的可能。尽管"那永恒的"绝不是青春，但相对于那种常常挂有"严肃"之名的沉闷、与那种岁月的懒散（这状态在差不多比较幸运的境况中多多少少地是如此满足而安宁的，但在总体上与希望毫无关系，而在不幸的境况之中则会不满地发牢骚而不是去希望），它却与青春有着远远更多的共同性。在青春之中，一个人有着足够的期待和可能，它在少年身上自己发展出来，就像那在阿拉伯的树上滴下的上等没药。但是，在一个人长大了之后，这时，他的生活最通常的是保持它现在已经变成的这样，对同样的东西的重复和改写；没有任何"可能"来使人清醒地受惊吓，没有任何"可能"来激励人青春焕发；"希望"成了某种无家可归的东西，而"可能"则成了某种像冬天里的绿色植物一样罕见的东西。他没有永恒，借助于习惯、睿智、模仿、经验、习俗规范来生活。确实，把所有这些东西都拿过来，混拌在一起，用文火或者仅仅只是以世俗的方式炽燃着的激情之火来烹制，你会看见，你能够从中得到所有各种各样的东西，一大坨加上了各种各样不同东西的被人称作是"生存睿智"的大杂烩，但是没有人从那之中得到"可能"，这奇怪的东西，它是如此无限地脆嫩（是的，甚至春天最弱不禁风的茎芽也没有这么脆嫩！）、如此无限地易碎（是的，甚至最精美地得到了加工的麻布也没有这么容易破碎！），却恰恰借助于"那永恒的"而被创造、被陶冶了出来，并且，如果它是"那善的"的可能的话，它却比任何东西都更强劲！

人们认为在他们把人的生活分割成各种确定的阶段和年龄时他们是在按照经验说话，然后他们将第一阶段称为希望或者可能的阶段。怎样的痴愚啊！于是，人们在这谈论之中对整个"那永恒的"避而不谈，然而，人们却在谈论希望。但这怎么会是可能的呢，既然"希望"使自身去与"那善的"可能发生关系，而由此又与"那永恒的"发生关系？在另一方面，这样地谈论"希望"，将之分配给特定的年龄，这又怎么可能；无疑，"那永恒的"则伸展向整个生命，这样，一直到最终就有着并且也应当有着希望，这样就不会有任何年龄段是希望的年龄段，相反，一个人的全部生活应当是希望的时间。于是人们认为自己是在按照经验谈论希望——通过废除"那永恒的"。就像在戏剧之中，通过缩短时间并且通过让各种事件继续，人们在短短几个小时的时间里看见许多年里的内容，同样，人们也像是在戏剧中那样地在现世之中安排自己的生活。人们丢弃掉上帝对存在的意图：现世是完完全全的发展过程，是情节，而永恒则是结局；人们把一切全都安排在现世之中，把二十年指定给这发展过程，然后把十年用在情节上，然后在一些年里达到高潮，然后结局就到来了。不可否认，死亡当然也是一个结局，然后一切就结束了，你就被埋葬了——然而不是在腐烂之结局出场之前。但是每一个不愿明白"人的整个一生应当是希望的时间"的人，他确实是绝望的，无所谓，完全无所谓他是否知道这一点、他是在自以为的舒适之中觉得自己幸运还是他在无聊和艰辛之中一路挣扎过来。每一个放弃了"自己存在中的下一瞬间也许就会被荒废"的可能的人（如果我们所说的"不放弃"是指：他不放弃这可能，因为他希望"那善的"的可能），就是说，每一个生活着而不具备"可能"的人，他是绝望的，他与"那永恒的"隔绝了，他随意地终结了可能，在没有得到"永恒"的同意的情况下，在没有终结的地方做出终结，而不是像那按另一个人的口述作笔录的人——后者不断地让自己的笔准备好，这样，在意义尚未被叙述完之前不会擅自毫无意义地加上一个句号，也不会反叛地把自己的笔扔掉。

如果一个人要帮助一个小孩子去完成一项非常巨大的任务，他会怎么办？是的，他并不把整个任务一次性地全部布置给这孩子，因为，如果一次性给孩子的话，那么这孩子就会绝望并放弃希望；他每次都给这孩子布置一小点，但一直总是这么多，不会让这孩子在任何瞬间停下来，就仿佛是结束了，也不会多得让孩子无法承受。这是教养过程中的善意欺骗；它其实是隐瞒了一些东西；如果这孩子被骗了，那么，这就是因为这教养者是一个人，他无法为下一瞬间给出保障。但是现在，永恒，它无疑是布置给一个人的最大任务，而在另一方面，它也无疑能够为下一瞬间给出保障；现世之孩子（人）相对于那无限的任务就只像是一个小孩子。如果永恒一次性地并且以自己的语言向人布置任务而不考虑他的承受能力和虚弱的力量，那么这人就必定会绝望。然而奇妙的则是：这一最大的权力，永恒，能够让自己变小，以至于它能够这样地被分割开，这永远是一体的东西，它披挂上"那将来的"、"那可能的"的形态，借助于希望来教养现世之孩子（人），教他去希望（因为"去希望"就是教学本身，就是与"那永恒的"的关系），只要他不是借助于畏惧而随意地去选择使自己严重地气馁，也不厚颜无耻地选择"去绝望"，亦即，"避开可能之教养"。正确地理解，"那永恒的"在"可能"之中不断地每次只布置出一小点。通过"那可能的"，永恒不断地足够趋近于"就绪"却足够地远得使人处于"朝着'那永恒的'前进的运动"、处于步伐行进、处于向前的步伐行进之中。永恒就是以这样的方式在可能之中引诱和拖拉一个人从摇篮走向坟墓，当然，如果这人是选择了希望的话。因为，如同上面所说，"可能"是一种双重的东西，并且正因此它是真正的教养；在同样的程度上，"可能"是严厉的，或者说可以是同样的严厉，正如它可以是温和的。"希望"并非是直接地就在"可能"之中，因为"畏惧"也会是在"可能"之中。但是，如果一个人选择了"希望"，那么，"可能"就借助于"希望"来教养他，让他学会去希望。然而，畏惧之可能，"严厉"，仍然驻留在那里，作为一种可能隐蔽地在场，如果它为了教养的缘故、为了警醒而成为必要的话，但在"那永恒的"借助于希望来引诱的同时，它则仍还是隐蔽的。因为"引诱"就是不断地保持在同样的程度上既近又远，这样一来希望者总是被保持继续希望着，希望着一切[16]，被保持在对"那永恒的"的希望之中，而这"那永恒的"在现世之中就是"那可能的"。

"凡事盼望"的情形就是如此。但是，"有爱心地去希望一切"标示了有爱心者与其他人的关系：相对于他们，为他们希望着，他不断地保持让可能性开放着，带着对"'那善的'的可能"的无限偏爱。就是说，他有爱心地希望，在每一瞬间都有着可能，有着对另一个人而言的"'那善的'的可能"，这一"'那善的'的可能"现在意味了在"那善的"之中的越来越美好的进步，从缺失到完美，或者从下沉到上升，或者从沉沦到拯救，并且如此类推。

有爱心的人认为"在每一个瞬间之中都有可能"，我们很容易认识到这看法是对的。唉，然而，也许在我们让"绝望"来说出这同样的看法时，很多人会远远更容易理解这一点——在某种意义上，绝望有着同样的说法。绝望者也知道，在"可能"之中有一些什么，然而他却还是放弃可能（因为"去放弃可能"恰恰正是"去绝望"），或者更确切地说，他大胆无耻地敢去认定"那善的"的不可能。在这里又展示出，"那善的"的可能更多于可能；因为，在一个人敢去认定"那善的"的不可能的时候，"可能"在总体上来说对于他就是彻底不存在了。畏惧者不去认定"那善的"的不可能；他畏惧"那恶的"的可能，但是他并不给出结论，他不敢去认定"那善的"的不可能。"这是可能的"，绝望地说，"甚至那最诚实的热心者也有可能会感到疲倦、放弃追求而沉陷到'为卑鄙服务'的状态中；甚至那最真挚的信仰者也有可能会在什么时候放开信仰而去选择不信；甚至那最炽烈的爱也有可能会在什么时候冷却下来，甚至冻结住；甚至那最正直的人也有可能会走上歧路而迷失；甚至那最好的朋友也有可能会变成仇人，甚至最忠诚的妻子也会成为背信立假誓的女人；这是可能的，因此，绝望吧，放弃希望吧，最重要的是不要寄希望于任何人也不要为任何人希望"。是的，无疑这是可能的，但反过来看，对立面也是可能的。"因此绝不要没有爱心地放弃任何人或者为他所抱的希望，因为甚至那最无度地迷失了的儿子也有可能会得到拯救；那最令你切齿刻骨的敌人，唉，他曾经是你的朋友，他也有可能重新成为你的朋友；一个人有可能因为站得如此之高而沉陷得最深，他也还是有可能重新起来；变冷了的爱还是会可能重新开始燃烧；因此，永远也不要放弃任何人，甚至在最后一瞬间，不要绝望，不，要希望一切。"

于是，"这是可能的"，在这方面绝望的人和有爱心的人在同样的东西之中结合在一起；但是他们是永恒地分裂的，因为绝望根本不为别人希望，而爱则希望一切。绝望瘫痪倒下，并且有时候使用"可能"作为娱乐刺激物，如果一个人能够通过那"不恒常的、空虚的、鬼魂般的可能之闪耀"能够得到娱乐的话。这是相当引人注目的，并且这显示出，希望是多么深刻地埋藏在人的根本之中：恰恰是在那些被冻结在绝望之中的人们那里，我们能够发现一种"与可能性调情和开玩笑"主流的倾向，一种对幻想力的轻浮滥用。冷然而对抗地，绝望的人相对于另一个人不抱希望，更不会去为那人身上的"那善的"的可能而做出努力；但是，去让另一个人的命运在"可能"之中变戏法，不管这是希望还是畏惧的可能，则是这绝望的人的娱乐，就在他自己骄傲而毫无爱心地鄙视一切的时候，拿另一个人的命运做游戏，一忽儿想这个可能、一忽儿想那个可能，就好像让这另一个人在空中荡秋千，这是他的娱乐。

然而，我们凭什么将一个放弃了别人的人称作"一个绝望的人"呢？自己绝望是一回事，而对另一个人绝望是另一回事。是的，确实如此，但是，如果那有爱心的人所明白的东西其实是真实的话，如果确实是如此，一个人，如果他是一个有爱心的人，明白那有爱心的人所明白的东西——"在每一个瞬间之中都有着对于另一个人的'那善的'的可能"，那么，"去把另一个人当作毫无希望地迷失了的人而放弃他，就仿佛对于他不存在任何希望"，这做法就是一个证明，证明了这个人自己不是有爱心的人；因而这个人是那放弃"可能"的绝望者。任何一个人，如果他不同时也是有爱心的话，他就无法希望，如果他不同时也是有爱心的话，他就无法为自己希望，因为"那善的"有着无限的关联；然而，如果他是有爱心的，那么他也就为别人希望。就像他为自己希望，在同样的程度上，他完全同等地为别人希望；因为就像他为自己希望，在同样的程度上，他完全同等的是有爱心的人。就像他为别人希望，在同样的程度上，他完全同等地为自己希望；因为这是那无限地准确的、在一切永恒之中存在的"永恒的以等量还等量"（Lige for Lige）。哦，在任何地方，只要有爱在，就会有着某种如此无限深刻的东西。真正的爱说："希望一切，不放弃任何人，因为放弃他就是放弃你对他的爱，就是说，如果你不放弃这爱，那么你就会希望；但是如果你放弃你对他的爱，那么这时你自己就放弃'去作有爱心的人'。"看，在通常我们以另一种方式，以一种有着控制欲而不具爱心的方式来谈论我们与我们身上的爱的关系，就仿佛一个人能够像"自己是自己的金钱的主人和独断者"一样地也是自己的爱的主人和独断者。如果有人说，"我放弃了对这个人的爱"，那么，他就是在想，输家是这个人，这个作为他的爱的对象的人；说话的人自以为是保存了自己的爱，完全就如同那在金钱的意义上的说法：一个人曾以金钱来支持另一个人，如果他说"我不再给他这一支持"，那么现在这给予者就自己保留了另一个人以前所获的钱，后者是输家；因为在这一金钱关系转变中，原来的给予者绝不是要失去钱的人。然而，爱的情形则不是如此；也许那作为爱的对象的人是损失了，但是，那"放弃了自己对这个人的爱"的人，他则是输家；也许他自己并不感觉到这个，也许他甚至感觉不到语言在讥嘲他，因为他是在说"我放弃了我的爱"。但是，如果他放弃了自己的爱，那么他就不再是有爱心的。固然，他加上"我对这个人"的爱，但这是没有用的，在金钱的问题上，一个人可以这样做而不受损失，但在爱的问题上不是如此。在我放弃了"我对这个人"的爱的时候，哪怕我也许甚至会自欺欺人地以为他是受损失者，"有爱心的"这个形容词就不再属于我了。"对另一个人绝望"的情形也是如此，这就是自己绝望。是的，这一观察是有点纠缠的；不幸的是，对另一个人绝望是那么轻松那么容易——并且然后可能就是对自己感到确定，对自己充满希望；恰恰就是那些在与他们自己有关的事情上自鸣得意的人们，他们会以最快的速度去对别人绝望。但是不管这会是多么容易，在事实上这却是不可能的——除非是处于不思考的状态，对于许多人这确实是最容易达到的状态了。不，在这里，这又是那"永恒的以等量还等量"（Lige for Lige）：对另一个人绝望，就是自己绝望。

因为有爱心的人凡事盼望。有爱心的人所说的是对的：按他所能够理解的看，甚至对于那最严重地迷失了的人，在最后一瞬间也都有着"那善的"的可能性，因此依旧有希望。这是对的，并且对每一个人，在他与其他人的关系中，如果他想要让自己的想象力保持安静，不受各种没有爱心的激情的打扰和迷惑，永恒地瞄准可能之中的"那永恒的"的反射，那么这事情都是如此。因此，如果一个人无法理解那有爱心的人所理解的东西，那么这就必定是因为他不是有爱心的人；这必定是因为，在他有爱心地选择了"那善的"的可能或者为别人希望的同时，有着什么东西阻碍了他去保持让"可能"纯粹（因为如果"可能"被保持是纯粹的，那么一切就都是可能的）；这必定是因为有着什么东西使得他变得沉重，赋予他一种倾向去期待另一个人的沮丧、毁灭、沉沦。使人沉重的是"那世俗的并且因此也是那没有爱心的性情"的尘俗的激情；因为世俗就其自身是沉重、艰难、怠惰、呆滞、沮丧、消沉的，并且无法让自己去与"那可能的"发生关系，更无法与"那善的"的可能有关，不管是为了自己还是为了别人的缘故。

有一种睿智，它几乎是感到骄傲地认为自己对存在的丑恶面有着特别根本的认识：一切都终结于悲惨；那么，如果一个人很早从一天之初就已经开始期待和准备好了另一个人的毁灭，这个人又怎么可能在最后的一瞬间带着爱心为那另一个人希望呢！

有愤怒和怨恨，尽管它们在良心之中没有欠下过谋杀的血债，但它们却不抱希望地放弃那沉沦者，也就是说，从他那里拿走了"可能"；然而，这难道不就是在精神上杀死他、在精神上把他推向深渊——如果愤怒和怨恨占了上风的话!

有一种恶毒的眼睛,恶毒的眼睛又怎么能够有爱心地去看见"那善的"的可能呢?!

有一种妒忌,它很迅速地放弃一个人,然而它其实没有放弃,它仿佛是放开他,不,它很早就动起来,以便帮助他进入毁灭。一旦这毁灭确定了,这妒忌就赶紧回到自己阴暗的角落去呼唤自己更可鄙的名叫"幸灾乐祸"的亲戚,这样,它们就能够相互为对方高兴——为它们自己的损害而高兴。

有一种怯懦胆小的心胸狭窄,它不曾有勇气去为自己希望什么,它有又会去为别人希望"那善的"的可能呢;它太狭隘并且与妒忌有着太多的亲缘关系,因而它不可能去这样做。

有一种世俗而虚荣的性情,如果让它因"曾为另一个人去希望"(这事情并没有发生)而经历"犯错"、"被愚弄"、"成为笑柄"(所有可怕的事情之中最可怕的),那么它就会因羞辱和丧失体面而死。这样,这一世俗而虚荣的性情通过及时地使自己不去希望任何东西而使自己获得安全,并且觉得"有爱心地凡事盼望"是如此无限痴愚而无限可笑。然而,在这方面,世界的虚荣却出了错,因为痴愚的东西永远都不会是无限的;对于那在有生之年受够了世界之痴愚的人来说,如果他能够不断地说,"这不是无限的。不,赞美上帝,它终于会结束"。这恰恰就是安慰。经验认为,"最聪明的做法就是不为另一个人去希望一切",这也是不对的——不过反过来说,经验当然是对的,否则的话它就必须重新学起,去知道"为自己的好处的缘故而去爱别人"是多么痴愚;并且只有在一个人是为自己的好处的时候,"去希望一切"是不智的。

如果所有这些,这睿智,这愤怒和怨恨,这妒忌、幸灾乐祸,这怯懦胆小的心胸狭窄,这世俗而虚荣的性情,如果所有这些或者某种出自这些的东西在一个人身上存在的话,那么,爱就不会存在,他身上这些东西越多,在同样的程度上爱就越少。但是,如果在他身上有着更少的爱,那么永恒的东西也更少;而如果他身上有着更少的永恒的东西,那么也就有着更少的可能、更少的"对'可能'的感觉"(因为可能是这样出现的:"那永恒的"在时间之中抚摸一个人身上的"那永恒的",但是如果在这个人身上没有任何永恒的东西,那么,"那永恒的"的触摸就成为徒劳,就不会有"可能");而如果"可能"更少,那么希望也就更少,正因为

III 爱凡事盼望——但却从不至于羞耻

并且正如那"能够有爱心地希望'那善的'的可能"的爱也变得更少。但是有爱心的人希望一切；没有习惯之怠惰、没有理智之狭隘、没有睿智之斤斤计较、没有经验之数量、没有岁月之懒散、没有恶意激情之怨恨，来他身上败坏他的希望或者为他伪造可能；在爱驻留并且他驻留在爱中的同时，每天早上，是的，每一个瞬间，他都更新自己的希望并且赋予"可能"新的生机。

尽管有爱心的人没有办法为别人做出任何别的事情，根本没办法为别人带来其他礼物，他却带来最好的礼物，他带来希望。在一切看起来都是如此充满希望并且如此富于厚望地期待着前途无量的年轻人的地方，爱则带来最好的礼物——希望；然而在人们早已认为"自己已经忍耐到了极限"的地方，爱也还是仍然希望到极限，是的，直到那"终结的日子"[17]，因为要到那个时候，希望才会成为过去。如果你看见一个医生在病人们中间走动，那么你肯定会留意到，他所带来的最好礼物，比一切药物更好的并且他的所有关怀更好的，就是：如果他带来的是希望，如果人们说"医生怀有希望"。然而，一个医生却只与"那现世的"有关，因此这样的事情就会一再而不断地发生：这一瞬间到来，这时，如果他拒绝承认他已经放弃了病人，他拒绝承认这病症是致死的[18]，那么这就是他在撒谎了。然而有爱心的人，对于有爱心的人来说，这是怎样的喜悦啊，他总是敢希望；对于他，这是怎样的喜悦啊，"永恒"为他担保了"希望总是存在"。那有爱心的人，那真正有爱心的人，他不是因为永恒为他做担保而希望，他希望，是因为他是有爱心的人，并且他感谢永恒：他敢希望。以这样的方式，他总是带来最好的礼物，比对至高幸运的祝愿更好，比对最大不幸之中的所有人为的帮助更好，因为希望，"那善的"的可能，是"永恒"的帮助。在所有不幸都弥漫向人类的时候，只有希望留在了那里[19]。在这一点上，异教和基督教是一致的；差异，并且这是一种无限的差异，只在于：基督教对所有这些不幸有着一种无限更渺小的观念，而对希望则有着一种无限地更具至福的观念。然而，那留下的希望，则只是留在了有爱心的人那里。如果爱不存在，希望就也不存在，它就会像一封等待人来取的信件那样地被放在那里；如果爱不在，希望的情形就会如同一封这样的信的情形，这信的内容，是啊，其内容确实是至福洋溢的，却没有人来送走这封信。这时，爱，这比希望更大的爱，就把"带来希望"当作自己的职责和自己的作为来完成。

然而在这一审思之中难道就没有什么朦胧的东西、某种不清楚的东西，以至于能够让人无法弄明白对象的什么，因为，"爱凡事盼望"可以意味了，有爱心的人为自己而希望一切，并且，它也可以意味了，有爱心的人为别人而有爱心地希望一切？这却是完全同一样东西，这一朦胧性恰恰是"那永恒的"的清晰性，如果有人理解了：这完全是同一样东西。如果只有爱（并且保罗不说"希望凡事渴望"而是说"爱凡事渴望"，正是因为事情如同他所说的那样：爱比希望更大[20]），于是由此可以推出（由"这是爱"和由"什么是爱"推出）：有爱心的人为别人而希望一切，既然"他的爱"恰是"他为自己的希望"的条件。只有世俗的理智，并且它的清晰性无疑不是我们要推荐的，只有世俗的理智，它既不知道什么是爱也不知道什么是希望，它才会认为这"为自己希望"和"为别人希望"是完全不同的两样东西，并且认为爱则又是完全对其自身而言的第三样东西。世俗的理智认为：一个人完全能够为自己希望而无须为他人希望；在一个人当然是需要有爱才能为他人希望、为被爱者们希望的同时，一个人为自己希望的话，并不需要有爱；但是，除了那些被爱者们，一个人为什么要去为其他人希望呢。世俗的理智没有注意到，爱绝不是一种对其自身而言的第三样东西，而是一种中介定性：没有爱就没有为一个人自己的希望，没有爱就没有为所有别人的希望；这是在同样的程度上，一个人为自己希望正如这个人在同样的程度上为别人希望；因为在这同样的程度上这个人是个有爱心的人。

祝福有爱心的人，他希望一切；甚至在最后的瞬间他还仍然为那在最大程度上迷失了的人希望着"那善的"的可能。有爱心的人从永恒那里学到了这个，但是只因为他是有爱心的人，他才能够向永恒学习，并且只因为他是有爱心的人，他才能够从永恒那里学到这一点。可悲的是那相对于另一个人放弃了希望和可能的人，为他悲叹，因为他因此而自己丧失了爱。

爱凡事盼望——但却从不至于羞耻。相对于希望和期待，我们谈论一个人陷于羞耻；这时，我们认为，在一个人的希望和期待无法得以实现的时候，他就陷于羞耻。那么现在让我们看，到底哪里是羞耻之所在呢？想来是在于：这个人算计着的睿智没有算准，这样，"这个人不明智地打错了算盘"就被揭露了出来（成为他的羞耻）。但是，我的上帝啊，这羞耻并不算是那么危险的；其实这也不过只是在这世界的眼中是如此，然而一

III 爱凡事盼望——但却从不至于羞耻

个人却不应以"自己把这世界关于荣耀和羞耻的概念吸收为自己的荣辱概念"为荣幸。因为世界所最崇拜而唯独给予荣誉的东西是睿智，或者行事聪明；但是"行事聪明"恰恰是一切之中最可鄙的。一个人是否聪明，在某种意义上是他自己所无法决定的；他也不应当为"他培养发展自己的睿智"而感到羞耻；但是，他恰恰因自己行事聪明而感到更多的羞耻。如果是这样（这是在我们这聪明的时代尤其有必要说明的，在这聪明的时代，睿智恰恰就成为了我们应当借助于基督教去克服的东西，正如粗鄙和野蛮曾经的情形），如果人们不学会在同样的程度上鄙视"行事聪明"如同他们鄙视偷盗、作假见证[21]，那么，人们最终就是在完全地废除"那永恒的"，并且因此也废除了所有神圣的和值得尊敬的东西，因为这"行事聪明"，恰恰就是一辈子对"那永恒的"作假见证，就是从上帝那里偷盗自己的存在。因为这"行事聪明"是三心二意，不可否认，人们借助于这三心二意在这世界里达成最大的成就，赢得世界的财物和好处、世界的荣誉，因为世界和世界之好处就是，从永恒的角度来理解：三心二意。但是，不管是"那永恒的"还是圣经，都不曾教导过任何人去努力追求这世界里的成就或者最大的成就，相反圣经警告人们不要去在这个世界里达成太大的成就，以求尽可能地保持让自己纯洁而不受世界的玷污亵渎。但是，如果事情是如此，那么，"追求这世界里的成就或者最大的成就"就不是什么值得赞美的事情。

如果我们真的要谈论"相对于希望和期待而陷于羞耻"，那么这羞耻就会驻留在更深的地方，在一个人所希望的东西里，这样，不管这个人的希望是得以实现还是没有实现，他在本质上都因此而同样地陷于羞耻；这差异只会是：在希望无法实现的时候，"一个人在多大的程度上被锁定在他羞耻于去希望的东西"，也许就在他的怨恨和绝望之中公开出来。如果希望没有得以实现，那么，这一点也许没有被公开出来，但在本质上，这羞耻仍然还是同样的羞耻。

然而，如果一个人希望某种他羞耻于去希望的东西，不管这希望得以实现还是没有得以实现，那么，在根本上他就没有希望。将之带入与诸如此类的关联，这是对"希望"这个高贵字词的滥用，因为"去希望"在本质上永恒地使自己去与"那善的"发生关系——但是那样的话，他就永远都不会因为"去希望"而陷于羞耻。

一个人会（在目前暂时使用这不正确的语言用法）因为"去希望某

281

种世俗的好处"而陷于羞耻，如果这好处没有落实的话。然而，其实羞耻却不是这好处不出现，不是一个人的希望没有得以实现；这羞耻是：如果现在因为被辜负的期待而显现出，这样一种尘俗的好处对于他是多么重要。因此这也不是"去希望"，而是"去想要"、"去欲求"、"去期待"，并且一个人因此会陷于羞耻。

一个人可以因为放弃对另一个人的希望而陷于羞耻，如果后来显示出，这人还是得救了，或者也许甚至是：他的毁灭就是一种幻觉。在这里，他确实是陷于羞耻，因为这"放弃另一个人"就其本身而言是一种耻辱，不管结局会是哪一个。

一个人可以因为对另一个人抱有恶意的希望而陷于羞耻，如果后来显示出，所有东西对他来说都变成"那善的"。有报复心的人有时候说，他对上帝怀有希望，希望报复击中他所恨的人。但确实这不是"去希望"，而是"去恨"；将之称作希望，这做法是厚颜无耻的；而想要让上帝成为他的"去恨"中的员工[22]，这是对上帝的亵渎。因此，这有报复心的人并不因为他所等待的事情不发生，而是因为：不管会发生什么，他都陷于并且曾陷于羞耻。

但是那有爱心的人爱凡事盼望——但却从不至于羞耻。圣经谈论关于一种不应当让人感到羞耻的希望[23]。在这之中，圣经尤其是考虑到那种与希望者自己有关的希望、他对于各种罪的赎免以及在某个时刻获得至福的希望、他的对于一种与那因死亡或者生命与他分离的东西的至福结合。只有在与这一希望（它是希望）的关系之中，在这里可以谈论"陷于羞耻"；因为一个人自在自为地确实不会因为有着这希望而有羞耻，相反他所有的是荣耀，并且因此看来是如此：如果这希望得不到实现，羞耻就到来了。圣经的语言是如此地与自身一致；它不把各种各样的期待和对各种各样东西的期待称作希望，它只认识一种希望，那特定的希望，"那善的"的可能性，并且，关于这一希望，圣经说，它是唯一的会成为羞耻的，因为"拥有这希望"是一种荣耀，不应当使人感到羞耻。

然而，如果那有爱心的人的希望是为另一个人的希望，是不是有可能这样：在这一希望实现不了的时候，有爱心的人就陷于羞耻？一个人是不是有可能永远地沉沦？但是，如果在这样的情况下有爱心的人希望了一切、为这个人希望了"那善的"的可能，那么他就会因自己的希望而陷于羞耻。

III 爱凡事盼望——但却从不至于羞耻

那么，怎样陷于羞耻？如果那迷途的儿子死在自己的罪中并且因此而带着羞耻而被埋进坟墓，而父亲在最后一瞬间仍然希望着一切，他站在一边想要帮助，那么，他是蒙受了羞耻吗[24]？我想，这是那有着羞耻的儿子，在使得父亲羞耻，但是这样的话，父亲就会获得荣耀，因为要羞辱一个自己处于羞耻的人是不可能的。唉，这担忧的父亲所最不关心的东西就是荣耀了；但是，他却是实实在在地处于荣耀之中！如果在坟墓的那一边对那迷失的儿子不存在任何拯救的话，如果他是永恒地迷失了的话，而这父亲，只要他还活着，他就继续希望一切，甚至在死亡的一刻还在希望一切，那么这样的话，他是不是在永恒之中陷于羞耻呢？在永恒之中！不，永恒有着永恒对荣耀和羞耻的观念；永恒甚至都不会明白那种"只想谈论一个人的期待得以实现而根本不考虑这期待是什么样的期待"的睿智，它将之作为侮辱性的东西从自身中清除掉。在永恒之中每个人都被迫明白：那决定荣耀或羞耻的不是结果，而是那期待本身。因此，那不具爱心的人也许在他狭隘地、妒忌地、仇恨地对另一个人的期待中证明了自己是对的，但在永恒中他却要陷于羞耻，不管他的期待是不是得以实现。相反，荣耀属于那有爱心的人。另外，在永恒之中听不到任何关于"他搞错了"的忙碌传言——也许"得到祝福"恰恰也就是"搞错了"。不，在永恒之中只有一个错误：连带着自己的得以实现的狭隘的、妒忌的、仇恨的期待被排斥在至福之外。在永恒之中不会有任何讥嘲来伤害那有爱心的人，因为他足够痴愚地通过"去希望一切"来使自己变得可笑；因为在永恒之中你听不见讥嘲者的叫喊，甚至比在坟墓之中更没有可能，因为在永恒之中你只能听见各种至福的声音[25]。在永恒之中不会有任何妒忌者去触摸那有爱心的人带着荣耀所戴的荣耀之花环[26]，不，妒忌达不到这么远，不管它本来能够伸展出来达到多么远的地方，它还是无法从地狱之中伸展出来到达天堂。

注释：

1 [**歌林多前书13：7。爱凡事相信**] 引自《歌林多前书》（13：7），见上一篇讲演的注脚。

2 [**忙碌者们把他们所收割的东西藏满了仓房并且坐吃他们的收益**] 也许是指向《路加福音》（12：16—21）："就用比喻对他们说，有一个财主，田产丰盛。自己心里思想说，我的出产没有地方收藏，怎么办呢。又说，我要这么办。要把我的仓房拆了，另盖更大的。在那里好收藏我一切的粮食和财物。然后要对我的灵魂说，灵魂哪，你有许多财物积存，可作多年的费用。只管安安逸逸的吃喝快乐吧。神却对他说，无知的人哪，今夜必要你的灵魂。你所预备的，要归谁呢。凡为自己积财，在神面前却不富足的，也是这样。"

3 [**在空气中出剑的人**] 固定表达：攻击错失目标，因为一个人既不能看见也不能击中其目标；打击空气。在《歌林多前书》（9：26）之中有着这样的表达："所以我奔跑，不像无定向的。我斗拳，不像打空气的。"

4 [**基督教就通过自己的比喻说法而带来远景：这尘世的生活是播种的时候，而永恒则是收割的时候**] 比较《加拉太书》（6：7—10）："不要自欺，神是轻慢不得的。人种的是什么，收的也是什么。顺着情欲撒种的，必从情欲收败坏顺着圣灵撒种的，必从圣灵收永生。我们行善，不可丧志。若不灰心，到了时候，就要收成。所以有了机会，就当向众人行善。像信徒一家的人更当这样。"也可比较《歌林多前书》（15：42—44）："死人复活也是这样。所种的是必朽坏的，复活的是不朽坏的。所种的是羞辱的，复活的是荣耀的。所种的是软弱的，复活的是强壮的。所种的是血气的身体，复活的是灵性的身体。若有血气的身体，也必有灵性的身体。"

5 涡（Hvirvel）。在《恐惧的概念》里，克尔凯郭尔也曾谈及"涡"，是一个来自希腊自然哲学的概念。赫拉克利特关于原子的说法提及"涡"："涡"根据第欧根尼·拉尔修的哲学史，阿那西曼德和赫拉克利特（公元前6—前5世纪）把世界的出现与关于一种"涡"的状态的想象联系在一起。第欧根尼描述赫拉克利特："他的意思是：原子和空的空间是各种宏大整体的基础。所有别的东西，他相信必须以设想来解说。原子是在大小和数量上是无限的，它们是在整个天地在一个'涡'的时候产生的，以此而发动所有复合物。水火风土。太阳和月亮是由这样的'涡'和强烈运动的小群聚物复合成的。灵魂也一样，正如理性。所有东西本原于必然性，既然'涡'，他称之为必然性，是所有事物本原的原因。"

6 [**基督教就通过自己的比喻说法而带来远景：这一生活是艰劳的、是争斗的生活，而永恒则是胜利的生活**] 比较《罗马书》（8：37）："然而靠着我们的主，在这一切的事上，已经得胜有余了。"另见《使徒行传》（14：22）、《罗马书》（5：3—5）《歌林多后书》（4：17）。

7 [**那要永恒地决定出"谁将赢得荣耀的花环"和"谁将成为耻辱"的永恒之场面**] 指向《歌林多前书》（9：24—25）："岂不知在场上赛跑的都跑，但得奖赏的只有一人。你们也当这样跑，好叫你们得着奖赏。凡较力争胜的，诸事都有节制。他们不过是要得能坏的冠冕。我们却是要得不能坏的冠冕。"也比较《彼得前书》（5：4）："到了牧长显现的时候，你们必得那永不衰残的荣耀冠冕。"

8 [如果说在被请的人众之中没有或者是差不多就等于没有那些"以他们的在

场来使庆典获得荣耀"的高贵者们，而相反倒是有着更大的一群甚至名声很成问题的**游手好闲者**] 也许是指向《路加福音》(14：15—24)。也比较一下《马太福音》(22：1—14) 中的王的儿子娶亲的筵席的比喻。

9 [**上帝的楼堂**] 也就是"教堂"。参看《提摩太前书》(3：15)。

10 [**基督是道路**] 指向《约翰福音》(14：6)："耶稣说，我就是道路，真理，生命。若不藉着我。没有人能到父那里去。"

11 [**在他升天的时候**] 参看《路加福音》(24：50—53)《使徒行传》(1：3—14)。

12 [**比信仰和希望更大的爱**] 指向《歌林多前书》(13：13)。

13 "凡事盼望"是我按《歌林多前书》中文版引文的说法翻译的。我自己有时候会翻译为"希望一切"。

14 [**"那永恒的"触摸着"那现世的"**] 这一表述关联到克尔凯郭尔对"瞬间"的特别解读。

15 这"希望"也就是圣经中的"盼望"。

16 这里的这句"希望着一切"也就是圣经中的"凡事盼望"。

17 [**终结的日子**] 审判日。

18 [**病症是致死的**] 指向《约翰福音》(11：4)。

19 [**在所有不幸都弥漫向人类的时候，只有希望留在了那里**] 在希腊神话中，潘朵拉是赫菲斯托斯受命于宙斯所造出的第一个女人。众神赠予她各种礼物，在婚礼上，潘多拉出于好奇而打开了来自诸神的盒子，释放出人世间的所有不幸的东西。当她再盖上盒子时，只剩下希望在里面没有被放出来。

20 [**保罗不说"希望凡事渴望"而是说"爱凡事渴望"……爱比希望更大**] 指向《歌林多前书》(13：7 和 13)。

21 [**偷盗、作假见证**] 亦即摩西十诫的第七、第八诫。参看《出埃及记》20。

22 [**让上帝成为他的"去恨"中的员工**] "做上帝的员工"的否定对立面。见前面注脚：作为"上帝的在爱中的员工"。

23 [**圣经谈论关于一种不应当让人感到羞耻的希望**] 指向《罗马书》(5：5)，在之中保罗写道："盼望不至于羞耻，因为所赐给我们的圣灵将神的爱浇灌在我们心里。"比较《腓利比书》。

24 [**如果那迷途的儿子死在自己的罪中并且因此而带着羞耻而被埋进坟墓，而父亲在最后一瞬间仍然希望着一切，他站在一边想要帮助，那么，他是蒙受了羞耻吗**] 指向耶稣的"迷途的儿子"的比喻。

25 [**在永恒之中你只能听见各种至福的声音**] 在《巴勒的教学书》第八章"关于人的最终状态"，§6 中写道："永恒的生命是美好而至福的状态，在之中敬神的人们与耶稣基督以及善的天使以及所有神圣的人们一同生活在最欣悦的社会之中，无须因任何罪或者忧愁而不安,享受着无法描述的清新、安慰和喜悦,通过观照上帝的荣耀,这荣耀在他的各种作为之中展示出来,因为他们相互参与去赞美上帝,根据上帝的意志去实践爱和美德。"

26　[**荣耀之花环**] 指向《彼得前书》(5:4)。

IV 爱不求自己的益处

歌林多前书13∶5。爱不求自己的益处。[1]

不，爱不求自己的益处，因为求自己的益处恰恰就是自爱、自利之爱、自恋，或者没有爱心的性情所具的其他名称的东西。然而，难道上帝不是爱吗[2]？但是，他照着自己的形象造出人，这人必定像他[3]，必定变得完美，正如他是完美的[4]，因此必定达成上帝本身所是的那特别的完美，必定像那是上帝自身的形象，那么，难道他就不是求其自己的益处吗？是的，他求其自己的益处，那是爱，他通过给予一切来寻求它，因为上帝是善的[5]，并且只有一个，他是善的，上帝，他给予一切[6]。或者，难道基督不是爱吗？是的啊，他来到世界是为了做榜样[7]，为了将人们吸引到自己身边[8]，以便他们可以与他相像，可以真正成为他的自己人[9]，那么，难道他就不是求其自己的益处吗？是的，他是求其自己的益处的，通过为所有人奉献自己，这样他们现在就可以在他本身的榜样中、在"牺牲性的奉献"中与他相像。但是，在这意义上的"求其自己的益处"则是某种完全不同的其他东西，绝不是我们在谈论关于"求其自己的益处"或者谈论"不求其自己的益处"时所想的东西。爱正是自我奉献；"它寻求爱"这一事实则又是爱，并且是至高的爱。这就是说，在上帝与人之间的关系之中，事情就是如此。因为，如果一个人寻求另一个人的爱，寻求自己被爱，那么，这不是自我奉献；自我奉献恰恰就是去帮助另一个人去寻找上帝。"寻求爱并且自己成为它的对象但却又不求自己的益处"这是专门保留下来的表述，唯独上帝能够做到这被表述的事情。但是没有人是爱。因此，如果一个人寻求成为另一个人的爱的对象，那么他是在蓄谋而虚伪地寻求自己的益处；因为"一个人的爱"的唯一真实对象是"爱"，这"爱"是上帝，它则因此在更深的意义上不是什么对象，因为他是爱本身。

那么让我们在思想中带着"牺牲性的自我奉献"的作为（并且其实"不做这个或者那个"不是一个作为）谈论关于：

爱不求自己的益处

爱不求自己的益处；因为在爱中没有什么你的和我的。但是，"你的"和"我的"只是一种对于"自己的"的一种关系定性；因此，如果没有什么你的和我的，那么就也没有什么自己的；但是如果根本没有什么"自己的"，那么"求自己的益处"就是不可能的。

公正的标志是，它给予每个人其应得到的，正如它也向每个人要求其应付出的；就是说，公正为"那自己的"作辩护，进行合理的分配，确定出什么是每个人得到许可将之称作是他的"自己的"的东西，并且审判和惩罚，如果有人不愿对"我的"和"你的"做出区分的话。带着这一有争议性的却合理地归属于一个人的"我的"，单个的人得到许可去做他想做的事情；如果他不以除了公正所允许的方式之外的其他方式来求自己的益处，那么公正对他就无可指责，也无权去指责他任何事情。每个人以这样的方式来保存自己的这一份；一旦一个人被剥夺自己的这一份或者一旦一个人去剥夺另一个人他的那一份，那么，公正就会介入，因为它维护着公共安全，在这公共安全之中每个人都拥有着他合理地应有的东西。

然而有时候却会在这里出现一种变化，一种颠覆，一场战争，一场地震或者另一种这样的可怕的不幸，一切就都混淆了。公正徒劳地试图确保让每个人得到自己的一份、试图强调"我的"和"你的"之间的差异，它不能够，它无法在混乱之中维持平衡，因此它扔掉自己的砝码：它绝望！

可怕的戏剧场景！然而，在某种意义上，尽管是以一种生命至福的方式，难道爱不也是在制造同样的混乱吗？然而爱，它也是一种事件，一切事件之中最伟大的，然而同时也是最令人喜悦的；爱是一种变化，一切变化之中最引人注目的，却是最令人向往的——我们恰恰是在一种特别的意义上谈论"一个被爱抓住的人通常被改变"或者"一个被爱抓住的人被改变了"；爱是一种颠覆，一切颠覆之中最深刻的，却是最得到祝福的。然后，与爱一同，这里有着混乱；在这一生命至福的混乱中，对相爱的人

IV　爱不求自己的益处

们不存在"我的"和"你的"间的区分。奇妙啊，有一个你和一个我，并且没有什么我的和你的！因为没有你和我就没有爱，而有了我的和你的就没有爱；但我的和你的（这些所有格的代词）却是由你和我构成的，并且因此在任何有着"你和我"的地方似乎都会有"我的和你的"存在。并且这在任何地方都是如此，唯独不在爱中，爱是一种从根本上的颠覆。这颠覆越深刻，"我的"和"你的"的差异消失得越完美，爱就越完美；它的完美性在本质上是基于"它不显现出来"，隐蔽地在根本之中曾有并且继续有着"我的"和"你的"的差异在那里，因此，这完美性在本质上是基于颠覆的程度。颠覆得越深刻，公正就颤栗得越厉害；颠覆得越深刻，爱就越完美。

　　那么，"我的"和"你的"的差异在情欲之爱和友谊之中是不是被完全取消了呢？在情欲之爱和友谊之中发生着一种自爱的颠覆，在自爱、它的斗争性的"我的"和"你的"上面有着震撼。因此坠入爱河的人觉得自己是出离了自我，跑到了这"自己的益处"之外，迷狂于生命至福的混乱之中，以至于对于他和被爱者，对于他和朋友，不存在"我的"和"你的"的差异；"因为"爱者说，"所有是'我的'的东西都是他的……并且所有是'他的'的东西都是我的！"以什么样的方式，那么，难道"我的"和"你的"的差异就被取消了？如果我的成为了你的，而你的成为了我的，这样，在这之中却还是有着一个我的和你的，所发生的只是一种置换，它标示和担保了这不再是那最初的、那直接的"自爱"的"我的"——与"你的"作对的"我的"。通过这置换，这斗争性的"我的"和"你的"变成了共同的"我的"和"你的"。因此这是一个共同体，在"我的"和"你的"之中的完美共同体。就在"我的"和"你的"相互交换的时候，这就成为了"我们的"，在这种定性之中，情欲之爱和友谊有着自己的力量，至少它们在这之中是强大的。但是，"我们的"是为这共同体的，完全就如同"我的"是为那单独者的，并且"我们的"是构建出来的——不是由那斗争性的"我的"和"你的"构建出来的，因为在这两者之中无法构建出任何统一体，相反，它是由结合起来的、置换了的"你的"和"我的"构建出来的。看，因此，尽管情欲之爱无可否认地是生命最美丽的幸福，并且尽管友谊是最伟大的现世财富，情欲之爱和友谊，就其本身，毕竟只是崇高化和强化了的自爱。在情欲之爱和友谊之中，自爱的颠覆绝不是足够深刻地出自根本的那种颠覆，因此，在它们中，作为一种可能，还是有着那本原的自爱所具的介于"你的"和"我的"之间的斗争性差异，它沉眠着。相爱者相互交换戒指，这恰恰被看成是对于情欲之爱的一种全然表述性象征。它也确实是全然表述性的，但它是一个对爱的很普通的象征，它说到底只是"交换"。一种交换绝非取消"你的"和"我的"之间的差异，因为我为我所交换的东西，随后又还是变成"我的"。在朋友相互把他们的血混在一起的时候，这固然像是一种根本变化，因为在血被混在一起的时候就出现了一种混乱：这在我血管里流着的是我的血吗？不，这是朋友的血；然后，那流在朋友的血管里的则还是我的血。这就是说，"我"对于其自身不再是那首要的，相反那首要的是"你"，而反过来也还是同样的情形。

那么，"你的"和"我的"这差异怎样才能完全被取消呢？"你的"和"我的"这差异是一种对立关系，它只是相互在对方之中并且相互在一起存在；因此，如果把这一个差异完全去掉，那么，那另一个差异就也完全消失了。让我们首先在"你的"和"我的"这差异之中尝试着将"你的"这差异去掉，那么我们会有什么呢？那么我们就有了犯罪，错误行为；因为窃贼、强盗、骗子、施暴者，这样的人不想对"你的"和"我的"这差异有任何认识，而"你的"的差异就彻底不用说了。但是，看，恰恰因此，对于他，"我的"的差异也就完全消失了。尽管他不理解这个，尽管他硬是与理解过不去，"公正"还是明白：一个罪犯在根本上没有"我的"，作为罪犯，他是在这一差异之外；也可以以另一种方式来说：罪犯通过偷窃"你的"而变得越富有，他就拥有越少"我的"。现在，在"你的"和"我的"这差异之中将"我的"这差异去掉，那么我们会有什么呢？于是我们就有那种牺牲着的，那种在一切之中拒绝着自我的，那种真正的爱。但是这样，"你的"这定性则又完全消失了，这对于事后的反思来说是完全能够理解的，尽管它在一瞬间里看起来像是一种古怪的想法。罪犯的"我的"消失了，因为他想要完全废除掉"你的"，这是对罪犯的恶咒；而反过来，"你的"的定性消失了，于是一切就都变成了那真正有爱心的人的，如同保罗说"一切都是你们的"[10]，如同那真正有爱心的人在某种神圣的意义上说"一切都是我的"，这则是对那真正有爱心的人的祝福。然而只有通过"他根本没有任何'我的'"，这样的事情才会发生，亦即，"一切都是我的，根本没有'我的'的我"。然而，"一切是他的"是一个神圣的秘密；因为从人的角度说，那真正有爱心的，那牺牲着的，那牺牲出自己并且在一切之中完全拒绝自己的有爱心的人，他是，从人的角度说，那受伤害的，那在所有受伤害者中最受伤害的人，尽管他是自己通过"不断地牺牲出自己"而使自己成为这样的人的。这样，他恰恰就是那作为"伤害者"的罪犯的完全准确无误的对立面。一个坠入爱河的人不是伤害者的准确的对立面，不管他与伤害者有多么不同，因为，一个坠入爱河的人在某种常常是无意识的意义上还是在寻求自己的益处，并且以这样一种方式有着一个"我的"。但是，只对于自我拒绝的爱，"我的"的定性才完全地消失，"你的"和"我的"这差异才完全被取消。就是说，如果我根本不知道什么是"我的"，如果根本就没有什么东西是"我的"，那么一切就当然是"你的"，在某种意义上说，这一切也确实是"你的"，那牺牲着的爱就是这么认为的；然而，一切，无条件的一切，无法是"你的"，因为"你的"是一种对立关系，而在"一切"之中没有什么对立。然而，这时，奇妙的事情就发生了，那是天上对自我拒绝的爱的祝福：在至福的神秘意义上，一切变成了"他的"，在这"他的"的之中根本就没有任何"我的"，这个"在自我拒绝之中使得所有'他的'都变成了'你的'"的他。也就是说，上帝是"一切"，并且，恰恰通过根本没有"我的"，自我拒绝的爱赢得了上帝，赢得了一切。因为那丧失了自己的灵魂的，将会赢得它[11]。但是"你的"和"我的"这差异，或者情欲之爱和友谊的"你的"和"我的"是一种对"那灵魂性的"的保存。只有精神之爱才有勇气去彻底不想要任何"我的"，有勇气去完全地取消"你的"和"我的"这差异，因此它赢得上帝——通过丧失自己的灵魂。在这里我们又看见古代神父们所说的"异教的美德是灿烂的罪恶"是意味了什么。

只有那真正有爱心的人不寻求自己的益处。他不知道严格律法相关于那"自己的"的要求，也不知道公正相关于那"自己的"的要求，更不知道正直相关于那"自己的"的要求；他也不知道情欲之爱所达成的交换，（情欲之爱也还明白要去留意不让自己被愚弄——因此明白怎样去看护好它的"自己的"）；他也不知道友谊所达成的共同体，（友谊也还明白要去留意是否有着以同样的东西还同样的东西"Lige for Lige"，这样友谊得以持存——因此明白怎样去看护好它的"自己的"）。不，那真正有爱心的人只知道一样东西：被愚弄，被欺骗，奉献一切，不获一丁点回报——看，这就是：不寻求自己的益处。哦，这可怜的傻瓜，他是多么可笑啊——在世界的眼里！真正有爱心的人成为那无条件地受伤害的人——在某种意义上，他是通过自我拒绝来使自己成为"无条件地受伤害的人"。但这样一来，那对"我的"和"你的"的颠覆就达到了其制高点，因此爱也在其自身之中达到了自己最高的至福。任何忘恩，任何判断失当，任何不被人领情的牺牲，任何对感谢的讥嘲，任何东西，不管是"那现在的"还是"那将来的"都无法更早或更晚地使得他明白"他有着某种'我的'"，也都无法揭示出，他只是在一个瞬间里忘记了"我的"和"你的"这差异；因为他永远地忘记了这一差异，并且永远地只知道自我牺牲地去爱，只知道去牺牲。

爱不寻求自己的益处；因为真正有爱心的人不爱自己的独特，但根据每个人的独特爱每一个人；而"他的独特"恰恰是那对于他而言的"特有的"，因此，有爱心的人不寻求他自己的益处，正相反，他爱另一个人的"自己的"。

让我们在一瞬间里观察一下大自然。大自然或者上帝是以怎样的爱在大自然中包容了所有各种不同的有着生命和存在的东西！回忆一下，什么是你自己如此频繁地让你在对之的观察之中得到喜悦的东西，你回忆一下原野的美好！在爱[12]上没有任何，哦，任何差异，但是在那些鲜花上有着怎样的差异啊！甚至最微渺的、最无足轻重的、最微不足道的，那甚至为自己最亲近的环境所忽视的小小可怜的一朵，除非你仔细地看过去，你都根本不会发现它，这就仿佛是，它也曾对爱说：让我成为某种对我而言"是什么"的东西，某种特殊的东西。于是，爱帮助了它去成为它自己特有的东西，但是这比那"小小可怜的一朵"曾经敢去希望要成为的东西要远远美丽得多。怎样的爱啊！首先，它不作区分，彻底没有区分；其次，就像这个首先，它无限地在"去爱'那不同的'"之中使自己不同。奇怪的爱；因为，又有什么东西是像"根本不作区分地去爱"那么艰难呢，在人们根本不作区分的时候，又有什么东西是像"去做出区分"那么艰难呢?！想象一下，如果大自然就像我们人类这样严厉、有控制欲、冷漠、偏倚、狭隘、无常——想象一下，是的，那么想象一下，在那样的情况下，原野的美好会变成什么东西！

这样，在人与人之间的爱的关系之中也是如此，只有"真正的爱"按每个人的特殊性去爱每一个人。严厉、有控制欲的人，他缺少伸缩性，他缺少去领会别人的柔韧；他向每个人要求他自己的特殊性质，想要让每

IV 爱不求自己的益处

一个人都按他的形式得以改造，按他的风格去修剪人类。或者，他去做那被他认为是一种"罕见程度上的爱"的事情，有时候，有那么很罕见的一次，他做出例外的事情：他寻求，他这样说，去领会一个单个的人，这就是说，他以一种完全特定而奇特——并且是随意的方式在这个人身上想象出某种特定的东西，然后要求这个人去实现这想法。到底这是否真的是这个人的特殊品质，这无关紧要，因为这是那有控制欲的人对他的想象。创造是这严厉、有控制欲的人所做不到的，那么他至少就想要去改造，这就是说，他寻求自己的益处，他在他所指之处能够说：看，那是我的画像，那是我的想法，那是我的意愿。这严厉、有控制欲的人是被分配到一个很大的还是一个很小的作用范围，到底他是一个在大帝国里的暴君皇帝还是一个小阁楼里的家庭暴君，在本质上并没有什么区别，这本质是同样的东西：有控制欲地不愿设身处地为别人考虑，有控制欲地想要粉碎另一个人的特殊性并将它折磨致死。这本质是同样的东西——有史以来最大的暴君，他有着一个世界可让他去施虐，他对之还是厌倦了，最终去对苍蝇施虐[13]，但其实他还仍是那同一个人。

正如严厉、有控制欲的人只寻求自己的益处，狭隘性也是如此，那妒忌而有控制欲的，那胆小怯懦的狭隘。什么是狭隘？狭隘是一种特殊性质吗，这就是说，任何人，本原地出自上帝之手，是狭隘的吗？不，狭隘是受造物自身的可悲发明，因为它既不是真正骄傲也不是真正谦卑地（因为谦卑对于上帝是真正的骄傲）装模作样，并且还歪曲上帝，仿佛他也是狭隘的，仿佛他无法忍受特殊性质——他，有爱心地给予一切的他，然而，他还把特殊性质赋予一切事物。因此，我们不能把狭隘性混淆为各种低级天赋或者混淆为我们人类狭隘地称作是"微不足道"的东西。让我们以一个微不足道的人为例——如果他有了勇气去在上帝面前作为他自己，那么他就有特殊性质；然而，其实一个这样的微不足道的人，但我在说什么呢，不，一个这样的高贵的人，他也不是狭隘的。人们无疑应当防范着这种混淆，这样人们就也不会把一种"简单高贵并不明白许多东西的单纯性"混淆为一种"狭隘的怯懦而顽固地只想明白它的'自己的'的局限性"。狭隘的人从来就不曾有过勇气去进入"谦卑"和"骄傲"的这种令上帝喜悦的冒险行为：去在上帝面前作为自己——重心是放在"在上帝面前"，既然这是特殊性质的渊源和根本。那去冒险了的人，他有着特殊性质，就是说他得知了上帝已经给予了他的东西；他在同样的意义上完全地相信每一个人的特殊性质。"拥有特殊性质"是相信每个别人的特殊性质；因为特殊性质不是"我的"，而是上帝的恩赐，通过这一恩赐，他把"去存在"给予我，并且他给予所有人，给予所有人"去存在"。这恰恰是上帝的善之中深不可测的善之源泉：他，全能的他[14]，却是以这样的方式给予，接受者得到特殊性质；"从乌有之中创造"的他却创造了特殊性质，这样受造者相对于他不成为乌有，然而这特殊性质确是出自乌有并且是乌有，却成为特殊性质。但是狭隘，它是后来取得的本质，不具任何特殊性质，这就是说，他不曾相信他自己的，因此他也无法相信任何人的特殊性质。狭隘的人紧抱着一种被他称作是"他的自己的"的完全确定的形态和形式；他只寻求这个，他只能够爱这个。如果狭隘者找到了这个，他就爱。这样，狭隘就与狭隘抱成一团，他们在一起成长，这一点，从精神上理解，就和"指甲在肉里倒着长"一样地有害。这样，这一狭隘的团结被作为"至高的爱"、作为"真正的友谊"、作为真正忠实诚挚的和谐来赞美。人们不愿意明白：人越是这样地抱成一团，距离真爱就越远，狭隘之不真实就变得越大——并且越是有害，如果它同时还声称上帝是它这堆乱糟糟的东西的后盾的话，那么，这狭隘性就会自欺欺人地要作为上帝之爱的唯一对象、唯一能让上帝感到舒适满意的对象。这一狭隘的团结在两个方向上都是同样的狭隘：在一方面，是狭隘地去神化一个完全单个的人，这个人从属于狭隘性的"特有的"，也许就是它的发明者，或者至少是这样的一个人，他在最狭隘的考核之中显现出来，直到这最小的狭隘性完全地具备狭隘性的脸、表情、声音、思路、说话方式和热忱；在另一方面，是狭隘地想要取代掉所有别的东西。正因为这狭隘性是后来取得的本质，并且因此而是不真实，正因为它没有在最深刻的根本之中牵涉上帝，并且也从来不敢大胆地让上帝和自己有关，而只是心胸狭隘地扭曲自己并且炮制上帝，恰恰因此，它有着良心上的不安宁。对于那有着特殊性质的人，任何陌生的特殊性质都不是一种反证，更确切地说，它是一种旁证，或者说，更多的一个证据；因为，事实显现出来，正如他所确信的，每一个都有特殊性质，这并不打扰他。但对于狭隘来说，每一种特殊性质都是一种反证；因此，在看见一种陌生的特殊性质的时候，它感觉到一种湿冷的、毛骨悚然的恐惧，再也没有什么比"使之消失"更重要的事情了；狭隘简直就是在要求上帝，让每一种这样的特殊性质都进入毁灭，这样就能够显示出狭隘是对的并且上帝是一个妒忌的神[15]——为狭隘而妒忌。这说法有时候可以当作一种借口来用：狭隘确实自欺欺人地认为它那可怜的发明是"那真的"，并因此以为"想要把每个人都胡搅歪曲得和自己一样"是真诚的友谊和真实的同情。如果事情是这样，那么，狭隘一般说来有着很丰富的"由衷的说法和保证"。但这其实是，尽管常常没有被说出来，这其实是自我、自我维护，它使得狭隘如此有效以便把所有不是它的"自己的"都去除掉。它的这种心胸狭窄喘息地呼唤着镇痛的调剂，我们在这种心胸狭窄之中听出，如果他不去掉这毛骨悚然地使他焦虑的东西的话，他将会以怎样一种方式死亡；我们在它的眼神之中看得出在更深处它对自己是多么的不确定，并且因此它是多么鬼鬼祟祟而又多么贪婪地等待着猎物，于是，事情就会变得很明显：狭隘必定是对的并且必定赢得所愿。正如一个有生命危险的人会允许自己不择手段，因为这是生死攸关的事情，狭隘也是这样做的；只是它所用来保护自己的生命和杀死那有特殊性质的东西的所有手段自然都是，它们自然都是极其狭隘的；因为，尽管它不择手段，我们还是能够确定，它所不择手段地选择的手段全都是狭隘的。

但情欲之爱和友谊确实是根据其特殊性质去爱被爱者和朋友的吧？是的，确实如此，然而这并非总是完全如此；因为情欲之爱和友谊有着一个极限，能够为另一个人的特殊性质放弃一切，却不会为另一个人的特殊性质而放弃他自己、放弃情欲之爱和友谊。设想一下，如果另一个人的特殊性质恰恰要求这一牺牲！想象一下，爱者看见那对他来说是令他高兴的事情——他是被爱的，但也看见这对于那被爱者的特殊性质是致命的，这会是对被爱者的特殊性质的扭曲，不管在这之中有着多大的愿望，是啊，在这时，就其本身的情欲之爱是无法给出这一牺牲的。或者设想一下，那被爱者看见，这关系会毁灭爱者，会完全破坏他的特殊性质，是啊，在这时就其本身的情欲之爱是没有力量给出这一牺牲的。

但是真正的爱，自我牺牲的爱，根据每个人的特殊性质爱每个人，它愿意给出任何牺牲，它不求自己的益处。

爱不求自己的益处；因为它更是以这样的方式给予：这礼物看上去就好像是接受者自己的拥有物。

我们在公民关系之中谈论人类的境况时，我们在"自主者们"和"依附者们"之间作着区分，并且，我们愿每一个人，愿他在有一天能够变得有能力成为自己的主人——如果我们按着这说法说的话。但是在精神

爱的作为

的世界里，"成为自己的主人"恰也是至高的东西，并且，有爱心地去帮助一个人做到这个，帮他去成为他自己、变得自由、变得不依附、成为自己的主人，帮助他去独自站立，这是最伟大的善举。那么，什么是最伟大的善举呢？是啊，它是我们所提及的：在这样的时候，这就是说，有爱心的人也知道怎样去使自己不着痕迹，以至于被帮助者不因"欠他这最伟大的善举"而变得依赖于他。这就是说，这最大的善举恰恰是：用来做出唯一真正善举的这种方式。在本质上，它只能够以一种方式被做出，尽管在另一种意义上可以以多种方式来做；如果善举不是以这种方式做出的话，那么它就远远不是最伟大的善举，甚至也远远不是善举。因此，我们不能直接就说哪一种行为是最伟大的善举，因为最伟大的善举，"去帮助一个人独自站立"，是无法直接做出的。

　　让我们明白这一点。在我说"这个人因我的帮助而独自站立"，我所说的是真的，但我是不是为他做了至高的事情呢？让我们看，我凭什么这么说？我说"这个人只是因我的帮助而独自站立"，但这样他就不是独自站立，这样他就没有成为他自己，这样所有这些都是他由我的帮助而得到的，并且他对此是知情的。去帮助一个人，以一种方式，其实就是去骗他。然而，这却是这样一种方式，那最伟大善举在世上就是常常以这样一种方式来被做成的，这方式就是：一种"如果以这方式来做的话，它就无法被做成"的方式；然而这却是在世上特别受赞赏的方式，这是自然的，因为那真正使得自己无形的方式是无法被人看见的，并且这样就让世界和那些相关的人免于所有依赖。但是，如果一个人是以一种不正确的方式得到帮助的话，那么他就会无穷无尽地赞美和感激这最伟大的善举（他得助于对我的依赖关系而独自站立）；他和他的家人以及所有人都把我作为他们的最大的慈善家来尊敬赞美我，因为我有爱心地使得他依赖于我，或者——是的，这很奇怪，人们以一种完全没有意义的方式来表达自己的感恩，因为他们不说我使得他依赖于我，而说我帮助他独自站立。

　　因此，那最伟大的善举不可能以这样一种方式做成：接受者知道他欠我这善举；因为如果他知道这一点，那么这就恰恰不是那最伟大的善举了。反过来，如果一个人说"这个人独自站立——[16]通过我的帮助"，那么他所说的就是真的，是的，这样，他就为这个人做了一个人能够为另一个人所做的至高的事情，使得他自由、不依附、成为自己的主人，并且恰恰通过隐藏起自己的帮助而帮助他去独自站立。因此就是：独自站立——

IV 爱不求自己的益处

通过另一个人的帮助！看，有许多作家在每一个思维缺乏的地方用上破折号；也有许多作家则带着认识和品味地使用破折号；但确确实实，比起在这个小句子中的情形，从来不曾有过一个破折号是被用得如此说明问题并且永远也不可能有一个破折号被用得如此说明问题——如果它，就是说，它是被一个使之完美的人使用的话，如果有这样的一个人存在的话；因为，这小小的句子以最巧妙的方式包容了无限之想法，并且最大的矛盾就在这小小的句子中得以克服。他独自站立——这是那至高的东西；他独自站立——你看不见更多；你看不见任何帮助或者支持，没有任何笨手笨脚的外行来伸手扶住他，正如他不会感觉到有人帮了他，不，他独自站立——通过另一个人的帮助。但这另一个人的帮助是隐蔽的，对他是隐蔽的，在这受助者，不，在他，这独立者的眼里是隐蔽的（因为如果他知道他得到了帮助，那么他就不是在最深刻的意义上的独立者，正帮助并且曾帮助了自身的独立者），它隐蔽在破折号背后。

有一种高贵的智慧，它在善的意义上也是无限的狡猾和诡诈的。它是人们所熟知的；如果我提及它被人提及时所用的外来词，那么在我们时代几乎不会有什么人是不认识它的——它的名字[17]，也许，在人们描述它而不提及它的名字的时候，在这些知道它名字的人中并没有很多人知道它。它和它的名字在这个世界里常常被当作糟糕的东西来说[18]，而这也不是很值得奇怪的；因为世界是一个非常混乱的思想者，为了各种想法它既没有时间也没有耐心去思考一个想法。那个古代的高贵而简朴的人，他是这一智慧的大师[19]，并且确确实实，这高贵的人绝非恰恰是一个坏人或者恶人，他也是，我要稍稍调皮地来表述的话，他是，人们其实无法拒绝他这一点，他是一类思想者，尽管不像现代思维方式的说话方式那样深刻，尽管不像现代思维方式的说话方式在"能够解释"的方面那么令人敬仰[20]，因为他从来就没办法让自己去解释比他所理解的东西更多的东西[21]。

这个高贵的顽皮者深刻地领会了，一个人能够为另一个人所做的至高的事情，是使得他自由，帮助他去独自站立——并且他也在领会这一点之中明白了他自己，这就是说，他明白，如果这事情要能够被做出来，那么帮助者就必须能够使得自己隐蔽起来，慷慨地想要去消灭自己。他是，按他自己称呼自己的，从精神上领会的话，一个助产士[22]，并且他无私地带着所有自我牺牲在这个服务行业里工作——因为，那无私的地方恰恰是在于，"怎样"，以及"得助者得到了帮助"，这对于得助者都是隐蔽的，那

297

无私的地方恰恰是在于，世界不能够明白并因此而不会来赞赏他的无私，这是这世界永远都无法做到的，因为它恰恰就无法理解，为什么一个人会不愿意自私自利，它无疑倒是很明白，一个自私自利的人会更为自私自利地想要被人看成是无私的。

在这种对"去帮助另一个人"的理解中，有爱心的人和那个高贵的顽皮者是一致的。后者自己知道，并且他确实是对另一个人做出了最伟大的善举，他自己知道：他曾是怎样为此工作的，这"去把另一个人骗入真相"花费了他什么样的时间和勤奋和记忆，他帮助一个人是通过去掉其痴愚并且将之骗进"那真实的"，这样他必须忍受来自得助者的多少误解[23]。因为这"在一个人身上剥夺去他的痴愚"的技艺施展起来是很危险的；那个高贵的人自己说："人们会变得对他如此愤怒，以至于每次他要剥夺他们身上的痴愚时，他们都想要拼命咬他一口"[24]，因为他们把"让他们在他们的痴愚之中得以强化"称作是爱，那么，这又有什么奇怪的，他们变得愤怒，因为有人要把他们最好的宝贝从他们这里拿掉啊！他就以这样的方式工作，并且在工作结束了的时候，他很小声地对自己说：现在这个人独自站立着[25]。但是，随后我们就达到了这破折号，通过这破折号，微笑就出现在这高贵却顽皮的人的嘴唇上[26]，他说"现在这个人独自站立——通过我的帮助"，他为自己保留了这一不可描述的微笑的秘密。确实，在这一微笑之中没有任何恶意，他自己知道，他所做的事情是出自善意的，他自己知道，这其实是善举，并且其实是他能做出这善举的唯一方式，但是这微笑，则是智谋的自我意识。

有爱心的人的情形则不同。他也说：现在这个人独自站立着。然后出现破折号。哦，但这一破折号对于那有爱心的人来说意味了别的东西，不是一个微笑；因为，不管那个顽皮的人是多么的高贵而慷慨而无私，他并不是在关怀的意义上爱他所要帮助的人。那个顽皮的人恰恰在破折号之狡猾之中使自己获得无限的轻松，而"能够为另一个人做出一切然后又让自己看上去仿佛与之毫无关系"，这恰恰是技艺之所在，但是反过来，对于那有爱心的人，尽管破折号在思维的意义上是无限的轻松，然而在另一种意义上（但要留意，这是不为人所留意的）则是像一种沉重的呼吸，几乎像一声深沉的叹息。因为在这一破折号之中隐藏着恐惧之失眠、工作之守夜，几乎是绝望的努力；在这一破折号之中隐藏着畏惧和颤栗，并且这畏惧和颤栗从来就不曾找到任何表达，因此这恰恰就更可怕。有爱心的

IV 爱不求自己的益处

人明白了，"去帮助另一个人独自站立、成为自己、成为自己的主人"，这其实是一个人对另一个人所能做的最伟大的、独一无二的善举；但他也明白在工作过程中的危险和苦难，尤其是责任之可怕。因为，带着对上帝的感谢，他说：现在这个人独自站立——通过我的帮助。但是，在这后一半之中没有任何自得自满，因为有爱心的人明白了，在本质上每一个人都独自站立——通过上帝的帮助；并且，有爱心的人的自我消灭在根本上只是：为了不妨碍另一个人的上帝关系，这样，有爱心的人的所有帮助都无限地消失在上帝关系中。他不取报酬地工作；因为他把自己弄成乌有，恰恰就在我们有可能谈论"他能够保留'骄傲的自我意识'的酬报"的瞬间，上帝就登场了，并且他再次被消灭掉，然而这对于他却是他的至福。

看，如果"去与国王说话"对于一个人来说是非常重要的，那么，一个宫廷大臣有这样的权力让这个人觉得他意义重大；但是如果这关系可以被想象成这样：一个宫廷大臣恰恰是通过让自己靠边而能够在任何瞬间都帮助申请者去与国王说话，那么，这申请者会不会在对"能够在任何瞬间都与国王说话"的喜悦之中纯粹就忘记这可怜的宫廷大臣呢；这可怜的宫廷大臣，他本来曾有着这样的权力，有爱心地借助于"有时候帮助申请者去见到国王"而使得自己对申请者而言是特别相关的人，使得自己因自己的爱而被申请者爱；这可怜的宫廷大臣，他相反是有爱心地选择了让自己靠边，并且恰恰是以这样一种方式为申请者准备好在任何瞬间都能去见国王，帮助申请者进入这种"在任何瞬间都能够见到国王"的独立。

所有有爱心的人的工作都是这样的。确实，他不求自己的益处，因为他恰恰就是以这样的方式给予的——看上去礼物就仿佛是接受者的拥有物。只要有爱心的人能够做到，他就会设法去帮助一个人成为自己，成为自己的主人。但是这样，在存在之中就根本没有任何东西被改变掉，唯独只有这有爱心的人，这隐蔽的行善者被推到了外面。因为"变得自由、变得独立、成为其自身"是每一个人的定性。如果有爱心的人在这方面曾是上帝的助手，那么一切就仿佛是依据着这定性。如果一个人能够感觉到这有爱心的人给出了帮助，那么这关系就被打扰了，或者，那么这帮助者就不是有爱心地帮助、这有爱心的人就不是正确地给出帮助。

作为对他所有工作的感谢，有爱心的人所获得的是多么奇妙的记忆啊！他可以以一种方式把自己的一生都打包装进一个破折号。他可以说：

我曾工作得比任何人都多,从早到晚,但是我所达成的是什么呢——一个破折号!(就是说,如果他所达成的东西可以直接被看见的话,那么,他就是并不很有爱心地工作。)我曾承受痛苦,像所有人一样的沉重,这痛苦就像只有爱才能够承受的那种真挚;但我能够有益于什么呢——一个破折号!我曾宣示出"那真的",比任何人都更清楚并更周到;但是谁吸收了这个呢——一个破折号!就是说,如果他不是那有自信的人的话,那么他就会想得不怎么周到,把"那真的"直接叫喊出来,那么,他就马上会有追随者,他们就会去吸收"那真的",并且将他作为大师来致敬。

那么,这有爱心的人的生命是不是被白白浪费,他是不是徒劳地生活了一辈子呢,既然根本没有什么东西,没有任何东西,见证他的作用和努力?回答:难道"不求自己的益处"是浪费生命吗?不,其实这生命没有被浪费,有爱心的人在与自己和与上帝一同的至福喜悦之中知道这个。在某种意义上,他的生命是被完全地挥霍在了存在上、挥霍在了其他人的存在上;不愿在"强调自己"上、不愿在"作为什么特别的人物"上浪费任何时间或力气,他愿意在自我牺牲之中进入毁灭,这就是:他完完全全地变得仅仅只是作为上帝手中的一种作用力。正因此,他的作用不能变得有形可见。他的作用恰恰在于:去帮助另一个人或者其他人们去成为他们自己的主人,而在某种意义上他们在事先就是如此。但是,在一个人确实是通过另一个人的帮助而成为了他自己的主人时,那么,要看出这是另一个人的帮助,则是完全不可能的;因为,如果我看出另一个人的帮助,那么这就是说,我看出那得助者尚未成为他自己的主人。

注释:

1 [**歌林多前书13:5。爱不求自己的益处**] 引自《歌林多前书》(13:5),见上一篇的注脚。

2 [**难道上帝不是爱吗**] 指向《约翰一书》(4:7—8) 和 (4:16)。

3 [**他照着自己的形象造出人,这人必定像他**] 指向《创世记》(1:26—27):"神说,我们要照着我们的形象,按着我们的样式造人……神就照着自己的形象造人,乃是照着他的形象造男造女。"

4 [**必定变得完美,正如他是完美的**] 指向《马太福音》(5:48):"所以你们要完全,像你们的天父完全一样。"

5 [**上帝是善的**] 可参看《巴勒的教学书》第一章第三段§7:"上帝是善的,并且证明如此多对所有他的创造物的善行,这些创造物中的每一个都能够接受这些善行，依据于自己的天性或者自己的情况或者自己的外在状态。"

6　[只有一个，他是善的，上帝，他给予一切] 指向《马可福音》（10：18）："耶稣对他说，你为什么称我是良善的。除了神一位之外，再没有良善的。"

7　[他来到世界是为了做榜样] 指向《约翰福音》（13：15）："我给你们作了榜样，叫你们照着我向你们所作的去作。"

8　[为了将人们吸引到自己身边] 指向《约翰福音》（12：32）："我若从地上被举起来，就要吸引万人来归我。"

9　[以便他们可以与他相像，可以真正成为他的自己人] 指向《约翰福音》（17：6—10）："你从世上赐给我的人，我已将你的名显明与他们。他们本是你的，你将他们赐给我，他们也遵守了你的道。如今他们知道，凡你所赐给我的，都是从你那里来的。因为你所赐给我的道，我已经赐给他们。他们也领受了，又确实知道，我是从你出来的，并且信你差了我来。我为他们祈求。不为世人祈求，却为你所赐给我的人祈求，因他们本是你的。凡是我的都是你的，你的也是我的。并且我因他们得了荣耀。"

10　[保罗说"一切都是你们的"] 指向《歌林多前书》（3：21—23），之中保罗说："所以无论谁，都不可拿人夸口。因为万有全是你们的。或保罗，或亚波罗，或矶法，或世界，或生，或死，或现今的事，或将来的事，全是你们的。并且你们是属基督的。基督又是属神的。"

11　[那丧失了自己的灵魂的，将会赢得它] 指向《路加福音》（17：33），之中耶稣说："凡想保全生命的，必丧掉生命。凡丧掉生命的，必救活生命。"

12　这个"爱"是名词。如果这句子没有被一声感叹"唉"打断，那么我们可以这样看：在"爱"上不存在任何差异。

13　[有史以来最大的暴君，他有着一个世界可让他去施虐，他对之还是厌倦了，最终去对苍蝇施虐] 指罗马皇帝图密善（Titus Flavius Domitian，51—96），他的统治时期是81—96年，他的控制欲和多疑驱使他使用越来越残酷的手法。在罗马历史学家斯文通的传记中写道："在他执政的第一年，他每天好几个小时都把自己关在房间里只顾抓苍蝇，他把抓住的苍蝇串在锥子上。有一次有人问克里斯普斯，有没有人在里面和皇帝在一起，他诙谐地回答说：'不，一只苍蝇都没有。'"

14　[全能的他] 参看《巴勒的教学书》第一章《论上帝及其性质》第三段"圣经之中所教的关于上帝之本质和性质的内容"§3："上帝是全能的，能够做一切他想做的事不费功夫。但他只做确定而好的事情，因为除了唯独这个之外，他不想要别的。"然后，在对此的一个说明之中有："我们能够安全地去信任全能的上帝在所有我们的合法道路上的帮助和守卫，因为他不缺乏力量来保护我们。"

15　[上帝是一个妒忌的神] 指向《出埃及记》（20：5）："不可跪拜那些像，也不可侍奉它，因为我耶和华你的神是忌邪的神。恨我的，我必追讨他的罪，自父及子，直到三四代"。

16　作者在这里使用这个破折号是为了说明破折号后面是一种隐蔽。后面的几个破折号也有着这种作用。

17　[它是人们所熟知的……几乎不会有什么人是不认识它的——它的名字] 这里是指向"反讽"，一个修辞的、审美的和人生哲学的名词，并且是日常用语中的表达，自从 1800 年被人用得很普遍。克尔凯郭尔自己的 magister 论文就是《论概念反讽》（1841）。

18　[它和它的名字在这个世界里常常被当作糟糕的东西来说] 比如说黑格尔的哲学，它把反讽看成是"那恶的"的至高形式。参看《论概念反讽》。

19　[那个古代的高贵而简朴的人，他是这一智慧的大师] 指苏格拉底，他著名的反讽是《论概念反讽》的第一部分的主题。

20　[他是一类思想者……尽管不像现代思维方式的说话方式在"能够解释"的方面那么令人敬佩] 针对黑格尔的哲学。黑格尔强调了，在苏格拉底那里所谈论的哲学不像个体生活那么多；这个句子被克尔凯郭尔引在《论概念反讽》里。而在《非科学后记》之中说，苏格拉底是"存在着的思想者"的典范，正是作为思辨哲学家的对立面。

21　[他从来就没办法让自己去解释比他所理解的东西更多的东西] 苏格拉底在"他所明白的"和"他所不明白的"之间作区分，可参看柏拉图《申辩篇》中 21d："我们两人都无任何知识值得自吹自擂，但他却认为他知道某些他不知道的事情，而我对自己的无知相当清楚。在这一点上，我似乎比他稍微聪明点，因为我不认为自己知道那些我不知道的事情。"（我在这里引用《柏拉图全集》第 1 卷第 7 页中的文字。王晓朝译，人民出版社 2001 年版。）

22　[他是，按他自己称呼自己的，从精神上领会的话，一个助产士] 苏格拉底在柏拉图的对话《泰阿泰德篇》（148e—151d）中描述了自己特别的助产士艺术。在《泰阿泰德篇》149a 中："苏格拉底：你真是太可笑了！难道你从来没有听说过，我是一位名叫斐那瑞特的产婆的儿子，她很优秀，身体健壮？泰阿泰德：我听说过。苏格拉底：你听说过我也使用同样的技艺吗？"（我在这里引用《柏拉图全集》第 2 卷第 661 页中的文字。王晓朝译，人民出版社 2001 年版。）

23　[他帮助一个人是通过去掉其痴愚并且将之骗进"那真实的"，这样他必须忍受来自得助者的多少误解] 指向柏拉图的对话《泰阿泰德篇》（150b—c）："我的助产术与她们的助产术总的说来是相同的，唯一的区别在于我的病人是男人而不是女人，我关心的不是处在分娩剧痛中的身体，而是灵魂。我的技艺最高明的地方就是通过各种考查，证明一位青年的思想产物是一个虚假的怪胎，还是包含生命和真理的直觉。就我本人不能产出智慧辈说，我和产婆是一样的，人们对我的普遍责备是对的，说我只管向别人提问，但自己却由于没有智慧而不能做出任何回答。这里的原因就在于上苍强逼我接生,但禁止我生育。"(我在这里引用《柏拉图全集》第 2 卷第 662 页中的文字。王晓朝译,人民出版社 2001 年版。)

24　[那个高贵的人自己说:"人们会变得对他如此愤怒,以至于每次他要剥夺他们身上的痴愚时,他们都想要拼命咬他一口"] 指向柏拉图的对话《泰阿泰德篇》(150b—c):"在考察你的论断时,我可能会把其中的一些判定为假胎。如果我对它引产,将它抛弃,请别像一位被夺走头生子的妇女那样说我残忍。人们经常对我怀有那样的感觉,并想指责我消除了他们孕育的某些愚蠢的观念。他们看不到我正在对他们行善。他们不知道神不会恶意对待人,也不知道我的行为并非出于恶意。"(我在这里引用《柏拉图全集》第 2 卷第 663—664 页中的文字。王晓朝译,人民出版社 2001 年版。)

25　[在工作结束了的时候,他很小声地对自己说:现在这个人独自站立着] 这是克尔凯郭尔以前的创作,可参看《论概念反讽》第一部分第二章之中对苏格拉底的描述:"因此他将这些个体置于自己辩证的气泵之下,把他们习惯于呼吸的物质性空气从他们那里剥夺掉,并且让他们站立着。对于他们来说,现在是一切都丧失了,除非他们能够在一种非物质的气中呼吸。现在苏格拉底反倒不再与他们有任何关系,而是急着去进行新的实验了。"

26　[微笑就出现在这高贵但却顽皮的人的嘴唇上] 神秘的微笑是苏格拉底的特征之一。

V　爱遮掩许多的罪[1]

"那现世的"有着三个时态[2]，并且因此其实从不曾完全存在，或者完全地处在这三者之一中；"那永恒的"存在。一个现世的对象能够有许多不同的性质，在某种意义上能够同时具备这些性质，只要它在这些特点的性质上是它所是。但是就其本身而言的翻倍（Fordoblelse）则是一个现世的对象永远都不会具备的；正如"那现世的"消失在时间之中，同样它也只是驻留在各种性质之中。相反，如果"那永恒的"是在一个人身上，那么这永恒的就以这样一种方式在他身上翻倍，以至于它在他身上的每一个瞬间它都是以一种翻倍的方式在他身上：在向外的方向上，以及在向内回返进自己的方向上，却是以这样的方式，这是完全一样东西；因为否则它就不是翻倍。"那永恒的"不仅仅是驻留在它的各种性质之中，而且也是在它的各种性质之中驻留于它自身之中；它不仅仅有着各种性质，而且也是在有着各种性质的同时驻留在它自身之中。

如此也是爱的情形。爱所做的事情，它是爱所是的东西，爱所是的东西，它是爱所做的事情——并且是在同一个瞬间里；在它出离自身（向外的方向）的同一个瞬间里，它是在它自身之中的（向内的方向），并且就在它处于它自身之中的同一瞬间里，它同时出离自身，以这样一种方式：这一出离和这一回返，这一回返和这一出离是在同一时间里的同一样东西。在我们说"爱给人坦然无惧的信心"的时候，我们是在说有爱心的人通过自己的本质使得别人坦然无惧；在任何地方，只要有爱在场，它就传播坦然无惧的信心；人们很愿意接近那有爱心的人，因为他驱逐畏惧；在猜疑者把所有人都从自己身边吓走的同时，在狡猾诡诈者在自己周围散布恐惧和使人痛苦的不安[3]的同时，在有控制欲的人的在场使人沉重就像雷雨前沉闷天气的潮湿气压的同时，爱给予人坦然无惧的信心。但是在我们说"爱给予人坦然无惧的信心"的时候，我们同时在说一些别的东西，有爱心的人有着坦然无惧的信心，正如这叫作"爱在审判的日子给予人坦然无惧的信心[4]"，这就是说，它使得有爱心的人在审判中坦然无惧。在我们说"爱救人于死亡[5]"的时候，在这想法中马上就有翻倍：有爱心的人从死亡中把另一个人拯救出来，并且他，要么是在同一种意义上，要么在另一种意义上，把他自己从死亡之中拯救出来；但他一次性地做出这事，这是同一样事情；这不是"在这一瞬间他拯救一个他人而在另一个瞬间他拯救自己"，而是：他在"从死亡中把另一个人拯救出来"的同一个瞬间，他把他自己从死亡之中拯救出来。只是爱从不考虑后者，从不考虑拯救自己，从不考虑自己去获得坦然无惧的信心；有爱心的人只是有爱心地想着给予人坦然无惧的信心并且从死亡中把他人拯救出来。有爱心的人并不因此就被遗忘了。不，那有爱心地遗忘了自己，为了想着另一个人的苦难而忘记了自己的苦难，为了想着另一个人的悲惨而忘记了所有自己的悲惨，为了有爱心地去关心另一个人的损失而忘记了自己所损失的东西，为了有爱心地看护另一个人的好处而忘记自己的好处，确确实实，一个这样的人没有被忘记。有想着他的，那是天上的上帝；或者，爱想着他。上帝是爱[6]，如果一个人因爱而忘记自己，上帝怎么会忘记他！不，在有爱心的人忘记自己并且想着另一个人的同时，上帝就在想着这有爱心的人。自爱的人，他很忙碌，他尖叫着、吵闹着、坚持着自己权利保证自己不被忘记，他却是被忘记了；但是，那忘记自己的有爱心的人，他为爱所记忆。有想着他的[7]，因此有爱心的人得到他所给予的东西。

看这里的翻倍：有爱心的人所做的事情，他就是这事情，或者他成为这事情，他所给予的东西，他拥有这东西，或者更确切地说，他得到这东西，多么奇妙啊，就像"吃从吃者出来"[8]。然而也许一个人会说："有爱心的人拥有他所给予的东西，这也不是什么奇怪的事情，事情一直就是这样；一个人肯定会不去给别人自己所没有的东西。"好吧，但事情是不是确实也一直如此，一个人保留自己所给予的东西，或者，一个人自己得到自己给另一个人的东西，一个人通过给予而得到并且恰恰得到自己所给予的同样的东西，所以这"给予"和这"接受"是同样的东西？一般来说，事情则不会是如此，而是相反，我所给予的东西，另一个人得到它，而不是我自己得到我给予另一个人的东西。

以这样的方式，爱总是在自身之中得以翻倍。在我们谈论"爱遮掩许多的罪"的时候，事情也是如此。我们在圣经里读到，那是"爱"的自己所说的言辞：对于那爱多的人，许多罪都被赦免[9]，因为在他身上遮掩许多的罪。

然而，这次我们不打算谈论这个。在这一小小的文稿中，我们继续谈论爱的各种作为，因此我们在向外的方向上考察爱。在这样的意义上我们现在谈论：

爱遮掩许多的罪

爱遮掩许多的罪，因为它不去发现各种罪；而那必定是会存在的东西，在它能够被发现的情况下，不去发现它，这就是遮掩。

"许多"（Mangfoldighed）这个概念就其自身而言是一种不确定的东西。比如说我们谈论"许多的受造物"，然而这同样的东西意味着某种非常不同的东西，要看谁是谈论者。一个人，他一生都在一个偏僻的地方度过，并且只有过一小点去认识大自然的兴趣，那么，尽管他也谈论"许多的受造物"，他又能够知道多少关于这个概念呢？相反，自然科学家，他在全世界旅行过，到过各种各样的地方，地面之上和之下，见过一切他所见的许多，另外还带有武装起来的眼睛，曾远视地发现过本来是看不见的星辰，也曾非凡近视地发现过本来无法被人看见的爬虫，他所知的东西有令人惊奇地那么多，他却使用这同样的词语，"许多的受造物"。进一步看，在自然科学家为他成功地看见的东西而高兴的同时，他还是很心甘情愿地承认：各种发现是没有极限的，因为，甚至考虑到人们用于发现的各种工具，对这些工具的发现都是没有界限的，于是，这"许多"，既然它被发现或者既然可用于"发现"的各种新的工具被发现，这"许多"就不断地变得越来越大，并且还不断地能够继续变得更大，就是说，在这一切的一切仍被包含在"许多的受造物"之中的同时，这"许多"会被证明是更大。"许多的罪"的情形也是如此，这个词意味着某种非常不同的东西，要看谁是谈论者。

因此，一个人发现"许多的罪"不断地变得越来越大，这就是说，通过发现，它不断地被证明是越来越大，自然也是借助于人们所做的各种发现，考虑到为了去发现，一个人的行为方式会是多么狡猾，他会是多么猜疑。这样，那不去发现的人，他就是在遮掩这"许多"，因为对于他，这"许多"比较小。

但是，"去发现"，这是某种值得称赞的事情，某种令人敬仰的事情，

V 爱遮掩许多的罪

尽管这一景仰有时候是被迫以一种奇怪的方式把某些不同类的东西安排在一起；因为人们景仰发现一只鸟的自然科学家，于是人们当然也就景仰那条发现了"紫色"的狗[10]。不管怎么说，无疑就是如此："去发现"在世界中受到赞美和景仰。而反过来，如果一个人不发现什么东西或者不发现任何东西，他就会被评估得非常低下。人们一般会这样说一个人，来将他描述为一个沉浸在自己的想法中的古怪的人："他绝对不会有什么发现。"如果人们要指出一个特别浅薄而愚蠢的人，人们会说"他当然不曾发明了火药"，而在我们的时代也并没有必要做这样的事情，既然它现在已经被人发明出来了，那么，如果在我们时代有人认为自己是发明火药的人，那么这就只会是更不对头了。哦，但这"发现什么"在世界里是如此地受景仰，以至于人们无法忘记令人羡慕的命数——"发明了火药"！

在这样的意义上，我们很容易看出，那什么东西都没有发现的有爱心的人，在世界的眼中看来是卑微的。因为，即使是相对于"那恶的"，相对于罪和许多的罪，这"去发现"，"去作为那狡猾的、诡诈的、计谋多端的，也许这样或多或少地腐败的观察者"，在这个世界里也是极受尊敬的。甚至一个少年在他走进生活的第一瞬间，他也会如此想要（因为他是那么不愿意世界把他称为傻瓜）揭示出他是怎样认识和发现了"那恶的"。甚至女人在她最初的青春，她也会如此想要（因为她是那么不愿意世界称她为一头小小的鹅[11]或者一个小村庄美人[12]）揭示出，她虚荣地自以为是有知人之能，自然是在"那恶的"的方面。是的，这是不可思议的，世界相对于古代有了如此的变化：当年只有为数不多的几个人认识他们自己，而现在则所有人都是知人的专家。这是奇怪的事情；如果一个人发现了几乎每一个人在根本上都是多么的和善，那么他就几乎不敢认同自己的发现，他会害怕变得可笑，也许甚至害怕人类会因此而觉得受到侮辱。相反，如果一个人让人觉得好像是他发现了每一个人在根本上是多么卑劣，多么妒忌，多么自爱、多么无信无义，在那最纯洁的人心中，就是说，在那些被傻瓜和蠢鹅和乡村美人看作是"最纯洁的"的人身上，会隐藏有怎样的可鄙，是啊，这时他就会虚荣地以为他是受欢迎的，世界所渴望想要听见的是他观察的结果，他的知识，他的故事。这样，罪和"那恶的"对人们有着一种比人们通常所想的更大的控制力："去是善的"是如此耻辱，"相信'那善的'"是那么浅薄，"泄露出自己的无知"，或者，"作为一个未被接纳者——一个没有被接纳进罪的各种最内在的秘密

307

的人"是那么像小城镇人那样没见识。在这里我们相当清楚地看出，罪和"那恶的"在绝大部分情况下是怎样主要地处于一种对世界、对他人的虚荣的比较关系之中的。因为人们能够完全确定，同样的这些人，他们恰恰因为虚荣地害怕世界对他们的看法而在他们与他人的交往之中努力通过展示出对"那恶的"的特别熟识来显得可爱和有趣，人们能够完全确定，同样的这些人，在他们完全孤独的时候，在他们平静的心情之中他们无须因为"那善的"而感到羞耻，这时，他们就会有完全另一种看法。但是，在与人的交往中，在成群的时候，在人们数量很多或者至少有比较多的几个在一起时，也就是说比较，在人群有着比较关系，对此虚荣心不可能保持视而不见，这时，这一个就会引诱那另一个去揭露出他所发现的东西。

然而，即使是完全世俗性情的人们有时候也会有例外，对事情做出更温和的论断，不去发现什么东西。假设有两个狡猾的人相互要决定一些什么事情，对此他们恰恰不想要有见证，但是他们无法有什么别的做法，他们不得不在一个有着第三个人在场的房间里决定这事情，而这第三个人则是（他们都知道）在极大的程度上坠入爱河，幸福地处于恋爱的最初几天之中，不是吗，那么一个狡猾者就对另一个狡猾者说，"是啊，他倒是真的完全可以在场，他什么都发现不了"。他们会带着微笑这么说，以这微笑来对他们自己的精明表示尊敬；然而，他们还是会对那什么都发现不了的坠入爱河者怀有一种敬仰。

现在让我们看那有爱心的人！是否有人笑话他，是否有人讥嘲他，是否有人可怜他，并且不管世界怎样说他，明确的是：在"许多的罪"的方面，他什么都没有发现，甚至这笑话、这讥嘲、这可怜，他都根本什么也没发现，他只看见非常少的一点点。他什么都不发现；就是说，我们在这两者之间作区分："去发现"——这是为"去找到"而有意识、有意图的努力，和"去看或者听"——这可以是违背一个人的意志发生的。他什么都不发现。不过，不管人们笑话他还是不笑话他，不管人们讥嘲他还是不讥嘲他，人们在根本之中深深内在地对他怀有一种敬仰，因为他立足并且深化于自己的爱，什么都不发现。

有爱心的人什么都不发现，因此他遮掩那会在"发现"之中被看见的许多的罪。有爱心的人的生命表达在使徒的指令之中：在恶之中作孩子[13]。世界所真正景仰的东西，比如说精明，是在"那恶的"上面的理解

V 爱遮掩许多的罪

力,而智慧则是在"那善的"上的理解力。在"那恶的"上面的理解力是有爱心的人所没有并且也不想拥有的,他是并且继续是、他愿是并且愿继续是一个孩子。把一个孩子放在一个强盗窝里(但是这孩子不可以留在那里,如果他自己会被败坏的话),就是说,让他在那里待上很短的一段时间,让他回到家里并讲述他所经历的一切,你可以看见,这孩子,他还是(因为每一个孩子都是如此)很好的观察者并且有着极好的记忆力,他想要详尽地描述一切,却是以这样一种方式,在某种意义上,最重要的东西被跳过了,以这样一种方式,如果一个人不知道这孩子曾和强盗们在一起,现在因为这孩子的叙述,他就根本不会想到这被跳过的部分。什么是这孩子所跳过的东西,什么是这孩子没有发现的东西呢?那是"那恶的"。然而,这孩子的关于他所看见听见的东西的叙述,是完全准确的。那么,这孩子所缺乏的是什么,是什么东西常常使得一个孩子的叙述成为对成年人们的最深刻的讥嘲?这是在"那恶的"上的理解力,这孩子缺乏这在"那恶的"上的理解力,这孩子根本就没有这愿望去知道"那恶的"。在这之中,有爱心的人就像这孩子。但是,作为所有"去理解"之中首先有着一种介于那要去理解的人和那要被理解的东西之间的理解。因此,在"那恶的"上的理解力(不管它想要怎样自欺欺人地让自己和别人以为它能够保持让自己完全纯净,它是在"那恶的"上的纯净的理解力)对"那恶的"还是有着理解的;如果这一理解不存在,如果这理解者不喜欢去理解这事情,如果他厌恶"去明白这事情",那么他也就不会想去理解这事情。如果这一理解不意味着别的东西,那么它就还是一种对"那恶的"的恶性好奇心;或者,借助于对"那恶的"的广泛度的了知,它是一种对"为自己的错误找借口"的狡猾侦察;或者,一种借助于对其他人的腐败的了解来抬高自己的价值的虚伪算计。但是,要小心;因为如果你好奇地给"那恶的"一个小手指,那么它就会马上抓住你整个手;借口是可让人收集的一切之中最危险的;借助于与他人的糟糕做比较来变好或者让自己更好看一些,这无疑就是以一种糟糕的方式来变好。在这一理解已经发现了许多的恶的时候,那么在这时又有什么发现是一种更为密切的理解所无法达到的呢,这理解确实真正地与"那恶的"达成了协议了!正如患黄疸病的人看一切都是黄色的[14],一个这样的人,在他自己沉陷的越来越深之后,发现许多的罪在自己周围变得越来越大。他的眼睛变得敏锐,得到武装,唉,不是在真实的意义上,而是在不真实的意义上,

309

因此他的视觉变得越来越盲目,这样,他就亵渎地在一切之中看见"那恶的",甚至在那最纯净的东西中——唉,这一视觉(哦,可怕的想法)对于他却是一种安慰,因为他极其需要如此尽可能无限地去发现"许多"。在最后他的发现不再有任何边际;因为现在他发现罪,甚至在"他自己知道罪是不存在的"的地方,他借助于诽谤、捏造和谎言的创作来发现这罪——他在这种创作之中练习了如此之久,以至于他最终自己相信了。是的,这样的一个人,他发现了许多的罪。

但是,有爱心的人什么都不发现。在有爱心的人以这样一种方式通过根本不发现任何东西来遮掩许多的罪的时候,有某种无限庄严的东西,但它同时也是某种如此孩子气的东西,某种让人觉得像孩子的游戏的东西;某种让人觉得像孩子的游戏的东西,因为以这样的方式我们在和一个孩子游戏,我们游戏,我们看不见这孩子,但这孩子却站在我们面前,或者这孩子游戏,他无法看见我们,这让这孩子玩得很开心,如此不可描述地开心。在这里,这孩子气的方面是在于:游戏中的有爱心的人睁着眼睛无法看见在他面前所发生的事情;而庄严的方面是:他所无法看见的东西是"那恶的"。众所周知,东方人尊敬一个精神错乱的人[15],但这个有爱心的人,他是值得人尊敬的,他当然就像是一个精神错乱的人。众所周知,古代在两种类型的疯狂之间做出非常大的区分,这无疑也是对的,一种是可悲的疾病,并且人们为这样的疾病感到难过;另一种则被人称作是神圣的疯狂[16]。如果我们一次性地"以神圣的方式"使用一下这个异教词句说:有爱心地不能看见正在自己面前出现的"那恶的",这是一种神圣类型的疯狂。确实,在这在"那恶的"上有着如此多理解力的精明时代,我们去为"学会尊敬这种疯狂"而做一些什么,这无疑是很有必要的;因为很不幸,在我们的这个时代里,一个这样的有爱心的人,他对"那善的"有很多理解力却不想要对"那恶的"有任何理解力,对他,人们做了足够多的事情,去使得他看起来像一个神经错乱的人。

想象一下,如果提及那至高的,想象一下在被置于公会前那一瞬间的基督[17],想象一下那愤怒的人群,想象一下祭司文书和长老的圈子,想象一下,有多少道目光对着他,瞄准他,只等着他要望过去,这样这目光也能够把自己的讥嘲、自己的鄙夷、自己的怜悯、自己的蔑视传送给这被指控的人!但是他什么东西都不发现,带着爱心地遮掩许多的罪。想象一下,有多少咒骂、有多少蔑视、有多少讥嘲的话被叫喊出来,这叫喊者的声音必须被听见，这样，最重要的是，这叫喊者不能够看上去让别人觉得他是懈怠了、让人觉得他不是有效参与地在场——在这里他必须置身"与所有人的联合"之中，因此，是作为那真实的、那公共意见[18]的工具，去嘲笑、去侵犯、去虐待一个无辜的人，这对于他是一种迫切，否则的话，这叫喊者就会感到不可描述的难堪！但是基督任何东西都不发现，他有爱心地遮掩许多的罪——通过什么都不发现。

他是榜样，有爱心的人从他那里学到了，在他什么都不发现并且以此来遮掩许多的罪的时候，在他作为一个称职的弟子，"被离弃、被仇恨、背负十字架"[19]走在讥嘲和怜悯之间、蔑视和哀号之间，却有爱心地什么也不去发现——确实是比那三个不受损伤地走在烈火的窑中的人[20]更奇妙。然而，讥嘲和蔑视在根本上不构成什么伤害，如果那受蔑视的人不因去发现，也就是，因变得愁苦而受伤害；因为，如果他变得愁苦，那么他就发现许多的罪。如果你真正要为自己弄清楚，有爱心的人是怎样通过不去发现任何东西来遮掩许多的罪，那么就再去考虑一下爱吧。想象一下，这个有爱心的人有一个爱着他的妻子。看恰恰因为她爱他，所以她会发现，有那么多种对他所犯的罪，在屈辱中，她会灵魂带着愁苦[21]去发现每一道讥嘲的目光，她会带着破碎的心去听人们的嘲笑，而他，那有爱心的人，则什么都不发现。如果这有爱心的人，在他无法避免看见或者听见什么东西的情况下，仍为对攻击者们准备好了辩解：他一定是自己有错；那么这妻子就会无法在他身上发现任何错，而只会更多地发现这是一个怎样的许多在向他行罪。现在你看见吗，就在你考虑着"妻子（当然是确实）发现了什么"的时候，你看见，这是多么真的事实：这什么都不发现的有爱心的人遮掩许多的罪！那么，想象一下，如果这被用在所有的生活关联之中的话，你会承认，这有爱心的人确实遮掩着这许多。

爱遮掩许多的罪；因为，对于它所无法避免地看见或者听见的东西，它通过沉默、通过温和的解释、通过赦免来遮掩。

它通过沉默来遮掩这许多。有时候会是这样，一对相爱的人想要保持让他们的关系隐蔽着。现在假设，在这样的一个瞬间，他们相互表白了爱情并且相互许诺沉默，在这瞬间很偶然地有着一个第三者在场，但这个不相关的人是一个正直有爱心的人，是可靠的，他许诺沉默，那么这两个人的情欲之爱是否就会是并且继续是隐蔽的呢？但有爱心的人就是这样做的：如果在无意中、完全偶然地、绝非因为他自己寻找机会而至于如此，如果他在这样的情况下得知了一个人的罪、他的错，得知了他所做的坏事或者得知了他是怎样被一种弱点左右，那么，有爱心的人保持沉默，并且遮掩这许多的罪。

不要说，"不管是沉默还是说出来这许多的罪都同样大，既然沉默无疑不会拿走什么，因为一个人只能够对存在的事情保持沉默"；宁可去回答这问题：如果一个人说出邻人的错误和罪，那么他是不是在扩大许多的罪。尽管事情是如此：不管我是否对其中的一些保持沉默，这许多都会是同样大；尽管如此，如果我对之保持沉默，那么我就是为"遮掩"做出了我的这一部分。然后，我们不是说"谣言通常会越传越大"么？我们这是在说：谣言通常使得罪过[22]大于它本身所是的状态。这却不是我现在所想的东西。在完全另一种意义上，我们可以说：那讲述邻人之错的谣言扩大这许多的罪。但不要太轻率地对待这"对邻人之错的了知"，就仿佛只要事情已确定是"那被讲述出的东西是真实的"，那么一切就都没有问题的。确实，并非每一个对"就邻人之错而言什么是真实的"的私密的了知因此就没有责任[23]，只因为"被弄成了这私密的同知者"，这个人就会很容易自己变得有责任了[24]。这样，传言或者那讲述邻人之错的人就使得这许多的罪扩大了。一个人通过传言、通过街巷闲话而习惯于去好奇、轻浮、妒忌地，也许恶毒地，去了知邻人之错，这使人变得腐败。如果人们重新学会去沉默，这确实是值得人们去向往的；但是如果要谈论什么东西的话，就是说好奇而轻浮地谈论什么，那么就只谈论废话和琐碎的事情吧——邻人之错是并且应当是非常严肃的一件事。因此，好奇、轻浮、妒忌地去谈论邻人之错，这就是一种腐败的标志。但是那通过谈论邻人之错来帮着去使人腐败的人，他则是在扩大这许多的罪。

很不幸，每个人都有着一种去看邻人之错的极大倾向，并且有着想要去讲述邻人之错的更大倾向，这只是一个太确定的事实。如果没有什么别的东西，唉，如果我使用最温和的表述的话，有一种神经衰弱，它使得人们在这种诱惑、这种怂恿之中变得如此虚弱，以至于会去说邻人的坏话，以至于会在一瞬间里借助于一种如此有趣的故事来为自己招致倾听着的关注。哦，有一种东西，本来已经是足够地有害，就像那无法沉默的神经衰弱的欲望，有时候，这东西在一个人身上就是一种可怕的魔鬼般的激情，按照最可怕的尺度得到了发展。想来也不会有任何强盗、任何窃贼、任何害人者，简言之，任何罪犯，在最深刻的意义上是像一个这样的人那么有

V 爱遮掩许多的罪

害，这样一个人，他把这样的事情作为自己的任务、作为自己可鄙的谋生手段；按尽可能大的尺度，以任何真理的言辞都无法达到的高声，以任何有用的东西都极少能达到的广度伸展遍全国，渗透到每一个上帝的言辞都几乎渗透进的偏僻角落，去宣示出邻人之错、邻人的各种弱点、邻人的各种罪，去把这一亵渎性的知识强加给每一个人，甚至强加给脚跟尚未站稳的年轻人；——难道真的会有什么罪犯在最深的根本之中会像这样一个人那么有害，哪怕事情确是如此，哪怕这个人所说的那恶的东西确实是真实的！哪怕事情是如此；但这样的情形则是不可思议的：一个带着永恒之严肃的人会一丝不苟地去关注"他所讲述的恶的东西无条件地是真的"，并在之后会想要牺牲自己的生活去服役于这一可鄙的真相——讲述恶的东西。我们以主祷词作祈祷，愿上帝不带我们进入试探[25]；但是，如果这事情发生，并且如果这事情发生：我陷于试探——慈悲的上帝，请赐我一个恩典，让我的罪和我的辜可以是这样的一种罪和辜：世界真正地将这罪和辜视作是令人厌憎而反感的。然而一切之中最可怕的事情必定是："招致辜"，从大地朝天上叫喊着的辜，天天都在招致辜，再一次辜和新的辜——自己则对此毫不留意，因为一个人的全部环境，因为存在本身变成了一种幻觉，使得这个人越来越强烈地相信，这什么都不是，这不但不是辜，而且还几乎是值得称赞的。哦，有着许多这样罪行，世界不称之为罪行，世界对它进行酬报并且几乎赋予它荣耀，然而，然而我却宁可，真是上帝不容啊，我却宁可在我的良心里带着三次悔过的谋杀进入永恒，也不愿作为一个退休诽谤者带着这可怕而叵测的一大堆一年年地越堆积越高的罪行——这罪行可能依据于一种几乎不可思议的尺度扩散开，将人们置于墓穴之中，使得各种真挚的关系愁苦，侵犯了那些最无辜的同情者，败坏了未成年的人们，对老人和年轻人都进行了误导、毒害，简言之，依据于一种甚至连最活泼的想象力都无法为自己设想出的尺度扩散开——这可怕的一大堆罪行，对这些罪行我却从不曾获得时间去开始悔，因为时间则要被用到各种新的罪行上，并且因为这些不可数的罪行为我生产出金钱、权势，几乎生产出声望，而最重要的是为我带来快乐的生活！考虑到纵火，我们做出这样的区分：那在房子上放火的人，他是不是知道这房子里住着很多人，或者他是不是知道这房子没人住。哦，诽谤的情形就像是对一整个社会放火，这却根本没有被当成是一种罪行！我们对瘟疫进行隔离，但是对那比亚洲的瘟疫更可怕的瘟疫，败坏灵魂和性情的诽谤，我们却打开

313

所有房子的门，我们付钱去被传染，我们问候那带来传染的人，把他当成一个受欢迎的人！

那么，说吧，这是不是真的，有爱心的人通过不说邻人之错来遮掩这许多的罪，如果你考虑一下"人们是怎样通过讲述来增大这许多的罪"的话。

有爱心的人通过温和的解释来遮掩许多的罪。

那使得某样东西成为它现在所成为的东西的，总是解释。事实或者各种事实是根本，但解释达成结果。每一个事件、每一个词句、每一个作为，简言之，一切都可以以许多方式来解释；正如人们不真实地所说的，衣装造人，人们也能够以同样的方式真实地说：解释使得解释的对象成为它所成为的东西。考虑到另一个人的言辞、作为、思想方式，没有这样的确定性："去设想"其实并不意味了"去选择"。因此，解读、解释，恰恰因为解释的差异性是可能的，是一个选择。但是，如果解释是一个选择，那么，如果我是有爱心的人，这"去选择最温和的解释"就总是在我的能力范围之内。如果这一比较温和的或者温和化的解释对别人轻率地、匆忙地、严厉地、冷酷地、妒忌地、恶毒地简言之不具爱心地将之直接地解释为"辜"的东西做解释，如果这温和化的解释以另一种方式来解释这东西，那么，它就一会儿去掉一个辜，一会儿又去掉另一个辜，以这样的方式使得许多的罪变少了，或者遮掩这许多的罪。哦，如果人们真正想要知道，他们能够怎样通过将他们的想象力、他们的敏锐、他们的创造力、他们综括事物的能力用于"尽可能地设法想出一种温和化的解释"来美丽地使用这些能力，那么，他们就会越来越多地品味到生活中最美丽的喜悦，这对于他们会成为一种激情洋溢的欲望和需求，使得他们忘却所有其他的东西。我们不也在其他关系之中看到这种情形吗，怎样，比如说，可以提一下这个：猎人每年都越来越充满激情地投身于狩猎。我们不赞美他的选择，而我们也确实没有在谈论这选择，我们只谈论，他是怎样每年越来越充满激情地投身于这一活动的。他为什么这么做？因为他每年都在收集经验，变得越来越有创造力克服越来越多的困难，这样，这经验老到的猎人，现在他知道任何别人都不知道的途径，现在他知道怎样去侦查别人不知如何侦查的猎物，现在他在各种地方都留有任何别人都不知道怎样去利用的标记，现在他想出了设置圈套的最狡猾的方式，这样，他相当确定地保证自己总是成功地出色狩猎，哪怕在别人都不成功的情况下也

V 爱遮掩许多的罪

是如此。去作为公正之侍者[26]，发现罪责和罪行，在我们看来是一种繁重的、却在另一方面也是一种令人满意和吸引人的作为。我们为一个这样的人对人心、对所有（哪怕是最巧妙的）逃避和捏造的了解感到惊奇，他是怎样能够一年一年下来也记住那最微不足道的东西，只是为了有可能去保证自己能够追踪，他是怎样只凭自己对环境所投下的一瞥似乎就能够明白这环境之中的所有细节而使之给出针对有罪责的人的解释，他的注意力是怎样不放过任何微乎其微的蛛丝马迹只要它能够有助于去阐明他对罪行的解读；我们很钦佩一个这样的权威机构的侍者，他通过坚持不放过这个他所称的"一个真正积习已深而老奸巨猾的伪善者"，成功地剥去其伪装而揭示出其罪责。哦，那么，通过真正坚持不放过人们所称的一种罕见卑劣行为而去发现这其实是完全另一回事、是某种完全善意的行为，这不是同样的令人满意、同样的吸引人吗！让那由国家指定的法官、让公正之侍者去为发现罪责和罪行工作吧，我们其他人则既没有被召到法官那里也没有被召到公正之侍者那里，相反是被上帝召到爱那里，就是说召去借助于一种温和化的解释来遮掩许多的罪。想象一下一个这样的有爱心的人，在天性之中有着这样的资质，各种会令法官嫉羡的最出色的能力，但是，正如一个法官会因一种热忱和努力而获得荣耀，带着这同样的热忱和努力，这些能力被运用在爱的服务中，以求去在这样一种技艺中得以修习，以求去实践这技艺，一种解说的技艺，它借助于一种温和化的解释来遮掩许多的罪。想象一下他的丰富的、他的在最高贵的意义上得到祝福的经验，他是怎样拥有对人心的了解的，有多少奇怪的而且也是那么感人的情形是他所熟识的，在这些情形之中，不管事情看上去有多么繁复，他还是成功地发现了"那善的"，或者至少是发现了较好的东西，因为他在很长很长的时间里保持让自己的论断悬浮着，直到（确实是这样）一个小小的特定事件冒出来帮他发现踪迹；他是怎样通过迅速而大胆地把自己的全部注意力投入到一种对这事情的完全不同的解读中去而有幸发现他所寻找的东西的；他是怎样通过真正地沉浸在一个人的生命关系、通过为自己找来关于这个人的状况的最准确的信息而最终以自己的解释来取胜的。于是"他发现了踪迹"，"他有幸发现了他所寻找的东西"，"他以自己的解释来取胜"——唉，这岂不奇怪，在这些词句没有关联地被阅读的时候，几乎每一个人都会情不自禁地想到，这说法是在谈论"发现一个犯罪事件"，这就是说，比起去想到"发现'那善的'"，我们全都如此远远更趋近于

315

去想到"发现'那恶的'"。看,国家指派法官们和公正之侍者们去发现和惩罚"那恶的";另外,人们联合起来(这当然是值得称赞的)来缓解贫困之痛、来教养孤儿、来拯救堕落者[27],然而,现在我们有这样一种美丽的事业,要借助于那温和化的解释来获得一小点对"许多的罪"的主宰力,哪怕那只是如此小的一小点——为此,却还没有人去成立出什么联合会。

然而,关于有爱心的人怎样通过温和化的解释来遮掩许多的罪,我们不想在这里继续展开论述,因为我们在前面的两段审思之中已经考虑了"爱凡事相信"和"爱凡事盼望"。爱,这温和的解说者,使用着各种帮助手段进行温和化的解释来遮掩许多的罪,而"爱凡事相信"和"爱凡事盼望"则是两种主要的帮助手段。

爱通过赦免来遮掩许多的罪。

对于确凿的"许多的罪",保持沉默并不会使之真正减少;温和化的解释从这许多之中强挤走一点,就是说,通过向人展示:这个和这个其实不是罪;赦免去掉那无法被否认的罪。以这样一种方式,爱想方设法来遮掩许多的罪,但赦免是最显著的方式。

我们还记得前面所谈论的"许多的受造物"这一表述,让我们再次利用这一表述来进行说明吧。如果我们说,研究者发现许多,而无知者固然也谈论许多的受造物,但与研究者相比则微不足道,这样,这无知者因此就不知道这个和这个是存在的,但这些东西却照样是存在的;这并不因他的无知就从大自然中被去掉了,而只是在他的无知之中对于他并不存在。赦免对于许多的罪的关系则不同;赦免从被赦免者这里拿走罪。

这是一种很奇妙的想法,因此也是"信"的想法。因为,信一直是使自己去与那无法被看见的东西发生关系[28]。我相信,有形可见的东西是出自那不可见的东西而进入存在的。我看见世界,但是我看不见那不可见的东西,我信这东西。同样,在"赦免和罪"之中也有着一种信的关系,然而人们很少留意到这一点。那么,这里的这"不可见的东西"是什么呢?这"不可见的东西"是,赦免将那本是存在的东西拿走,这"不可见的东西"是,那看得见的东西却还是不被看见,因为,如果它被看见,那么很明显这"它不被看见"就是不可见的。有爱心的人看见他所赦免的罪,但是他相信,赦免将之拿走。就是说,这是无法被看见的,而罪则是能被看见的;另外,如果罪无法被看见,那么它也就无法被赦免。正如

V 爱遮掩许多的罪

通过信[29]人把"那不可见的"信成为"那可见的",同样,有爱心的人通过赦免把"那可见的"信消失掉。但两者都是信。有福了信者,他信他所无法看见的东西,有福了信者,他把他所能够看见的东西——信消失掉。

哦,但是谁能信这个?有爱心的人能。但"赦免"为什么会是如此罕见?难道不是因为对赦免之力量的信仰是那么贫乏而罕见?甚至是一个比较好的人,一个差不多有着去承受恶意和怨恨的倾向并且绝非不可调和的人,我们也不时会听他说:"我很想赦免他,但是我看不出这有什么用。"哦,这也是看不出来的。然而,如果你自己在什么时候需要赦免,那么你就会知道赦免能做的事情了,那么,你又为什么如此没有经验或者如此没有爱心地谈论赦免呢?因为,在"我看不出我的赦免对他有什么用"这句话中其实有着某种缺乏爱心的成分。我们不是在说,这就像一个人因为有"能够去赦免另一个人"的权限而妄自尊大,哦,绝不是,因为这也是缺乏爱心。确实,有一种"去赦免"的方式是明显地吸引着人的注意力的增强而不是减少罪责。唯独爱有——这看来是那么促狭,但是让我们就这么说吧,唯独爱有足够的灵巧来借助于自己的赦免去把罪拿走。在我妨碍了赦免的时候(这就是说,在我不情愿去赦免或者因为能够赦免而妄自尊大的时候),就不会有任何奇迹发生。但是在爱赦免的时候,信仰的奇迹就发生了(并且,每一个奇迹都是信仰的,那么,各种奇迹随着信仰而被取消了,这又有什么奇怪的呢):那被看见的东西因为被赦免而不被看见。

它是被勾销了,它被赦免和遗忘了,或者就像圣经上所说关于上帝所赦免的东西,它被隐藏进了他的脊背[30]。但是那被遗忘了的东西则当然不是人们所不知的,因为人们不知那人们不知道并且从不曾知道的东西,但人们曾知道那人们所遗忘了的东西。因此,在至高的意义上,"去遗忘"不是"去回忆"的对立面,而是"去希望"的对立面,因为"去希望"是思着地给出存在,而"去遗忘"则是思着地把存在从那是存在着的东西那里拿走,是去勾销。圣经教导说,"信"使自己去与那不可见的东西发生关系,但它还说,"信"是一种在那被希望的东西之中的持久[31];在这之中有那被希望的东西,就像那不可见的东西,那不存在而反是由希望思着地给予存在的东西。"去遗忘",在上帝相对于罪这样做的时候,是"去创造"的对立面;因为去创造是去从乌有之中生产,而去遗忘则是去

317

拿回到乌有之中。在我的眼前隐蔽的东西，我从不曾见过；但是隐蔽在我背后的东西，则是我曾见过的。正是这样，有爱心的人赦免：他赦免，他遗忘，他勾销罪，他有爱心地转向他所赦免的人；但是，在他转身对着他的时候，他当然无法看见在他的背后有着什么。这"不可能看见一个人背后的东西"，这很容易理解，并且因此这一表述也是适当地由爱发明出来的；但相反，要去成为一个有爱心的人，借助于赦免把另一个人的罪责[32]置于自己的背后，这则也许是很艰难的事情。在一般的情况下，人们很容易把一种罪责[33]（甚至就算是谋杀也如此）算到别人的良心账上；但是借助于赦免把他的罪责置于自己的背后，这则很难做到。然而对于有爱心的人则不是如此，因为他遮掩许多的罪。

不要说，"既然赦免既不增大什么也不减少什么，那么不管罪是否被赦免，这许多的罪在事实上仍是同样地大"；宁可去回答这个问题：如果一个人没有爱心地拒绝赦免，他是不是增大许多的罪？——这不仅仅是由于"他的这一不和解成为又一项更多的罪"，因为这事情当然是如此，并且在这样的情况下也是一同被考虑在内的。然而，这却是我们现在所不想要强调的。但这是不是一个罪与赦免之间的秘密关系呢？在一项罪没有被赦免的时候，那么它就要求惩罚，它向人类或者上帝叫喊着惩罚；但是，在一项罪叫喊惩罚的时候，它看起来就完全不同，比起这同样的罪被赦免的情况，这时这罪远远更大。这只是一种视觉上的幻象吗？不，这真正确是如此。如果使用不太完美的比喻，这样的事情也不是什么视觉上的幻象：那看上去是非常可怕的伤口，这同样的伤口到了下一瞬间，在医生清洗和处理之后，看上去就远不再是那么吓人了，尽管这还是同样的伤口。那么，那拒绝赦免的人，他的情形又是如何呢，他在增大罪，他使得罪看起来更大。此外，赦免从罪这里拿走生机，而"去拒绝赦免"则把养料给予罪。因此，即使没有新的罪出现，然而如果这同样的罪继续，那么那许多的罪就被增大。如果一项罪继续，那么在事实上就有新的罪出现，因为，罪通过罪增长；这"罪继续存在"就是一项新的罪。你能够通过有爱心地赦免着拿走那旧的罪来阻止这一新的罪，正如那遮掩许多的罪的有爱心的人所做的[34]。

爱遮掩许多的罪；因为爱阻止罪进入存在，将之扼杀在降生的时候。

尽管一个人相对于某种事业，一部自己想要完成的作品，准备好了一切，但他仍然必须等着一样东西，等着机缘。罪的情形也是如此；在它在

ⅴ 爱遮掩许多的罪

一个人身上时，它等着机缘。

机缘可以是非常不同的。圣经说，出自诫命或者出自禁令的罪趁着机缘[35]。恰恰"有些事情是被要求的或者被禁止的"，这事实本身就成为机缘；并非似乎是机缘造就罪，因为机缘从不造就什么东西。机缘就像一个中介人，一个经纪人，只是在交易的时候能帮上忙，只是安排保证让那在另一种意义上已经是作为可能而存在的事情发生。诫命、禁令引诱着，恰恰因为它想要统治"那恶的"，而现在罪趁着机缘，它抓住这机缘，因为禁止是机缘。于是机缘就像是一种乌有，一种很迅速的某物，行走于罪和禁止之间，但在某种意义上同时属于这两者，而在另一种意义上它却又仿佛是不存在，尽管那在事实上进入了存在的乌有，它再一次是没有机缘地进入了存在。

诫命、禁令是机缘。在一种更可悲的意义上，在其他人们身上的罪是机缘，这机缘在那与他们有所接触的人身上引发出罪。哦，这是多么寻常的事情：一句没有经过思考的，一句轻率地抛出的话就足以给予罪一种机缘！这是多么寻常的事情：一道轻浮的目光引发出了那许多的罪变得更大！更不用说，如果一个人生活在一种日常的环境之中，在这环境之中他只看见和听见罪和不虔诚，那么对于他身上的罪，这是多么丰富的机缘啊，在这"给予机缘"和"抓住机缘"之间有着怎样的交易啊！在一个人身上的罪被罪围绕的时候，它就像是如鱼得水。通过机缘的持续得到营养，它繁荣昌盛地成长（就是说，如果我们本来是想要谈论关于"相对于'那恶的'而繁荣"的话）；它变得越来越恶性；它赢得越来越多形态（就是说，如果我们相对于"那恶的"能够谈论赢得形态的话，因为"那恶的"是谎言和欺骗，因此没有形态）；它在越来越大的程度上固定自己的形象，尽管它的生命悬浮在深渊之上，就是说，没有固定的根基。

然而，所有是机缘的事情，只要"去行罪"的机缘被抓住，这些事情就有助于去增大那许多的罪。

但是，有着一种环境，它无条件地不提供也不是罪的机缘，它就是爱。在一个人身上的罪被爱围绕的时候，它就是鱼离开了水，它就像一座被包围的城，所有与自己一方人们的关联都被切断了，它就像一个喝酒成瘾的人被置于一个戒酒的环境之中，在他失去了气力的时候，徒劳地等着一个机缘去通过陶醉来刺激自己。固然有这个可能（因为，又有什么样的程度是一个堕落的人走上歧途进入腐败时所达不到的），罪能够抓住爱

319

的机缘，能够对之愁苦、对之狂怒。然而罪却无法长久地忍受爱；因此这样的情景一般来说只会是在一开始，就像酗酒者在戒酒的医治尚未得到足够的时间发生作用的最初几天有着衰弱的力量来真正地暴怒。此外，如果有着一个这样的人，连爱都不得不放弃他（不，爱绝不会放弃他），但是他不断地抓住机缘行罪，不为爱所中止，即使如此，有着一个不可救药的人，这并不能推导出"被治好的人不是很多"的结论。于是，"爱遮掩许多的罪"仍然还是完全正确的。

权力机构不得不常常想出各种非常狡猾的手段来囚禁住一个罪犯[36]，医生常常使用十足的发明创造力来想出各种强制手法来强制一个精神病[37]，然而，相对于罪则没有什么环境是能够像爱那样地有着强制力，并且也没有任何强制性的环境是能够像爱那样地有着拯救性质。这是不是极为常见的事情，那种在内在之中潜伏着的怒气，只是等待着机缘，这是不是极为常见的事情，这怒气窒息而死，因为爱不给任何机缘！这是不是极为常见的事情，那种在好奇心之情欲泛滥的恐惧中窥视着探寻一个机缘的邪恶欲望，因为爱根本不给予任何机缘并且带着爱心地守望着不让任何机缘被给出，这种邪恶欲望是不是常常就死在诞生之时！这是不是极为常见的事情，灵魂之中的这一怨恨，它是如此确定并且也如此有着准备，并且甚至是如此急切地要去找到新的、更新的机缘，去对世界、对人、对上帝、对一切表示出怨恨，它是不是常常被平息下来，因为爱根本不给予任何去怨恨的机缘！这是不是极为常见的事情，这一自欺而目中无人的意识，它自以为自己是受到了亏待和蔑视并且由此抓住机缘去变得更为自欺欺人，其实它只是想欲求新的机缘来证明自己是对的，它是不是常常由于爱而消失掉，因为爱是如此缓痛如此温柔消解地根本不为那病态的自欺提供任何机缘！这是不是极为常见的事情，那算计出来的事情，如果它能够成功地找到一个机缘去得到一个对此的借口，它就会重新归返到自身之中，是不是常常如此，因为爱根本就不给出任何找到借口的机缘——"那恶的"的借口！哦，多少罪行都被解除了武装，多少恶的意图被消灭了，多少绝望的决定被投入了遗忘，多少罪的想法在变成事实的路上被阻止住了，多少鲁莽的言辞尚被及时地抑制住，因为爱不给予机缘！

如果愤慨在一个人身上出现，那么他就有祸了[38]；那有爱心的，他通过拒绝机缘来遮掩许多的罪，他就有福了！

V 爱遮掩许多的罪

注释：

1　［**爱遮掩许多的罪**］指向《彼得前书》（4：7—8）："万物的结局近了。所以你们要谨慎自守，儆醒祷告。最要紧的是彼此切实相爱。因为爱能遮掩许多的罪。"以及《雅各书》（5：20）："这人该知道叫一个罪人从迷路上转回，便是救一个灵魂不死，并且遮盖许多的罪。"

2　［**"那现世的"有着三个时态**］就是说：过去，现在和将来。

3　就是说：散布"恐惧"和"使人痛苦的不安"。

4　［**爱在审判的日子给予人坦然无惧的信心**］见《约翰一书》（4：17）："这样爱在我们里面得以完全，我们就可以在审判的日子，坦然无惧。因为他如何，我们在这世上也如何。"

5　［**爱救人于死亡**］来源不详。

6　［**上帝是爱**］参看《约翰前书》（4：7—8）和（4：16）。

7　上帝在想着他，有人在想着他。

8　［**吃从吃者出来**］参孙的谜语中的一部分。见《士师记》（14：14）："参孙对他们说，吃的从吃者出来。甜的从强者出来。他们三日不能猜出谜语的意思。"

9　［**对于那爱多的人，许多罪都被赦免**］见《路加福音》（7：47）："所以我告诉你，他许多的罪都赦免了。因为他的爱多。但那赦免少的，他的爱就少。"

10　［**那条发现了"紫色"的狗**］指向一则关于赫拉克勒斯的传说。赫拉克勒斯的狗一次在海滩边上抓住一只骨螺，所以它的口鼻就有了红紫色。关于这意义重大的发现的叙述可以在尤里乌斯·勃鲁克斯（Julius Pollux）的百科全书中找到（*Onomasticon*, I, 45ff.）。

11　［**小小的鹅**］固定用语。指没有头脑的女孩。

12　［**小村庄美人**］漂亮天真没有见过世面的女孩。

13　［**有爱心的人的生命表达在使徒的指令之中：在恶之中作孩子**］指向《歌林多前书》（14：20），之中保罗写道："弟兄们，在心志上不要作小孩子。然而在恶事上要作婴孩。在心志上总要作大人。"

14　［**患黄疸病的人看一切都是黄色的**］如果一个人患黄疸病，就是说有着皮肤发黄的病态，人们会认为这是强烈的性情变动的结果，尤其是由于烦乱和妒忌。这里也许是在说，黄色是妒忌的颜色。

15　［**众所周知，东方人尊敬一个精神错乱的人**］指东方的一些信仰，尤其是印度的，人们认为精神错乱的人是神灵附身。

16　［**众所周知……被人称作是神圣的疯狂**］指向柏拉图的对话《斐德罗篇》244a—245b、256和265b，其中苏格拉底阐述"神圣的疯狂"及其各种形式：先知的热情、宗教迷狂、诗意灵感和爱欲疯狂。

17　［**想象一下在被置于公会前那一瞬间的基督**］指向《马太福音》（26：57—

68）："拿耶稣的人，把他带到大祭司该亚法那里去。文士和长老，已经在那里聚会。彼得远远的跟着耶稣，直到大祭司的院子，进到里面，就和差役同坐，要看这事到底怎样。祭司长和全公会，寻梢假见证，控告耶稣，要治死他。虽有好些人来作假见证，总得不着实据。末后有两个人前来说，这个人曾说，我能拆毁神的殿，三日内又建造起来。大祭司就站起来，对耶稣说，你什么都不回答么。这些人作见证告你的是什么呢。耶稣却不言语。大祭司对他说，我指着永生神，叫你起誓告诉我们，你是神的儿子基督不是。耶稣对他说，你说的是。然而我告诉你们，后来你们要看见人子，坐在那权能者的右边，驾着天上的云降临。大祭司就撕开衣服说，他说了僭妄的话，我们何必再用见证人呢。这僭妄的话，现在你们都听见了。你们的意见如何。他们回答说，他是该死的。他们就吐唾沫在他脸上，用拳头打他。也有用手掌打他的，说，基督阿，你是先知，告诉我们打你的是谁。"

公会：或者大公会，大公会在耶稣的时代是罗马让犹太人自治的最高统治和审判机构，有71个成员，主席是在任的最高大祭司。

18　［公共意见］一个表述，尤其是通过法国革命而获得了政治意义，在19世纪40年代在丹麦成为一个很时髦的词，尤其是在自由反对派的自由宪法的追随者们那里，按照这种自由宪法的说法，国王应当受到公共意见的代表机构的约束。

19　［"被离弃、被仇恨、背负十字架"］摘自托马斯·京苟（Th. Kingo）的赞美诗。

20　［那三个不受损伤地走在烈火的窑中的人］指向《但以理书》3。尼布甲尼撒王命人把先知但以理的三个朋友沙得拉、米煞、亚伯尼歌绑起来穿着衣服扔进一个"烈火的窑"中，因为他们不侍奉尼布甲尼撒王的神。但他们安然无恙地从火中又走出来。

21　［灵魂带着愁苦］也许是指向《约伯记》（7：11）之中约伯说："我不禁止我口。我灵愁苦，要发出言语。我心苦恼，要吐露哀情。"

22　这里，按概念严谨的翻译，这个"罪过"应当被译作"辜"。

23　这里，按概念严谨的翻译，这个"责任"应当被译作"辜"。

24　这里，按概念严谨的翻译，这个"就变得有责任了"应当被译作"就变得有辜了"。

25　［我们以主祷词作祈祷，愿上帝不带我们进入试探］见《马太福音》（6：13）。

26　［公正之侍者］比如说，法官和警察。

27　［人们联合起来（这当然是值得称赞的）来缓解贫困、来教养孤儿、来拯救堕落者］指向克尔凯郭尔时代的各种慈善机构，慈善联合会。

28　［信一直是使自己去与那无法被看见的东西发生关系］指向《希伯来书》（11：1），也看《歌林多后书》（4：16—18）。

V 爱遮掩许多的罪

29 这个"信"是名词,"信仰,信心"。

而在后面的"把'那不可见的'信成'那可见的'"中的"信"则是动词,在句子结构中的作用类似于"把'清辅音'读成'浊辅音'"中的"读"。

30 [就像圣经上所说关于上帝所赦免的东西,它被隐藏进了他的脊背] 指向《以赛亚书》(38:17):"看哪,我受大苦,本为使我得平安,你因爱我的灵魂,便救我脱离败坏的坑。因为你将我一切的罪,扔在你的背后。"

31 ["信"使自己去与那不可见的东西发生关系,但它还说,信是一种在那被希望的东西之中的持久] 指向《希伯来书》(11:1):"信就是所望之事的实底,是未见之事的确据。"

32 "罪责",亦即"辜"。

33 "罪责",亦即"辜"。

34 你能够通过"有爱心地原谅着地拿走那旧的罪"来阻止这一新的罪,正如"那'遮掩许多的罪'的有爱心的人"所做的。

35 [圣经说,出自诫命或者出自禁令的罪趁着机缘] 指向《罗马书》(7:7—11),之中保罗写道:"这样,我们可说什么呢。律法是罪么。断乎不是。只是非因律法,我就不知何为罪。非律法说,不可起贪心。我就不知何为贪心。然而罪趁着机会,就借着诫命叫诸般的贪心在我里头发动。因为没有律法罪是死的。我以前没有律法是活着的,但是诫命来到,罪又活了,我就死了。那本来叫人活的诫命,反倒叫我死。因为罪趁着机会,就借着诫命引诱我,并且杀了我。"

36 [权力机构不得不常常想出各种非常狡猾的手段来囚禁住一个罪犯] 在这里不能确定具体所指是什么样的手段。罪犯被关在监狱之中,常常是隔离的,比如说他们可以在脖子上被戴上枷锁,被锁上铁链,在额上烙印,一直到 1840 年。

37 [医生常常使用十足的发明创造力来想出各种强制手法来强制一个精神病] 这里所指的强制手法具体是什么,无法确定。从 19 世纪 30 年代起,在政治方面就有关于精神病问题的讨论,就是说,要把精神病人安排在什么地方并且怎样治疗他们。丹麦在 1916 年有了一家真正的精神病院,也就是在比斯特若普皋的圣汉斯医院。这医院对病人的粗暴治疗(比如说以鞭子、耳光、水激、老虎凳等体罚手段,以及不给吃饭、不让喝水等)在 1830 年招致了皇家调查团的讨论。到后来,在哈拉德·赛尔梅尔医生的努力坚持之下才渐渐转向一种更为人性的治疗方式,更偏重于一类通过完全有规律日常节目,包括倾听型交谈和责备而达成的灵魂教养。

38 [如果愤慨在一个人身上出现,那么他就有祸了] 指向《马太福音》(18:7)中耶稣对"跌倒"的警告:"这世界有祸了,因为将人绊倒。绊倒人的事是免不了的,但那绊倒人的有祸了。"在圣经中,"愤慨/冒犯"被译作"绊倒"。

323

VI 爱常存[1]

歌林多前书 13：13。如今常存的……有爱。[2]

是的，赞美上帝，爱常存！于是，不管世界要剥夺走你什么东西，哪怕那是你最爱的东西；于是，不管在你的生活之中发生了什么，不管你是怎么为你立志为善[3] 的追求而受苦，如果人们漠然地从你这里转身而去或者像敌人那样地走向你，如果没有人愿意认你或者愿意承认自己对你有所亏欠，如果甚至你最好的朋友都要否认你——然而，如果你在你的某些追求之中、在你的某些作为之中、在你的某些言辞之中真正有着爱作为你的同知者，那么你就可以让自己得到慰藉，因为爱常存！你带着爱所知道的东西，对于你将作为一种安慰而被回忆：哦，比任何人所能够达成的任何业绩更有福，比哪怕是各种鬼魂屈服于他[4] 的情形更有福，为爱所回忆是更有福的事情。你带着爱所知道的东西，对于你将作为一种安慰而被回忆，不管是现在的还是将来的，不管是天使还是魔鬼[5]，甚至，哦，上帝啊，即使是你自己不安的意识所具的害怕的想法，都无法将之从你这里拿走，哪怕是在你生命的最骚动而最艰难的瞬间，哪怕在你生命的最后瞬间，都不可能有什么东西来将之从你这里拿走——因为爱常存！

如果沮丧首先要使你虚弱，这样你就失去"真正去想要"的愿望，它使你虚弱，以便重新使你坚强，唉，就像沮丧所做的，在消沉之违抗中坚强；如果沮丧要使得你完全空虚，把整个生命转化为一种单调而无谓的重复，这样你固然是看见这一切，却如此漠然，再次看田野和森林变绿，再次看空气中和水中的许许多多生命蠢动，再次听鸟鸣起唱，再次并且再次看见人们在各种各样作为之中的忙碌，而你当然知道，上帝存在，但对你来说这就仿佛是他隐退到自身之中，就仿佛他远在天上如此无限地远离着所有这些微不足道的东西，这些几乎就不值得人去为之生活下去的东西；如果沮丧想要从你这里夺走全部生活，这样你当然是知道，却是如此隐约地知道，基督曾经存在，相反，带着一种令人恐惧的模棱两可，你知道，这是在一千八百年前，就仿佛他也是如此无限地远离着所有这些微不足道的东西，这些几乎就不值得人去为之生活下去的东西；哦，那么，想一想吧，爱常存！如果爱常存，那么它在"那未来的"之中存在，如果这安慰是你所需的话，并且它在"那当场的"之中存在，如果这安慰是你所需的话！面对所有未来的各种恐怖，你设置出这一安慰：爱常存；面对所有的各种焦虑和倦怠，你设置出这一安慰：爱常存。哦，如果这对于荒漠的居住者是安慰的东西，如果他明确地知道，不管他旅行到什么地方，都有着并且都将有着甘泉在那里：如果爱不存在，如果爱不是永恒地存在[6]，那么这世界所缺乏的将会是什么样的甘泉，那么又有什么样的死亡方式会是如此令人憔悴不堪的呢！

看，这是一种很有陶冶性的想法：爱常存。在我们这样地谈论的时候，我们是在谈论那承担着整个存在的爱，是在谈论上帝的爱。如果有一瞬间，哪怕是唯一的一瞬间，爱不在场，那么一切就必定限于困惑。但是，它不会不在场，因此，不管对你来说一切是多么的困惑，爱常存。因而，我们谈论上帝的爱，谈论它的性质：常存。

在这一小册之中，我们一直只论述关于爱的作为，并且因此不是关于上帝的爱，而是关于人的爱。自然，没有任何人是爱；如果一个人是处在爱中的话，他是一个有爱心的人。然而在任何地方，只要有一个有爱心的人存在，爱就总是在场。我们会想，我们也无疑经常认为，介于人和人之间的爱是一种两者之间的关系。这当然也是对的，但是现在这关系同时也是一种三者间的关系，那么"两者之间的关系"的说法就不对了。首先有着那有爱心的人；其次有着那作为对象的人或者人们；但是再次，爱自身也是一同在场的。在我们相对于"人的爱"谈论"爱常存"的时候，这看来很容易就会像是一种作为，或者说，这并非是一种爱就其自身所具的静止的性质，而是一种在每一瞬间被获取的性质，并且，在它被获取的每一个瞬间里，它又都是一种主动的作为。有爱心的人常存，他在爱之中常存、在爱之中保存自己；但恰恰是通过这一事实，他使得他的爱相对于人类常存。他通过"常存于爱中"而成为有爱心的人，而通过"常存于爱中"，他的爱常存，而这就是我们现在要考虑的

爱常存

"爱是永不止息"[7]——它常存。

在一个小孩子整天和陌生人在一起并且想着要回家但又害怕一个人走路并且因此而想要尽可能长久地逗留的时候,他就会对那也许想要早走的年长者说,"等我";于是年长者就按小孩子所请求的去做。如果在两个同龄人中有一个多少比另一个更领先,那么后者就会对前者说"等我",于是,更成熟的这个就按这请求去做。如果有两个人决定了并且很高兴地要共同旅行,但他们之中一个生了病,那么病者说"等我",于是,另一个就按这请求去做。如果一个人欠另一个人钱而无法偿还,那么他说"等我",于是,另一个就按这请求去做。在一个坠入爱河的女孩预见到她与爱人的结合会遇上巨大而且可能是长久的艰难时,那么她对他说"等我",于是,爱人就按这请求去做。这当然是非常美好而值得赞美的,以这样一种方式来等另一个人;但我们还是无法看出,这样做的是否就是爱。也许要等待的时间太短,以至于我们无法真正看出,那决定让一个人如此等待的东西在决定性的意义上是否值得被称作是爱。唉,也许要等待的时间变得如此之长以至于那年长者对小孩子说"不,我现在不能够继续再等着你了";也许那缓慢者走得如此缓慢,以至于那领先者说"不,我现在不能够继续再等着你了,否则我自己就会迟到太久";也许那病者如此长期拖延,以至于朋友说"不,我现在不能够继续再等着你了,现在我必须独自去旅行了";也许那无法还债的人持续得太久,以至于另一个人说"不,我现在不能够继续再等着你了,我得要回我的钱";也许与少女结合的前景变得如此渺茫,以至于爱人说"不,我现在不能够继续再等着你了,我没有理由把我自己和我的生活这样一年一年地绑定在不确定的东西之中"。

但是爱常存。

"爱常存",或者更确切地说也许是,"现在爱是否在这样或者那样的情形之中常存",或者,"爱是否止息",这问题是某种以许许多多种方式占据人们的思维的东西,常常成为人们谈话中的对象,最频繁地成为所有诗人们的故事之中的主要内容。"爱常存"被描述为是值得赞美的,而"爱不常存"、"爱止息"、"爱变心"则被描述为是可耻的。只要前者是爱，后者随着变化而显示出来不是爱——因而也不曾是爱。事情是这样，一个人不可能停止"有爱心"；如果一个人真正是有爱心，那么他就恒常地有爱心；如果一个人停止正有爱心，那么他也就不曾有过爱心。这样，这"停止"，相对于爱，有着回溯追补的效力。是的，我不会厌倦于这样说并且赞美这说法：在一切有爱参与在场的地方，总是有着某种如此无限深刻的东西。看，一个人可能会有钱，而在后来这终结了的时候，在他不再有钱的时候，这一事实仍然是很明确而真实的：他曾有过钱。但是，在一个人不再有爱心的时候，那么，他就也不曾有过爱心。那么，到底又有什么东西像爱这么温和，有什么东西像爱这么严格、对自己这么警惕看管、这么有训导性！

现在继续。在爱止息的时候，如果在情欲之爱、在友谊，简言之，在两者间的爱的关系之中，有着什么东西进来作为阻碍，那么爱就止息，这时就会像我们人类所说的，在这两者之间出现了断裂。爱是联系者，在一种好的意义上将他们联系在一起；在有东西介入了他们的时候，于是爱就被抑制了，它止息，他们间的联系被打断，断裂驻留在他们之间，分割着他们。因此，这就进入了一种断裂。基督教则不知道有这种说法，它不明白这说法，不愿意明白这说法。在人们说"这进入一种断裂"的时候，这则是因为人们有着这样的想法：在爱之中只有一种介于两者的关系，而不是一种如前所示的介于三者的关系。这一关于"一种介于两者之间的断裂"的说法是非常轻率的；通过这说法，它就获得一种表象，就仿佛爱之关系是一种介于这两者之间的事情，根本没有与它相关的第三者。如果这两者都同意相互断裂，那么因此就根本不会有什么对此做出反对的东西。再说，因为这两者断开了相互间的这种关系，由此并不能得出这样的结论：这同样的两者相对于其他人就不能是具有爱心的；因此，他们保留了"有爱心"的性质，但现在他们的爱则是被用在了相对于其他人的关系中。进一步说，那造成断裂的有辜者将有着支配性的力量，而那无辜者则将毫无防御力。但这当然是很可悲的，如果一个无辜者将是那更弱者；是啊，在这个世界里事情确实是如此，但是在永恒的意义上理解，事情绝不会是如此。

那么，因此基督教怎么做呢？它的严肃马上将永恒之注意力集聚在那单个的人身上，集聚在这两者中的每一个单个的人的身上。就是说，在两个人在爱之中相互与对方发生关系，他们中的每一个都各自与"爱"发生关系。现在断裂根本不再是一件那么容易的事情了。在进入断裂之前，在这一个要相对于那另一个断绝自己的爱的时候，他首先就必须从"爱"中脱离出来。这是重要的一方面；因此基督教不谈论"两个人相互断绝"，而谈论只有那单个的人所能够做的事情——"从'爱'中脱离出来"。介于两者之间的断裂带有太多现世之忙碌的味道，就仿佛这事情并不很危险；但是"从'爱'中脱离出来"，这说法则有着永恒之严肃。看，现在就一切都到位了，现在永恒能够通过训导来维持秩序，现在那在断裂之中并且因断裂而无辜地受难的人肯定就变成了更强者，如果他并非也从"爱"中脱离出来的话。如果爱仅仅只是一种介于两者之间的关系，那么，这一个就不断处于那另一个的支配之下，如果那另一个是一个想要断绝关系的可鄙者的话。在一种关系只是介于两者之间的时候，那么这一个因为能够断绝这关系而相对这关系总是处于优势，因为一旦这个人断绝了关系，那么这关系就被断绝了。但是，在有着三者的情况下，这一个就无法断绝这关系。第三者是，如上所述，"爱"本身，那在断绝之中无辜地受难的人能够倚靠这爱，这样这断绝就不具备控制他的力量。而那有辜者也无法沾沾自喜于自己从这事情之中便宜地脱身，因为"从'爱'中脱离出来"，是的，这是最昂贵的代价，比起"与一个单个的人断绝关系"这迅速的事情（然后另外以所有各种方式作为一个善良而有爱心的人），"从'爱'中脱离出来"有着另一种严肃。

但是真正有爱心的人永远都不会从"爱"中脱离出来，因此，对于他，永远都不会进入一种断绝；因为爱常存。然而，在一种介于两者的关系中，如果那另一个要断绝的话，那么，这一个能不能阻止这断绝呢？人们肯定会觉得，两个人中的一个就已足以去断绝这关系，如果这关系被断绝了，那么这断绝就存在了。在某种意义上，这事情也确实如此，但是，如果有爱心的人不从"爱"中脱离出来，那么他就能够阻止这断绝，他能够做出这奇迹；因为，如果他常存于爱中，这断绝就永远都无法真正进入存在。

通过"常存"（并且，在这常存之中，有爱心的人就进入了与"那永恒的"的契约）他保持了对"那过去的"的控制，于是他就把那"在过去之中并且因这过去而是一种断绝"的东西转换成一种在将来之中的可能关系。在过去的方向上看，这断绝随着每一天和每一年而变得越来越清晰；但是那常存的有爱心的人，通过常存而属于"那将来的"和"那永恒的"，而在"那将来的"的方向上，这断绝不是一种断绝，而是一种可能。哦，但这需要永恒的各种力量，因此那常存的有爱心的人必须常存于"爱"中，否则的话，过去仍然会一点点地获得权力，然后断裂就会渐渐地显现。哦，"在关键的瞬间里立即把过去转化为将来的东西"，这需要永恒的各种力量。"常存"则有着这种权力。

我现在应当怎样来描述这一爱的作为呢？哦，我必定会有绵延不绝的言辞来描述这爱的作为，对之进行考虑是如此无法描述地令人喜悦并且如此具有陶冶性。

那么，这就到了两者间的断绝；这是一个误会，但其中的一个还是断绝了关系。然而有爱心的人说"我待着"[8]——那么还是不会有断绝。想象一下一个复合词，缺乏后一半词，只有前一半词和一个破折号（因为那断绝关系的人还是不能够把破折号一起带走，那有爱心的人出自自己的天性在自己的这一边保留着破折号），这样，想象一下一个复合词中的前一半词和破折号，现在，想象一下你根本不知道更多关于这到底是怎么一回事，这时，你会说什么？你会说，这个词根本没有结束，还缺少什么。有爱心的人的情形就是如此。"这关系进入一种断裂"，这个事实无法被直接地看出，它只能在过去的意义上被得知。但有爱心的人不想知道"那过去的"，因为他待着；但是"待着"是在"那将来的"的方向上的。因此，有爱心的人表达出，这被另一个人称作是"断绝"的关系，这关系是一个尚未结束的关系。但是因为这里缺少了什么东西，因此这就还不是一个断绝。于是，关键就在于，一个人怎样去看这关系；有爱心的人待着[9]。

然后，仍然是一次断绝，这分割开两个人的是一次争执，但其中的一个却断绝了，他说，我们俩之间的关系结束了。但是有爱心的人却待着，他说，"我们之间的关系没有结束，我们仍在句子的中间，这只是意犹未尽的句子"。事情是如此吗？"断绝"和"意犹未尽的句子"的区别是什么？要把什么东西称作碎片，一个人就必须知道不会再有更多部分出现；如果一个人对此一无所知，那么他就说，这句子还没有结束。在"那过去的"的方向上，"不再有更多部分出现"已经成为定局，我们说"这是一个断裂的碎片"；在"那将来的"的方向上，等待着下一部分，我们说"这句子还没有结束，还缺少着什么东西"。

然后，这就到了一次断绝，是悲戚、冷淡、无所谓把他们分开，而其中一个做出断绝，他说"我不和这个人说话，我不见他"。但有爱心的人说："我待着；这样，我们还是相互说话，因为在谈话中有时候当然也会有沉默。"难道这不是这样？但是想象一下，他们上一次相互说话是在三年前。看，这里纠结就又出现了。"那是三年前"，我们只能够在过去[10]的意义上知道这个。但有爱心的人每天都通过"那永恒的"来重新唤醒自己的活力，并且待着；对于他，过去[11]根本主宰不了他。如果你看见两个人无言地相邻而坐，并且你本来对他们一无所知，你会由此推断出：他们最后一次相互说话是在三年前？有什么人能够决定，需要有多久的沉默，我们才能够说，现在这不再是交谈？如果我们能够决定这个，那么我们在单个的事例中还是只能够在过去[12]的意义上知道事情是否如此，因为无疑，时间必定已经是过去了。但是有爱心的人，他待着，他不断地将自己从"自己对于过去的知"之中解脱出来，他不知道任何过去的东西，他只是等待着"那将来的"。因为舞者之一离开了，舞蹈就中断了吗？在某种意义上是这样。但是，如果那另一个仍然在这样一种表达出"向另一个看不见的人弯腰"的姿势中继续站着，如果你对"那过去的"一无所知，那么你就会说，"现在这舞蹈肯定要开始了，只要那被等待的另一个人一到就会开始"。去掉"那过去的"，通过有爱心地待着[13]使得"那过去的"被淹没在永恒的遗忘之中，这样，终结就是初始，并且不存在任何断绝。在无信无义的人离开女孩而这女孩每天晚上"在晚霞的阴暗时刻"坐在窗前等待[14]的时候，她在每个晚上都表述说：他现在就会来，他马上就会来；这在每天晚上看来都仿佛没有任何断绝，因为她待着。她并不在一个单个的夜晚表达出：三年之中她每天晚上都这样坐着；因此，那过去了的夜晚也没有发现，正如她自己也不知道这一点，如果她真正有爱心地待着的话。然而也许这女孩其实是爱她自己。她为了自己的缘故而想要与被爱者结合；这是她唯一的愿望，她的灵魂就仿佛是与这愿望成为了一体。作为对这一愿望实现的感谢，她会做出一切来使得被爱者的生活尽可能地美好，是的这确实是如此，然而，她是为了她自己的缘故而想要这结合的。如果事情是如此，她无疑会变得疲倦，在时间上有了距离之后，她变得留意于"那过去的"——现在，她就不再坐在窗户旁；她表述出，断绝是存在的；但是，爱常存。

然后，这就到了一次断绝，不管造成断绝的机缘是什么；其中的一个断绝了关系，这是可怕的，恨，永恒的无法和解的恨要在将来充满他的灵魂,"我永远都不想再看见这个人,我们永远地分道扬镳,在我们之间有着'恨'的深渊[15]"。他固然会承认,只要生活还是一条道路,他们就在共同的路上,这却不是在任何别的意义上说的;他小心翼翼地避免让他的道路和所恨者的道路相交;对于他,世界仿佛太小而无法同时容得下他们两个;在所恨者在之中呼吸的同一个世界之中呼吸,这对于他是一种窒息;"永恒将再会同时包容下他们俩"这个想法使得他颤栗。但是那有爱心的人待着。"我待着",他说,"这样我们相互还是在同一条路上"。这难道不是这样吗?在两颗球(这是每个人都可以尝试的事情)以这样一种方式相撞的时候,如果一颗恰恰通过其排斥力而以自己的速度把另一颗也带入自己的方向,那么它们随后岂不是相互进入了同一条路?"这是通过排斥力而发生的"是我们所看不见的;这是一件人们必定知道的过去的事情。但有爱心的人不想知道那过去的事情,他待着,他逗留在"与那恨他的人同行"的路上,于是这样就仍没有断裂。

哦,爱有着怎样奇妙的力量啊!这全能的言辞被说了出来,是的,这是上帝造物者的言辞:"常存"[16]。但是,在有爱心的人说"我待着"的时候,这是人所说出的最强有力的言辞。与自己以及自己的良心和解吧,上帝的朋友[17],有爱心的人与所有善的天使有着协约,毫不防范地进入最危险的搏斗,他只说:"我待着"。就像"他是有爱心的人"那样明确,他会胜利,通过自己"待着"而胜利,比那罗马人通过自己的拖延所得到的胜利更荣耀[18];因为爱之常存就其自身而言远远更为荣耀。就像"他是有爱心的人"那样明确,没有任何误解,除非是那或早或晚地被他的"待着"战胜的误解;没有任何恨,除非是那最终必定会消失掉并且在他的"待着"面前被放弃的恨——如果不是更早,那么这恨就在永恒之中被放弃。看,那盗取了另一个人的爱的人,他因此是拥有了这爱,但他必定是在每一刻之中都害怕失去它。但是,如果一个人为了自己的爱而被人恨,那么这人永远地确定能去赢得爱。如果时间无法在另一个人那里扭去恨,那么永恒还是会在他那里消除掉这恨,使他对着"爱",并且因而也对着那曾在整个一生之中常存而现在则在永恒之中常存的爱,睁开自己的眼睛。

这样,爱永不止息——它常存。

爱常存——它永远都不进入止息[19]。
某种自然的善性,某种善意的同情和助人为乐(这是我们很愿意看重的东西）还是有着一定的时间去奉献于"有爱心地待着"，这样，随着时间的长久，或者在这事情延续着并且因此而被拉长的时候，它变得疲倦，这是确定无疑的。长久，时间之长久，无疑就是使得大多数人终于举旗投降的要求。在商务世界里这样的事情发生得更寻常：由于一下子突然有了太大的支付要求而宣告破产；而在精神世界里则是长久度使得如此多的人半途而废。人类在一瞬间之中有足够的力量，但是一进入长久，他们就变得不可靠了。然而爱常存。哦，诗人和讲故事的人们是多么善于叙述一切之无常流转，他们展示时间对一切在时间之中进入存在的东西的主宰，展示时间对那些最伟大的、最强有力的、最荣耀的事业的主宰，展示时间对世界上的奇迹（它们在时间之中变成几乎无法辨认的废墟）的主宰，展示时间对各种不朽的名字（它们在时间之中终结于"神话般的东西"的不确定性）的主宰。

但是，在爱常存的同时，难道就不会有什么事情发生在这爱上，这样，尽管它常存，它还是在时间之中被改变，只是这改变不是它造成的，它只是一种承受（Liden）？因此这关系就会是：爱常存，没有什么境况改变它或者使之放弃自身，却在一种我们称作是衰弱的变化之中被改变，并且，尽管在说及这同一种爱的时候我们说它永不止息，事情也仍是如此。

让我们在一瞬间之中谈论一下那令人花费如此之多的精力的东西，谈论一下情欲之爱，或者谈论一下那个女孩，按诗人的言辞，是每天晚上"在晚霞的阴暗时刻"坐在窗前等待着那被爱者[20]，"唉"，与此同时，"时间来，时间去"[21]。现在事情已经过去很久了，因为这是，诗人这样说，"消失已久了的时代"[22]。这女孩在等待的同时并不感觉到，时间怎样来，时间怎样去——而与此同时，时间则感觉到她。通常我们说"时间过去"，哦，对于幸福的人，它走得如此之快，而对于悲哀的人则走得如此不可描述的缓慢。或者我们说，"时间到来"，哦，对于希望着的人，它来得如此缓慢，而对于畏惧着的人则只会是来得实在太快。但是诗人说，并且说得如此得体，因为他想要描述一个期待着的人：时间来时间去；对于一个这样的人，时间不仅仅是过去，时间也不仅仅是到来，它是来并且去。出自对期待着的女孩的同情，时间就仿佛在做那无信无义者本应做的事情。然后，在"他"本应来到的时间到来的时候，时间到来了，但"他"却没有到来；然后时间又过去，直到"没有到来的'他'本应到来"的时间到来。以这样一种方式,时间通过到来和过去使这期待着的女孩入眠,直到她,在这一运动的摇晃下,憩息于期待之中。奇妙啊!我们会以为,期待是那最可能使人清醒的东西,然而这期待,在一个人完全投身之中的时候,却如此起着催眠作用。这却是不那么奇妙的事情。因为,如果你让自己躺下睡觉,而人们在你睡觉的同时想要让一道强劲的喷泉开始其向上激射的作为,那么你就会受着惊吓而醒来。但是如果你想要在一道喷泉旁让自己躺下睡觉,那么,你就会睡得非常甜美,与"在这喷泉的啪啪声之中入眠"[23]相比,你从不曾睡得这么香,从不曾睡得如此凉爽,从不曾睡得如此津津有味!

因此,时间来,时间去;这女孩确实没有止息自己的情欲之爱,但是她却憔悴了——因为消失的不是时间,不,时间来时间去,但这女孩憔悴了。荣耀属于这忠实的灵魂!她自然也确实得到这荣耀,最大的人性的荣耀:一个诗人歌唱她了,不是像一个在偶然场合为钱作诗的诗人,也不是因为一个女孩也许是出自名门,也不是因为诗人也许认识她。不,她的名字不为人所知,人们知道的只是她美丽的所作所为,这种作为激发出真诗人的灵感。让我们绝对不要忘记,以这样的方式在自己的情欲之爱中保持对自己忠诚,这是一种高贵的女性美德,一种伟大而荣耀的作为。只要这世上有一个诗人存在,这种作为就应当被高高地保持在荣耀之中,尽管我们听到各种各样关于家务繁忙的说法;如果世界变得如此可鄙以至于不再有任何诗人存在,那么人类就将学会为"诗人不存在"而绝望,然后就会有一个保持她的荣耀的诗人再次来临。

然而她憔悴了——一个情欲之爱的牺牲品。然而这却是能够用来谈论一个人的至高说法:他牺牲了。问题只是,他为之牺牲的东西是不是那至高的东西。但是只要这世界仍然还是世界,从永恒的意义上理解,这"牺牲自己"是并且仍然是比"战胜"远远更为伟大的业绩;因为世界确实并非那么完美,以至于"在世界之中战胜",这恰恰是通过与世界的一式(Eensartetheden)[24]而达成的战胜,并不具备一种"世界之悲惨"的可疑添加物。"在世界之中战胜"的情形就像是"在世界之中成为某种伟大角色"的情形;一般说来这"在世界之中成为某种伟大角色"是一件可疑的事情,因为这世界并非优秀得能够使它关于"伟大"的判断具有伟大的意味——除非是作为一种无意识的挖苦。

于是,女孩为情欲之爱而牺牲。唉,但情欲之爱并非是在至高的意义上的爱，因此不是"那至高的"：看，因此她憔悴，在死亡之中可爱，正如她在生活之中曾是可爱的，但是这标志了情欲之爱毕竟曾是她的至高。情欲之爱是一种对于今世生活的愿望。因此时间支配着她，因此她在情欲之爱中憔悴，然而这情欲之爱也憔悴消失，尽管她知道她对时间有着支配权，因为她没有止息自己的情欲之爱。

但是爱常存——它永不止息。因为精神之爱本身就是那汇成一种永恒生命的泉源[25]。这有爱心的人也随着岁月老去，终究在时间之中死去，这说明不了任何问题；因为他的爱仍保持永远年轻。在他的爱中，他不像情欲之爱中的关系那样地去与现世发生关系，他不依赖于现世；对于他的爱，永恒是恰当的季节。在他死的时候，他就恰恰到达了目的地，在他死的时候，事实恰恰就显示出他没有徒劳地等待；唉，在那年轻女孩死的时候，我们则恰恰这样说：我们很遗憾地看到，她等待得很徒劳。那常存的爱又怎么会变得进入止息呢？难道不朽能够进入止息吗？然而，那给予一个人"不朽"的东西是什么，除了常存的爱之外它又会是什么呢？但情欲之爱却是现世[26]的，它的最美丽的发明，却也是现世的最脆弱的发明。因此在这里有着一个更深刻的自相矛盾。在女孩子这里没有什么错，她对自己的情欲之爱是忠诚的并且继续保持忠诚。然而在这些年月之中，她的情欲之爱还是有所改变。这变化在于情欲之爱本身之中。这自相矛盾则是：一个人带着最正直的意愿想要去牺牲，却仍无法，更深刻地理解的话，无条件地忠诚，或者，常存在那自身并不永恒常存的东西之中——情欲之爱不是永恒常存的。也许这女孩自己并不明白这是怎么一回事；但这一自相矛盾的关联在她死去的时候则是令人忧伤的元素。她牺牲自己，这个事实不具备"那永恒的"的庄严，因而也不具备那种振奋人心而令人进入崇高的成分，相反只有着现世的忧伤，并且以这样一种方式有着那种激发诗人灵感的东西。

年轻女孩憔悴。尽管"他"到来了，就是说在死亡到来之前到来，这仍然还是太迟了。她待着，但时间已经使得她的愿望变得黯淡，她因这愿望而生活下去，而同时这同样的愿望却又销蚀着她。相反，那在最深刻的意义上有爱心的人，他常存，他不进入止息，他的爱不销蚀。如果那误解了他的人，如果那以冷眼待他的人，如果那恨他的人归返回来，这人就会发现他毫无变化，毫无变化地以同样的渴慕期盼着"那永恒的"，以同样平静的镇定身处于"那现世的"。他的爱是永恒的，它使自身去与永恒发生关系，它立足于"那永恒的"，因此，他在每一瞬间都等待着那他永恒地等待着的同样东西，因此没有骚动不安，因为，在永恒之中有着足够的时间。

如果一种爱的期待能够使得一个人，从本质上理解，进入止息，那么这就必定会是因为他的期待处于一种与时间的依赖关系之中，这样时间就有权决定这期待是否被实现。这就是说，在这样的情况下，这期待在原则上是一种现世的定性。但那常存的爱没有这样的一种期待。"一种期待在本质上是现世的"，这一性质在期待之中给出那不安宁的钟摆（Uro）[27]。没有不安（Uro）时间无法真正存在；对完全没有"不安"（Uro）的动物来说时间是不存在的；标示时间的钟表无法再标示时间，如果钟摆（Uro）停下的话。但是，如果这钟摆的情形是"纯粹现世的期待"，它只是这样地在"实现"和"不实现"之间摇摆：这运动在时间之中变得更快，因为时间的消失，"时间消逝"这一事实，使得这钟摆（Uro）加速，这时，这"期待之实现"，如果它不按时到达，根本就无法到达——如果事情是这样的话，那么期待就销蚀。最后，这不安（Uro）在表面上看似乎是过去了，唉，但这恰恰是在病症有了"销蚀"的形态[28]时的情形。但那有爱心的人，他待着，他有着一种永恒的期待，而这永恒的东西在钟摆（Uro）之中给出平衡，这样这钟摆固然是在"实现"和"不实现"之间摇摆，却不依赖于时间，因为这"实现"绝不会因为时间的消失而变得不可能：这个有爱心的人不憔悴。

在这常存的爱中有着怎样的忠诚啊！我们的意思绝不是想要贬低那爱着的女孩，就仿佛这样的事实就是她的不忠诚（唉，一种对无信义者的不忠诚！）：她在岁月之中变得虚弱并且憔悴，她的情欲之爱在"情欲之爱本身随着岁月而发生的变化"之中被改变。[29]然而，然而，然而，这是思绪之自相矛盾的一种奇怪纠结，但事实却不可能不同于此，哪怕是情欲之爱中的至高的忠诚，它看上去也只能几乎像是"不忠诚"，因为情欲之爱本身不是"那永恒的"。这自相矛盾不在于这女孩身上，她对自己保持着忠诚；这女孩自己所承受的矛盾是在于"情欲之爱不是'那永恒的'"，并且因此是在于这样的事实之中：以永恒的忠诚让自己去与"那就其自身而言不是'那永恒的'的东西"发生关系，这是不可能的。但是反过来，完全毫无改变地常存，没有一丁点止息性，在每一瞬间都是这同样的爱，甚至在任何时刻，哪怕是那误解着的人，反目者，怀恨的人，在他想要回返到这有爱心的人这里时,都是这同样的爱——这是怎样的爱之忠诚啊!那待着的人,他从不会进入止息,无疑这对于他自己是永恒的获益,但这同时也是一种在对他所爱的人们的忠诚之中的爱的作为——按我们在这里对此的考虑,以及按他自己对此的考虑,都是如此。

然而,这又会是多么的无告无慰,是的,这样几乎就是令人绝望,如果这样的瞬间到来——在误解者试图归返回来寻找理解的时候,在反目者试图归返回来寻找友谊的时候,在怀恨的人试图归返回来寻找和解的时候,如果在这时,这有爱心的人进入了止息,于是,在这爱中既没有理解、也没有友谊的重建、也没有和解的新生真正能够带着永恒至福的喜悦出现,又有什么事情会是如此的无告无慰啊?另外,又有什么东西能够像"有爱心的人(这是我们在前面的段落中已谈论过的话题)通过待着[30]而不断地去除掉过去[31]"那样地使得赦免的瞬间、协议的过渡变得如此自然、如此轻松;因为在有爱心的人这一边,协议已经成立,就仿佛根本从来就不曾有过任何分歧。哦,在两个人都有着一种关于"过去"或者关于"分离持续了很久"的观念的时候,存在在这时常常会是一场艰难的冲突,也许两人的关系就永远都无法完全地得以重建。但是有爱心的人对"那过去的"一无所知,因此他在爱之中仍然做着这最后的事情,他以这样的方式来化解冲撞,因而不会有任何冲突出现,这样,要达成赦免之过渡,就再也没有比这更容易的做法了。在两个人之间,有多少次协议曾即将被达成,但其中的一个受到了冲撞——人们这样说。如果事情是如此,那么必定是有着某种出自过去的东西又重新不具爱心地冒出来。因为,要受到那比最柔软的东西还要更柔软的东西[32]的冲撞冒犯,要受到爱的冲撞冒犯,这是不可能的。确实,任何一艘船,哪怕它是在最软的沙底之上的风平浪静的水中悄然滑进那有着芦苇使之停下并环拥它的地方,都不可能像一个"归返回来寻求与那常存的爱达成协议"的人那么肯定地不会受到冲撞。

如此是那有爱心的人。一切之中最美丽的,那协议的瞬间本应成为一次毫无结果的尝试,一个徒劳的过程,因为他在那时是被改变了,但他阻止这改变,因为他待着,并且保持永不止息。赦免之过渡可以变得像"与一个人们在一小时之前所看见的人相遇"那样容易;爱的交谈可以变得像与一个"你与之交谈的人"的交谈那样自然地进行;同行共旅的步伐可以像那介于两个第一次开始新生活的人之间的步伐那样迅速地合拍——简言之，不会有，根本不会有任何能够冲撞冒犯的刹止，没有一秒这样的刹止，没有一丝一毫这样的刹止；有爱心的人达成这样的事情，因为他待着并且保持永不进入止息。

注释：

1　[**爱常存**]"常存"（blive）这个动词，在这里是"持存"、"持之以恒"的意思。有时候也包含有"进入存在"的意思。

2　[**歌林多前书 13：13。如今常存的……有爱**]引自《歌林多前书》（13：13），见前面相关的注脚。

3　[**立志为善**]也许是指向《罗马书》（7：18—19），保罗在之中写道："我也知道，在我里头，就是我肉体之中，没有良善。因为立志为善由得我，只是行出来由不得我。故此，我所愿意的善，我反不作。我所不愿意的恶，我倒去作。"

4　[**各种鬼魂屈服于他**]见《路加福音》（10：20）："然而不要因鬼服了你们就欢喜，要因你们的名记在天上欢喜。"

5　[**不管是现在的还是将来的，不管是天使还是魔鬼**]指向《罗马书》（8：38—39）："因为我深信无论是生，是天使，是掌权的，是有能的，是现在的事，是将来的事，是高处的，是低处的，是别的受造之物，都不能叫我们与神的爱隔绝。这爱是在我们的主基督里的。"

6　[**如果爱不存在，如果爱不是永恒地存在**]见《歌林多前书》（13：8）。

7　["**爱是永不止息**。"]《歌林多前书》（13：8）："爱是永不止息。"

8　[**待着**]，也就是说"常存"。

9　[**待着**]，也就是说"常存"。

10　这个"过去"是个名词。

11　这个"过去"是个名词。

12　这个"过去"是个名词。

13　"待着"，也就是说"常存"。

14　[**无信无义的人离开女孩而这女孩每天晚上"在晚霞的阴暗时刻"坐在窗前等待**]指向欧伦施莱格尔的《施洗约翰节之夜戏剧》中的插曲"一个带着景匣的老人"（收录于《诗集》，哥本哈根 1803 年版）："在这里你们看见一座山峰，／一个旅行者在峰巅上攀登。／在悬崖上有着一片红色的废墟，／在大门口上写有拉丁语，／远远地看，字体很漂亮。／这是一座古老的骑士城堡。／于是他沉默地沉浸于悲哀／惊奇而温柔地回顾／那消失了的时代，／那个骑士穿着盔甲看望着环绕着自己的美丽女人的时代。／你们在这里城楼上看见一个洞。／现在不再有窗户。／在那里曾经有一个女孩温柔地坐着，／在晚霞的阴暗时刻，／沉默地朝路上凝视着，／渴慕地等待自己的男友。／唉，时间来，时间去。／遥远有着一座教堂。／在祭台旁是一块大理石，／被爱者们的腿伸在大理石下。／看那旅行者多么缓慢／悲哀地靠近，／而这时红墙背后的太阳／沉落进了神圣的大自然。"

（"景匣"是一种光学装置，英文叫作 Zograscope，人从一个洞里向匣子里面看，有各种各样景象。）

15　[在我们之间有着"恨"的深渊]　参看《路加福音》（16：26）："不但这样，并且在你我之间，有深渊限定，以致人要从这边过到你们那边，是不能的，要从那边过到我们这边，也是不能的。"

16　[这是上帝造物者的言辞："常存"]　指向《创世记》造物的六天，上帝说"要有"，比如说第一天"神说，要有光，就有了光。"《创世记》（1：3）。"要有"、"常存"、"待着"等这些在丹麦语里是同一个动词 blive。

17　[上帝的朋友]　在《雅各书》（2：23）中有这样的表述："这就应验经上所说，亚伯拉罕信神，这就算为他的义。他又得称为神的朋友。"

18　[比那罗马人通过自己的拖延所得到的胜利更荣耀]　指罗马独裁者"拖延者"昆图斯·费边·马克西穆斯·维尔鲁科苏斯（公元前 275—前 203 年），他在公元前 217 年布匿战争中采用拖延战术战胜汉尼拔，获得"拖延者"的外号。

19　[它永远都不进入止息]　见《歌林多前书》（13：8）："爱是永不止息。"

20　[那个女孩，按诗人的言辞，是每天晚上"在晚霞的阴暗时刻"坐在窗前等待着那被爱者]　见前面关于欧伦施莱格尔的诗歌的注脚。

21　["时间来，时间去"]　见前面关于欧伦施莱格尔的诗歌的注脚。

22　["那消失已久了的时代"]　见前面关于欧伦施莱格尔的诗歌的注脚，在诗歌中是"那消失了的时代"。

23　[在这喷泉的啪啪声之中入眠]　指关于梅塞纳斯失眠的故事。在《人生道路中的诸阶段》中也有提及。罗马哲学家和作家塞涅卡（Seneca，公元前 4—公元 65 年）在《论天意》第三书第十章中讲述了关于罗马富人梅塞纳斯，艺术的赞助者，奥古斯都皇帝的朋友，他因为自己的美丽而不贞的妻子而嫉妒，因而无法睡觉。他的试图让自己入睡的手段之一就是去听泉水声。

24　[一式（Eensartetheden）]　同质一致的性质。

25　[但是爱常存——它永不止息。因为精神之爱本身就是那涌成一种永恒生命的泉源]　指向《约翰福音》（4：14）："人若喝我所赐的水就永远不渴。我所赐的水，要在他里头成为泉源，直涌到永生。"

26　这里的"现世的"是一个名词所有格，不是形容词。

27　"不安定的钟摆"：丹麦语"钟摆（Uroen）"同时也是"不安，不安宁（Uroen）"。

28　[在病症有了"销蚀"的形态]　各种使得健康慢慢被消耗掉的病症，比如说肺结核等。

29　这一段译者对句子作了简化，按原意直译的话应当是：

我们的意思绝不是想要贬低那爱着的女孩，就仿佛这"她在岁月之中变得虚弱并且憔悴"，这"她的情欲之爱在那本是'情欲之爱本身随着岁月的变化'的变化之中被改变"，是她的一种不忠诚（唉，一种对无信义者的不忠诚！）。

30　在前面的注脚之中已有说明："待着"，也就是说"常存"。

31　［有爱心的人（这是我们在前面的段落中已谈论过的话题）通过待着而不断地去除掉过去］比如说，在前面的段落中有：

去掉"那过去的"，通过有爱心地待着使得"那过去的"被淹没在永恒的遗忘之中，这样，终结就是初始，并且不存在任何断绝。

32　［那比最柔软的东西还要更柔软的东西］指向柏拉图《会饮篇》（195d—e）之中阿伽通对厄若斯的赞美。他展示爱神厄若斯的柔软："因为他不是在大地上也不是在脑壳上行走，这脑壳也不是很柔软，不，他行走和居住在一切之中最柔软的东西中；因为他在诸神和人类的心和魂之中建筑自己的居所，不过却不是毫无区分地居住在所有灵魂之中；因为如果他在什么地方发现硬心肠的，他就走过了，只在他发现柔软心肠的地方进入。既然他用脚和以各种方式不断地只触摸最柔软的东西之中的最柔软的东西，那么他就必然是最柔软者。"

VII 慈悲，爱的一种作为，哪怕是在它什么都无法给出并且什么都做不了的时候

"只是不可忘记行善和与人共享"[1]；——但是也不要忘记，世俗性的这一关于"做好事和行善和慷慨和好心奉献和捐赠"的持久不息的说辞几乎就是不慈悲。噢，让各种报纸的写稿人和收税员和街区管理员们去谈论施舍之慷慨并且数啊数啊的；但是让我们决不要充耳不闻：基督教在本质上谈论慈悲，基督教最不愿被说成是招致了这种不慈悲，就仿佛贫困和悲惨不仅仅需要金钱等，而且也无缘于那至高的事情、无缘于"能够实施慈悲"，就因为它们根本不可能是慷慨大方、做好事或行善的。但是人们训导布道，世俗地教会地并且教会地世俗地宣扬慷慨和善行，只是忘记了，甚至在教堂的布道讲演之中，忘记了慈悲。在基督教的意义上理解，这是一种不得体。坐在教堂里的穷人必须叹息；那么，为什么他必须叹息？是不是他的叹息能够带着牧师的布道有助于去打开富人的钱包？哦，不，他必须叹息，他必须在圣经的意义上"埋怨"[2]牧师，因为在人们如此急切地想要帮助他的时候，他恰恰就遭受了人们对他所做的最大不公正。那侵吞寡妇和孤儿所应得的遗产的人们有祸了[3]，那不说慈悲而谈论慷慨的布道者也有祸了。布道其实应当只谈论慈悲。如果你知道怎样深入地谈论这个，那么慷慨就会自然而然地跟出来，要看单个的人有没有能力去做。但是考虑一下这个：如果一个人通过谈论慷慨来收集到钱钱钱；考虑一下这个：他通过不谈慈悲来不慈悲地对待贫困和悲惨者，但他借助于那"富有的慷慨"的钱来为这贫困和悲惨者找来缓解。考虑一下这个：如果贫困和悲惨带着他们的祈求来打扰我们，那么我们就能够设法借助于慷慨来救场，但是考虑一下，如果我们强迫贫困和悲惨，通过向上帝抱怨我们，如圣经所说，"来阻碍我们的祷告"（《彼得前书》3：7）[4]，因为我

们通过不去谈论"贫困和悲惨能够实践慈悲"而恶劣地亏待贫困和悲惨，那才是远远更可怕的事情。

在这关于慈悲的讲演之中我们要坚持这一点，并且警惕着不要把慈悲和那与外在条件关联着的东西，也就是说，爱就其本身无法支配的东西，混淆起来；爱确实是支配着慈悲（Barmhjertighed），正如爱同样明确地恰恰在自己的怀（Barm）中有着心（Hjerte）[5]。因为"一个人在怀中有着心"，由此并不推导出"他在口袋里有着钱"，但前者则肯定是最重要的，并且相对于慈悲而言是决定性的因素。确实，如果一个人没有钱，但他知道怎样借助于关于慈悲的言谈去真正地激励和鼓舞贫困者、悲惨者，难道他不是做了像那向贫困投掷出一些钱的人或者那布道使得富人从口袋里拿出大方的捐赠的人所做的同样多的事情吗？

这样，我们现在要考虑：

慈悲，爱的一种作为，哪怕是在它什么都无法给出并且什么都做不了的时候

我们要根据天赋给我们的能力来努力去尽可能明白地、尽可能吸引人地阐明，尽可能使得这穷人看出这是理所当然：在"能够是慈悲的"之中有着怎样的安慰。我们要通过"去除掉一部分世俗的幻觉"来谈论这个。但是，通过我们所谈论的东西我们也想要贡献一些什么，这是我们的愿望，只要有这个必要，以便在可能的情况下去使得那"能够是慷慨大方并且行善"的人感到羞愧，以上帝所喜悦的方式感到羞愧，以这样的方式在虔诚中神圣地脸红着[6]，正如那适合于一个基督徒做出的反应：以这样一种方式心甘情愿地去施舍却以这样一种方式不愿承认这是慈善，就像那"转过脸去以便不去具备'其他人们会看见他由此获得荣耀'的羞耻"的人[7]，或者像那"其左手确实不知道其右手在做些什么"的人[8]。

慈悲没有任何可给予的东西。这是理所当然：如果慈悲者有什么东西可给，那么他会非常乐意地给出这东西。但是我们想要集中注意力去关注的不是这个，而是：一个人可以是慈悲的，尽管他没有任何东西可给。这一点有着极大的重要性，因为"能够是慈悲的"比起"有钱并且因此而能够给予"是一种远远更大的完美。

341

如果那个 18 个世纪下来人所周知的人，那个慈悲的撒玛利亚人[9]，如果他不是骑着马过来而是步行走路从耶利哥去耶路撒冷[10]，在路上他看见一个不幸的人躺在那里，如果他什么也没有带在身上，没有什么东西可用来包扎这不幸者的伤口；如果他这时扶起那不幸者，把他扛在肩上，把他背到最邻近的客栈；在这客栈里，老板却既不想接待他也不想接待那不幸者，而既然这撒玛利亚人一分钱也没有，他徒劳地苦苦哀求这个硬心肠的人，祈求他多少有一点慈悲，因为这是人命攸关的事情——难道他就没有……然而不，这故事还没有结束——于是，如果现在这个撒玛利亚人，对此绝没有丧失耐心，又背着这不幸的人走开了，为这受伤者寻找到一个柔软的地方躺下，坐在这人的身旁，尽自己的努力来阻止这人失血，但这不幸的人却死在他的两手之间——难道他因此就不是同样的慈悲，足够的慈悲，就像那个慈悲的撒玛利亚人[11]那样，或者说，有没有什么可以反对我们将这故事称作"慈悲的撒玛利亚人的故事"？

让我们看那关于那个在圣殿捐钱匣里投了两个小钱的女人的故事[12]，但让我们虚构一个小小的变化。这两个小钱，这对于她是一笔她并非一下子就获得的大款子。她花了很长的时间将这些钱节省下来；然后她用一小块布把它们包好藏起来，为了能够在她自己去圣殿的时候带上它们。然而一个骗子留意到，她拥有这些钱，他就从她那里窃取了这钱并留下了一块完全相同的小布块作为取代，只是在这布块之中什么都没有——这是寡妇所不知道的。于是她去了圣殿，把她所以为是的两个小钱（就是说，其实什么都没有）放进捐钱匣，难道基督就不会仍然说出他所说的关于她的那句话吗——"她所投的比所有那些富人所给的还多"[13]？！

但是一种没有钱的慈悲，这能够意味了什么？是的，最后慷慨大度和善行义举的世俗无耻走得如此之远，以至于它甚至嘲笑起一种什么都不拥有的慈悲！这就已经是够不公正而令人反感了：在穷人给出自己的最后一斯基令[14]，于是富人过来给出好几百国家银行币，然后，所有人都看着这几百国家银行币，这就是说，于是这富人以自己的馈赠把穷人的慈悲完全遮盖掉了。然而，这是怎样的疯狂，如果真是这样，基督所说的是：穷人馈赠最多；怎样的疯狂啊：那给得更少的（富人以及大笔款子）遮盖掉了那给得更多的（穷人以及微不足道的一点点），是的，甚至遮盖掉了那给得最多的！但是，这世界当然不是这样说的；这世界说，富人给得最多；为什么它这样说？因为这世界只知道钱，而基督只知道慈悲。恰恰因

VII　慈悲，爱的一种作为，哪怕是在它什么都无法给出并且什么都做不了的时候

为基督只知道慈悲，因此他如此准确地算出寡妇所给的只是两分钱；正因此他要说，甚至根本就不需要这么多，或者，一个人可以给得更少却通过给出这更少而给得更多。多么奇妙的算术题啊，或者更确切地说，多么奇妙的算术类型啊，在任何算术书里都找不到这算法。有一个值得人们注意的表述被用在这寡妇身上："她从自己的贫困之中馈赠"[15]。但是，如果馈赠的大小相对于贫困的大小而增长的话，因此就是与世界的看法（馈赠的大小与财富成正比）正相反，那么，比这寡妇更穷的人通过从自己的贫困之中给出一分钱就比寡妇给得更多，而这寡妇则相对于所有富人是给得最多的。是的，世界确实会觉得这是最乏味的算术类型了，在这类算术中一分钱可以意味了如此之多，成为最意义重大的馈赠。世界和世界的慷慨大度很愿意去与各种令人惊叹的大数目发生关系；一分钱当然不会令人惊叹，正如慈悲不能列入各种灿烂的美德之中。从永恒的意义上理解，这种算术类型是唯一真实的类型，人们只会从永恒那里通过放弃世俗和现世的幻觉而学习到它。因为永恒对慈悲有着最敏锐的目光和最深入的理解，但对钱一无所知，正如永恒绝不会有囊中羞涩的困境，或者咬文嚼字地说：它根本用不上钱。是啊，这真是既让人发笑又让人想哭！不可否认，想象一下永恒陷于囊中羞涩缺钱的困境，这无疑会是笑话的绝妙发明；哦，但是，让我们接下来稍稍哭泣一下吧，因为现世如此彻底地完全忘却了永恒，并且忘却了：从永恒的角度看，金钱比乌有更微不足道。唉，许多人认为，"那永恒的"是一种幻觉，而钱是现实的东西；其实在永恒和在真相的意义上，钱才是一种幻觉！随便以什么方式，想象一下永恒，只是承认：有许多你在现世之中见到的现世的东西是你也想要再次在永恒之中看见的，你会想要再次看见树木和鲜花和星辰，想要再次听见鸟鸣和溪水的潺潺声；但是你难道能够想象得出在永恒之中也会有钱吗？不，如果那样的话，天国本身也就又变成了悲惨之国度；因此你根本就不可能会想象得出这样的事情，正如那认为"钱是现实的东西"的人同样也不可能想象得出"有一种永恒存在着"！在你所曾看见的一切东西之中，除了钱之外，没有任何东西是你能够如此肯定地确认绝不可能进入天堂的：钱。反过来，没有任何东西像慈悲那样地让天堂如此确认的！这样，你看，慈悲永恒地与钱毫无任何关系！

然而，钱、钱、钱！那个外国的王公，在他背离强大的罗马时，应当说这样一句话："这里有一座城要被出售，只等着一个买家。"[16]我们岂不

343

是经常忍不住想要沮丧地背离整个存在，用这样的话说"这里有一个世界要被出售，只等着一个买家"，如果我们不说"魔鬼已经买下了它"的话。

什么是生活的严肃？如果你曾真正向自己提出过这个严肃的问题，那么回想一下，你是怎样为自己回答这问题的；或者让我来提醒你，你是怎样为自己回答这问题的。严肃是一个人的上帝之关系；不管在什么地方，只要关于上帝的想法伴随在一个人所做、所想、所说的事情之中，就有着严肃，在这之中有着严肃。但是，钱是世界之上帝，因此世界认为，所有和钱有关或者与钱发生关系的东西就是严肃。看，那个古代的高贵纯朴的智者，他不想为自己的教学收钱[17]，使徒保罗宁可自己动手工作也不愿因为为此收钱而亵渎福音并且使自己的使徒工作降格并且篡改言辞的所给出的宣示[18]。世界对此做出什么论断？让我们不要像傻瓜一样地问，世界对那高贵的纯朴者和对神圣的使徒做出什么论断，因为世界现在已经能够倒背如流地讲演一种对他们的赞美词。但是，如果在今天有一个人，现在在这一瞬间想要像这两个人那样地去做事情的话，同时代会对他做出怎样的论断呢？它论断说：这是怪癖（Særhed）[19]，这是过度紧张（Overspændthed）；它论断说：一个这样的人"缺乏严肃"。因为赚钱是严肃；赚很多钱，哪怕是通过贩卖人口赚钱，这是严肃；通过可鄙的诽谤来赚很多钱，这是严肃。宣告出某种真实的东西，在人们同时也赚很多钱的时候（因为关键不在于这是否是那真实的东西，而是在于人们赚到钱），这就是严肃。因为钱，钱，这是严肃。我们就是这样受教育的，从最早的童年开始，被训导进不敬神的金钱崇拜。让我举一个例子吧，千千万万之中第一个最好的——因为，在努力要穿过青鱼群的船前的青鱼的数量之多，比不上在现实中对于金钱崇拜之教养的例子的数量。想象一家人，户主有旨说[20]所有人在第二天（就是说那是一个星期天）要一同去教堂。但发生了一些什么呢？星期天早上，到了出发时间，还有几个女孩子尚未穿着打扮好。那么父亲怎么说呢，这个严肃地教育自己的孩子们崇拜金钱的严肃的父亲？是的，他自然什么也不说，或者几乎就像什么都没说，因为在这里没有任何理由去警告或者责备；他也许会说，"如果女孩们没有准备好，那么她们就待在家里吧，就这么办吧"。但是想象一下，想象一下可怕的事情，如果女孩们要去的是剧院而她们没有在特定时间里穿着打扮好，想象一下，这个严肃的父亲会怎样对待这事，并且，为什么？因为在

VII 慈悲，爱的一种作为，哪怕是在它什么都无法给出并且什么都做不了的时候

这里许多钱被浪费了，而相反如果星期天待在家里甚至还节省了那份捐给教堂的钱。现在，这些女孩会受到一场严厉的——严肃的父亲的教训；现在，这"没有穿着打扮好"就是一种严重的冒犯，一宗大罪，因此，这个带着严肃教育自己的孩子的严肃的父亲就必定会，为了让下一次不再有这样的事情发生，他必定会不让这件事不受惩罚地蒙混过去。因为，"女孩们没有规矩"，这是最不重要的——因为如果这是重要的话，那么在星期天所发生的事情就是同样大的过错，不，这严肃的关键是：白白损失了钱。看，人们将此称作"作为一个父亲"，人们将此称作"有父亲的尊严并且负责任地使用父亲的尊严"，人们将此称作"教养"。现在，这也确实是教养，只是以这样的方式不是在教养出一些人，而相反是在教养出一些傻瓜和非人！

但是，如果人们有着这种对钱的观念，那么人们又会对那没有钱的慈悲有什么观念呢？一种这样的慈悲必定会被看作是一种类型的疯狂，一种自欺欺人的幻觉。然而这样一来，永恒和基督教就也必须被看作是一种类型的疯狂，一种自欺欺人的幻觉！一个异教的皇帝好像说过，人不应当去嗅钱[21]！相反基督教则教人真正去嗅钱。它教导说，钱本身有着很坏的气味。因此，为了要去除臭味，总是得有某种散发强烈的香味的东西才行。看，一个乞丐也能够说这话，并且他应当因自己的说法而变得像那个皇帝以及金融家一样的不朽。慈悲是那散发强烈的香味的东西。如果说祈祷词是嘴唇的献祭并且让上帝喜悦的[22]，那么慈悲其实就真正是心的献祭，并且如圣经所说，是上帝鼻中的馨香[23]。哦，但在你想到上帝的时候，绝不要忘记，他对钱根本一无所知。

我的听众，如果你是一个讲演者的话，你会选择哪一项任务，是对富人们讲关于实践慷慨施舍，还是对穷人们讲关于实践慈悲；我肯定知道我选择什么，或者更确切地说，我已经选择了什么——假如我是一个讲演者的话。哦，在"对穷人们讲关于实践慈悲"之中有着某种如此不可描述的和解性的东西。这是多么必要，就算不是为了穷人的缘故，那么哪怕是为了你自己的缘故，这一点是你很容易明白的。去尝试一下吧，你将看见这观念马上就会为你翻转过来，就仿佛"去与穷人们谈论慈悲"是没有什么用处的，既然他们没有任何东西可施舍，因此人们就必须去与富人们谈论对穷人们的慈悲。这样，穷人在自己的贫困之中是艰难的，这时则又被世界的关于"他能够实践慈悲"的观念离弃，并因此被指定出来，作

为慈悲之可怜的对象被放弃，如果富人是那么善良以至于实践慈悲的话，作为对象的他至多只能鞠躬和说感谢。慈悲的上帝，这是多么的不慈悲啊！

于是这讲演就是针对你的，贫困而悲惨的你！哦，慈悲吧！把心在你的怀里保存好，尽管贫困而悲惨，这颗心仍然有着对"别人的悲惨"的同情，这颗心在上帝面前有勇气去知道一个人可以是慈悲的，是的，哪怕在一个人没有任何东西可给的时候，一个人恰恰能够在最高的程度上，在出色而卓越的意义上，是慈悲的。"哦，慈悲吧！"是的，这里又是这个，在这里谁又不马上情不自禁地想到穷人、乞丐对着富人的叫喊"慈悲吧！"——不管这一语言用法是多么的错误，因为那被呼唤的其实是施舍之慷慨。因此，让我们更准确地用这语言说话吧，我们对穷人说，对所有人中最穷的人说：哦，慈悲吧！不要让这尘世的存在[24]的妒忌的小气在最后以这样的方式来败坏你，以至于你会忘记你是能够慈悲的，以这样的方式败坏你，以至于一种假谦恭把你身上最好的东西窒息掉。一种假谦恭，是啊，因为真谦恭要等到……哦，它总是会到来，但是不管怎么说是应当和钱一起到来；因为如果你得到钱，你就能够施舍，只有在这时你才有了可让你谦恭的东西。慈悲吧，对富人慈悲吧！记住他有钱而你有你所支配着的东西。不要滥用这一支配权，不要不慈悲得乃至去呼喊上苍惩罚他的不慈悲。是的，我们很清楚地知道一个穷人向上帝所做的抱怨，如果它是指控富人，对此世界又怎么会去关心呢？这被风吹走的叹息，这从耳边划过的言辞当然就是一切之中最无关紧要的东西了；然而，然而，尽管我对这刺耳声音的尖叫不是不熟悉——对这样的事情我置之不理，只要没有什么穷人能够在暗中带着合理的依据向上帝指控我。哦，慈悲吧！如果富人一毛不拔，或者尽管他不是在钱上吝啬却那么寡言而不理睬人，那么请显示出富足的慈悲吧！因为慈悲造就奇迹，它在穷寡妇给出两分钱的时候使这两分钱变成一笔大数目，它在穷人慈悲地不责怪富人的时候使得那吝啬的馈赠变成更大的数目，它在穷人掩盖那乖僻的馈赠者的过失时使得后者的过失变得更小。哦，在许多人没有钱去做出不慈悲行为的时候，如果钱也会有力量去使那些没有钱的人变得不慈悲，那么钱的力量就完全战胜了。但是，如果钱的力量完全胜利，那么慈悲也就完全被废除了。

慈悲什么都做不了。

那些神圣的故事也有着比如说这奇怪的特征：在它们的全部简单性之

VII 慈悲，爱的一种作为，哪怕是在它什么都无法给出并且什么都做不了的时候

中却不断地把所有那应当被说出来的东西都说了出来。那关于富人和穷人的福音书的情形也是如此。不管是拉撒路的悲惨还是富人的奢侈都得到了深入的描绘和叙述；然而还有一个被追加的特征，无疑是值得我们去留意的。其中说到，拉撒路浑身生疮地躺在富人的门前，但那些狗过来舔他的伤口[25]。什么是应当用来描述那富人的呢？不慈悲或者更确切地说不具人性的不慈悲。为了阐明不慈悲，我们可以用到一个慈悲的人，将他置于一旁。在那关于慈悲的撒玛利亚人的故事中就是这样，这故事通过对立面刻画出了利未人和祭司[26]。但这个富人是不具人性的，因此福音书用上的那些狗。怎样的对立面啊！现在我们不想夸张说一条狗可以是慈悲的；但是相对于这富人，这些狗则仿佛是慈悲的。这是令人震惊的：在人放弃了慈悲的时候，这些狗就必须去作为慈悲的。——但另外在这一介于富人和狗的对比之中还有着其他的东西。富人支配着足够丰裕的东西，本来是能够为拉撒路做一些什么的，那些狗则什么都做不了；然而看起来却仿佛这些狗是慈悲的。

看，这恰恰是我们在这一审思之中所谈论的东西。这是一种自然而然：如果慈悲的人能够做一些什么，那么他只会是非常愿意去做。但我们想要集中注意力去关注的却不是这个，而是：人可以是慈悲的，哪怕他什么都做不了。这一点是意义重大的，因为这"能够是慈悲的"与"能够做什么"相比是远远更大的完美。

设想一下，如果不是一个人，而是两个人，从耶利哥去耶路撒冷，他们都遭到强盗的袭击并且致残，没有任何旅行者经过。想象一下，他们中的一个除了呻吟之外什么都不知道，而另一个人则遗忘并且克服了他自己的痛苦以便去说一些安抚而友好的话，或者，这则是与巨大的痛楚相关的事情：拖曳着自己的身体去找一点水，以便能蘸点水凉一下另一个人的舌头[27]；或者设想一下，这两个人都丧失了说话的可能，但他们中的一个在自己沉默的祷告之中向上帝叹息，也为另一个人叹息，那么他是不是慈悲呢？——如果有人砍掉了我的双手，这样我就无法演奏齐特琴[28]，如果有人砍掉了我的双腿，这样我就无法舞蹈；如果我这样残废地在岸上躺着，那么我就不能够跳下大海去救另一个人的性命；如果我自己断手或者断腿地躺着，那么我就无法跳进火里去拯救其他人的生命；——但是不管怎样我还仍能够是慈悲的。

我常常想着，一个艺术家会怎样描述慈悲；但是我很肯定，这是无法

347

做到的。一旦一个艺术家要做这事,那么,到底这是慈悲还是什么别的东西,就马上变得无法确定。在穷人给出自己的半个斯基令而这半个斯基令又是他的全部拥有的时候,在无助者什么都做不了却慈悲的时候,这慈悲才最确定地显现出来。而艺术则最好是想要描述出馈赠,因此想要描述慷慨,它最好是想要描述出那看上去在画面的意义上是最好的东西,伟大的业绩。试着去画一下这个:一个把自己所拥有的唯一的一个面包给另一个人的穷妇人;你很容易看出,最重要的东西是你所无法表达的;你能够表达出这是一个面包,但无法表达出这是她所拥有的唯一的一个。丹麦人民对海上的各种危险是非常熟悉的。有一幅作品,描述一个勇敢的水手,因为这个水手的缘故,现在"引航船拯救人命"成了经常发生的事情。他的画是素描画,在一边的底下是一艘船的残骸,在另一边是一艘引航船[29]。看,这是可以画出来的。这很漂亮,就像一个拯救人的天使穿刺着浪涛,潇洒而勇敢,并且,如果我们想这样说的话,也很慈悲。噢,但是,如果你从不曾见过,那么你至少会想象过那种悲惨,或者说,这样一类人的悲惨——这类人,也许从童年开始,或者是后来在生活中,是如此不幸地受着责骂,如此糟糕地被毁坏,以至于他们什么,什么都做不了,也许几乎连"用真正明确的言辞来表达同情"都不大可能——那么,我们现在是不是要不慈悲地把这一新的残酷加到他们的悲惨中去:拒绝承认他们是能够慈悲的,因为,这确实让人无法描述,既然一个这样的人除了作为慈悲之对象之外无法被真正描述出来。然而,确定无疑,恰恰一个这样的人的慈悲是最美丽和最真实的,并且有着一种额外的价值:他没有因自己的痛苦而失去了活力并且以这样一种方式失去了对别人的同情。

想象一下一个贫困中的寡妇:她只有一个唯一的女儿,但大自然则像后妈一样地几乎拒绝给予这个女儿任何能够改善母亲的状况的禀赋——想象一下这个在重担之下叹息的不幸女孩,相对于她天生所具的一小点能力,她能想出无穷无尽方法去做她所能的这"一小点"、这"乌有",来减轻母亲生活中的痛苦。看,这就是慈悲!没有什么富人会浪费这几千国家银行币去让艺术家画出这个;因为这是无法被画出来的。但是每次那高贵的保护人,那个帮助母亲的人,到她们这里来的时候,这可怜的女孩就站在那里感到羞愧;因为"他",他能够做那么多——他的慈悲遮盖住了这女孩的慈悲!哦,是的,在世界的眼中,也许甚至在一个艺术家的眼中和在一个艺术鉴赏家的眼中,就是这样的。

VII 慈悲，爱的一种作为，哪怕是在它什么都无法给出并且什么都做不了的时候

于是这讲演就是针对你的，根本不能够做出任何事情的悲惨的你：不要忘记慈悲！慈悲吧；如果我能够向你保证，最有权势的人要向你展示慈悲，那么，相比之下，这一安慰——"你能够是慈悲的"，更不用说那"你是慈悲的"的安慰了，要远远更伟大得多。对我们这些更幸运的人慈悲吧！你悲惨的生活就像一种对有爱心的治疗者[30]的危险反驳，因此你有能力来使得我们其他人感到忧惧；那么，慈悲吧！确实，一个这样不幸的人向有权有势和幸福的人们展示了多少慈悲啊！那么，什么是最慈悲的：是强有力地去帮别人渡过苦厄，还是通过平静而耐心地承受苦难来慈悲地守护，不让自己去打扰别人的喜悦和幸福！这两者之中谁爱得更多：那对别人的苦难有着同情的幸福者，还是那对别人的喜悦和幸福有着真正同情的不幸者！

"但是，首要的事情则是：苦难以所有的方式得到救助，并且，尽可能做出一切以求去救助所有苦难。"现世这么说，善意地这么说，并且它根本无法有别的说法。相反，永恒则说：只有一个危险，这危险就是慈悲得不到实践；哪怕所有苦难得到了救助，我们仍无法因此而确定这救助是通过慈悲而发生的，而如果这不是通过慈悲而发生的话，那么，这"慈悲根本没有得以实践"的悲惨，要大于所有现世的苦厄。

问题是，世界不理解永恒。现世对苦难有着一种现世的并且因此也是一种忙乱的观念，并且，它还对馈赠的大小和对"能够做一些什么去救助苦厄"有着一种感官性的观念。"事实上，穷人、悲惨的人会死去，因此最重要的事情是得到救助。"不，永恒说，最重要的事情是：慈悲得以实践，或者，这帮助是慈悲的帮助。"给我们钱，给我们收容场所，这是最重要的！"不，永恒说，最重要的是慈悲。一个人死去，在从永恒的角度理解不是不幸，但是，"慈悲得不到实践"则确实是不幸。值得我们注意的是，在那幅一边是一艘船的残骸另一边是引航船的作品下面，写有：贫困——和剧烈的死亡；富足——和自然的死亡。就是说在两边都有着死亡。永恒坚定不移地强调：慈悲是最重要的。比起永恒相对于自己的想法，没有任何思想家能够是如此顽固的；没有任何思想家是如此平静，如此不受瞬间之急迫和瞬间之危险的打扰——这急迫和危险似乎是要强调"以任何一种方式提供出帮助"是最重要的事情；没有任何思想家是像永恒这么平静，这么不受打扰。没有任何思想家是像永恒这么肯定地认为，人类最终会屈服并且想他的想法；它说：等待着，我们在永恒之中继续

谈，在那里我们只谈论关于慈悲，只谈论关于这差异：慈悲的——不慈悲的。哦，在富人回答关于"他是否曾是慈悲的"的问题说"我曾经给穷人们几十万"的时候，我能够想象，永恒会展示出怎样的一张脸。永恒会看着他，诧异地，就仿佛是一个无法理解他在谈论什么东西的人；这样它会再次向他提出这个问题：你是否曾慈悲。想象一下，一个人走向一座山去与它谈论自己的事情，或者一个人去与风探讨自己的业绩；同样，永恒也不会想要去弄明白富人所谈论的那好几十万和权势者所谈论的"做下了一切"。

给穷人们好几十万，这是慈悲吗？不。给穷人们半个斯基令，这是慈悲吗？不。慈悲是：它是怎么被给出的。但这样一来，好几十万和半个斯基令，这就不重要了，这就是说，我能够同样地既在这一个之中也在那另一个之中看见慈悲，这就是说，慈悲可以是在所给的这半个斯基令之中并且可以是完全明显的，正如它可以在那所给的好几十万中并且明显。但是，如果我同样能够在这半个斯基令之中与在那好几十万之中看见慈悲，那么我其实就能够在这半个斯基令里最好地看见这慈悲；因为，那好几十万有着一种偶然的"意义重大"，它很容易吸引感性的注意力并且因此而打扰我去看见慈悲。在一个能够做一切的人为悲惨者做着一切的时候，这是慈悲吗？不。在一个等于是无法做什么的人为悲惨者做着这"什么都不是的事情"的时候，这是慈悲吗？不。慈悲是：这"一切"和"什么都不是的事情"是怎么被做出的。但这样一来，我能够同样地在这"一切"和这"什么都不是的事情"之中看见慈悲；而如果事情是如此，那么我其实就能够在这"什么都不是的事情"之中最好地看见慈悲；因为，这"能够做一切"是一种灿烂的外在性，它有着一种偶然类型的"意义重大"，这却强烈地对我身上感官性的东西起着作用，很容易吸引注意力并且打扰我去看见慈悲。

让我一再地阐明这一点。如果你想要观察在一块石头被投向水中时所造成和构建出的那些运动，那些水纹环，难道你会旅行到那些遥远的有着猛烈的瀑布向下冲激的国家并且扔出一块石头，或者，你会把一块石头扔向浪涛汹涌的大海吗？不，你不会。因为尽管在这里正如在任何别的地方这石头会造成运动并构建出水纹环，你在这里会被打扰而无法真正看见它们。因此你肯定会反过来去寻找一个宁静的小水塘，几乎就是越小越好，扔出石头，然后不受任何不相关的东西打扰地真正把注意力集中在观察各

VII 慈悲，爱的一种作为，哪怕是在它什么都无法给出并且什么都做不了的时候

种运动之上。

你对"一个重要的人"是怎么理解的呢？肯定是这样：一个有着重要的内在价值的人？如果你现在真正是严肃地想要集中心思去观察一个这样的人，那么你可能想要看见他被极大的财富环拥，或者由勋章和绶带装备着；或者，你会不会认为，既然你要完全集中你的心思去观照他意义重大的内在，那么这就恰恰是一种打扰。这就是慈悲的情形。慈悲是真正意义重大的东西，而那"几十万"或者那"世俗地做一切"则是意义重大的馈赠，意义重大的帮助。但一个意义重大的东西是那要被人看着的东西，另一个意义重大的东西是那要被人避而不看的东西。这样，唉，在世界觉得"在慈悲给出好几十万的时候去留意这慈悲"会比"在慈悲给出半个斯基令的时候去留意这慈悲"容易得多的同时，就是说，在世界觉得通过看着那应当被避而不看（如果一个人想要真正看见慈悲的话）的东西最容易留意于这慈悲的同时，你则出自对你自己的不信任而希望你所应当避而不看的东西消失掉。

然而让我们不要忘记，在两种情形之中，我们都可以都看见慈悲，在半个斯基令的情形中和在好几十万的情形中，在有权势者所做的"一切"之中和在悲惨者所做的"什么都不是的事情"之中。但尽管这里已经给定了"慈悲是在场的"，你还是很容易肯定，馈赠越大越令人惊奇，帮助越是奇妙，就越是会有什么东西要阻碍你去完全地逗留在慈悲之中。人们讲述关于使徒彼得，说他在有一天去圣殿的时候碰上一个瘸子求他周济。但彼得对他说，"金银我都没有，只把我所有的给你，我奉拿撒勒人耶稣基督的名，叫你起来行走"。于是他拉着他的右手，扶他起来。但他的脚和踝子骨立刻就健壮了，并且他跳起来，站着，又行走[31]。谁会去怀疑这是一个慈悲的作为；然而，这则是一个奇迹。但奇迹马上就把人们的注意力引向自己，并且因此而把一部分注意力从"慈悲"上引开，这慈悲只有在与任何东西都无关的时候变得最清晰，因为这时就根本不会有什么东西妨碍一个人完全确定而准确去看出什么是慈悲。

永恒只知道慈悲；因此，如果你想要去学会明白慈悲，那么你就得去向永恒学习。但是，如果你要去弄明白"那永恒的"，那么在你的周围就必须是安静的，与此同时你完全地把你的注意力集中到内在性[32]之中。唉，好几十万，这些钱弄出噪音，至少它们很容易就会弄出噪音；因为关于"你能够像给出四个斯基令那样轻松地给出好几十万"的想法使得你

351

头脑里充满困惑；你的意念分散了，你开始去想着"能够按着这样一种尺度去行善"的美好境况。然而，这样一来，"那永恒的"就被打扰了："实践慈悲"是美好的、是至福的、是最高至福的境况。于是，权柄和势力！这再次那么容易地打扰意念，你开始因为那外在的东西而感到困惑。但是在你感到困惑的时候，你能够确定，你所见的不是慈悲，因为慈悲不会唤起困惑。那么，什么是可让人困惑的，如果甚至那最悲惨的人（而他恰恰是最好的）也能够实践慈悲！哦，慈悲，如果你确实看见它的话，它不唤起困惑，它感动你，恰恰因为它是内在性[33]，是你的最真挚的印象。但是，什么时候内在性[34]更清晰呢，当然，还有什么时候比得上"根本没有任何外在的东西"的时候，或者说，外在的东西借助于卑贱和微不足道反而更像是一种抵抗，并且，在感性的意义上理解的话，确实是阻碍人去看见内在性。如果相对于慈悲事情就是如此，那么我们恰恰就有这样一种慈悲，在这里我们所谈论的就是这种慈悲，这慈悲是一种爱的作为，尽管没有任何东西可给，也无法去做任何事情。

注释：

1　["只是不可忘记行善和与人共享"] 引言出自《希伯来书》（13：16），是谈论祭祀的，原文是："只是不可忘记行善，和捐输的事，因为这样的祭，神所喜悦的。"

2　[在圣经的意义上"埋怨"] 指向《雅各书》（5：9）："弟兄们，你们不要彼此埋怨，免得受审判。看哪，审判的主站在门前了。"这里的"埋怨"直译的话就是"针对……叹息"。

3　[那侵吞寡妇和孤儿所应得的遗产的人们有祸了] 指向耶稣在《马太福音》（23：14）中所说的话："你们这假冒为善的文士和法利赛人有祸了，因为你们侵吞寡妇的家产，假意作很长的祷告，你们要受更重的刑罚。"比较《雅各书》（1：27）。

4　["来阻碍我们的祷告"（《彼得前书》3：7）] 对《彼得前书》（3：7）的随意引用。《彼得前书》（3：7）是："你们作丈夫的，也要按情理和妻子同住。因她比你软弱，与你一同承受生命之恩的，所以要敬重她。这样便叫你们的祷告没有阻碍。"

5　[在自己的怀（Barm）中有着心（Hjerte）] 对丹麦语"慈悲（barmhjertighed）"所做的文字游戏。不过，在词源学上看，慈悲（barmhjertighed）并非是意味了"在自己的怀（Barm）中有着心（Hjerte）"，而是出自德语"be-armhertich"：对那些贫困者（Arme）有着心（Hjerte）。

6　[以上帝所喜悦的方式感到羞愧，以这样的方式在虔诚中神圣地脸红着] 也

VII 慈悲，爱的一种作为，哪怕是在它什么都无法给出并且什么都做不了的时候

许是指向《希伯来书》（12：28）："所以我们既得了不能震动的国，就当感恩，照神所喜悦的，用虔诚敬畏的心事奉神。"

7　[以这样一种方式不愿承认这是慈善，就像那"转过脸去以便不去具备'其他人们会看见他由此获得荣耀'的羞耻"的人] 指向《马太福音》（6：1—2）："你们要小心，不可将善事行在人的面前，故意叫他们看见。若是这样，就不能得你们天父的赏赐了。所以你施舍的时候，不可在你前面吹号，像那假冒为善的人，在会堂里和街道上所行的，故意要得人的荣耀。我实在告诉你们，他们已经得了他们的赏赐。"

8　[像那"其左手确实不知道其右手在做些什么"的人] 指向《马太福音》（6：3—4）："你施舍的时候，不要叫左手知道右手所作的。要叫你施舍的事行在暗中，你父在暗中察看，必报答你。"

9　[那个慈悲的撒玛利亚人] 参看《路加福音》（10：25—37）。

10　[从耶利哥去耶路撒冷] 与《路加福音》之中的比喻正好相反，见《路加福音》（10：30）。

11　就是说，《路加福音》中的那个在"从耶路撒冷去耶利哥的路上"故事中的"慈悲的撒玛利亚人"。

12　[那关于那个在圣殿捐钱匣里投了两个小钱的女人的故事] 指向《路加福音》中那个关于穷寡妇的故事。见《路加福音》（21：1—4）："耶稣抬头观看，见财主把捐项投在库里。又见一个穷寡妇，投了两个小钱。就说，我实在告诉你们。这穷寡妇，所投的比众人还多。因为众人都是自己有余，拿出来投在捐项里。但这个寡妇是自己不足，把她一切养生的都投上了。"

13　["她所投的比所有那些富人所给的还多"] 指向《路加福音》（21：3）。

14　见对本书开首部分出现的"斯基令"一词的注脚。

15　["她从自己的贫困之中馈赠"] 指向《路加福音》（21：4）。

16　[那个外国的王公……一句话："这里有一座城要被出售，只等着一个买家"] 指向努米底亚（北非古国，在今阿尔及利亚北部）国王朱古塔（卒于公元前104年）的一句说辞。朱古塔通过贿赂罗马议员而在罗马得到了极大的好处，因此在他离开罗马时说了："看，有一座城在等着被出售，一有了买家，它就毁灭。"

Jf. *Sallust Bellum Jugurthinum*, 35, iC. Sallusti Crispi opera quae supersunt bd. 1 - 2, udg. af F. Kritzius, Leipzig 1828 - 34, ktl. 1269 - 1270; bd. 2, s. 211.

17　[那个古代的高贵纯朴的智者，他不想为自己的教学收钱] 指向苏格拉底。在柏拉图的《苏格拉底的申辩书》中多次提及，他不像智者们那样为自己的教学而收钱。

18　[使徒保罗也宁可自己动手工作也不愿因为为此收钱而亵渎福音并且使自己的使徒工作降格并且篡改言辞的所给出的宣示] 在许多地方，保罗放弃自己作为使徒而受教团经济支持的权利，因为他为了福音的关系宁可自己劳作谋生。他在《歌林多

前书》(9：1—18) 之中有表述，比较《歌林多前书》(4：11—12)。在《使徒行传》(20：33—34) 之中他对以弗所的长老们说："我未曾贪图一个人的金，银，衣服。我这两只手，常供给我和同人的需用，这是你们自己知道的。"也参看《帖撒罗尼迦前书》(2：1—9)。

19　[它论断说：这是怪癖] 在《哲学片段》(1844) 之中说及苏格拉底，说他"让人们觉得是一个怪癖者"。而在《终结中的非科学后记》(1846) 中则是："按柏拉图和阿基比阿德的说法，至少，将他视为'古怪的'，这是人们的一般看法，ατοποζ（希腊语：古怪的、特别的、引人注目的）。"Ατοποζ 在柏拉图的对话中多次出现，比如在《阿基比阿德第一篇》(106a) 和《会饮篇》(215a) 中。在《泰阿泰德篇》(149a) 中他说人们称他是一个置人于尴尬的大怪物。

20　[有旨说]《路加福音》(2：1)："当那些日子，该撒亚古士督有旨下来，叫天下人民都报名上册。"

21　[一个异教的皇帝好像说过，人不应当去嗅钱] 不太准确地指向一个关于罗马皇帝提图斯·弗拉维乌斯·维斯帕西亚努斯（公元69—79年为皇帝）的传闻，出自罗马历史学家斯维通（Sveton）所写的关于这皇帝的传记第二十三章："在他的儿子提图斯责备他居然想得出要对公共小便池收税，他把第一季度收到钱拿到鼻子前问道，'他是反对这气味吗？'在他说不的时候，他回答说'但这是小便池的气味'。"

22　[如果说祈祷词是嘴唇的献祭并且让上帝喜悦的] 指向《希伯来书》(13：15—16)："我们应当靠着耶稣，常常以颂赞为祭献给神，这就是那承认主名之人嘴唇的果子。只是不可忘记行善，和捐输的事。因为这样的祭，是神所喜悦的。"

23　[如圣经所说，是上帝鼻中的馨香] 指向《利未记》(1：9)"但脏腑与腿要用水洗，祭司就要全然奉献，烧在坛上。这是燔祭，是献与耶和华为馨香的火祭。"

24　这里，"尘世的"是形容词，而"存在"是名词，而后面"妒忌的"是形容词，而"小气"是名词。

25　[关于富人和穷人的福音书……拉撒路浑身生疮地躺在富人的门前，但那些狗过来舔他的伤口] 指向耶稣关于拉撒路和富人的比喻。《路加福音》(16：19—31)："有一个财主，穿着紫色袍和细麻布衣服，天天奢华宴乐。又有一个讨饭的，名叫拉撒路，浑身生疮，被人放在财主门口，要得财主桌子上掉下来的零碎充饥。并且狗来舔他的疮。后来那讨饭的死了，被天使放在亚伯拉罕的怀里。财主也死了，并且埋葬了。他在阴间受痛苦，举目远远的望见亚伯拉罕，又望见拉撒路在他怀里。就喊着说，我祖亚伯拉罕哪，可怜我吧，打发拉撒路来，用指头尖蘸点水，凉凉我的舌头。因为我在这火焰里，极其痛苦。亚伯拉罕说，儿阿，你该回想你生前享过福，拉撒路也受过苦。如今他在这里得安慰，你倒受痛苦。不但这样，并且在你我之间，有深渊限定，以致人要从这边过到你们那边，是不能的，要从那边过到我们这边，也是不能的。财主说，我祖阿，既是这样，求你打发拉撒路到我父家去。因为我还有五个

VII 慈悲，爱的一种作为，哪怕是在它什么都无法给出并且什么都做不了的时候

弟兄。他可以对他们作见证，免得他们也来到这痛苦的地方。亚伯拉罕说，他们有摩西和先知的话，可以听从。他说，我祖亚伯拉罕哪，不是的。若有一个从死里复活的，到他们那里去的，他们必要悔改。亚伯拉罕说，若不听从摩西和先知的话，就是有一个从死里复活的，他们也是不听劝。"

26　见前面的关于慈悲的撒玛利亚人的注脚。

27　[**能蘸点水凉一下另一个人的舌头**] 比较前面注脚里所描述的富人，他"喊着说，我祖亚伯拉罕哪，可怜我吧，打发拉撒路来，用指头尖蘸点水，凉凉我的舌头"。《路加福音》（16：24）。

28　[**齐特琴**] 一种古代的拨弦乐器，有 30—40 根弦，在旧约之中常常提及这种琴。

29　[**有一幅作品……在另一边是一艘引航船**] 指向 P. N. Sølling 的一幅平版印刷画。丹麦挪威海军军官 Peter Norden Sølling（1758—1827）在 1800 年前后构建出一种引航救生船被用在挪威海岸的许多地方。

30　[**有爱心的治理者**] 就是说，上帝。见前面的关于"上帝的治理"的注脚。

31　[**使徒彼得……又行走**] 指向《使徒行传》（3：1—8）"申初祷告的时候，彼得，约翰，上圣殿去。有一个人，生来是瘸腿的，天天被人抬来，放在殿的一个门口，那门名叫美门，要求进殿的人周济。他看见彼得约翰将要进殿，就求他们周济。彼得约翰定睛看他。彼得说，你看我们。那人就留意看他们，指望得着什么。彼得说，金银我都没有，只把我所有的给你，我奉拿撒勒人耶稣基督的名，叫你起来行走。于是拉着他的右手，扶他起来，他的脚和踝子骨，立刻健壮了。就跳起来，站着，又行走。同他们进了殿，走着，跳着，赞美神。"

32　Inderligheden，有时候我也将之译作"真挚性"。

33　Inderligheden，有时候我也将之译作"真挚性"。

34　Inderligheden，有时候我也将之译作"真挚性"。

355

VIII 和解性在爱之中的胜利，它赢得那被战胜的人

"战胜了一切，还能站立得住！"（《以弗所书》6：13）[1] 然而，难道这不是足够容易的吗，难道这不是自然而然——在一个人战胜了一切的时候，他继续站着或者保持站着？在一个人真正战胜了一切的时候，又有什么东西会来推翻他？在一个人真正战胜了一切的时候，难道就不再有任何东西可让人继续站立着面对？哦，那经受了考验的使徒[2] 肯定是知道自己在谈论什么的。这是不证自明的，如果一个人怯懦而畏缩地从不敢进入危险，他也就永远不会胜利，他绝不会战胜什么；相反，由于他放弃了自己，他在事先就已经注定是一个被战胜者。但在另一方面，恰恰在一个人战胜一切的时候，他也许差不多就接近于丧失一切——如果他在这一瞬间里丧失什么，那么他很容易就丧失一切，这只有对于那赢得一切的人来说可能的；也许胜利的瞬间恰恰就是那最艰难的瞬间，比任何斗争的瞬间都艰难；也许胜利的叫喊"一切都已成定局"恰恰就是所有说法之中最模棱两可的言辞，如果在这话被说出的同一秒之中，它意味了"现在'丧失了一切'已成定局"。这样，我们就仍然还是有着一种关于"战胜了一切之后的站立"的说法，是的，事实上是要到了那一瞬间时，我们才会有关于"战胜了一切之后的站立"说法。以这样一种方式，它已经是观念所想象的对象了。如果你说，一个人战胜了什么，那么你就想象他俯身逼向那作为对立面的东西。因而在最深刻的意义上仍然不能谈论关于"站立住"；因为，尽管那对立面对立着，在另一种意义上也就好像是支撑着他，支撑着俯身向前的他。但是现在，一切都被战胜了。现在的事情是：他要停下，要保持站立着，他不能以胜利的动力去丧失胜利。难道不是这样吗？弱者、怯懦者屈服于对立面；但勇敢者顽强地走向危险，如果他倒下，他就像人们所说的，是被自己的腿绊倒——作为勇敢者他战胜自

VIII 和解性在爱之中的胜利，它赢得那被战胜的人

己的对立面，然而他却仍然跌倒。他没有在危险之中倒下，却在冲力之中倒下，就是说，因为他没有继续保持站着。

保罗在另一处说，我们在信仰之中得胜有余[3]。但是一个人能够做到比胜利更多吗？是的，他能，如果他在得胜之后保持站立着，保持这胜利，驻留在这胜利之中。这样的事情是多么常见啊：已经得胜的人，他也如此地去努力，这样，他不像那个统帅者再需要更多一次这样的胜利——因为这一次胜利已经足够让他毁灭[4]。这样的事情是多么常见啊：那举起了重负的人因举起了这重负而无法承受这重负；或者那不知疲倦地向着风暴胜利挺进的人精疲力竭地无法忍受随着胜利一同到达的寂静；或者那能够坚毅地挺过所有风云变幻酷热严寒的人，他无法忍受在胜利那一瞬间困扰人的小风小雨！这样的事情是多么频繁：一场胜利被虚妄地滥用，于是胜利者变得骄傲、自以为是、傲慢、自满，并且以这样一种方式恰恰因为"取得了胜利"而失败！

如果我们在一种思之定性之中要表达出那使徒所说的话（在战胜了一切之后仍站立得住）中的意思，那么我们就必须这样说：从精神的意义上理解，总是有着两种胜利，一种最初的胜利，然后第二次胜利，最初的胜利在第二次胜利之中得以保存。无疑，如果说是要做出最准确的表述的话，那么我们就只能这样说："那现世的"一直都只谈论一种胜利，"那敬神的"则一直在谈论两种。任何人在自己死去之前都不能自称是幸福的[5]（因此这要留给后人们去评说了），这一点是现世心理也能够领会的；但是反过来，在现世心理要去听那关于第二次胜利的说法时，它就会变得不耐烦。就是说，如果真正要有着一种关于这第二次胜利或者关于"在战胜了一切之后继续站立"的说法，那么一个人就会错过那现世心理自然是最看重的东西，错过那人们为之而忍受了所有斗争之艰苦的东西；因为如果那样的话，一个人就永远都不会去为自己的胜利而骄傲；甚至一瞬间这样的时间都不会有。相反，在他胜利并且想要去准备庆祝的瞬间，恰恰在这一瞬间，那敬神的想法将他推进一场新的斗争，那最艰难的斗争，因为这是最内在的斗争，因为在这斗争之中他要与他自己和与上帝搏斗。如果他在这场斗争之中倒下，那么他就是在自己手中倒下；因为从肉体和外在的意义上理解，我是能够在另一个人的手中倒下，但是在精神的意义上，那能够杀死我的只有一个人，那就是我自己；在精神的意义上，谋杀是不可思议的，不管怎么说，任何凶手都无法谋杀一个不朽的精神；在精

神的意义上只有自杀是可能的。如果一个人在这第二场斗争之中得胜的话，那么，这就恰恰意味了他并不获得第一次胜利的荣耀；因为得胜在这个关联上意味了把荣耀给予上帝。在第一场斗争之中是针对世界为要去赢得的胜利而搏斗；在第二场斗争之中是与上帝一起为那后一种胜利而搏斗[6]。只有在这时，在一个人恰在胜利的瞬间把胜利放弃给上帝的时候，他才是在战胜了一切之后仍站立着。只要他还搏斗着，这就在某种意义上说是在帮助他继续站立；但是，在他把胜利的荣耀给予了上帝的时候，上帝是他的支持，他借助于这支持继续站立。当然也可能就是借助于上帝的支持他才得胜（尽管在外在的意义上也能够无须上帝的支持而得胜）；但是，只有在人得胜了之后，上帝的支持才真正变得明显。哦，在世俗的眼里这是怎样的疯狂啊：在一个人得胜了的时候最需要上帝的支持！

现在我们是在进一步把一种这样的双重斗争或者双重胜利作为考虑的对象，因为我们是在谈论：

和解性在爱之中的胜利，它赢得那被战胜的人

因此这里有着一个所赢得的"第一个胜利"作为预设前提，既然这里所谈的是一个"被战胜的人"。这第一个胜利是什么？它就是以"那善的"去战胜"那恶的"。这斗争可以是足够的持久和艰难；因为，如果那有爱心的人要以"那善的"去战胜"那恶的"，那么这就不是通过一次或者借助于一场战役就能够得以决定的事情，相反这场斗争常常会变得越来越艰辛，如果人们愿意这样说，变得越来越险恶——如果人们愿意去领会什么是"那险恶的"的话。有爱心的人对没有爱心的人做了越多善的事情，他越是有耐心地坚持以善报恶，在某种意义上，如果这仅仅只是因为他对一个这样"没有爱心的人"变得冷漠而不当一回事的话，那么，这"在最后却是'那恶的'战胜有爱心的人"的危险就越是靠近。哦，这要有一种巨大的"丰富的善心"[7]，只有那有爱心的人有着这种丰富的善心，一种无法熄灭的纯化了的火焰所具的持续热量，才能够天长日久地有耐心坚持以善报恶——但是，这一胜利是赢得了，这没有爱心的人是一个被战胜的人。

那么现在，在这场斗争之中的关系是怎样的呢？一边是有爱心的人（或者按我们怎样称呼他：善人、高尚的人；因为在这第一场斗争之中尚

VIII　和解性在爱之中的胜利，它赢得那被战胜的人

未真正明了地显示出他是一个有爱心的人），他在自己的一边有着"那善的"。另一边站着没有爱心的人，借助于"那恶的"来搏斗。于是他们搏斗。有爱心的人把"将自己保持在'那善的'之中"作为自己的任务，不让"那恶的"控制自己。因此他与那没有爱心的人并不像与他自己那样地有着那么大的关系；这不是为了那没有爱心的人的缘故，而是为了"那善的"的缘故：他在一种高尚的意义上也是为了他自己的缘故而努力在这场斗争之中取胜。因此这两者相互搏斗着地发生关系，但外在于相互之间，在某种意义上是不可调和地搏斗着，就像善与恶之间的斗争；这一个借助于"那善的"进行搏斗，那一个则通过与"那恶的"达成契约；后者成了那被战胜了的。

　　现在这关系变化了；从现在起这变得很明显：那参与进斗争的是那有爱心的人；因为，他不仅仅为"'那善的'必须存留在他自身之中"而斗争，而且他也必须为"'那善的'必须在那没有爱心的人身上取胜"而和解性地斗争，或者他为赢得那被战胜的人而斗争。因此，介于这两者之间的关系不再是一种简单的斗争关系了，因为有爱心的人在敌人的这一边为敌人的好处而斗争，他想要为那没有爱心的人的事业而斗争直至胜利。

　　这是爱之中的和解性。因为如果敌人或者那损害了你的人走向你并且寻求和解——"你愿意去赦免"，这无疑是美丽而值得称赞的，并且也是有爱心的。哦，然而这是怎样的缓慢啊！不要说"你是在他向你做出了对此的请求之后马上就这样做的"，相反，请记住：真正的爱用来与此作比较的，或者说用来与一种通过依赖于"另一个人请求赦免"的迅速或者缓慢而达成的迅速（正因此这在本质上恰恰是缓慢，哪怕它碰巧是非常迅速地出现的）作比较的，是怎样一种和解之迅速啊。在为敌者想到要寻求和解之前很久很久，那有爱心的人就已经与他和解了；不仅仅是这个，不，他走到了敌人的这一边，为敌人的事业而斗争，尽管这敌人并不理解或者不愿理解在这一点，他在这里为"让事情进入和解"而努力着。看，我们能够将这个称作是一场爱之搏斗或者一场在爱之中的搏斗！借助于"那善的"去对敌人进行斗争——这是值得赞美的，高尚的；哦，但是去为敌人进行斗争——并且，是针对谁？针对自己，如果你愿意这样说的话，亦即，这是有爱心的，或者说，这是爱之中的和解性。如此也是圣经之中所给出的和解性。词句是如此："所以你在祭坛上献礼物的时候，若想起"——是啊，我们现在能够期待接着将会并且必定会跟上的话，

359

难道不是"你对某人有着某种反对"吗？但这不是后面所跟上的话。后面写着"若想起弟兄向你怀怨，就把礼物留在坛前（因为如果事情是这样，礼物的事就不着急），先去同弟兄和好（因为和解的事情是急事，要快，哪怕是为了那在坛上等待着的礼物的缘故也是如此），然后来献礼物。"[8] 然而，这是不是要求得太多；到底是谁需要赦免：是那做了不公正事情的还是那遭受不公正事情的人？当然肯定是那做了不公正事情的人需要得到赦免，哦，但那有爱心的人，他遭受了不公正的事情，他需要去做出赦免，需要讲和，需要和解，这词不像"赦免"这个词那样地通过提醒我们记得公正和不公正来做出区别，而是有爱心地想着：两个人都是有需要的。在被请求赦免的时候做出赦免，这不是在最完美的意义上的和解，但是，在另一个人也许根本没有想到要寻求赦免的时候就已经有着要做出赦免的需要，这才是和解。正因此，圣经说"赶紧同你的对头和息"[9]；但在自己就是有这需要的人的时候，一个人的和息愿望就是最大的；最快的"赶紧"就是在赦免尚未被要求的时候一个人就已经给出了这赦免，甚至是在尚未有任何抵抗（不是抵抗给予而是抵抗接受赦免）被做出的同时争着去给出这赦免。哦，要留神，这关系是怎样的关系；因为"那真正基督教的"总是那与"自然的人所最容易和最自然地理解的东西"恰恰相反的东西。"为赦免而搏斗"，又有谁不马上将之理解为"为得到赦免而搏斗"——唉，因为从人性的意义上说，这常常就是够艰难的了。然而我们所谈的却根本不是关于这个；我们谈论的是，有爱心地为"另一个人会接受赦免、会让自己和解"而搏斗。这不是那基督教的？这当然是在天上的上帝通过使徒说"让你们和好"[10]；这不是人类在对上帝说"赦免我们"。不，上帝首先爱我们[11]；再第二次，在事关和解的时候，上帝是那首先到来的——尽管他在公正的意义上是要走最长的路的。在人与人之间的关系之中也是如此：真正的和解是：你，请注意，在你不是那需要赦免的人的时候，是那给出和解的人。

于是，有爱心的人在和解性之中为赢得那被战胜的人而搏斗——赢得那被战胜的人！这是对"赢得"这个词的多么美丽的语言运用啊！因为，听！在我们说"赢得"一场胜利的时候，我们就马上听见了斗争的激烈；但是在我们说赢得一个人，为自己赢得一个人的时候，在这之中有着怎样无限的温和啊！"赢得一个人"，有什么东西能够像这想法、这说辞那么有亲和性！现在又怎么会有关于斗争的想法。所有斗争都必须有两方，而

VIII　和解性在爱之中的胜利，它赢得那被战胜的人

现在则只有一方：那没有爱心的人；因为有爱心的人在和解性之中是他的最好朋友，那想要赢得被战胜者的朋友。去赢得那被战胜的人。在这一切之中有着一种怎样奇妙的颠倒啊！我们会以为，这"去赢得"（at vinde）比"去战胜"（overvinde）更小，因为这个前缀"over"（高于）恰恰暗示出了那超越过"赢得"的东西；然而在我们仍然谈论着关于"赢得一个被战胜的人"的同时，这说法在这里其实是不断地得到更高的强调，是关于那更高的东西。也许在"骄傲"的意义上，战胜是更伟大的，但在"爱"的意义上，这"战胜"则更渺小而"赢得那被战胜的人"更伟大。美丽的斗争，在有爱心的人不得不一个人独处的时候，比爱人间的争执更美丽，并且在他要独自去一路拼搏到"和解"的时候，就因此更有着那么多爱心！美丽的胜利，在有爱心的人成功地赢得那被战胜的人时，这是一切胜利之中最美丽的！

去赢得一个被战胜的人。你有没有看见这里所谈论的这双重胜利！因为，如果有爱心的人只是想要去打一场战役，去以善战胜恶，并且他战胜了，那么这时他当然是想要让自己在战胜了一切之后继续保持站立。哦，如果他不让爱和那敬神的想法马上把他引导进下一场斗争、去赢得那被战胜的人，那么，他的倒下就只会是近在眼前的事情。在这样去做的时候，那么就有了正确的导航，驶过危险的暗礁——在这危险之中一个人会为自己曾有耐心以善报恶而变得骄傲，在这危险之中他会为自己曾有耐心以善报恶而变得妄自尊大。因为，在你马上就进入了下一场斗争的时候，谁又会是那最重要的人呢？难道不是那个你要去赢得的人吗？然而，你因此就不是那最重要的人。而这恰恰就是那只有爱才能够忍受得了的羞辱性的东西，也就是说，在一个人向前走的时候就仿佛是在倒退，事情颠倒过来：在一个人自己已经战胜了一切的时候，倒是那被战胜者成了最重要的。让我们设想一下，假如那迷失的儿子的兄长[12]有意愿为弟弟去做一切的话——一件事则会是他永远都无法理解的：这迷失的弟弟应当成为那最重要的。现在，要理解这一点也是很艰难的事，它沿着这条路无法进入一个人的理解力。

但是，去赢得一个被战胜的人总是艰难的，并且在我们所谈的关系之中有着一种特别的麻烦。作为一个被战胜者是一种羞辱性的感觉，因此被战胜者宁可避开那战胜他的人；因为在对立面上他的失败是至大的，而没有人能够像那战胜他的人那样如此明了地展示出他的失败。然而在这里，

那要去赢得那被战胜者的却是那胜利者，因此，他们必须被安置在一起。进一步说，这关系在这里有着一种特别的麻烦。如果是不怎么重要的事情，那么我们就可以这样做，让胜利者向被战胜者隐瞒"他是被战胜者"这一事实，善意地骗他，就仿佛那有理的是他，和解性地通过"甚至在他不对的地方也承认他对"来向他让步。我们不想决定是否在任何时候我们都可以有理由做这样的事情；但是在我们所谈及的这一关系之中，那有爱心的人所最怕的就是这样的事情了。这样去蒙骗那没有爱心的人，让他觉得自己所做的"那恶的"是对的，这会是虚弱，而不是爱；那在"那恶的"之中强化他的不会是和解性，而是一种背叛。不，正相反，"通过有爱心的人的帮助而使得那没有爱心的人完全明了地看到自己所做的事情是多么的没有道理，以至于他深深地感觉到自己的不对"，这恰恰是重要的，这是属于爱的作为的一部分。这是那有爱心的人所必须去做的；然后他还要去赢得那被战胜的，哦不，这不是一个"还要"，因为这是同一回事，既然他确实只是想要为自己赢得他，或者为真相和自己而赢得他，而不是通过欺骗他来为自己赢得他。但是，那被战胜者越是深刻地感觉到自己不对，这样一来也就越是深刻地感觉到自己的失败，那么他就必定在越大的程度上觉得自己抵触于那有爱心地给予他这慈悲一击的人。哦，艰难的任务呵：同时既从自己这里抵触出去又为自己赢得，同时既像真相所要求的那样严格又像爱所想要的那样温和，为了去赢得这个被严格对待的人！如果成功的话，这确实是奇迹；因为这正如所有基督教的东西，恰恰与谚语所说的"一个人无法同时做两件事"正相反。一个被战胜者去寻找一个他不真实地找到最温和的解说的地方，这是很容易理解的，但是，借助于真相的严格解说来为自己赢得一个人——这是艰难的。

现在，审思就停顿在这任务上。考虑一下，如果那没有爱心的人和另一个没有爱心的人相冲突，后者怀有并且激发出了所有他的恶的激情，如果那样的话，会发生一些什么。在你停顿的时候考虑一下这个，以便真正去看见爱是怎么做的。

没有爱心的人是一个被战胜者。但是这"他是一个被战胜者"在这里意味了什么呢？这意味了，他是被"那善的"、"那真的"战胜了。有爱心的人所想要的是什么呢？他想要为"那善的和真的"去赢得他。但是"是被战胜的"，在这意味了"为'那善的和真的'而被赢得"的时候，这是不是那样地有着羞辱性？现在，看一下爱与和解性。有爱心的人

VIII　和解性在爱之中的胜利，它赢得那被战胜的人

根本不会给人这样的感觉、也不会让自己去想到，这得胜者是他，他是胜利者；不，得胜者是"那善的"。为了把那羞辱性的和侵犯性的东西去掉，有爱心的人在自己和那没有爱心的人之间引入了一样更高的东西并且以此来去掉其自身。在介于人和人的关系之中没有一个第三者的时候，每一个这样的关系都会变得不健康，要么过于热情，要么过于苦涩。这第三者，思者们会将之称作理念，是"那真的"、"那善的"或者更正确地说是"上帝之关系"；这第三者在关系的一些情形之中是冷却性的成分，在另一些情形之中是缓和性的成分。确实，在那另一个人是被战胜的人的同时，这有爱心的人有太多的爱心而不可能让自己直接面对那被战胜者、让自己作为享受胜利的胜利者。这样地想要去统治另一个人，这恰恰是不具爱心的。有爱心的人在他们之间插入这第三者，借助于这第三者，他们两者就都是谦卑的；因为有爱心的人在"那善的"面前是谦卑的，他是它卑微的侍者，如他自己所承认的，是处于脆弱状态之中，并且，那被战胜的人并非是在有爱心的人面前，而是在"那善的"面前让自己谦卑。但是，如果在一种关系之中两者都是谦卑的，那么在这里就不存在有什么对于其中的一个有着羞辱性的东西了。哦，爱可以是多么灵巧啊，它是什么样的万能巧匠啊！也许你更愿意让我像你所说的那样，更严肃地说话，哦，你可以肯定，有爱心的人最喜欢的就是我这样说了；因为，甚至相对于那以永恒之严肃来使人投入的事情，也是有着一种喜悦的，对于"它成功了"的喜悦，这使得人们更愿意以这样的方式来说话。在这"说话"之中以一种方式蕴含着一种类型的谦逊，并且在这样的意义上一种对于那"不对者"的关怀；唉，爱之中的讲和也许常常因为人们将之弄得太严肃而不成功，这是因为人们没有从上帝那里学到那"甚至是足够地严肃但却能够在真相尚且允许的情况下如此轻松地去做这事"的艺术（并且人是从上帝那里学到这艺术的）。永远都不要以为严肃是郁闷，永远都不要以为这张能够让人看得心烦的扭曲面孔是严肃，哦，如果一个人没有在"严肃"那里学明白"一个人也会是显得过于严肃"这个道理，那么他就永远都不是严肃的。如果"想要去赢得你的敌人"真正成为了你的第二天性[13]，那么你也会对这一类任务变得如此熟悉，以至于它们能够像艺术创作任务一样地让你去从事。在你身上不断地有着新鲜的爱之注入的时候，在这一供给不成问题的时候，那么，你就也有时间去灵巧地操作。但是，如果在人自身之中有着对抗性的力量，如果他考虑到律法严格的诫

命[14]不得不强迫自己去与自己的敌人讲和,那么,这事情就很容易变得过于严肃,并且恰恰因为大量的严肃性而不成功。但是,这一"大量的严肃性",不管它可以是多么值得尊重,尤其是作为"不可调和性"的对立面,是我们所不应当去努力追求的东西[15]。不,真正有爱心的人恰恰是灵活的。

这样,有爱心的人也对那被战胜者隐藏起一些东西。但不是像虚弱的放纵者所做的那样隐藏起"那真的",有爱心的人把自己隐藏起来。为了不打扰,他简直就是仅仅隐蔽地在场,而那真正地在场的则是"那善的和真的"的高贵权柄。如果一个人小心留意这个,那么,在场的就也有某种如此高尚的东西,它使得人与人之间的那一小点差异很容易就消失掉。爱一向就是这样做的。那真正有爱心的人绝对不会做出任何"让一个他所爱的女孩子感觉到他自己的优越"的事情来,他这样地给予她"那真的",以至于她感觉不到他是老师,他将"那真的"从她自身之中引出来,将之置于她的双唇,不是听他自己,而是听她说出它来,或者,他让真相显现而隐藏起自身。现在,以这样的方式来学到"那真的",这还会不会是羞辱性的呢?这也是我们在这里所谈论的那被战胜者的情形。对于"那过去的"的痛楚表述,对于"自己的不对"的悲哀,对赦免的祈求,所有这些在某种意义上都是那有爱心的人所接受的东西,但他马上带着一种神圣的惧怕将之置于一边,就仿佛是一个人把不应属自己的东西置于一边,这就是说,他让人明白,这不应属于他;他把所有这一切都让渡给一种更高的定性,将之给予上帝,作为这一切的应属者的上帝。爱一向就是这样做的。如果那女孩对自己通过与自己所爱人的结合而找到的幸福有着无法描述的喜悦,想要为这幸福而感谢他,那么,他会不会,如果他是一个真正的爱者的话,会不会去阻止这一毛骨悚然的事情并且说:"不,亲爱的,这是一个小小的误会,在我们之间不该有误会,你不应当感谢我,你应当感谢上帝,如果这幸福是像你所认为的那样巨大的话。如果你去感谢上帝,那么,你就也将会得到保障不出任何错;因为,想象一下,假如你的幸福毕竟不是如此之大的话,那么,你去为之而感谢上帝,这就仍是巨大的幸福。"

这就是那与所有真正的爱无法分开的东西:神圣的谦逊[16]。因为女人的谦逊是对于"那世俗的"的谦逊,并且,在这种谦逊之中她恰恰是觉得自己更高,尽管这矛盾是刺痛的;但那神圣的谦逊是通过"有一个上

VIII 和解性在爱之中的胜利，它赢得那被战胜的人

帝存在"而存在的，并且在这谦逊之中人感觉到自己的卑微。一旦有最微渺的暗示来提醒你什么是矜持端庄所不知的东西，那么在女人身上就存在着谦逊；但是一旦一个人相对于另一个人考虑到"有一个上帝存在"，那么这里就有着神圣的谦逊在场。一个人不是在另一个人面前谦逊，而是在那在场的第三者面前；或者，一个人在这样的情况之下在另一个人面前谦逊：他考虑到那第三者的在场会使得这另一个人成为什么。这甚至在人际的关系之中也是如此。因为在两个人相互说话的时候，如果国王作为第三者在场，但两人之中只有一个认出他是国王，那么这个人就会有所不同，因为他多少是谦逊的——在这国王面前谦逊。关于上帝在场的想法使一个人相对于另一个人变得谦逊，因为上帝的在场使得这两个人在本质上是平等的。不管在两个人之间本来是有着什么样的差异，哪怕从人的角度说那可以是无比醒目的，上帝以自己的权柄可以这样说这事："在我在场的时候，无疑没有人会胆敢对这一差异有所知，那样的话就是，在我的当场之下就仿佛我没有在场一样地站着相互说话。"

但是，在那有爱心的人自己就是谦逊者的时候，在他几乎不敢扬起目光注视那被战胜的人的时候，作为那被战胜的人又怎么会是羞辱性的呢！一个人在另一个人看着他的时候，自然是谦逊的；但是，在这另一个通过看着他而会使得他谦逊的人自己因此而谦逊的时候，那么就没有什么人看着他。然而，在没有人看着一个人的时候，那么，令自己在"那善的"面前或者在上帝面前谦卑，这也就不会是什么羞辱性的事情了。

因此有爱心的人不看着那被战胜者。这是第一件事，这是为了阻止那羞辱性的东西。但在另一种意义上，那有爱心的人却仍还是看着他。这是第二件事。

哦，我能够描述，那有爱心的人是怎样看着那被战胜的人，喜悦是怎样从他的眼中闪烁出来，这一有爱心的目光是怎样落在他身上，它是怎样吸引和召唤着寻求去赢得他。因为，不能有任何打扰性的东西出现，不能有任何预兆着不祥的言辞不经意地落在他们之间，不可以偶然地有什么致命的眼色交流出现——这种致命的眼色交流也许就会重新毁掉一切而长时间地难以修复，这些细节对于那有爱心的人有着不可描述的重要性。有爱心的人就是以这样的方式看着他，另外，也是那么宁静，就像只有"那永恒的"对一个人所能做的那样。因为，固然有爱心的人想要赢得这个被战胜的人，但他的这一愿望实在太神圣而无法具有一种愿望通常会具备

365

的那种类型的激情。单纯的激情之愿望常常使得一个人多少有点困惑，但这一愿望的纯洁和神圣则给予那有爱心的人一种崇高的安宁，这安宁又有助于他能够去赢得和解性的胜利，最美丽和最艰难的胜利，因为在这里，力量是不够的，这力量必定是在虚弱之中。

但是，在"感觉到自己对于另一个人是如此重要"之中是不是有着什么羞辱性的东西？对于一个女孩，在"爱者请求得到她的爱"之中是不是有着什么羞辱性的东西；对于她，在"人们能够如此明了地看见他是多么地专注于去赢得她"之中是不是有着什么羞辱性的东西；对于她，在"去预见事情成功时他所具的喜悦"之中是不是有着什么羞辱性的东西？不，这确实是不会有的。但有爱心的人在和解性之中想要赢得那被战胜的人，他恰恰就是处于这样的情形：在一种远远更高的意义上请求得到另一个人的爱。有爱心的人知道得太清楚了，这样地去追求（at frie）[17]是多么艰难：把一个人救度（at frie）出"那恶的"[18]，把他从"因为是被战胜者而受屈辱"之中救度（at frie）出来，把他从"悲哀地想着他所需要的赦免"之中救度（at frie）出来，就是说，哪怕有所有这些艰难，要去赢得他的爱。

有爱心的人还是成功地赢得了那被战胜的人。所有烦扰，每一个可想象的阻碍都像变戏法一样地消失了。在那被战胜的人请求得到赦免的同时，有爱心的人请求得到被战胜者的爱。哦，难道这不是真的：根据一个人问的是什么，他总是得到相应的答复[19]；完全就像所有世故人情的睿智俗语，基督教也使得这句俗语不真实。因为，在那被战胜者问"你现在真的赦免了我吗？"的时候，那有爱心的人回答说"你现在确实爱我吗？"[20]但他并不回答那所问及的事。不，他不回答，因为他有太多爱心而无法回答，他甚至根本不想回答关于赦免的问题；因为这个词，尤其是在它之上有着强调的时候，很容易使事情在有害的意义上变得过于严肃。奇怪的对话！就仿佛在这对话之中没有什么意义，这一个问东而那另一个答西，然而他们确实是在说话，是的，爱明白这个，他们是在谈论同一样东西。

但是那有爱心的人有着最后的话。因为他们一定还会有时候相互说话，于是这一个说"你现在真的赦免了我吗？"而那一个回答说"你现在确实爱我吗？"但是看，没有人，没有人能够像一个有爱心的人那样忍耐得这么久，哪怕是那请求得到赦免的人。在最后他会戒掉询问关于赦免的

VIII 和解性在爱之中的胜利，它赢得那被战胜的人

习惯。

于是他就胜利了，这有爱心的人，因为他赢得了那被战胜的人。

注释：

1 ["战胜了一切，还能站立得住"] 引言出自《以弗所书》（6：13），中文本的译文是："所以要拿起神所赐的全副军装，好在磨难的日子，抵挡仇敌，并且成就了一切，还能站立得住。"

2 [那经受了考验的使徒] 就是说，饱经考验的保罗，比如说可参看《歌林多后书》（11：23—26，30—33）。保罗骄傲地写道："他们是基督的仆人么。（我说句狂话）我更是。我比他们多受劳苦，多下监牢，受鞭打是过重的，冒死是屡次有的。被犹太人鞭打五次，每次四十，减去一下。被棍打了三次，被石头打了一次，遇着船坏三次，一昼一夜在深海里。又屡次行远路，遭江河的危险，盗贼的危险，同族的危险，外邦人的危险，城里的危险，旷野的危险，海中的危险，假弟兄的危险。（……）我若必须自夸，就夸那关乎我软弱的事便了。那永远可称颂之主耶稣的父神，知道我不说谎。在大马色亚哩达王手下的提督，把守大马色城要捉拿我。我就从窗户中，在筐子里从城墙上被人缒下去，脱离了他的手。"

3 [保罗在另一处说，我们在信仰之中得胜有余] 指向《罗马书》（8：37）。如果这句不按照圣经的译法，直译可以是这样的：保罗在另一处说，我们在信仰之中比胜利更多。

4 [那个统帅者……这一次胜利已经足够让他毁灭] 指向关于将军皮洛士（公元前319—前272年），按普鲁塔克的传记《皮洛士》，他从公元前296起成为伊庇鲁斯的国王。公元前279年，皮洛士在阿普里亚的阿斯库路姆战役中战胜罗马军队，但是自身也受重创。普鲁塔克写道："两军都撤回，据说，在有人对皮洛士这一战役的胜利表示祝贺时，皮洛士说：'如果我们再战胜一次罗马，那么我们自己也就完了。'"

5 [任何人在自己死去之前都不能自称是幸福的] 见前面关于"只要一个人还活着，就不能说他是幸福的"的注脚。克罗伊斯邀请了雅典的梭伦，向他展示自己的财富，并且想知道梭伦怎么看他的幸福。梭伦说："这是我所看见的，你是极其富有并且统治着许多人；但是你问我的问题则是我所无法对你说的，因为我还没有看见你幸福地终结你的生命。"后来，克罗伊斯被波斯王居鲁士打败并俘虏。居鲁士让人把他烧死；克罗伊斯站在柴堆上想起梭伦对他说的话"只要一个人还活着，就不能算是幸福的"，他大喊三声"梭伦"。居鲁士听见这个，让一个翻译问他为什么叫喊这个；在他知道了原因之后，他让人把火灭了，并且克罗伊斯得以免死。

6 [在第一场斗争之中是针对世界为要去赢得的胜利而搏斗；在第二场斗争之中是与上帝一起为那后一种胜利而搏斗] 比较《约翰一书》（5：4）："因为凡从神生

的，就胜过世界。使我们胜了世界的，就是我们的信心。"

7　[**丰富的善心**]见《罗马书》（11∶33），之中保罗说："深哉，神丰富的智慧和知识。"

8　[**"所以你在祭坛上献礼物的时候……若想起弟兄向你怀怨，就把礼物留在坛前……先去同弟兄和好……然后来献礼物。"**]摘引自耶稣的《登山宝训》，《马太福音》（5∶23—24），括号中的文字是克尔凯郭尔自己加的。

9　[**"赶紧同你的对头和息"**]出自《马太福音》（5∶25）："你同告你的对头还在路上，就赶紧与他和息。恐怕他把你送给审判官，审判官交付衙役，你就下在监里了。"

10　[**这当然是在天上的上帝通过使徒说"让你们和好"**]见《歌林多后书》（5∶18—20）。在之中保罗说到和好的职分："一切都是出于神，他藉着基督使我们与他和好，又将劝人与他和好的职分赐给我们。这就是神在基督里叫世人与自己和好，不将他们的过犯归到他身上。并且将这和好的道理托付了我们。所以我们作基督的使者，就好像神借我们劝你们一般。我们替基督求你们与神和好。"

11　[**上帝首先爱我们**]指向《约翰前书》（4∶19）："我们爱，因为神先爱我们。"

12　[**那迷失的儿子的兄长**]见前面关于"他就像那个迷失的儿子的父亲"的注脚。指向《路加福音》（15∶11—32）。

13　[**第二天性**]也就是说，根深蒂固的习惯（就像天生的本性一样的顽固）；参看西塞罗《论善与恶的至高之能》中著名的"习惯是第二天性"的说法。

Cicero *De finibus bonorum et malorum*, 5, 25 (74).

14　[**律法严格的诫命**]指向《马太福音》（5∶23—24）。

15　就是说，这一"大量的严肃性"尤其不适合于作为"不可调和性"的对立面。

16　[**神圣的谦逊**]见前面关于"以上帝所喜悦的方式感到羞愧，以这样的方式在虔诚中神圣地脸红着"的注脚。

17　"at frie"在丹麦语中一方面是"求婚、求爱、追求"的意思，一方面是"解救"的意思。克尔凯郭尔在这里是利用了这个动词的不同意义进行文字游戏。

18　[**把一个人救度（at frie）出"那恶的"**]指向基督教主祷文的第七句。见《马太福音》（6∶13）"救我们脱离凶恶。"

19　[**根据一个人问的是什么，他总是得到相应的答复**]俗语，意思是：如果一个人用什么样的语气问话，他就会得到同样语气的回答。如果问的不友好，那么就不要期待得到友好的答复。

20　[**"你现在确实爱我吗？"**]参看《约翰福音》（21∶15—17）"他们吃完了早饭，耶稣对西门彼得说，约翰的儿子西门，你爱我比这些更深么。彼得说，主阿，是

VIII 和解性在爱之中的胜利，它赢得那被战胜的人

的。你知道我爱你。耶稣对他说，你喂养我的小羊。耶稣第二次又对他说，约翰的儿子西门，你爱我么。彼得说，主阿，是的。你知道我爱你。耶稣说，你牧养我的羊。第三次对他说，约翰的儿子西门，你爱我么。彼得因为耶稣第三次对他说，你爱我么，就忧愁，对耶稣说，主阿，你是无所不知的，你知道我爱你。耶稣说，你喂养我的羊"。

IX 爱的作为：怀念一个死者

在一个人以某种方式害怕自己不能够对大量繁复的事情保持一种综观的时候，那么他就试图为自己做出或者从别人那里获得一种对于这全部的东西的简要概述——为综观的缘故。这样看的话，死亡就是生命最简短的概述，或者是生命被回溯到它最简短的形态之中[1]。因此，对于那些真正思考着人生的人们来说，这也一直就是很重要的：他们要反反复复许多次地借助于这简短的概要去对他们关于生命所领会的东西进行测试。因为没有什么思想家是像死亡那样地把握住生命的，死亡，这个技艺精湛的思想家，它不仅仅能够想穿洞察每一个幻觉，而且也能够将之想碎想烂，将之想成乌有。这样，如果你在你观察着诸多生活的道路时感到困惑，那么，出门去死者们那里[2]吧，"所有的道路都汇集在那里"[3]——于是综观就容易了。如果不断地看着和听说生命的诸多差异性使得你晕眩，那么，出门去死者们那里吧，在那里你对各种差异性有着主宰力量：介于"泥土的各种亲戚"[4]没有什么差异，只有亲近的血缘关系。因为所有人都是血亲，就是说，出自一种血，这一生命的亲缘关系在生活中如此频繁地被否定；但是，他们全都是出自同一块泥[5]，这一死亡的亲缘关系，这却是无法被否认的。

是的，出门再次去死者们那里吧，以便在那里瞄准生命。射手就是这么做的，他寻找敌人无法击中他而他却能够击中敌人的地方，寻找他能够得到完全的宁静去进行瞄准的地方。不要选在夜晚的时分去探访死者；因为那宁静，在那夜晚之中的宁静，以及在一个与死者们共同度过的夜晚之中的宁静，常常与某种兴奋相差不远，这种兴奋竭尽全力并且"饱尝不安"[6]，不是去解决掉那些为自己布置出的谜题而是去提出新的谜题。不，要在上午早早地去那里，在朝阳带着光和荫的交互向枝叶间看进来的时候，在花园的美丽和友好、在鸟鸣声和那里的许许多多生命几乎让你忘却你是与死者们在一起的时候。这对于你将好像是你到了一个陌生的国度，

IX 爱的作为：怀念一个死者

这国度继续保持了对生命之迷惘和分裂的无知，在儿童天真的状态之中，由单纯的小家庭们构成。就是说，在这里，人们在生命之中徒劳地追求的事情——平等分配，已经被达成。每个家庭都自己有着一小块土地，差不多同样大小。对于它们所有家庭，景观差不多都一样；太阳能够平等地照耀它们全部；没有什么建筑会如此高地矗立以至于它会从邻居或者对面家庭那里夺走太阳的照射或者雨水的清凉或者风的清新吹拂或者鸟鸣的回声。不，在这里有着平等的分配。在生命之中有时候确实会有这样的事情发生，一个曾生活在富裕和美满之中的家庭不得不限定自己；但是在死亡之中所有家庭都必须限定自己。可以有一个小小的差异，也许是在土地大小上的一阿棱[7]之差，或者一个家庭拥有一棵树，而这棵树是另一个家庭的宅主所拥有的那份土地上所不具备的。你想为什么会有这差异？通过这微渺来提醒你差异有多大，这是深奥的促狭。死亡就是这么有爱心！因为，死亡在这启迪性的促狭之中借助于这小小的差异来让你想起巨大的差异，这恰恰就是死亡之爱。死亡不说"根本就没有差异"，它说"在这里你能够看见这差异是什么：半个阿棱"。如果这一小小差异不存在，那么死亡的概述也就不完全可靠了。于是死亡中的生命回到了儿童天真之中。一个人拥有一棵树、一朵花、一块石头，这在儿童的年龄也是大差异。这一差异是一种暗示，它暗示出那在生命之中会按照完全另一种尺度呈现出来的东西。现在生命已经过去，这对"差异"的小小暗示被留在了死者们之间，作为一种关于"曾经如何"的回忆，一种在促狭之中得到了缓和的回忆。

看，这里是这样的地方，可以让人想一想关于生命，可以让人借助于这简短概述（它简化掉了所有各种复杂关系的困惑）来获得综观。在一篇关于爱的文字之中，我怎么会让这样一个测试"爱到底是什么"的机会不被利用地白白错过呢？确实，如果你要确定在你身上或者另一个人身上在场的爱是什么，那么，请注意看他是怎样让自己去与一个死者发生关系的。在我们对一个人进行观察的时候，为了观察的缘故，这一点是很重要的：在我们在这关系之中看他的时候，我们仅仅只是看着他。现在，在一个真正实在的人让自己去与另一个真正实在的人发生关系的时候，于是就有着两个人，于是这关系就是复合的，这样"对其中一个人的单独观察"就被弄得很麻烦。就是说，这第二个人隐藏了关于第一个人的某些东西；另外，这第二个人可以有着如此大的影响而使得第一个人看上去显

371

得不同于他本人所是。因此，在这里我们就有必要算一下双重账，这观察必须为"另一个人通过自己的人格、自己的特性、自己的美德和自己的差错对那作为观察之对象的人有什么影响"特别地算出一笔账来。如果你能够让自己看见一个人真正是严肃地对着空气出拳，或者如果你能够使得一个舞者去单独跳那本来是他与另一个人一起跳的舞，那么，比起他与一个真实的另一个人对打或者与一个真实的另一个人同舞时，你将能够最好地观察他的运动。如果你明白那种在与一个人的谈话之中使得你自己成为"无人"的艺术[8]，那么，你就能够最清楚地知道有什么样的东西驻留在这个人身上。哦，但是，在一个人使自己去与死者发生关系时，那么在这关系之中就只有唯一的一个人，因为一个死者不是任何现实；没有人，没有人能够像一个死者那样地使得自己成为一个"无人"，因为他就是"无人"。于是，在这里我们就谈不上任何对这观察的怀疑，在这里，这活着的人就被我们看见了，在这里他就必定按其本原的面目显现出来；因为一个死者，当然这是一个狡猾的人，他完全地将自己置于事外，活着的人使自己与他发生关系，而他不对这活着的人给出任何一丁点影响，既不打扰也不帮忙。一个死者不是什么现实的对象，他只是这样一种机缘，不断地公开展示出在那与他发生关系的活着的人的身上驻留着什么样的东西，或者帮助我们去公开展示出那不与他发生关系的活着的人是怎样的。

因为对于死者我们无疑也有着各种义务。如果我们要爱我们所看见的人们，于是也爱那些我们曾见过但不再见（因为死亡带走了他们）的人们。一个人不应当去以自己的哀叹和号叫去打扰死者；他应当像人与入睡的人交往一样地与死者交往——我们不忍心去弄醒那入睡的人，因为我们希望他会自己醒来。"非常柔声地为一个死去的人哭泣，因为他已经进入了安息"，便西拉智训（22∶12）如此说[9]；并且，我最清楚不过地知道，一个人怎样通过柔声哭泣来标志出真正的怀念，这柔声的哭泣不是在短时间里放声呜咽然后马上停下的哭泣。不，一个人应当怀念死者，柔声地哭泣，但长久地哭泣。有多么长久，这不是我们可以预先决定的，因为任何怀念者都无法确定地知道，他与死者的分离会持续多久。但是，带着爱心怀念一个死者的人，他能够把大卫的诗篇中的一些词句当自己的话来说——在大卫的赞美诗中也有谈到怀念的，"我若忘记你，情愿我的右手忘记技巧。我若不记念你，若不看你过于我所最喜乐的，情愿我的舌头贴于上膛"[10]——他只是怀念着，这任务不是在第一天就说出这个，而是在这一性情状态之中对自己和死者忠诚,哪怕一个人对此缄默(为了某种安全和为了礼仪的缘故,缄默常常是更可取的)。这是一个任务,如果一个人要看到足够的东西去让自己确定"有必要去强调'怀念死者'是一种任务、一种义务",那么他其实无须在生活之中看很多;也许再也没有什么别的地方能够像恰恰在这关系之中那么大幅度地显现出那"单纯得以放任的人类感情"的不可靠。因此,不真实的并非是这一感情或者它的剧烈爆发,就是说,一个人确实是认定他所说的东西的,他在他说出这话的瞬间就是这样认为的,但问题是,为了满足自己和自己不受拘束的感情中的激情,他以这样一种表达来说话,这表达以如此的义务责求于人,乃至也许很少会有人能够避免"以自己后来的话来使自己最初的话变得不真实——尽管这话在最初是真实的"。哦,人们常常谈论,如果所有这一切被生命隐藏起的东西都变得清晰可见的话,那么人们会得到怎样一种对人生的完全不同的看法——唉,如果死亡要带着它对于活着的人们的所知出现的话,那么这会是对人性认识的一种多么可怕的贡献啊,它至少不会去直接促进人类之爱!

那么,让我们在各种爱的作为之中不要忘记这一个,不要忘记去考虑。

爱的作为:怀念一个死者

"怀念一个死者"这一爱的作为是一种出自"不利己的爱"的作为。

在我们想要确定"爱是完全不利己的"的时候,我们于是就当然能够去掉所有回报的可能性。但相对于一个死者,这可能性恰恰就是被去掉了的。如果这爱仍然持续着,那么它就是确实不利己的。

相对于爱的回报可以是非常不同的。在这个问题上,一个人可以直接获得好处和收益;这当然也一直是一般意义上的做法,这种"异教式的":"去爱那能够做出回报的人们"。在这种意义上,回报是某种与爱本身不同的东西,是那异质的东西。但是对于爱,也存在有一种与爱同质的回报:回报之爱(Gjenkjerlighed)。在大多数的人身上无疑还是有着如此之多的善,以至于他们按理都会把这一回报,感恩、感激、奉献的回报,简言之"回报之爱"的回报,看成是最意味深长的,尽管他们在另一种意义上不愿意承认这是回报,并且因此而认为:在爱渴望这一回报的情况下，一个人不能够把这爱称作是利己的。

但是死者在任何意义上都不作回报。

从这个角度看,"带着爱心怀念一个死者"和"父母对孩子的爱"有着一种相似。几乎就是在孩子们还没有形成的时候，远远在他们有自觉意识之前，就是说，还是作为"不存在者"的时候，父母就爱着他们。而一个死者也是一个不存在者；这是两件最大的善举：给予一个人生命和怀念一个死者；但是前一个爱之作为有着回报。如果对父母来说根本没有任何希望、根本没有任何"在有一天会得到来自孩子们的喜悦和爱的酬报"的前景的话——固然，仍会有许多父亲和母亲，他们仍然还是会为孩子们做一切，哦，但是无疑也会有许多父亲和母亲，他们的爱会变得冷却下来。我们的意思并不是想要因此就去宣称一个这样的父亲或者母亲是没有爱心，不，然而在他们身上的爱却是如此虚弱，或者自爱是如此强烈，以至于在这里需要有这一喜悦的希望、这一令人振奋的前景。有了这一希望、这一前景，事情就有了其正确性。父母会在相互间说："我们的小孩子确实还要有很长时间才长大，需要很多年；但是在所有这些时间里，我们还是从他身上得到了喜悦，最重要的是我们有着这希望：他在有一天会回报我们的爱，哪怕是不做别的事情，会使得我们的老年获得欢乐。"

但是死者不作任何回报。有爱心的怀念者也许也能够说："在我面前有很长的生命，投入在怀念之中，但是这前景在最初和最后的一瞬间是一样的，在某种意义上没有什么东西能够阻碍这前景，因为根本就不存在任何前景。"哦，在某种意义上这是如此毫无希望，这是如此不得感恩的一项工作，在这样的意义上就像农民说：如此打击性的[11]一项工作，去怀念一个死者。因为一个死者，他不成长不繁荣，不像孩子那样直奔未来；一个死者只是在越来越大的程度上瓦解进入某种毁灭。一个死者并不像一个孩子让母亲喜悦那样地让怀念者喜悦，不像一个孩子在他以"母亲"来回答母亲关于"他最爱谁"的问题时为她带来喜悦那样地为怀念者带来喜悦。没有人是死者最爱的，看来是根本没有任何人可让他爱。哦，真是令人沮丧，他以这样一种方式安宁地在墓穴里待着，而对他的思念越来越强烈，真是令人沮丧，除了想到瓦解的变化越来越强烈之外，没有任何别的关于变化的想法。固然是如此，他也确实不像小孩子有时候会带来麻烦，他不会导致失眠之夜，至少不会因为他的麻烦而使人失眠；够奇怪的，好孩子不会导致失眠之夜，而相反一个死者，他越是好，就越会导致

IX 爱的作为：怀念一个死者

失眠之夜！哦，但哪怕是相对于一个最麻烦的孩子也会有着关于"回报之爱"之回报的希望和前景，但死者不作任何回报；不管你是为了他的缘故而失眠和等待，还是你完全忘记他，这看来对于他是完全没有什么区别的。

因此，如果你想自己测试一下你是否不利己地爱，那么就去留意一下，你是怎样使你自己去与一个死者发生关系的。许多爱，无疑那最多的，肯定会在一场更严格的考验之中显出是自爱。但问题在于，在活着的人们之间的爱的关系中完全是可以有着对于回报的希望和前景，至少是对于回报之爱的回报；在一般的情况下，这回报也会来临。但是这希望、这前景，以及"然后回报来临"，这就使得我们无法完全确定地看出，什么是爱和什么是自爱，因为我们无法完全确定地看出是否有对回报的期待以及在怎样的意义上期待回报。相反，相对于一个死者，这观察是那么容易。哦，如果人类习惯于不利己地去爱，那么我们无疑也会以一种不同于我们通常所具的方式，在最初的（有时候是相当短的）一段时间过去之后，来怀念死者们；而在这最初的时间里人们则以叫喊和吵闹来足够非凡地爱死者们。

爱一个死者这一爱的作为，是一种出自最自由的爱的作为。

为了要真正测试爱是否完全自由，我们可以去掉所有以一种方式能够强迫一个人做出爱的作为的东西。而这在与一个死者的关系中恰恰就是不在场的。如果这时爱仍然继续，那么这就是最自由的爱。

那能够强迫一个人去做出爱的作为的东西可以是非常不同的，并且无法就这样列举出来。孩子叫喊着，穷人乞讨着，寡妇频繁造访[12]，"必须被当一回事"的考虑逼着，悲惨的事实强迫着，以及诸如此类。而所有在这样被强迫着的作为之中的爱当然都不是完全自由的。

这强迫性的东西越是强烈，爱就越不自由。在父母对孩子的爱的问题上，我们通常也考虑到这一点。如果我们要真正地描述无助状态并且要在最强制性的形态中描述这无助状态，那么，我们一般会向人提及那处在完全无助状态之中的婴儿，这婴儿就仿佛是通过这无助状态来从父母那里强榨出爱——仿佛是强榨，因为在事实上它只是从那些没有尽到自己本分的父母那里榨取出爱。于是，这处在完全无助状态之中的婴儿！然而，在一个人躺在了自己的墓穴之中让三阿棱厚的泥土覆盖住自己的时候，这时他才是比这孩子更无助！

但是这孩子哭叫！如果小孩子不能够哭叫的话，那么，当然会有许多父亲和母亲，他们还是会以自己的全部爱来照料这孩子；哦，但无疑也会有许多父亲和母亲，他们至少是有好多次会忘记这孩子。我们的意思不是要马上去将这样的父亲或母亲称作是没有爱心的；但是他们身上的爱是如此虚弱、如此自爱，以至于他们需要这一提醒，这一急迫要求。

　　相反，死者，他不像小孩子那样地哭叫，他不像急难者那样地将自己置于怀念之中，他不像乞丐那样乞讨，他不通过人们所具的"必须被当一回事"的考虑来逼迫，他不通过可见的悲惨状态来强迫你，他不像那频繁造访法官的寡妇那样地频繁造访你[13]；死者沉默而不说一句话，他保持完全静止丝毫不动，也许他也并不感受痛楚！没有人能够像一个死者那样不去麻烦一个活着的人，没有人能够像一个死者那样容易地让一个活着的人避开。你能够把孩子放在陌生人那里以便不去听他的哭叫，你可以闭门不见人来避开乞丐的乞讨，你能够伪装起自己在外面走以便不让人认出你，简言之，你能够相对于活着的人使用许多谨慎的防范措施，但这些措施却无法完全地保障你的安全；而相对于一个死者，你则根本不需要一丁点谨慎，但你却是彻底安全的。如果有人有着这样的心态，如果他的意图最好是尽早地摆脱掉死者，那么他就差不多能够在死者刚变冷的那一刻马上就变得冷漠，这完全毫无麻烦并且不会使他成为任何诉讼案中的对象。如果他只是为了做人起码的礼仪（但不是为了死者）记得在葬礼的那一天在报纸上稍稍哭一下[14]，如果他只是有心去向死者致以最后的敬意——为了做人起码的礼仪，那么他在这件事情上完全就可以面对着死者睁着的双眼去嘲笑这死者——不，不是面对着他睁着的双眼，因为它们现在已经闭上了。死者在生活之中根本就没有任何权利，这是自然的；没有什么权力机构会来管你是否怀念死者，没有任何权力机构会像有时候被卷入父母与孩子的关系那样地让自己被卷入这关系——而死者自己也肯定不会以任何方式做出令人不舒服或者逼迫人的举动。

　　因此，如果你想测试你是否自由地爱，那么就去留意一下，你在岁月的流转之中是怎样去与一个死者发生关系的。

　　如果这看起来并不是开玩笑（这当然不是，除非是对于那种不知道什么是"那严肃的"的人），那么，我就要说，作为通向死者们的花园[15]的大门上的铭文，我们可以刻上"在这里没有逼迫"或者"在我们这里没有逼迫"。然而，我确实想要说这话，我也确实希望自己已经说过这话,并且也确实认定自己已经说过这话;因为我想了太多死亡以至于不能不知道:如果有人(请注意,是在他要使人觉醒的时候)不知道怎样使用精明狡猾,使用那驻留在死亡之中的所有深思熟虑的恶作剧,那么他就恰恰不能够严肃地谈论死亡。死亡有着不同于"那永恒的"的严肃之方式。那特别地使人觉醒的方式恰恰属于死亡之严肃,这一深刻讥嘲的共鸣声,在脱离了"那永恒的"的想法之后,它是一个空洞的(常常是无耻的)调笑,但是带着"那永恒的"的想法,它则恰恰就是它所应当是的东西,并且彻底地不同于那乏味的严肃性,后者最不善于捕捉和包容一种像死亡的想法那样地有着张力的想法。

哦,在世上有那么多说法,关于"爱必须是自由的";关于"只要有一丁点强制,一个人就无法爱";关于"考虑到爱一个人根本就不可以受逼迫"。好吧,那么让我们看,在我们进入实质问题的时候,这自由的爱的情形是怎样的——死者们是怎样在爱之中被怀念的;因为死者根本不会逼迫什么人。是的,在分离的瞬间,在一个人无法不与死者在一起的时候,这时一个人就会痛哭。难道这就是被那么频繁地谈论的"自由的爱"吗,难道这就是对死者的爱吗?然后,渐渐地,随着死者渐渐地瓦解消失,这怀念就也在手指之间消失掉了,人们不知道它去了哪里;人们渐渐地从这一沉重的怀念之中解脱出来。但是,以这样一种方式变得自由,这是自由的爱吗?这是对死者的爱吗?俗语说:眼目不见,想法不再[16]。一句俗话说出事物在世上流转的真相,这是我们总是能够肯定的;而在另一方面,从基督教的角度理解,每一句俗话都是不真实的。

如果所有关于"自由地去爱"的说法都是真实的,就是说,如果这样的事情发生,如果这样的事情被做出来,如果人类已经习惯于以这样的方式爱,那么人类也就会以一种完全不同于他们现在所用的方式来爱死者们。但问题是在于,相对于另一种人性的爱,常常会有着某种强迫性的东西,如果不是其他东西,那么就是日常的所见和习惯,因此我们无法确定地看出,到底是爱自由地抓住自己的对象,还是对象在以某种方式逼迫着帮上了一手。但是相对于一个死者,一切就很明朗。没有什么东西,根本没有什么逼迫着的东西。相反,对一个死者的有着爱心的怀念要防范着自己周围的现实,不让这现世通过各种新的印象而获得完全的权力去抹杀掉怀念;要防范着时间,简言之,它要防范着那逼迫一个人去遗忘的东西,来捍卫自己"去怀念"的自由。时间的力量是巨大的。但是,人们也许不会在时间之中感觉到这个，因为时间每次都悄悄地从一个人这里稍微溜走一小点；也许要在永恒之中，在一个人再一次重新回返地检视"自己借助于时间和四十年所积聚起的东西到底是什么"的时候，他才会真正对之有所了知。

是的，时间是一种危险的力量；在时间之中，"重新从头开始"是那么容易的事情，然后是那么容易遗忘"一个人是在什么地方停下的"。因此，哪怕是在一个人开始读一部巨著并且不真正相信自己的记忆的时候，他还是可以加上书签（lægge Mærker）；哦，但一个人相对于自己的一生多么频繁地忘记去加上书签（lægge Mærker）以便能够真正地去留意（lægge Mærke）！现在，随着岁月的流转要去怀念一个死者——唉，与此同时他却不做任何事情来帮你忙；相反，如果他做什么的话，或者通过什么也不做，他做一切只为向你展示，他对此是多么无所谓！同时，生命的诸多邀请却向你招手，活着的人们向你招手说：来我们这里，我们会照顾你。这死者则相反，他不招手，即使他有招手的愿望，他也无法招手，他根本做不了任何事情来将我们吸引向自己，他不能动一下手指，他躺在那里瓦解消失——对于生命和瞬间的力量来说，要战胜一个这样的无力者是多么容易。哦，没有人是像一个死者这么无助的，而同时他在自己的无助状态之中却无条件地没有丝毫逼迫人的意味。因此没有任何爱是像那"怀念一个死者的爱的作为"那么自由的——因为"怀念他"不同于那在一开始的"无法忘记他"。

"怀念一个死者"这一爱的作为是一种出自最忠实的爱的作为。

要真正测试一个人身上的爱是否忠实，我们可以去掉所有"能够让对象以某种方式用来帮助他忠实"的东西。但是，相对于一个不是现实的对象的死者所有这一切恰恰都不在场。这样，如果爱继续的话，这爱就是最忠实的爱。

关于"人与人之间的爱之中缺乏忠诚"的谈论不能说是不寻常。于是这一个把过失都推给那另一个并且说"不是我变了，是他变了"。好吧。那么接下去又怎样呢？你继续保持不变吗？"不，这样，我也变了，这是很自然的，并且理所当然。"在这里我们不想说明，这一所谓的理所当然是多么毫无意义；通过这样一个"理所当然"，理所当然地得出"我改变"的结果，因为另一个人改变。不，我们现在谈论与一个死者的关系，在这里当然是不能说"是死者变了"。因此，如果你要测试，你是否

IX 爱的作为：怀念一个死者

忠诚地爱，那么就去留意一下，你怎样使自己去与一个死者发生关系。

然而事情是这样的：要保持使自己在时间里不被改变，这确实是一个艰难的任务；然后，事情也是这样的：人类比起他们爱活着的人们和死去的人们，他们更爱在各种各样的自欺欺人之中骗自己。哦，有多少人一直生活在这一坚定的信念之中，敢以生命担保，如果另一个人没有变化的话，那么他自己也保持不变。然而，如果事情是这样的话，那么岂不是每一个活着的人相对于一个死者都完全不变？哦，也许在任何关系之中的变化都不会像介于生者和死者之间的关系之中的变化这么显著，这么巨大——而死者则当然是那没有发生变化的一方。

如果两个活着的人在爱之中团结着，那么，这一个紧握住那另一个，这团结紧握着他们两个。但是，与死者不可能有任何团结。在之后的最初瞬间，我们也许可以说，他还能够紧握住一个人，一种团结的后果，因此，他就在这一时间里被怀念，这也是最常发生的情形，最普遍的。随着时间的流逝，他不再紧握那活着的人，而如果活着的人不再紧握着他，那么这关系就中止了。但是，什么是忠诚呢？难道"另一个人紧握着我"就是忠诚吗？

在死亡把分离置于两人之间的时候，那还活着的——忠诚者在最初的瞬间会开始做出强烈的表述：他永远都不会忘记死者。哦，多么的不谨慎啊；因为确实，作为说话的对象，死者是一个狡猾的人，只是他的狡猾不同于那种人们说"你不可能在上次同他定好的地方与他重新开始"[17]时所指的狡猾，因为死者的狡猾恰恰在于，你再也无法使得他从你同他定好的地方消失。人们常常很愿意这样想，人类有着这样一种观念，一个人几乎可以对一个死者说自己想说的一切——考虑到他已经死去，什么都听不见并且也不会做出任何回答。然而，在所有事情之中，你最应当小心的就是你对死者说的事情。你也许能够完全平静地对一个活着的人说"你是我永远都不会忘记的"。然后，在一些年过去之后，我们可以想象，你们两个人都幸福美满地忘记了这一切——如果你足够不幸地遇上一个不怎么健忘的人的话，那么这至少也是一种更为罕见的事情。但是对任何一个死者，你都得小心。因为那死者，他是一个确定的得以盖棺论定了的人，他不像我们其他人还在猎奇探险，在这些猎奇探险之中我们能够经历许多稀奇古怪的事件，并且在第十七次的时候就忘记了我们所说过的话。在你对一个死者说"你是我永远都不会忘记的"的时候，这就仿佛是他在回答

"好啊，你要明白，我永远都不会忘记你曾说过这话"。即使所有同时代的人会向你保证，他忘记了这事，你却永远不会从死者的嘴中听到这说法。不，他上了自己的路——但他不会被改变。对一个死者你不能说那变老的是他，这个事实解释了你与他的已经变了的关系：一个死者不会变老。对一个死者你不能说那随着时间的流逝变得冷漠的是他，因为比起他在你那么热情时本来的情形，他不会变得更冷；你也不能说那变得更丑的是他，你因此而无法再爱他——因为在本质上他无法变得比他是一具美丽的尸体的时候更丑，一具美丽的尸体不适合于作为情欲之爱的对象；你也不能说是他与别人发生了关系，因为一个死者根本不会和别人发生关系。不，不管你是想要在你们上次离开的地方重新开始还是不想要，一个死者带着最没有误差的准确性就在你们离开的地方重新开始。因为一个死者，尽管人们不会在他身上看出这一点，是一个强有力的人，他有着"无变动性"的力量。一个死者是一个骄傲的人。你难道不曾留意到，骄傲的人，恰恰相对于他最深刻鄙视的人，尽最大的努力不让自己去流露出任何意思，像是完全没有任何变化，仿佛什么都不曾发生，就是说，通过这样的方式来听任那被鄙视者沉陷得越来越深，因为，只有对骄傲者所关心的人，这骄傲者才会善意地指出他不对的地方、指出谬误，就是说通过这样做来帮助纠正他。哦，但是一个死者，他能够骄傲地根本不流露出任何意思，即使他鄙视一个忘记他和他的道别言辞的活着的人，一个死者为将自己带入遗忘而做一切事情。死者不会到你这里来提醒你；他不会顺便看你；你永远都不会遇上他，如果你遇上他并且看见他，在他的脸上没有什么东西会情不自禁地泄露出他是怎样看待你和怎样论断你的；因为一个死者对自己的脸有着完全的控制。确实，我们要警惕，不要让自己为了将自己带进回忆而以诗人的方式召唤死者，那最可怕的事情恰恰就是，死者根本不会流露出任何意思。因此对死者要有畏，要对他的精明有畏，要对他的果断有畏，要对他的力量有畏，要对他的骄傲有畏。但是，如果你爱他，那么你带着爱心怀念他，你就没有去畏惧的理由；你会从死者那里，恰恰是从作为死者的他那里，学会思想者的智谋、表达中的果断、无变动性中的力量、生命中的骄傲，从任何人那里你都无法如此地学到的这些东西，哪怕是最具过人禀赋的人。

这样，死者不改变自己，任何想要通过把过错推给他而找到借口的可能性都是不可思议的。因此，他是忠诚的。是的，确实如此，但他不具备

IX 爱的作为：怀念一个死者

任何现世性，因此他不做什么事情，根本就不会做什么事情来紧握住你。但是他没有改变。如果变化在一个生者和一个死者之间出现，那么事情就会是很清楚：那变化了的必定是生者。相反，如果没有任何变化出现，那么那真正一直忠诚着的就是那活着的人，忠诚于带着爱心怀念他，唉，而他则无法做任何事请来紧握住你，唉，而他做了一切来让人觉得他忘记了你、忘记了你对他所说过的话。因为甚至那真正忘记了你对他说过什么的人都无法比死者更确定地表达出：这一切都已经被忘却了，与他的这所有关系、与他相关的这所有事情都已经被忘却了。

于是，"怀念一个死者"这一爱的作为是最不利己、最自由、最忠诚的爱的一种作为。那么，去照样做吧[18]；回忆死者，并且恰恰由此中学会去不利己、自由、忠诚地爱活着的人。在与一个死者的关系中，你有着你可以用来测试自己的尺度。如果一个人使用这一尺度，那么他很轻易地就能够缩小各种最繁复的关系的广延度，他会学会去厌恶现实本来马上就能够在手头准备好的所有那一大堆借口——现实使用这些借口来表明："那利己的是另一个人，这另一个人被忘记，这是他咎由自取，因为他没有让人记住自己，不忠诚的是这另一个人。"去怀念一个死者，然后你除了具备了那与这一爱的作为不可分割开的祝福之外，你也会具备去正确地领会生命的最好指南：爱我们所看不见的人们，但也爱我们所见的人们——这是义务[19]。"爱我们所见的人们"这一义务并不会因为死亡将他们与我们分开而终止，因为这义务是永恒的；然而这样一来，对死者们的义务也不可能如此地把那些与我们共同生活着的人们和我们分割开，以至于他们不成为我们的爱的对象。

注释：

1　[**死亡就是生命最简短的概述，或者是生命被回溯到它最简短的形态之中**] 比较第一系列（III. A）之中的一段文字："通过每一个定性，律法都要求一些什么，但对各种定性而言却不存在任何边界限定。因此，律法正是与生命对立的东西，但生命则是圆满。律法像死亡。但是，生命和死亡其实又何尝不是都知道同一样东西呢；因为，正如生命准确地认识一切得到生命的东西，死亡也同样准确地认识一切得到生命的东西。"

2　[**出门去死者们那里**] 就是说，出门去墓地。在这里很可能就是指哥本哈根北桥区的 Assistens 墓园（建于1760年）。

3　["**所有的道路都汇集在那里**"] 对格隆德维赞美诗《所有道路在此相遇》

381

（1824 年）中诗句的大致引用。

4 ["**泥土的各种亲戚**"] 就是说泥土的家族，被从泥土造出并最终归于泥土的人类。

5 ["**他们全都是出自同一块泥**"] 指向葬礼仪式："你出自泥土／你成为泥土／你要再从泥土中重生。"《丹麦挪威教堂仪式》(*Dannemarkes og Norges Kirke - Ritual*, Kbh. 1762, s. 328.)。另外参看《创世记》(3：19)："你必汗流满面才得糊口，直到你归了土，因为你是从土而出的。你本是尘土，仍要归于尘土。"

6 ["**饱尝不安**"] 指向《约伯记》(7：4)："我躺卧的时候便说，我何时起来，黑夜就过去呢。我尽是翻来覆去，直到天亮。"

7 阿棱，丹麦语 alen。1 alen = 0.6277 米。三十阿棱就是十九米不到一点的高度。

8 ["**在与一个人的谈话之中使得你自己成为"无人"的艺术**"] 可能是指向荷马的《奥德赛》第 19 首第 364—413 句。奥德修斯及其同伴进入独眼巨人波吕菲摩的山洞偷得食物后，奥德修斯因为好奇心而没有及时离开。波吕菲摩回到山洞之后，发现众人；奥德修斯众人成为巨人的俘虏。波吕菲摩吃掉了其中的六个人。奥德修斯用来拯救自己和同伴的狡智是：给出一个假名"无人"，在巨人面前说自己叫"无人"。他以他们所带的酒灌醉巨人，然后以木杆戳进巨人的独眼。这样，波吕菲摩无法看见奥德修斯众人；而他也无法得到其巨人同类的帮助，因为在他叫嚷着"兄弟们，'无人'在伤害我！'无人'骗了我！"的时候，他在洞外的同类说，"既然无人伤害你、无人欺骗你。你这样叫一定是疯了"。"无人"这个名字救了奥德修斯众人的命。

但这也可能是指苏格拉底的谈话艺术。对此，在下一篇讲演之中有注脚。

9 ["**"非常柔声地为一个死去的人哭泣，因为他已经进入了安息"，便西拉智训 (22：12) 如此说**"] 引文出自《便西拉智训》。《便西拉智训》是没有被收入希伯来旧约的"旧约伪经"之一。我手头没有该书的权威性中译本，所以这里是根据克尔凯郭尔的引文由丹麦语做出的翻译。这段文字在新译本中对应于 (22：11)。

10 ["**大卫的诗篇中的一些词句……情愿我的舌头贴于上膛**"] 摘引自《诗篇》(137：5—6)："耶路撒冷阿，我若忘记你，情愿我的右手忘记技巧。我若不记念你，若不看耶路撒冷过于我所最喜乐的，情愿我的舌头贴于上膛。"克尔凯郭尔把句中的"耶路撒冷"直接改成了"你"。把以色列的王大卫（约公元前 1000—前 960 年）视作旧约之中《诗篇》中 150 首诗的作者，这是出自基督教和犹太教的悠久传统，尽管大卫的名字只出现在其中 73 首的标题中。"大卫的诗篇"作为《诗篇》的名称首先是被路德用在自己的圣经翻译之中的。

11 ["**在这样的意义上就像农民说：如此打击性的**"] 指向"受打击"（沮丧）一词的意味：打击下来，特别是农民收割谷物时，收成被猛击下来的暴雨摧毁，比如说"冰雹能够打击掉农民的收成"（《论概念反讽》1841）。

IX 爱的作为：怀念一个死者

12 ［**寡妇频繁造访**］见后面关于法官和寡妇的注脚。

13 ［**像那频繁造访法官的寡妇那样地频繁造访你**］指向《路加福音》（18：2—5）耶稣作比喻说："某城里有一个官，不惧怕神，也不尊重世人。那城里有个寡妇，常到他那里，说，我有一个对头，求你给我申冤。他多日不准。后来心里说，我虽不惧怕神，也不尊重世人。只因这寡妇烦扰我，我就给他申冤吧。免得他常来缠磨我。"

14 ［**在葬礼的那一天在报纸上稍稍哭一下**］指向《地址报》上的讣告。地址报（*Adresse–Avisen*）是最老的丹麦广告报纸，全称 *Kjøbenhavns kongelig alene privilegerede Adressecomptoirs Efterretninger*。这份报纸常常刊登死亡消息。

15 ［**死者们的花园**］就是说，墓园。在克尔凯郭尔的时代这说法被用于 Assistens 墓园。

16 ［**俗语说：眼目不见，想法不再**］丹麦俗语。这俗语有点像中国的"眼不见心不烦"，但它的意思是"我们忘记我们不再看见的东西"。

17 ［**"你不可能在上次同他定好的地方与他重新开始"**］这句俗语一方面是指一种变化无常的性情，一方面（就像在这里）是指一个人不是那么容易被愚弄，而是比他外表看上去要聪明得多。

18 ［**去照样做吧**］参看《路加福音》（10：37）：耶稣问律法师，祭司、利未人、撒玛利亚人，哪个是遭劫者的邻人。"他说，是怜悯他的。耶稣说，你去照样行吧。"

19 ［**爱我们所看不见的人们，但也爱我们所见的人们——这是义务**］指向第一系列的第四审思：《我们的"去爱我们所见到的人们"的义务》。

383

X 爱的作为：赞美崇尚爱

"说事不是艺术，做事才是艺术。"[1] 这是一种成语形式的说法，如果一个人很明智地把各种在之中艺术确实是"说事"的事例和关系排除掉，那么这说法也完全是对的。如果有人要否认诗人的艺术恰恰就是"说事"的话，那么这无疑就会是一件奇怪的事情，因为并非每一个人都能够像诗人那样地说出这事，而正是通过以这样的方式说事，我们才看出这诗人是一个诗人。这说法也部分地适用于讲演者的艺术。

但是，考虑到爱，不管是部分还是全部，这样的说法都是不适用的："说这事"是艺术，或者"能够说这事"以某种方式在本质上是以天赋的偶然性为条件的。正因此，"谈论爱"是那么地具有陶冶性，因为一个人必须不断地想着并且对自己说："每个人都能够做到这事，或者每个人都应当能够做到这事"，然而，"每个人都是或者都能够是诗人"则是一种古怪的说法了。爱克服所有差异性，爱解开所有绳索以便将所有人都绑进爱的绳索，这爱自然是带着爱心地防范着不让一种特别类型的差异性在这里起到分裂作用。

因为这事情就是如此，因为赞美崇尚爱不是"艺术"，正因此，去这样做是一种作为；因为"艺术"是与天赋的偶然性发生关系，而作为则是与那普遍人性的东西发生关系。这样，俗语能够以一种特别的方式得以运用。比如说，如果一个人在一种随意给出的评论之中、在一种匆匆做出的建议（这在我们的时代看来尤其受欢迎）之中想要说，"如果有人让自己去赞美崇尚爱，这很好"，那么我们就可以回答说"说这事不是艺术，做这事才是艺术"——尽管在这一关联之中"做这事"就意味了说这事，而这个，如上所示，相对于爱不是什么艺术；于是，这因此是艺术却又不是艺术，而是一种作为。这作为是：通过去进行对爱的这样一种赞美崇尚来让自己做这工作；这既要求时间又要求勤奋。如果"赞美崇尚爱"是一种艺术，那么情况就不是这样。因为相对于一种艺术的情形，即使会有人愿意去花费时间和功夫、愿意去让自己做这一工作,其实也并非每一个这样的人都理所当然地会去实践它。爱则相反,哦,它不是像艺术那样,严厉地守护着自己,并且因此只将自己赋予很少的一些人。每一个想要爱的人,都会被赋予爱,并且,如果他想要让自己去进行"赞美爱"这一工作,那么他也会成功。

那么,现在让我们考察一下

爱的作为:赞美崇尚爱

这是一种作为,并且,自然也是一种爱的作为,因为它只能够在爱之中被做出,进一步确定说就是:在"真相之爱"中。现在我们想要努力去弄清楚,这一作为必须怎样被做出。

"赞美崇尚爱"这一作为必须向着内心地在自我拒绝之中被做出来。

如果"赞美崇尚爱"要从根本上被完全地做出,那么一个人就必须长期坚持不懈地使自己保存一种想法,相对于所有异类的、外来的、不相关的、打扰性的东西,坚持不懈地保存着那种在精神的意义上所理解的最严格的节制,坚持不懈地保持着对于每一种其他想法的最一丝不苟而顺从的弃绝。然而这却是非常艰辛的。在这条路上很容易就会脱离意义、关联,脱离理智;并且,如果那使人投入的东西是一种单一的有限观念而不是一种无限的想法,那么,它也确实会使人脱离意义、关联和理智。但是,如果那拯救和保留理智的东西也就是一种想法的话,那么这里的事情就仍是非常艰辛的。因此,在远离所有分散注意力的消遣而朝着内心的方向上,思考一种想法,一个月又一个月,渐渐地使那绷紧思想之弦的手变得越来越强有力,然后,在另一方面又渐渐地学会不断更顺从、更谦卑地使这手在关节中变得越来越轻松、越有弹性,这手,如果有必要的话,这手在一瞬间里就能够使那被绷紧的弦得以放松和舒缓;就是说,带着渐渐变得剧烈的激情抓得越来越紧、越来越确定,带着渐渐增长的谦卑能够在任何必要的瞬间越来越轻松地放开;——这是非常艰辛的。然而,"这是一种必要性",没有人能够向什么人隐瞒这一点,哪怕有人去隐瞒,也没有人能够向什么人隐瞒这一点;因为,在一个人只思考一种想法的时候,这方向是朝着内心的。

一方面,这样去想,"一个人的注意力只是朝着外部世界,在对象的方向上（这对象是某种外在的东西）"，这是一回事；而另一方面，以这样的方式转入"去想着一个人不断地在每一瞬间都意识到自己、意识到自己的处在思考之中的状态或者意识到这处于思考中的自己的情况如何"，则是另一回事。但只有后者才是本质上的"思考"，就是说，这是透明性；前者是一种不明了的思考，承受着这样的矛盾：那思考着地说明其他东西的东西，在最终的根本上是不明了的。一个这样的思考者通过自己的思考说明别的东西，看，他不明白他自身；他在朝着外部世界、朝着对象的方向上也许是非常根本地用上了自己天生的能力，但是，在向着内心的方向上则只是非常肤浅地使用这能力，因此他的所有思考，不管看上去仿佛有多么深入，在根本上仍是肤浅的。但是，在一个人的思考对象在外在的意义上是有着极大的包容性的时候，或者在一个人把自己所思考的东西转化成一种博学的对象的时候，或者在一个人从一个对象跳跃到另一个对象的时候，这时，他就发现不了这最后的不协调性：所有"明了性"立足的根本是"不明了"，而不是"真正的明了性只能够处于透明性之中"。相反，在一个人只思考一种想法的时候，这时他就没有任何外在的对象，于是他就在自我深化之中有朝着内心的方向，于是，在关于"他自己的内心状态"的问题上他就必定会有所发现；这一发现首先是非常令人羞辱的。"人之精神"的力量的情形不同于身体的力量的情形。如果一个人工作过度超过了自己身体的力量，那么他被损坏了，这样，他就是什么都没有赢得。但是如果一个人不是（恰恰通过选择朝着内心的方向）以超过自己原本的精神的力量去过度工作，那么他根本就不会发现，或者他在更深的意义上不会发现，上帝是存在的；在这样的情况下，他就丧失了那最重要的东西，或者那最重要的东西在本质上就与他擦肩而过了。就是说，在原本的身体的力量之中没有任何自私的东西，但是在原本的"人之精神"中有着一种自私性，而如果"上帝之关系"要真正地被赢得的话，那么这种自私性就必须被摧毁。这样，如果一个人只思考一种想法，他就必定会经历这个，他必定会体验这样一种"停顿"的登场，在这一停顿之中他被剥夺了一切，他必定会经受这样一种生命危险，在这生命危险之中人为了赢得生命而丧失生命[2]。他所要去走的就是这条路，如果他在这一难题上跳过，那么他的思考就会变得肤浅，尽管在这睿智的时代介于人与人之间已经被做出了这样的假定（但却不在上帝或者"那永恒的"那里对此做出询问）：这样的努力是不需要的，是的，这样的努力

X 爱的作为：赞美崇尚爱

是夸张。现在，人们当然也不会为了在一种没有思想的生活之中过得舒适或者为了借助于那种受人钦敬的在每一个细节上都与所有其他人完全相同的圆满去满足自己的同时代而需要这种努力。然而，事情却确实仍是如此，如果没有在这一难题之中经受考验，如果没有这一努力，一个人的思考就会变得肤浅。因为从精神上理解就是如此，恰恰就是在这样的时候，在一个人以超过自己原本的精神的力量去过度工作的时候，只有在这时他才能够成为一种工具；如果他是诚实而信仰着地坚持忍受下去，那么，从这一瞬间起，他就会得到那些最好的力量；但这不是他自己的，他在自我拒绝之中具备他们。

哦，我不知道我是在对谁谈论关于这个，不知道是否有人关心这样的事情；但我知道这个，曾有这样的人生活着，我知道这个，恰恰是这些全力赞美崇尚爱的人们，在这些在今天部分地几乎是不为人所知的水域之中，他们曾是历尽沧桑的具备全程航海经验的[3] 人们。我可以为他们书写，以这个美丽的词来安慰我自己——"写！""为谁写？""为死者们，为那些你曾在往昔爱过的人们写！"[4]，并且我也无疑会在"爱他们"之中与同时代人中那些最亲爱的人们相遇。

在一个人只思考着一种想法的时候，他就必定会相对于这"思考着"发现自我拒绝，而这自我拒绝则会去发现"上帝存在"。于是这就恰恰在至福之中和在恐怖之中成为矛盾：拥有一个全能者作为自己的员工[5]。因为，一个全能者不可能是你（也就是说，一个人）的员工，除非这意味了你根本什么都做不了；在另一方面，在他是你的员工的时候，那么，你就能够做一切[6]。伤脑筋的是，这两方面是一个矛盾，或者是一次性同时发生的，这样，你就不是在"今天体验到这个而明天体验到那个"；伤脑筋的是，这一矛盾不是什么可以让你在某些时候意识到的东西，而是某种你必须在每一个瞬间都自觉意识到的东西。在同一瞬间，你就仿佛是能够做一切——并且，一种自私的想法会悄悄地溜出来，就仿佛那能够做一切的人就是你自己，于是在这同一瞬间，一切都会在你面前被丧失掉；而在自私的想法投降的同一瞬间，你就又重新能够拥有一切了。但上帝并不被人看见；因此，人在自我拒绝之中使自己成为工具，而就在上帝使用这一工具的时候，在表面看上去"那能够做一切的"似乎就是这工具，并且这也诱使这工具本身去做出这样的理解——直到他在之后又重新什么都做不了。去与另一个人一同工作已经够艰难的了，哦，然而要去与全能者一

387

同工作的话！是的，在某种意义上这是挺容易的；因为他所不能的事情，我完全可以让他[7]来做。因此，这麻烦恰恰在于，我要一同工作，如果不是通过别的方式的话，那么就是通过不断地理解"我根本什么都做不了"——这不是什么一了百了地被理解的东西。这是难以理解的：不是在一个人真正什么都做不了的瞬间——在他生病的时候、心情不佳的时候，而是在他看上去似乎能够做一切的那一瞬间，去理解这一点。哦，然而没有什么东西能够像一种想法那么迅速，没有什么东西能像一种想法在它击中一个人的时候那么剧烈地击中一个人；而现在，在想法的海洋之中，在那"70000 浔之深"[8]——他却还没有学会去这样做：在夜幕降临时能够安宁地酣眠，远离各种想法，因为坚信上帝（这上帝是爱[9]）充足有余地具备它们，而能够充满信心地醒来进入这些想法，因为确定上帝不曾睡觉！东方的那个强大的皇帝有一个侍者，这侍者每天都提醒他关于一件特定的事情[10]，但是一个卑微的人则必须把这关系颠倒过来去对上帝这全能者说："一定要提醒我记得这个和那个"，然后，上帝就这样做！这岂不是令人失去理智吗：一个人要得到许可去平安而甜美地睡觉，他只是像皇帝对侍者那样地对上帝说，"一定要提醒我记得这个和那个"！但这时这个全能者却又如此警惕地守护着自己，以至于在他所允许的这一鲁莽的自由之中，哪怕只是有一句自私的言语，一切就都会丧失掉，然后上帝就不仅仅不提醒人记住这个和那个，相反，他倒像是永远都不愿忘记这使人犯下了过错的事情。不！那么"能够做稍少的事情"就是远远更安全的，那么，"以一般的人类的方式来自欺地以为自己确实觉得自己能够做这事情"，就比这伤脑筋的状态，亦即，"完全绝对地意义确切地什么都做不了，反过来又在某种比喻性的意义上似乎是能够做一切"，要远远更安全得多。

然而，一个人却只能够在自我拒绝之中真正全力地赞美崇尚爱；因为上帝是爱，而只有在自我拒绝之中一个人才能紧紧抓住上帝。一个人通过自己对爱所知的事情是非常表面的，他必须通过上帝才得以知道那更深刻的东西，这就是说，他必须在自我拒绝之中去成为每一个人所都能够成为的东西（因为自我拒绝是相对于"那普遍人性的"的，并且因此而不同于那特别的召唤和选拔），上帝所用的工具。于是，每一个人都能够得知所有关于爱的事情，正如每一个人都能够得知自己，正如每一个人，是为上帝所爱的。差异只是：对于有些人（这在我看来并不那么令人惊诧）

X 爱的作为：赞美崇尚爱

这一想法甚至对于最长的生命都是那么充足有余，以至于他们在第七十岁[11]都不认为自己对此曾有过足够的惊叹，而相反对于其他人（这在我看来是非常奇怪而令人遗憾的）这一想法是那么微不足道，既然这"为上帝所爱"并不比每个人所处的境况更多出一些什么——仿佛因此这就意味了更少。

只有在自我拒绝之中一个人才能够真正全力地赞美崇尚爱。任何诗人都做不到这一点。诗人能够吟唱情欲之爱和友谊，能够这样吟唱是一种罕见的优点，但是"诗人"无法赞美崇尚爱。因为对于诗人，与"那启迪着他的精神"的关系就像是一种玩笑[12]，对它的帮助[13]的呼唤像是一种玩笑（这本应当对应于自我拒绝和祈祷），他的本性天赋[14]则反倒是那决定性的因素，并且，从与"那启迪着的精神"的关系中所得的收益对于他是首要的事情，这就是诗，诗人所创作的东西，这就是收益。但是对于那要去赞美崇尚爱（这是每个人所都能做的事，这不是什么特长）的人，"与上帝的自我拒绝的关系"或者"在自我拒绝之中使自己去与上帝发生关系"就应当是一切，就应当是严肃；"创作是否完成"则是一种玩笑，就是说，对于他，"上帝之关系"本身应当比收益更重要。在自我拒绝之中，他的极其严肃的信念就是：那帮助他的是上帝。

哦，如果一个在自我拒绝中的人真正能够消除掉所有"他仿佛能够做什么"的幻觉，真正能够明白他自己什么都做不了，这就是说，如果一个人真正赢得自我拒绝的胜利并且能够在胜利之中加上自我拒绝的胜利喜悦，真实而诚实地在这"自己根本就是什么都做不了"之中找到自己的全部至福，那么，一个这样的人又能够怎样奇妙地谈论爱啊！因为，在自我拒绝的最极端的努力之中、在这一"自己的全部力量的昏晕和厥倒"之中获得极乐，感到至福，除了真正地爱上帝之外，这又会是什么别的？但上帝是爱。又有谁会比那真正爱上帝的人更好地赞美崇尚爱呢？因为他正是以唯一正确的方式去与自己的对象发生关系的：他使自己与上帝发生关系，并且真正是爱着地发生这关系。

这在朝着内心的方向上是一种条件或者方式，对爱的赞美崇尚必须按这样的条件或者方式来进行。"如此去做出对爱的赞美崇尚"，自然在其自身有着其酬报，尽管之中另外还有这样的目的：通过赞美崇尚爱（只要一个人能够），去为爱赢得人众，去使得他们真正留意于那在调和性之中被授予了每一个人的东西，亦即，"那至高的"。因为，那赞美崇尚艺

389

术和科学的人，他还是在人众间设置出了有天分的人们和没有天分的人们之间的分裂。而那赞美崇尚爱的人，他使得所有人和好，不是在一种集体的贫困之中，也不是在一种集体的平庸之中，而是在"那至高的"的集体之中。

"赞美崇尚爱"这一作为必须向着外在地在牺牲奉献着的不利己之中被做出来。

通过自我拒绝，一个人赢得了让自己作为工具的能力，因为他向着内心使得自己在上帝面前成为乌有；通过牺牲奉献着的不利己，他向着外在使得自己成为乌有，成为一个无用的仆人[15]：向着内心他不变得妄自尊大，因为他是乌有，向着外在他也不变得妄自尊大，因为他是乌有；他在上帝面前是乌有，他不忘记他所在之处是"在上帝面前"。唉，这样的事情也确实可能发生：一个人在最后一瞬间弄错了，以至于他尽管确实是在上帝面前谦卑，却在他转向人众的时候为他自己所能而骄傲。这构成他的沉沦的，是一种"作比较"的诱惑。他知道，他无法与上帝作比较，因为他意识到自己是乌有；但在与人的比较之中他却觉得自己是某样东西。这就是说，他忘记了自我拒绝；他陷在一种幻觉之中，就仿佛他只是在单个的几小时之中是在上帝面前，正如一个人在单个的几小时之中去拜访国王陛下[16]。怎样可悲的困惑啊！因为相对于一个人这样的事情完全是可能的：你可以以一种方式在他在场的时候与他说话，而在他不在场的时候以另一种方式来谈论他；但是，是不是也有可能这样谈论上帝——在他不在场的时候？如果我们是正确地理解这一点的话，那么，"牺牲奉献着的不利己"就与自我拒绝是同一样东西。如果一个人想要通过赞美崇尚爱来统治别人，那么这无疑也就是最可怕的自相矛盾了。

在某种意义上的"牺牲奉献着的不利己"就是如此，就是说，向着内心理解是：一种自我拒绝的理所当然，或者同一于自我拒绝。

但是向着外在，如果爱要真正地被赞美崇尚，那么"牺牲奉献着的不利己"就是必不可少的；想要在真相之爱中赞美崇尚爱就正是爱的一种作为。一个人能够很容易地为自己找到世俗的好处，并且（这也是最可悲的）通过宣示出各种各样的欺骗来赢得人类的赞扬。但这并不具有爱心。因为，反过来才是有爱心的：在对"那真的"和对人类的爱中想要为宣示出"那真的"而做出每一种牺牲，却不愿牺牲哪怕一丁点"那真的"。

X 爱的作为：赞美崇尚爱

我们在本质上必须将"那真的"看成是在这个世界里挣扎着；世界从不曾如此美好，它也永远都不会变得这么美好：大多数人都想要"那真的"或者想要关于"那真的"的观念，以至于对"那真的"的宣示必定会赢得所有人的赞扬。不，如果一个人真的要宣示出什么真的东西，那么他就必须以另一种方式做好准备，而不是借助于这样一种迷惑人的期待，他必须有这个意愿在本质上放弃这一瞬间。固然，哪怕使徒自己都说，他努力"赢得人众"，却有着附加的话，"在神面前是显明的"[17]。于是在这些话语之中绝不可能有关于这种对"赢得人众的赞扬"的自私或者胆小怯懦的想法——就仿佛决定某事真实与否的关键就是人众的赞扬。不，在使徒努力要赢得人众的时候，他在上帝面前显明的；因此他不是为自己，而是为了真理，去赢得他们。一旦他看见，他会以这样的方式来赢得他们——他们献身于他却误解他并歪曲他的教导，他就马上就推开他们，为的是赢得他们[18]。因而，他不想要为了自己在之中得到好处而赢得他们，相反，他想要以所有的牺牲，因此也包括对他们的赞扬的牺牲，来为"那真的"赢得他们——如果他能够成功地这样做的话；而这是他所想要的。因此这同一个使徒在另一处说（《帖撒罗尼迦前书》2：4、5、6）："我们这样讲，不是要讨人喜欢，乃是要讨那察验我们心的神喜欢。我们从来没有用过谄媚的话，也没有贪心的借口。我们没有向人求荣耀，不管是向你们还是向别人，尽管作为基督的使徒，我们可以对于你们是一种负担。"[19]在这之中蕴含了多少牺牲啊！他没有寻求任何好处，不接受任何酬报，甚至不接受他本来作为基督的使徒所能够合理地要求的那一份[20]；他放弃了他们的荣誉、他们的赞扬、他们的奉献；在贫困潦倒之中，他让自己去经受他们不公正的判断、他们的讥嘲；所有他所做的这一切——为了赢得他们。是的，这样一来，为了赢得人众，无疑做一切都是可以的，哪怕是被处决赔上性命[21]；因为在自我牺牲和不利己之中，这恰恰就是"去放弃人们用以赢得瞬间而失去真理的所有瞬间性的手段"。扎根于"那永恒的"，这使徒站立着；那想要在自我牺牲之中通过"那永恒的"的各种力量来赢得人众的，正是他；如果有人为了自我维持而需要他们，并且因此而抓住那第一和最佳的、最睿智的手段来赢得他们，那么，使徒不是这个人，这个人不是为真理而赢得他们，因为，如果要为真理而赢得他们，就不能使用这样的手段。

现在，在我们的时代，人们做一切都是为了让一切变成瞬间的并且为了让瞬间的东西变成一切，在一个这样的时代里，"不利己"是多么的必要啊！

人们做一切，难道不就是为了使得瞬间拥有尽可能大的优势，去压倒"那永恒的"，去压倒"那真的"？人们做一切，难道不就是为了使得瞬间在对上帝和对"那永恒的"的几乎是高傲的无知之中变得如此自我满足、在对所有真理的外观上的似乎拥有之中变得如此自欺欺人、在"自己就是'那真的'的发明者"的观念之中变得趾高气扬吗？有多少更好的人们屈俯于"瞬间"的权力之下，并且因此而使得"瞬间"变得更糟；因为恰恰如果一个人是一个更好的人，那么，在他虚弱或者自私地退让的时候，他就必定在"瞬间"的嘈杂之中试图遗忘掉自己的沉沦，这时他就必定竭尽全力来使得这"瞬间"更自以为是。唉，思者们的时代看来是过去了[22]。宁静的耐性，谦卑而顺从的迟钝性，对瞬间作用的慷慨放弃，"无限"对"瞬间"的距离，对自己的想法和对上帝奉献出的爱——这对于思考一种想法是必要的；它似乎是在消失，它对于人类几乎正在成为一种笑话。"人"重新变成了"万物的尺度"[23]，并且完全是在瞬间的意义上。所有转达的消息都必须被安排在适当的时候收录到一份轻便的折页印刷品之中，或者得助于非真相之上的非真相。是的，无疑这就像是所有消息在最后都被安排好以便能够在一次集会之中至多被说及一小时，而这集会又通过赞同和反对的噪音来浪费掉其中的半小时，在另一个半小时之中则又过于困惑以至于无法聚集起各种想法。然而这做法却被当成至高的事情来追求。小孩子被教育去将这个视作是至高的事情：在一个小时之中被人听见并且被人敬佩。这样，"做人"的铸币成色标准就被降低了。不再有关于"那至高的"的说法，不再有像使徒所说的那种关于"讨神的喜悦"的说法[24]，也不再有关于"取悦那些生活在往昔的圣贤们[25]"的说法，也不再有关于"取悦与自己活在同一个时代里的少数几个优秀者"的说法。不，在一小时之中去满足一群最初最好地汇集到一起的人众集合，而这些人自己则又既没有时间也没有可能去思考一下"那真的"，因此，如果他们要给予赞扬作为酬报的话，他们就要求肤浅性和各种半吊子的想法——这就是人们所追求的东西。

这就是说，为了让人多少觉得这还是值得去追求的，大家就用非真相来帮忙，大家相互愚弄，相互使对方以为这些聚集在一起的人们是纯粹的智者，以为每一个聚会集合都是由纯粹的智者们构成的。这就完全像是在

X 爱的作为：赞美崇尚爱

苏格拉底的时代，按指控者所阐明的说法："所有人都明白怎样去教导年轻人，只有一个人不明白——这个人就是苏格拉底"[26]，同样地在我们的时代"所有人"都是智者，只有在这里和那里有着唯一的某个人，他是愚人。世界如此接近于达到完美，以至于现在"所有人"都是智者；如果不存在这几个怪人[27]和愚人的话，那么世界就会是彻底完美了。与所有这些同时，上帝简直就像是坐在天上等着。没有人渴望要脱离这一"瞬间之嘈杂吵闹"以求找到上帝所驻留的静寂；就在人钦佩人并且因为这人完全如同所有其他人而钦佩他的同时，却没有任何人渴望那种"人在之中崇拜上帝"的孤独；没有人在对永恒之尺度的渴望之中拒绝这一廉价的"不去与至高的东西发生关系"的豁免！

"瞬间"变得如此妄自尊大。因此，牺牲奉献着的不利己是如此必要。哦，但愿我能够描述出一个这样的真正不利己的形象！但这里不是作这一描述的地方，在这里所谈的问题在根本上是关于"赞美崇尚爱"的作为——并且，因此在这里就有第二个愿望[28]：如果这样一个形象被描述出来的话，但愿"瞬间"会有时间去考察一下他。

然而，所有"真相之爱"相对于"瞬间"的情形也是"真正赞美崇尚爱"的情形。在一个人带着自己对爱的赞美崇尚寻求去赢得"瞬间"的赞扬时，他就首先必须为自己搞清楚，这"瞬间"是否有着关于"爱"的真实观念。如同这"瞬间"现在所是的情形，它是不是具有，或者它是不是能够在任何时候具有关于"什么是爱"的真实观念？不，不可能。就是说，爱在"瞬间"的或者"那瞬间的"的意义上只能是自爱（Selvkjerlighed），既不会更多也不会更少。于是，以这样的方式谈论爱是自爱的，赢得这种赞扬是自爱的。真正的爱是自我拒绝的爱。但什么是自我拒绝？它恰恰就是放弃"瞬间"和"那瞬间的"。但是通过一种关于爱的真实说法，而这爱恰恰因为放弃"瞬间"才是真实的爱，那么这样一来，要赢得"瞬间"的赞扬就是完全不可能的了。这是不可能的，这是如此地不可能，以至于这说的人，如果真相本来对于他比"瞬间"的赞扬更重要的话，那么，在他碰巧赢得"瞬间"的赞扬的情况下，他就有义务去强调指出这误解。由这论述我们也很容易看出，这样一种直接就推导出"赞美崇尚爱的人自己必定是被爱或者会被爱的"的结论绝非正确——尤其是在一个将那本身就是爱的人钉上十字架的世界里，尤其是在一个迫害和清除了这么多爱之见证者的世界里。

哪怕在这方面的各种条件有所改变，即使事情不再进入那种"真理之见证者不得不牺牲生命和鲜血"的极端和关键，这世界在本质上仍然没有变得更好，它只是变得更卑琐更缺乏激情。因此，那在通常的情况下被世界称作是"值得爱的"的东西，永恒自然就会将之视作是某种该谴责和该受惩的东西。一个如此被人称作是"值得爱"的人，他就是这样的一个人：他首先就不会去认真考虑永恒或者上帝对于一种本质的并且在本质上艰巨的生活所提出的要求。这值得爱的人，在讨价还价杀价的问题上，他知道所有各种可能的借口和开脱和睿智法则；于是他就有足够的爱心去把自己的睿智留一点给别人，这样，人们通过他的帮助而有利地去安顿好自己的生活，轻松而舒服。与这值得爱的人在一起，人们觉得那么安全，那么欣愉；一个人绝不会因为他的缘故而开始想到"有着某种永恒的东西存在"，或者想到"这永恒的东西对一个人的生命有着怎样的要求"，或者想到"这永恒的东西如此贴近一个人，以至于它的要求会直接与今天的日子相关"。这是一个人值得爱的地方。但是，一个人，如果他不去要求他人，却通过严格而认真地对自己要求许多东西来让人感觉到一种这样的要求是存在的，那么这个人就是不值得爱的。和他在一起，各种借口和开脱看上去就不怎么好看了，一个人为之而生的所有东西都置于一种不利的光线之下；和他在一起，一个人无法真正觉得舒服，而他则更不会用现世的，乃至是令人愉快地虔诚的豁免来帮一个人摆正各种舒适性的坐垫。

然而，这一值得爱的性质是什么呢？它是对"那永恒的"的叛卖。因此，现世那么地喜欢它。因此，世界总是对这样的话感到愤慨——"对上帝的爱是对世界的恨"[29]。就是说，在永恒的要求真正的被落实的时候，看起来事情就好像是，这样一个人仇恨一切对大多数人来说是生活的意义所在的东西[30]。因此，多么让人不知所措，多么古怪，多么不值得爱啊！而相反，去激励和帮助人们在他们所爱的迷途之中继续，这又是多么值得爱，多么有爱心啊！但是，"欺骗人众"是爱吗？难道因为那些受骗者们将之视作爱，因为他们感激这欺骗者就仿佛他是他们的最大恩主，因此这就是爱了吗？难道"在欺骗之中爱"和"在欺骗之中被回报以爱"就是爱吗？我曾想，爱是这个：在对"那真的"的转达之中愿意亲自去做出每一种牺牲，但不愿牺牲哪怕一丁点真理。

尽管我们想要忘记现实，忘记世界是怎样的，并且诗意地将这整个关

X 爱的作为：赞美崇尚爱

系转化进想象之世界，然而，事情的本性决定了：在人与人之间的关系中，如果要真正赞美崇尚爱的话，那么"不利己"就是不可或缺的要求。让我们大胆地作一下诗意的尝试[31]，在这尝试之中我们与现实世界毫无关系，而只在想法之遥远之中把"赞美崇尚爱"这一想法从头到尾走一遍。如果，在诗意上理解，要由一个人完全真实地谈论真实的爱，那么在这里就有一种双重的要求：这谈论者必须使得自己成为自爱者，并且这谈论的内容必须是关于"去爱那不可爱的对象"。然而，在这样的情况下，要从"赞美崇尚爱"之中获得什么好处是不可能的；因为只有在这样的时候——要么是谈论者被看作是有爱心的人，要么是谈论的内容是逢迎的话题、是关于去爱那可爱的对象，只有在这两种情况下，我们才可能从中获得好处。而在"要从'赞美崇尚爱'之中获得什么好处是不可能的"的时候，"去赞美崇尚爱"恰恰就是不利己的。

看，那个古代朴素的智慧者，他在所有人中最知道怎样去最美丽地谈论那种"爱美丽的人和美丽的事物"的爱[32]，他是，是的，他是全民族中最丑的男人[33]，是最美丽的民族之中的最丑的男人。人们会以为这会吓阻他去谈论那种爱美丽事物的爱———般人们总是避免在被绞死的人家里谈论绳索[34]，即使是那些俊美的人们一般也避免在明显丑陋者在场的时候谈论美，更不用说丑陋者自己了。然而不，他就古怪而奇特得足以去觉得恰恰这是吸引人而有启迪的，就是说，古怪而奇特得足以使自己进入可能存在的最不利的处境之中。因为，在他谈论"那美的"的时候，在他在思想和语言对"那美的"的渴慕之中迷醉着听者——而这听者于是偶然地看着他的时候，这时他就变得比他本来更加倍的丑陋了，他本来就已经是这个民族中最丑陋的人了。他越是谈得多，他越是美丽地谈论美，他自己就在对立面上变得越丑陋。这必定是一个怪人，这个智慧者，他必定不仅仅是这整个民族之中最丑陋的男人，而且也是最古怪的人；或者说，是什么东西决定了他？我想，如果他只要有一只漂亮的鼻子[35]（这是他所不具备的，于是这在希腊人之中就是很显眼的，因为所有希腊人都有漂亮的鼻子），那么他就不会想说任何关于"爱'那美的'"的话，哪怕一句都不会说，相反，他会反对谈论这个，因为害怕有人会以为他在谈论自己或者至少是在谈论自己漂亮的鼻子；这会让他的神灵担忧[36]，就仿佛他通过多少把注意力引向"他的美"而欺骗谈论的对象，美，他所谈论的是"美"。但是在对自己是最丑者的自信之中，他良心安宁地能够说出一切，

395

一切，一切对美的赞美，无须从之中获得任何好处，他只是由此而变得越来越丑。然而，爱"那美的"的爱，不是真正的爱，真正的爱是自我拒绝之爱。相对于这真正的爱，如果一切都正常展开并且是诗意地完美的话，这谈论者现在就必定是在使得自己成为自爱者。赞美崇尚自我拒绝之爱并且又自己想要是"有爱心的人"，这也就是，是的，这是自我拒绝之匮乏。如果这谈论者不是自爱者，他就很容易变得不确定或者不真实；他要么会忍不住自己从这赞美之中获得好处，这就是在欺骗对象，要么就会陷于一种尴尬，这样他甚至不敢说出这种爱是多么美好，因为害怕有人会以为他是在谈论他自己。但如果这谈论者是自爱的人，或者彻底完美地考虑这个：他是在那被有爱心的谈论者们称作是"爱之民族"[37]的整个民族之中最自爱的人，这样，是的，这样他能够自由地谈论关于自我拒绝的爱，比起那朴素的智慧者因为"是最丑陋的"所获得的喜悦，他在更大的程度上因为"使自己成为了最自爱的人"而喜悦。显然，在现实的关系中，要能够谈论自我拒绝的爱的话，一种长时间的准备工作就必定是不可少的；但这准备工作不会是在于"阅读许多书籍"，也不会是在于"因为他的被所有人认出的自我拒绝（如果一个人有这样的可能——能够通过'去做出那让所有人都认出是他身上的自我拒绝的事情'来展示自我拒绝的话）而备受尊重和景仰"，相反是在于"去使得自己成为自爱者"，在于"去成功地被看作是最自爱的人"。而这甚至是不那么容易达成的。在一次考试之中得到"优"的成绩，和得到最差的分数——恰恰是最差的，这两者差不多是同样艰难的事情，因此通常这两者也有着同样多的数量。

　　这是关于谈论者。但是谈论的内容应当是：关于"去爱那不可爱的对象"。看，那个古代朴素的智慧者，他知道怎样去如此美好地谈论"那爱'那美的'的爱"，然而他有时候也进行另一种谈论，他谈论去爱丑陋者[38]。他不否认，这"去爱"是"去爱美丽的人"，但是他还是谈论，当然这是一种类型的玩笑，谈论关于"去爱丑陋的人"。那么，"美丽的人"这说法到底应当被怎样理解呢？"美丽的人"是对于直接的爱的直接而明白的对象，是天性倾向和激情的选择。我们确实无须去推荐说，一个人应当爱美丽的人。但丑陋的人！这可不是什么可向天性倾向和激情提供的东西——天性倾向和激情转身就走并且说："这是什么可让人去爱的东西吗？"那么，什么又是按照我们关于爱的概念所说的"美丽的人"呢？那是爱人和朋友。因为爱人和朋友是对于直接的爱的直接而明白的对象，是天性倾向和激情的选择。那什么是"丑陋的人"呢？那是一个人**应当**去爱的"邻人"[39]。一个人**应当**去爱他，那个朴素的智慧者对此一无所知，他不知道，邻人存在并且一个人应当爱这邻人，他所谈的关于"爱丑陋的人"只是一种调侃。"邻人"是一种不可爱的对象，不是什么可向天性倾向和激情提供的东西——天性倾向和激情转身离开他并且说："这是什么可让人去爱的东西吗？"但正因此也就没有什么好处与"去谈论关于应当爱不可爱的对象"联系在一起。然而真正的爱却正是对"邻人"的爱，或者，它不是去觉得"可爱的对象"可爱，而是去觉得"不可爱的对象"可爱。

于是，在谈论者为了让那关于真正的爱的说法被说得完全真实而不得不使自己成为最自爱的人的时候，在谈论的内容必须是关于去爱那不可爱的对象的时候，这时，任何好处和利益都是不可能的。谈论者自己不会作为回报而被爱，因为"他有多么自爱"只会通过对立面而变得更明白；谈论的内容不是适合于去讨人众喜欢的，人众很喜欢听到天性倾向和激情如此容易并且愿意理解的东西，而不愿意听到天性倾向和激情所根本没有兴致知道的东西。

然而，这一诗意尝试是完全正确的，并且也许能够比如说起到这样的作用，它能够揭示出一种在整个基督教世界里一再地显现出来的欺骗或者误解。人们以这样的方式滥化基督教的谦卑和自我拒绝：一个人固然在一个方面拒绝自身，却没有勇气去果断地这样做，因此，他小心地让自己在自己的谦卑和在自己的自我拒绝中被人了知，于是他就因为自己的谦卑和自我拒绝而备受尊重和景仰——而这则其实不是自我拒绝。

因此，为了能够赞美崇尚爱，这样的要求就是一种必要：向着内心地自我拒绝和向着外在地不利己。这样，在一个人让自己去赞美崇尚爱的时候，如果有人问：他这样做，这是否真正的是他身上的爱，那么，对此的回答就必定是："这一点，任何别人都无法确实地认定；有可能这是虚荣、骄傲，简言之出自'那恶的'，但也有可能这是爱。"

注释：

1　["说事不是艺术，做事才是艺术。"] 丹麦俗语。

2　[**为了赢得生命而丧失生命**] 指向《马可福音》（8：35）："因为凡救自己生

命的，必丧掉生命。"

3 [**具备全程航海经验的**] 见前面的对"只具备半程经验的人"的注脚。就是指有足够经验而熟练的人。本来是用来标示"航行了三十六个月以上并且作过多次长途航行的水手"。

4 [**"写！""为谁写？""为死者们，为那些你曾在往昔爱过的人们写！"**] 这是克尔凯郭尔所译的德国博学者约翰·哥特弗雷德·赫尔德（J. G. von Herder）的"论诗歌中的新旧人之间的差异——作为文化和人文的工具来看（Vom Unterschiede der alten und neuenVölker in der Poesie, als Werkzeug der Kultur und Humanitätbetrachtet）"之中的文字。

见 *Johann Gottfried von Herder´ssämmtlicheWerke. Zursch? nen Litteratur und Kunst* bd. 1—20, Stuttgart & Tübingen 1827 - 1830, ktl. 1685 - 1694; bd. 16, 1829, s. 114：《'Schreibe! ´sprachjeneStimme und der Prophetantwortete: fürwen? ´Die Stimme sprach: ´schreibe für die Todten! für die, die du in der Vorwelt lieb hast´. - ´Werden sie mich l esen? ´- Ja: denn sie kommen zurück, als Nachwelt'》

5 [**拥有一个全能者作为自己的员工**] 见前面的关于"按一个使徒的话说，作为上帝的在爱中的员工"的注脚。

6 [**在他是你的员工的时候，那么，你就能够做一切**] 见《腓利比书》（4：13），之中保罗写道："靠着那加给我力量的，凡事都能做。"

7 句子中前一个"他"是指人，而后一个"他"则是指全能者。

8 [**"70000 浔之深"**] 一个由法拉他·塔希图尔努斯（克尔凯郭尔笔名）在《人生道路中的诸阶段》（1845）中曾用到的说法，后来又由约翰纳斯·克利马库斯（克尔凯郭尔笔名）在《终结性的非科学后记》（1846）之中用到。浔（favn）丹麦的丈量单位，在 1907 年启用米制长度单位之前，丹麦所用的一种官方长度单位。1 浔（favn）相当于 1.88 米。

9 [**上帝是爱**] 参看《约翰一书》（4：7—8 和 16）。

10 [**东方的那个强大的皇帝有一个侍者，这侍者每天都提醒他关于一件特定的事情**] 参看前面"东方那个强大的皇帝，让一个奴隶每天提醒你"的注脚。

11 [**第七十岁**] 见前面的关于"七十岁"的注脚。

12 [**因为对于诗人，与"那启迪着他的精神"的关系就像是一种玩笑**] 指向所谓的"呼语"（apostrophe），就是说，诗人引导性地使用的对一种不在场之物的呼唤，这不在场之物在他所从事的创作之中将帮助他。可以是从自荷马的《伊利亚特》和《奥德赛》以来的传统之中的一种对缪斯的呼唤，或者也可以是对各种不同的神、自然之物、死者以及某种想象出的或者抽象的东西的呼唤。

13 [**"它的帮助"**] 这个"它"是指"那启迪着他的精神"。就是说"那启迪着他的精神所能够提供的帮助"。

14　[**本性天赋**]艺术天才。

15　[**无用的仆人**]指向《路加福音》（17：10），耶稣在之中对使徒们说："这样，你们做完了一切所吩咐的，只当说，我们是无用的仆人。所做的本是我们应分做的。"

16　[**一个人在单个的几个小时中去拜访国王陛下**]克尔凯郭尔自己曾在1847年拜见过国王克里斯蒂安八世。首次是三月十三日在阿玛琳堡皇宫，这天上午国王一共有三十一次接见；然后是七月十八日，再后是十月三日在索恩弗利宫。

17　[**固然，哪怕使徒自己都说，他努力"赢得人众"，但却有着附加的话，"在神面前是显明的"**]指向《歌林多后书》（5：11），在之中保罗写道："我们既知道主是可畏的，所以劝人，但我们在神面前是显明的，盼望在你们的良心里，也是显明的。"这里的"使徒"就是指保罗。

18　就是说：一旦他发现自己以这样的方式来赢得他们——他们献身于他却误解他并歪曲他的教导，他就马上推开他们，为的是要真正地赢得他们。

19　[**同一个使徒在另一处说："我们这样讲……我们可以对于你们是一种负担。"**]有挑选地摘引自《帖撒罗尼迦前书》（2：4—6），之中保罗写道（按中文版圣经）："但神既然验中了我们，把福音托付我们，我们就照样讲，不是要讨人喜欢，乃是要讨那察验我们心的神喜欢。因为我们从来没有用过谄媚的话，这是你们知道的。也没有藏着贪心，这是神可以作见证的。我们作基督的使徒，虽然可以叫人尊重，却没有向你们或向别人求荣耀。"

20　[**甚至不接受他本来作为基督的使徒所能够合理地要求的那一份**]见前面关于保罗不收钱的注脚。

21　[**哪怕是被处决赔上性命**]根据传统，保罗和一系列其他使徒的情形就是如此。

22　[**思者们的时代看来是过去了**]也许是这样的意思：深思或者沉思者们的时代过去了。参看克尔凯郭尔的草稿，之中写道："这一不利己在我们的时代尤其必要。思者们的时代过去了，一切都必须在半小时之内在一个集会之中被转达出来，而这集会又通过赞同和反对来浪费掉半小时。哦，但愿我能够在什么时候呼唤出一个这样的不利己形象，而不是这'也许没有时间去看一看这形象'的一代人。"

在日记中克尔凯郭尔写道："我（在爱的作为中）写道：思者们的时代过去了。不久，人们就可以说：想法们的时代过去了。"

23　[**"人"重新变成了"一切的尺度"**]就是说，人是万物的尺度。指向古希腊诡辩家普罗塔哥拉（约公元前490—前420年）的所谓"homo mensura"说法，这被引入柏拉图的《泰阿泰德篇》152a。克尔凯郭尔在《论概念反讽》和《哲学片断》之中也讨论了这个句子。

24　[**像使徒所说的那种关于"讨神的喜悦"的说法**]指向《帖撒罗尼迦前书》

399

(4∶1)，在之中保罗写道："弟兄们，我还有话说。我们靠着主耶稣求你们，劝你们，你们既然受了我们的教训，知道该怎样行，可以讨神的喜悦，就要照你们现在所行的，更加勉励。"

25　[那些生活在往昔的圣贤们] 见前面的关于"那些被人类唾弃并成为人类荣耀的圣贤们"的注脚。

26　[这就完全像是在苏格拉底的时代……就是苏格拉底] 指向柏拉图在《苏格拉底的申辩》（24a—25a）之中的描述。苏格拉底就起诉罪名"毒害青年"让指控者美勒托说出谁在使得青年人学好，到最后导出：所有雅典人都在使得青年人学好，而只有苏格拉底是例外。

苏格拉底（约公元前470—前399年）与柏拉图和亚里士多德一样是最著名的古希腊哲学家。他以对话发展了自己的哲学但没有留下任何文字，但他的人格和学说被同时代的三个作家记录下来：阿里斯托芬在喜剧《云》中，色诺芬尼在四篇"苏格拉底的"文本中以及柏拉图在各种对话录中。苏格拉底以"引进国家承认的神之外的神"和"败坏青年"被雅典的人民法庭判死刑；他被以一杯毒药处决，他心情平和地喝下毒药。

在柏拉图的《泰阿泰德篇》149a中，苏格拉底在说明自己的"接生婆艺术"之前说："我完全隐秘地拥有这种艺术。而因为人们不知道这个，于是他们不说这个，而说我是一个大怪人让人们尴尬。"

克尔凯郭尔常常将苏格拉底称作"那个（古代的）单纯智慧者"。

27　[怪人] 见前面的关于"它论断说：这是怪癖"的注脚。

28　前一个愿望也就是前面的"但愿"："能够描述出一个这样的真正不利己的形象"。

29　["对上帝的爱是对世界的恨"] 见《雅各书》（4∶4）："你们这些淫乱的人哪，岂不知与世俗为友，就是与神为敌么。所以凡想要与世俗为友的，就是与神为敌了。"

30　或者说：这样一个人仇恨"对大多数人来说'是生活的意义所在'的一切东西"。

31　按照丹麦语本身的意义说，"诗意的"（digterisk）也是"虚构的"的意思。所以这里是一种"虚构性的尝试"。

32　[那个古代朴素的智慧者……最知道怎样去最美丽地谈论那种"爱美丽的人和美丽的事物"的爱] 首先是指向柏拉图《会饮篇》（201d—212a）之中苏格拉底对爱（Eros，亦即爱欲）的本质的描述，在之中苏格拉底在提到狄奥提玛教他情欲之爱的艺术时把爱欲描述为美的追求者。

33　[他是全民族中最丑的男人] 在柏拉图《会饮篇》（214e—222b）中，阿基比阿德描述苏格拉底的外表，像是一个西勒诺斯，就是说，酒神狄俄尼斯的伙伴之一，一个肥胖秃顶的老家伙。但他接着说，相反苏格拉底的内在蕴含了神圣的美。另外可参看《论概念反讽》中的一个脚注，是关于苏格拉底的丑陋的。

34 ［人们总是避免在被绞死的人家里谈论绳索］丹麦俗语。意思是，一个人不与对话者谈论各种会冒犯到对话者的事情。

35 ［他只要有一只漂亮的鼻子］按传统的说法，苏格拉底有着一只很不美丽的狮子鼻。这在色诺芬《会饮篇》第五章中有所描述。

36 ［让他的神灵担忧］参看前面"让圣灵担忧"的注脚。

37 ［被有爱心的谈论者们称作是"爱之民族"］在日记中，克尔凯郭尔写道："在这关于爱之民族的说法之中也蕴含有对格隆德维的批评；因为一个单纯的民族将自己称作是'爱的民族'，这其实是一种傲慢的自以为是，这是虚荣和自爱的。"格隆德维曾在自己的书中将丹麦人谈作是"爱的民族"。

38 ［他有时候也进行另一种谈论，他谈论去爱丑陋者］也许是指向色诺芬的《会饮篇》，在之中参与者们谈论他们为自己感到骄傲的地方。克里托布鲁为自己的美而骄傲，因为这更容易并且不用说话就能够使人给他一个吻，这比苏格拉底的引诱性的讲话所能够招致的要容易得多（第四章18）。"怎么呢？苏格拉底说，你是在大言不惭地说你的美在我之上？那当然，克里托布鲁说道，不然的话，我就要比那些塞利诺们还要难看啰。这时，苏格拉底模仿了一下那些塞利诺的样子，就像真的一样。那么，好吧，苏格拉底说，到了这次争辩结束的时候，我要请你记住，我们必得对美做出一个决断。当然，这决断并不是在普里阿莫的儿子阿勒克珊德勒那里得到的，这种决断应当就像你自认为的那样，从那些你认为渴望亲吻你的人那里得来。"（第四章19—20）在比美开始的时候，克里托布鲁对苏格拉底说："你不妨来吧！假如你能详细说清楚你确实比我漂亮，那么，你不妨告诉我们好了。不过，请稍等一下，最好请人把灯台拿到离他近一点儿的地方。"（第五章2）在过程中，苏格拉底马上使得克里托布鲁宣称"假如这些东西经由人工的制作从而可以很好地起到我们希望在他们那里得到的效果，或者，假如这些东西自来就可以满足某种需求，那么，这些东西当然就是美的。"（第五章4）之后的对话是："那么，你能不能告诉我，我们的眼睛使用时要满足什么样的需求？当然是用来看东西的。如果是这样，那么，我可以大言不惭地说，我的眼睛比你们大家的都美。何以见得？因为，你们的眼睛只能朝正前方直接看过去，而我双眼凸起，目光旁射，所以能够朝两边看。那么，你不会是想告诉我们，在所有的动物中螃蟹的眼睛最美吧？一点儿没错！而且，就其强韧来说，它的眼睛也是最好。好了，这件事情就算过去了。现在来说说我们两个的鼻子，哪个更美？你的，还是我的？照我看来，当然是我的，假如上天让我们长鼻子是为了让我们去闻昧的话。你的鼻子朝下，直冲着大地；我的鼻子宽大，敞开着，就好像从各个角落迎接芬芳的气息。那就想一想冲天鼻，这种鼻子怎么会比直冲冲的鼻子美？这里也有一个很不错的理由，冲天鼻不会成为一道屏障，所以它可以使眼珠向四处看；而你的高鼻

爱的作为

梁，看上去像是两眼之间的一堵墙，把两只眼睛隔开了。那么，我现在提议说一说嘴。假定嘴巴长出来的目的就是把东西吃进去，那么，你张大嘴巴咬东西就可以比我咬得大；但是，你是不是也认为，你因为嘴唇薄薄的，亲吻时就会更温柔些呢？不然的话，我的嘴似乎就要比驴嘴还要丑些了。你是不是认为，我要把我说得比你美就得找些什么理由？那么，那些水泽女仙，还有月神塞勒涅的那些后裔，我认为，她们和我更相像，而并不像你。好啦！克里托布鲁喊道，我不想再和你争论下去！让大家来投票好了，让他们匿名投票吧。"（第五章5—8）结果大家都投票给克里托布鲁。

所引中文译文出自沈默等译的《色诺芬的会饮》，华夏出版社2005年版。

39　[**那是一个人应当去爱的"邻人"**]　见前面《马太福音》22：39。"其次也相仿，就是要爱人如己"的注脚。

终　　结

我们在前面的文本之中"许多次以许多方式"[1]做出了努力去赞美崇尚爱。在我们为我们成功地以这样一种符合我们愿望的方式完成了这文本而感谢上帝的时候，我们现在要引入使徒约翰所说的"你们亲爱的弟兄们，让我们彼此相爱"[2]来作为终结。这些有着使徒的权威的言辞（如果你考虑一下它们的话）相对于爱本身之中的各个对立面还有着一种中间色调或者中间心境，这之中的原因是：它们是出自那在爱之中变得完美的人。你在这些言辞之中听不见义务之严厉，使徒不说："你们应当彼此相爱"；但是你也听不出那种诗人之激情的、那种天性倾向的热切。在这些言辞之中有着某种崇高神圣化和至福的东西，但同时也有着一种忧伤，一种在生命之上泛起并且通过"那永恒的"而得以缓解的忧伤。这就仿佛是使徒在说，"我的上帝！所有那想要阻止你去爱的东西是什么呀？所有你能通过自爱而赢得的东西是什么呀？命令是：你应当爱，哦，但是，在你要明白你自己和生活的时候，那么这看来就是无须命令的，因为'去爱人类'是唯一值得让人为之而活的事情，没有这爱的话，你就是没有真正活着；另外，'去爱人类'也是唯一至福的安慰，不管是在今生尘世还是在彼世天国；并且'去爱人类'也是'你是一个基督徒'的唯一真实标志"——确实，一次信仰表白也是不够的。从基督教的角度理解，爱是以命令责成的；但是爱之命令是那永远保持是新的旧命令[3]。爱的命令的情形不像一种人类命令的情形，人类命令随着岁月而变老、变得迟钝，或者相对于各种要遵从这命令的人们所达成的协议而被改变。不，爱之命令一直是新的，直到最后一天，一直到它已经变为最老的那一天，它仍然是同样的新。因此说，这命令丝毫都不可能被改变，而最不可能的是被使徒改变。变化只会是：那有爱心的人变得对命令越来越熟悉，变得与这命令成为一体，这命令是他所爱的，因此，他能够如此温和、如此忧伤地谈论，谈论，几乎就仿佛"爱是命令"这件事已经被忘记了。相反，如果你忘记了这是爱的使徒在说话，那么你就误解他，因为这些言辞不是那关于爱的谈论的开始，而是完成。因此我们不敢以这样的方式来谈论。那在已退隐而功德圆满的使徒嘴里是真理的话语，在新入门者的嘴里很容易就会是一种轻浮，带着这样的轻浮这新入门者会过早地终结这命令的学业而逃避掉"校规的约束"。因此我们引进使徒，让他谈论着，我们不把他的话弄成是我们的，但让我们变成听者："你们亲爱的弟兄们，让我们彼此相爱。"

只是还有一件事情，要记住那基督教的以等量还等量（Lige for Lige），永恒的以等量还等量[4]。这基督教的以等量还等量是一个如此重要而决定性的基督教定性，以至于我会希望：如果不是在每一个我依据于能力论述"那基督教的"的文本之中都以这一想法为终结，那么至少在一个文本之中我能够以这一想法为终结。

在我们当今的时代，基督教相对地被谈论得比较少（我是说相对于本来被谈论得那么多）。但是在我们所听到的谈论中（因为各种攻击当然肯定不是一种对基督教的谈论），这样的情况并不罕见：人们把"那基督教的"描述为某种逢迎的爱的几乎弱不禁风的形象。这全是爱和爱，宽宥你自己和你的肉和血[5]，度过一个美好或者快乐的日子，不要为自己的事情担忧，因为上帝是爱和爱；——听不得任何关于严厉性的事情；这一切都应当是爱的自由语言和本性。然而，以这样的方式理解，上帝的爱很容易就成为一种天方夜谭式的小儿科的观念，基督的形象就成为某种过于温和而感伤以至于"他对于犹太人是并且继续是一种冒犯而对于希腊人是并且继续是一种痴愚"[6]这样的事实就无法是真实的了，这就是说，就仿佛"那基督教的"变得幼稚了。

事情是完全很简单的。基督教废除了犹太式的以等量还等量，"以眼还眼并且以牙还牙"[7]，但是它设置了基督教的，永恒之"以等量还等量"，作为取代。基督教把注意力完全地从"那外在的"转向了内心，使得你的每一个与其他人的关系成为一种上帝之关系：这样你就会既在这种意义又在那种意义上得到"以等量还等量"。在基督教的意义上理解，一个人在最终并且在本质上，在一切事情之中只与上帝有关，尽管他仍将停留在世界，停留在尘俗生活的各种被指派给他的关系中[8]。但是这"在一切事情之中只与上帝有关"（这样一个人就永远不会在路上、半路、在低级法院、因人类的审判——仿佛那是决定性的东西——而被拖延推迟），

终　结

它同时既是至高的安慰也是最大的努力，最大的仁慈和严厉。这是人的教养，因为与上帝的关系是一种教养，上帝是教育者。而真正的教育者恰恰必须是严厉的，正如同样的是仁慈的，并且反之亦然。这样，在一个人类教育者一次有许多孩子要教养的时候，他是怎么做的呢？他自然不会有时间来进行这许多言谈、训诫和喋喋不休，如果有时间的话，因为许多言谈这教育也会变得很糟糕；不，能干的教育者更愿意借助于眼睛来进行教育。他把那单个的孩子的目光拿掉，就是说，他强迫这孩子在一切事情上看着他。上帝正是这样做的，他管理整个世界，他借助于自己的目光来教育这无数的人。什么是良心？在良心之中有着那看着一个人的上帝，这样人就在一切事情上必须看着他。上帝就是以这样的方式来教育的。但是那受教育的孩子，很容易会让自己以为，那与伙伴们的关系，他们构成的小小世界，是现实，相反教育者以自己的目光教他知道，所有这些都被用来教育孩子。同样，成年人也很容易让自己以为，那他与世界有关的事情是现实；但是上帝教育他明白，所有这一切只是被用来进行教育的。于是，上帝是教育者，他的爱是最大的仁慈和最大的严厉。这就像是在自然中的关系，重力性也是轻性。天体轻松地漂浮在"那无限的"之中——借助于重力性；但是，如果它出离了自身的轨道，如果它变得过于轻松，于是轻性就变成重力性，并且沉重地落下——借助于轻性。同样上帝的严厉在那有爱心而谦卑的人那里是仁慈，但是在硬心肠的人那里，他的仁慈就是严厉。上帝想要拯救世界，这一仁慈在那不愿意接受拯救的人那里就是至高的严厉，甚至比起"如果上帝从不想拯救世界而只是要审判世界"的情形，是更大的严厉。看，这就是仁慈和严厉的统一，你在一切之中让自己与上帝发生关系是最大的仁慈和最大的严厉。

因此，在你仔细地倾听的时候，你就也会在那必须最确定地被称作是福音的东西之中听出这严厉。比如说，对迦百农的百夫长有这样的说法："照你的信心，给你成全了"[9]，是的，我们想象不出还能有更喜悦的消息、还能有更仁慈、更慈悲的言辞了！然而，这被说出的是什么话？这话是："照你的信心，给你成全了。"如果我们把这些话用在我们自己身上，那么我们就得说，"照你的信心，你得到成全，如果你有得到拯救的信心，你就得到拯救"。多么仁慈，多么慈悲！但是现在我们是不是确定地知道我有信心呢？因为我当然不能够直接地就把"百夫长信"这一事实转移到我身上，就仿佛因为那百夫长有信心，所以我就有信心。让我们设

405

想有人问基督教，"那么现在是不是也很确定我是有信心的呢？"那么基督教就会回答说"照你的信心，你得到成全"——或者，基督会怎么想，如果那个百夫长不是信着地走向他，而是这样私密地找他想知道自己是否有信心！"照你的信心，你得到成全"，这就是说，这是永恒地确定的：照你的信心，你得到成全，这是基督教能够为你担保的，但是，你是否，恰恰说"你"，是否有信心，这个问题则无疑不归属于基督教的学说和宣示，向你宣示你有信心，这不是基督教所蕴含的内容。这样，在对于"你也许还是没有信心"的可怕忧虑升起的时候，基督教毫无变化地重复"照你的信心，你得到成全"。多么严厉！你从关于百夫长的故事中知道，他有信心，这在根本上与你无关；然后你得知了"那基督教的"——"照他的信心，他得到成全"——但说到底，你不是那百夫长。让我们设想有人问基督教，"确定无疑，我是受了洗的，那么这是不是也完全确定我是有信心的呢？"那么基督教就会回答说"照你的信心，你得到成全"。那个百夫长没有受洗，他信，因此他照他的信心而得到了成全，只有在他的信心之中，这福音才是一种福音。如果这百夫长，尽管他来基督这里寻找帮助，却在灵魂之中对"基督到底能不能帮助他"多少有着怀疑，而基督则会说出同样的"照你的信心，给你成全了"，那又怎样呢？这是不是一种福音呢？不，对于百夫长不是，因为这是对他的一种审判。这一"给你成全"看来是那么迅速，但是这下一个"照你的信心"则也同样那么强烈有效。在这言辞上，我们既能够宣讲严厉，正如我们也能够宣讲仁慈；因为这言辞中也有着严厉，基督教的严厉，它毫不犹豫地把惧怕者们排除在上帝的国之外[10]，或者也许更确切地说是，它毫不犹豫地教导那些惧怕者们将自己排除在外，这样就既不会有人强行挤进上帝的国，也不会有人怯懦而软弱地通过哀哭而被放进去。然而在当今的时代，在各种国家政治关系中人们谈论那么多保障和保障[11]，在最后人们也将这传送进基督教并且让洗礼作为这保障[12]——这也确实是保障，如果你确实信"照你的信心，你得到成全"是保障。如果人们理所当然地把洗礼弄成了一种保障，如果这是正确的话，那么"严厉"也就确实地被终结掉了。但是上帝不容被讥嘲[13]，并且他也不容被愚弄。他在天上已升得太高[14]以至于不可能会觉得一个人的努力对于他会有什么值得嘉奖的地方。但他要求这努力，并且要求更多的一样东西：这人自己不能自以为是地觉得这努力有什么值得嘉奖的地方。但是上帝也在天上已升得太高而不会像小孩子般地去同一个怯懦而懒散的人玩"好上帝"的游戏。"照你的信心,你得到成全"是永恒地确定的;但是信仰的确定性,或者说,"你,恰恰你,信"这确定性,你就必须在每一瞬间借助于上帝的帮助而得到,就是说,不是以任何外在的方式得到。你必须有上帝帮助你去信"你通过受洗而得救",你必须有上帝帮助你去信"你在圣餐仪式中获得了对你的各种罪的仁慈饶恕"。因为确实,有"罪的饶恕"被宣告出来,也被向你宣告,但牧师没有权利对你说,你有信仰,只有在你信的情况下,这才是对你说的。照你的信心,你得到成全。但是所有你身上的肉和血和挂在"那尘俗的"上的东西和怯懦,它们就必定会绝望于你无法得到外在的确定性,一种一了百了的确定性,以最轻易的方式确定的确定性。看,这就是你每天都会获得机缘在之中受考验的信仰之仗[15]。福音不是律法[16],福音不会以严厉来拯救你,而是以仁慈来拯救你;但这一仁慈要拯救你,它不想欺骗你,因此在它之中有着严厉。

如果这一"以等量还等量"甚至相对于那最确定地必须被称作是福音的东西都是有效的,那么,在基督教自己宣示律法的时候,又有什么是更多的呢?所谓"饶恕然后你们也将被饶恕。"[17]然而还是有人可能会成功地以这样一种方式来误解这些话,他让自己相信,哪怕他不去饶恕,也仍有可能自己获得饶恕。确实这是一种误解。基督教的看法是:**饶恕是饶恕**;你的饶恕是你的饶恕;你对另一个人的饶恕是你自己的饶恕;你所给出的饶恕,你得到它,不是反过来,你得到的饶恕,你给出它。这就仿佛是基督教要说:你要谦卑而虔信地向上帝祈求你的饶恕,因为他是慈悲的,以这样一种没有人能够是如此慈悲的方式;但是如果你要测试饶恕的情形是怎样的,那么,观察你自己吧。如果你诚实地全心全意地在上帝面前饶恕你的敌人[18](但是如果你这样做,记住,这是上帝所能够看见的),那么,你就也敢去希望你的饶恕,因为这是同一回事;比起你饶恕你的亏负者,上帝既不多也不少也没有不同地饶恕你[19]。让自己去以为"尽管一个人不愿意饶恕别人,他自己会得到饶恕",这只是一种幻觉。不,饶恕与饶恕之间的一致性,比高高在上的天和它在大海中的镜像(这大海之深恰恰如它上面天的距离之高)之间的一致性更准确。在一个人不想饶恕的时候,他自己相信自己的饶恕,这也是一种幻觉;因为,如果一个人自己的生活是对于"有着饶恕存在"的一种反驳,那么他又怎样真正去相信饶恕!但是一个人让自己以为,他在自己相关的方面使自己与上帝发生关系，而相反相对于其他人他只是与其他人发生关系，而不是他在一切之中与上帝发生关系。

因此，在上帝面前指控另一个人，这就是指控自己，以等量还等量[20]。如果一个人，从人性的意义上说确实是遭受了不公正，那么他就要小心，不要老是想着在上帝面前指控那犯事者。哦，人们如此愿意欺骗自己，人们如此愿意让自己以为一个人在自己相关的方面应当有一个与上帝的私下关系。但是与上帝的关系，这情形就像与权力机构的关系，你不能与一个权力机构的人物私下地谈论他职责的作为——而上帝的作为是"是上帝"。如果一个仆人，你本来也许对他挺有好感的，他犯了罪，比如说，盗窃，你不知道你该拿这件事情怎么办，那么你无论如何就不要去私下找那权力执行机构的高官；因为在盗窃的事情上，他不知道有什么私下的事，他马上就会把犯事的人抓起来并且开始这案子。同样，如果你想要让自己看上去好像没有什么事情，但又想要私下在上帝面前抱怨你的敌人；于是上帝就很快地处理这事情，并且针对你立案；因为在上帝面前你自己是一个有罪责的人，去指控另一个人也就是指控自己。你认为上帝就简直应当站在你的这一边；上帝和你应当联合起来针对你的敌人，针对以不公正待你的人。但这是一个误会。上帝平等地看着一切人，并且完全地是你想要只是部分地使得他去成为的东西。如果你去找处于他的审判者性质之中的他——是的，这就像是一种出自他的仁慈，他警告你不要，因为他知道由此对你造成的后果是什么，这会对你有多么严厉；但是如果你不想听人对你说什么，如果你直接去找处于他的审判者性质之中的他，那么，虽然你认为他应当审判的是那另一个人，这却是没用的；因为你自己使得他成了你的审判者，他，以等量还等量，在同一瞬间里是你的审判者，就是说，他也审判你。相反，如果你不去着手在上帝面前指控什么人或者使得上帝成为审判者的话，那么上帝就是仁慈的上帝。让我用一个事件来阐明这一关系吧。从前有一个罪犯，他偷了一些钱，其中有一张一百国家银行币的钞票。他想把这张钞票兑换掉，因此到另一个罪犯的家里去找另一个罪犯；后者拿了这钞票，走进另一间房间仿佛是要换这钱，然后又走出来，就好像什么事都没发生，向等着的人问候你好，就好像他们刚见面——简言之，他骗走了前者一百国家银行币的钞票。对此，前者感到如此恼怒，以至于他在怨恨之中去权力机构告发了这事情，他是怎样被无耻地欺骗的。后者自然也是被关起来了，也有了关于欺诈的案子——唉，在这案子中，权力机构所提出的最初的问题是：指控者是怎样得到这些钱的。于是就成了两个案子。看，前者很正确地理解了，他在关于欺诈的案子中是有道理的，这时他想要做一个诚实的人，一个去找权力机构维护自己权利的好公民。哦，但是权力机构不会以这样的方式和你私下地发生关系，也不会割裂地只关注某人因为对自己有好处而提交给它的单个案子，也不会总是让案子顺着指控者和告发者的所给出的说法发展；权力机构更为深入地看这关系。与上帝的关系也是这么一回事。如果你在上帝面前指控另一个人，那么马上就会有两个案子被立出；正是在你来告发关于另一个人的事情的时候，上帝于是就考虑，这事情是怎么和你发生关联的。

以等量还等量；是的，基督教就是如此严厉，以至于它甚至还强调出一种尖锐地不平等的东西。书上是这样写的："为什么看见你弟兄眼中有刺，却不想自己眼中有梁木呢。"[21]一个虔诚的人虔诚地以这样的方式来解读这些言辞：梁木在你眼中就是"去看见并谴责你弟兄眼中的刺"，既没有更多也没有更少[22]。但是最严厉的"以等量还等量"则将是："在别人眼里看见刺"成为一个人自己眼中的刺。然而基督教还要更严厉：这根刺，或者"论断着地看见这刺"，就是一根梁木。即使你看不见梁木，即使没有人看见它，上帝是看见它的。因此一根刺就是一根梁木！难道这不是一种严厉吗，它使得一只蚊子变成了一头大象！哦，但是如果你想，如果你考虑到，从基督教的角度真正地理解，上帝是不断地在一切之中，所有一切都只是围绕着他转，那么，你就能够理解这一严厉，你会理解：在你的兄弟眼里看见刺——在上帝在场的情况下（而上帝则是一直在场的）就是针对上帝的至大之罪。是啊，如果你能够利用上帝不在场的瞬间和地点去看这刺的话！但是从基督教的意义上理解，这恰恰是你要学会去坚持的：上帝总是在场的；如果他在场，他就也看着你。在你真正想象着上帝在场的一瞬间，你肯定也不会想到要在你的弟兄眼里看见什么刺，或者想到要去使用这一严厉得可怕的尺度，你这个自己也是有辜的人。但问题是在于，就算每一个更好的人相关于自己的生活竭尽全力去拥有关于"上帝无所不在的在场"的想法（而又有什么可想象的事情比"遥远地想象上帝的无所不在"更为荒谬的呢），他们还是常常会在他们与其他人发生关系的时候忘记上帝的无所不在，忘记上帝在这关系之中是在场的，并且满足于一种单纯的人际间的比较。于是一个人就有着安全感和安宁去发现这刺。那么这过错是什么呢？它就是：你让自己忘记上帝是在场的（他当然是一直在场的），或者你在他的在场之中忘记了你自己。在上帝的在场之中如此严厉地论断，这样一根刺被论断出来，这是怎样的不谨慎啊，以等量还等量，你想要如此严厉，那么，上帝能够比你出价更高——在你自己眼中的是梁木。权力机构已经把"想要扮演通过法律和法庭来追究自己的权利的正直者"视作是我们所谈论的那个罪犯身上的一种厚颜无耻，唉，一个自己要通过法律和法庭来被追究的罪犯，而上帝则把"一个人想要扮演纯洁者而去论断他弟兄眼中的刺"视作是一种放肆的僭妄。

　　这一基督教的"以等量还等量"是多么的严厉啊！犹太的、世俗的、忙碌的"以等量还等量"是：就像别人对你所做的，要真正留心让自己也做同样的来对他们[23]。但基督教的"以等量还等量"是：就像你对别人所做的，上帝也做完全同样的来对你。从基督教的意义上理解，别人对你所做的事情和你一点关系都没有，那与你无关；去让自己牵涉进与你如此完全无关的事情，无关得就仿佛你是一个不在场的人，这做法是一种好奇，一种注意力的不集中。与你有关的事情只是你对别人做什么，或者你对"别人对你做什么"是怎么反应的；方向是朝着内心的，面对上帝你在本质上只与你自己有关。这一内在性（Inderligheden）[24]的世界，对那被别的人们称作是"现实"的东西的再现，它就是现实。基督教的"以等量还等量"属于这一内在性的世界；它让自己背离，并且要让你背离外在性（但却不把你从这个世界中带走[25]），向上，或者朝着内心。从基督教的意义上理解，"爱人类"就是"爱上帝"，而"爱上帝"就是"爱人类"：你对人类所做的事情就是你对上帝所做的事情，因此你对人类所做的事情就是上帝对你做的事情。你对那些不公正地对待你的人们心怀怨恨，那么你其实就是对上帝心怀怨恨，因为在最后那允许你被不公正对待的就是上帝。相反，如果你带着感恩从上帝的手里"作为一种好而且完美的礼物"来接受这不公正[26]，那么你也就不对这些人心怀怨恨。如果你不愿意饶恕，那么你其实就是想要什么别的东西，你想要使得上帝变得硬心肠，因而他也不去饶恕，那么，这个硬心肠的上帝又怎么会饶恕你呢？如果你无法承受人们对你的冒犯，那么上帝又怎么会能够承受你对他的罪呢？当然不能，以等量还等量。其实上帝自身就是这一纯粹的以等量还等量，对于你自己如何的纯粹再现。如果你心中有愤怒，那么上帝就是你心中的愤怒；如果你心中有仁慈与慈悲，那么上帝就是你心中的慈悲。无限的爱心是在于：他在总体上想要和你有关，并且没有人，没有人能够像上帝那样有爱心地在你心中发现每一种哪怕是最微不足道的爱。上帝与人的关系就是在每一个瞬间里都使得那每一瞬间都在人心中的东西变得无限化。在孤独之中,你肯定知道,住着回声(Echo)[27]。它如此精确,哦,如此精确地留意着每一种声音,最微小的声音,并且如此精确地再现出这声音,哦,如此精确。如果有什么话是你不愿意听见人向你说出的话,那么,你就得警惕不要说,要警惕别让它在孤独之中从你这里跑出来,因为回声(Echo)马上重复它并且将它说给"你"听。如果你从不变得孤独,那么你也就永远不会发现,上帝是存在的;但如果你真正变得孤独,那么,你也就学会去知道,你对别的人所说所做的一切,上帝只是重复,他带着无限之放大进行重复;你所说出的关于别人的仁慈或者论断的言辞,上帝重复这言辞,他一字一句像你一样地说这同样的言辞,这同样言辞对于你是仁慈和论断。但是又有谁会相信回声,如果人生活在城市的混乱骚动之中;谁会相信有这样一个观察者存在着,相信事情会如此精确地按"以等量还等量"方式进行,谁会相信这个,如果人在孩提时代就习惯于动荡地生活。如果一个如此动荡地生活的人听到某些关于"那基督教的"的事情,那么他就不可能真正地去倾听;正如"那基督教的"没有真正地在他的内心之中发出回响,那么他就也不会发现这回响,而这回响就是基督教的"以等量还等量"。在这里,在生活的喧哗中,他也许感觉不到永恒或者上帝对这被说出的言辞的重复;他也许自欺欺人地以为,回报应当是在"那外在的"之中,并且有着外在的方式。但是,外在是过于密不透风的一种物体,因而无法是回响,而感性的耳朵过于聋聩而无法去发现永恒之重复。但是不管一个人是否发现这事实,这所说的关于他的言辞就是他自己所说的言辞。一个这样的人就这样继续活下去,作为一个不知道关于自己都被说了一些什么的人。现在,如果一个人一直对城里人们所说的关于自己的东西一无所知,这也许挺好,也许城里人们所说的关于他的东西都是不真实的东西;哦,但是,在一瞬间或者在几年里一直对"永恒说出关于他的什么东西"一无所知,这又有什么用,这可确确实实是真相啊!

不,以等量还等量!我们这样说,确实并非仿佛我们的意思是一个人在最终仍是应得仁慈的恩典。从"在一切之中让你去与上帝发生关系"之中,你首先所学到的恰恰就是:你根本就没有任何应得的东西(Fortjeneste)。试一下,对永恒说"我应得",那么永恒就回答"你应

411

得……"如果你想要应得的东西（Fortjeneste），如果你觉得自己应得什么，那么惩罚就是唯一应得的；如果你不是带着信念去将另一个人应得的东西据为己有，那么你就会按你所应得的获得你应得的东西。

我们这样说，也并非仿佛我们的意思是"如果什么人日日夜夜处在死一般的恐惧之中以求倾听永恒的重复的话情况就会更好一些"，我们甚至不说这要好过那种在当今时代利用上帝的爱来销售对所有更艰难险峻的努力的豁免权的小心眼。不，但是，正如那得到了好的教养的孩子对严厉有着一种无法遗忘的印象，同样，一个人让自己与上帝的爱发生关系，如果他不是要"老妇般地"（《提摩太前书》4：7）[28]或者轻率地糟蹋它，那么他就会有着一种无法遗忘的畏惧与颤栗[29]，尽管他是依靠着上帝的爱。一个这样的人确实也会避免对上帝去说及别人对他的不公正，避免说及弟兄眼中的刺；因为一个这样的人宁可只对上帝谈论仁慈的恩典，以免"公正"这个致命的词，缘于他自己所招致的东西——那严厉的"以等量还等量"，使他丧失一切。

注释：

1 ["**许多次以许多方式**"] 见《希伯来书》（1：1）："神既在古时借着众先知，多次多方的晓谕列祖。"

2 [**使徒约翰所说的"你们亲爱的弟兄，让我们彼此相爱"**] 引自《约翰前书》（4：7），中文版中的文字为"亲爱的弟兄阿，我们应当彼此相爱"。

3 [**爱之命令是那永远保持是新的旧命令**] 指向《约翰一书》（2：7—8）："亲爱的弟兄阿，我写给你们的，不是一条新命令，乃是你们从起初所受的旧命令。这旧命令就是你们所听见的道。再者，我写给你们的，是一条新命令，在主是真的，在你们也是真的。因为黑暗渐渐过去，真光已经照耀。"

4 [**那基督教的以等量还等量，永恒的以等量还等量**] 在日记中（1847年），克尔凯郭尔写道："基督教的以等量还等量：/谈论。/基督教废除了以眼还眼以牙还牙，把关系转换过来，于是引入一种以等量还等量：正如你让自己与上帝发生关系，然后上帝让自己与你发生关系。/饶恕是饶恕/（饶恕然后你们也将被饶恕。饶恕我们正如我们饶恕）/论断一个别人就是论断自己/在你活着的时候与你的敌人和解——那么你就是在祭坛前向上帝奉献你的祭礼。/在新约之中这被描述得就好像是他所献祭的另一个礼物：先去和好，然后来献礼物。"

5 [**肉和血**]"血肉"在新约之中是标示"人"的固定表达。参看前面关于"血肉"的注脚。

终　　结

　　6　[他对于犹太人是并且继续是一种冒犯而对于希腊人是并且继续是一种痴愚] 指向《歌林多前书》（1：22—24）："犹太人是要神迹，希利尼人是求智慧。我们却是传钉十字架的基督，在犹太人为绊脚石，在外邦人为愚拙。但在那蒙召的无论是犹太人，希利尼人，基督总为神的能力，神的智慧。"在这里"绊脚石"亦即"冒犯"。

　　7　[**基督教废除了犹太式的以等量还等量，"以眼还眼并且以牙还牙"**] 见登山宝训，《马太福音》（5：38—42）："你们听见有话说，以眼还眼，以牙还牙。只是我告诉你们，不要与恶人作对。有人打你的右脸，连左脸也转过来由他打。有人想要告你，要拿你的里衣，连外衣也由他拿去。有人强逼你走一里路，你就同他走二里。有求你的，就给他。有向你借贷的，不可推辞。"

　　犹太人的"以等量还等量"则在旧约比如说《出埃及记》（21：23—25）中："若有别害，就要以命偿命，以眼还眼，以牙还牙，以手还手，以脚还脚，以烙还烙，以伤还伤，以打还打。"

　　8　[**他仍将停留在世界，停留在尘俗生活的各种被指派给他的关系中**] 指向路德学说关于"在召唤和身份之中的生活"的说法。具体可见《巴勒的教学书》第二章"论上帝的作为"第二段§4："每一个人都应当把自己所具的身份看成是一种来自上帝的召唤，去达成根据他所处的境况所能够被创造出来的最多和最佳的益用。"这里指向《歌林多前书》（7：20）："各人蒙召的时候是什么身份，仍要守住这身份。"

　　9　[**对迦百农的百夫长有这样的说法："照你的信心，给你成全了"**] 摘自《马太福音》（8：5—13）："耶稣进了迦百农，有一个百夫长进前来，求他说，主阿，我的仆人害瘫痪病，躺在家里，甚是疼苦。耶稣说，我去医治他。百夫长回答说，主阿，你到我舍下，我不敢当。只要你说一句话，我的仆人就必好了。因为我在人的权下，也有兵在我以下。对这个说，去，他就去。对那个说，来，他就来。对我的仆人说，你作这事，他就去作。耶稣听见就希奇，对跟从他的人说，我实在告诉你们，这么大的信心，就是在以色列中，我也没有遇见过。我又告诉你们，从东从西，将有许多人来，在天国里与亚伯拉罕、以撒、雅各，一同座席。唯有本国的子民，竟被赶到外边黑暗里去。在那里必要哀哭切齿了。耶稣对百夫长说，你回去吧。照你的信心，给你成全了。那时，他的仆人就好了。"

　　10　[**它毫不犹豫地把惧怕者们排除在上帝的国之外**] 指向《约翰一书》（4：18）。

　　11　[**在各种国家政治关系中人们谈论那么多保障和保障**] 也许是指向荷尔斯泰因、劳恩伯格以及尤其是石勒苏益格等公国与丹麦的隶属关系。这一关系在19世纪40年代受到德国想要使这一地区合并进德国联邦的愿望的威胁。

　　12　[**人们也将这传送进基督教并且让洗礼作为这保障**] 也许是指向当时关于洗礼的意义的大规模谈论。洗礼在1840—1845年传进丹麦，格隆德维的信从者们把洗礼弄成了决定性的东西。克尔凯郭尔多次谈及这一讨论，比如说在《非科学后记》

413

（1846年）之中。

13　[**上帝不容被讥嘲**]　见前面对"永恒不容被讥嘲"的注脚。

14　[**在天上已升得太高**]　参看《腓利比书》（2：5—11）中保罗对基督的赞美，其中9—11是："所以神将他升为至高，又赐给他那超乎万名之上的名，叫一切在天上的、地上的，和地底下的，因耶稣的名，无不屈膝，无不口称耶稣基督为主，使荣耀归与父神。"

15　[**信仰之仗**]　参看前面关于"斗争出漂亮仗的人"的注脚。

16　[**福音不是律法**]　指向保罗—路德的关于律法和福音的学说。律法是审判人的（《罗马书》7），并且是引人向基督的训蒙的师傅（《加拉太书》3：23—24），而福音则是关于"律法的总结就是基督，使凡信他的都得着义"（《罗马书》10：4）的喜悦消息。

17　[**所谓"饶恕然后你们也将被饶恕。"**]　摘引自《路加福音》（6：37）："你们不要论断人，就不被论断。你们不要定人的罪，就不被定罪。你们要饶恕人，就必蒙饶恕。"另见主祷词，《马太福音》（6：14）："你们饶恕人的过犯，你们的天父也必饶恕你们的过犯。"

18　[**你诚实地全心全意地在上帝面前饶恕你的敌人**]　"诚实地全心全意地"，指向爱的诫命的第一部分：你要尽心、尽性、尽意，爱主你的神。《马太福音》（22：37）。

19　[**比起你饶恕你的亏负者，上帝既不多也不少也没有不同地饶恕你**]　见主祷词，《马太福音》（6：12）："免我们的债，如同我们免了人的债。"

20　[**在上帝面前指控另一个人，这就是指控自己，以等量还等量**]　见前面关于"圣经警告人们不要作论断，并且加上，免得你们也会被论断"的注脚。《马太福音》（7：1），之中耶稣说："你们不要论断人，免得你们被论断。"

21　[**为什么看见你弟兄眼中有刺，却不想自己眼中有梁木呢**]　《马太福音》（7：3）。

22　[**一个虔诚的人虔诚地……没有更多也没有更少**]　指向圣克拉拉的亚伯拉罕（Abraham a Sancta Clara）亦即乌利希·梅格尔勒（见前面关于"一个虔诚的人说过：嫉妒的人也是一个烈士——但是魔鬼的烈士"的注脚）所说所写过的一句话。出自他的 *GrammaticaReligiosa oder geistliche Tugend – Schule*（1699），*Abraham a St. Clara's Sämmtliche Werke* bd. 1 – 22, Passau 1835 – 1854, ktl. 294 – 311; bd. 15, 1845, s. 148：《Hieraus sagt der heilige DorotheusSerm. 6, sey abzunehmen, dass unser Heiland die Sünde des Nächsten verglichen habe einem Splitter; das Urtheil aber über selbige habe er verglichen einem Balken: also sündiget viel gröber derjenige, so den Sünder urtheilet, als wann er die Sünde des verurtheilten Menschen selbst beginge; dahero fährt der mehrgemeldte heilige Mann fort, und sagt: eine so schwere Sünde ist es, seinen Nächsten richten, dass selbige schier alle